ମନର ବୈଜ୍ଞାନିକ ପରିଭାଷା

ମନର ବୈଜ୍ଞାନିକ ପରିଭାଷା

ପ୍ରଫେସର ସଂଗୀତା ରଥ

ବ୍ଲାକ୍ ଈଗଲ୍ ବୁକ୍ସ
ଭୁବନେଶ୍ୱର, ଓଡ଼ିଶା

BLACK EAGLE BOOKS
Dublin, USA

ମନର ବୈଜ୍ଞାନିକ ପରିଭାଷା / ପ୍ରଫେସର ସଂଗୀତା ରଥ

ବ୍ଲାକ୍ ଈଗଲ୍ ବୁକ୍ସ : ଭୁବନେଶ୍ୱର, ଓଡ଼ିଶା ● ଡବଲିନ୍, ଯୁକ୍ତରାଷ୍ଟ୍ର ଆମେରିକା

BLACK EAGLE BOOKS

USA address:
7464 Wisdom Lane
Dublin, OH 43016

India address:
E/312, Trident Galaxy, Kalinga Nagar,
Bhubaneswar-751003, Odisha, India

E-mail: info@blackeaglebooks.org
Website: www.blackeaglebooks.org

First International Edition Published by
BLACK EAGLE BOOKS, 2022

MANARA BAIGYANIKA PARIBHASA
(Science Literature)
by **Prof. Sangeeta Rath**
Email: sangeeta.rath@yahoo.com

Copyright © **Sangeeta Rath**

All rights reserved. No part of this publication may be reproduced, stored in a retrieval system, or transmitted, in any form or by any means, electronic, mechanical, photocopying, recording or otherwise without the prior permission of the author / publisher.

Cover & Interior Design: Ezy's Publication

ISBN- 978-1-64560-326-9 (Paperback)

Printed in the United States of America

ମୋର ପୂଜ୍ୟ ପିତା ଓଡ଼ିଶାର ପ୍ରଖ୍ୟାତ ମନୋବିଜ୍ଞାନୀ ଓ ଚିନ୍ତକ
ପ୍ରଫେସର ରାଧାନାଥ ରଥଙ୍କ ସ୍ମୃତିରେ...

କଥା ଦି' ପଦ...

ମଣିଷର ମନ ଚିର ରହସ୍ୟମୟ । ମନର ଏହି ରହସ୍ୟମୟ ସ୍ୱରୂପକୁ ଚିହ୍ନିବା ଦିଗରେ ମନସ୍ତତ୍ତ୍ୱବିଦ୍‌ଙ୍କର ସର୍ବକାଳୀନ ପ୍ରଚେଷ୍ଟାର ଅନ୍ତ ନାହିଁ । ମଣିଷ କ'ଣ କରେ, କାହିଁକି କରେ, ଯାହା ବି କରେ ସଚେତନ ଥାଇ କରେ, ନା ଅଚେତନ ଓ ଅବଚେତନ ମନ ତା'ର ବ୍ୟବହାରକୁ ନିୟନ୍ତ୍ରଣ କରୁଥାଏ, ସାମାଜିକୀକରଣ ଦ୍ୱାରା ଅଭ୍ୟାସର ବଶବର୍ତ୍ତୀ ହୋଇ ସେ ଯାହା କହୁଥାଏ ଓ କରୁଥାଏ, ତାହା ସେ ପ୍ରକୃତରେ କରିବାକୁ ଚାହୁଁଥାଏ, ନା ନ ଚାହିଁଲେ ମଧ୍ୟ ଅଭ୍ୟାସର ଶୃଙ୍ଖଳ ମଧ୍ୟରୁ ନିଜକୁ ବାହାର କରିପାରୁନଥାଏ ମନସ୍ତତ୍ତ୍ୱବିଦ୍‌ମାନେ ଏହିଭଳି ଅନେକ ପ୍ରଶ୍ନର ଉତ୍ତର ଖୋଜୁଥାନ୍ତି । ଆଧୁନିକ ମନସ୍ତତ୍ତ୍ୱ ପର୍ଯ୍ୟବେକ୍ଷଣ, ସର୍ଜନାତ୍ମକ କୌଶଳ ଏବଂ ବିଜ୍ଞାନସମ୍ମତ ପ୍ରଣାଳୀର ଉପଯୋଗ କରି ମନୁଷ୍ୟ ମନର ବହୁ ରହସ୍ୟମୟ ଦିଗ ଉପରେ ଆଲୋକପାତ କରିବାର ପ୍ରୟାସ ଜାରି ରଖିଛି । ମନସ୍ତତ୍ତ୍ୱବିଦ୍‌ମାନେ ନାନାଦି ବିଶ୍ଳେଷଣ ମାଧ୍ୟମରେ ବିଭିନ୍ନ ମାନସିକ କ୍ରିୟା-ପ୍ରକ୍ରିୟା ସମ୍ବନ୍ଧରେ ପ୍ରକୃତ କାର୍ଯ୍ୟକାରଣ ସମ୍ପର୍କ ବିଷୟରେ ତଥ୍ୟମାନ ଉପସ୍ଥାପନ କରିବାରେ ସଫଳ ହୋଇଛନ୍ତି । ଫଳରେ ଆମ ମନ ଗହୀରର ବହୁ ଅଦ୍ଭୁତ ଧରଣର ରହସ୍ୟମୟ ଘଟଣାକୁ ବୁଝିବା ସମ୍ଭବ ହୋଇଛି । ଜୀବନ ସହିତ ସଂଶ୍ଳିଷ୍ଟ ଥିବା ତାତ୍ପର୍ଯ୍ୟପୂର୍ଣ୍ଣ ଦିଗ ଉପରେ ବିଜ୍ଞାନଲବ୍ଧ ଜ୍ଞାନକୁ ଆଲୋଚନା କରି ଲୋକମାନଙ୍କ ମଧ୍ୟରେ ସଚେତନତା ସୃଷ୍ଟି କରିବା ଏ ପୁସ୍ତକର ମୁଖ୍ୟ ଉଦ୍ଦେଶ୍ୟ ।

ବୟସକୁ ନେଇ ଆମ ଦେଶରେ ଲୋକଙ୍କ ମନରେ ଗୁଡ଼ିଏ ତ୍ରୁଟିପୂର୍ଣ୍ଣ ଧାରଣା ଥାଏ । ଏବେ ମଣିଷର ଆୟୁ ବଢ଼ିଛି । ଭାରତ ସ୍ୱାଧୀନ ହେବା ସମୟରେ ଲୋକମାନଙ୍କର ହାରାହାରି ଆୟୁଷ ସତେଇଶ ବର୍ଷ ଥିବାବେଳେ ବର୍ତ୍ତମାନ ଏହା ଅଣସ୍ତରୀ ବର୍ଷରେ ପହଞ୍ଚିଛି । ଲୋକମାନେ ଯେତେ ଦିନ ଚାକିରି କରୁଛନ୍ତି, ଅବସର ଗ୍ରହଣ କରିବା ପରେ ପ୍ରାୟ ସେତେ ଦିନ ବଞ୍ଚୁଛନ୍ତି । ଅବସର ଗ୍ରହଣ କରିବା ପରେ

ଖାଲି ବଞ୍ଚିରହିବା ଯଥେଷ୍ଟ ନୁହେଁ ବରଂ ଆନନ୍ଦ, ଉଦ୍ଦୀପନା ଓ ପରିପୂର୍ଣ୍ଣତାର ସହ ବଞ୍ଚିବା ଦରକାର। ଚାକିରିରୁ ଅବସର ନେବାପରେ ସାର୍ଥକ ଓ ଅର୍ଥପୂର୍ଣ୍ଣ ଜୀବନ ବଞ୍ଚିବା ପାଇଁ ଏବଂ ଜୀବନକୁ ଉପଭୋଗ କରିବା ପାଇଁ ମଣିଷ ପାଇଁ ଅନେକ ସୁଯୋଗ ଅଛି। ଗବେଷଣାରୁ ଦେଖାଯାଇଛି ଯେ, ବୟସ ମେଧା ପ୍ରଦର୍ଶନ ପାଇଁ ଆଦୌ ପ୍ରତିକୂଳ ନୁହେଁ। ବୟସର ବୃଦ୍ଧି ସହିତ ଭାଷାଗତ ଜ୍ଞାନ, ବାକ୍‌ଚାତୁରୀ, ପଠନ, ଲିଖନ ବୃଦ୍ଧି ପାଏ ସିନା ବିଲୟ ହୁଏ ନାହିଁ। ବୌଦ୍ଧିକ ତଥା ସୃଜନଶୀଳ ପ୍ରତିଭାର ସଦୁପଯୋଗ କଲେ ପରିଣତ ବୟସରେ ମଧ୍ୟ ସାମର୍ଥ୍ୟ ଅବ୍ୟାହତ ରହେ। କଳା, ସାହିତ୍ୟ ଓ ସଙ୍ଗୀତ ପରି ମାନବ ସମ୍ବନ୍ଧୀୟ ସୃଜନଶୀଳତା କ୍ଷେତ୍ରରେ ସୃଜନ ସାମର୍ଥ୍ୟ ପରିଣତ ବୟସରେ ଅତୁଟ ରହେ। ବୟସ ବୃଦ୍ଧି ସହିତ ସାମାଜିକ ଘଟଣାଗୁଡ଼ିକ ବୁଝିବା ଓ ସମାଧାନ କରିବାର ପରିପକ୍ୱତା ବୃଦ୍ଧି ପାଏ। ବୟସ୍କମାନଙ୍କର ଅନୁଭୂତି ବିନିଯୋଗ କରି ସମାଜ ଅନେକ ସୁପରିଣାମ ଲାଭ କରେ। ଏହି ସମୟ ହେଉଛି ଜୀବନର ସବୁଠାରୁ ମୂଲ୍ୟବାନ ଓ ମହନୀୟ ସମୟ, କାରଣ ଏହି ସମୟରେ ଜୀବନର ସାମଗ୍ରିକ ଅନୁଭୂତି, ଅଭିଜ୍ଞତା ପ୍ରଜ୍ଞାଶୀଳ ଚେତନାରେ ଅଙ୍ଗୀଭୂତ ହୋଇ ପରିପକ୍ୱ ହୁଏ ବର୍ଷିୟାନ ମଣିଷର ସାମାଜିକ ସ୍ଥିତି। ଆଜିକାଲି ମନସ୍ତତ୍ତ୍ୱବିଦ୍‌ମାନେ ସଫଳ ବୟୋବୃଦ୍ଧି ଉପରେ ଗୁରୁତ୍ୱ ଆରୋପ କରୁଛନ୍ତି। ଦେଖାଯାଉଛି, ବ୍ୟକ୍ତିର ସମୟାନୁକ୍ରମିକ ବୟସ ଯେତେ ଗୁରୁତ୍ୱପୂର୍ଣ୍ଣ ନୁହେଁ, ଗୁରୁତ୍ୱପୂର୍ଣ୍ଣ ହେଉଛି ତାର ମନସ୍ତାତ୍ତ୍ୱିକ ବୟସ। ମନରେ ହିଁ ବୟସ ଥାଏ। ଜଣେ ଯଦି ସର୍ଜନାତ୍ମକ ଓ ସକାରାତ୍ମକ ବିଶ୍ୱାସୀ, ତେବେ ସେ ଚିର ବୟସମୁକ୍ତ। ଏସବୁକୁ ଦୃଷ୍ଟିରେ ରଖି ଅଧିକ ବୟସ ପର୍ଯ୍ୟନ୍ତ କାର୍ଯ୍ୟ କରିବାର ସ୍ୱାଧୀନତା ବିଷୟରେ ପ୍ରଗତିଶୀଳ ଦେଶମାନଙ୍କରେ ବହୁ ଆଲୋଚନା ଓ ପର୍ଯ୍ୟାଲୋଚନା ହେଉଛି। ଭାରତ ପରି ବିକାଶମୁଖୀ ଦେଶମାନଙ୍କରେ ଏହି ବିଷୟରେ ସଚେତନତା ବୃଦ୍ଧି ପାଇବା ସହିତ ଏ ପ୍ରସଙ୍ଗରେ ଅଧିକ ଚର୍ଚ୍ଚା ହେବା ଆବଶ୍ୟକ। ଉପଯୁକ୍ତ ପରିପ୍ରେକ୍ଷୀରେ ଏହି ପୁସ୍ତକରେ ସ୍ଥାନ ପାଇଛି 'ବାର୍ଦ୍ଧକ୍ୟ: ଶାରୀରିକ ନୁହେଁ ମାନସିକ।'

ବର୍ତ୍ତମାନ ସର୍ବାଧିକ ଅବସାଦଗ୍ରସ୍ତ ଏବଂ ଆତ୍ମହତ୍ୟାପ୍ରବଣ ରାଷ୍ଟ୍ରଭାବରେ ଭାରତ ଅନ୍ୟତମ ବୋଲି ବିବେଚିତ ହେଉଛି। ଦେଖାଯାଉଛି, ଆମ ଦେଶରେ ଆତ୍ମହତ୍ୟା ସମ୍ବନ୍ଧରେ ଲୋକମାନଙ୍କର ଜ୍ଞାନ ଓ ସଚେତନତା ନାହିଁ। ଦୀର୍ଘକାଳୀନ ଅବସାଦ ଆତ୍ମହତ୍ୟାର ପ୍ରଧାନ କାରଣ ହୋଇଥିବା ସତ୍ତ୍ୱେ ଏବଂ ଏହାର ପ୍ରତିକାରାତ୍ମକ ବ୍ୟବସ୍ଥା ଉପଲବ୍ଧ ଥିଲେ ମଧ୍ୟ ସଚେତନତା ଅଭାବରୁ ଏହା ଚିହ୍ନଟ ହୋଇପାରୁନାହିଁ। ଅବସାଦଗ୍ରସ୍ତ ବ୍ୟକ୍ତି ଆତ୍ମହତ୍ୟା କରିବା ପୂର୍ବରୁ ଅନ୍ୟମାନଙ୍କର ସାହାଯ୍ୟ ପାଇବାକୁ ଚାହେଁ। ସେଥିପାଇଁ ଆତ୍ମହତ୍ୟାକୁ 'ସାହାଯ୍ୟ ପାଇଁ ନିବେଦନ' (call for help)

ବୋଲି ବିବେଚନା କରାଯାଏ। ବିଷର୍ଣ୍ଣତା ପାଇଁ ସେ ଚିକିତ୍ସିତ ହେବାକୁ ଚାହେଁ। ସେ ଆତ୍ମହତ୍ୟା କରିବା ପୂର୍ବରୁ ତାର ମନୋଭାବ ସଂବନ୍ଧରେ ବାରମ୍ବାର ପ୍ରତ୍ୟକ୍ଷ ଏବଂ ପରୋକ୍ଷ ସୂଚନା ମଧ୍ୟ ଦିଏ। ସଚେତନତା ଅଭାବରୁ ଲୋକେ ଏହି ସୂଚନାକୁ ଗମ୍ଭୀରତାର ସହ ବିଚାର କରନ୍ତି ନାହିଁ ଏବଂ ଏହି ଉପସର୍ଗଗୁଡ଼ିକୁ ଗୋପନୀୟ ରଖିବାକୁ ଚେଷ୍ଟା କରନ୍ତି। ମନୋଚିକିତ୍ସକ ଏବଂ ମନୋବିଜ୍ଞାନୀମାନଙ୍କ ଦ୍ୱାରା ଉପସର୍ଗଗୁଡ଼ିକ ଦୂରୀଭୂତ ହେବାର ସମସ୍ତ ସମ୍ଭାବନା ଥିବା ସତ୍ତ୍ୱେ ଗୋପନୀୟତା କାରଣରୁ ଅନେକ ରୋଗୀ ଚିକିତ୍ସାରୁ ବଞ୍ଚିତ ହୋଇ ଉପାୟଶୂନ୍ୟଭାବେ ଆତ୍ମହତ୍ୟାର ପଥ ବାଛି ନିଅନ୍ତି। ଜ୍ୱର, ଶରୀର ପୀଡ଼ା ଆଦି ଶାରୀରିକ ଅସୁସ୍ଥତା ବ୍ୟାପାରରେ ଆମେ ଲଜ୍ଜିତ ହେଉନଥିବାବେଳେ ମାନସିକ ଅସୁସ୍ଥତାକୁ ଲଜ୍ଜ୍ୟାଜନକ ବୋଲି ଭାବିଥାଉ। ବିଶ୍ୱ ସ୍ୱାସ୍ଥ୍ୟ ସଂଗଠନ ଓ ଏନ୍.ସି.ଏମ୍.ଆର (୨୦୧୦)ର ଆକଳନ ଅନୁଯାୟୀ ୬.୫ ପ୍ରତିଶତ ଭାରତୀୟ ଅବସାଦଗ୍ରସ୍ତ ଥିବା ସତ୍ତ୍ୱେ ସଚେତନତା ଅଭାବରୁ ଅଧିକାଂଶ କ୍ଷେତ୍ରରେ ସେମାନଙ୍କର ଚିକିତ୍ସା କରାଯାଏ ନାହିଁ। ଅବସାଦଗ୍ରସ୍ତ ମଣିଷଟି ନିଜ ସମସ୍ୟାକୁ ନିଜେ ସମାଧାନ କରିବାକୁ ଯେତେବେଳେ ବିଫଳ ହୁଏ, ସେ ଅନ୍ୟମାନଙ୍କ ସାହାଯ୍ୟ ନେବାକୁ ଚେଷ୍ଟା କରେ। ଅଧିକାଂଶ ସମୟରେ ଲୋକେ ଏହି ଦୀର୍ଘକାଳୀନ ମାନସିକ ଅବସାଦକୁ ସାମୟିକ ମନ ଖରାପ ବୋଲି ଭାବି ପରିସ୍ଥିତିକୁ ଲଘୁ କରିବାକୁ ଚେଷ୍ଟା କରନ୍ତି ଓ ଗୁଡ଼ାଏ ଦାୟିତ୍ୱହୀନ ମନ୍ତବ୍ୟ ଦିଅନ୍ତି, ଯେପରି ଯୋଗ ଓ ପ୍ରାଣାୟମ କର, କାମରେ ମନ ଦେ, ତୋର କ'ଣ ଭଲ କଥା କିଛି ନାହିଁ? ଆଦି କହି ଜଟିଳ ପରିସ୍ଥିତି ଠାରୁ ଦୂରେଇଯାଆନ୍ତି। ଲୋକମାନଙ୍କର ଧାରଣା ଅବସାଦଗ୍ରସ୍ତ ହେବା ବା ନହେବା ବ୍ୟକ୍ତିର ଇଚ୍ଛା ଉପରେ ନିର୍ଭର କରେ। ଅନ୍ତଃସ୍ରାବୀ ଗ୍ରନ୍ଥୀ ସ୍ୱଳ୍ପ ପରିମାଣରେ ସେରୋଟୋନିନ୍ ହରମୋନ୍ ନିର୍ଗତ କରୁଥିବାରୁ ଏପରି ଲକ୍ଷଣ ଦେଖାଯାଏ। ଏହି ସ୍ନାୟୁ ସଂଚାରକର ପରିମାଣ ସ୍ୱାଭାବିକ ନ ହେବାଯାଏ ଅବସାଦଗ୍ରସ୍ତ ବ୍ୟକ୍ତିଟି ସେହି ନକାରାତ୍ମକ ଅନୁଭବରୁ ମୁକ୍ତି ପାଇପାରେ ନାହିଁ। ଅବସାଦଗ୍ରସ୍ତ ବ୍ୟକ୍ତି କିପରି ମାନସିକ ସ୍ଥିତି ଦେଇ ଗତି କରୁଛି, ଅନ୍ୟ ଜଣେ ସେହି ପରିସ୍ଥିତିର ସମ୍ମୁଖୀନ ନହେବା ଯାଏ ବୁଝି ପାରେନାହିଁ। ଲୋକମାନଙ୍କ ମଧ୍ୟରେ ଅବସାଦ ବିଷୟରେ ସଚେତନତା ଆଣିବା ପାଇଁ 'ମାନସିକ ଅବସାଦରୁ ମୁକ୍ତି ଆତ୍ମହତ୍ୟା କି?' ଶୀର୍ଷକରେ ଆତ୍ମହତ୍ୟାର କାରଣ, ନିରାକରଣ ଓ ଆତ୍ମହତ୍ୟାପ୍ରବଣ ବ୍ୟକ୍ତି ଦେଉଥିବା ସୂଚନା ବିଷୟରେ ଆଲୋଚନା କରାଯାଇଛି। ଆତ୍ମହତ୍ୟା ବ୍ୟାପାରରେ ବିଶ୍ୱ ପରିସଂଖ୍ୟାନକୁ ଅନୁଶୀଳନ କଲେ ଭାରତରେ କେତେଗୁଡ଼ିଏ ଅସ୍ୱାଭାବିକତା ଦେଖିବାକୁ ମିଳୁଛି। ଅନ୍ୟ ଦେଶମାନଙ୍କ ତୁଳନାରେ ଭାରତର କିଶୋର କିଶୋରୀ ଏବଂ ବିବାହିତା ନାରୀମାନେ ବହୁ ସଂଖ୍ୟାରେ

ଆତ୍ମହତ୍ୟା କରୁଛନ୍ତି। ଏହି ଧାରାକୁ ଅଧିକ ଗମ୍ଭୀରତାର ସହ ପର୍ଯ୍ୟବେକ୍ଷଣ କରି ଏ ଦିଗରେ ଆବଶ୍ୟକ ପ୍ରତିକାରାତ୍ମକ ବ୍ୟବସ୍ଥାମାନ କରିବା ଦରକାର। ପାଠପଢ଼ା ଓ ପରୀକ୍ଷାର ଫଳାଫଳ ବ୍ୟାପାରରେ ଭାରତୀୟମାନଙ୍କର ବିଦ୍ୟାର୍ଥୀମାନଙ୍କ ଉପରେ ମାତ୍ରାଧିକ ଚାପ ଓ ଲିଙ୍ଗଗତ ବୈଷମ୍ୟ ଏହାର ପ୍ରଧାନ କାରଣ ହୋଇପାରେ।

ଦେଖାଯାଇଛି, ମନ କେବଳ ରହସ୍ୟମୟ ନୁହେଁ। ଏହା ଖୁବ୍ ଶକ୍ତିଶାଳୀ ମଧ୍ୟ। ମଣିଷ ଏକମାତ୍ର ପ୍ରାଣୀ ଯାହାର ଏକ ଶକ୍ତିଶାଳୀ ମସ୍ତିଷ୍କ ଅଛି। ଉନ୍ନତ ଧରଣର ଚିନ୍ତା କରିବାର ବୌଦ୍ଧିକ କ୍ଷମତା ଓ ସୃଜନଶୀଳତା ଅଛି। ତୀବ୍ର ଆବେଗ ମଧ୍ୟ ଅଛି। ମନ ଶରୀରକୁ ସମ୍ପୂର୍ଣ୍ଣ ଭାବରେ ପ୍ରଭାବିତ କରି ପାରୁଛି। ସମ୍ପ୍ରତି ଗବେଷଣା ଦ୍ୱାରା ପ୍ରମାଣିତ ହୋଇଛି ଯେ, ମାନସିକ ସ୍ଥିତି ଶାରୀରିକ ସ୍ଥିତିକୁ ନିୟନ୍ତ୍ରଣ କରେ। ମାନସିକ ସ୍ଥିତିର ପରିଣାମ ହିଁ ଶାରୀରିକ ସ୍ୱାସ୍ଥ୍ୟ। ମଣିଷର ବିଶ୍ୱାସ, ଆଶା, ନିରାଶା, ଆବେଗ, ଅନୁଭୂତି, ମନୋଭାବ ଓ ବ୍ୟକ୍ତିତ୍ୱ ଶାରୀରିକ ସ୍ୱାସ୍ଥ୍ୟକୁ ପ୍ରଭାବିତ କରେ। ବିଶ୍ୱାସ ଶରୀରରେ ଥିବା ଅନ୍ତଃସ୍ରାବୀ ଗ୍ରନ୍ଥୀ ବା ସ୍ନାୟୁ ସଂଚାରକମାନଙ୍କର କ୍ଷରଣକୁ ସମ୍ପୂର୍ଣ୍ଣ ନିୟନ୍ତ୍ରଣ କରେ। ଶରୀରତତ୍ତ୍ୱ ଗଠନ କରେ। ଅନୁଭବ ମସ୍ତିଷ୍କ କ୍ରିୟାରେ ପରିବର୍ତ୍ତନ ଆଣେ। ମନ ଅନ୍ତଃସ୍ରାବୀ ଗ୍ରନ୍ଥୀ, ସ୍ନାୟୁ ସଂସ୍ଥା ଓ ରୋଗ ପ୍ରତିରୋଧ ସଂସ୍ଥାକୁ ନିୟନ୍ତ୍ରଣ କରୁଥିବାରୁ ଏହି ଚାରିଟି ସଂସ୍ଥାର ପାରସ୍ପରିକ ସମ୍ବନ୍ଧ ଓ ନିବିଡ଼ ଯୋଗାଯୋଗକୁ ବୈଜ୍ଞାନିକ ପ୍ରଣାଳୀରେ ଅନୁଧ୍ୟାନ କରିବା ପାଇଁ ସାଇକୋନ୍ୟୁରୋଇମ୍ୟୁନୋଲୋଜି (psychoneuroimmunology) ବିଭାଗର ସୃଷ୍ଟି ହୋଇଛି। ମାନସିକ ଚାପ, ଉଦ୍‌ବେଗ ଏବଂ ଅବସାଦ ଆଦି ନକାରାତ୍ମକ ଆବେଗ ପ୍ରତିରୋଧ ବ୍ୟବସ୍ଥାକୁ ପ୍ରଭାବିତ କରିବା ସହିତ କିପରି ଉଚ୍ଚ ରକ୍ତଚାପ, ମଧୁମେହ ଏବଂ କର୍କଟ ରୋଗର ସମ୍ଭାବନା ବଢ଼ାଇ ଦେଉଛି ତାହା ବହୁ ବୈଜ୍ଞାନିକ ଅନୁଧ୍ୟାନରେ ପ୍ରମାଣିତ ହେବାରେ ଲାଗିଛି। ମନସ୍ତତ୍ତ୍ୱବିଦ୍‌ମାନେ ଚାପର ଉପଲବ୍ଧି ଏବଂ ମାରାତ୍ମକ ବ୍ୟାଧିର ଘନିଷ୍ଠ ପାରସ୍ପରିକ ସମ୍ବନ୍ଧ ବା ସହସଂପର୍କ ଦେଖିବାକୁ ପାଉଛନ୍ତି। ସେହି ପରିପ୍ରେକ୍ଷୀରେ ସ୍ଥାନିତ ହୋଇଛି ପ୍ରବନ୍ଧ 'ମାନସିକ ଚାପର ନିୟନ୍ତ୍ରଣ।'

ଶହ ଶହ ବର୍ଷଧରି ବିଶ୍ୱାସ କରାଯାଉଥିଲା, ମନ ଓ ଶରୀର ଭିନ୍ନ ଏବଂ ସେମାନେ ସ୍ୱାଧୀନ ଭାବରେ କାର୍ଯ୍ୟ କରନ୍ତି। ମନ ଶରୀରକୁ ବା ଶରୀର ମନକୁ ପ୍ରଭାବିତ କରେ ନାହିଁ। ଶାରୀରିକ ସ୍ୱାସ୍ଥ୍ୟକୁ ସମ୍ପୂର୍ଣ୍ଣ ଭାବରେ ଶାରୀରିକ ପ୍ରକ୍ରିୟାର ଦୃଷ୍ଟିକୋଣରୁ ବିଚାର କରାଯାଉଥିଲା। ବିଗତ ଚାରି ଦଶନ୍ଧି ଧରି ବୈଜ୍ଞାନିକମାନେ ଗବେଷଣା କରି ଉପରୋକ୍ତ ଦୃଷ୍ଟିଭଙ୍ଗୀକୁ ବଦଳାଇବାକୁ ସକ୍ଷମ ହୋଇଛନ୍ତି। ସେମାନେ ଏହି ସିଦ୍ଧାନ୍ତରେ ଉପନୀତ ହୋଇଛନ୍ତି ଯେ, ମଣିଷର ଭାବନା ଓ ବିଶ୍ୱାସ ମସ୍ତିଷ୍କ ଓ

ଜିନ୍‌ର କାର୍ଯ୍ୟକଳାପକୁ ପରିବର୍ତ୍ତନ କରି ଦୀର୍ଘମିଆଦୀ ଶାରୀରିକ ପ୍ରଭାବ ସୃଷ୍ଟି କରିପାରିବ। ଏ ଦୃଷ୍ଟିରୁ ମାନସିକ ଅବସ୍ଥାର ପ୍ରାଧାନ୍ୟକୁ ସ୍ୱୀକୃତି ଦେବାକୁ ପଡ଼ିବ। ସେହି ପରିପ୍ରେକ୍ଷୀରେ 'ମନ ଓ ଶରୀର: ଭିନ୍ନ ଅଥବା ଅଭିନ୍ନ' ପ୍ରସଙ୍ଗରେ ଆଲୋଚନା କରାଯାଇଛି।

ପୂର୍ବରୁ ଚିକିତ୍ସା କ୍ଷେତ୍ରରେ ଚିକିତ୍ସକ ଓ ଚିକିତ୍ସା ପଦ୍ଧତି ମୁଖ୍ୟ ଏବଂ ରୋଗୀର ଭୂମିକା ଗୌଣ ବୋଲି ବିଚାର କରାଯାଉଥିଲା। ବର୍ତ୍ତମାନ ରୋଗୀର ବିଶ୍ୱାସ, ଅବିଶ୍ୱାସ ଓ ମାନସିକତାକୁ ପ୍ରାଧାନ୍ୟ ଦିଆଯାଉଛି। ଚିକିତ୍ସା ପଦ୍ଧତିରେ ରୋଗୀ ଏକ ସକ୍ରିୟ ଭୂମିକା ଗ୍ରହଣ କରେ ବୋଲି ବିବେଚନା କରାଯାଉ ଥିବାବେଳେ ଅଧୁନା ଚିକିତ୍ସକ କେବଳ ଚିକିତ୍ସାର ଏକ ଅଂଶ ବିଶେଷ ବୋଲି ବିଚାର କରାଯାଉଛି। ରୋଗୀର ସକ୍ରିୟ ଭୂମିକାକୁ ଦୃଷ୍ଟିରେ ରଖି ଏବଂ ଚିକିତ୍ସକଙ୍କର ବ୍ୟବହାର କିପରି ଚିକିତ୍ସାକୁ ପ୍ରଭାବିତ କରୁଛି, ସେ ବିଷୟରେ ଆଲୋକପାତ କରିବା ଉଦ୍ଦେଶ୍ୟରେ 'ରୋଗ, ରୋଗୀ ଓ ଚିକିତ୍ସା ବିଜ୍ଞାନ' ପ୍ରସଙ୍ଗଟିର ଅବଧାରଣା କରାଯାଇଛି।

ସମ୍ପ୍ରତି ମନସ୍ତତ୍ତ୍ୱବିଦ୍‌ମାନେ ସକାରାତ୍ମକ ମନୋଭାବ, ଚିନ୍ତା ଓ ଆବେଗ ଉପରେ ଗୁରୁତ୍ୱ ଆରୋପ କରୁଛନ୍ତି। ଆନନ୍ଦରେ ରହୁଥିବା ଲୋକମାନଙ୍କର ମାନସିକ ଓ ଶାରୀରିକ ସ୍ୱାସ୍ଥ୍ୟ ଉତ୍ତମ, ରୋଗ ପ୍ରତିରୋଧ ଶକ୍ତି ଅଧିକ ଓ ସେମାନେ ଦୀର୍ଘଜୀବୀ ବୋଲି ପ୍ରମାଣିତ ହୋଇଛି। ସକାରାତ୍ମକ କାର୍ଯ୍ୟକଳାପର ଗୁରୁତ୍ୱକୁ ଉପଲବ୍ଧି କରି ଆମେରିକାନ ସାଇକୋଲୋଜିକାଲ୍ ଆସୋସିଏସନ 'ସକାରାତ୍ମକ ମନୋବିଜ୍ଞାନ' (Positive Psychology) କୁ ମନସ୍ତତ୍ତ୍ୱର ଏକ ଶାଖା ଭାବରେ ପ୍ରତିଷ୍ଠା କରି ଗତ ଦୁଇ ଦଶନ୍ଧି ଧରି ଏହା ଉପରେ ବହୁ ଗବେଷଣା ଜାରି ରଖିଛନ୍ତି। ଖୁସିରେ ରହିବାର ରହସ୍ୟ କ'ଣ ତାହା ଜାଣିବା ପାଇଁ ମନୋବିଜ୍ଞାନୀମାନେ ଅହରହ ପ୍ରୟାସ କରୁଛନ୍ତି। କିନ୍ତୁ ଦୁଃଖର ବିଷୟ ଯେ, ସଂଯୁକ୍ତ ରାଷ୍ଟ୍ରର ଆକଳନ ଅନୁଯାୟୀ ଅନେକ ବର୍ଷ ହେଲା କ୍ରମାଗତ ଭାବରେ ଭାରତ ବିଶ୍ୱ ସୁଖ ସୂଚକ (world happiness index) ରେ ଅତ୍ୟନ୍ତ ନିମ୍ନ ସ୍ଥାନରେ ରହିଛି। ପୃଥିବୀରେ ଭାରତ ଅନ୍ୟତମ ଅସୁଖୀ ରାଷ୍ଟ୍ର ଭାବରେ ପରିଗଣିତ ହେଉଛି। ଏ ସବୁକୁ ଦୃଷ୍ଟିରେ ରଖି ପୁସ୍ତକଟିରେ ଗବେଷଣାଭିତ୍ତିକ ଜ୍ଞାନ ଆଧାରରେ ସୁଖ ଓ ଆନନ୍ଦରେ ରହିବାର ରହସ୍ୟକୁ ଆଧାର କରି 'ସୁଖ ଏକ ଅନ୍ତର୍ନିହିତ ମାନସିକ ପ୍ରକ୍ରିୟା' ପ୍ରସଙ୍ଗ ଉପରେ ଯଥାରୀତି ଆଲୋଚନା କରାଯାଇଛି।

ପ୍ରକୃତି ତା' ସୃଷ୍ଟିରେ ସର୍ବଦା ଭିନ୍ନତା ସୃଷ୍ଟି କରିଥାଏ। ଯେପରି ଅଧିକାଂଶ ଲୋକଙ୍କୁ ଦୃଷ୍ଟିଶକ୍ତି ଓ ଶ୍ରବଣଶକ୍ତି ଦେଇଥିବାବେଳେ ମୁଷ୍ଟିମେୟ ଲୋକଙ୍କୁ ଦୃଷ୍ଟିହୀନ ଓ ଶ୍ରବଣରହିତ କରି ସୃଷ୍ଟି କରିଥାଏ। ସେହିପରି ପୁରୁଷ ଓ ସ୍ତ୍ରୀ ମଧ୍ୟରେ ସ୍ୱାଭାବିକ

ଭାବରେ ଯୌନ ସମ୍ପର୍କ ସ୍ଥାପିତ ହେଉଥିବାବେଳେ କିଛି ଲୋକ ସମଲିଙ୍ଗୀ ଯୌନ ସମ୍ପର୍କ ସ୍ଥାପନ କରିଥାନ୍ତି। ମଣିଷ ପରି ପନ୍ଦର ଶହ ପ୍ରାଣୀମାନଙ୍କ ଠାରେ ଏହିପରି ସମଲିଙ୍ଗୀ ଯୌନ ସମ୍ପର୍କ ରହିଥିବା କଥା ବୈଜ୍ଞାନିକମାନଙ୍କ ଦ୍ୱାରା ପ୍ରମାଣିତ ହୋଇସାରିଛି। ୧୯୭୩ ମସିହାରୁ ଆମେରିକାନ ସାଇକୋଲୋଜିକାଲ୍ ଆସୋସିଏସନ୍ ଏବଂ ଆମେରିକାନ ସାଇକିଆଟ୍ରିଷ୍ଟ ଆସୋସିଏସନ୍‌ର ଗବେଷଣା ତଥ୍ୟ ଆଧାରରେ ଏ ପ୍ରକାର ଯୌନ ସମ୍ପର୍କ ମାନସିକ ବ୍ୟାଧି ବା ମାନସିକ ଅସୁସ୍ଥତାର ଲକ୍ଷଣ ନୁହେଁ ବୋଲି ବିବେଚନା କରି ଏହାକୁ ମାନସିକ ବ୍ୟାଧି ତାଲିକାରୁ ହଟେଇ ଦେଲେଣି। ବିଗତ ପାଞ୍ଚ ଦଶନ୍ଧି ଧରି ଏହା ଏକ ଭିନ୍ନ ପ୍ରକାର ଯୌନ ସମ୍ପର୍କ ବା ଯୌନ ଅଭିବିନ୍ୟାସ ବୋଲି ଗ୍ରହଣ କରାଗଲାଣି। ଏମାନଙ୍କର ଯୌନ ଅଭିବିନ୍ୟାସ ଭିନ୍ନ ହେଲେ ମଧ୍ୟ ଏମାନେ ମାନସିକ ଓ ଅନ୍ୟ ସବୁ କ୍ଷେତ୍ରରେ ସମ୍ପୂର୍ଣ୍ଣ ସୁସ୍ଥ ବୋଲି ଜଣାଯାଇଛି।

ଭାରତୀୟମାନେ ଏ ପ୍ରକାର ସମ୍ପର୍କ ବ୍ୟାପାରରେ ଅପେକ୍ଷାକୃତ କୋହଳ ମନୋଭାବ ଦେଖାଉଥିବାବେଳେ ବ୍ରିଟିଶ ଲୋକମାନେ ଏହାକୁ ଏକ ଘୃଣ୍ୟ କାର୍ଯ୍ୟ ବୋଲି ଅବିହିତ କରୁଥିଲେ। ଭାରତରେ ଖ୍ରୀଷ୍ଟପୂର୍ବ ପ୍ରଥମରୁ ଷଷ୍ଠ ଶତାବ୍ଦୀ ମଧ୍ୟରେ ବାତ୍ସାୟନଙ୍କ ଦ୍ୱାରା ରଚିତ କାମସୂତ୍ର ପୁସ୍ତକରେ ଏବଂ ରାମାୟଣ ମହାଭାରତରେ ଏ ପ୍ରକାର ସମ୍ପର୍କର ବିଷଦ ବ୍ୟାଖ୍ୟା ଥିବାବେଳେ ଖଜୁରାହୋର କଳାଭାସ୍କର୍ଯ୍ୟରେ ମଧ୍ୟ ଏହାର ପ୍ରତିଫଳନ ଦେଖିବାକୁ ମିଳେ। କିନ୍ତୁ ଭାରତରେ ବ୍ରିଟିଶ ଶାସନ କାଳରେ ଲର୍ଡ ମାକ୍‌ଲେଙ୍କ ସମୟରେ ଏପରି କାର୍ଯ୍ୟକୁ ଅପରାଧ ଶ୍ରେଣୀଭୁକ୍ତ କରାଯାଇଥିଲା। ଅଧିକାଂଶ ସଭ୍ୟ ରାଷ୍ଟ୍ର ଏହି ସମ୍ପର୍କ ଅପରାଧ ଶ୍ରେଣୀଭୁକ୍ତ ନୁହେଁ ବୋଲି ଘୋଷଣା କରିସାରିଲେଣି। ଭାରତର ଉଚ୍ଚନ୍ୟାୟାଳୟ ମଧ୍ୟ ବ୍ୟକ୍ତି ସମାନତା ଓ ସ୍ୱାଧୀନତାକୁ ସମ୍ମାନ ଦେଇ ଏ ସମ୍ପର୍କ ଅପରାଧ ନୁହେଁ ବୋଲି ମତ ଦେଲେଣି। ଏହି ପରିପ୍ରେକ୍ଷୀରେ 'ସମଲିଙ୍ଗୀ ଯୌନ ସମ୍ପର୍କ: ଏକ ମନସ୍ତାତ୍ତ୍ୱିକ ବିଶ୍ଳେଷଣ' ଶୀର୍ଷକରେ ଏକ ପ୍ରବନ୍ଧ ପୁସ୍ତକରେ ସ୍ଥାନିତ ହୋଇଛି। ସମଲିଙ୍ଗୀ ଯୌନ ସମ୍ପର୍କର ମନସ୍ତାତ୍ତ୍ୱିକ କାରଣ ବିଷୟରେ ଆଲୋଚନା କରି ସଚେତନତା ସୃଷ୍ଟି କରିବା ପାଇଁ ଉଦ୍ୟମ କରାଯାଇଛି।

ସମ୍ପ୍ରତି ସମାଜ ନାରୀମାନଙ୍କର ସୌନ୍ଦର୍ଯ୍ୟ ଓ ଆକର୍ଷଣୀୟତାକୁ ମାତ୍ରାଧିକ ଗୁରୁତ୍ୱ ଦେଉଛି। ନାରୀମାନଙ୍କର ପୁରୁଷ ପରି ବୌଦ୍ଧିକ କ୍ଷମତା, ସୃଜନଶୀଳତା ଏବଂ ସବୁକ୍ଷେତ୍ରରେ ଦକ୍ଷତା ଥିବା ସତ୍ତ୍ୱେ ସେମାନେ ଆବଶ୍ୟକତାରୁ ଅଧିକ ସୌନ୍ଦର୍ଯ୍ୟ ସଚେତନ ହୋଇପଡୁଛନ୍ତି। ନାରୀମାନଙ୍କ ମନରେ ଏକ ବଦ୍ଧମୂଳ ଧାରଣା ଜନ୍ମିଛି ଯେ, ସଫଳତା, ସୁଖ ଓ ସମ୍ମାନ ପାଇଁ ସୌନ୍ଦର୍ଯ୍ୟ ନିହାତି ଆବଶ୍ୟକ। ନାରୀମାନେ

ସୌନ୍ଦର୍ଯ୍ୟ ବ୍ୟାପାରରେ ନିଜପାଇଁ ଏକ ଅବାସ୍ତବ ଓ ଅପହଞ୍ଚ ମାନଦଣ୍ଡ ନିର୍ଣ୍ଣୟ କରୁଛନ୍ତି। ଅଧିକ ମାତ୍ରାରେ ପ୍ରସାଧନ ଓ କସ୍ମେଟିକ ସର୍ଜରୀର ସାହାଯ୍ୟ ନେଉଛନ୍ତି। କ୍ଷୀଣାଙ୍ଗୀ ହେବା ଚେଷ୍ଟାରେ ଯୁବତୀମାନଙ୍କର ଖାଦ୍ୟ ଗ୍ରହଣ ସମ୍ବନ୍ଧୀୟ ବିଭିନ୍ନ ପ୍ରକାରର ମାନସିକ ବିକୃତି ଦେଖାଯାଉଛି। ନାରୀର ଏହି ଚେହେରାସର୍ବସ୍ୱ ମାନସିକତା ପାଇଁ ଖାଉଟି ଉପଭୋକ୍ତା ସଂସ୍କୃତିର ଅବଦାନ ଥିବାବେଳେ ଅର୍ଥନୈତିକ, ସାମାଜିକ ଓ ମନସ୍ତାତ୍ତ୍ୱିକ କାରଣମାନ ରହିଛି। ନାରୀର ଅତ୍ୟଧିକ ସୌନ୍ଦର୍ଯ୍ୟ ସଚେତନତା ସମାଜ ଓ ନାରୀପାଇଁ ଶୁଭଙ୍କର ନୁହେଁ। ଚର୍ମର ଗଭୀରତା ପରି ସୌନ୍ଦର୍ଯ୍ୟର ମଧ୍ୟ ଗଭୀରତା ନଥାଏ। ବାହ୍ୟ ସୌନ୍ଦର୍ଯ୍ୟର ଅନ୍ତଃସୌନ୍ଦର୍ଯ୍ୟ ସହିତ କୌଣସି ସମ୍ପର୍କ ନଥାଏ। ଅଧିକନ୍ତୁ ନାରୀର ନାରୀତ୍ୱ ଓ ଆତ୍ମପରିଚିତି ସୌନ୍ଦର୍ଯ୍ୟ ମଧ୍ୟରେ ସୀମିତ ନରହି ତା'ର ବହୁମୁଖୀ କ୍ଷମତା ଓ ସାମର୍ଥ୍ୟ ମାଧ୍ୟମରେ ପରିସ୍ଫୁଟ ହେବାପାଇଁ ଆହ୍ୱାନ କରାଯିବା ସଙ୍ଗେ ସଙ୍ଗେ ଏ ବ୍ୟାପାରରେ ସଚେତନତା ସୃଷ୍ଟି କରିବା ପାଇଁ 'ନାରୀର ସୌନ୍ଦର୍ଯ୍ୟ ସଚେତନତା: ମନୋବୈଜ୍ଞାନିକ ବିଚାର' ପ୍ରବନ୍ଧର ଅବତାରଣା କରାଯାଇଛି।

ପ୍ରେମ ଓ ପ୍ରଣୟ ବିଷୟରେ ବହୁ ଆଲୋଚନା ହୋଇଥାଏ। କବି ଓ ଲେଖକମାନେ ପ୍ରେମର ଅନୁଭବକୁ ଅତିରଞ୍ଜିତ କରି ବର୍ଣ୍ଣନା କରିଥାନ୍ତି। ଗଳ୍ପ, ଉପନ୍ୟାସ ଓ ଚଳଚ୍ଚିତ୍ରମାନଙ୍କରେ ଏକ ଧାରଣା ଦିଆଯାଏ ଯେ, ପ୍ରେମଜନିତ ସୁଖୋଚ୍ଛ୍ୱାସ, ଉଲ୍ଲସିତ ଓ ବିହ୍ୱଳିତ ଭାବ ଦୀର୍ଘସ୍ଥାୟୀ ଏବଂ ଏହି ଭାବାବେଗ ଜୀବନବ୍ୟାପୀ ରହିଥାଏ। 'ପ୍ରେମ ଏକ ଜୈବ ରାସାୟନିକ ପ୍ରକ୍ରିୟା' ପ୍ରବନ୍ଧରେ ପ୍ରେମକୁ ବିବର୍ତ୍ତନବାଦ ତତ୍ତ୍ୱ ମାଧ୍ୟମରେ ଏବଂ ସ୍ନାୟୁ ବିଶେଷଜ୍ଞ, ସାମାଜିକ ଜୈବବିଜ୍ଞାନୀ, ସମାଜ ବିଜ୍ଞାନୀ, ମନସ୍ତତ୍ତ୍ୱବିଦ୍‌ଙ୍କର ଦୃଷ୍ଟିକୋଣରୁ ଆଲୋଚନା କରାଯାଇଛି। ବିବର୍ତ୍ତନବାଦ ପରିପ୍ରେକ୍ଷୀରେ ପ୍ରେମ ବଂଶ ବୃଦ୍ଧିର ଏକ ଅତ୍ୟାବଶ୍ୟକ ପ୍ରକ୍ରିୟା ହୋଇଥିବାବେଳେ ସ୍ନାୟୁ ବିଜ୍ଞାନୀମାନେ ପ୍ରେମକୁ ଏକ ଜୈବ ରାସାୟନିକ ପ୍ରକ୍ରିୟା ଭାବରେ ଅବିହିତ କରନ୍ତି। ମନସ୍ତତ୍ତ୍ୱବିଦ୍‌ମାନେ ବିଶ୍ୱାସ କରନ୍ତି ଯେ, ମଣିଷ ନିଜକୁ ହିଁ ପ୍ରେମ କରେ। ପ୍ରେମ କରୁଥିବା ମଣିଷଟି ଏକ ମାଧ୍ୟମ ମାତ୍ର। ସମାଜ ବିଜ୍ଞାନୀମାନେ ପ୍ରେମ ସମ୍ପର୍କକୁ ଏକ ଦେଣନେଣ ସମ୍ପର୍କ ଭାବେ ବ୍ୟାଖ୍ୟା କରିଥାନ୍ତି। ଆଜିର ଯୁବକ ଯୁବତୀ ଭାବୁଥିବା ପରି ପ୍ରେମରେ ଆକର୍ଷଣ ଓ ଉଲ୍ଲାସ ଭାବ ଦୀର୍ଘସ୍ଥାୟୀ ନୁହେଁ। ବରଂ ପରସ୍ପରର ଆବଶ୍ୟକତା ବୁଝି ବ୍ୟକ୍ତିଗତ ସ୍ୱାଧୀନତା ଓ ଦୃଷ୍ଟିଭଙ୍ଗୀକୁ ସମ୍ମାନ ଦେଇ ଜାଣିଥିବା ପ୍ରେମ ସମ୍ପର୍କ ଚିରସ୍ଥାୟୀ ହୁଏ।

ଭାରତର ଶିକ୍ଷିତ ଓ ସଚେତନ ବାପା ମା' ନିଜ ପିଲାଙ୍କର ଲାଳନପାଳନ ବ୍ୟାପାରରେ ମାତ୍ରାଧିକ ଗୁରୁତ୍ୱ ଆରୋପ କରି ନିଜ ପିଲାକୁ ଅତ୍ୟନ୍ତ ମେଧାବୀ, ଚମତ୍କାର

ଓ ଶ୍ରେଷ୍ଠ ଶିଶୁ ଭାବରେ ଗଢ଼ି ତୋଳିବାକୁ ଅହରହ ଉଦ୍ୟମ କରୁଥାନ୍ତି । ନିଜ ପିଲାର ଭଲ କରିବାକୁ ଯାଇ ନିଜ ଅଜାଣତରେ ସେମାନଙ୍କ ଉପରେ ମାତ୍ରାଧିକ ଚାପ ସୃଷ୍ଟି କରିଥାନ୍ତି । ସବୁ ବିଷୟରେ ପ୍ରଶିକ୍ଷଣର ବ୍ୟବସ୍ଥା ଥିବାବେଳେ ପିତାମାତାଙ୍କୁ ପିଲାମାନଙ୍କର ଲାଳନପାଳନ ବ୍ୟାପାରରେ କୌଣସି ଶିକ୍ଷା ଦିଆଯାଏନାହିଁ । ତେଣୁ ପିଲାଙ୍କୁ କେଉଁ ସମୟରେ, କିପରି ପଢ଼ାଇଲେ ସେମାନେ ଖୁସି ଓ ଆନନ୍ଦରେ ଚାପମୁକ୍ତ ହୋଇ ପାଠ ପଢ଼ିବେ, ସବୁ କ୍ଷେତ୍ରରେ ଭଲ କରିବେ ସେଥିପାଇଁ ସୁନିୟନ୍ତ୍ରିତ ମନସ୍ତତ୍ତ୍ୱଭିତ୍ତିକ କାର୍ଯ୍ୟକ୍ରମର ବ୍ୟବସ୍ଥା କରିବା ଦରକାର । ପିଲାମାନଙ୍କ ସୃଜନଶୀଳତା ଓ ବୌଦ୍ଧିକ ବିକାଶ କିପରି ତ୍ୱରାନ୍ୱିତ ହେବ, ଗବେଷଣାଲବ୍ଧ ଫଳାଫଳ ଭିତ୍ତିରେ 'ଶୈଶବରେ ମନସ୍ତତ୍ତ୍ୱଭିତ୍ତିକ ଶିକ୍ଷା' ପ୍ରବନ୍ଧ ମାଧ୍ୟମରେ ଆଲୋଚନା କରାଯାଇଛି ।

ହଠାତ୍ ରାସ୍ତାରେ ବିପଦର ସମ୍ମୁଖୀନ ହୋଇଥିବା ବା ଯନ୍ତ୍ରଣା ଭୋଗ କରୁଥିବା ମଣିଷଟିକୁ ପଥଚାରୀଟି ସାହାଯ୍ୟ କରିବାକୁ ଯିବାବେଳେ ଘଟଣାଟିକୁ କିପରି ସମୀକ୍ଷା ବା ବିଶ୍ଳେଷଣ କରେ ତାହାର ଆଲୋଚନା ହୋଇଛି 'ବିପନ୍ନଙ୍କ ପରିସ୍ଥିତରେ ପଥଚାରୀର ମନସ୍ତତ୍ତ୍ୱ' ପ୍ରବନ୍ଧରେ । ଅନେକ ସମୟରେ ବହୁ ବିଷୟରେ ଆମର ଭ୍ରାନ୍ତ ଧାରଣା ଓ ଅନ୍ଧବିଶ୍ୱାସ ଥାଏ । ଶହ ଶହ ବର୍ଷ ଧରି ଚଳିଆସୁଥିବା, ଅଧିକାଂଶ ଲୋକ ବିଶ୍ୱାସ କରୁଥିବା କଥାଗୁଡ଼ିକ ମଣିଷ ନିଜ ଅଜାଣତରେ ଗ୍ରହଣ କରିନିଏ । 'ଯୁକ୍ତିହୀନ ବିଶ୍ୱାସ ଓ ବିଜ୍ଞାନ' ପ୍ରସଙ୍ଗରେ ଆମର ଅନ୍ଧବିଶ୍ୱାସ କିପରି ଓ କାହିଁକି ସୃଷ୍ଟି ହୁଏ, ବୈଜ୍ଞାନିକ ବିଶ୍ଳେଷଣ କରି ସଠିକ୍ ଜ୍ଞାନଲାଭ କଲାପରେ ବହୁ ଜଟିଳ ମାନସିକ ପ୍ରକ୍ରିୟା ଓ ଭୁଲ ଧାରଣା କିପରି ଅପସରି ଯାଏ ତାହା ଉପରେ ଆଲୋକପାତ କରାଯାଇଛି ।

ସର୍ବୋପରି ଏହି ପୁସ୍ତକରେ ସାମ୍ପ୍ରତିକ ସମାଜରେ ଦେଖାଯାଉଥିବା କେତେଗୁଡ଼ିଏ ଆବଶ୍ୟକ ଜରୁରି ପ୍ରସଙ୍ଗ ଉପରେ ବିଜ୍ଞାନଭିତ୍ତିକ ତଥ୍ୟାବଳୀକୁ ଆଧାର କରି ସରଳ ଭାବେ ମନସ୍ତାତ୍ତ୍ୱିକ ବିଶ୍ଳେଷଣ କରାଯାଇଛି । ପାଠକ ପାଠିକାଙ୍କୁ ଉପଯୁକ୍ତ ଦିଗ୍‌ଦର୍ଶନ ଦେଇ ଏହି ପ୍ରକାଶନ ବ୍ୟକ୍ତି ଜୀବନର ଚେତନାକୁ ପରିପୁଷ୍ଟ କରିବାରେ ସହାୟକ ହୋଇ ପାରିବ ବୋଲି ଆଶା ବ୍ୟକ୍ତ କରୁଛି ।

ସଂଗୀତା ରଥ

ସୂଚୀ

ମଣିଷ ନିଜ ଭାବନାକୁ କେତେ ବୁଝେ ?	୧୭
ଯୁକ୍ତିହୀନ ବିଶ୍ୱାସ ଓ ବିଜ୍ଞାନ	୨୭
ମାନସିକ ଅବସାଦରୁ ମୁକ୍ତି ଆତ୍ମହତ୍ୟା କି ?	୪୦
ପ୍ରେମ: ଏକ ଜୈବ ରାସାୟନିକ ପ୍ରକ୍ରିୟା	୫୮
ବାର୍ଦ୍ଧକ୍ୟ: ଶାରୀରିକ ନୁହେଁ ମାନସିକ	୬୫
ବିପଜ୍ଜନକ ପରିସ୍ଥିତିରେ ପଥଚାରୀର ମନସ୍ତତ୍ତ୍ୱ	୮୧
ମନ ଓ ଶରୀର: ଭିନ୍ନ ଅଥବା ଅଭିନ୍ନ !	୮୭
ସୁଖ: ଏକ ଅନ୍ତର୍ନିହିତ ମାନସିକ ପ୍ରକ୍ରିୟା	୯୬
ମାନସିକ ଚାପର ନିୟନ୍ତ୍ରଣ	୧୦୬
ନାରୀର ସୌନ୍ଦର୍ଯ୍ୟ ସଚେତନତା: ମନୋବୈଜ୍ଞାନିକ ବିଚାର	୧୧୬
ସମଲିଙ୍ଗୀ ଯୌନ ସମ୍ପର୍କ: ଏକ ମନସ୍ତାତ୍ତ୍ୱିକ ବିଶ୍ଳେଷଣ	୧୨୪
ରୋଗ, ରୋଗୀ ଓ ଚିକିତ୍ସାବିଜ୍ଞାନ	୧୩୧
ମନ ଓ ଦେହ ଉପରେ ଈର୍ଷାର ପ୍ରଭାବ	୧୪୦
ଜଗତୀକରଣ ପରବର୍ତ୍ତୀ ଭାରତରେ ଯୌନତାର ସଂଜ୍ଞା	୧୪୭
ଯୌନ ବିକୃତି	୧୫୨
ଶୈଶବରେ ମନସ୍ତତ୍ତ୍ୱଭିତ୍ତିକ ଶିକ୍ଷା	୧୬୦
ପରିବେଶ ପ୍ରଦୂଷଣ ଓ ଆମ ମାନସିକତା	୧୭୨

ମଣିଷ ନିଜ ଭାବନାକୁ କେତେ ବୁଝେ ?

ବିଖ୍ୟାତ ବୈଜ୍ଞାନିକ ତଥା ମନ ବିଶ୍ଳେଷଣର ଜନକ ସିଗ୍‌ମଣ୍ଡ ଫ୍ରଏଡ୍‌ଙ୍କ ମତରେ ମଣିଷ ମନର ତିନୋଟି ସ୍ତର ଅଛି, ତାହା ହେଲା ସଚେତନ (conscious), ଅବଚେତନ (sub-conscious) ଏବଂ ଅଚେତନ (unconscious) ସ୍ତର। ମଣିଷ ଅଧିକାଂଶ ସମୟ ସଚେତନ ଥିବାବେଳେ ତାର ମାନସପଟରେ ଅସଂଖ୍ୟ ଅନୁଭୂତି ସ୍ମୃତି ଆକାରରେ ସଂରକ୍ଷିତ ହୋଇ ରହିଥାଏ। ଏହାକୁ ଅବଚେତନ ସ୍ତର କୁହାଯାଏ ଏବଂ ଚେଷ୍ଟା କଲେ ଅବଚେତନ ସ୍ତରରେ ଥିବା ଘଟଣାଗୁଡ଼ିକୁ ସେ ସଚେତନ ସ୍ତରକୁ ଆଣିପାରେ। ଫ୍ରଏଡ୍‌ଙ୍କ ମତରେ ଜଳ ମଧ୍ୟରେ ଭାସମାନ ଥିବା ବରଫଖଣ୍ଡର ଉପରିଭାଗ ପ୍ରତୀୟମାନ ହେଉଥିବା ପରି ସଚେତନ ସ୍ତର ବିଷୟରେ ମଣିଷ ଜାଗ୍ରତ ଥିବାବେଳେ ବରଫଖଣ୍ଡର ଅଧିକାଂଶ ଭାଗ ଜଳ ମଧ୍ୟରେ ଲୁକ୍‌କାୟିତ ହୋଇ ରହିଥିବା ପରି ମନର ଏକ ବୃହତ ଅଂଶ ଅଚେତନ ଦ୍ୱାରା ଅଧିକୃତ ହୋଇଥାଏ ଏବଂ ମଣିଷ ଏହା ବିଷୟରେ ଆଦୌ ସଚେତନ ନଥାଏ। ତାଛଡ଼ା ଏହା ଉପରେ ମଣିଷର କୌଣସି ନିୟନ୍ତ୍ରଣ ମଧ୍ୟ ନଥାଏ। କିନ୍ତୁ ଅଚେତନ ସ୍ତର ଖୁବ୍ ପ୍ରଭାବଶାଳୀ ଓ ମଣିଷର ଅଜାଣତରେ ତାର ଅଧିକାଂଶ ବ୍ୟବହାରକୁ ଏହା ପ୍ରଭାବିତ କରିଥାଏ। ମନସ୍ତତ୍ତ୍ୱବିଦ୍ ଏବଂ ମନୋଚିକିତ୍ସକମାନେ ମନବିଶ୍ଳେଷଣ ମାଧ୍ୟମରେ ଅଚେତନ ସ୍ତରରେ ଥିବା ଅନୁଭବଗୁଡ଼ିକୁ ବୁଝିବାକୁ ଚେଷ୍ଟା କରନ୍ତି।

ଫ୍ରଏଡ୍‌ଙ୍କର ୧୯୦୧ରେ ପ୍ରକାଶିତ ପୁସ୍ତକ 'ଏଭ୍ରି ଡେ ସାଇକୋପାଥୋଲୋଜି ଅଫ୍ ଲାଇଫ୍' (Every day psychopathology of life) ରେ ସେ ଉଲ୍ଲେଖ କରିଛନ୍ତି ଯେ, ଭୁଲି ଯାଉଥିବା ଅଧିକାଂଶ ଘଟଣା ଆକସ୍ମିକ ନୁହେଁ। ତାଙ୍କ ମତରେ ଅସୁଖକର ଓ ବେଦନାଦାୟକ ଘଟଣାସମୂହକୁ ବ୍ୟକ୍ତି ଭୁଲି ଯିବାକୁ ଚାହେଁ। ଲଜ୍ଜାକର ଏବଂ ଯନ୍ତ୍ରଣାଦାୟକ ଘଟଣା ଦୁର୍ଘଟଣାଗୁଡ଼ିକ ବହୁ ଉଦ୍‌ବେଗ

ଓ ଦ୍ୱନ୍ଦ୍ୱ ସୃଷ୍ଟି କରୁଥିବାରୁ ମଣିଷ ନିଜ ଅଜାଣତରେ ଏ ସବୁକୁ ଅଚେତନ ସ୍ତରକୁ ଠେଲି ଦେଇ ଏକ ସାଧାରଣ ଏବଂ ସ୍ୱାଭାବିକ ଜୀବନଯାପନ କରିବାକୁ ଚେଷ୍ଟା କରେ।

ଏତଦ୍‌ଭିନ୍ନ ବ୍ୟକ୍ତିକୁ ଅପ୍ରୀତିକର ଆବେଗ, ଅପମାନଜନକ ଅନୁଭୂତି ଏବଂ ଅରୁଚିକର ସ୍ମୃତିସମୂହକୁ ସାମ୍ନା କରିବାକୁ କଷ୍ଟ ହୁଏ। ତାର ଆତ୍ମସମ୍ମାନ ଓ ଆତ୍ମମର୍ଯ୍ୟାଦା ବାଧାପ୍ରାପ୍ତ ହୁଏ। ବ୍ୟକ୍ତିର ଅହଂ (ego) ଏହାକୁ ଗ୍ରହଣ କରିପାରେ ନାହିଁ। ଅହଂର ଅଖଣ୍ଡତା ଓ ମର୍ଯ୍ୟାଦା ରକ୍ଷା କରିବା ପାଇଁ ସେ ଭିନ୍ନ ଭିନ୍ନ କୌଶଳ ଅବଲମ୍ବନ କରେ ଯାହାକୁ ପ୍ରତିରକ୍ଷା କୌଶଳ (defence mechanism) ବୋଲି କୁହାଯାଏ। ବିଫଳତାଜନିତ ହତାଶା, ଦୁଃଖ ଏବଂ ନୈରାଶ୍ୟର ମାତ୍ରା ହ୍ରାସ ପାଇଁ ଏବଂ ସାମ୍ନା କରିବାକୁ ଇଚ୍ଛା କରୁନଥିବା ଅସ୍ୱସ୍ତିକର ପରିସ୍ଥିତିରୁ ମୁକ୍ତି ପାଇବା ପାଇଁ ବ୍ୟକ୍ତି ଏହି ପ୍ରତିରକ୍ଷା କୌଶଳମାନଙ୍କର ସାହାଯ୍ୟ ନିଏ। ଅଚେତନ ମନ ସତ୍ୟତାର ସ୍ୱରୂପକୁ ବଦଳାଇ ଦେଇ ଭଲ ଲାଗୁଥିବା ଓ ଗ୍ରହଣୀୟ ହେଉଥିବା ଭାବନାର ଆଶ୍ରୟ ନିଏ। ଫଳରେ ଅହଂ ସୁରକ୍ଷିତ ରହେ। ପ୍ରତିରକ୍ଷା କୌଶଳଗୁଡ଼ିକ ମୁଖ୍ୟତଃ ମଣିଷର ଅଚେତନ ଓ ଅବଚେତନ ସ୍ତରରୁ ସୃଷ୍ଟି ହୁଏ। ଫ୍ରଏଡ୍ ଏହି ପ୍ରତିରକ୍ଷା କୌଶଳକୁ ନେଇ ବହୁ ତଥ୍ୟ ଉପସ୍ଥାପନ କରିଥିଲେ। ତାଙ୍କର ମୃତ୍ୟୁ ପରେ ତାଙ୍କର ସୁଯୋଗ୍ୟା କନ୍ୟା ଆନା ଫ୍ରଏଡ୍ ମନ ବିଶ୍ଳେଷଣ ଓ ଗବେଷଣା ମାଧ୍ୟମରେ ପ୍ରତିରକ୍ଷା କୌଶଳ ସମ୍ବନ୍ଧୀୟ ତଥ୍ୟକୁ ଅଧିକ ସମୃଦ୍ଧ କରିଥିଲେ।

ସତ୍ୟର ଅସ୍ୱୀକାର (denial of reality) ଗୋଟିଏ ଶକ୍ତିଶାଳୀ ପ୍ରତିରକ୍ଷା କୌଶଳ ଯେଉଁଠାରେ ବ୍ୟକ୍ତି ବାସ୍ତବିକତାକୁ ଅସ୍ୱୀକାର କରି ପଳାୟନବାଦୀ ମନୋଭାବ ପୋଷଣ କରେ। ଯେପରି ବୟସ୍କ ଲୋକମାନେ ବା ସେମାନଙ୍କର ପରିବାରର ସଦସ୍ୟମାନେ ସେହି ବ୍ୟକ୍ତିଙ୍କର ବୟସଜନିତ ଶାରୀରିକ ଓ ମାନସିକ ଅବକ୍ଷୟକୁ ବହୁତ ଦିନ ଧରି ଗ୍ରହଣ କରନ୍ତି ନାହିଁ। ଯନ୍ତ୍ରଣାଦାୟକ ଓ କଷ୍ଟଦାୟକ ନିଷ୍ପତ୍ତିକୁ ଲୋକେ ପରବର୍ତ୍ତୀ ସମୟ ପାଇଁ ଘୁଂଚାଇ ଦିଅନ୍ତି। ମୃତ୍ୟୁ ଅନିବାର୍ଯ୍ୟ ବୋଲି ଜାଣି ମଧ୍ୟ ରାସ୍ତାକଡ଼ରେ ଦେଖୁଥିବା ମୃତବ୍ୟକ୍ତିଙ୍କ ଉପରୁ ଅଧିକାଂଶ ଲୋକ ନିଜର ଧ୍ୟାନ ହଟାଇ ଦେବାକୁ ଚେଷ୍ଟା କରିଥାନ୍ତି। ସେମାନେ ଭାବିନିଅନ୍ତି, ନିକଟରେ ସେମାନଙ୍କ ମୃତ୍ୟୁ ଆସିବାର ନାହିଁ। ତେଣୁ ସେହି ମୁହୂର୍ତ୍ତରେ ମୃତ୍ୟୁ ବିଷୟରେ ଅଧିକ ମୁଣ୍ଡ ଖେଳାଇବାର ପ୍ରୟୋଜନ ନାହିଁ। ମଦ ବା ଡ୍ରଗ ପ୍ରତି ଆସକ୍ତ ଥିବା ବ୍ୟକ୍ତି ଭାବିପାରେ ଯେ ଏସବୁ ମାଦକ ଦ୍ରବ୍ୟ ତାର କୌଣସି କ୍ଷତି କରିପାରିବ ନାହିଁ। ଯେଉଁ ସମସ୍ୟାକୁ ମୁକାବିଲା କରିବା ବ୍ୟକ୍ତି ପକ୍ଷରେ ଅସମ୍ଭବ ବା କଷ୍ଟକର ହୁଏ, ସେ

ମୂଳରୁ ସମସ୍ୟାକୁ ଆଗ୍ରାହ୍ୟ କରିଦେବାକୁ ଚେଷ୍ଟା କରେ। କିଛି ଲୋକ ବାଲ୍ୟକାଳରୁ ନିଷ୍ଠୁର ସତ୍ୟ ଏବଂ ଅସ୍ୱସ୍ତିକର ବାସ୍ତବିକତାଠାରୁ ନିଜକୁ ଦୂରରେ ରଖିବାକୁ ଅଭ୍ୟାସ କରିଥାନ୍ତି ଏବଂ ସମସ୍ତ ପ୍ରମାଣ ଥିବା ସତ୍ତ୍ୱେ ଏହାର ଉପସ୍ଥିତିକୁ ଅସ୍ୱୀକାର କରି ଚାଲିଥାନ୍ତି। ନିଜକୁ ଯନ୍ତ୍ରଣା ଓ ଉଦ୍‌ବେଗଠାରୁ ଦୂରରେ ରଖିବାକୁ ସେମାନେ ଯଥାସାଧ୍ୟ ଚେଷ୍ଟା କରିଥାନ୍ତି। ଆଉ କିଛି ବ୍ୟକ୍ତି ସମସ୍ୟାକୁ ସ୍ୱୀକାର କଲେ ମଧ୍ୟ ସମାଧାନ ଦିଗରେ ସେମାନଙ୍କର କୌଣସି ଦାୟିତ୍ୱ ନାହିଁ ବୋଲି ଭାବି ବସନ୍ତି। ନିଜ ସନ୍ତାନର ମାନସିକ ଅସୁସ୍ଥତା ବା ମାନସିକ ବିକୃତିକୁ ସ୍ୱୀକାର ନ କରି ତାକୁ ସମ୍ପୂର୍ଣ୍ଣ ସ୍ୱାଭାବିକ ବୋଲି ଜଣେ ଭାବିପାରେ। ନିଜ ସ୍ତ୍ରୀର ଅନ୍ୟ ପୁରୁଷ ସହିତ ବିବାହ ବର୍ହିଭୂତ ସଂପର୍କ ସମ୍ଭବ ନୁହେଁ ବୋଲି ଜଣେ ବିଶ୍ୱାସ କରିପାରେ।

ମନ ବିଶ୍ଳେଷଣ କରୁଥିବା ମନସ୍ତତ୍ତ୍ୱବିଦ୍‌ମାନଙ୍କ ମତରେ କୌଣସି ଅନିମନ୍ତ୍ରିତ ପରିବର୍ତ୍ତନ ବା ଆକସ୍ମିକ ବିପଦର ସମ୍ମୁଖୀନ ହେବା ଓ ତାକୁ ମୁକାବିଲା (coping) କରିବା ସମୟରେ ପ୍ରଥମ ପର୍ଯ୍ୟାୟରେ ବ୍ୟକ୍ତି ଏହି ବିପଦ ବା ପରିବର୍ତ୍ତନକୁ ଅସ୍ୱୀକାର କରି ଏଡ଼ାଇ ଯିବାକୁ ଚେଷ୍ଟା କରେ। ଧୀରେ ଧୀରେ ସେ ହୁଏତ ତାର ଆବେଗିକ ସାଧନ ବା ପୁଂଜି (emotional resource) କୁ ଏକାଠି କରେ ଓ ଭୟଙ୍କର ସତ୍ୟକୁ ଗ୍ରହଣ କରି ବାସ୍ତବତାକୁ ସାମ୍ନା କରିବାକୁ ଚେଷ୍ଟା କରେ। ଯେପରି ନିଜର ପ୍ରିୟବ୍ୟକ୍ତି ବା ପରିବାରର କୌଣସି ସଦସ୍ୟଙ୍କ ଦ୍ୱାରା ଯୌନ ନିର୍ଯ୍ୟାତନା ପାଇଥିବା ଜଣେ ଯୁବତୀ ଏହାକୁ ଗ୍ରହଣ କରିନପାରି ଏଭଳି ଘୃଣ୍ୟ ମାନସିକତା ତାର ପ୍ରିୟଜନଙ୍କର ନଥାଇପାରେ ବା ସେ ଉଦ୍ଦେଶ୍ୟମୂଳକ ଭାବରେ ଏପରି ବ୍ୟବହାର ଦେଖାଇ ନଥିବେ ବୋଲି ଭାବିବାକୁ ପସନ୍ଦ କରେ। ଏପରି ଅସ୍ୱୀକାର ତଥ୍ୟଜନିତ (denial of fact) ଦାୟିତ୍ୱଜନିତ (denial of responsibilty) ପ୍ରଭାବଜନିତ (denial of impact) ବା ସଚେତନତାଜନିତ (denial of awareness) ହୋଇପାରେ। ଯେପରି ବ୍ୟକ୍ତି ନିଜେ କରିଥିବା ଦୋଷକୁ ନ୍ୟୁନ କରି ଦେଖିବାକୁ ଚେଷ୍ଟା କରିବା, ନିଜର ଦାୟିତ୍ୱ ନଥିଲା ବୋଲି ଭାବିବା, ନିଜର ତ୍ରୁଟିପୂର୍ଣ୍ଣ କର୍ମର ଫଳାଫଳକୁ ଅସ୍ୱୀକାର କରିବା, କୌଣସି ମାଦକ ଦ୍ରବ୍ୟର ପ୍ରଭାବରେ ଭୁଲ୍ କାମଟିଏ କରି ତାକୁ ଅସ୍ୱୀକାର କରିବା ବା ମାଦକ ଦ୍ରବ୍ୟର ଦୋଷ ଦେଇ ନିଜ ଦାୟିତ୍ୱକୁ ଏଡ଼ାଇ ଯିବା ଆଦି ବ୍ୟବହାର ଏହି ପ୍ରତିରକ୍ଷା କୌଶଳ ପର୍ଯ୍ୟାୟରେ ଅନ୍ତର୍ଭୁକ୍ତ। ସତ୍ୟକୁ ଅସ୍ୱୀକାର କରି ନିଜ ଦାୟିତ୍ୱକୁ ଅଣଦେଖା କରିବା ଫଳରେ ଅପରାଧବୋଧ ହ୍ରାସ ପାଏ ଓ ବ୍ୟକ୍ତିକୁ ଆଶ୍ୱସ୍ତ ଲାଗେ।

ଯୁକ୍ତିନିଷ୍ଠ ବ୍ୟାଖ୍ୟା (rationalization) ଏକ ବହୁଳ ଭାବରେ ବ୍ୟବହୃତ ହେଉଥିବା ପ୍ରତିରକ୍ଷା କୌଶଳ ଯେଉଁଥିରେ କୌଣସି କ୍ଷେତ୍ରରେ ବିଫଳ ହୋଇଥିବା

ବ୍ୟକ୍ତି ତାର୍କିକ ଯୁକ୍ତି ଆଧାରରେ ନିଜର ବିଫଳତାକୁ ବ୍ୟାଖ୍ୟା କରିବାକୁ ଚେଷ୍ଟା କରେ। ଯାହାଫଳରେ ବିଫଳତାଜନିତ ସୃଷ୍ଟି ହୋଇଥିବା ନକାରାତ୍ମକ ଆବେଗ ଓ ନିରାଶାର ତୀବ୍ରତା ଓ ତିକ୍ତତାର ପରିମାଣ କମିଯାଏ। ବାରମ୍ବାର ଚେଷ୍ଟା କରି ଚାକିରି ପାଇପାରିନଥିବା ଯୁବକ ବ୍ୟବସାୟ କରିବାର ନିଷ୍ପତ୍ତି ନିଏ। କିନ୍ତୁ ସେ ନିଜକୁ ବୁଝାଇ ଦିଏ ଯେ ସ୍ୱାଧୀନତା ଦୃଷ୍ଟିରୁ ଏବଂ ଆର୍ଥିକ ଲାଭ ଦୃଷ୍ଟିରୁ ଚାକିରି କରିଥିଲେ ତା'ର କୌଣସି ଲାଭ ହୋଇନଥାନ୍ତା। ଶତ ଚେଷ୍ଟା ସତ୍ତ୍ୱେ ଉଚ୍ଚ ଶିକ୍ଷା ପାଇଁ ବିଶ୍ୱବିଦ୍ୟାଳୟରେ ସ୍ଥାନ ପାଇ ପାରିନଥିବା ଯୁବକଟି ନିଜକୁ ବୁଝାଇ ଦିଏ ଯେ, ବିଶ୍ୱବିଦ୍ୟାଳୟ ଶିକ୍ଷା ଦ୍ୱାରା ଅର୍ଥହାନୀ ଓ ମୂଲ୍ୟବାନ ସମୟର ଅପଚୟ ହିଁ ଘଟିଥାନ୍ତା। କଲେଜରେ ନୂଆକରି ଯୋଗ ଦେଇଥିବା ସୁନ୍ଦରୀ ତରୁଣୀର ସୌନ୍ଦର୍ଯ୍ୟରେ ମୁଗ୍ଧ ହୋଇ ସହପାଠୀମାନେ ପ୍ରଶଂସା କରୁଥିବାବେଳେ ଅପେକ୍ଷାକୃତ ଅନାକର୍ଷଣୀୟ ବ୍ୟକ୍ତିତ୍ୱସମ୍ପନ୍ନା ଛାତ୍ରୀଟି ନିଜ ଅଲକ୍ଷ୍ୟରେ କହିଦେଇଥାଏ, ନବାଗତା ଯୁବତୀ ସୁନ୍ଦରୀ ହୋଇଥିଲେ ମଧ୍ୟ ଆଦୌ ବୁଦ୍ଧିମତୀ ନୁହେଁ। ସେ ଅଜାଣତରେ ନିଜକୁ ପ୍ରବୋଧନା ଦେଉଥାଏ ଯେ, ସେ ସୁନ୍ଦରୀ ନ ହୋଇଥିଲେ ମଧ୍ୟ ପ୍ରଖର ବୁଦ୍ଧିମତୀ। ଅପେକ୍ଷାକୃତ ମନ୍ଥର ଗତିରେ କାର୍ଯ୍ୟ କରୁଥିବା ଜଣେ ଯୁବକ ତା'ଠାରୁ କ୍ଷୀପ୍ର ଗତିରେ କାର୍ଯ୍ୟ କରୁଥିବା ଅନ୍ୟ ଯୁବକମାନଙ୍କୁ ଲକ୍ଷ୍ୟ କରି ନିଜକୁ ବାରମ୍ବାର ବୁଝାଇ ଦେଇଥାଏ ଯେ, ମନ୍ଥର ଗତିରେ କାର୍ଯ୍ୟ କରୁଥିଲେ ମଧ୍ୟ ସେ ସର୍ବଦା ନିର୍ଭୁଲ୍ ଭାବରେ କାର୍ଯ୍ୟ କରିଥାଏ। ଏ ପ୍ରକାର ମନୋଭାବକୁ 'ଅଙ୍ଗୁର କୋଳି ଖଟା' ମନୋଭାବ କୁହାଯାଏ। ଶୃଗାଳଟି ଉଚ୍ଚରେ ଝୁଲୁଥିବା ଅଙ୍ଗୁର ପେନ୍ଥା ପାଖରେ ପହଁଚିବାକୁ ଶତଚେଷ୍ଟା କରି ବିଫଳ ହେଲା ଏବଂ ଶେଷରେ ସେ ତାର ମନକୁ ବୁଝାଇ ଦେଲା, ଖଟା ଅଙ୍ଗୁର ଖାଇ କିଛି ଲାଭ ନାହିଁ। ଇଚ୍ଛା କରୁଥିବା ଅଥଚ କରିବାକୁ ସକ୍ଷମ ହେଉନଥିବା କାର୍ଯ୍ୟକଳାପଗୁଡ଼ିକୁ ଯୁକ୍ତିଯୁକ୍ତ ଓ ନ୍ୟାୟସଙ୍ଗତ ଭାବରେ ବୁଝାଇ ବ୍ୟକ୍ତି ନିଜର ହତାଶାର ପରିମାଣକୁ ହ୍ରାସ କରିଥାଏ। ଚାକିରି ପାଇଁ ଦେଇଥିବା ପରୀକ୍ଷାର ଅସଫଳତା ପାଇଁ ଯଥେଷ୍ଟ ପ୍ରସ୍ତୁତିର ଅଭାବ ଥିଲା ବୋଲି ଜଣେ ଭାବିପାରେ। ଯୋଗ୍ୟତା ଓ ପ୍ରବୀଣତା ଅଭାବରୁ ଚାକିରି ପାଇ ନଥାଇପାରେ ବୋଲି ସେ ଭାବିବାକୁ ଚାହେଁନାହିଁ। ଲୋକେ ସମ୍ପର୍କ ନଥିବା ସଫଳ ବ୍ୟକ୍ତିମାନଙ୍କ ସହିତ ନିଜକୁ ତୁଳନା କରନ୍ତି ଏବଂ ପ୍ରବୋଧନା ଦିଅନ୍ତି ଯେ, ସେମାନଙ୍କର ପରିସ୍ଥିତି ସମ୍ପୂର୍ଣ୍ଣ ଭିନ୍ନ ଥିଲା। ନଚେତ ସେ ମଧ୍ୟ ସେହି ସଫଳ ବ୍ୟକ୍ତିଠାରୁ ବହୁ ଅଧିକ ଉନ୍ନତି କରିପାରିଥାନ୍ତେ।

ପ୍ରେମିକଠାରୁ ପ୍ରତ୍ୟାଖ୍ୟାତ ହେଲାପରେ ସମ୍ପର୍କ ଭାଙ୍ଗିଯିବା ଏକ ଆଶୀର୍ବାଦ ଥିଲା ବୋଲି ପ୍ରେମିକା ବିଚାର କରିପାରେ। ପ୍ରେମିକର ଯୋଗ୍ୟତା ଓ ଦକ୍ଷତା

ବ୍ୟାପାରରେ ପ୍ରଥମରୁ ସେ ସନ୍ଦୀହାନ ଥିଲା ବୋଲି କହିପାରେ । ଜଣେ ବ୍ୟକ୍ତି ପଦୋନ୍ନତି ନ ପାଇବା ପରେ ଭାବିପାରେ ଯେ, ଏତେଗୁଡ଼ିଏ ଦାୟିତ୍ୱ ନେବା ତା ପକ୍ଷେ ସମ୍ଭବ ନଥିଲା ଓ ସେ ରକ୍ଷା ପାଇଗଲା । ଯାହା ହେଉଛି ସବୁ ଭଲ ପାଇଁ ହେଉଛି ବୋଲି ଲୋକେ ଭାବିଥାନ୍ତି । ଏହିପରି ଯୁକ୍ତିଯୁକ୍ତ କାରଣ ଦର୍ଶାଇ ନିଜଦ୍ୱାରା ସୃଷ୍ଟି କରାଯାଇଥିବା ମିଥ୍ୟା ଯୁକ୍ତିକୁ ବିଶ୍ୱାସ କରି ଲୋକେ ନିଜ ଦୁଃଖ ଓ ହତାଶାକୁ କିଛି ପରିମାଣରେ ଲାଘବ କରନ୍ତି ।

ଅବଦମନ (repression) ଏକ ପ୍ରତିରକ୍ଷା କୌଶଳ ଯାହା ଉପରେ ଫ୍ରଏଡ୍ ବହୁ ପ୍ରାଧାନ୍ୟ ଦେଇଥିଲେ । ତାଙ୍କ ମତରେ ନିଜକୁ ଅସ୍ୱସ୍ତିକର ମନେ ହେଉଥିବା ଅନୁଭବ ଓ ସ୍ମୃତିଗୁଡ଼ିକ ସଚେତନରୁ ଅଚେତନ ସ୍ତରକୁ ଚାଲିଯାଏ । ବ୍ୟକ୍ତି ଅପ୍ରୀତିକର ଅନୁଭବଗୁଡ଼ିକୁ ଭୁଲିଯାଏ ଏବଂ ସାମୟିକ ଭାବରେ ନକାରାତ୍ମକ ଆବେଗରୁ ମୁକ୍ତି ପାଏ । ଫ୍ରଏଡ୍ ଏପରି ବିସ୍ମରଣକୁ 'ଚୟନମୂଳକ ବିସ୍ମୃତି' (selective forgetting) ବୋଲି କହୁଥିଲେ । ଏହି ଅପ୍ରୀତିକର ସ୍ମୃତିଗୁଡ଼ିକ ଅବଦମିତ ହୋଇ ଅଚେତନ ସ୍ତରରେ ରହିଥିଲେ ମଧ୍ୟ ସମ୍ପୂର୍ଣ୍ଣ ବିସ୍ମୃତ ହୁଏନାହିଁ । ସମୟ ସମୟରେ ନାନା ସମସ୍ୟା ଓ ମାନସିକ ବିକୃତି ସୃଷ୍ଟି କରେ । ମନବିଶ୍ଳେଷଣ ପଦ୍ଧତିରେ ମନୋଚିକିତ୍ସକ ଏବଂ ମନୋବିଜ୍ଞାନୀମାନଙ୍କ ଦ୍ୱାରା ଏହି ଅବଦମିତ ସ୍ମୃତିଗୁଡ଼ିକୁ ସଚେତନ ସ୍ତରକୁ ଅଣାଯାଏ । ଯାହା ଫଳରେ ବ୍ୟକ୍ତି ବହୁ ମାନସିକ ରୋଗରୁ ଆରୋଗ୍ୟ ଲାଭ କରେ । ଅତି ଛୋଟ ଥିବାବେଳେ କୁକୁର କାମୁଡ଼ାର ଶିକାର ହୋଇଥିବା ଶିଶୁର ପରବର୍ତ୍ତୀ କାଳରେ କୁକୁର ପ୍ରତି ଭୟଙ୍କର ଭୟ ସୃଷ୍ଟି ହୋଇପାରେ । ନିଜର ପରିବାର ସଦସ୍ୟଙ୍କଠାରୁ ଯୌନ ନିର୍ଯ୍ୟାତନା ପାଇଥିବା ଜଣେ ଯୁବତୀ କୌଣସି ଯୁବକଙ୍କୁ ବିଶ୍ୱାସ କରିପାରେ ନାହିଁ ଏବଂ ସେମାନଙ୍କ ସହିତ ସ୍ୱାଭାବିକ ସମ୍ପର୍କ ସ୍ଥାପନ କରିପାରେ ନାହିଁ । କିନ୍ତୁ ଏ ଘଟଣାଗୁଡ଼ିକ ସମ୍ପୂର୍ଣ୍ଣ ବିସ୍ମୃତ ହୋଇଯାଇଥିବାରୁ ଏପରି ପ୍ରତିକ୍ରିୟା କାହିଁକି ଦେଖାଉଛି ତାର ଆଦୌ ବୋଧଗମ୍ୟ ହୁଏନାହିଁ ।

ଆମେରିକାରେ ୧୯୯୧ ମସିହାରେ ହତ୍ୟା ଅପରାଧରେ ଦଣ୍ଡ ପାଇଥିବା ଗୋଟିଏ ସତ୍ୟ ଘଟଣା ଏଠାରେ ଉଲ୍ଲେଖଯୋଗ୍ୟ । ଜର୍ଜ ଫ୍ରାଙ୍କଲିନ୍ ନାମକ ଜଣେ ବ୍ୟକ୍ତି ଏକ ଆଠ ବର୍ଷର ଶିଶୁ କନ୍ୟାକୁ ଧର୍ଷଣ କରି ହତ୍ୟା କରିଦେଇଥିଲା । ଏ ଘଟଣା ୧୯୬୯ ମସିହାରେ ଘଟିଥିଲେ ମଧ୍ୟ ପ୍ରାୟ ବାଇଶ ବର୍ଷ ପରେ ୧୯୯୧ ମସିହାରେ ଫ୍ରାଙ୍କଲିନ୍ ଦଣ୍ଡ ପାଇଥିଲା । ପ୍ରଶ୍ନ ହେଲା, ଫ୍ରାଙ୍କଲିନ୍ ବିରୁଦ୍ଧରେ ଏଭଳି ଭୟଙ୍କର ଅଭିଯୋଗ ଥିବା ସତ୍ତ୍ୱେ ସେ ଅନେକ ବର୍ଷ ଧରି କିପରି ନିର୍ବିଘ୍ନରେ ବୁଲୁଥିଲା ଏବଂ ଏତେ ଦୀର୍ଘ ସମୟ ପରେ କିପରି ଧରା ପଡ଼ିଲା ? ଫ୍ରାଙ୍କଲିନ୍‌ର କନ୍ୟା ଏଲିନ୍ ପ୍ରାୟ

ବାଇଶ ବର୍ଷ ପରେ କୋର୍ଟରେ କହିଥିଲେ ଯେ ସେ ସାତ/ଆଠ ବର୍ଷର ଶିଶୁ ଥିବାବେଳେ ଖେଳୁଥିବା ସମୟରେ ତାଙ୍କ ପ୍ରିୟ ସାଥୀକୁ ବାପା ଧର୍ଷଣ କରି ମାରିଦେଇଥିଲେ। ଘଟଣାଟି ଏତେ ଭୟଙ୍କର ଓ ଅସ୍ୱସ୍ତିକର ଥିଲା ଯେ ସେ ଘଟଣାଟିକୁ ସମ୍ପୂର୍ଣ୍ଣ ଭୁଲିଯାଇଥିଲେ। କିନ୍ତୁ କିଛି ଦିନ ତଳେ ତାଙ୍କର ସମଗ୍ର ଘଟଣାଟି ମନେପଡ଼ି ଯାଇଥିଲା। ଫଳରେ ସେ କୋର୍ଟରେ ହାଜର ହୋଇ ସବୁ କଥା କହିବାକୁ ଚାହିଁଥିଲେ। ଘଟଣାଟିର ସ୍ମୃତି ଏତେ ଭୟାନକ ଥିଲା ଯେ, ଅବଦମିତ ହୋଇ ତାହା ଅଚେତନ ସ୍ତରକୁ ଚାଲି ଯାଇଥିଲା ଏବଂ ବହୁବର୍ଷ ପରେ ପୁଣି ସଚେତନ ସ୍ତରକୁ ଆସିଥିଲା।

ପଶ୍ଚାତ୍‌ଗମନ (regression) ରେ ବ୍ୟକ୍ତି ଚାପଗ୍ରସ୍ତ ହେଲେ ବା ବିପଦରେ ସମ୍ମୁଖୀନ ହେଲେ ପୂର୍ବରୁ ଦେଖାଉଥିବା ବା ବାଲ୍ୟ କାଳରେ କରୁଥିବା ବ୍ୟବହାର ପୁଣିଥରେ କରିବାକୁ ଆରମ୍ଭ କରେ। ଦ୍ୱିତୀୟ ପିଲାର ଜନ୍ମ ପରେ ପିତାମାତା ସେମାନଙ୍କର ସମସ୍ତ ଧ୍ୟାନ କନିଷ୍ଠ ସନ୍ତାନ ଉପରେ କେନ୍ଦ୍ରୀଭୂତ କଲେ। ଜ୍ୟେଷ୍ଠ ସନ୍ତାନ ଉପେକ୍ଷିତ ମନେକଲା। ବାପାମାଙ୍କର ଆଦର ଓ ଧ୍ୟାନ ଫେରି ପାଇବା ପାଇଁ ବହୁ ଦିନରୁ ଛାଡ଼ିଦେଇଥିବା ଅଭ୍ୟାସର ପୁନରାବୃତ୍ତି ହେଲା। ସାନ ଭାଇ ପରି ସେ ଶେଯରେ ପରିସ୍ରା କରିବା ବା ବୁଢ଼ା ଆଙ୍ଗୁଳିକୁ ଚୁଚୁମେଇବାକୁ ଆରମ୍ଭ କଲା। ନବବିବାହିତା ଜଣେ ବଧୂ ଶଶୁରାଳୟରେ ଘଟିଥିବା ଅତି ସାମାନ୍ୟ କଥାରେ ବିବ୍ରତ ହୋଇ ପିତାମାତାଙ୍କ ପାଖକୁ ଫେରି ଆସିବା, ଉପରିସ୍ଥ କର୍ମଚାରୀଙ୍କ ତାଗିଦ୍ ଫଳରେ ମହିଳା କର୍ମଚାରୀ କାନ୍ଦିବା ଆଦି ବ୍ୟବହାରକୁ ପଶ୍ଚାତଗମନ କୁହାଯାଏ। ବାଲ୍ୟକାଳରେ ଦେଖାଉଥିବା ବ୍ୟବହାରଗୁଡ଼ିକର ପୁନରାବୃତ୍ତି କରିବା ଫଳରେ ଅନେକ ସମୟରେ ବ୍ୟକ୍ତି ସୁରକ୍ଷିତ ଅନୁଭବ କରେ।

ନିଜର କ୍ରୋଧ ବା ଆବେଗକୁ ଜଣଙ୍କୁ ଦେଖାଇ ନପାରି ଆଉ ଜଣକୁ ଦେଖାଇବାକୁ ସ୍ଥାନଚ୍ୟୁତି ବା ସ୍ଥାନାନ୍ତରୀଣ (displacement) ବୋଲି କୁହାଯାଏ। ଉପରିସ୍ଥ କର୍ମଚାରୀଙ୍କ ଠାରୁ ଖରାପ ବ୍ୟବହାର ପାଇ ପତ୍ନୀକୁ ଗାଳି ଦେବା, ସ୍ୱାମୀଙ୍କ ଉପରେ ରାଗି ପିଲାଙ୍କୁ ବାଡେଇବା ବା ବାପାଙ୍କୁ ପ୍ରତ୍ୟୁତ୍ତର ନଦେଇ ପାରି ରାସ୍ତାରେ ଯାଉଥିବା ପଥଚାରୀଙ୍କୁ ଟ୍ରାଫିକ୍ ନିୟମ ଉପରେ ଭାଷଣ ଦେବାକୁ କ୍ରୋଧର ସ୍ଥାନାନ୍ତରୀଣ ବୋଲି କୁହାଯାଏ। କମ୍ପାନୀ ମାଲିକର ତ୍ରୁଟିପୂର୍ଣ୍ଣ ଯୋଜନା ବା କାର୍ଯ୍ୟନୀତି ଯୋଗୁଁ କମ୍ପାନୀ ଉତ୍ତମ ଫଳ ପ୍ରଦର୍ଶନ କରିପାରୁ ନଥିଲେ ମଧ୍ୟ ଏହି କାର୍ଯ୍ୟନୀତିକୁ ନବଦଳାଇ ଅଧସ୍ତନ କର୍ମଚାରୀଙ୍କୁ ଗାଳିଦେବା ଏବଂ କମ୍ପାନୀର କ୍ଷତି ପାଇଁ ଦାୟୀ କରିବା ହେଲା ସ୍ଥାନାନ୍ତରୀଣର ଉଦାହରଣ। ବାପାଙ୍କୁ ଘୃଣା କରୁଥିବା ବ୍ୟକ୍ତି ଉପରିସ୍ଥ କର୍ମଚାରୀ, ଶିକ୍ଷକ ଅଭିଭାବକ ଆଦି ସବୁ ସତ୍ତାଧାରୀ ବ୍ୟକ୍ତିମାନଙ୍କ ପ୍ରତି ସେହି ଏକାଭଳି ପ୍ରତିକ୍ରିୟା

ପ୍ରକାଶ କରେ। ସନ୍ତାନ ନଥିବା ପିତାମାତା ପୋଷ୍ୟ ସନ୍ତାନ ଗ୍ରହଣ କରିବା ବା ଗୃହରେ ପ୍ରତିଷ୍ଠିତ ଠାକୁରଙ୍କୁ ଖୁଆଇ, ପିନ୍ଧେଇ, ସ୍ନାନ, ଶୟନର ବ୍ୟବସ୍ଥା ଆଦି କରି ସାରା ଦିନ ସେସବୁରେ ନିଜକୁ ନିୟୋଜିତ କରି ରଖିବାକୁ ସ୍ଥାନାନ୍ତରୀଣ ବୋଲି କୁହାଯାଏ। ଆତ୍ମହତ୍ୟାପ୍ରବଣ ମଣିଷ ଜଣକ ଛୁରୀ କିମ୍ବା ଦଉଡ଼ିକୁ ଦେଖି ଡରିପାରେ। ଯେଉଁ ସ୍ଥାନରେ ନିଜର କ୍ରୋଧ ଏବଂ ହତାଶା ଆଦି ନକାରାତ୍ମକ ଆବେଗ ପ୍ରକାଶ କରିବାକୁ ଭୟ ଲାଗେ ବା ବିପଦର ଆଶଙ୍କା ଥାଏ ବ୍ୟକ୍ତି ସେହି ଆବେଗକୁ ବିପଦ ନଥିବା ସ୍ଥାନରେ ବା ଅପେକ୍ଷାକୃତ କମ୍ ଭୟପ୍ରଦ, ସଙ୍କଟପୂର୍ଣ୍ଣ ବା ହାନିକାରକ ସ୍ଥାନରେ ପ୍ରକାଶ କରିବାକୁ ଚେଷ୍ଟା କରେ।

ପ୍ରତିକ୍ରିୟା ଗଠନ (reaction formation) ଏକ ଜଟିଳ ପ୍ରତିରକ୍ଷା କୌଶଳ ଯେଉଁଥିରେ ନିଜ ଭିତରେ ଉଦ୍ରେକ ହେଉଥିବା ନକାରାତ୍ମକ ଅଭିଳାଷଗୁଡ଼ିକୁ ସକାରାତ୍ମକ ରୂପ ଦେବାକୁ ବ୍ୟକ୍ତି ଚେଷ୍ଟା କରେ। ଜଣେ ବ୍ୟକ୍ତି ବହୁତ ଭଲ କାମ କରୁଥିଲେ ମଧ୍ୟ ମନ ଭିତରେ ସମ୍ପୂର୍ଣ୍ଣ ବିପରୀତ କାମ କରିବାକୁ ଅହରହ ଚାହୁଁଥାଇପାରେ। ଜଣେ ମା' ତାଙ୍କର ସାବତ ଝିଅ ମରିଯାଉ ବୋଲି ମନରେ ଚାହୁଁଥିଲେ। କିନ୍ତୁ ତାଙ୍କର ଏପରି ଅଭିଳାଷ ଠିକ୍ ନୁହେଁ ବୋଲି ମଧ୍ୟ ସେ ବୁଝି ପାରୁଥିଲେ। ତାଙ୍କର ପ୍ରକୃତ ମନୋଭାବ କିଏ ନ ବୁଝି ପାରୁ ବୋଲି ଭାବି ସେ ଦିନକୁ ତିନି/ଚାରି ଥର ସାବତ ଝିଅର ଭଲ ମନ୍ଦ କଥା ବୁଝିବା ପାଇଁ ତା ସ୍କୁଲକୁ ଯାଉଥିଲେ। ଯୁବକମାନଙ୍କ ସହିତ ମିଳାମିଶା କରିବା ପାଇଁ ଦୁର୍ବାର ଆଗ୍ରହ ଥିବା ସତ୍ତ୍ୱେ ଜଣେ ଯୁବତୀ ସେମାନଙ୍କ ସହିତ ମିଶିପାରୁ ନଥିଲା। ଆତ୍ମବିଶ୍ୱାସ ଓ ଆତ୍ମପ୍ରତ୍ୟୟର ଅଭାବ ଓ ହୀନମନ୍ୟତା ଯୋଗୁଁ ସେ ସେମାନଙ୍କ ପ୍ରତି ଆକର୍ଷିତ ହେଲେ ମଧ୍ୟ ସମ୍ପର୍କ ସ୍ଥାପନ କରିପାରୁ ନଥିଲା। ସେ ପୁଅମାନଙ୍କୁ ଘୃଣା କରେ ଓ ପୁଅ ଝିଅଙ୍କର ଅବାଧ ମିଳାମିଶା ତାକୁ ଗ୍ରହଣୀୟ ନୁହେଁ ବୋଲି ବିନା କାରଣରେ ଅପ୍ରାସଙ୍ଗିକ ଭାବେ ସେ ବାରମ୍ବାର କହୁଥିଲା। ମଦ୍ୟପାନ ପ୍ରତି ସାଙ୍ଘାତିକ ଦୁର୍ବଳତା ଥିବା ସତ୍ତ୍ୱେ ମଦ୍ୟପାନ କରିବାର ସାହସ ଜୁଟେଇ ପାରୁ ନଥିବା ଜଣେ ଯୁବକ ମଦ୍ୟପାନର ଅପକାରିତା ବିଷୟରେ ବାରମ୍ବାର ଆଲୋଚନା କରୁଥିଲା। ଏହିଭଳି ପ୍ରତିରକ୍ଷା କୌଶଳର ସାହାଯ୍ୟ ନେଇଥିବା ବ୍ୟକ୍ତି ବିପରୀତ କଥା ବାରମ୍ବାର କହି ଇଚ୍ଛା କରୁଥିବା ଅଥଚ କରିପାରୁ ନଥିବା ଦୁର୍ବାର ଅଭିଳାଷଗୁଡ଼ିକୁ ନିୟନ୍ତ୍ରିତ କରିବାକୁ ଚେଷ୍ଟା କରିଥାଏ। ଜଣେ ମହିଳା ତାଙ୍କ ଉପରିସ୍ଥ କର୍ମଚାରୀଙ୍କୁ ଘୃଣା କରୁଥିଲେ ମଧ୍ୟ ତାଙ୍କ ସହିତ ଖୁବ୍ ଭଦ୍ର, ମାର୍ଜିତ ଓ ଉଦାର ବ୍ୟବହାର ଦେଖାଉ ଥାଇପାରନ୍ତି। ବାହ୍ୟ ବ୍ୟବହାରକୁ ସେ ଏତେ ନିୟନ୍ତ୍ରିତ କରି ପ୍ରକାଶ କରନ୍ତି ଯେ କେହି ତାଙ୍କ ଅନ୍ତରର ଅନୁଭବକୁ ବୁଝିପାରିବ ନାହିଁ। ସେହିପରି ପ୍ରେମିକ ସହିତ ବିଚ୍ଛେଦ ହେବା

ପରେ ଭାଙ୍ଗି ପଡ଼ିଥିବା ପ୍ରେମିକା ନିଜର ବିଷର୍ଣ୍ଣତାକୁ ନିୟନ୍ତ୍ରଣ କରି ସମ୍ପୂର୍ଣ୍ଣ ବିପରୀତ ବ୍ୟବହାର ଦେଖାଇପାରେ । ସେ ଯେ ଖୁବ୍ ଖୁସି ଅଛି ଏବଂ ଏ ପ୍ରକାର ବିଚ୍ଛେଦ ତା ଉପରେ କୌଣସି ପ୍ରଭାବ ପକାଇ ନାହିଁ ଜଣାଇବାକୁ ସେ ବହୁ ଚେଷ୍ଟା କରି ସଫଳ ହୋଇପାରେ ।

ଆଗ୍ରହ ଥିବା ସତ୍ତ୍ୱେ କୌଣସି କାରଣରୁ ବିବାହ କରିପାରି ନଥିବା ଜଣେ ପୌଢ଼ା ରମଣୀ ଏକୁଟିଆ ଶୋଇବାକୁ ରାତିରେ ଡରୁଥିଲେ । ତାଙ୍କୁ ଲାଗୁଥିଲା, ଶଯ୍ୟାତଳେ କୌଣସି ପୁରୁଷ ଲୁଚି କରି ରହିଥାଇ ପାରନ୍ତି ଏବଂ ରାତି ଅଧରେ ହଠାତ୍ ବାହାରି ପଡ଼ିବାର ସମ୍ଭାବନା ଅଛି । ସମାଜରେ ଆଦୃତ ହେଉନଥିବା ଆବେଗ ଏବଂ କାମନାଗୁଡ଼ିକୁ ବ୍ୟକ୍ତି ଚାପି ଦେବାପାଇଁ ଚେଷ୍ଟା କରେ । ସେ ନକାରାତ୍ମକ ଆବେଗଗୁଡ଼ିକୁ ଅବଦମନ କରି ସମ୍ପୂର୍ଣ୍ଣ ବିପରୀତ ସକାରାତ୍ମକ କାର୍ଯ୍ୟ ବାରମ୍ବାର କରିଥାଏ । ନକାରାତ୍ମକ କାର୍ଯ୍ୟ ନକରିବା ପାଇଁ ଅହରହ ନିଜ ମଧ୍ୟରେ ବିଶ୍ୱାସ ଜନ୍ମେଇବାକୁ ଚେଷ୍ଟା କରୁଥାଏ ।

ପ୍ରକ୍ଷେପଣ (projection) କୌଶଳରେ ବ୍ୟକ୍ତି ନିଜର ବିଫଳତା ବା ଦୋଷତ୍ରୁଟି ପାଇଁ ଅନ୍ୟମାନଙ୍କୁ ଦାୟୀ କରେ । ନିଜର ଅନୁଭବ ଏବଂ ଅଭିପ୍ରେରଣାକୁ ବୁଝି ନପାରି ଅନ୍ୟକୁ ଦୋଷାରୋପ କରିବାକୁ ପ୍ରକ୍ଷେପଣ କୁହାଯାଏ । ପରୀକ୍ଷାରେ ଅସଫଳ ହୋଇଥିବା ଜଣେ ଛାତ୍ର ତାର ବିଫଳତା ପାଇଁ ତ୍ରୁଟିପୂର୍ଣ୍ଣ ଶିକ୍ଷାପଦ୍ଧତି ବା ଶିକ୍ଷକଙ୍କର ପକ୍ଷପାତିତାକୁ ଦାୟୀ କରିପାରେ । ଫଳରେ ତା'ଠାରେ ଅପରାଧବୋଧ ଜାଗ୍ରତ ହୁଏ ନାହିଁ ବା ଅସ୍ୱସ୍ତିକର ଅନୁଭବ ହୁଏ ନାହିଁ । ଏ ପ୍ରକାର ପ୍ରତିରକ୍ଷା କୌଶଳ ଛୋଟ ପିଲାମାନଙ୍କଠାରେ ମଧ୍ୟ ଦେଖାଯାଏ । ଦୁଇଜଣ ଛୋଟ ପିଲା ମାଡ଼ ମରାମରି ହେଉଥିଲେ, ଗୋଟିଏ ପିଲାକୁ ଗାଳିଦେଲେ ସେ ତତ୍‌କ୍ଷଣାତ ଉତ୍ତର ଦିଏ, 'ମୁଁ ନୁହେଁ, ସେ ଆଗ ମାରିଲା ।' ନିଜେ ଭାବୁଥିବା ବା ଅନୁଭବ କରୁଥିବା ଆବେଗକୁ ଅନ୍ୟଜଣେ ମଧ୍ୟ ଠିକ୍ ସେହିଭଳି ଅନୁଭବ କରୁଛି ବୋଲି ତ୍ରୁଟିପୂର୍ଣ୍ଣ ଭାବରେ ଭାବିବାକୁ ମଧ୍ୟ ପ୍ରକ୍ଷେପଣ କୁହାଯାଏ । ଜଣେ ବ୍ୟକ୍ତି ଅନ୍ୟ ଜଣେ ବ୍ୟକ୍ତିଙ୍କୁ ଘୃଣା କରୁଥିଲେ ସେ ଭାବିପାରେ ଯେ, ସେହି ବ୍ୟକ୍ତିଙ୍କର ଘୃଣାଭାବ ଯୋଗୁଁ ହିଁ ତା'ଠାରେ ଘୃଣା ସୃଷ୍ଟି ହେଲା । ପ୍ରକୃତରେ ସେ ପ୍ରଥମରୁ ତାଙ୍କୁ ଘୃଣା କରିନଥିଲା ।

ପ୍ରାୟଶ୍ଚିତ୍ତ/କ୍ଷତିପୂରଣ (undoing/ atonement) କରିବା ମଧ୍ୟ ଏକ ପ୍ରତିରକ୍ଷା କୌଶଳ ଯେଉଁଥିରେ ବ୍ୟକ୍ତି କୌଣସି ତ୍ରୁଟିପୂର୍ଣ୍ଣ କାର୍ଯ୍ୟ କରିବା ପରେ ପ୍ରାୟଶ୍ଚିତ୍ତ କରିବାକୁ ଚେଷ୍ଟା କରେ । ଭଲକାର୍ଯ୍ୟ କରି ଗର୍ହିତ ଅପରାଧର କ୍ଷତିପୂରଣ କରିବାକୁ ସେ ଚାହେଁ । ସାମାଜିକୀକରଣ ପଦ୍ଧତିରେ ଆମକୁ ଏକ ଧାରଣା ଦିଆଯାଇଥାଏ ଯେ, ଅନ୍ୟାୟ କାର୍ଯ୍ୟ କଲେ ବ୍ୟକ୍ତି ଦଣ୍ଡିତ ହୁଏ ଏବଂ ଉତ୍ତମ କାର୍ଯ୍ୟ କଲେ ପୁରସ୍କୃତ ହୁଏ ।

କୌଣସି ଅନ୍ୟାୟ କାର୍ଯ୍ୟ କରିଥିଲେ ବ୍ୟକ୍ତିର ଅପରାଧବୋଧ ଜାଗ୍ରତ ହୁଏ ଏବଂ ସେ ପ୍ରାୟଶ୍ଚିତ୍ତ କରିବାକୁ ଚେଷ୍ଟା କରେ। ବିବାହ ବର୍ହିଭୂତ ସମ୍ପର୍କ ସ୍ଥାପନ କରିଥିବା ବିଶ୍ୱାସଘାତକ ସ୍ୱାମୀ ପ୍ରେମିକା ସହିତ ବହୁ ସମୟ ବିତାଇବା ପରେ ସ୍ତ୍ରୀ ପାଇଁ ମୂଲ୍ୟବାନ ଉପହାର ଆଣିବା ବା ଅନୈତିକ ଉପାୟରେ ଅର୍ଥ ଉପାର୍ଜନ କରୁଥିବା ଜଣେ ବ୍ୟବସାୟୀ ମନ୍ଦିରରେ ବହୁତ ଦାନ ଦକ୍ଷିଣା ଦେବା ବା ହୁଣ୍ଡିରେ ମୂଲ୍ୟବାନ ସାମଗ୍ରୀ ଅର୍ପଣ କରିବା, ସ୍ୱାମୀଙ୍କୁ ବିନା କାରଣରେ ଆଘାତ କରିବା ପରେ କିଛି ସମୟ ତାଙ୍କର ରୂପଗୁଣର ପ୍ରଶଂସା କରିବା, ଅତ୍ୟନ୍ତ ଘୃଣା କରୁଥିବା ମଣିଷ ସହିତ ଥଟ୍ଟାମଜା କରି ଗମ୍ଭୀର ପରିବେଶକୁ ଲଘୁ କରିବା ଆଦି ବ୍ୟବହାର ପ୍ରାୟଶ୍ଚିତ୍ତ ବା କ୍ଷତିପୂରଣ ପ୍ରତିରକ୍ଷା କୌଶଳର ପ୍ରୟୋଗ ଭାବରେ ବିବେଚିତ ହୁଏ।

ରୁଚିପୂର୍ଣ୍ଣ ରୂପାନ୍ତରୀକରଣ ବା ଉର୍ଦ୍ଧ୍ୱପାତନ (sublimination) ଏକ ଅତ୍ୟନ୍ତ ପରିପକ୍ୱ ପ୍ରତିରକ୍ଷା କୌଶଳ ଯେଉଁଥିରେ ସମାଜ ଦ୍ୱାରା ଅନାଦୃତ ହେଉଥିବା କାମନା ଓ ଲାଳସାଗୁଡ଼ିକୁ ସାମାଜିକ ସ୍ତରରେ ଆଦୃତ ହେଉଥିବା କାର୍ଯ୍ୟରେ ରୂପାନ୍ତରିତ କରାଯାଏ। କାମୋଦ୍ଦୀପକ ଲାଳସାକୁ ସବୁସ୍ଥାନରେ ପ୍ରକାଶ କରିବା ସମ୍ଭବ ନୁହେଁ। ସମାଜରେ ଏହାର ଅବାଧ ପରିପ୍ରକାଶ ଆଦୃତ ହୁଏ ନାହିଁ। ଏହାର ଅଭିବ୍ୟକ୍ତି ବହୁ ସୃଜନଶୀଳ, ସାଂସ୍କୃତିକ ଏବଂ ବୌଦ୍ଧିକ କାର୍ଯ୍ୟ ମାଧ୍ୟମରେ ପ୍ରକାଶ ପାଏ। ଜଣେ ବ୍ୟକ୍ତି ଅନ୍ୟ ଜଣେ ବ୍ୟକ୍ତିପ୍ରତି ଥିବା ପୁଂଜିଭୂତ କ୍ରୋଧକୁ କଳହ ମାଧ୍ୟମରେ ପ୍ରକାଶ ନକରି କୌଣସି କ୍ରୀଡ଼ାରେ ଭାଗ ନେଇ ହୁଏତ ତାଙ୍କ ସହିତ ପ୍ରତିଯୋଗିତା କରିବାକୁ ଚେଷ୍ଟା କରିପାରେ। ପ୍ରେମରେ ବିଫଳ ହୋଇ ବା ଏକପାଖିଆ ପ୍ରେମ କରୁଥିବା ଜଣେ ବ୍ୟକ୍ତି ଉଚ୍ଚକୋଟୀର କବିତା ଲେଖିପାରେ। ଭିନ୍ନ ଭିନ୍ନ କଳାତ୍ମକ ସର୍ଜନାରେ ନିଜକୁ ନିୟୋଜିତ କରିପାରେ। ପଡ଼ୋଶୀଙ୍କ ସହିତ ମତାନ୍ତର ବା ମନାନ୍ତର ହେବାପରେ ନିଜର କ୍ରୋଧକୁ ଜଣେ ବ୍ୟକ୍ତି ଜଗିଙ୍ଗ୍ ବା ଶାରୀରିକ ବ୍ୟାୟାମ ମାଧ୍ୟମରେ ନିର୍ଗତ କରିପାରେ।

ଯୁବାବସ୍ଥା ଓ କୈଶୋରରେ ବ୍ୟକ୍ତି ସବୁଠାରୁ ଅଧିକ ଦିବାସ୍ୱପ୍ନ (day dreaming) ଦେଖୁଥିଲେ ମଧ୍ୟ ସବୁ ବୟସର ଲୋକେ ଜଞ୍ଜାଳମୟ ଓ ସଂଘର୍ଷମୟ ପରିସ୍ଥିତିରୁ ନିଜକୁ ମୁକୁଳାଇ ଭଲ ଲାଗୁଥିବା କାଳ୍ପନିକ ଜଗତରେ କିଛି ସମୟ ଅତିବାହିତ କରିବାକୁ ଚେଷ୍ଟା କରନ୍ତି। ଜଣେ ବ୍ୟକ୍ତି ଦୈନନ୍ଦିନ ଜୀବନରେ ବା ଜୀବନବ୍ୟାପୀ ସଂଗ୍ରାମ କରିବା ପରେ ମଧ୍ୟ ଯାହା ପାଇପାରୁନଥାଏ ବା କରିପାରୁ ନଥାଏ କଳ୍ପନା ମାଧ୍ୟମରେ ସେସବୁକୁ ପାଇବାକୁ ଚେଷ୍ଟା କରେ। ଜଣେ ଚାଲିପାରୁ ନଥିବା ଭିନ୍ନକ୍ଷମ ବାଳକ ଅତି ଉଚ୍ଚକୋଟୀର କ୍ରିକେଟ ଖେଳ ପ୍ରଦର୍ଶନ କରି ପ୍ରଶଂସା ପାଇବା କଥା

କଳ୍ପନା କରିପାରେ । ନିଃସଙ୍ଗ ଶିଶୁଟି ସମବୟସ୍କ ବନ୍ଧୁମାନଙ୍କର ନେତୃତ୍ୱ ନେଉଥିବାର କଳ୍ପନା କରେ । ଅନାକର୍ଷଣୀୟ ବ୍ୟକ୍ତିତ୍ୱସମ୍ପନ୍ନା ଜଣେ ଯୁବତୀ ପ୍ରଶଂସକମାନଙ୍କ ମଧ୍ୟରେ ଆନନ୍ଦଦାୟକ ସମୟ କାଟୁଥିବାର କଳ୍ପନା କରେ । ଦିବାସ୍ୱପ୍ନରେ ଅସୁଖକର ବାସ୍ତବତା ଦୂରୀଭୂତ ହୋଇଯାଏ । ବ୍ୟକ୍ତିର ଅଯୋଗ୍ୟତା, ଦୁର୍ବଳତା, ଅକ୍ଷମତା ଏବଂ ବାଧାବିଘ୍ନ ସବୁ କିଛି ସମୟ ପାଇଁ ଅପସରି ଯାଏ । ବ୍ୟକ୍ତିର ଯେଉଁ ବିଷୟରେ ପ୍ରବଳ ଆଗ୍ରହ ଥାଏ ଅଥଚ ସେ କରି ପାରୁନଥାଏ, ଦିବା ସ୍ୱପ୍ନ ମାଧ୍ୟମରେ କାଳ୍ପନିକ ଜଗତରେ ସେ ସବୁ ଉପଲବ୍ଧି କରେ; ଯାହା ତାକୁ ଅଳ୍ପ ସମୟ ପାଇଁ ହେଲେ ମଧ୍ୟ ଅଶେଷ ଆନନ୍ଦ ଦିଏ ।

ଏହି ପ୍ରତିରକ୍ଷା କୌଶଳଗୁଡ଼ିକର ବ୍ୟବହାର ଦ୍ୱାରା ବ୍ୟକ୍ତିକୁ ସାମୟିକ ସୁଖ ଓ ସନ୍ତୋଷ ମିଳେ । ହତାଶା ଓ ଦୁଃଖ ଦୂର ହେବା ସହିତ ଉଦ୍‌ବେଗ କିଛି ପରିମାଣରେ ହ୍ରାସ ପାଏ । କିନ୍ତୁ ଏହି କୌଶଳଗୁଡ଼ିକ ଆତ୍ମ ପ୍ରବଞ୍ଚକ ହୋଇଥିବାରୁ ଏହାର ଅତ୍ୟଧିକ ପ୍ରୟୋଗ ବ୍ୟକ୍ତିକୁ କ୍ଷତି ପହଞ୍ଚେଇ ଥାଏ । ସତ୍ୟକୁ ଅସ୍ୱୀକାର କରିବା, କ୍ରୋଧକୁ ସ୍ଥାନାନ୍ତରିତ କରିବା, ନିଜର ଭୁଲ୍ ପାଇଁ ଅନ୍ୟକୁ ଦୋଷ ଦେବା ଆଦି ପ୍ରତିରକ୍ଷା କୌଶଳଗୁଡ଼ିକ ଅନେକ ସମୟରେ କ୍ଷତିକାରକ ହୋଇଥିବା ବେଳେ ଊର୍ଦ୍ଧ୍ୱପାତନ ଭଳି ପ୍ରତିରକ୍ଷା କୌଶଳ ଗୁଣକାରୀ ହୋଇଥାଏ ଏବଂ ବ୍ୟକ୍ତିସତ୍ତାକୁ ବିକଶିତ କରିବାରେ କେତେକାଂଶରେ ସହାୟକ ହୁଏ ।

■

ଯୁକ୍ତିହୀନ ବିଶ୍ୱାସ ଓ ବିଜ୍ଞାନ

ଅବୈଜ୍ଞାନିକ, ଯୁକ୍ତିହୀନ ଗଭୀର ବିଶ୍ୱାସକୁ ଅନ୍ଧବିଶ୍ୱାସ କୁହାଯାଏ। ଅନ୍ୟଭାବରେ କହିବାକୁ ଗଲେ, ଯେଉଁ ବିଶ୍ୱାସ ସତ୍ୟ ନୁହେଁ, ବିଜ୍ଞାନସିଦ୍ଧ ନୁହେଁ, ଯୁକ୍ତିଯୁକ୍ତ ମଧ୍ୟ ନୁହେଁ ତାହାକୁ ଅନ୍ଧବିଶ୍ୱାସ ବା ଅପବିଶ୍ୱାସ ବୋଲି ବିବେଚନା କରାଯାଏ। ଅନେକ ସମୟରେ ଲୋକମାନେ ଘଟଣାର ପ୍ରକୃତ କାରଣ ଅନୁସନ୍ଧାନ ନ କରି, ଅଲୌକିକ ଓ ଅଦ୍ଭୁତ କାରଣତତ୍ତ୍ୱ ମାଧ୍ୟମରେ ଘଟଣାଟି ବ୍ୟାଖ୍ୟା କରିବାକୁ ଚେଷ୍ଟା କରିଥାନ୍ତି। ବିଜ୍ଞାନ ଓ ପ୍ରଯୁକ୍ତିବିଦ୍ୟାର ଅଗ୍ରଗତି ସତ୍ତ୍ୱେ, ବୌଦ୍ଧିକ କ୍ଷେତ୍ରରେ ମନୁଷ୍ୟ ଖୁବ୍ ଉନ୍ନତ ପ୍ରାଣୀ ହୋଇ ମଧ୍ୟ ଗୁଡ଼ାଏ ଅବାନ୍ତର ଚିନ୍ତାଧାରାକୁ ଗ୍ରହଣ କରି ନେଇଥାଏ। ବିକାଶଶୀଳ ହେଉ ବା ବିକଶିତ, ପୃଥିବୀର ସବୁଦେଶର ଲୋକ ଏଭଳି ଭ୍ରାନ୍ତ ଧାରଣାର ପୃଷ୍ଠପୋଷକତା କରିଚାଲିଥାନ୍ତି। ଅଶିକ୍ଷିତ ଓ ଦୁର୍ବଳମନା ବ୍ୟକ୍ତି ବେଶି ପରିମାଣରେ ଅନ୍ଧବିଶ୍ୱାସର ବଶବର୍ତ୍ତୀ ବୋଲି ବିଶ୍ୱାସ କରାଯାଉଥିଲେ ହେଁ ଖୁବ ଶିକ୍ଷିତ ଓ ବୁଦ୍ଧିମାନ ବ୍ୟକ୍ତି ମଧ୍ୟ ଅନ୍ଧବିଶ୍ୱାସୀ ହୋଇଥାନ୍ତି।

ପ୍ରତ୍ୟେକ ବିଷୟରେ ଅଗଣିତ ଅନ୍ଧବିଶ୍ୱାସ ଶହଶହ ବର୍ଷ ଧରି ଚଳି ଆସୁଛି। ଅନେକ ବିଶ୍ୱାସ ଖୁବ୍ ନିରୀହ ଏବଂ ସମାଜର ବିଶେଷ କ୍ଷତି କରୁ ନଥିବାବେଳେ ଅନେକ ଗୁଡ଼ିଏ ବିଶ୍ୱାସର ପରିଣତି ସମାଜ ପାଇଁ କ୍ଷତିକାରକ ହୋଇଥାଏ। ଅନେକ ଲୋକ ବିଶ୍ୱାସ କରନ୍ତି ଯେ ଯାନବାହନରେ ନିର୍ଦ୍ଦିଷ୍ଟ ସଂଖ୍ୟା ବ୍ୟବହାର କଲେ, ଘର ସାମ୍ନାରେ କଳସୀ ରଖିଲେ, ବ୍ୟବସାୟ ପ୍ରତିଷ୍ଠାନ ଆଗରେ ଲେମ୍ବୁଲଙ୍କା ବା ଆମ୍ବପତ୍ରର ମାଳ ଟଙ୍ଗାଇଲେ ଶୁଭ ହୁଏ। କେହି କେହି ଲେଖନ୍ତି "ଓଁ ଶୁଭଲାଭ"। ଅଥଚ ଲାଭକ୍ଷତି ସହିତ ଏହାର କୌଣସି ସମ୍ପର୍କ ନଥାଏ। ସେହିପରି ବାହାଘର ବେଳେ ଝିଅଟି କଳାଶାଢ଼ୀ ପିନ୍ଧିଲେ, ଭଙ୍ଗା ଦର୍ପଣରେ ଜଣେ ମୁହଁ ଦେଖିଲେ, ବାମ ଆଖି କୌଣସି କାରଣରୁ ଡେଇଁଲେ ଅଶୁଭ ବୋଲି ବିଚାର କରାଯାଏ। ଖରାପ ଦୃଷ୍ଟିରୁ ରକ୍ଷା କରିବା

ପାଇଁ ପିଲାଙ୍କ ଦେହରେ କଳା ଲଗାଯାଇଥାଏ। କାହା ହାତରେ ଲୁଣଲଙ୍କା ଦେଲେ କଳି ଲାଗିବ ବୋଲି ବିଶ୍ୱାସ କରାଯାଏ। କେତେଗୁଡ଼ିଏ ଦିନକୁ ଶୁଭ ବୋଲି ବିଚାର କରାଯାଏ ଏବଂ ଏହି ଶୁଭ ଦିନରେ ବିବାହ, ଗୃହପ୍ରବେଶ ଓ ବ୍ୟବସାୟ କାର୍ଯ୍ୟ ଆରମ୍ଭ କରାଯାଏ। ଏହି ଦିନଗୁଡ଼ିକ ପ୍ରକୃତରେ ଶୁଭ ଦିନ ହୋଇଥିଲେ ବା ଶୁଭ ମୁହୂର୍ତ୍ତ ସବୁ ନିର୍ଣ୍ଣୟ କରୁଥିଲେ ସମସ୍ତେ ହୁଏତ ବୈବାହିକ ଓ ଗାର୍ହସ୍ଥ୍ୟ ଜୀବନରେ ସୁଖୀ ଓ ବ୍ୟବସାୟରେ ପ୍ରତିଷ୍ଠିତ ହୋଇପାରନ୍ତେ। କିନ୍ତୁ ସେପରି କିଛି ହୁଏ ନାହିଁ। ମାତାଙ୍କ ସହିତ ସାଦୃଶ୍ୟ ଥିବା ପୁତ୍ର ଓ ପିତାଙ୍କ ସହିତ ସାଦୃଶ୍ୟ ଥିବା କନ୍ୟା ସୁଖୀ ହୁଏ ବୋଲି ଭ୍ରାନ୍ତଧାରଣା ଥାଏ। ଆଖିଟେରା ଥିବା ନାରୀ କୁଆଡେ ଭାଗ୍ୟବତୀ ହୁଅନ୍ତି ଅଥଚ ପାଦ ବଡ଼ ଥିବା ନାରୀ ଭାଗ୍ୟହୀନ ହୁଅନ୍ତି।

ପଶୁପକ୍ଷୀଙ୍କୁ ନେଇ ମଧ୍ୟ ଅନେକ ଅନ୍ଧବିଶ୍ୱାସ ସୃଷ୍ଟି କରାଯାଇଛି। ଯେପରି ନେଉଳ, ହଳଦୀବସନ୍ତ, ଦୁଇଟି ବଣି, ଭଦଭଦଳିଆ ପକ୍ଷୀ ଦେଖିଲେ ଶୁଭ ବା ଯାତ୍ରା କଲାବେଳେ ହାତୀ ବା ମୟୁର ଦେଖିଲେ ଶୁଭ ଅଥଚ କଳା ବିରାଡ଼ି ଦେଖିଲେ ଅଶୁଭ ବୋଲି ବିଶ୍ୱାସ କରାଯାଏ। ମୁଣ୍ଡରେ ଝିଟିପିଟି ପଡ଼ିଲେ ବା ପେଚା ରାବିଲେ ଖରାପ ହେବ ବୋଲି ଲୋକେ ଭାବନ୍ତି। ସୂର୍ଯ୍ୟପରାଗ ଓ ଚନ୍ଦ୍ରଗ୍ରହଣ ସମୟରେ ବହୁ କାଳରୁ ପାକନିଷେଧ ଚଳି ଆସୁଛି। ଏ ସମୟରେ ହଜମ ପ୍ରକ୍ରିୟାରେ ବାଧା ସୃଷ୍ଟି ହୁଏ ବୋଲି ଭାରତୀୟମାନଙ୍କର ଏକ ବଦ୍ଧମୂଳ ଭୁଲ୍ ଧାରଣା ରହିଆସିଛି। କୌତୁକ କଥା, ଗ୍ରହଣ କାଳରେ ଖାଇବା ଅନୁଚିତ ଭାବି ପୂର୍ବରୁ ଆବଶ୍ୟକତାରୁ ଅଧିକ ଓ ଖୁବ୍ ଗରିଷ୍ଠ ଖାଦ୍ୟ ଲୋକେ ଖାଇ ଥାଆନ୍ତି ଯାହା ବଦହଜମ ସୃଷ୍ଟି କରିବାର ସମ୍ଭାବନା ବଢ଼େଇ ଦେଇଥାଏ।

ସବୁଦେଶର ଲୋକେ କିଛି କିଛି ଭ୍ରାନ୍ତ ଧାରଣାର ବଶବର୍ତ୍ତୀ ହୋଇଥାନ୍ତି। ଛୋଟ ପାଦବିଶିଷ୍ଟା ନାରୀ ସୁନ୍ଦରୀ ଓ ଭାଗ୍ୟବତୀ ବୋଲି ବିଚାର କରାଯାଉଥିବାରୁ ଆଗ କାଳରେ ଚାଇନାରେ ଝିଅମାନେ ନିଜ ପାଦକୁ ବାନ୍ଧି ରଖୁଥିଲେ। ଛୋଟ ପାଦ ଯୋଗୁଁ ପରବର୍ତ୍ତୀ କାଳରେ ଚାଇନା ସୁନ୍ଦରୀମାନେ ଠିକ୍ ଭାବରେ ଚାଲି ମଧ୍ୟ ପାରୁନଥିଲେ। ପାଶ୍ଚାତ୍ୟ ଦେଶମାନଙ୍କରେ ତେର ସଂଖ୍ୟାକୁ ଅଶୁଭ ବୋଲି ବିବେଚନା କରାଯାଏ। ତେଣୁ ହୋଟେଲମାନଙ୍କରେ ବାର ନମ୍ବର ପରେ ଚଉଦ ନମ୍ବର କୋଠରି ଥାଏ। ଯୀଶୁଖ୍ରୀଷ୍ଟ ଶୁକ୍ରବାର ଦିନ କ୍ରୁସବିଦ୍ଧ ହୋଇଥିବାରୁ ସେମାନେ ଏହି ବାରଟିକୁ ଅଶୁଭ ବୋଲି ଭାବିଥାନ୍ତି।

ମଣିଷ ନିଜେ ଧର୍ମ ଓ ଜାତି ସୃଷ୍ଟି କରିଛି। ପୂର୍ବପୁରୁଷଙ୍କ ମାଧ୍ୟମରେ ବା ବିଭିନ୍ନ ପରିସ୍ଥିତିରେ ମଣିଷ ଭିନ୍ନ ଭିନ୍ନ ଧର୍ମ ଗ୍ରହଣ କରିଥାଏ। ସବୁ ଧର୍ମର ମଣିଷ

ସମାନ। ସମାନ ତାଙ୍କର ମନ, ଆବେଗ, ଅସହାୟତା, ସୁଖ ଏବଂ ଦୁଃଖ। ଅଥଚ ଧର୍ମକୁ ନେଇ ଅନେକ ଭ୍ରାନ୍ତଧାରଣା ଓ ଅନ୍ଧବିଶ୍ୱାସ ସୃଷ୍ଟି କରାଯାଇଥାଏ। ନିଜ ଧର୍ମ ଶ୍ରେଷ୍ଠ, ଅନ୍ୟ ଧର୍ମ ଓ ଧର୍ମାବଲମ୍ବୀମାନେ ଘୃଣ୍ୟ, ଏପରି ଏକ ଭ୍ରାନ୍ତଧାରଣା ଓ ଧର୍ମୀୟ ଭାବପ୍ରବଣତା ମଣିଷ ମଣିଷ ମଧ୍ୟରେ ବିଭେଦ ସୃଷ୍ଟି କରିଥାଏ। ଅସଂଖ୍ୟ ଉଗ୍ରବାଦ, ନରସଂହାର, ରକ୍ତପାତ, ଲୁଣ୍ଠନ ଓ ଧ୍ୱଂସର ତାଣ୍ଡବଲୀଳାକୁ ପ୍ରୋତ୍ସାହିତ କରେ ଏହି ଧର୍ମାନ୍ଧତା। ମନୁଷ୍ୟ ଗୋଟିଏ ଜାତି ଓ ମାନବିକତା ହିଁ ମନୁଷ୍ୟ ଜାତିର ଏକମାତ୍ର ଧର୍ମ। ଧର୍ମାଚରଣ କହିଲେ ପୂଜା, ଉପାସନା,ଆରାଧନା, କର୍ମକାଣ୍ଡ ବା ବିଭିନ୍ନ ପର୍ବପର୍ବାଣି ପାଳନ କରିବା ନୁହେଁ। ଧର୍ମାଚରଣ କହିଲେ ଜାତି, ବର୍ଣ୍ଣ, ଧର୍ମ ଊର୍ଦ୍ଧ୍ୱରେ ପ୍ରତ୍ୟେକ ବ୍ୟକ୍ତିର ସୁଖ, ସ୍ୱାଚ୍ଛନ୍ଦ୍ୟ, ମହତ୍ତ୍ୱ, ସମ୍ମାନ ଓ ଅଧିକାରକୁ ଗୁରୁତ୍ୱ ଦେବାକୁ ହିଁ ବୁଝାଏ।

କିନ୍ତୁ ଦୁଃଖର ବିଷୟ, ଧର୍ମ ଓ ଈଶ୍ୱରଙ୍କ ନାମରେ ଆମ ସମାଜରେ ଭୟଙ୍କର କୁସଂସ୍କାର ଓ ଅବାନ୍ତର ଅନ୍ଧବିଶ୍ୱାସ ପ୍ରଚଳିତ। ସବୁ ଧର୍ମର ଲୋକ ଈଶ୍ୱରଙ୍କୁ ବିଭିନ୍ନ ଭାବରେ କଳ୍ପନା କରିଛନ୍ତି ଏବଂ ଈଶ୍ୱରଙ୍କୁ ଖୁସି କରିବା ପାଇଁ ନିଜକୁ ସୁହାଇଲା ପରି ଗୁଡ଼ାଏ ଧର୍ମାଚରଣ ସୃଷ୍ଟି କରିଛନ୍ତି। ଯାହା ପରବର୍ତ୍ତୀ କାଳରେ ପରମ୍ପରାରେ ପରିଣତ ହୋଇଛି। ନୋବେଲ ପୁରସ୍କାର ବିଜେତା ବିଖ୍ୟାତ ବୈଜ୍ଞାନିକ ଆଇନଷ୍ଟାଇନ ମଣିଷ ସୃଷ୍ଟି କରିଥିବା ଧର୍ମଧାରଣାକୁ ଅତ୍ୟନ୍ତ ପିଲାଳିଆ ବୋଲି କହିଥିଲେ। ଧର୍ମ ସହିତ ଆଲୌକିକତା ଓ ଚମତ୍କାରିତାକୁ ଯୋଡ଼ି ଲୋକଙ୍କୁ ପ୍ରଭାବିତ କରିବା ପାଇଁ ଚେଷ୍ଟା କରାଯାଇଥାଏ। ଯେପରି ମୁସଲମାନ ସଂପ୍ରଦାୟର ଲୋକେ କବର ଉପରେ ଚାଦର ପକାଇ ପୂଜା କରନ୍ତି ଏବଂ ବିଶ୍ୱାସ କରନ୍ତି ଯେ ଏହାଦ୍ୱାରା ସେମାନଙ୍କର ସବୁ ଇଚ୍ଛା ପୂରଣ ହୋଇଯିବ। ହିନ୍ଦୁ ଧର୍ମରେ ଠାକୁରାଣୀଙ୍କୁ ପ୍ରସନ୍ନ କରିବା ପାଇଁ ପଶୁବଳି, ଏପରିକି ମଣିଷବଳି ମଧ୍ୟ ଦିଆଯାଏ। ସ୍ୱାର୍ଥ ଲାଭ ପାଇଁ ନିରୀହ ଶିଶୁଙ୍କୁ ବଳି ଦିଆଯାଏ। ଠାକୁର, ଠାକୁରାଣୀମାନଙ୍କୁ ବିଭିନ୍ନ କାମ ପାଇଁ ତୋଷାମଦ କରାଯାଏ ଓ ଲାଞ୍ଚ ମଧ୍ୟ ଯଚାଯାଏ। ଛୋଟ କାମଟି କରିଦେଲେ ଅଳ୍ପ ପଇସାର ଭୋଗ ଓ ବଡ଼ କାମଟିଏ କରିଦେଲେ ଅଧିକ ପଇସାର ଭୋଗ ଯଚାଯାଏ। ଅର୍ଥାଭାବରୁ ଚିକିତ୍ସା ନ ପାଇ ମୃତ୍ୟୁବରଣ କରିଥିବା ଯୁବକର ଅସହାୟ ବାପା ଧାର କରଜ କରି ସର୍ବସ୍ୱାନ୍ତ ହୋଇ ପୁତ୍ରର ଶୁଦ୍ଧିକ୍ରିୟା କରେ। ପୁତ୍ରର ଅସୁସ୍ଥତା ବେଳେ ଆଦୌ ସାହାଯ୍ୟ କରି ନଥିବା ଜ୍ଞାତିକୁଟୁମ୍ବ ଓ ବନ୍ଧୁପରିଜନଙ୍କୁ ଭୁରି ଭୋଜନରେ ଆପ୍ୟାୟିତ କରି ପୁଅର ଆତ୍ମାକୁ ଶାନ୍ତି ଦେବାକୁ ଚେଷ୍ଟା କରେ।

ଭଲଭାବରେ ଅନୁଧ୍ୟାନ କଲେ ଆମେ ଜାଣିପାରିବା ଯେ, ଧର୍ମ ଓ ଭଗବାନଙ୍କୁ ମଣିଷ ନିଜର ବ୍ୟକ୍ତିଗତ, ସାମାଜିକ, ଅର୍ଥନୈତିକ ଓ ରାଜନୈତିକ ଲାଭ ପାଇଁ

ବ୍ୟବହାର କରେ। ଧର୍ମର ପୃଷ୍ଠପୋଷକତା କରୁଥିବା ବ୍ରାହ୍ମଣ, ପୂଜକ ଆଦି ତଥାକଥିତ ଧର୍ମର ରକ୍ଷକମାନେ ନିଜର ଆର୍ଥିକ ଲାଭ ପାଇଁ ନାନା ନିୟମ କାନୁନ୍ କରି ଲୋକମାନଙ୍କ ମନରେ ଗୁଡ଼ାଏ ଭୟ ସୃଷ୍ଟି ଦ୍ୱାରା ସେମାନଙ୍କ ଉପରେ ଅତ୍ୟାଚାର କରିଥାନ୍ତି। ପୂଜାପାର୍ବଣମାନଙ୍କରେ ସାଧାରଣ ଲୋକଙ୍କୁ ଭୟଭୀତ କରି ଗୁଣ୍ଡାଶ୍ରେଣୀୟ ଲୋକମାନେ ପଇସା ଆଦାୟ ମାଧ୍ୟମରେ ମଉଜ ମଜଲିସ କରନ୍ତି। ଧର୍ମ ଓ ଭଗବାନଙ୍କ ନାମ ନେଇ ଅତ୍ୟାଚାର କଲେ ମଧ୍ୟ ଲୋକେ ତାକୁ ଅତ୍ୟାଚାର ବୋଲି ଭାବନ୍ତି ନାହିଁ। ପଇସା ରୋଜଗାର କରିବା ପାଇଁ ନୂଆ ନୂଆ ଠାକୁର ଠାକୁରାଣୀମାନଙ୍କର ଆବିର୍ଭାବ ହୁଏ। ଅନେକ ଲୋକ ଧର୍ମ ଓ ଈଶ୍ୱରଙ୍କ ବିଷୟରେ ଗୁଜବ ସୃଷ୍ଟି କରି ଏହାକୁ ପ୍ରଚାର କରି ମଜା ନିଅନ୍ତି। ଯେପରି ଗଣେଶ କ୍ଷୀର ପିଇଲେ। ଦେବୀଦୁର୍ଗା ମାଟିତଳୁ ଆତ୍ମପ୍ରକାଶ କଲେ, ବାଇଗଣ ଫାଳରୁ ଆଲ୍ଲାଙ୍କର ସଙ୍କେତ ମିଳିଲା, ତିରୁପତିଙ୍କ ଅଖଣ୍ଡ ଦୀପ ଲିଭିଗଲା ଆଦି ଗୁଜବ ପ୍ରଚାର ହୁଏ। ଏହି ଗୁଜବଗୁଡ଼ିକୁ ଅନ୍ଧବିଶ୍ୱାସୀ ଲୋକେ ଅତି ସହଜରେ ଗ୍ରହଣ କରନ୍ତି ଏବଂ କର୍ମ ଭଳି ପବିତ୍ର କର୍ତ୍ତବ୍ୟକୁ ଛାଡ଼ିଦେଇ ଏହି କୁସଂସ୍କାରପୂର୍ଣ୍ଣ ଘଟଣାରେ ବିଶ୍ୱାସ କରି ହଜାର ହଜାର ସଂଖ୍ୟାରେ ଧାଆନ୍ତି ଘଟଣାସ୍ଥଳକୁ। ଏପରି ଅନେକ ଗୁଜବ ପରବର୍ତ୍ତୀ କାଳରେ ଧର୍ମବିଶ୍ୱାସରେ ପରିଣତ ହୁଏ ଏବଂ ଆଉ ଅନେକ ଗୁଜବ କାଳକ୍ରମେ ତାର ଅସ୍ତିତ୍ୱ ହରାଏ।

ପୁରୁଷ ପ୍ରଧାନ ଭାରତୀୟ ସମାଜରେ ପୁରୁଷମାନଙ୍କ ତୁଳନାରେ ନାରୀମାନଙ୍କୁ ଗୌଣ ସ୍ଥାନରେ ରଖାଯାଇଥାଏ। ଧର୍ମନାମରେ ନାରୀମାନଙ୍କ ପାଇଁ ଅନେକ ସାମାଜିକ ନୀତିନିୟମ ସୃଷ୍ଟି କରାଯାଇଥାଏ। ଯେପରି ପୁରୁଷର ଗୁରୁତ୍ୱ ଦୃଷ୍ଟିରୁ ଶୁଭ କାମରେ ପୁରୁଷ, ସ୍ତ୍ରୀର ଡାହାଣ ପଟେ ବସେ। ସ୍ୱାମୀଙ୍କର ମଙ୍ଗଳ ଓ ଦୀର୍ଘଜୀବନ କାମନା କରି ସ୍ତ୍ରୀମାନେ ସାବିତ୍ରୀ ଅମାବାସ୍ୟା ଓ କରବାଚୌଥ ଆଦି ପୂଜା କରନ୍ତି। ଅଥଚ ସ୍ତ୍ରୀର ମଙ୍ଗଳ ମନାସି ସ୍ୱାମୀମାନଙ୍କର କୌଣସି ପୂଜା କରିବାର ପରମ୍ପରା ନାହିଁ। ଅବଶ୍ୟ ପୂଜା କରିବା ସହିତ ସ୍ୱାମୀର ଦୀର୍ଘଜୀବନର କୌଣସି ସମ୍ପର୍କ ନାହିଁ। ଏପରି ହୋଇଥିଲେ ସବୁ ସ୍ୱାମୀ ଦୀର୍ଘଜୀବୀ ହୁଅନ୍ତେ। କିନ୍ତୁ ଏପରି ଗୋଟିଏ ପରମ୍ପରା ସମାଜରେ ସ୍ୱାମୀମାନଙ୍କ ତୁଳନାରେ ସ୍ତ୍ରୀମାନଙ୍କର ଜୀବନର ମୂଲ୍ୟ କମ୍, ଏପରି ଏକ ବାର୍ତ୍ତା ବହନ କରେ। ମୁସଲମାନ ଧର୍ମରେ ତିନିଥର ସ୍ୱାମୀ "ତଲାକ" କହିଦେଲେ ବିବାହ ବିଚ୍ଛେଦ ହୋଇଯିବା ବହୁ ବର୍ଷ ଧରି ଚଳି ଆସୁଥିଲା। ଅତ୍ୟାଚାରିତ ହେଉଥିଲେ ମଧ୍ୟ ସ୍ତ୍ରୀମାନଙ୍କ ପାଇଁ ସ୍ୱାମୀଠାରୁ ଅଲଗା ହେବାର କୌଣସି ସହଜ ବ୍ୟବସ୍ଥା ସେମାନଙ୍କର ନାହିଁ। ଧର୍ମନାମରେ ହିନ୍ଦୁ ବିଧବା, ବିଶେଷତଃ ବ୍ରାହ୍ମଣ ବିଧବାମାନଙ୍କ ଉପରେ ବହୁ ଅତ୍ୟାଚାର କରାଯାଏ। ସେମାନଙ୍କୁ ଧଳାଶାଢ଼ୀ ପିନ୍ଧିବାକୁ ଓ ଆମିଷ ଭୋଜନ ପ୍ରତ୍ୟାହାର

କରିବାକୁ ବାଧ୍ୟ କରାଯାଏ। ଶୁଭ କାମରେ ସେମାନେ ଯୋଗ ଦେଲେ ଅମଙ୍ଗଳ ହେବ ବୋଲି ବିଚାର କରାଯାଏ। ଅଥଚ ବିପତ୍ନୀକ ପୁରୁଷ ପାଇଁ ସେପରି କୌଣସି ବାରଣ ନଥାଏ। ଅଶିକ୍ଷା ଓ ଦାରିଦ୍ର୍ୟ ମଧ୍ୟରେ ବୁଡ଼ି ରହିଥିବା ଆଦିବାସୀ ଅଧ୍ୟୁଷିତ ଅଞ୍ଚଳରେ ଗୁଣିଗାରେଡ଼ି ନାମରେ ଗରିବ, ନିରୀହ, ଅସହାୟ ବିଧବା ମହିଳାମାନଙ୍କୁ ଡାହାଣୀ ବୋଲି ଗୁଜବ ପ୍ରଚାର କରାଯାଏ। ସେମାନଙ୍କୁ ଘରୁ ବାହାର କରିଦେଇ ନଚେତ୍ ମାରିଦେଇ ସେମାନଙ୍କର ଜମି ହଡ଼ପ କରିଦିଆଯାଏ। ସ୍ୱାମୀର ମୃତ୍ୟୁରେ ସ୍ତ୍ରୀର କୌଣସି ଭୂମିକା ନଥିବା ସତ୍ତ୍ୱେ ସ୍ୱାମୀର ମୃତ୍ୟୁ ପରେ ସମ୍ମାନର ସହ ବଞ୍ଚିବାର ଅଧିକାର ସ୍ତ୍ରୀମାନଙ୍କୁ ଦିଆଯାଏ ନାହିଁ। ୧୮୨୯ ପର୍ଯ୍ୟନ୍ତ ଭାରତର ବିଭିନ୍ନ ସ୍ଥାନରେ ସ୍ୱାମୀର ମୃତ୍ୟୁ ପରେ ସେହି ଚିତାରେ ସ୍ତ୍ରୀକୁ ଜୀବନ୍ତ ଅବସ୍ଥାରେ ଜବରଦସ୍ତ ଦଗ୍ଧ କରାଯାଉଥିଲା ଏବଂ ପରବର୍ତ୍ତୀ ସମୟରେ ଏମାନଙ୍କୁ 'ସତୀମାତା' ଭାବରେ ପୂଜା କରି ଏହି ପ୍ରଥାକୁ ଗୌରବମଣ୍ଡିତ କରାଯାଉଥିଲା। ଧର୍ମନାମରେ ଏହାଠାରୁ ଅଧିକ ବର୍ବରତା କ'ଣ ହୋଇପାରେ!

ଧର୍ମ ଓ ଈଶ୍ୱରଙ୍କ ପ୍ରତି ମଣିଷର ଅହେତୁକ ଦୁର୍ବଳତାର ସୁଯୋଗ ନେଇ କିଛି ପ୍ରତାରକ ଧର୍ମ, ଈଶ୍ୱର, ଆଧ୍ୟାତ୍ମିକତା ଆଦି ଶବ୍ଦ ବାରମ୍ବାର ବ୍ୟବହାର କରି ଲୋକେ ଶୁଣିଥିବା ପୌରାଣିକ ଚରିତ୍ରମାନଙ୍କ ପରି ବେଶଭୂଷା ହୋଇ ନିଜକୁ ସ୍ୱୟଂ ଭଗବାନ ବା ଭଗବାନଙ୍କର ଅବତାର ବୋଲି ଘୋଷଣା କରିଥାନ୍ତି। ଭଗବାନରୂପୀ ଏ ଭଣ୍ଡ ବ୍ୟକ୍ତିମାନେ ବାବା, ମାତା, ସ୍ୱାମୀ, ଜଗଦ୍‌ଗୁରୁ, ମହର୍ଷି, ଆଚାର୍ଯ୍ୟ ଆଦି ରୂପରେ ଆବିର୍ଭାବ ହୁଅନ୍ତି। ଲୋକଙ୍କୁ ପ୍ରଭାବିତ କରିବା ପାଇଁ କିଛି ଯାଦୁବିଦ୍ୟା ଓ ହାତ ସଫେଇ ଶିଖି ଚମତ୍କାରିତା ଦେଖାନ୍ତି। ଧର୍ମ ଓ ନୈତିକତାର ଭାଷଣ ଦେଇ ବିନା ପରିଶ୍ରମରେ ପ୍ରଚୁର ଅର୍ଥ, ପ୍ରାଚୁର୍ଯ୍ୟ ଓ ଯୁବତୀମାନଙ୍କ ସାନିଧ୍ୟ ପାଇ ବିଳାସପୂର୍ଣ୍ଣ ଜୀବନ ବିତାଇଥାନ୍ତି। ସମାଜରେ ଭଗବାନଙ୍କୁ ନେଇ ଗୁଡ଼ାଏ ଭୟ ଓ ଅନ୍ଧବିଶ୍ୱାସ ସୃଷ୍ଟି କରାଯାଇଥିବାରୁ ଭଗବାନରୂପୀ ବାବାମାନଙ୍କର ଅସ୍ତିତ୍ୱ ଓ ମହିମାକୁ ନେଇ ପ୍ରଶ୍ନ ପଚାରିବାକୁ ଲୋକମାନେ ସାହସ କରନ୍ତି ନାହିଁ। ସେମାନଙ୍କର ସବୁ ଉପଦେଶକୁ ଅନ୍ଧ ଭାବରେ ଗ୍ରହଣ କରି ପଥଭ୍ରଷ୍ଟ ହୁଅନ୍ତି। ସେମାନେ ବୁଝିପାରନ୍ତି ନାହିଁ ଯେ ଏହି ବାବା, ମାତାମାନେ ଅତି ସାଧାରଣ ରକ୍ତମାଂସଧାରୀ ମଣିଷ ଓ ସେମାନଙ୍କ ପାଇଁ ମଧ୍ୟ ଜରା, ବ୍ୟାଧି ଓ ମୃତ୍ୟୁ ଅନିବାର୍ଯ୍ୟ। ଅସୁସ୍ଥ ହେଲେ ଆଧ୍ୟାତ୍ମିକତା ଓ ଅଲୌକିକତାର ସାହାଯ୍ୟ ନେଇ ସେମାନେ ସୁସ୍ଥ ହୁଅନ୍ତି ନାହିଁ। ବରଂ ବୈଜ୍ଞାନିକ ଉପାୟରେ ଚିକିତ୍ସା କରାଯାଉଥିବା ଚିକିତ୍ସାଳୟ ଓ ଚିକିତ୍ସକଙ୍କର ସାହାଯ୍ୟ ନିଅନ୍ତି। ଧରା ପଡ଼ିଗଲେ ଦାବି କରୁଥିବା ଐଶ୍ୱରୀୟ ଶକ୍ତିର ଉପଯୋଗ କରି ବର୍ତ୍ତି ମଧ୍ୟ ପାରନ୍ତି ନାହିଁ। ଦୁଃଖର ବିଷୟ

ଯେ, ଏବେ ବି ଲୋକମାନେ ବିଜ୍ଞାନଭିତ୍ତିକ ତଥ୍ୟ ଅପେକ୍ଷା ପୌରାଣିକ କଥାବସ୍ତୁକୁ ଅଧିକ ପ୍ରାଧାନ୍ୟ ଦିଅନ୍ତି। ମଣିଷର ଏପରି ଦୁର୍ବଳତା ପାଇଁ ବାବା, ମାତା,ଗୁରୁ, ନୂଆ ନୂଆ ଠାକୁର, ଠାକୁରାଣୀଙ୍କର ଅଲୌକିକ ପ୍ରତିଭା ଓ ପ୍ରତିଷ୍ଠା ବଢ଼ି ବଢ଼ି ଚାଲିଛି।

ରାସ୍ତା କଡ଼ରେ ବସି ଜ୍ୟୋତିଷ ହସ୍ତରେଖା ବା ଜାତକ ଦେଖି ନିଜେ ଅଥବା ଶୁଆ ମାଧ୍ୟମରେ ଅନ୍ୟର ଭାଗ୍ୟ କଥା କୁହନ୍ତି। ଏ ବୃତ୍ତି ଅଧମ ଲୋକଙ୍କର ଜୀବିକା ହୋଇପାରେ, ମାତ୍ର ଏହାଦ୍ୱାରା କେତେ ଯେ ଲୋକ ମାନସିକ ଦୁର୍ଦ୍ଦଶା ଭୋଗନ୍ତି ତାହା ବିଚାରକୁ ନିଆଯାଏ ନାହିଁ। ଦଶ କୋଡ଼ିଏ ଟଙ୍କା ପାରିଶ୍ରମିକରେ ପୂରା ଭବିଷ୍ୟତ ବାଣୀ କୁହାଯାଇପାରେ। ଅଥଚ ନିଜ ଭବିଷ୍ୟତ ଜାଣି ନ ପାରି ଅନ୍ୟମାନଙ୍କ ଭାଗ୍ୟ କଥା କହୁଥିବା ଲୋକଟି ରାସ୍ତାକଡ଼ରେ ସାରା ଜୀବନ ବସିଥାଏ। ତଥାପି ଲୋକମାନେ ତା କଥା ବିଶ୍ୱାସ କରି ଭିଡ଼ ଜମାନ୍ତି। ଏବେ ବି ବାସ୍ତୁଶାସ୍ତ୍ର, ପେଙ୍ଗସୁଇ, ହସ୍ତରେଖା, ଖଟବିଦ୍ୟା, ନଖବିଦ୍ୟା ବଂଚିରହିଛି। ସାପ କାମୁଡିଲେ ଆଜି ବି ଲୋକେ ଡାକ୍ତରଙ୍କ ପାଖକୁ ନଯାଇ ଗୁଣିଆପାଖକୁ ଝଡ଼ା ଫୁଙ୍କା ପାଇଁ ଯାଉଛନ୍ତି ଓ ମୃତ୍ୟୁମୁଖରେ ପଡୁଛନ୍ତି। କିଛି ଲୋକ ଦୁଷ୍ଟଗ୍ରହମାନଙ୍କୁ ଭୋଗରାଗ ଦେଇ ବା ନିଜେ ଗୁଡ଼ାଏ ମୁଦି ପିନ୍ଧି ସନ୍ତୁଷ୍ଟ କରିବାକୁ ଚେଷ୍ଟା କରନ୍ତି। ବ୍ରାହ୍ମଣକୁ ଦକ୍ଷିଣା ଦେଇ ବ୍ରାହ୍ମଣ ବତାଇଥିବା କିଛି ଏଣୁତେଣୁ କାମ କରିଦେଲେ ଦୁଷ୍ଟ ଗ୍ରହଗୁଡ଼ିକ ତତ୍‌କ୍ଷଣାତ ସନ୍ତୁଷ୍ଟ ହୋଇ ଯାଆନ୍ତି ଓ ଖରାପ ପ୍ରଭାବ ପକାଇବାରୁ କୁଆଡେ ନିବୃତ୍ତ ରହନ୍ତି ! ଆଜିକାଲି ଅଧିକାଂଶ ସମ୍ବାଦପତ୍ରରେ ରାଶିଫଳ ବାହାରେ। ଅଶ୍ଚର୍ଯ୍ୟର କଥା ଯେ, ଯଦି ତିନି ଚାରୋଟି ସମ୍ବାଦପତ୍ରର ରାଶିଫଳ ମିଶାଇ ଦେଖାଯାଏ ସେଥିରେ କିଛି ବି ସାମଞ୍ଜସ୍ୟ ନଥାଏ। ଗୋଟିଏ ସମ୍ବାଦପତ୍ରରେ ରାଶିଫଳ ଶୁଭ ଥିଲାବେଳେ ଅନ୍ୟଟିରେ ଅଶୁଭ ଥାଏ। ସମ୍ବାଦପତ୍ର ଓ ଟେଲିଭିଜନ ମାଧ୍ୟମରେ ରାଶିଫଳର ପ୍ରକାଶ ଓ ଆଲୋଚନା ଜନମାନସକୁ ଅନ୍ଧବିଶ୍ୱାସୀ ଓ ଦୁର୍ବଳ କରିବା ସହିତ ଭାଗ୍ୟବାଦୀ ମନସ୍ତତ୍ତ୍ୱ ସୃଷ୍ଟି କରିବାରେ ସାହାଯ୍ୟ କରେ। ଦୁଃଖର ବିଷୟ ଯେ, ଏକବିଂଶ ଶତାବ୍ଦୀରେ ମଧ୍ୟ ଲୋକେ ଜ୍ୟୋତିର୍ବିଦ୍ୟା ଅପେକ୍ଷା ଜ୍ୟୋତିଷଶାସ୍ତ୍ରକୁ ଅଧିକ ବିଶ୍ୱାସ କରନ୍ତି।

ଭୂତ, ପ୍ରେତ, ଡାହାଣୀ ସବୁ ମଣିଷର କଳ୍ପନା। ଏହାର କୌଣସି ବାସ୍ତବିକତା ନାହିଁ। କିନ୍ତୁ ଅର୍ଦ୍ଧଶିକ୍ଷିତ, ଏପରିକି ଶିକ୍ଷିତ ଲୋକମାନେ ଭୂତ ବିଷୟରେ ବହୁ ଅବାନ୍ତର, ଉଦ୍ଭଟ ଓ କାଳ୍ପନିକ କଥା ଅନ୍ଧଭାବରେ ଗ୍ରହଣ କରିନିଅନ୍ତି। ଭୂତ ଗୋଡ଼ାଇବା, ଭୂତର ଥଣ୍ଡା ହାତ ପିଠିରେ ବାଜିବା, ତାର ନିଶ୍ୱାସ ପ୍ରଶ୍ୱାସ ଅନୁଭବ କରିବା ଆଦି ବହୁ ଗଳ୍ପ ଶୁଣିବାକୁ ମିଳେ। ପ୍ରକୃତରେ କେହି ଭୂତ ଦେଖି ନଥାନ୍ତି। ଅନ୍ୟମାନଙ୍କ ଠାରୁ ଗପ ଶୁଣିଥାନ୍ତି। ପୂର୍ବରୁ ଗାଁମାନଙ୍କରେ ବିଜୁଳି ଆଲୁଅ ନ ଥିଲା। ଅନ୍ଧାରୁଆ ରାସ୍ତାରେ ବଡ଼

ବଡ଼ ଗଛ ତଳେ ଯିବାବେଳେ ପକ୍ଷୀମାନଙ୍କର ଫଡ଼୍ ଫଡ଼୍ ଶବ୍ଦ ବା ଜୀବଜନ୍ତୁଙ୍କର ଦୌଡ଼ାଦୌଡ଼ି ଶବ୍ଦ ଶୁଣି ବାଟୋଇଟି ଡରିଯାଉଥିଲା। ସେ ଏ ପ୍ରକାର ଘଟଣାକୁ ଭୌତିକ ଘଟଣା ବୋଲି ଭାବି ନେଉଥିଲା। ଅନ୍ଧାର ରାତିରେ କୋକିଶିଆଳି ଆଖିରୁ ବିକିରଣ ହେଉଥିବା ଫସ୍‌ଫୋରେନ୍‌ସ୍ ବା ସ୍ଫୁରଦୀପ୍ତ ଅନେକ ସମୟରେ ଭୂତ ବା ହୁଲା ଦେବତାର ଭ୍ରମ ସୃଷ୍ଟି କରେ। ଗାଁ ମଶାଣିରେ ଜୁଳୁଜୁଳିଆ ପୋକର ଆଲୁଅ ଡାହାଣୀ ଭାବେ ପ୍ରତୀୟମାନ ହୁଏ। ଭୂତ ବା ଡାହାଣୀ ଭାବି ଡରିଯାଉଥିବା ଲୋକ ସାହସର ସହିତ ପରୀକ୍ଷା କଲେ ଭୂତ ଆଉ ଦେଖାଯିବ ନାହିଁ। ନିଜର ଭ୍ରମ ଦୂର ହେବ। ବହୁ ଲୋକ ଏକାଠି ଯାଉଥିଲେ ଭୂତ ଦେଖନ୍ତି ନାହିଁ। ଦିନରେ ଆଲୋକିତ ରାସ୍ତାରେ ଭୂତ ଦେଖାଯାଏ ନାହିଁ। ଯିଏ ମାନସିକ ସ୍ତରରେ ସୁସ୍ଥ ଭୌତିକ କାଣ୍ଡରେ ବିଶ୍ୱାସ କରେ ନାହିଁ, ସେ ଆଦୌ ଭୂତ ଦେଖେ ନାହିଁ। ଅନ୍ଧବିଶ୍ୱାସୀ ଲୋକ ହିଁ ଭୂତ ଦେଖେ। ଗୋଟିଏ ଗୋଟିଏ ପରିବାରରେ ବାରମ୍ବାର ଭୌତିକ କାଣ୍ଡ ଘଟିବା ଦେଖାଯାଏ। ପରୀକ୍ଷା କଲେ ଜଣାପଡେ ଯେ, ପରିବାରର ସଦସ୍ୟମାନଙ୍କର ଅନ୍ଧବିଶ୍ୱାସ ଯୋଗୁଁ ସବୁ ଜିନିଷର ରହସ୍ୟଭେଦ କରିବାପାଇଁ ସେମାନେ ଆଦୌ ଚେଷ୍ଟା କରି ନଥାନ୍ତି। ମାନସିକ ଭୟ ଓ ଉତ୍ତେଜନା ଯୋଗୁଁ ଯେ କୌଣସି ସାଧାରଣ ଘଟଣାକୁ ମାନବୀୟ କାର୍ଯ୍ୟ ବୋଲି ନ ଭାବି ଐଶ୍ୱରିକ କ୍ରିୟା ବା ଭୌତିକ କାଣ୍ଡ ବୋଲି ସେମାନେ ଧରିନିଅନ୍ତି। ଏସବୁ ଭୁଲ୍ ଧାରଣାକୁ ଲୋକଙ୍କ ମନରୁ ଦୂର କରିବା ପାଇଁ ପଦକ୍ଷେପ ନିଆଯିବା ପରିବର୍ତ୍ତେ ଆଜିକାଲି ଗଣମାଧ୍ୟମଗୁଡ଼ିକରେ ନିୟମିତ ଭାବରେ ଭୂତ ସମ୍ପର୍କୀୟ ଧାରାବାହିକ ଓ ଚଳଚ୍ଚିତ୍ର ପ୍ରସାରିତ ହେଉଛି। ସମ୍ବାଦପତ୍ରମାନଙ୍କରେ ମଧ୍ୟ ଭୂତ ସମ୍ବନ୍ଧୀୟ ଭିତ୍ତିହୀନ ମନଗଢ଼ା କଥା ପ୍ରକାଶିତ ହେଉଛି।

ଗାଁମାନଙ୍କରେ କାଳିସୀ ଲାଗିବା, ମରିଯାଇଥିବା ଆତ୍ମା ଜଣେ ଜୀବନ୍ତ ଲୋକ ଦେହରେ ପଶି ଭୂତ ଭବିଷ୍ୟତ କଥା କହିବା ଆଦି ଦେଖାଯାଏ। ଗାଁରେ ଏ ସବୁ ବାରମ୍ବାର ଘଟୁଥିବାରୁ ପ୍ରକୃତରେ କାଳିସୀ ଲାଗୁଛି ବା ମୃତ ଆତ୍ମା ପଶିଯାଉଛି ବୋଲି ଗ୍ରାମବାସୀମାନେ ବିଶ୍ୱାସ କରନ୍ତି। ମନସ୍ତାତ୍ତ୍ୱିକ ଦୃଷ୍ଟିକୋଣରୁ କାଳିସୀ, ଡାହଣୀ, ଭୂତ କେହି ଲାଗନ୍ତି ନାହିଁ। ମନସ୍ତତ୍ତ୍ୱବିଦ୍‌ଙ୍କ ମତରେ ଏପରି ଲାଗୁଥିବା ବ୍ୟକ୍ତିର ବହୁତ ସମସ୍ୟା ଥାଏ। ଅତ୍ୟନ୍ତ ଅସ୍ୱସ୍ତିକର ପରିସ୍ଥିତିରେ ସେ ସମୟ କଟାଉଥାଏ। ସେ ଯାହା ବିରୁଦ୍ଧରେ ଯାହା କହିବାକୁ ଚାହୁଁଥାଏ ଅଥଚ ସାଧାରଣ ପରିସ୍ଥିତିରେ ସେସବୁ କହିବା ସମ୍ଭବ ହୋଇନଥାଏ କାଳିସୀ ବା ମୃତ ଆତ୍ମା ବାହାନାରେ ସେ ସବୁ କଥା କହିଦିଏ। ମନଇଚ୍ଛା ଗାଳି ଦିଏ। ଧରାଯାଉ ନିରୀହ ଅସହାୟ ବୋହୂଟି ଉପରେ ଖୁବ୍ ଅତ୍ୟାଚାର ହେଉଛି। ତାର ଅତ୍ୟାଚାରରୁ ମୁକ୍ତି ପାଇବାର କୌଣସି ଉପାୟ ନାହିଁ। ସେ ଏକଥା

କାହାକୁ କହି ବି ପାରୁନାହିଁ। ଏ କ୍ଷେତ୍ରରେ ଡାହାଣୀ ଓ କାଳିସୀ ମାଧ୍ୟମରେ ସେ ତାର ଅତ୍ୟାଚାରର କାହାଣୀ କହିପକାଏ। ଅତ୍ୟାଚାର କରୁଥିବା ଲୋକ ଭୟଭୀତ ହୋଇ ରହେ ଓ ଅତ୍ୟାଚାର ବନ୍ଦ କରିଦିଏ। ତାକୁ ଡର ହୁଏ, ଭବିଷ୍ୟତରେ କାଳିସୀ ଲାଗିଲେ ବୋହୂ ହୁଏତ ପୁଣି ସବୁ ସତ କଥା କହିଦେବ। ଡାହାଣୀ ଲାଗୁଥିବା ବ୍ୟକ୍ତି ବି ବିଶ୍ୱାସ କରେ ଯେ ତାକୁ ଡାହାଣୀ ଲାଗୁଛି, ଡାହାଣୀ ହିଁ ଏହି ସବୁ କଥା କୁହାଉଛି। ସମସ୍ୟାର ସମାଧାନ ହୋଇଗଲେ ଡାହାଣୀ ଛାଡ଼ିଯାଏ। ସହରରେ ଓ ଉନ୍ନତ ଦେଶମାନଙ୍କରେ କାହାକୁ ଡାହାଣୀ ଲାଗେନାହିଁ କାରଣ ସେମାନଙ୍କର ଏସବୁ କଥାରେ ବିଶ୍ୱାସ ନଥାଏ। ଡାହାଣୀ ଲାଗିବା ନିଜ ନିଜ ବିଶ୍ୱାସର କଥା।

ଗୁଜବ ସୃଷ୍ଟିକାରୀ, ଗୁଜବ ପ୍ରଚାରକାରୀ ଓ ଗୁଜବ ବିଶ୍ୱାସୀଙ୍କର ସଂଖ୍ୟା ଆମ ଦେଶରେ ଖୁବ୍ ଅଧିକ। ବିଜ୍ଞାନର ଦାନ ମୋବାଇଲ ଫୋନ୍‌ରୁ ଭୂତ ବାହାରିବା, ରାତି ଅଧରେ ଫୋନ୍ ଉଠାଇଲେ ବିକଟାଳ ଶବ୍ଦ ହେବା ଏବଂ ଉଠାଇଥିବା ଲୋକର ମୃତ୍ୟୁ ହେବା ଆଦି ପ୍ରଚାର କରାଯାଏ। ରାତ୍ରିକାଳରେ ମହାତ୍ମାଗାନ୍ଧୀଙ୍କର ଶବକୁ ଧରି ଜବାହରଲାଲ ନେହେରୁ, ଲାଲ ବାହାଦୂର ଶାସ୍ତ୍ରୀ ଓ ବଲ୍ଲଭଭାଇ ପଟେଲ ଆକାଶରେ ଯାଉଛନ୍ତି। ପଛରେ କସ୍ତୁରବା କାନ୍ଦି କାନ୍ଦି ଯାଉଛନ୍ତି। ତିରୁପତିଙ୍କର ଅଖଣ୍ଡଦୀପ ଲିଭି ଯାଇଛି। ମା'ମାନେ ସଂଧ୍ୟାରେ ନିଜ ଗୃହ ସମ୍ମୁଖରେ ଅଖଣ୍ଡ ଦୀପ ନ ଜାଳିଲେ ସେମାନଙ୍କର ପୁଅ ମରିଯିବ ବୋଲି ଅଦ୍ଭୁତ ଗୁଜବ ପ୍ରଚାର କରାଯାଇଥିଲା। ଅନେକ ଏଭଳି ଅବାନ୍ତର କଥାକୁ ବିଶ୍ୱାସ କରି ଘର ସମ୍ମୁଖରେ ଦୀପ ଜାଳିଥିଲେ। ଅଜବ ଗୁଜବ ଗୁଡ଼ିକ ସହଜରେ ଗ୍ରହଣ କରିନେବାଟା ଆମ ମାନସିକ ଦୁର୍ବଳତାକୁ ହିଁ ସୂଚାଇ ଥାଏ।

ଗୋଟିଏ ସ୍ଥାନରେ ବାସ କରୁଥିବା ଲୋକମାନଙ୍କର ପ୍ରଚଳିତ ବଦ୍ଧମୂଳ ବିଶ୍ୱାସ ଅନ୍ୟ ଗୋଟିଏ ସ୍ଥାନର ଲୋକେ ଗ୍ରହଣ କରିପାରନ୍ତି ନାହିଁ। ଗାଁ ଗହଳିରେ କାଳିସୀ ଲାଗିବା ଘଟଣା ସହରବାସୀଙ୍କୁ ଅଦ୍ଭୁତ ଲାଗିପାରେ। ଭାରତୀୟମାନଙ୍କର ଅନେକ ଅନ୍ଧବିଶ୍ୱାସ ପାଶ୍ଚାତ୍ୟ ଦେଶର ଲୋକମାନଙ୍କୁ ପାଗଳାମିର ଲକ୍ଷଣ ବୋଲି ମନେ ହୋଇପାରେ। କେବେକେବେ ଗୋଟିଏ ସ୍ଥାନରେ ପ୍ରଚଳିତ ଥିବା ଅନ୍ଧବିଶ୍ୱାସ ଅନ୍ୟ ସ୍ଥାନମାନଙ୍କୁ ମଧ୍ୟ ସଂପ୍ରସାରିତ ହୁଏ। ଯେପରି ଦକ୍ଷିଣ ଆଫ୍ରିକାରେ ମୃତ ଶରୀର ସହିତ ମୋବାଇଲ୍ ଫୋନ୍ ଓ ବ୍ୟାଟେରୀ ନେବାର ପରମ୍ପରା କିଛି ବର୍ଷ ହେଲା ଆରମ୍ଭ ହୋଇଛି। ବର୍ତ୍ତମାନ ଏହି ପରମ୍ପରାଟି ଆୟରଲ୍ୟାଣ୍ଡ, ଅଷ୍ଟ୍ରେଲିଆ, ଆମେରିକାକୁ ମଧ୍ୟ ବ୍ୟାପିଲାଣି। ଗୋଟିଏ ଧର୍ମର ଅନ୍ଧବିଶ୍ୱାସ ଅନ୍ୟ ଧର୍ମାବଲମ୍ବୀଙ୍କୁ ଅଦ୍ଭୁତ ଲାଗିପାରେ। ଗୋଟିଏ ଯୁଗର ଅନ୍ଧବିଶ୍ୱାସ ସେ ଯୁଗର ଲୋକମାନଙ୍କୁ ଯୁକ୍ତିଯୁକ୍ତ ଲାଗୁଥିଲେ ମଧ୍ୟ ଅନ୍ୟ

ଯୁଗର ଲୋକଙ୍କୁ ଭୟଙ୍କର ଲାଗିପାରେ। ଯେପରି ଉନବିଂଶ ଶତାବ୍ଦୀରେ ପ୍ରଚଳିତ ଥିବା ସତୀ ପ୍ରଥା ଏବେ ଲୋକଙ୍କୁ ଚରମ ପାଷାଣ୍ଡତା ବା ବର୍ବରତା ବୋଲି ମନେହେବ।

ସମାଜରୁ ହିଁ ମଣିଷ ଅନ୍ଧବିଶ୍ୱାସ ଶିଖିଥାଏ। ବାପା, ମା, ବନ୍ଧୁବାନ୍ଧବ, ଶିକ୍ଷକଙ୍କ ଦ୍ୱାରା ଏପରିକି ଗଣମାଧ୍ୟମର ପ୍ରଭାବରେ ଅନେକ ଅନ୍ଧବିଶ୍ୱାସ ସୃଷ୍ଟି ହୋଇଥାଏ। ପିଲାଟି ଦିନରୁ ନିଜର ବିଚାର ବୁଦ୍ଧି ଆସିବା ପୂର୍ବରୁ ଗୋଟିଏ ଜିନିଷ ବାରମ୍ବାର ଶୁଣିବା ଫଳରେ ପିଲାଟି ମନରେ ଏକ ଧାରଣା ଜନ୍ମେ ଯେ, ସେ ଶୁଣିଥିବା ବିଷୟଗୁଡ଼ିକ ସତ୍ୟ। ପିଲାମାନେ ବାଲ୍ୟ କାଳରେ ବିଚାରବନ୍ତ ହୋଇଥାନ୍ତି। ଯୁକ୍ତିସଙ୍ଗତ କଥାକୁ ଗ୍ରହଣ କରିଥାନ୍ତି। ସମାଜ ଗୁଡ଼ିଏ ଅଲୌକିକ ଭୁଲ୍‌କଥା କହି ସେମାନଙ୍କୁ ଧିରେ ଧିରେ ଅଯୌକ୍ତିକ କରିଦିଏ। ବଡ଼ ହେବା ସଙ୍ଗେ ସଙ୍ଗେ ନିଶ୍ୱାସ ପ୍ରଶ୍ୱାସ ଭଳି ସେ ଭୁଲ ଧାରଣାଗୁଡ଼ିକୁ ଆତ୍ମସ୍ଥ କରିଦିଅନ୍ତି। ଅନେକ ସମୟରେ ସବୁ ଜିନିଷର ସତ୍ୟାସତ୍ୟ ଅନୁସନ୍ଧାନ କରିବା ବା ପରୀକ୍ଷା ନିରୀକ୍ଷା କରିବା ସମ୍ଭବ ହୁଏ ନାହିଁ। ମଣିଷ ଭାବେ ଶହ ଶହ ବର୍ଷ ଧରି ଚଳିଆସୁଥିବା ଓ ଅଧିକାଂଶ ଲୋକ ବିଶ୍ୱାସ କରୁଥିବା କଥାଟି ଭୁଲ୍ କିପରି ହେବ! ତେଣୁ ସେ ନିଜ ଅଜାଣତରେ ସେଗୁଡ଼ିକ ଗ୍ରହଣ କରିନିଏ। ପ୍ରସିଦ୍ଧ ମନୋବିଜ୍ଞାନୀ କାର୍ଲ ଯୁଙ୍ଗ ଏହାକୁ "ସାମୂହିକ ଅଚେତନ" (collective uncounscious) ବା "ବଂଶାନୁକ୍ରମିକ ଅଚେତନ" (racial unconcious) ବୋଲି କହିଥିଲେ। ଯେଉଁ ପରିବାର ଯେତେ ଅନ୍ଧବିଶ୍ୱାସୀ ହୋଇଥାଏ, ସେହି ପରିବାରର ପିଲାମାନେ ଯୁକ୍ତିଶୀଳ ବିଚାରଠାରୁ ସେତେ ଦୂରରେ ଥାଆନ୍ତି। ତା' ଛଡ଼ା ଭାରତୀୟ ସମାଜରେ ନୂଆ ଭାବରେ ବା ସ୍ୱାଧୀନ ଭାବରେ କିଛି ଭାବିବାକୁ ପିଲାଙ୍କୁ ଉତ୍ସାହିତ କରାଯାଏ ନାହିଁ। ଗତାନୁଗତିକ ବିଶ୍ୱାସକୁ ଗ୍ରହଣ କରିବାକୁ ଶିଖାଯାଏ। ଭଗବାନ ଓ ଧର୍ମ ବିଷୟରେ ଏପରି ଡର ସୃଷ୍ଟି କରାଯାଇଥାଏ ଯେ, ଏହା ଉପରେ କୌଣସି ଆଲୋଚନା କରିବାକୁ ସୁଯୋଗ ଦିଆଯାଏ ନାହିଁ। ଧର୍ମରେ ବହୁ ପରସ୍ପର ବିରୋଧୀ ବିଶ୍ୱାସ ଥିଲେ ମଧ୍ୟ ତା ଉପରେ ତର୍ଜମା କରିବାର ସାହସ ନଥାଏ। ତେଣୁ ଅଧିକାଂଶ ଲୋକ ଚିନ୍ତାଶୂନ୍ୟ ଭାବେ ତାଙ୍କର ପରିବାର ବା ପୂର୍ବପୁରୁଷ ଯାହା ଭାବିଛନ୍ତି ବା କହିଛନ୍ତି ତାକୁ ଗ୍ରହଣ କରିନିଅନ୍ତି।

ବିଶିଷ୍ଟ ସାହିତ୍ୟିକ ନୋବେଲ ପୁରସ୍କାର ବିଜେତା ବରର୍ଟ୍ରାଣ୍ଡ ରସେଲଙ୍କ ମତରେ "ଅନ୍ଧ ବିଶ୍ୱାସର ପ୍ରଧାନ ଉତ୍ସ ହେଉଛି ଆସନ୍ନ ବିପଦ ପ୍ରତି ଆତଙ୍କ। ମଣିଷର ଅନିଶ୍ଚିତତାର ଆଶଙ୍କା ଓ ଦୁର୍ଭାଗ୍ୟର ଡର ଥାଏ। ଅପ୍ରତ୍ୟାଶିତ ମୃତ୍ୟୁର ଭୟ ମଧ୍ୟ ଥାଏ। ସେ ନିଜକୁ ଅସହାୟ ମନେ କରୁଥାଏ। ମନୋବିଜ୍ଞାନୀ ଭ୍ୟାସ "ବିଲିଭିଙ୍ଗ୍ ଇନ୍ ମ୍ୟାଜିକ୍: ସାଇକୋଲୋଜି ଅଫ୍ ସୁପରଷ୍ଟିସନ୍" (୨୦୦୦) ପୁସ୍ତକରେ ଲେଖିଛନ୍ତି

ଯେ, ମଣିଷ ଯେତେବେଳେ କୌଣସି ଘଟଣା ଓ ଦୁର୍ଘଟଣାକୁ ନିୟନ୍ତ୍ରଣ କରିପାରେ ନାହିଁ, ସେତେବେଳେ ହିଁ ସେ ଅନ୍ଧବିଶ୍ୱାସର ଆଶ୍ରୟ ନିଏ। କିନ୍ତୁ ଯେତେବେଳେ ସେ ବିପଦର କାରଣ ବୁଝିପାରେ ଏବଂ ବିପଦକୁ ସମ୍ପୂର୍ଣ୍ଣ ଭାବରେ ନିୟନ୍ତ୍ରଣ କରିପାରେ ଅନ୍ଧବିଶ୍ୱାସ ଲୋପ ପାଇଯାଏ। ସତରଶହ ଶତାବ୍ଦୀର ଶେଷ ଭାଗ ଯାଏ ଅଧିକାଂଶ ରୋଗର କାରଣ ଜଣାନଥିଲା। ରୋଗ ଉପଶମ ପାଇଁ ଲୋକମାନେ ମୁଖ୍ୟତଃ ପୂଜକ ଓ ଗୁଣିଆ ଉପରେ ନିର୍ଭର କରୁଥିଲେ। ବସନ୍ତ ରୋଗର କାରଣ ଜଣା ନଥିବାରୁ ବସନ୍ତ ହେଲେ ଠାକୁରାଣୀଙ୍କୁ ସନ୍ତୁଷ୍ଟ କରିବା ପାଇଁ କୁକୁଡ଼ାବଳି ଓ ପଣା ଅର୍ପଣ କରାଯାଉଥିଲା। ତିନିଶହ ବର୍ଷ ତଳେ ଇଂଲଣ୍ଡର ଲୋକେ ପ୍ରେତାତ୍ମା, ଦୁଷ୍ଟାତ୍ମା ଓ ଦେବଦେବୀମାନେ ବିଭିନ୍ନ ରୋଗ ସୃଷ୍ଟି କରୁଛନ୍ତି ବୋଲି ଭାବୁଥିଲେ। ପ୍ଲେଗ ରୋଗ ଦୁଷ୍ଟାତ୍ମାମାନଙ୍କ ଦ୍ୱାରା ହେଉଛି ବୋଲି ବିଶ୍ୱାସ କରି ସେମାନଙ୍କୁ ଗୋଲାପର ତୋଡ଼ା ଉପହାର ଦେଇ ଖୁସି କରିବାକୁ ଚେଷ୍ଟା କରୁଥିଲେ। ମାଇକ୍ରୋସ୍କୋପର ଉଦ୍ଭାବନ ହେବା ଫଳରେ ବହୁ ରୋଗ ଜୀବାଣୁ ଓ ଭୂତାଣୁଜନିତ ବୋଲି ଜଣାପଡ଼ିଲା। ଏସବୁକୁ ନିୟନ୍ତ୍ରଣ କରିବା ପାଇଁ ଆଣ୍ଟିବାଓଟିକ୍ ଓ ପ୍ରତିଷେଧକ ଟିକା ପ୍ରସ୍ତୁତ କରାଗଲା ଓ ବିଭିନ୍ନ ରୋଗକୁ ନେଇ ଥିବା ଅନ୍ଧବିଶ୍ୱାସ ଦୂର ହେଲା।

ଜୀବନରେ ଅପ୍ରତ୍ୟାଶିତ ଭାବରେ ଦେଖାଯାଉଥିବା ଜଟିଳ ପରିସ୍ଥିତିକୁ ବା ଭୟଙ୍କର ବିପଦକୁ ସାମନା କରିବା ଆଦୌ ସହଜ ନୁହେଁ। ବିପଦ ସମୟରେ ଧୈର୍ଯ୍ୟର ସହ ବସି ରହି ବିପଦ ବରଣ କରିବା ଅପେକ୍ଷା କାଳ୍ପନିକ, ଅବାନ୍ତର ହେଉ ପଛେ କିଛି ଗୋଟିଏ କାର୍ଯ୍ୟରେ ନିଜକୁ ନିୟୋଜିତ କଲେ ବିପଦ ହୁଏତ ଖଣ୍ଡନ ହୋଇଯିବ ବୋଲି ଏକ ଭ୍ରାନ୍ତ ଧାରଣା ସୃଷ୍ଟି ହୁଏ। ଏହି ସବୁ କାର୍ଯ୍ୟ ନିରାଶା ଓ ଅସହାୟତାକୁ କିଛି ପରିମାଣରେ କମେଇଦିଏ। ଚିନ୍ତାଗ୍ରସ୍ତ ଓ ଉଦବିଗ୍ନ ହେଲେ କିଛି ଲୋକ ଭଗବାନଙ୍କ ନାମ ହଜାର ଥର ଉଚ୍ଚାରଣ କରନ୍ତି, ମାଳା ଜପନ୍ତି, ବିଭିନ୍ନ ଜପ ଓ ମନ୍ତ୍ର ଆବୃତ୍ତି କରନ୍ତି। ଏସବୁ କରିବା ଦ୍ୱାରା କିଛି ସମୟ ପାଇଁ ସେମାନେ ଭୟଙ୍କର ବାସ୍ତବତା ଠାରୁ ଦୂରେଇ ଯାଆନ୍ତି। ଏପରି ବ୍ୟବହାର ମାତ୍ରାଧିକ ଭାବରେ ଦେଖାଇଲେ ମନୋବିଜ୍ଞାନୀମାନେ ଏହାକୁ "ବାଧ୍ୟକାରୀ ଆଦେଶର ଆଡ଼ପାଗଳାମୀ" (obsessive compulsive neurosis) ବୋଲି କହିଥାନ୍ତି। ଯେଉଁମାନେ ମାନସିକ ସ୍ତରରେ ଦୁର୍ବଳ, ନିଜ ଶକ୍ତି, ସାମର୍ଥ୍ୟ ଉପରେ ଯଥେଷ୍ଟ ବିଶ୍ୱାସ ରଖନ୍ତି ନାହିଁ, ସେମାନେ ଜଟିଳ ପରିସ୍ଥିତିରୁ ମୁକ୍ତିପାଇବା ପାଇଁ ଆଲୌକିକ, ଅଦୃଶ୍ୟ ଶକ୍ତି ଓ ଚମତ୍କାରିତା ଉପରେ ଅଧିକ ଭରସା ରଖନ୍ତି। ପ୍ରତ୍ୟେକ ସଫଳତା ଓ ବିଫଳତାକୁ ଭାଗ୍ୟ, ପ୍ରାରବ୍ଧ, ଆଶୀର୍ବାଦ ଓ ଅଭିଶାପ ମାଧ୍ୟମରେ ବ୍ୟାଖ୍ୟା କରନ୍ତି। ନିଜର ଦାୟିତ୍ୱ ନିଅନ୍ତି ନାହିଁ,

ସବୁ ପୂର୍ବ ନିର୍ଦ୍ଧାରିତ ବୋଲି ବିଶ୍ୱାସ କରନ୍ତି। କୌଣସି ଗୁରୁତ୍ୱପୂର୍ଣ୍ଣ ଘଟଣା ପୂର୍ବରୁ "ପରିଶ୍ରମ ଅନୁଯାୟୀ ଫଳ ପାଅ" ବୋଲି କୁହା ନ ଯାଇ "ସବୁଠାରୁ ଅଧିକ ଭାଗ୍ୟବାନ୍ ହୁଅ" ବୋଲି ଆଶୀର୍ବାଦ ଦିଆଯାଏ। ଏ ପ୍ରକାର ଭାଗ୍ୟବାଦୀ ମନସ୍ତତ୍ତ୍ୱ ସମାଜ ପାଇଁ ଆଦୌ ଶୁଭଙ୍କର ନୁହେଁ। ମଣିଷ ଭାଗ୍ୟ ନେଇ ଜନ୍ମ ହୁଏ ନାହିଁ ବରଂ ଗଭୀର ଆତ୍ମବିଶ୍ୱାସ, ଦୃଢ଼ ଇଚ୍ଛାଶକ୍ତି ଓ କଠିନ ପରିଶ୍ରମ ଦ୍ୱାରା ସେ ନିଜର ଭାଗ୍ୟକୁ ନିୟନ୍ତ୍ରଣ କରେ।

ପାଖାପାଖି ସମୟରେ ଘଟିଥିବା ଦୁଇଟି ଘଟଣା ପରସ୍ପରର କାରଣାଶ୍ରୟୀ ହେବେ ଏପରି କିଛି ଅର୍ଥ ନାହିଁ। ଅନେକ ସମୟରେ ସମ୍ପର୍କ ନଥିବା ଅଥଚ ପାଖାପାଖି ସମୟରେ ଘଟିଥିବା ଦୁଇଟି ଘଟଣାକୁ ମଣିଷ ଯୋଡ଼ିଦିଏ ଓ ଭାବିବାକୁ ଆରମ୍ଭ କରେ ଯେ, ତାର ବିପର୍ଯ୍ୟୟ ବା ଉନ୍ନତି ପାଇଁ ସେହି ଘଟଣା ବା ବିଷୟଟି ଦାୟୀ। ଏହାକୁ "ଭ୍ରମାତ୍ମକ ସଂଯୋଗ" (illusory correlation) ବୋଲି କୁହାଯାଏ। ଉଦାହରଣ ସ୍ୱରୂପ ରାସ୍ତାରେ ଯିବାବେଳେ ପଥଚାରୀ କଳା ବିରାଡ଼ିଟିଏ ଦେଖିଲା ଏବଂ ଅଳ୍ପ ସମୟ ପରେ ତାର ଛୋଟ ଧରଣର ଦୁର୍ଘଟଣାଟିଏ ମଧ୍ୟ ଘଟିଲା। ଦୁର୍ଘଟଣା ସହିତ କଳା ବିରାଡ଼ିର କୌଣସି ସମ୍ପର୍କ ନଥିବା ସତ୍ତ୍ୱେ ଲୋକଟି ଏହି ଦୁଇଟି ଜିନିଷକୁ ଯୋଡ଼ିଦେଲା ଓ କଳା ବିରାଡ଼ି ହିଁ ତାର ଦୁର୍ଘଟଣାର କାରଣ ବୋଲି ଭାବିବାକୁ ଲାଗିଲା। ଆହୁରି ଅନେକ ଥର କଳା ବିରାଡ଼ି ଦେଖି ତାର କିଛି ହୋଇ ନଥିବା କଥା ବା ସେହିଦିନ ସେ ଛୋଟ ଦୁର୍ଘଟଣା ପରେ ଅନେକ ଭଲ ଘଟଣା ଘଟିଥିବା କଥା ସେ ଭୁଲିଗଲା। ଅନ୍ଧବିଶ୍ୱାସୀ ଲୋକେ ସମ୍ପର୍କ ନଥିବା ଦୁଇଟି ଘଟଣାକୁ ପରସ୍ପର ସହିତ ସମ୍ପର୍କ ଅଛି ବୋଲି ଭାବି ନିଅନ୍ତି। ତାଙ୍କର ଅନ୍ଧବିଶ୍ୱାସକୁ ଦୃଢ଼ୀଭୂତ କରୁଥିବା ଘଟଣାଗୁଡ଼ିକୁ ସେମାନେ ମନେରଖନ୍ତି। ଯେଉଁ ସୂଚନାଗୁଡ଼ିକ ସେମାନଙ୍କର ଅନ୍ଧବିଶ୍ୱାସକୁ ଦୃଢ଼ୀଭୂତ କରୁ ନଥାଏ, ସେମାନେ ତାକୁ ଗ୍ରହଣ କରନ୍ତି ନାହିଁ। ବରଂ ଭୁଲିଯାନ୍ତି।

ବିଜ୍ଞାନର ଅଗ୍ରଗତି ଯୋଗୁଁ ନୂତନ ତଥ୍ୟର ଆବିଷ୍କାର ଓ ଉଦ୍ଭାବନ ହେଉଛି। କୁସଂସ୍କାରର କଳାବାଦଲ ମଣିଷ ଜୀବନରୁ ଧୀରେ ଧୀରେ ଦୂରୀଭୂତ ହେଉଛି। ଦୀର୍ଘ ଅତୀତରୁ ଆଜିଯାଏ ଦୃଢ଼ୀଭୂତ ହୋଇଥିବା ଭ୍ରାନ୍ତଧାରଣା ଓ ଅନ୍ଧବିଶ୍ୱାସର ମୂଳୋତ୍ପାଟନ କରି ସତ୍ୟର ପ୍ରତିଷ୍ଠା କରିବା ଆଦୌ ସହଜ ଓ ସରଳ ନୁହେଁ। ଏଥିପାଇଁ ବୈଜ୍ଞାନିକ ଓ ସମାଜ ସଂସ୍କାରକମାନଙ୍କୁ ବହୁ ତ୍ୟାଗ ସ୍ୱୀକାର କରିବାକୁ ପଡ଼ିଥାଏ। ବହୁ ଆଗରୁ ଟଲେମୀ କଳ୍ପନା କରିଥିଲେ "ଭୂକୈନ୍ଦ୍ରିକ ବିଶ୍ୱ"। ଅର୍ଥାତ୍ ପୃଥିବୀ ମଝିରେ ଅଛି ଓ ତାହା ଚାରିପଟେ ଗ୍ରହମାନେ ଘୂରୁଛନ୍ତି। କିନ୍ତୁ ପରେ କୋପରନିକାସ୍ "ସୂର୍ଯ୍ୟକୈନ୍ଦ୍ରିକ ବିଶ୍ୱ" ବିଷୟରେ କହିଲେ। ଅର୍ଥାତ୍ ସୂର୍ଯ୍ୟ ମଧ୍ୟ ଭାଗରେ ଅଛନ୍ତି। ତାଙ୍କ ଚାରିପଟରେ

ପୃଥିବୀ ଓ ଅନ୍ୟଗ୍ରହମାନେ ଘୂରୁଛନ୍ତି। କୋପରନିକାସ୍‌ଙ୍କ ସହିତ ଏକମତ ହେଲେ ଇଟାଲୀର ବୈଜ୍ଞାନିକ ଜିଓର୍ନାଦୋ ବ୍ରୁନୋ। ଏହି ଆବିଷ୍କାର ଥିଲା ତତ୍‌କାଳୀନ ସମାଜର ଚିନ୍ତାଧାରା ବିରୋଧୀ। ଧର୍ମଗ୍ରନ୍ଥ ବାଇବେଲ "ପୃଥିବୀ ବିଶ୍ୱ ବ୍ରହ୍ମାଣ୍ଡର କେନ୍ଦ୍ରବିନ୍ଦୁ" ଧାରଣାର ପୃଷ୍ଠପୋଷକତା କରୁଥିଲା। ରୋମାନ୍ କାଥଲିକ ଗୀର୍ଜାରେ ବ୍ରୁନୋଙ୍କର ବିଚାର ହେଲା। ସର୍ବସମ୍ମୁଖରେ ପାଦ୍ରୀମାନେ ବ୍ରୁନୋଙ୍କୁ ଅତ୍ୟନ୍ତ ନୃଶଂସ ଭାବରେ ଜିଅନ୍ତା ପୋଡ଼ି ମାରିଦେଲେ। ସତୀପ୍ରଥା ଉଚ୍ଛେଦ କରିବା ପାଇଁ ସମାଜ ସଂସ୍କାରକ ରାଜା ରାମମୋହନ ରାୟଙ୍କୁ ଅନେକ ସଂଗ୍ରାମ କରିବାକୁ ପଡ଼ିଥିଲା। ଆଇନ୍‌ଷ୍ଟାଇନ୍‌ଙ୍କ ଭାଷାରେ, "ବୈଜ୍ଞାନିକ ଗବେଷଣା ହିଁ ଅନ୍ଧବିଶ୍ୱାସକୁ ହ୍ରାସ କରିବାରେ ଗୁରୁତ୍ୱପୂର୍ଣ୍ଣ ଭୂମିକା ଗ୍ରହଣ କରେ। ଗବେଷଣାଲବ୍ଧ ଜ୍ଞାନ କାରଣ ଓ ପ୍ରଭାବଭିତ୍ତିକ ହୋଇଥିବାରୁ ତାହା ଜନସାଧାରଣଙ୍କର ଚିନ୍ତାର ନବୀକରଣ କରିବା ପାଇଁ ସମର୍ଥ ହୁଏ। କିନ୍ତୁ ଜନସାଧାରଣଙ୍କର ସହଯୋଗ ବିନା ସେମାନଙ୍କୁ ଭ୍ରାନ୍ତଧାରଣା କବଳରୁ ମୁକ୍ତ କରିବା ବୈଜ୍ଞାନିକମାନଙ୍କ ପକ୍ଷେ ସମ୍ଭବ ନୁହେଁ।

ବିଚାରଶୀଳ ଦୃଷ୍ଟିଭଙ୍ଗୀକୁ ଆଧାର କରି ସରଳ ବିଶ୍ୱାସ ଓ ପରମ୍ପରାକୁ ମୂଲ୍ୟାୟନ କରିବା ଦରକାର। ଧର୍ମ ସହିତ ଅଲୌକିକତାର କୌଣସି ସମ୍ପର୍କ ନାହିଁ। ଆଜି ପର୍ଯ୍ୟନ୍ତ ଦେଖା ଦେଇଥିବା ଓ ଶୁଣା ଯାଇଥିବା ସମସ୍ତ ଆଧିଭୌତିକ, ଆଧିଦୈବିକ ଓ ଆଧାତ୍ମିକ ଘଟଣାଗୁଡ଼ିକର କୌଣସି ସତ୍ୟତା ନାହିଁ। ବିଜ୍ଞାନାଗାରର ନିୟନ୍ତ୍ରିତ ବାତାବରଣ ମଧ୍ୟରେ ଚମତ୍କାର ପ୍ରଦର୍ଶନ ପାଇଁ ବୈଜ୍ଞାନିକମାନେ କୋଟି କୋଟି ଟଙ୍କା ଘୋଷଣା କରିଥିଲେ ସୁଦ୍ଧା ଆଜି ପର୍ଯ୍ୟନ୍ତ କେହି ବି ଏ ଆହ୍ୱାନକୁ ଗ୍ରହଣ କରି ପାରିନାହାନ୍ତି। ହେତୁବାଦୀ ଆନ୍ଦୋଳନର ପ୍ରମୁଖ ଭୂମିକା ନେଇଥିବା ବୈଜ୍ଞାନିକ ଆବ୍ରାହମ୍.ଟି.କୋଭୁର ଏଭଳି ଚମତ୍କାରିତାକୁ ଖୋଲାଖୋଲି ଭାବରେ ଆହ୍ୱାନ କରିବାକୁ ଜନସାଧାରଣଙ୍କୁ ନିବେଦନ କରିଥିଲେ। ଏହିଭଳି ବଦ୍ଧମୂଳ ଭୁଲ ବିଶ୍ୱାସର ରହସ୍ୟ ଉନ୍ମୋଚନ କରି ଏସବୁ ଅନ୍ତରାଳରେ ଥିବା ଧୋକାବାଜିକୁ ମଧ୍ୟ ସେ ପ୍ରକାଶ କରିଥିଲେ। ଆଜିକୁ ଅଢ଼େଇ ହଜାର ବର୍ଷ ତଳେ ବୁଦ୍ଧଦେବ ଧର୍ମାନ୍ଧତା ବିରୁଦ୍ଧରେ ସ୍ୱର ଉତ୍ତୋଳନ କରିଥିଲେ। ମଣିଷ ସତ୍ୟକୁ ସତ୍ୟ ଓ ମିଥ୍ୟାକୁ ମିଥ୍ୟା ବୋଲି ଜାଣିବା ଦରକାର ବୋଲି ସେ କହୁଥିଲେ। ଅଥଚ ଏକବିଂଶ ଶତାବ୍ଦୀର ମଣିଷମାନଙ୍କର ଏପରି ପ୍ରଶ୍ନବିହୀନ ଅନ୍ଧାନୁସରଣ ପ୍ରଗତିଶୀଳ, ବିକାଶୋନ୍ମୁଖୀ ସମାଜ ପାଇଁ ଆଦୌ ଶୁଭଙ୍କର ନୁହେଁ।

ମଣିଷ ବୁଦ୍ଧିମାନ ଓ ଯୁକ୍ତିଶୀଳ। କୌଣସି ଅବାସ୍ତବ, ଅଯୌକ୍ତିକ ଚିନ୍ତାଧାରାକୁ ଗ୍ରହଣ କରିବା ପୂର୍ବରୁ ତର୍ଜମା କରି ପ୍ରକୃତ ପରୀକ୍ଷା ନିରୀକ୍ଷା କରିନେବା ଦରକାର।

ସକଳ ପରମ୍ପରା ଓ ବିଶ୍ୱାସକୁ ମୂଲ୍ୟାୟନ କରିବା ଦରକାର। ଅନ୍ଧ ଭାବରେ ନ ଭାବିଚିନ୍ତି ଯେ କୌଣସି କଥା ଗ୍ରହଣ କରିବା ଆଦୌ ସମୀଚୀନ ନୁହେଁ। ଏକବିଂଶ ଶତାବ୍ଦୀର ମଣିଷ ସତ୍ୟର ଆହ୍ୱାନ କରୁ। ପ୍ରଶ୍ନ ପଚାରିବା ଶିଖୁ। ପ୍ରଶ୍ନ ପଚାରିବା ଦ୍ୱାରା ସହସ୍ରାବ୍ଦୀ ଧରି ପ୍ରଚଳିତ ମିଥ୍ୟାର ଅନ୍ତ ଘଟିବ। ଜ୍ଞାନ ରାଜ୍ୟରେ ଚିର ସତ୍ୟ ବା ଅନ୍ତିମ ସତ୍ୟ ବୋଲି କିଛି ନାହିଁ। ବିଶ୍ୱର ବ୍ୟାପକତା ଓ ଆମର ସୀମିତ ଅନୁଭୂତି ଭିତ୍ତିରେ କୌଣସି ଜ୍ଞାନକୁ ଚିରନ୍ତନ, ଶାଶ୍ୱତ ଓ ଧ୍ରୁବ ବୋଲି ଗ୍ରହଣ କରାଯାଇ ପାରିବ ନାହିଁ। ଜ୍ଞାନରାଜ୍ୟର ନୂତନ ସମ୍ଭାବନାକୁ ସ୍ୱୀକାର କରିବାକୁ ହେବ। ବିଚାରବନ୍ତ ମଣିଷ ଅନ୍ଧବିଶ୍ୱାସର ବଶବର୍ତ୍ତୀ ନହୋଇ ଏକ ସ୍ୱାଧୀନ ତଥା ମୁକ୍ତ ମନ ନେଇ ବିଚାର କରି ପ୍ରତ୍ୟେକ ସିଦ୍ଧାନ୍ତରେ ଉପନୀତ ହେବା ଉଚିତ। ତା'ଛଡ଼ା ଅନ୍ଧବିଶ୍ୱାସ ଦୂର କରିବା ଓ ସଚେତନତା ସୃଷ୍ଟି କରିବା ପାଇଁ ସରକାରୀ ଓ ବେସରକାରୀ ସ୍ତରରେ ସାମୂହିକ ଓ ସଂଘବଦ୍ଧ ଉଦ୍ୟମ ହେବା ଆବଶ୍ୟକ। ଗଣମାଧ୍ୟମଗୁଡ଼ିକ ମଧ୍ୟ ଭୂତ କାହାଣୀ ଉପରେ ଆଧାରିତ ଧାରାବାହିକ ଓ ଅଲୌକିକ ଘଟଣାବଳୀର ପ୍ରଚାର ଓ ପ୍ରସାରରୁ ନିବୃତ୍ତ ରହିବା ଦରକାର। ଚମତ୍କାରିତାର ଭେଲିକି ଦେଖାଇ ପ୍ରତାରଣା କରୁଥିବା ଲୋକଙ୍କୁ କଠୋରରୁ କଠୋର ଦଣ୍ଡରେ ଦଣ୍ଡିତ କରିବା ଉଚିତ।

ମାନସିକ ଅବସାଦରୁ ମୁକ୍ତି ଆତ୍ମହତ୍ୟା କି ?

ମଣିଷ ପାଇଁ ଯେତେବେଳେ ବଞ୍ଚିରହିବା ଦୁର୍ବିଷହ ହୋଇପଡ଼େ ଓ ଜୀବନ ଅତ୍ୟନ୍ତ ବେଦନାଦାୟକ ବୋଲି ମନେହୁଏ, ସେ ଆତ୍ମହତ୍ୟା କରି ସମସ୍ତ ଦୁଃଖର ଅବସାନ ଘଟାଇବାକୁ ନିଷ୍ପତ୍ତି ନିଏ। ଅସହ୍ୟ ମାନସିକ ଯନ୍ତ୍ରଣା ହିଁ ଆତ୍ମହତ୍ୟାର ମୂଳ କାରଣ। ପୂର୍ବରୁ ମାନସିକ ଅବସାଦ (depression) କୁ ଆତ୍ମହତ୍ୟାର ମୁଖ୍ୟ କାରଣ ବୋଲି ଧରାଯାଉଥିବାବେଳେ ଆଜିକାଲି ଅବସାଦ ଅପେକ୍ଷା ନିରାଶା (hopelessness) ଏବଂ ଅସହାୟତା (helplessness) କୁ ଏହାର ପ୍ରଧାନ କାରଣ ବୋଲି ବିବେଚନା କରାଯାଉଛି।

ଆଇନ ଦୃଷ୍ଟିରୁ ଆତ୍ମହତ୍ୟା ଭାରତରେ ଏକ ଧର୍ତ୍ତବ୍ୟ ଅପରାଧ ହୋଇଥିଲେ ମଧ୍ୟ ଏହାର ସଂଖ୍ୟା ଦିନକୁ ଦିନ ବଢ଼ିବାରେ ଲାଗିଛି। ଭାରତ ପରି ଆମେରିକା, ବ୍ରିଟେନ ଆଦି ବିକଶିତ ପାଶ୍ଚାତ୍ୟ ଦେଶରେ ମଧ୍ୟ ଆତ୍ମହତ୍ୟାକୁ ଦଣ୍ଡନୀୟ ଅପରାଧ ପର୍ଯ୍ୟାୟରେ ଅନ୍ତର୍ଭୁକ୍ତ କରାଯାଇଛି। ଜୀବନ ଭଗବାନଙ୍କର ବା ପ୍ରକୃତିର ଦାନ। ମରଣର ନିଷ୍ପତ୍ତି ପ୍ରକୃତି ଉପରେ ଛାଡ଼ିଦେବା ଦରକାର ବୋଲି ବିଶ୍ୱାସ ଆଜିବି ବଳବତ୍ତର ରହିଛି। ଅବଶ୍ୟ ଅସହ୍ୟ ଶାରୀରିକ ଯନ୍ତ୍ରଣା ଭୋଗୁଥିବା ମଣିଷମାନଙ୍କର ବଞ୍ଚିବା ବା ମରିବାର ନିଷ୍ପତ୍ତି ନେବାର ଅଧିକାର ଅଛି କି ନାହିଁ,ତାହା ଏବେବି ବିବାଦୀୟ ପ୍ରସଙ୍ଗ ହୋଇ ରହିଛି।

ବିଶ୍ୱସ୍ୱାସ୍ଥ୍ୟ ସଂଗଠନର ତଥ୍ୟ ଅନୁଯାୟୀ ବିଶ୍ୱର ସର୍ବାପେକ୍ଷା ଅଧିକ ଆତ୍ମହତ୍ୟା ଗ୍ରୀନ୍‌ଲ୍ୟାଣ୍ଡରେ ଦେଖିବାକୁ ମିଳିଛି। ଜାପାନ ଏକ ଉନ୍ନତ ଦେଶ ହେବା ସତ୍ତ୍ୱେ ସେଠାରେ ଆତ୍ମହତ୍ୟା ସଂଖ୍ୟା ଖୁବ୍ ବେଶୀ। ଜାପାନ ତଳକୁ ସ୍ୱିଜରଲ୍ୟାଣ୍ଡ ମଧ୍ୟ ଏକ ଆତ୍ମହତ୍ୟାପ୍ରବଣ ଦେଶ। ସମ୍ପ୍ରତି ସର୍ବାଧିକ ଆତ୍ମହତ୍ୟାପ୍ରବଣ ରାଷ୍ଟ୍ରଭାବରେ ଭାରତ ଅନ୍ୟତମ ବୋଲି ବିବେଚିତ ହେଲାଣି। ଲାନ୍‌ସେଟ ମେଡ଼ିକାଲ ଜର୍ଣ୍ଣାଲ (୨୦୧୨)

ର ତଥ୍ୟ ଅନୁସାରେ ଭାରତରେ ପନ୍ଦରରୁ ଉଣେଇଶ ବର୍ଷ ମଧ୍ୟରେ ସବୁଠାରୁ ଅଧିକ କିଶୋର କିଶୋରୀ ଆତ୍ମହତ୍ୟା କରୁଛନ୍ତି। ନ୍ୟାସ୍‌ନାଲ କ୍ରାଇମ୍ ରେକର୍ଡ୍ ବ୍ୟୁରୋର ସଦ୍ୟତମ ସୂଚନା ଅନୁଯାୟୀ ୨୦୧୮ ମସିହାରେ ସର୍ବମୋଟ ୧.୩୯ଲକ୍ଷ ଭାରତୀୟ ଆତ୍ମହତ୍ୟା କରିଥିଲେ। ଏମାନଙ୍କ ମଧ୍ୟରୁ ୬୭% ଅର୍ଥାତ୍ ୯୩,୦୬୧ ଥିଲେ ୧୮ରୁ ୪୫ ବର୍ଷ ବୟସ ବର୍ଗର ତରୁଣ ଏବଂ ଅଳ୍ପ ବୟସର ଲୋକ। ୨୦୧୮ ରେ ଏହି ବୟସ ବର୍ଗଙ୍କର ଆତ୍ମହତ୍ୟା ସଂଖ୍ୟା ଥିଲା ୮୯,୪୦୭। ଏନ୍‌ସିଆରବି (NCRB) ତଥ୍ୟ ଅନୁସାରେ ୨୦୧୮, ୨୦୧୭ରେ ଛାତ୍ରଛାତ୍ରୀମାନଙ୍କର ଆତ୍ମହତ୍ୟା ସଂଖ୍ୟା ଥିଲା ଯଥାକ୍ରମେ ୯୯୦୫ ଏବଂ ୯୪୭୮। ଏହାକୁ ଅନୁଧ୍ୟାନ କଲେ ଜଣାଯାଏ ଯେ, ପ୍ରତିବର୍ଷ ଏହି ସଂଖ୍ୟା ବଢ଼ିବଢ଼ି ଚାଲିଛି। ଏକ ଅନୁଶୀଳନରୁ ଦେଖାଯାଇଛି ଯେ, ଭାରତର ଦାକ୍ଷିଣାତ୍ୟରେ ଆତ୍ମହତ୍ୟା ହାର ଦେଶର ଅନ୍ୟ ସ୍ଥାନ ତୁଳନାରେ ଅଧିକ। କେରଳ ଏକ ସାକ୍ଷର ତଥା ଉନ୍ନତ ରାଜ୍ୟ ହୋଇଥିଲେ ମଧ୍ୟ ଅନ୍ୟ ରାଜ୍ୟ ତୁଳନାରେ ଏଠାରେ ଆତ୍ମହତ୍ୟା ସଂଖ୍ୟା ଅଧିକ। ସିକିମ ଏବଂ ତାମିଲନାଡୁରେ ମଧ୍ୟ ଅଧିକ ଆତ୍ମହତ୍ୟା ଦେଖିବାକୁ ମିଳେ। ଦେଶ ଦେଶ ଏବଂ ରାଜ୍ୟ ରାଜ୍ୟ ମଧ୍ୟରେ ଆତ୍ମହତ୍ୟା ସଂଖ୍ୟାର ପାର୍ଥକ୍ୟ ଉପରେ ଅଧିକ ଗବେଷଣା ହେବା ଆବଶ୍ୟକ।

ସମଗ୍ର ବିଶ୍ୱରେ ଘଟୁଥିବା ଆତ୍ମହତ୍ୟାର ପରିସଂଖ୍ୟାନ ସହିତ ଭାରତର ପରିସଂଖ୍ୟାନକୁ ଅନୁଶୀଳନ କଲେ କେତେଗୁଡ଼ିଏ ବିଷମତା ଦେଖାଯାଏ। ବିଶ୍ୱର ପରିସଂଖ୍ୟାନ ଅନୁଯାୟୀ ପାଶ୍ଚାତ୍ୟ ରାଷ୍ଟ୍ରମାନଙ୍କରେ ଦୀର୍ଘକାଳୀନ ମାନସିକ ଅବସାଦ ଆତ୍ମହତ୍ୟାର ଏକ ପ୍ରମୁଖ କାରଣ ହୋଇଥିବାବେଳେ ଭାରତରେ ଆତ୍ମହତ୍ୟାର କାରଣ ଏଯାବତ କ୍ଷଣିକ ଉତ୍ତେଜନାରୁ ହିଁ ରହିଆସିଛି। ଅବଶ୍ୟ ଦୀର୍ଘକାଳୀନ ମାନସିକ ଅବସାଦ ରହିଥିଲେ ମଧ୍ୟ ସଚେତନତାର ଅଭାବରୁ ଭାରତରେ ହୁଏତ ଏହା ଚିହ୍ନଟ ହୋଇ ପାରୁନାହିଁ। ବିଶ୍ୱ ପରିସଂଖ୍ୟାନ ଅନୁଶୀଳନ କଲେ ଦେଖାଯାଏ ଯେ ବିଶ୍ୱରେ ଅଧିକ ବୟସ୍କ ବ୍ୟକ୍ତି ଆତ୍ମହତ୍ୟା କରନ୍ତି। କିନ୍ତୁ ଭାରତରେ କିଶୋର କିଶୋରୀଙ୍କର ଆତ୍ମହତ୍ୟା ସଂଖ୍ୟା ସବୁଠାରୁ ଅଧିକ। ପରିସଂଖ୍ୟାନ ଅନୁଯାୟୀ ବିଶ୍ୱରେ ମହିଳାମାନଙ୍କ ଅପେକ୍ଷା ପୁରୁଷମାନେ ଅଧିକ ଆତ୍ମହତ୍ୟା କରନ୍ତି। ଆହୁରି ମଧ୍ୟ ଦେଖା ଯାଇଛି ଯେ, ପୁରୁଷମାନଙ୍କ ତୁଳନାରେ ତିନିଗୁଣା ମହିଳା ଆତ୍ମହତ୍ୟା ଉଦ୍ୟମ କରୁଥିଲେ ମଧ୍ୟ ତିନିଗୁଣ ଅଧିକ ପୁରୁଷ ଆତ୍ମହତ୍ୟା କରି ମୃତ୍ୟୁବରଣ କରନ୍ତି। ବିଶ୍ୱ ସ୍ୱାସ୍ଥ୍ୟ ସଂଗଠନର ତଥ୍ୟ ଅନୁଯାୟୀ ପାଶ୍ଚାତ୍ୟ ଦେଶମାନଙ୍କରେ ପୁରୁଷମାନେ ଆତ୍ମହତ୍ୟା କରିବା ପାଇଁ ଭୟଙ୍କର ଓ ପ୍ରାଣଘାତକ ପଦକ୍ଷେପ ନେଉଥିବାବେଳେ ମହିଳାମାନେ ଅପେକ୍ଷାକୃତ କମ ଭୟଙ୍କର ପଦ୍ଧତି ଅବଲମ୍ବନ କରନ୍ତି। ମହିଳାମାନେ ନିଦ ବଟିକା ଖାଇ, ବିଷ ସେବନ କରି,

ହାତର ଶିରା କାଟି, ରସି ଲଗେଇ ଆତ୍ମହତ୍ୟା କରିବା ପାଇଁ ଉଦ୍ୟମ କରୁଥିବାବେଳେ ପୁରୁଷମାନେ ଗୁଳି ଫୁଟାଇ, ବହୁତଳ ପ୍ରାସାଦରୁ ଲମ୍ଫ ପ୍ରଦାନ କରି ଆତ୍ମହତ୍ୟା ଉଦ୍ୟମ କରନ୍ତି। କିନ୍ତୁ ଭାରତରେ ସମ୍ପୂର୍ଣ୍ଣ ବିପରୀତ ଚିତ୍ର ଦେଖିବାକୁ ମିଳେ। ଭାରତରେ ଅଧିକ ମହିଳା ଆତ୍ମହତ୍ୟା କରନ୍ତି। ପାଶ୍ଚାତ୍ୟ ସମାଜରେ ଅବିବାହିତ ବା ସ୍ୱାମୀଙ୍କୁ ଛାଡ଼ପତ୍ର ଦେଇଥିବା ଏବଂ ଏକାକୀ ରହୁଥିବା ମହିଳାମାନେ ଅଧିକ ସଂଖ୍ୟାରେ ଅତ୍ମହତ୍ୟା କରୁଥିବାବେଳେ ଆମ ଦେଶରେ ବିବାହିତା ମହିଳାମାନେ ବେଶି ସଂଖ୍ୟାରେ ଆତ୍ମହତ୍ୟା କରୁଛନ୍ତି। ଲିଙ୍ଗଗତ ବିଚାରରେ ଏହା ଏକ ଉତ୍କଟ ସାମାଜିକ ସମସ୍ୟା ହୋଇଥିଲେ ମଧ୍ୟ ଏ ପର୍ଯ୍ୟନ୍ତ ଏହି ବିଷୟରେ ବିଶେଷ ଦୃଷ୍ଟି ଦିଆଯାଇନାହିଁ।

ଭାରତରେ ଆଦିବାସୀ ଅଧ୍ୟୁଷିତ ଅଞ୍ଚଳରେ ଓ ଗ୍ରାମାଞ୍ଚଳରେ ଆତ୍ମହତ୍ୟା ଅପେକ୍ଷାକୃତ କମ୍। ସହରାଞ୍ଚଳରେ ଅନେକ ସମୟରେ ଆତ୍ମହତ୍ୟାକୁ ଦୁର୍ଘଟଣାଜନିତ ମୃତ୍ୟୁରେ ରୂପାନ୍ତରିତ କରିଦିଆଯାଏ। କିଛିଲୋକ ଏପରି ଆତ୍ମହତ୍ୟାର ପଥ ବାଛିନିଅନ୍ତି, ଯାହା ଦୁର୍ଘଟଣାଜନିତ ମୃତ୍ୟୁ ବୋଲି ମନେହେବ। ଅନୁଶୀଳନରୁ ଜଣାଯାଏ ଯେ, ଶତକଡ଼ା ପନ୍ଦର ସାଙ୍ଘାତିକ ଧରଣର ରାସ୍ତା ଦୁର୍ଘଟଣା ଆତ୍ମହତ୍ୟା ଯୋଗୁଁ ହୁଏ। ସବୁ ଶ୍ରେଣୀର, ସବୁ ବର୍ଗର ଏବଂ ସବୁ ସାମାଜିକ ଓ ଆର୍ଥିକ ଅବସ୍ଥାର ଲୋକ ଆତ୍ମହତ୍ୟା କରନ୍ତି। ଅର୍ଥାତ୍ ଯେତିକି ଗରିବ ଆତ୍ମହତ୍ୟା କରନ୍ତି, ସେତିକି ଧନୀ ମଧ୍ୟ ଆତ୍ମହତ୍ୟା କରନ୍ତି। ନିଶାଦ୍ରବ୍ୟ ସେବନ କରୁଥିବା ଏବଂ ମଦ୍ୟପାନ କରୁଥିବା ଲୋକେ ଅଧିକ ସଂଖ୍ୟାରେ ଆତ୍ମହତ୍ୟା କରିଥାନ୍ତି।

ସଫଳତାର ଶୀର୍ଷରେ ଥାଇ ମଧ୍ୟ କିଛିଲୋକ ଆତ୍ମହତ୍ୟା କରନ୍ତି। ବିଂଶ ଶତାବ୍ଦୀର ଅତ୍ୟନ୍ତ ପ୍ରଭାବଶାଳୀ ଓ ଖ୍ୟାତନାମା ଲେଖକ, ନୋବେଲ ପୁରସ୍କାର ବିଜେତା ଅର୍ନେଷ୍ଟ ହେମିଙ୍ଗୱେ ମାତ୍ର ଏକଷଠି ବର୍ଷରେ ମୁଣ୍ଡରେ ଗୁଳି ଫୁଟାଇ ଆତ୍ମହତ୍ୟା କରିଥିଲେ। ସେହିଭଳି ସାହିତ୍ୟ କ୍ଷେତ୍ରରେ ପ୍ରତିଷ୍ଠା ଲାଭ କରିଥିବା ସିଲଭିଆ ପ୍ଲାଥ୍, ଭର୍ଜିନିଆ ଉଲ୍‌ଫ ଓ ଡେଲ୍ କାର୍ନେଗୀ ଆତ୍ମହତ୍ୟା କରିଥିଲେ। ସଫଳତାର ଚରମ ସୋପାନରେ ଥିବାବେଳେ ହଲିଉଡ଼ର ପ୍ରଖ୍ୟାତ ସୁନ୍ଦରୀ ଅଭିନେତ୍ରୀ ମେରିଲିନ୍ ମନ୍‌ରୋ, ହିନ୍ଦୀ ଚଳଚ୍ଚିତ୍ରର ତତ୍‌କାଳୀନ ଖ୍ୟାତନାମା ତାରକା ଗୁରୁଦତ୍ତ ମଧ୍ୟ ଆତ୍ମହତ୍ୟା କରିଥିଲେ। ମହାପରାକ୍ରମଶାଳୀ ହିଟ୍‌ଲର ଦ୍ୱିତୀୟ ବିଶ୍ୱଯୁଦ୍ଧରେ ପରାଜିତ ହେବାରୁ ପତ୍ନୀ ଇଭା ବ୍ରନ୍‌ଙ୍କ ସହିତ ଆତ୍ମହତ୍ୟାର ପଥ ବାଛିନେଇଥିଲେ। ଏପରି ବ୍ୟକ୍ତିମାନେ ବାହାରକୁ ସଫଳ ଜଣାପଡୁଥିଲେ ମଧ୍ୟ ଅନ୍ତର୍ମୁଖୀ ହତାଶା ଓ ଅବସାଦର ଶିକାର ହୋଇଥିଲେ।

ଅନେକ ଧର୍ମରେ ଧର୍ମୀୟ ଉତ୍ସବ ମାଧ୍ୟମରେ ଆତ୍ମହତ୍ୟା କରିବା ଗ୍ରହଣୀୟ। ଜୈନ ଭିକ୍ଷୁକମାନେ ସାନ୍ତାରା ଉତ୍ସବ (ଦେହତ୍ୟାଗ ଉତ୍ସବ) ପାଳନ କରି ଖାଦ୍ୟ ନ

ଖାଇ ଶେଷ ନିଃଶ୍ୱାସ ତ୍ୟାଗ କରନ୍ତି। ଜାପାନର ସନ୍ଥମାନେ 'ହାରାକିରି' ନାମକ ଏକ ପ୍ରକାର ଦେହତ୍ୟାଗ ଉତ୍ସବରେ ମୋକ୍ଷ ପାଇଁ ସମାଧିସ୍ଥ ହୋଇ ନିଜ ଇଚ୍ଛାରେ ମୃତ୍ୟୁବରଣ କରୁଥିଲେ। ଅନେକ ସମୟରେ ଗୋଷ୍ଠୀ ବା ଦଳର ସ୍ୱାର୍ଥରକ୍ଷା କରିବା ପାଇଁ କିଛିଲୋକ ଆତ୍ମହତ୍ୟା କରିଥାନ୍ତି। କେତେକ ରାଜନୈତିକ ଓ ଉଗ୍ରପନ୍ଥୀ ସଂଗଠନ ଆତ୍ମହତ୍ୟା ଦଳ (suicide squad) ଗଠନ କରି ନିଜ ଦଳ ପାଇଁ ମୃତ୍ୟୁବରଣ କରୁଥିବାର ଦେଖାଯାଉଛି। ମାନବ ବୋମା (human bomb) ଏହାର ଉଦାହରଣ। ଏଠାରେ ବ୍ୟକ୍ତି ଦଳର ଲକ୍ଷ୍ୟ ସହିତ ନିଜକୁ ଏପରି ମିଶାଇ ଦେଇଥାଏ ଯେ ଦଳସ୍ୱାର୍ଥ ପାଇଁ ନିଜ ଜୀବନକୁ ବଳିଦାନ ଦେବାକୁ ମଧ୍ୟ ପଶ୍ଚାତ୍‌ପଦ ହୁଏନାହିଁ। ଏପରି ଆତ୍ମହତ୍ୟାକୁ ପରହିତୈଷୀ ଆତ୍ମହତ୍ୟା (altruistic suicide) ବୋଲି କୁହାଯାଏ। କିଛି ଲୋକ ତାଙ୍କର ପ୍ରିୟ ରାଜନୈତିକ ନେତା ବା ଚଳଚ୍ଚିତ୍ର ତାରକାଙ୍କର ସ୍ୱାଭାବିକ ମୃତ୍ୟୁ ଘଟିଲେ ମଧ୍ୟ ମ୍ରିୟମାଣ ହୋଇ ଆତ୍ମହତ୍ୟା କରନ୍ତି।

ଆତ୍ମହତ୍ୟା କରିବା ପାଇଁ ଉଦ୍ୟମ କରୁଥିବା ବ୍ୟକ୍ତିର ପଦକ୍ଷେପକୁ ମନସ୍ତତ୍ତ୍ୱବିଦ୍‌ମାନେ 'ସାହାଯ୍ୟ ପାଇଁ ଆବେଦନ' (call for help) ହିସାବରେ ବିବେଚନା କରନ୍ତି। ଜଣେ ବ୍ୟକ୍ତି ଆତ୍ମହତ୍ୟା କରିବାର ନିଷ୍ପତ୍ତି ବା ସିଦ୍ଧାନ୍ତ ହଠାତ୍ ନିଏନାହିଁ। ଅନେକ ଦିନରୁ ନିଜକୁ ପ୍ରସ୍ତୁତ କରୁଥାଏ। ପ୍ରାୟ ଅଧିକାଂଶ ବ୍ୟକ୍ତି ପୂର୍ବରୁ ଉଦାସ ଓ ବିଷାଦଗ୍ରସ୍ତ ଥାଆନ୍ତି। ଆତ୍ମହତ୍ୟା କରିବା ସମ୍ବନ୍ଧରେ ସେମାନେ ପରୋକ୍ଷ ବା ପ୍ରତ୍ୟକ୍ଷ ଭାବରେ ସୂଚନା ଦେଇଥାନ୍ତି। ଦେଖାଯାଇଛି, ଷାଠିଏରୁ ପଞ୍ଚଷଠି ପ୍ରତିଶତ ଲୋକ ସିଧାସଳଖ ଏ ସମ୍ବନ୍ଧରେ ସୂଚନା ଦେଉଥିବାବେଳେ କୋଡ଼ିଏ ପ୍ରତିଶତ ବ୍ୟକ୍ତି ପରୋକ୍ଷ ସୂଚନା ଦେଇଥାନ୍ତି। 'ମୋତେ ଆଉ ବଞ୍ଚିବାକୁ ଇଚ୍ଛା ହେଉନାହିଁ, 'ମୁଁ ଜାଣେ, ମୁଁ ସମସ୍ତଙ୍କ ଉପରେ ବୋଝ! ବା 'କିଏ କହିବ, ମୋର ତୁମ ସାଙ୍ଗରେ ଆଉ କେବେ ଦେଖା ହେବ କି ନାହିଁ!' ଆଦି ଅବସାଦପୂର୍ଣ୍ଣ କଥା ମାଧ୍ୟମରେ ତାଙ୍କ ମନୋଭାବକୁ ପ୍ରତ୍ୟକ୍ଷ ଭାବରେ ସୂଚେଇ ଦିଅନ୍ତି। କେହି କେହି ତାଙ୍କର ମୂଲ୍ୟବାନ ଜିନିଷଗୁଡ଼ିକୁ ଅନ୍ୟମାନଙ୍କୁ ଉପହାର ଦେଇଦିଅନ୍ତି। ସମସ୍ତେ ଖୁସିରେ ଗପସପ କରୁଥିଲେ ସେଥିରେ ସାମିଲ ହୁଅନ୍ତି ନାହିଁ। ଆତ୍ମହତ୍ୟା କରିବା ପୂର୍ବରୁ କିଛିଲୋକ ନିଜ ମନକଥା ଅନ୍ୟମାନଙ୍କ ଆଗରେ ବ୍ୟକ୍ତ କରିବାକୁ ଚାହିଁଥାନ୍ତି।

ଫିନ୍‌ଲ୍ୟାଣ୍ଡରେ ହୋଇଥିବା ଏକ ଅଧ୍ୟୟନରୁ ଜଣାଯାଇଛି ଯେ ଆତ୍ମହତ୍ୟା କରିଥିବା ଲୋକମାନଙ୍କ ମଧ୍ୟରୁ ପ୍ରାୟ ଅଧା ଲୋକ (ଶତକଡ଼ା ଏକଚାଳିଶି) ଆତ୍ମହତ୍ୟା କରିବା ପୂର୍ବରୁ ମାନସିକ ଚିକିତ୍ସକଙ୍କ ପାଖକୁ ସାହାଯ୍ୟ ପାଇଁ ଯାଇଥିଲେ। ଶତକଡ଼ା ବାଇଶି ଲୋକ ସେମାନଙ୍କର ଆତ୍ମହତ୍ୟା କରିବା ଉଦ୍ଦେଶ୍ୟ ବିଷୟରେ ଅନ୍ୟମାନଙ୍କୁ

କହିଥିଲେ। ତା ପୂର୍ବରୁ ଏମାନେ ସମସ୍ତେ ମାନସିକ ଅବସାଦ ଭୋଗୁଥିଲେ। ତେଣୁ ଏପରି ଇଙ୍ଗିତ ଦେଉଥିବା ଲୋକମାନଙ୍କର ମନୋଭାବକୁ ଗମ୍ଭୀରତା ସହ ବିଚାର କରି ମନୋଚିକିତ୍ସକ ଏବଂ କାଉନ୍‌ସେଲରଙ୍କ ସାହାଯ୍ୟ ନେଇ ଏହାର ଉପଯୁକ୍ତ ପ୍ରତିକାର ବ୍ୟବସ୍ଥା କରାଯିବା ଉଚିତ।

ଅତ୍ୟଧିକ ଅବସାଦ ଯୋଗୁଁ ସବୁବେଳେ ବିରକ୍ତ ବା ଚିଡ଼ଚିଡ଼ ହେଉଥିବା ଲୋକ ହଠାତ୍ ଶାନ୍ତ ହୋଇଗଲେ ସେମାନଙ୍କର ମାନସିକ ସ୍ୱାସ୍ଥ୍ୟ ଭଲ ଆଡ଼କୁ ଗତି କରୁଛି ବୋଲି ଲୋକମାନଙ୍କର ଭୁଲ ଧାରଣା ହୁଏ। କେବେକେବେ ସେମାନେ ଆତ୍ମହତ୍ୟା କରିବା ପାଇଁ ଶେଷ ନିଷ୍ପତ୍ତି ନେଇଯାନ୍ତି ଓ ସେ କାର୍ଯ୍ୟଟି ସମ୍ପୂର୍ଣ୍ଣ କରିବା ପାଇଁ ଉପାୟ ଖୋଜୁଥାନ୍ତି। ଆତ୍ମହତ୍ୟା କରିବା ନ କରିବାର ଦ୍ୱନ୍ଦ୍ୱ ସମାପ୍ତ ହୋଇ ଏକ ନିର୍ଦ୍ଦିଷ୍ଟ ଲକ୍ଷ୍ୟରେ ପହଞ୍ଚିଲେ ସେମାନେ ଅପେକ୍ଷାକୃତ ଶାନ୍ତ ଜଣାପଡ଼ନ୍ତି।

ମନସ୍ତତ୍ତ୍ୱବିଦ୍‌ମାନଙ୍କ ମଧ୍ୟରେ ଆତ୍ମହତ୍ୟା ଉଦ୍ୟମ କରୁଥିବା ବେଶି ଭାଗ ଲୋକ ପ୍ରକୃତରେ ମରିବାକୁ ଚାହାନ୍ତି ନାହିଁ। କିଛିଲୋକ ମରିବା ବଞ୍ଚିବା ଦ୍ୱନ୍ଦ୍ୱ ମଧ୍ୟରେ ଥିବାବେଳେ ଅତି କମ୍ ସଂଖ୍ୟକ ଲୋକ ପ୍ରକୃତରେ ମରିବାକୁ ଚାହିଁଥାଆନ୍ତି। ଆତ୍ମହତ୍ୟା ଉଦ୍ୟମ କରୁଥିବା ଷାଠିଏ ପଞ୍ଚଷଠି ପ୍ରତିଶତ ଲୋକ ମରିବାକୁ ଆଦୌ ଚାହାନ୍ତି ନାହିଁ। ଅଳ୍ପସଂଖ୍ୟକ ଲୋକ ଆତ୍ମହତ୍ୟା ନାମରେ ପରିବାର ସଦସ୍ୟମାନଙ୍କୁ ଡରେଇ, ଧମକେଇ, ଭୟଭୀତ କରି ନିୟନ୍ତ୍ରଣରେ ରଖିବାକୁ ଚେଷ୍ଟା କରନ୍ତି। ଏହି ଗୋଷ୍ଠୀର ଲୋକମାନେ ଏଭଳି ସମୟରେ ଏବଂ ଏପରି ଭାବରେ ଆତ୍ମହତ୍ୟା ଉଦ୍ୟମ କରନ୍ତି, ଯେପରି ତାଙ୍କୁ କେହି ନା କେହି ଉଦ୍ଧାର କରିପାରିବ। ଘରେ ଲୋକମାନେ ଥିଲାବେଳେ ହିଁ ସେମାନେ ଆତ୍ମହତ୍ୟା କରିବା ପାଇଁ ଉଦ୍ୟମ କରନ୍ତି ଓ ଅପେକ୍ଷାକୃତ କମ୍ ସାଙ୍ଘାତିକ ପଦକ୍ଷେପ ନେଇଥାନ୍ତି। ତିରିଶ ପ୍ରତିଶତ ଆତ୍ମହତ୍ୟା ଉଦ୍ୟମ କରୁଥିବା ବ୍ୟକ୍ତି ମରିବା ନ ମରିବା ଦ୍ୱନ୍ଦ୍ୱ ମଧ୍ୟରେ ଥାଆନ୍ତି।

'ନ୍ୟୁୟର୍କର' ନାମକ ଏକ ପତ୍ରିକାରେ ପ୍ରକାଶିତ 'ଜମ୍ପର୍ସ' ଶୀର୍ଷକରେ ଏକ ପ୍ରବନ୍ଧ ପ୍ରକାଶିତ ହୋଇଥିଲା, ଯାହା ଏଠାରେ ପ୍ରଣିଧାନଯୋଗ୍ୟ। ଯୁକ୍ତରାଷ୍ଟ୍ର ଆମେରିକାର ପ୍ରସିଦ୍ଧ ଗୋଲଡେନ୍ ଗେଟ୍ ସେତୁ ଉପରେ ଆତ୍ମହତ୍ୟା କରିବା ପାଇଁ ନିଷ୍ପତ୍ତି ନେଇ ସେତୁ ଉପରୁ ଡେଇଁଥିବା ଏବଂ ପରବର୍ତ୍ତୀ କାଳରେ ବଞ୍ଚିଯାଇଥିବା କିଛି ଲୋକଙ୍କର ସାକ୍ଷାତକାର ନେଇଥିବା ଲେଖକ ଟାଟା ଫ୍ରେଣ୍ଡ (୨୦୦୩) ଏକ ସନ୍ଦର୍ଭ ରଚନା କରିଥିଲେ। ଅଧିକାଂଶ ଲୋକ ମତାମତ ଦେଇଥିଲେ ଯେ, ସେତୁ ଉପରୁ ଡେଇଁବା ପୂର୍ବରୁ ମୃତ୍ୟୁ ହିଁ ମୁକ୍ତିର ଏକମାତ୍ର ରାସ୍ତା ବା ବିକଳ୍ପ ବୋଲି ମନେ ହେଉଥିଲେ ହେଁ ପାଣିକୁ ଛୁଇଁବା ପୂର୍ବରୁ ଅଚାନକ ସଂବିତ ଉଦୟ ହେଉଥିଲା ଯେ ପାଣିରେ ବୁଡ଼ି ମରିବା ହୁଏତ ଏକ ଚରମ ନିର୍ବୋଧତା।

ଆତ୍ମହତ୍ୟା କରିବା ପୂର୍ବରୁ କିଛି ଲୋକ ଲେଖା (suicide note) ଛାଡ଼ିଯାଆନ୍ତି। ଆତ୍ମହତ୍ୟା ପୂର୍ବର ଲେଖାଗୁଡ଼ିକ ଅନୁଧ୍ୟାନ କରି ଦେଖାଯାଇଛି ଯେ, ଅଧିକାଂଶ ଲେଖା (ଶତକଡ଼ା ଏକାବନ)ରେ ଅନ୍ୟମାନଙ୍କ ପ୍ରତି ସ୍ନେହ, ଶ୍ରଦ୍ଧା, ସହାନୁଭୂତି, କୃତଜ୍ଞତା ଓ ବ୍ୟସ୍ତତା ପ୍ରକଟିତ ହୋଇଥାଏ। ଏପରି କିଛି ଲେଖାର ଉଦାହରଣ ନିଆଯାଇପାରେ। "ମତେ ଭୁଲିଯିବ ଓ କ୍ଷମା କରିଦେବ। ମୁଁ ତୁମକୁ ସବୁବେଳେ ଭଲ ହିଁ ପାଇଛି। ତୁମଠାରୁ ମୋର ନିଜର ଆଉ କେହି ନଥିଲେ। ତୁମେ ମତେ ଯେତିକି ଦେଇଛ, ସେଥିପାଇଁ ମୁଁ ଚିର କୃତଜ୍ଞ। ଦୟାକରି ମୋ ପାଇଁ ପ୍ରାର୍ଥନା କରିବ।"

"ମୁଁ ପ୍ରକୃତରେ ଦୁଃଖିତ। କିନ୍ତୁ ମୁଁ ରାସ୍ତା ଭୁଲିଯାଇଛି। ମୁଁ ରାସ୍ତା ଖୋଜୁ ଖୋଜୁ ବହୁତ ଦୂରକୁ ଚାଲିଯାଉଛି। କାହାର ଭୁଲ୍ ସେ ବିଷୟରେ ଭାବି ଲାଭ ନାହିଁ। ହୁଏତ କାହାର ବି ଦୋଷ ନାହିଁ। ମତେ କ୍ଷମା କରିଦେବ।"

"ବାପା! ମୋ ପାଇଁ ମନଦୁଃଖ କରିବ ନାହିଁ। ତୁମର କିଛି ଭୁଲ ହୋଇଛି ବୋଲି ଭାବିବ ନାହିଁ। ତୁମେ ପୃଥିବୀରେ ସବୁଠାରୁ ଭଲ ବାପା। ମୁଁ ତୁମକୁ ଭଲ ପାଇ ଏ ପୃଥିବୀ ପୃଷ୍ଠରୁ ବିଦାୟ ନେଉଛି।"

ବହୁତ କମ୍ ଲେଖାରେ (ଶତକଡ଼ା ଛଅ) କ୍ରୋଧ, ପ୍ରତିହିଂସା ଓ ଘୃଣାଭାବ ପ୍ରକଟିତ ହୋଇଥାଏ। ଏପରି ଗୋଟିଏ ଲେଖାର ଉଦାହରଣ ନିଆଯାଇପାରେ। "ମୁଁ ତୁମକୁ ଓ ତୁମ ପରିବାରକୁ ଘୃଣା କରେ। ତୁମେମାନେ କେବେ ବି ଶାନ୍ତି ନ ପାଅ, ଏହା ମୋର ଇଚ୍ଛା। ପୃଥିବୀର ସବୁ ଖରାପ ତୁମର ହିଁ ହେଉ। ମୁଁ ମରିବା ପରେ ମଧ୍ୟ ତୁମମାନଙ୍କୁ ଛାଡ଼ିବି ନାହିଁ।"

ଆଉ କିଛି ଲେଖାରେ ସ୍ନେହ, ଶ୍ରଦ୍ଧା ଓ କ୍ରୋଧ ମିଶି ରହିଥାଏ। ଆଉ ଅନେକ ଲେଖାରେ କୌଣସି ଆବେଗ ନଥାଏ। ଅତ୍ୟନ୍ତ ବୃଦ୍ଧ ବା ବୃଦ୍ଧା ହୋଇଗଲେ, ବହୁତ ଦିନ ଧରି ଶାରୀରିକ ଅସୁସ୍ଥତା ଲାଗି ରହିଲେ ଓ ବଞ୍ଚିବାର ଆଗ୍ରହ କମି ଯାଇଥିଲେ, ଲୋକମାନେ ଆବେଗବିହୀନ ଆତ୍ମହତ୍ୟା ନୋଟ୍ ଲେଖନ୍ତି।

ପ୍ରସିଦ୍ଧ ମନୋବିଜ୍ଞାନୀ ଫ୍ରଏଡ୍‌ଙ୍କ ମତରେ ପ୍ରତ୍ୟେକ ମଣିଷର ଦୁଇଟି ପ୍ରବୃତ୍ତି ଥାଏ। ଗୋଟିଏ ହେଲା ବଞ୍ଚିବାର ପ୍ରବୃତ୍ତି (life instinct) ଓ ଅନ୍ୟଟି ମରିବାର ପ୍ରବୃତ୍ତି (death instinct)। ଫ୍ରଏଡ୍‌ଙ୍କ ମତ ଅନୁଯାୟୀ, ମୃତ୍ୟୁ ପ୍ରବୃତ୍ତି ଯେତେବେଳେ ଅଧିକ ଶକ୍ତିଶାଳୀ ହୋଇଯାଏ ଓ ବଞ୍ଚିବାର ପ୍ରବୃତ୍ତି କମିଯାଏ ସେତେବେଳେ ମଣିଷ ଆତ୍ମହତ୍ୟା କରିଥାଏ।

ଫରାସୀ ସମାଜବିଜ୍ଞାନୀ ଏମାଇଲ୍ ଡର୍କହେମ୍ (୧୮୯୭)ଙ୍କ ମତରେ ଜଣେ ବ୍ୟକ୍ତି ତାର ପରିବାର ବା ଏକ ଗୋଷ୍ଠୀ ସହିତ ମିଳିମିଶି ଚଳେ। ଏହା ମାଧ୍ୟମରେ

ନିଜକୁ ପରିଚିତ ବା ଚିହ୍ନିତ (identify) କରେ। ଗୋଷ୍ଠୀ ସହିତ ମିଳିମିଶି ଚଳୁଥିଲେ ଓ ଏହି ମିଳାମିଶା ସନ୍ତୋଷଜନକ ହୋଇଥିଲେ ସେ ଆନନ୍ଦରେ ରହେ। କିନ୍ତୁ କୌଣସି କାରଣରୁ ପରିବାର ବା ଗୋଷ୍ଠୀ ସହିତ ତୀବ୍ର ମତଭେଦ ହେଲେ, ଅପଢ଼ ହେଲେ ବା ସଂହତିର ଅଭାବ ଘଟିଲେ ସେ ବଞ୍ଚିରହିବାର ଆଗ୍ରହ ହରାଇ ବସେ। ନିଜକୁ ଏକୁଟିଆ ବୋଲି ଭାବେ। ତା ପାଇଁ କାହାର ଆବଶ୍ୟକତା ନାହିଁ ବୋଲି ତାର ମନେହୁଏ ଏବଂ ସେ ଆତ୍ମହତ୍ୟା କରେ।

ଆତ୍ମହତ୍ୟା ଗୋଟିଏ ଜଟିଳ କାର୍ଯ୍ୟ, ଯେଉଁଥିରେ ବିବିଧ କାରଣମାନ ମିଶିକରି ରହିଥାଏ। କୌଣସି ଗୋଟିଏ କାରଣ ଆତ୍ମହତ୍ୟାକୁ ବୁଝିବା ପାଇଁ ଯଥେଷ୍ଟ ନୁହେଁ। ଆତ୍ମହତ୍ୟା ମୂଳରେ ଜୈବିକ, ମାନସିକ, ସାମାଜିକ, ସାଂସ୍କୃତିକ, ଐତିହାସିକ ଆଦି କାରଣ ମିଶାମିଶି ହୋଇଥାଏ। ବାହାରକୁ ପ୍ରତୀୟମାନ ହେଉଥିବା କାରଣ ଠାରୁ ପ୍ରତୀୟମାନ ହେଉନଥିବା ଅନେକ କାରଣ ଲୁକ୍‌କାୟିତ ଭାବରେ ରହିଥାଏ। ଅଳ୍ପବୟସରେ ପିଲାମାନେ ପ୍ରେମରେ ଅସଫଳ ହେଲେ ବା ପରୀକ୍ଷାରେ ଅକୃତକାର୍ଯ୍ୟ ହେଲେ ମାନସିକ ଆଘାତ ପାଆନ୍ତି। ମନାନ୍ତର, ମତାନ୍ତର ଓ ବିଚ୍ଛେଦ ଯୋଗୁଁ ନିଜକୁ ଏକାକୀ (alienated) ମନେକରି ଆତ୍ମହତ୍ୟା କରୁଥିବାବେଳେ ମଧ୍ୟବୟସ୍କ ବ୍ୟକ୍ତିମାନେ ଅର୍ଥନୈତିକ ଅବସ୍ଥାକୁ ଅଧିକ ଗୁରୁତ୍ୱ ଦେଇ ବିଷାଦଗ୍ରସ୍ତ ହୁଅନ୍ତି। ବୃଦ୍ଧାବସ୍ଥାରେ ଦିନ ଦିନ ଧରି ଲାଗି ରହିଥିବା ଶାରୀରିକ ଅସୁସ୍ଥତା ଆତ୍ମହତ୍ୟାର ମୁଖ୍ୟ କାରଣ ହୋଇଥାଏ। ଆତ୍ମହତ୍ୟା କରିଥିବା ବ୍ୟକ୍ତିଟିର ଏହି ଘଟଣା ପୂର୍ବରୁ ଯଦି କୌଣସି ଦୁଃଖଦାୟକ ଘଟଣା ଘଟିଥାଏ, ଯେପରିକି ପ୍ରିୟଜନଙ୍କର ଅକାଳ ମୃତ୍ୟୁ, ପ୍ରେମରେ ଅସଫଳତା, ଆର୍ଥିକ ଦୁରବସ୍ଥା, ପରୀକ୍ଷାରେ ବିଫଳତା, ବିବାହ ବିଚ୍ଛେଦ ବା ରୋଗଜନିତ ଯନ୍ତ୍ରଣା ତେବେ ଲୋକେ ଏହାକୁ ଆତ୍ମହତ୍ୟା ସହିତ ଯୋଡ଼ିଦିଅନ୍ତି। କିନ୍ତୁ ଯଦି ଭଲଭାବରେ ଅନୁଧ୍ୟାନ କରାଯାଏ, ଏସବୁ ଦୁଃଖଦାୟକ ଘଟଣା ଆତ୍ମହତ୍ୟାର ଏକମାତ୍ର କାରଣ ନୁହେଁ। ଯେଉଁମାନେ ଆତ୍ମହତ୍ୟା କରିଥାନ୍ତି, ତାଙ୍କ ଜୀବନରେ ଘଟିଥିବା ଦୁଃଖଦାୟକ ଘଟଣାଗୁଡ଼ିକ ବହୁ ଲୋକଙ୍କ ଜୀବନରେ ମଧ୍ୟ ଘଟିଥାଏ। ଏମିତି କୌଣସି ମଣିଷ ନାହିଁ, ଯାହାର ଜୀବନରେ କୌଣସି ଦୁଃଖ ନାହିଁ। ଏପରି ବି ନୁହେଁ, ଆତ୍ମହତ୍ୟା କରୁଥିବା ଲୋକଙ୍କ ଜୀବନରେ ଆତ୍ମହତ୍ୟା କରୁନଥିବା ଲୋକଙ୍କଠାରୁ ଅଧିକ ଦୁଃଖ ଆସିଥାଏ।

ମନସ୍ତତ୍ତ୍ୱବିଦ୍‌ମାନଙ୍କ ମତରେ ମାନସିକ ରୋଗ ଭୋଗୁଥିବା ଲୋକମାନଙ୍କର ଆତ୍ମହତ୍ୟା କରିବାର ଆଶଙ୍କା ଅଧିକ ଥାଏ। କ୍ଲିନିକାଲ୍ ଡିପ୍ରେସନ୍ (clinical depression), ବାଇ-ପୋଲାର ଡିଜ୍‌ଅର୍ଡ଼ର (bi-polar disorder), ସ୍କିଜୋଫ୍ରେନିୟା

(schizophrenia) ରୋଗରେ ପୀଡ଼ିତ ମାନସିକ ରୋଗୀ ବେଶି ସଂଖ୍ୟାରେ ଆତ୍ମହତ୍ୟା କରନ୍ତି। ବିଶେଷ କିଛି ଦୁଃଖଦାୟକ ଘଟଣା ନଥାଇ ମଧ୍ୟ ସେମାନେ ସବୁବେଳେ ବିଷର୍ଣ୍ଣ ରହନ୍ତି ଏବଂ ଏହି ଅବସାଦପୂର୍ଣ୍ଣ ଜୀବନର ପୂର୍ଣ୍ଣଚ୍ଛେଦ ପକାଇବାକୁ ଇଚ୍ଛା କରନ୍ତି। ଏପରି ମାନସିକ ଅବସ୍ଥା ପାଇଁ ଜୈବିକ କାରଣ (biological factors) ଦାୟୀ। ଏପରି ଅବସାଦର କାରଣ ଜିନ୍ ସମ୍ବନ୍ଧୀୟ (ଅନୁବଂଶଜନିତ) ବୋଲି ସୂଚନା ମିଳେ। ଆତ୍ମହତ୍ୟା କରିଥିବା ବ୍ୟକ୍ତିଙ୍କୁ ନେଇ ସେମାନଙ୍କ ମସ୍ତିଷ୍କର ସ୍ନାୟୁ ସଞ୍ଚାରକ ବ୍ୟବସ୍ଥା (neurotransmitter system) ଉପରେ ବହୁ ଗବେଷଣା ହୋଇଛି। ଦେଖାଗଲା, ଆତ୍ମହତ୍ୟା କରିଥିବା ବ୍ୟକ୍ତିମାନଙ୍କର ମସ୍ତିଷ୍କର ହାଇପୋଥାଲାମସ୍‌ରେ କମ୍ ପରିମାଣରେ ଗାବା (GABA) ନାମକ ସ୍ନାୟୁ ସଞ୍ଚାରକ ଥିଲା। ଦେଖାଯାଇଛି ଯେ ମାନସିକ ଅବସାଦ ଭୋଗୁଥିବା ଲୋକମାନଙ୍କର ମସ୍ତିଷ୍କ ଓ ରକ୍ତରେ ସେରୋଟୋନିନ୍ (serotonin) ଓ ନରଏପିନେଫ୍ରିନ୍ (norepinephrine) ସ୍ନାୟୁ ସଞ୍ଚାରକ କମ୍ ପରିମାଣରେ ଥାଏ। ଆତ୍ମହତ୍ୟା ଉଦ୍ୟମ କରିଥିବା କେତେଜଣ ରୋଗୀଙ୍କଠାରେ ଅସ୍ୱାଭାବିକ ଇ.ଇ.ଜି (E.E.G) ରେଖା ଦେଖିବାକୁ ମିଳିଥିଲା। ଆତ୍ମହତ୍ୟା କରିଥିବା ଅଭିନ୍ନ ଯମଜ ସନ୍ତାନ (identical twins) ଏବଂ ଭିନ୍ନ ଯମଜ ସନ୍ତାନ (fraternal twins) ମାନଙ୍କୁ ତୁଳନା କରି ଦେଖାଯାଇଛି ଯେ ପଚାଶ ଜଣ ଅଭିନ୍ନ ଯମଜଙ୍କ ମଧ୍ୟରେ ନଅ ଜଣ ଆତ୍ମହତ୍ୟା କରିଥିଲେ। ଏହି ନଅଜଣଙ୍କ କ୍ଷେତ୍ରରେ ଦୁଇଜଣ ଯମଜ ସନ୍ତାନ ଏକା ସାଙ୍ଗରେ ଆତ୍ମହତ୍ୟା କରିଥିଲେ ଓ ଉଭୟ ବିଷାଦଗ୍ରସ୍ତ ଥିଲେ।

ନୈଦାନିକ ରୂପେ ଅବସାଦଗ୍ରସ୍ତ ହେବା ବଂଶଗତ ହୋଇଥିବାରୁ ଏଭଳି ଲୋକମାନଙ୍କର ପରିବାରରେ ବା ଦୂର ସମ୍ପର୍କୀୟ ବନ୍ଧୁବାନ୍ଧବଙ୍କ ମଧ୍ୟରେ ଅବସାଦ ରୋଗ ଥାଇପାରେ। କୌଣସି ଦୁଃଖଦାୟକ ଘଟଣା ଘଟିବା ସହିତ ଏପରି ଅବସାଦଗ୍ରସ୍ତ ହେବାର କୌଣସି ସମ୍ପର୍କ ନଥାଏ। ଅନ୍ତସ୍ରାବୀ ଗ୍ରନ୍ଥୀ ନିର୍ଗତ କରୁଥିବା ଜୈବ ରାସାୟନିକ ଦ୍ରବ୍ୟର ଅଭାବରେ ସେମାନେ ଅବସାଦଗ୍ରସ୍ତ ହୁଅନ୍ତି ଓ ସେମାନଙ୍କର ଆତ୍ମହତ୍ୟା ପ୍ରବଣତା ଦେଖାଦିଏ। ଏପରି କ୍ଷେତ୍ରରେ ମନୋଚିକିତ୍ସକ ଏବଂ ମନସ୍ତତ୍ତ୍ୱବିଦ୍‌ଙ୍କର ତୁରନ୍ତ ସାହାଯ୍ୟ ନେବା ଦରକାର ଏବଂ ସେମାନଙ୍କୁ ଔଷଧ ଦେବା ଜରୁରି। ଅଜ୍ଞତା କାରଣରୁ ଭାରତୀୟ ସମାଜରେ ମାନସିକ ଅବସାଦକୁ ଚିହ୍ନଟ କରି ପାରୁ ନ ଥିବାରୁ ବା ଏହି ଉପସର୍ଗକୁ ଗୋପନୀୟ ରଖାଯାଉଥିବାରୁ ଚିକିତ୍ସା କରାଯାଏ ନାହିଁ। ମନୋଚିକିତ୍ସକଙ୍କ ପରାମର୍ଶ ଦ୍ୱାରା ଚିକିତ୍ସା କରି ଏଭଳି ଉପସର୍ଗ ଦୂରୀଭୂତ ହେବାର ସମସ୍ତ ସମ୍ଭାବନା ଥିବା ସତ୍ତ୍ୱେ ଗୋପନୀୟତା କାରଣରୁ ଓ ସଚେତନତା

ଅଭାବରୁ ଅନେକ ରୋଗୀ ଚିକିତ୍ସାରୁ ବଞ୍ଚିତ ହୁଅନ୍ତି ଏବଂ ଅନେକ ସମୟରେ ଆତ୍ମହତ୍ୟାକାରୀଙ୍କ ତାଲିକାରେ ଯୋଡ଼ି ହୁଅନ୍ତି। ଆମ ଦେଶର ଆତ୍ମହତ୍ୟା କରୁଥିବା ଅଧିକାଂଶ ବ୍ୟକ୍ତି ନୈଦାନିକ ରୂପେ ଅବସାଦଗ୍ରସ୍ତ (clinically depressed) ଥାଆନ୍ତି।

କେତେକ ଲୋକେ ଆତ୍ମହତ୍ୟାକୁ ଏକ ହିତାହିତ ଜ୍ଞାନଶୂନ୍ୟ କାଣ୍ଡ ବୋଲି ବିଚାର କରିଥାନ୍ତି। ବ୍ରିଟିଶ୍ ଲେଖକ ମାଟ୍ ହେଗ ଚବିଶ ବର୍ଷ ବୟସରେ ଆତ୍ମହତ୍ୟା କରିବାର ନିଷ୍ପତ୍ତି ନେଇଥିଲେ। ସେ ଏହି ଭୟଙ୍କର ପଦକ୍ଷେପରୁ ନିଜକୁ ମୁକ୍ତ କରି ପ୍ରାୟ ଷୋହଳ ବର୍ଷ ପରେ 'ରିଜନ୍ସ୍ ଟୁ ଷ୍ଟେ ଆଲାଇଭ୍' (Reasons to stay alive) ପୁସ୍ତକ ୨୦୧୫ ମସିହାରେ ରଚନା କରିଥିଲେ। ତାଙ୍କ ଭାଷାରେ ଆତ୍ମହତ୍ୟା ସ୍ୱାର୍ଥପରତା ନୁହେଁ। ପରିସ୍ଥିତିର ଅସହନୀୟ ଚାପର ପରିଣାମ ହେଉଛି ଦୁଃଖଦ ଆତ୍ମହତ୍ୟା। ଏହା ହେଉଛି ଏକ ବିଷାଦ ଜନିତ ମୃତ୍ୟୁ। ଜଣେ ସେଭଳି ପରିସ୍ଥିତିର ସମ୍ମୁଖୀନ ନ ହେବାଯାଏଁ ଅନ୍ୟକୁ ବୁଝିପାରିବ ନାହିଁ। ସମାଲୋଚନା କଲେ, ଭୁଲ ବୁଝିଲେ ବା ଲଜ୍ଜିତ ହେଲେ ଜୀବନ ବଞ୍ଚାଇବା ଦିଗରେ କୌଣସି ସାହାଯ୍ୟ ହେବ ନାହିଁ।'

ଆଉ ଗୋଟିଏ ବର୍ଗର ଲୋକ ଥାଆନ୍ତି, ଯେଉଁମାନେ ଅନୁବଂଶିକ ରୂପରେ ଅବସାଦଗ୍ରସ୍ତ ନ ଥାଆନ୍ତି। ଏପରି ଲୋକେ କ୍ଷଣିକ ଉତ୍ତେଜନାରେ ଆତ୍ମହତ୍ୟା କରନ୍ତି। ଉତ୍ତେଜନା କମିଗଲେ ଅତ୍ମହତ୍ୟା ପ୍ରବଣତା ମଧ୍ୟ କମିଯାଏ। ଆବେଗାଭିଭୂତ ହୋଇ ମଣିଷ ତାର ଗଭୀର ଆବେଗ ନିଜର ପ୍ରିୟ ଲୋକମାନଙ୍କ ଆଗରେ ପ୍ରକାଶ କରିବାକୁ ଚାହେଁ। ଆତ୍ମହତ୍ୟା କରି ନିଜର ଦୁଃଖ, ବେଦନା ଓ ହତାଶାକୁ ତା ପାଇଁ ଗୁରୁତ୍ୱପୂର୍ଣ୍ଣ ହୋଇଥିବା ଲୋକମାନଙ୍କୁ ନାଟକୀୟ ଭଙ୍ଗୀରେ ସୂଚାଇ ଦେବାକୁ ସେ ଇଚ୍ଛା କରେ। ପୂର୍ବରୁ ହୁଏତ ସେ ତାର ମନୋଭାବ ପ୍ରକାଶ କରିବାକୁ ଚେଷ୍ଟା କରିଥାଏ। କିନ୍ତୁ କେହି ତାର କଥାକୁ ଗମ୍ଭୀରତା ସହ ବିଚାର କରିନଥାନ୍ତି। ନିଜର ପ୍ରିୟ ବ୍ୟକ୍ତିମାନଙ୍କଠାରୁ ସ୍ନେହ, ସାହାଯ୍ୟ ଓ ସହାନୁଭୂତି ପାଇବାର ବ୍ୟଗ୍ରତା ଏତେ ଅଧିକ ହୋଇଥାଏ ଯେ, ଏପରି ନାଟକୀୟ ପଦକ୍ଷେପ ନେଇ ସେମାନଙ୍କୁ ଚକିତ କରିଦେବାକୁ ସେ ଚାହେଁ। ଆଉ କିଛି ଲୋକ ନିଜ ଆତ୍ମୀୟମାନଙ୍କ ଉପରେ ପ୍ରତିଶୋଧ ନେବାକୁ ଯାଇ ଏପରି କାଣ୍ଡ କରିବସନ୍ତି। ମୃତ୍ୟୁପରେ ଆତ୍ମୀୟମାନଙ୍କର ଅପରାଧବୋଧ (guilt feeling) ଜାଗ୍ରତ ହେବ, ଆତ୍ମୀୟମାନେ ଦୁଃଖିତ ହେବେ ଓ କଷ୍ଟ ପାଇବେ ବୋଲି ଭାବି ସେମାନେ ଆନନ୍ଦ ଅନୁଭବ କରନ୍ତି।

ଦୁଃଖଦାୟକ ପରିସ୍ଥିତିକୁ କିଛି ଲୋକ ଠିକ ଭାବରେ ସାମ୍ନା କରିପାରନ୍ତି ନାହିଁ। ଖୁବ୍ ଶୀଘ୍ର ସେମାନେ ମାନସିକ ସନ୍ତୁଳନ ବା ମାନସିକ ଭାରସାମ୍ୟ ହରାଇ ବସନ୍ତି।

ଏପରି ଲୋକେ ସାଧାରଣତଃ ଦୁର୍ବଳ ବ୍ୟକ୍ତିତ୍ୱସମ୍ପନ୍ନ ହୋଇଥାନ୍ତି। ସୌର ଜଗତର ବିଶାଳତାକୁ ମୂଲ୍ୟାୟନ କଲେ ମଣିଷ ଯେପରି ଅତି କ୍ଷୁଦ୍ର, ସମଗ୍ର ଜୀବନର ବିଶାଳତାକୁ ଆକଳନ କଲେ ଘଟିଥିବା ଦୁଃଖଦାୟକ ଘଟଣାଟି ଯେ କେତେ ଗୌଣ ତାହା ସେମାନେ ସେହି ମୁହୂର୍ତ୍ତରେ ଚିନ୍ତା କରିପାରନ୍ତି ନାହିଁ। ଅତ୍ୟନ୍ତ ବେଦନାଦାୟକ ମନେହେଉଥିବା ଘଟଣାଟି କିଛି ଦିନ ପରେ ଯେ ମୂଲ୍ୟହୀନ ମନେହେବ ବା ଗୁରୁତ୍ୱ ହରାଇ ବସିବ, ସେ ବିଷୟରେ ସେମାନେ ଭାବି ପାରନ୍ତି ନାହିଁ। ତେଣୁ କୁହାଯାଏ, ଆତ୍ମହତ୍ୟା କୌଣସି ଅସ୍ଥାୟୀ ସମସ୍ୟାର ସ୍ଥାୟୀ ସମାଧାନ। ଜୀବନ ଅଛି ତ ସମସ୍ୟା ଅଛି। ଜୀବନର ଅନ୍ୟନାମ ହିଁ ସମସ୍ୟା। ଏମିତି କେହି ନାହିଁ ଯାହାର ସମସ୍ୟା ନାହିଁ। ଆତ୍ମହତ୍ୟା କରୁଥିବା ଲୋକେ ଏତେ ଆବେଗାଭିଭୂତ ହୋଇପଡ଼ନ୍ତି ଯେ ଆତ୍ମହତ୍ୟାର ବିକଳ୍ପ କିଛି ଭାବି ପାରନ୍ତି ନାହିଁ। ଅତ୍ମହତ୍ୟା ହିଁ ସମସ୍ୟାର ଏକମାତ୍ର ସମାଧାନ ବୋଲି ଭାବି ବସନ୍ତି। ଅଧିକାଂଶ ସମସ୍ୟା କ୍ଷଣସ୍ଥାୟୀ। ଦୀର୍ଘସ୍ଥାୟୀ ସମସ୍ୟା ଉପୁଜିଲେ କିଛିଦିନ ପରେ ତାହା ଅଭ୍ୟାସରେ ପରିଣତ ହୋଇଯାଏ ଏବଂ ସମୟର ଗତି ସହିତ ତାହାର ତିକ୍ତତା ମଧ୍ୟ କମିଯାଏ। ଦେଖାଯାଇଛି, ଏପରି ସମୟରେ ଲୋକଙ୍କର ନିରାଶା ଏତେ ବଢ଼ିଯାଏ ଯେ, ସେମାନେ ଅନ୍ୟକିଛି ଭାବିପାରନ୍ତି ନାହିଁ। ଅନେକ ସମୟରେ ଆତ୍ମହତ୍ୟା ପ୍ରବଣତା ଆକଳନ କରିବା ପାଇଁ ନିରାଶାର ମାତ୍ରା (hopelessness score) ପରୀକ୍ଷା କରାଯାଇଥାଏ। ଗବେଷଣାରୁ ଦେଖାଯାଇଛି ଯେ, ନିରାଶାର ମାତ୍ରା ଯେତେ ବେଶୀ ଆତ୍ମହତ୍ୟା କରିବାର ସମ୍ଭାବନା ସେତେ ଅଧିକ। ଆତ୍ମହତ୍ୟା କରିବା ପାଇଁ ଉଦ୍ୟମ କରୁଥିବା ଲୋକମାନେ ଉପଲବ୍ଧି କରିପାରନ୍ତି ନାହିଁ ଯେ, ସେମାନଙ୍କର ଆତ୍ମହତ୍ୟା ଚିନ୍ତା ଅତ୍ୟନ୍ତ ଅଯୌକ୍ତିକର। କିଛିଦିନ ପରେ ହୁଏତ ସେମାନଙ୍କ ସମସ୍ୟାର ସମାଧାନ ହୋଇଯିବ। ଖୁବ୍ ଗୁରୁତ୍ୱପୂର୍ଣ୍ଣ ଲାଗୁଥିବା ଘଟଣାଟି ପରବର୍ତ୍ତୀ ସମୟରେ ହୁଏତ ମୂଲ୍ୟହୀନ ଲାଗିବ। ବାସ୍ତବ ଦୁନିଆ ଠାରୁ ସେମାନେ ଅନେକ ଦୂରରେ ଥାଆନ୍ତି। ତେଣୁ ସେମାନେ ଆତ୍ମହତ୍ୟାର ବିକଳ୍ପ ଅନ୍ୟ କିଛି ଭାବିପାରନ୍ତି ନାହିଁ।

ବାଲ୍ୟକାଳର ଅନୁଭୂତି, ପିତାମାତାଙ୍କ ବ୍ୟବହାର, ସେମାନଙ୍କର ଲାଳନ ପାଳନ କରିବାର ପ୍ରଣାଳୀ ଓ ପାରିପାର୍ଶ୍ୱିକ ଅବସ୍ଥା ମଣିଷକୁ ପରବର୍ତ୍ତୀ କାଳରେ ଅବସାଦଗ୍ରସ୍ତ କରାଇବାରେ ଗୁରୁତ୍ୱପୂର୍ଣ୍ଣ ଭୂମିକା ଗ୍ରହଣ କରିଥାଏ। କିଛି ଲୋକଙ୍କର ବାଲ୍ୟକାଳରେ ଅତ୍ୟନ୍ତ କଟୁ ଓ ଦୁଃଖପୂର୍ଣ୍ଣ ଘଟଣା ଘଟିଥାଏ। ପିତାମାତା ବା ପ୍ରିୟ ଆତ୍ମୀୟଙ୍କୁ ହରାଇଥିବା ବ୍ୟକ୍ତିର ଅନୁଭୂତି ଅତ୍ୟନ୍ତ ଅବସାଦପୂର୍ଣ୍ଣ ହୋଇଥାଏ। ପରବର୍ତ୍ତୀ କାଳରେ କୌଣସି ଦୁଃଖ ହେଲେ ତାର ବାଲ୍ୟକାଳର ବେଦନାଦାୟକ ସ୍ମୃତି ଓ ଅନୁଭୂତିଗୁଡ଼ିକ ପୁର୍ନଜୀବିତ (reactivate) ହୋଇଯାଏ। ବାଲ୍ୟକାଳର ଦୁଃଖ ଓ

ତଦ୍‌ଜନିତ ଅବସାଦ ଅବସ୍ଥାକୁ ସେ ଫେରିଯାଏ। ନିରାଶା ଓ ଅସହାୟତା ତାକୁ କବଳିତ କରେ। ସେ ନିଜକୁ ଶକ୍ତିହୀନ ମନେକରେ। ପାରିପାର୍ଶ୍ୱିକ ଅବସ୍ଥା ଉପରେ ତାର କୌଣସି ନିୟନ୍ତ୍ରଣ ନାହିଁ ଭାବି ଉଦାସ ହୋଇଯାଏ।

କିଛି ଲୋକ ନିଜ ଉପଲବ୍ଧି ପାଇଁ ଅବାସ୍ତବ ଏବଂ ଅପହଞ୍ଚ ସୀମା ଧାର୍ଯ୍ୟ କରିଥାନ୍ତି। ସେମାନେ ନିଜ ବିଷୟରେ ଆବଶ୍ୟକତାରୁ ଅଧିକ ସମୀକ୍ଷା କରନ୍ତି। ତାଙ୍କର ଆଶା ଅନୁସାରେ ଫଳ ପ୍ରଦର୍ଶନ କରି ପାରିବେ ନାହିଁ ବୋଲି ଅବସାଦଗ୍ରସ୍ତ ହୋଇପଡ଼ନ୍ତି। ବ୍ରିଟିଶ ଲେଖକ କ୍ଲାରେ ବହୁ ପରିଶ୍ରମ କରି ଲେଖିଥିବା ପୁସ୍ତକର ପ୍ରକାଶନ ପୂର୍ବରୁ ପୁସ୍ତକକୁ ନେଇ ଏତେ ଚିନ୍ତିତ ହୋଇ ପଡ଼ିଲେ ଯେ, ସେ ଧୀରେ ଧୀରେ ଅବସାଦଗ୍ରସ୍ତ ହୋଇପଡ଼ିଲେ। ପୂର୍ବ ପୁସ୍ତକଗୁଡ଼ିକ ଅତ୍ୟନ୍ତ ଉଚ୍ଚକୋଟୀର ହୋଇଥିବାରୁ ଏବଂ ବହୁ ପ୍ରଶଂସା ପାଇଥିବାରୁ ସେ ଲେଖୁଥିବା ବହିର ସମୀକ୍ଷା କିପରି ହେବ ଭାବି ଅତ୍ୟନ୍ତ ଭୟଭୀତ ଓ ଆତଙ୍କିତ ହୋଇପଡ଼ି ଆତ୍ମହତ୍ୟା କରି ଦେଇଥିଲେ। ଏଭଳି ଲୋକମାନେ ଆତ୍ମମର୍ଯ୍ୟାଦା ଏବଂ ଆତ୍ମସମ୍ମାନକୁ ବହୁ ଗୁରୁତ୍ୱ ଦିଅନ୍ତି।

କିଛିଲୋକ ଅନ୍ୟମାନଙ୍କଠାରୁ ପ୍ରତି ମୁହୂର୍ତ୍ତରେ ସ୍ନେହ, ପ୍ରେମ, ଆଶ୍ୱାସନା, ସହାନୁଭୂତି ଓ ସମ୍ମାନ ପାଇବାକୁ ଇଚ୍ଛା କରନ୍ତି। ସେମାନେ ଅନ୍ୟମାନଙ୍କ ଉପରେ ସମ୍ପୂର୍ଣ୍ଣ ଭାବରେ ନିର୍ଭରଶୀଳ। ସେମାନେ ନିଜ ଆତ୍ମ-ମୂଲ୍ୟବୋଧ (self-worth) ବିଷୟରେ ସନ୍ଦିହାନ। ସେମାନେ ସବୁବେଳେ ଅନ୍ୟମାନଙ୍କର ଧ୍ୟାନର କେନ୍ଦ୍ରବିନ୍ଦୁ ହେବାକୁ ଚାହାନ୍ତି। ଏପରି ଲୋକମାନଙ୍କୁ ଭଲ ପାଇବାରେ ଅଭ୍ୟସ୍ତ (love addicts) ବୋଲି କୁହାଯାଏ। ସେମାନେ ଟିକିଏ ଟିକିଏ କଥାରେ ବହୁତ ଅଧିକ ସମ୍ବେଦନଶୀଳ ହୋଇପଡ଼ନ୍ତି। ସାମାନ୍ୟ କଥାରେ ପ୍ରତ୍ୟାଖ୍ୟାତ ହୋଇଛନ୍ତି ବୋଲି ଭାବି ବସନ୍ତି ଓ ବିମର୍ଷ ହୋଇ ପଡ଼ନ୍ତି।

କେତେକ ଲୋକଙ୍କର ନିଜ ବିଷୟରେ ବହୁତ ଉଚ୍ଚଧାରଣା ଥାଏ। କିନ୍ତୁ ଯେତେବେଳେ ସେମାନେ ହୃଦୟଙ୍ଗମ କରନ୍ତି ନିଜ ବିଷୟରେ ଥିବା ସେମାନଙ୍କର ଧାରଣା ଭୁଲ୍, ସେମାନେ ଭାଙ୍ଗି ପଡ଼ନ୍ତି। ପ୍ରେମରେ ପଡ଼ିଥିବା ଝିଅ ତାର ପ୍ରେମିକଠାରୁ ଏତେ ଅଧିକ ପ୍ରତ୍ୟାଶା ରଖିଥାଏ ଯେ ତାର ଆଶା ତୁଳନାରେ କମ୍ ସ୍ନେହ, ସହାନୁଭୂତି ପାଇଲେ ସେ ବିଷାଦଗ୍ରସ୍ତ ହୋଇପଡ଼େ। ତାର ପ୍ରିୟତମ ବ୍ୟକ୍ତିର ହୃଦୟରେ ତାର ସ୍ଥାନ ଖୁବ୍ ଗୌଣ ବୋଲି ଜାଣିଲେ ସେ ଗ୍ରହଣ କରିପାରେ ନାହିଁ। ପ୍ରେମ ବ୍ୟାପାରରେ ପ୍ରିୟବ୍ୟକ୍ତିଟି ତାର ପ୍ରେମକୁ ଅସ୍ୱୀକାର କଲେ ସେ ଭାଙ୍ଗିପଡ଼େ।

କୌଣସି କାରଣରୁ ନିଜର ପ୍ରିୟତମ ବ୍ୟକ୍ତି ସହିତ ତିକ୍ତତା ବଢ଼ିଲେ ବା ପ୍ରେମ

ବ୍ୟାପାରରେ ଅସଫଳ ହେଲେ ପ୍ରିୟତମ ବ୍ୟକ୍ତି ପ୍ରତି ଉଭୟ ସକାରାତ୍ମକ ଓ ନକାରାତ୍ମକ ଭାବାବେଗ ମିଶ୍ରିତ ଭାବରେ (ambivalent feeling) ସୃଷ୍ଟି ହୋଇଥାଏ। ପ୍ରବଳ କ୍ରୋଧ, ଘୃଣା ଆଦି ନକାରାତ୍ମକ ଆବେଗ ସୃଷ୍ଟି ହେଉଥିବାବେଳେ ପ୍ରେମ ଓ ଅପରାଧବୋଧ (guilt feeling) ପରି ସକାରାତ୍ମକ ଆବେଗ ମଧ୍ୟ ଉଦ୍ରେକ ହୁଏ। ସମ୍ପର୍କ ତିକ୍ତ ହେବାପାଇଁ ନିଜେ କରିଥିବା ଭୁଲ ବିଷୟରେ ପ୍ରବଳ ଅନୁତାପ ହୁଏ। ନିଜର ଭୁଲ୍ ସଂଶୋଧନ କରିବା ପାଇଁ ଇଚ୍ଛା ହୁଏ। ଅତୀତର ସୁଖଦ ସ୍ମୃତି, ଅପରାଧବୋଧ, ପ୍ରବଳ ରାଗ ଓ ଅଭିମାନ ମିଶି ନିଜ ପ୍ରତି ଘୃଣାଭାବ ଦେଖାଯାଏ। ତୀବ୍ର ହତାଶା ଓ ଅପରାଧବୋଧ ଯୋଗୁଁ ସେ ଅବସାଦଗ୍ରସ୍ତ ହୋଇପଡ଼େ ଓ ଅତ୍ୟଧିକ ନିରାଶା ଓ ଅସହାୟତା ତାକୁ ଆତ୍ମହତ୍ୟା ପ୍ରବଣ କରାଏ।

ଅନେକ ସମୟରେ ଐଶ୍ୱର୍ଯ୍ୟ ଓ ପ୍ରାଚୁର୍ଯ୍ୟ ମଧ୍ୟରେ ବଢୁଥିବା ପିଲାମାନଙ୍କୁ ପିତାମାତାମାନେ ଜୀବନରେ ବ୍ୟର୍ଥତା ସହିତ ସାଲିସ୍ କରିବାକୁ ଶିଖାଇ ନଥାନ୍ତି। ସେମାନଙ୍କର ସବୁ ଇଚ୍ଛା ପୂରଣ କରିବାକୁ ଚେଷ୍ଟା କରନ୍ତି। ତେଣୁ ସାମାନ୍ୟ କଥାରେ ସେମାନେ ଅତିଶୟ ଯନ୍ତ୍ରଣା ଅନୁଭବ କରନ୍ତି। ଦେଖାଯାଇଛି ଯେ, ଅନେକ ପିତାମାତା ପିଲାମାନଙ୍କୁ ବହୁତ ସୁରକ୍ଷିତ କରି ରଖନ୍ତି ଓ କଡ଼ା ଶାସନ କରନ୍ତି। ଅଥଚ ଖୁବ୍ କମ ସ୍ନେହ ଓ ଆଦର ପ୍ରଦର୍ଶନ କରନ୍ତି। ଏପରି ବ୍ୟବହାରକୁ ସ୍ନେହହୀନ ଶାସନ (affectionless control) କୁହାଯାଏ। ଏପରି ବଢୁଥିବା ପିଲାମାନେ ଅତ୍ୟନ୍ତ ନିର୍ଭରଶୀଳ ହୁଅନ୍ତି ଓ ସବୁବେଳେ ନିଜକୁ ଅସହାୟ ମନେ କରନ୍ତି। ବଡ଼ ହେଲାପରେ ସାମାନ୍ୟ ଚାପଗ୍ରସ୍ତ ହେଲେ ବିଷଣ୍ଣ ଓ ଅସହାୟ ହୋଇପଡ଼ନ୍ତି।

ଯଦି ଜଣେ ବ୍ୟକ୍ତି ବର୍ଷ ବର୍ଷ ଧରି ନିରବଚ୍ଛିନ୍ନ ଭାବରେ କରୁଥିବା ପରିଶ୍ରମ ଓ ଉତ୍ତମ କାର୍ଯ୍ୟ ପାଇଁ କୌଣସି ପ୍ରଶଂସା ପାଇବ ତେବେ ସେ ଆଉ କାମ କରିବାକୁ ଉତ୍ସାହିତ ହେବ ନାହିଁ। ମଣିଷ ଅଧିକାଂଶ କାମ ପ୍ରଶଂସା ପାଇବା ପାଇଁ ହିଁ କରିଥାଏ। ପ୍ରଶଂସା ନ ପାଇବାରୁ ନିରାଶ ହୋଇ କ୍ରମେ କ୍ରମେ ମାନ୍ଦା ହୋଇଯାଏ ଓ ମୁଖ୍ୟସ୍ରୋତରୁ ଓହରି ଆସେ। ବିଷାଦଗ୍ରସ୍ତ ମଣିଷକୁ ମୃତ୍ୟୁ ହିଁ ଅଧିକ ଉତ୍ସାହଜନକ ମନେହୁଏ।

ଆଧୁନିକ ଯୁଗରେ ସାମାଜିକ ଓ ପାରିବାରିକ ପରିବେଶର ଦ୍ରୁତ ପରିବର୍ତ୍ତନ ଘଟୁଛି। ଶିକ୍ଷିତ ଓ ସଭ୍ୟ ଭାବରେ ପରିଗଣିତ ହେବା ପାଇଁ ନିଜର ସମସ୍ତ ପ୍ରାକୃତିକ ଇଚ୍ଛାକୁ ଦମନ କରି ସାମାଜିକ ନିୟମକାନୁନ୍ ଅନୁସାରେ ଚଳିବାକୁ ପଡୁଛି। ମନଖୋଲି ସବୁକଥା କହି ହେଉନାହିଁ। ବହୁ ଇଚ୍ଛା ଅପୂରଣୀୟ ହୋଇ ଚାପି ହୋଇଯାଉଛି। ସଫଳତା ଓ କୃତିତ୍ୱ ପଛରେ ଧାଇଁବା ଏ ଯୁଗର ବୈଶିଷ୍ଟ୍ୟ ହୋଇଛି। ଜଣେ ତଥାକଥିତ ସଫଳତା ପାଇଗଲେ ଅନ୍ୟଜଣେ ପଛରେ ପଡ଼ିଯାଇ ହତାଶା ଓ ବ୍ୟର୍ଥତା ଅନୁଭବ

କରୁଛି। ବସ୍ତୁବାଦୀ ମାନସିକତା ଓ ଶିଳ୍ପାୟନ ସଭ୍ୟତା ଯୋଗୁଁ ବହୁତ କମ ସମୟରେ ଲୋକମାନଙ୍କୁ ବହୁତ କାମ କରିବାକୁ ପଡୁଛି। ମଣିଷ ଯେତିକି ସଭ୍ୟ ହେଉଛି ତାର ବ୍ୟସ୍ତତା ସେତିକି ପରିମାଣରେ ବୃଦ୍ଧି ପାଉଛି। ଆଇଟି ସହର ଭାବରେ ପରିଚିତ ବାଙ୍ଗାଲୋରରେ କମ୍ପ୍ୟୁଟର ଇଂଜିନିୟରମାନେ ବହୁ ସଂଖ୍ୟାରେ ଆତ୍ମହତ୍ୟା କରୁଛନ୍ତି। ଏକା ପ୍ରକାର ବିରକ୍ତିକର କାମ ଓ ଖୁବ୍ କମ୍ ସମୟରେ ଅତ୍ୟଧିକ କାମର ଚାପ ସେମାନଙ୍କୁ ବିଷାଦଗ୍ରସ୍ତ କରି ପକାଉଛି। ବସ୍ତୁବାଦୀ ସମାଜରେ କର୍ମଜଞ୍ଜାଳ ମଧ୍ୟରେ ସମସ୍ତେ ଏତେ ଅଣନିଶ୍ୱାସୀ ହୋଇ ପଡୁଛନ୍ତି ଯେ ଅନ୍ୟମାନଙ୍କର ଭାବାବେଗକୁ ସମବେଦନାର ସହ ଅନୁଭବ କରିବା ପାଇଁ କାହା ପାଖରେ ସମୟ ନାହିଁ।

ଅନେକ ପରିବାରରେ ବାପା ମା'ମାନେ ପାଠପଢ଼ା ବିଷୟରେ ଅତ୍ୟଧିକ ଗୁରୁତ୍ୱ ଦିଅନ୍ତି। ପାଠପଢ଼ା ହିଁ ଏକମାତ୍ର ଦାୟିତ୍ୱ ବୋଲି ପିଲାମାନେ ଧରି ନିଅନ୍ତି। ପଢ଼ାପଢ଼ିର ସଫଳତା ଉପରେ ଭବିଷ୍ୟତର ସବୁ ସୁଖ ନିର୍ଭର କରେ ବୋଲି ସେମାନଙ୍କର ଧାରଣା ହୁଏ। ପାଠପଢ଼ାରେ କୌଣସି କାରଣରୁ ଆଶାନୁରୂପ ଫଳ ନ ମିଳିଲେ ଜୀବନମରଣ ସମସ୍ୟା ବୋଲି ଭାବି ହତାଶାବୋଧ ଓ ଗ୍ଲାନିବୋଧରେ ସେମାନେ ମାନସିକ ଭାରସାମ୍ୟ ହରାଇ ବସନ୍ତି। ପରୀକ୍ଷାରେ ଅକୃତକାର୍ଯ୍ୟ ହୋଇ ବା ଭଲ ନମ୍ବର ନ ରଖି ଆତ୍ମହତ୍ୟା କରିବା ଘଟଣା ଆମ ସମାଜରେ ଅଧିକ। ହୁଏତ ପନ୍ଦରରୁ ଉଣେଇଶ ବର୍ଷର ପିଲାଙ୍କର ଆତ୍ମହତ୍ୟା ସଂଖ୍ୟା ବଢ଼ିଯିବାର ଏହା ଏକ ପ୍ରମୁଖ କାରଣ ହୋଇପାରେ।

ବର୍ତ୍ତମାନ ନାରୀର ସାମାଜିକ ସ୍ଥିତିର ପରିବର୍ତ୍ତନ ଆସିଛି। ପ୍ରତ୍ୟେକ କ୍ଷେତ୍ରରେ ନାରୀ ପୁରୁଷ ସହିତ ସମକକ୍ଷ ହୋଇ ନିଜର ଦକ୍ଷତା ଓ ଯୋଗ୍ୟତା ପ୍ରମାଣିତ କରିପାରିଛି। ତା ସତ୍ତ୍ୱେ ଲିଙ୍ଗଗତ ବୈଷମ୍ୟ ବଢ଼ିବଢ଼ି ଚାଲିଛି। ନାରୀ ସମ୍ବନ୍ଧରେ ମଧ୍ୟଯୁଗୀୟ ମାନସିକତାର ପରିବର୍ତ୍ତନ ହୋଇନାହିଁ। ଆନ୍ତର୍ଜାତିକ ଆଇନ୍ ସମ୍ବନ୍ଧୀୟ ସରବରାହ ତଥା ଭିତ୍ତିଗତ ତଥ୍ୟଯୋଗାଣ ସଂସ୍ଥା ଟ୍ରଷ୍ଟ ଲ' (୨୦୧୨) ଅନୁସାରେ ନିରାପତ୍ତା ଦୃଷ୍ଟିରୁ ପୃଥିବୀର ବିଭିନ୍ନ ଦେଶମାନଙ୍କ ତୁଳନାରେ ଭାରତରେ ନାରୀମାନେ ଅତ୍ୟନ୍ତ ବିପଦଜନକ ସ୍ଥିତିରେ ଅଛନ୍ତି। ବାହାର ଅପେକ୍ଷା ଗୃହ ମଧ୍ୟରେ ନାରୀମାନେ ସ୍ୱାମୀ ଏବଂ ଅନ୍ୟାନ୍ୟ ପରିବାର ସଦସ୍ୟମାନଙ୍କ ଦ୍ୱାରା ନିର୍ଯ୍ୟାତିତ ହେଉଛନ୍ତି। ଭାରତୀୟମାନଙ୍କର ନାରୀ ସମ୍ବନ୍ଧରେ ପରସ୍ପର ବିରୋଧୀ ମାନସିକତା, ସମାଜ ଓ ସ୍ୱାମୀ ପରିବାରର ସଦସ୍ୟମାନଙ୍କର ଅବାସ୍ତବ ପ୍ରତ୍ୟାଶା ଓ ଲିଙ୍ଗଗତ ବୈଷମ୍ୟ ଫଳରେ ନାରୀମାନେ ହତାଶ ହୋଇଯାଉଛନ୍ତି। ବିଶ୍ୱ ପରିସଂଖ୍ୟାନ ଅନୁଯାୟୀ ଅନ୍ୟ ଦେଶମାନଙ୍କରେ ପୁରୁଷଙ୍କ ତୁଳନାରେ ମହିଳା ଓ ଅବିବାହିତାଙ୍କ ତୁଳନାରେ ବିବାହିତା

ମହିଳାଙ୍କ ଆତ୍ମହତ୍ୟା କମ୍ ହୋଇଥିବାବେଳେ ଆମ ଦେଶରେ ଏହି ସଂଖ୍ୟା ଅଧିକ ବୋଲି ଜଣାପଡିଛି।

ସମାଜ ବିଜ୍ଞାନୀ ଓ ମନୋବିଜ୍ଞାନୀମାନଙ୍କ ମତରେ ମଣିଷ ସବୁ କାର୍ଯ୍ୟ ଅନ୍ୟକୁ ଅନୁକରଣ କରି କରେ। ବିଶିଷ୍ଟ ମନସ୍ତତ୍ତ୍ୱବିଦ୍ ବାନ୍ଦୁରାଙ୍କର ପ୍ରତିରୂପଣ ତତ୍ତ୍ୱ (modelling theory) ଅନୁଯାୟୀ ମଣିଷ ପର୍ଯ୍ୟବେକ୍ଷଣ ମାଧ୍ୟମରେ ଅନ୍ୟକୁ ଅନୁକରଣ କରି ଶିଖେ ଏବଂ ଉପଯୁକ୍ତ ପରିସ୍ଥିତିରେ ସେହିଭଳି ବ୍ୟବହାର ଦେଖାଇବା ଯୁକ୍ତିଯୁକ୍ତ ବୋଲି ମନେକରେ। ଆତ୍ମହତ୍ୟା ମଧ୍ୟ ଏକ ଅନୁକରଣ କରୁଥିବା ବ୍ୟବହାର (copy cat suicide) ବୋଲି ବିଚାର କରାଯାଇଥାଏ। ପ୍ରେମରେ ବିଫଳ ହୋଇ ଜଣେ ବନ୍ଧୁ ଆତ୍ମହତ୍ୟା କରିଥିଲେ, ଅନ୍ୟ ଜଣେ ବନ୍ଧୁ ସେହିଭଳି ପରିସ୍ଥିତିରେ ଆତ୍ମହତ୍ୟା ସମସ୍ୟାର ଏକମାତ୍ର ବିକଳ୍ପ ବୋଲି ଭାବି ବସେ। ଜଣେ କୃଷକ ଋଣ ଶୁଝି ନ ପାରି ଆତ୍ମହତ୍ୟା କଲେ ଋଣ ଶୁଝି ପାରୁ ନଥିବା ଅନ୍ୟ କୃଷକମାନେ ଅସହାୟ ଓ ନିରାଶ ହୋଇ ପଡ଼ିଲେ ଆତ୍ମହତ୍ୟା ହିଁ ସମସ୍ୟା ସମାଧାନର ଏକମାତ୍ର ପନ୍ଥା ବୋଲି ଭାବି ବସନ୍ତି। ବିଭିନ୍ନ ପରିସଂଖ୍ୟାନରୁ ଦେଖାଯାଇଛି ଯେ, ଗୋଟିଏ ଗୋଟିଏ ସ୍ଥାନରେ ଏକା ବର୍ଗର ଲୋକ ସମାନ ସମସ୍ୟା ପାଇଁ ଅନ୍ୟକୁ ଦେଖି ପ୍ରଭାବିତ ହୋଇ ଆତ୍ମହତ୍ୟା କରନ୍ତି। ଟେଲିଭିଜନ ଓ ସାମାଜିକ ଗଣମାଧ୍ୟମଗୁଡ଼ିକରେ ଆତ୍ମହତ୍ୟା ଖବରର ଅତ୍ୟଧିକ ପ୍ରସାରଣ ଯୁକ୍ତିଯୁକ୍ତ କି ନାହିଁ ତାହା ଆଲୋଚନା ସାପେକ୍ଷ।

ଡାଇବେଟିସ୍ ରୋଗରେ ପୀଡ଼ିତ ହୋଇ ମଧ୍ୟ କିଛିଲୋକ ପ୍ରବଳ ମିଠା ଖାଆନ୍ତି। ସେହିପରି ଲିଭର୍ ସିରୋସିସ୍ ହୋଇପାରେ ବା ଶରୀରର ଅଶେଷ କ୍ଷତି ହୋଇପାରେ ବୋଲି ଜାଣି ମଧ୍ୟ ପ୍ରଚୁର ମଦ୍ୟପାନ କରିବା, ଫୁସ୍‌ଫୁସ୍ ବା ମୁଖଗହ୍ୱର କର୍କଟ ରୋଗ ହେବାର ସମ୍ଭାବନା ଅଛି ବୋଲି ଜାଣି ସୁଦ୍ଧା ପ୍ୟାକେଟ୍ ପ୍ୟାକେଟ୍ ସିଗାରେଟ ଟାଣିବା ବା ଅତ୍ୟଧିକ ଜର୍ଦ୍ଦାଯୁକ୍ତ ପାନ ଖାଇବା ମଧ୍ୟ ଏକ ପ୍ରକାର ଆତ୍ମହତ୍ୟା ପ୍ରବଣତା (suicidal tendency) ବୋଲି ମନସ୍ତତ୍ତ୍ୱବିଦ୍‌ମାନେ ମତ ଦିଅନ୍ତି।

ନୋବେଲ ପୁରସ୍କାରପ୍ରାପ୍ତ ଲେଖକ ଭି.ଏସ୍. ନାଇପଲ ତାଙ୍କ ତାରୁଣ୍ୟରେ ଆତ୍ମହତ୍ୟା ଉଦ୍ୟମ କରି ବିଫଳ ହୋଇଥିଲେ। ପରେ ସେ ଅନେକ କାଳଜୟୀ ରଚନା ସୃଷ୍ଟି କରିଥିଲେ। ବେଙ୍ଗଲ ପ୍ରେସିଡେନ୍‌ସିର ବ୍ରିଟିଶ ଗଭର୍ନର ରବର୍ଟ କ୍ଲାଇବ ଆତ୍ମହତ୍ୟା ଉଦ୍ୟମ କରି ଅସଫଳ ହେବା ପରେ ଭାବି ନେଇଥିଲେ କୌଣସି ମହତ୍ତର କାର୍ଯ୍ୟ କରିବା ପାଇଁ ହୁଏତ ତାଙ୍କର ଜନ୍ମ।

ଆତ୍ମହତ୍ୟା କରିବା ପାଇଁ ଉଦ୍ୟମ କରି ବିଫଳ ହୋଇଥିବା ବା ସବୁବେଳେ ଆତ୍ମହତ୍ୟା ପାଇଁ ଚିନ୍ତା କରୁଥିବା ବ୍ୟକ୍ତିମାନଙ୍କୁ ଚିକିତ୍ସା କରିବା ନିହାତି ଦରକାର।

ଆତ୍ମହତ୍ୟାପ୍ରବଣ ବ୍ୟକ୍ତିମାନଙ୍କର ଆତ୍ମହତ୍ୟା କରିବାର ସମ୍ଭାବନା କେତେ ବେଶୀ ତାହା ଚିକିତ୍ସକ ପ୍ରଥମେ ଆକଳନ ପାଇଁ ଚେଷ୍ଟା କରନ୍ତି । ପୂର୍ବରୁ ଆତ୍ମହତ୍ୟା କରିବାରେ ବିଫଳ ହୋଇଥିବା ବ୍ୟକ୍ତିର ଆତ୍ମହତ୍ୟା ସମ୍ବନ୍ଧୀୟ ଇଚ୍ଛା (suicidal intent) ଓ ଆତ୍ମହତ୍ୟା ପଦକ୍ଷେପର ସାଙ୍ଘାତିକତା (suicidal lethality) ଅନୁଧ୍ୟାନ କରନ୍ତି । ଅତ୍ୟନ୍ତ ଭୟଙ୍କର ପଦକ୍ଷେପ ନେଇ ଆତ୍ମହତ୍ୟା ଉଦ୍ୟମ କରିଥିବା ବା ବାରମ୍ବାର ଆତ୍ମହତ୍ୟା କରିବା କଥା ଭାବୁଥିବା ବା ପ୍ରବଳ ଅବସାଦଗ୍ରସ୍ତ ଥିବା ଲୋକମାନଙ୍କୁ ତୀବ୍ର ସଂକଟ ଗୋଷ୍ଠୀ (high risk group) ରେ ଅନ୍ତର୍ଭୁକ୍ତ କରାଯାଇଥାଏ । ତାଛଡ଼ା ସମ୍ବେଦନଶୀଳ ବୟସ, ଶାରୀରିକ ଅସୁସ୍ଥତା, ଅଶାନ୍ତ ବୈବାହିକ ଜୀବନ, ଆତ୍ମୀୟ ନଥିବା ବ୍ୟକ୍ତି ଏବଂ ପରିବାର ମଧ୍ୟରେ ଆଗରୁ କେହି ଆତ୍ମହତ୍ୟା କରିଥିଲେ ସେହି ବ୍ୟକ୍ତିଙ୍କୁ ମଧ୍ୟ ହାଇ ରିସ୍କ ଗ୍ରୁପ୍‌ରେ ଅନ୍ତର୍ଭୁକ୍ତ କରାଯାଏ । ନିଜର ସବୁ ପ୍ରିୟ ପଦାର୍ଥ ବାଣ୍ଟି ଦେଉଥିବା, ସବୁ ବିଷୟରେ ଅନାଗ୍ରହ ଦେଖାଉଥିବା, ଖୁବ୍ ବିରକ୍ତ ହେଉଥିବା, ଆତ୍ମହତ୍ୟା ସମ୍ବନ୍ଧରେ ସୂଚନା ଦେଉଥିବା ବା ଅସ୍ୱାଭାବିକ ଆଚରଣ ଦେଖାଉଥିବା ଲୋକମାନଙ୍କର ବ୍ୟବହାରକୁ ମଧ୍ୟ ଗୁରୁତ୍ୱର ସହ ବିଚାର କରାଯାଇଥାଏ ।

ଅବସାଦ ଓ ବିଷଣ୍ଣତା ଆତ୍ମହତ୍ୟାର ପ୍ରଧାନ କାରଣ ହୋଇଥିବାରୁ ପ୍ରଥମେ ବ୍ୟକ୍ତିର ବିଷାଦ ହ୍ରାସ କରିବା ଦରକାର । ମସ୍ତିଷ୍କରେ ନର୍‌ଏପିନେଫ୍ରିନ୍ (norepinephrine) ଓ ସେରୋଟୋନିନ୍ (serotonin) ନାମକ ଦୁଇଟି ସ୍ନାୟୁ ସଞ୍ଚାରକ (neurotransmitter)ର ସ୍ରାବ ହ୍ରାସପାଇବା ଓ ହରମୋନ୍‌ର ଅସ୍ୱାଭାବିକତା ଅତ୍ମହତ୍ୟା ପ୍ରବଣତାର କାରଣ ହୋଇଥିବାରୁ ବ୍ୟକ୍ତିକୁ ସ୍ୱାଭାବିକ ଅବସ୍ଥାକୁ ଆଣିବା ପାଇଁ ଲିଥିୟମ୍ କାରବୋନେଟ୍ (lithium carbonate) ଦିଆଯାଏ । ଏହା ବ୍ୟତୀତ ଟ୍ରାଇସାଇକ୍ଲିନ୍ (tricyclin) ଓ ପ୍ରୋଜାଇକ୍ (prozaic) ଆଦି ବିଷଣ୍ଣତା ପ୍ରତିରୋଧକ (antidepressant) ଔଷଧ ଦିଆଯାଏ । ଅନେକ ସମୟରେ ଇଲେକ୍ଟ୍ରୋ-କନ୍‌ଭଲ୍‌ସିଭ୍ ଚିକିତ୍ସା (electro-convulsive therapy) ର ସାହାଯ୍ୟ ମଧ୍ୟ ନିଆଯାଏ । ମନୋଚିକିତ୍ସକମାନେ ଉପଯୁକ୍ତ ଔଷଧ ଦେଲାପରେ ମନସ୍ତତ୍ତ୍ୱବିଦ୍ ଓ କାଉନ୍‌ସେଲର୍‌ମାନେ ମାନସିକ ଚିକିତ୍ସା ଆରମ୍ଭ କରନ୍ତି ।

ମନସ୍ତତ୍ତ୍ୱବିଦ୍ ଚିକିତ୍ସା ପାଇଁ ଆସୁଥିବା ରୋଗୀର ପ୍ରଥମେ ଆସ୍ଥାଭାଜନ ହେବା ଦରକାର । ସେ ଅତ୍ୟନ୍ତ ଧୈର୍ଯ୍ୟ ଓ ଆଗ୍ରହ ସହକାରେ ରୋଗୀର ସବୁକଥା ଶୁଣିଥାନ୍ତି । ସେ ଖୁବ୍ ସହାନୁଭୂତିଶୀଳ ହେବା ସଙ୍ଗେ ସଙ୍ଗେ ଆବଶ୍ୟକ ନିର୍ଦ୍ଦେଶ ମଧ୍ୟ ଦିଅନ୍ତି । ପ୍ରଥମେ ଚିକିତ୍ସକ ରୋଗୀର ସାମ୍ପ୍ରତିକ ସମସ୍ୟାଗୁଡ଼ିକୁ ବୁଝିବାକୁ ଚେଷ୍ଟା କରନ୍ତି । ପୂର୍ବରୁ ମନସ୍ତତ୍ତ୍ୱବିଦ୍‌ମାନେ ବ୍ୟକ୍ତିର ବାଲ୍ୟକାଳରେ ଘଟିଥିବା ଦୁଃଖଦାୟକ ଅନୁଭୂତି ଉପରେ

ବେଶି ଗୁରୁତ୍ୱ ଦେଉଥିଲେ। କିନ୍ତୁ ଆଜିକାଲି ସେମାନେ ଅତୀତର ଅସ୍ୱସ୍ତିକର ଅନୁଭୂତି ତୁଳନାରେ ସେ ସମୟରେ ଅବସାଦ ଉଦ୍ରେକ କରୁଥିବା ଘଟଣାବଳୀ ଉପରେ ଅଧିକ ଗୁରୁତ୍ୱ ଆରୋପ କରୁଛନ୍ତି। ପ୍ରଥମେ ରୋଗୀର ମୁଖ୍ୟ ବା ପ୍ରଧାନ ସମସ୍ୟା (core problem)କୁ ଚିହ୍ନଟ କରିବାକୁ ପଡ଼ିଥାଏ। ବ୍ୟକ୍ତିଟି ଅତ୍ୟନ୍ତ ଆବେଗାଭିଭୂତ ଓ ବ୍ୟାକୁଳ ଥିବାରୁ ଅନେକ ସମୟରେ ସେ ତାର ସମସ୍ୟାଗୁଡ଼ିକ ଠିକ୍ ଭାବରେ କହିପାରେ ନାହିଁ। ତେଣୁ ଚିକିତ୍ସକ ପ୍ରଥମେ ତାର ସମସ୍ୟାର କାରଣ ଖୋଜି ବାହାର କରନ୍ତି। ତାଙ୍କୁ ଭଲପାଇ ଆଶ୍ୱାସନା ଦେଇ ତାର ସମସ୍ୟାଗୁଡ଼ିକ ଆଲୋଚନା କରନ୍ତି। ରୋଗୀଟି ସମସ୍ୟାଗୁଡ଼ିକ ଆଲୋଚନା କଲାପରେ ଓ ନିଜର ଦୁଃଖ କହିଦେଲାପରେ ତାର ନକାରାତ୍ମକ ଆବେଗ ବହୁତ ପରିମାଣରେ କମିଯାଏ। ସେ ଚିକିତ୍ସକଙ୍କ ଉପରେ ନିର୍ଭରଶୀଳ ହୋଇପଡ଼େ।

ରୋଗୀ ଓ ଚିକିତ୍ସକ ଦୁଇଜଣ ମିଶି ଭାବର ଆଦାନ ପ୍ରଦାନ (dynamic interpersonal communication) ଦ୍ୱାରା ସମସ୍ୟାର ସମାଧାନ କରିବାକୁ ଚେଷ୍ଟା କରନ୍ତି। ରୋଗୀକୁ ନିଜେ ସମସ୍ୟାର ସମାଧାନ କରିବାକୁ କୁହାଯାଏ। ସେ କରି ନପାରିଲେ ଚିକିତ୍ସକ ବିଭିନ୍ନ ସମାଧାନର ପନ୍ଥା ତା ଆଗରେ ଉପସ୍ଥାପନା କରନ୍ତି ଓ ତା ମଧ୍ୟରୁ ଗୋଟିଏ ବାଛିବାକୁ ଉପଦେଶ ଦିଅନ୍ତି। ଜୀବନ ତା ପାଇଁ ଏବଂ ତାର ଆତ୍ମୀୟମାନଙ୍କ ପାଇଁ କେତେ ମୂଲ୍ୟବାନ ତାକୁ ବୁଝେଇଦିଆଯାଏ। ନିଜକୁ ଶେଷ ନ କରି ବରଂ ବଞ୍ଚିରହି ସମସ୍ୟାର ସମାଧାନ କରିବା ଓ ଅସ୍ୱସ୍ତିକର ପରିବେଶଠାରୁ ମୁକ୍ତି ପାଇବା ପାଇଁ ଆତ୍ମହତ୍ୟା ବ୍ୟତୀତ ଅନ୍ୟ ଉପାୟର ସାହାଯ୍ୟ ନେବା ପାଇଁ ଉତ୍ସାହିତ କରାଯାଏ। ମରିବାର ଇଚ୍ଛାକୁ ବଞ୍ଚି ରହିବାର ଆଗ୍ରହରେ ପରିବର୍ତ୍ତନ କରିବାକୁ ଚେଷ୍ଟା କରାଯାଏ। କଥାବାର୍ତ୍ତା କରିବା ସମୟରେ ଚିକିତ୍ସକ ରୋଗୀର ବ୍ୟକ୍ତିଗତ ସାମର୍ଥ୍ୟ ଓ ଯୋଗ୍ୟତା ବିଷୟରେ ମନେ ପକେଇ ଦିଅନ୍ତି ଓ ଏହି ବ୍ୟକ୍ତିଗତ ସାମର୍ଥ୍ୟକୁ ଉପଯୋଗ କରିବାକୁ ଉତ୍ସାହିତ କରନ୍ତି। ହତାଶ ଉଦ୍ରେକ କରୁଥିବା ସମସ୍ୟାବଳୀ କ୍ଷଣସ୍ଥାୟୀ ଓ ଏହା ଅଧିକାଂଶ ଲୋକଙ୍କ ଜୀବନରେ ଆସେ ବୋଲି ହୃଦୟଙ୍ଗମ କରିବାରେ ସାହାଯ୍ୟ କରାଯାଏ।

ଆତ୍ମହତ୍ୟା ଉଦ୍ୟମ କରୁଥିବା ବ୍ୟକ୍ତିକୁ ଏକୁଟିଆ ଓ ଅସହାୟ ଲାଗେ। ତେଣୁ ତାର ସାମାଜିକ ସମର୍ଥନ (social support) ନିହାତି ଦରକାର। ମନସ୍ତତ୍ତ୍ୱବିଦ୍‌ଙ୍କ ବ୍ୟତୀତ ପିତାମାତା, ପରିବାରର ସଦସ୍ୟ ଓ ସାଙ୍ଗସାଥୀମାନେ ବ୍ୟକ୍ତିକୁ ଉତ୍ସାହ ପ୍ରଦାନ କଲେ ତାର ଆତ୍ମହତ୍ୟା ମନୋଭାବ ହ୍ରାସ ପାଏ। ନିରାଶାରେ ଭାଙ୍ଗିପଡ଼ିଥିବା ବ୍ୟକ୍ତିଠାରେ ଆଶାର ସଞ୍ଚାର ହୁଏ ଓ ତାର ଅବସାଦ ବହୁ ପରିମାଣରେ କମିଯାଏ।

ଆତ୍ମହତ୍ୟା ପ୍ରବଣତା ହ୍ରାସ ପାଇଲେ ମଧ୍ୟ ଏପରି ବ୍ୟକ୍ତିମାନଙ୍କୁ ଅନେକ ଦିନ ଧରି ଚିକିତ୍ସାରେ ରହିବାକୁ ପଡ଼େ। ମନସ୍ତତ୍ତ୍ୱବିଦ୍‌ମାନଙ୍କୁ ସେମାନଙ୍କ ସାଙ୍ଗରେ ଅନେକ ଦିନ ଧରି ଯୋଗାଯୋଗ ରଖିବାକୁ ହୁଏ। ସେମାନଙ୍କର ବ୍ୟକ୍ତିତ୍ୱ ଓ ମନୋଭାବର ପରିବର୍ତ୍ତନ ଆଣିବାକୁ ଚେଷ୍ଟା କରାଯାଇଥାଏ।

ଅବସାଦଗ୍ରସ୍ତ ଥିବା ଲୋକମାନଙ୍କର ଅଧିକ ପରିମାଣରେ ନକାରାତ୍ମକ ଚିନ୍ତା ଓ ଭାବନା ଥାଏ। ନିଜର ଅବସାଦ ଯୋଗୁଁ ଅତି ସାଧାରଣ ଘଟଣାକୁ ମଧ୍ୟ ସେମାନେ ଅତିରଞ୍ଜିତ କରି ଦେଖନ୍ତି। ରୋଗୀର ଏହି ନକାରାତ୍ମକ ଭାବନାଗୁଡ଼ିକୁ ଚିହ୍ନଟ କରାଯାଏ। ଏପରି ଭାବନାଗୁଡ଼ିକୁ ଲେଖିବାକୁ କୁହାଯାଏ ଏବଂ ଭାବନା ଆସିବା ସମୟରେ ଦେଖା ଦେଉଥିବା ଆବେଗଗୁଡ଼ିକୁ ବର୍ଣ୍ଣନା କରିବାକୁ ବା ଲେଖିବାକୁ କୁହାଯାଏ। ସେହି ଭାବନାଗୁଡ଼ିକ ଅଯୌକ୍ତିକର କି ନାହିଁ ତା ବିଷୟରେ ଆଲୋଚନା କରାଯାଏ। ଯଥୋଚିତ, ବାସ୍ତବବାଦୀ ଓ ବିଚାରଯୁକ୍ତ ଚିନ୍ତା କିପରି ହେବା ଉଚିତ ତାହା ରୋଗୀକୁ କହିବା ପାଇଁ ଉତ୍ସାହିତ କରାଯାଏ। ଏପରି ବାରମ୍ବାର କଲେ ନକାରାତ୍ମକ ଭାବନା କମିଯାଏ।

ଦେଖାଯାଇଛି, ବିଷଣ୍ଣ ଓ ଅବସାଦଗ୍ରସ୍ତ ରହୁଥିବା ବ୍ୟକ୍ତିମାନଙ୍କଠାରୁ ସମସ୍ତେ ଦୂରେଇ ଯାଆନ୍ତି। ସେମାନେ ଅନ୍ୟମାନଙ୍କଠାରୁ ସାହାଯ୍ୟ, ସହାନୁଭୂତି ଆଶା କରୁଥିଲେ ମଧ୍ୟ ସେପରି ବ୍ୟବହାର ପାଆନ୍ତି ନାହିଁ। ଏଥିପାଇଁ ସେମାନଙ୍କର ବ୍ୟବହାର ହିଁ ମୁଖ୍ୟତଃ ଦାୟୀ। ଏପରି ଲୋକମାନେ ଅନ୍ୟମାନଙ୍କ ସାଙ୍ଗରେ କିପରି ସନ୍ତୋଷଜନକ ଭାବରେ ଭାବ ବିନିମୟ କରିପାରିବେ, ତାହା ଶିକ୍ଷା ଦିଆଯାଏ। ବିଭିନ୍ନ ସାମାଜିକ କୌଶଳ ଶିକ୍ଷା (social skill training) ଦିଆଯାଏ। ସମୟାନୁବର୍ତ୍ତିତା, ବିଭିନ୍ନ ପରିସ୍ଥିତି ସହିତ ଖାପଖୁଆଇ ଚଳିବାର କ୍ଷମତା, ମାନସିକ ଚାପ ହ୍ରାସ କରିବାର କୌଶଳ ଆଦି ବିଷୟରେ ମଧ୍ୟ ଶିକ୍ଷା ଦିଆଯାଏ। ଗପ ବହି ପଢ଼ିବାକୁ, ବୁଲିଯିବାକୁ, ଭଲ ଭଲ ଜିନିଷ ଖାଇବାକୁ, ମନଖୋଲି ଗପ କରିବା ଆଦି ସେମାନଙ୍କୁ ଭଲ ଲାଗୁଥିବା କାର୍ଯ୍ୟ କରିବାକୁ ଉତ୍ସାହିତ କରାଯାଏ।

ଆମେରିକା ଆଦି ଉନ୍ନତ ଦେଶମାନଙ୍କରେ ବିଭିନ୍ନ ସ୍ଥାନରେ ଆତ୍ମହତ୍ୟା ପ୍ରତିକାର ସଂସ୍ଥା (suicide prevention centre) ମାନ ସ୍ଥାପିତ ହୋଇଛି। ଏପରି ପ୍ରତିକାର କେନ୍ଦ୍ରଗୁଡ଼ିକ ଦିନରାତି ସବୁବେଳେ ଖୋଲାଥାଏ। ଏଠାରେ ଉପଯୁକ୍ତ ଭାବରେ ପ୍ରଶିକ୍ଷିତ ଡାକ୍ତର, ମନସ୍ତତ୍ତ୍ୱବିଦ୍, ମନୋଚିକିତ୍ସକ ଓ ସମାଜସେବୀମାନେ ନିଯୁକ୍ତ ପାଇଥାନ୍ତି। ଅତ୍ୟନ୍ତ ଆବେଗାଭିଭୂତ ହୋଇ ଆତ୍ମହତ୍ୟା କରିବା ପାଇଁ ଇଚ୍ଛା କରୁଥିବା ବ୍ୟକ୍ତିମାନଙ୍କୁ ସାହାଯ୍ୟ କରିବା ସକାଶେ ଏ ସଂସ୍ଥାଗୁଡ଼ିକ ଖୋଲା ଯାଇଥାଏ। କେତେକ

ଦେଶରେ ଏପରିକି ଆମଦେଶରେ ମଧ୍ୟ ଟେଲିଫୋନ ହଟଲାଇନ୍‌ର ବ୍ୟବସ୍ଥା ଅଛି। ଏକ ଅଧ୍ୟୟନରୁ ଦେଖାଯାଇଥିଲା ଯେ, ଅତ୍ୟନ୍ତ ବିମର୍ଷ ଥିବା ଆତ୍ମହତ୍ୟାପ୍ରବଣ ବ୍ୟକ୍ତିମାନେ ଏପରି ବ୍ୟବସ୍ଥା ଯୋଗୁଁ ଟେଲିଫୋନର ସୁବିଧା ନେଇଥିଲେ। ଟେଲିଫୋନ ବ୍ୟବସ୍ଥା ହେବାର ତିନିବର୍ଷ ମଧ୍ୟରେ କୌଣସି ବ୍ୟକ୍ତି ଆତ୍ମହତ୍ୟା କରିନଥିଲେ। ଲସଆଞ୍ଜେଲସ୍‌ରେ ଆତ୍ମହତ୍ୟା ପ୍ରତିକାର ସଂସ୍ଥାଗୁଡ଼ିକ ସ୍ଥାପିତ ହେଲା ପରେ ଏହି ସଂସ୍ଥା ଗୁଡ଼ିକର ସାହାଯ୍ୟ ଯୋଗୁଁ ପ୍ରାୟ ଆଠହଜାର ଆତ୍ମହତ୍ୟାପ୍ରବଣ ଲୋକଙ୍କର ଆତ୍ମହତ୍ୟା ସମ୍ଭାବନା ଶତକଡ଼ା ଛଅରୁ ଦୁଇକୁ ହ୍ରାସ ପାଇଥିଲା। ଆମ ଦେଶରେ ଏପରି ସଂସ୍ଥା ବଡ଼ ବଡ଼ ସହରରେ ଉପଲବ୍ଧ। ଆତ୍ମହତ୍ୟା ସଂଖ୍ୟା ଦିନକୁ ଦିନ ବଢୁଥିବାରୁ ଆତ୍ମହତ୍ୟା ପ୍ରତିକାର ସଂସ୍ଥାମାନ ଅଧିକ ସଂଖ୍ୟାରେ ସ୍ଥାପିତ ହେଲେ ବହୁ ଆତ୍ମହତ୍ୟାପ୍ରବଣ ବ୍ୟକ୍ତି ଏହାର ସାହାଯ୍ୟ ନେଇପାରନ୍ତେ।

■

ପ୍ରେମ: ଏକ ଜୈବ ରାସାୟନିକ ପ୍ରକ୍ରିୟା

ପ୍ରେମ ଶବ୍ଦର ବ୍ୟବହାର ଅତ୍ୟନ୍ତ ବ୍ୟାପକ। ପ୍ରେମ କହିଲେ ଆଧ୍ୟାତ୍ମିକ, ବାତ୍ସଲ୍ୟ, ବଂଶ/ଜାତି/ପରିବାର ଇତ୍ୟାଦିର ପ୍ରେମଠାରୁ ଆରମ୍ଭ କରି ପୁରୁଷ ନାରୀ ମଧ୍ୟରେ ଗଢ଼ି ଉଠୁଥିବା ପ୍ରେମ ପର୍ଯ୍ୟନ୍ତ ବୁଝାଏ। ତେବେ ଏହି ପ୍ରବନ୍ଧଟିର ଆଲୋଚନା ମୁଖ୍ୟତଃ ରୋମାଣ୍ଟିକ ପ୍ରେମ ଉପରେ ପର୍ଯ୍ୟବସିତ। କବିମାନଙ୍କ ଭାଷାରେ ପ୍ରେମ ଏକ ଦୁର୍ଲଭ, ଦିବ୍ୟ ଏବଂ ଶାଶ୍ୱତ ଅନୁଭବ। ଏହା ଏକ ଆନନ୍ଦମୟ ଉପଲବ୍ଧି। ପ୍ରେମ ମଣିଷର ଏକ ଶକ୍ତିଶାଳୀ ଆବେଗ, ଯେଉଁଥିରେ ପ୍ରେମାସକ୍ତ ପୁରୁଷ ଓ ନାରୀ ପରସ୍ପରର ଗୁଣରେ ଆତ୍ମବିସ୍ମୃତ, ରୂପରେ ମୁଗ୍ଧ, ବିରହରେ ହତାଶ, ନ ପାଇବା ଦୁଃଖରେ ମୁହ୍ୟମାନ ହୁଅନ୍ତି। ଏଥିରେ ଅତ୍ୟଧିକ ଶାରୀରିକ ଆକର୍ଷଣ ସହିତ ଯୌନାକାଂକ୍ଷା ମୁଖ୍ୟ ହୋଇଥାଏ। ପ୍ରେମ ଲୁକ୍କାୟିତ ହୋଇ ରହିଥିବା ଅନ୍ତର୍ନିହିତ ପ୍ରତିଭାକୁ ବିକଶିତ କରିବାରେ ସହାୟକ ହୋଇଥାଏ। ପ୍ରେମ ଓ ବିରହ କାରଣରୁ ଅଗଣିତ କବି, ଚିତ୍ରଶିଳ୍ପୀ, ସଙ୍ଗୀତଜ୍ଞ ଆଦି ସୃଷ୍ଟି ହୋଇଛନ୍ତି। ପ୍ରେମ ପାଇଁ ମଧ୍ୟ ଘଟିଥାଏ ଅସଂଖ୍ୟ ହତ୍ୟା, ଆତ୍ମହତ୍ୟା ଏପରିକି ନରସଂହାର ଓ ଭୟଙ୍କର ଯୁଦ୍ଧର ବିଭୀଷିକା। ଗୁଗୁଲ୍ ସର୍ଚ୍ଚରେ ସବୁଠାରୁ ଅଧିକ ଅନୁସନ୍ଧାନ କରାଯାଉଥିବା ଶବ୍ଦଟି ହେଲା 'ପ୍ରେମ'।

ପ୍ରେମ ବ୍ୟାପାରଟି ରହସ୍ୟମୟ, କୌତୂହଳପ୍ରଦ, ଜଟିଳ ତଥା ଅବୋଧ୍ୟ। ଅକ୍ଷୟ ମହାନ୍ତିଙ୍କର ଲୋକପ୍ରିୟ ସଙ୍ଗୀତ ଅନୁସାରେ ପ୍ରେମ 'କେମିତି ହୁଏ, କାହିଁକି ହୁଏ, କା'ସାଥେ ହୁଏ, କିପରି ହୁଏ, ତାର ଫର୍ମୁଲା ଜଣା ନାହିଁ।' ଡି.ଏଚ୍. ଲରେନ୍ସଙ୍କ ବହୁଚର୍ଚ୍ଚିତ ଉପନ୍ୟାସ 'ଲେଡି ଚାଟର୍‌ଲିସ୍ ଲଭର' ରେ ବର୍ଣ୍ଣିତ ହୋଇଛି କିପରି ଜଣେ ଧନୀ ଓ ଆଭିଜାତ୍ୟସମ୍ପନ୍ନା ସୁନ୍ଦରୀ ଓ ବିବାହିତା ମହିଳା ତାଙ୍କ ନିଜ ଭୃତ୍ୟର ପ୍ରେମରେ ପଡିଛନ୍ତି। ସ୍ୱାମୀଙ୍କର ପ୍ରଚୁର ସମ୍ପତ୍ତି, ଐଶ୍ୱର୍ଯ୍ୟ, ସାମାଜିକ ପ୍ରତିପତ୍ତି ଓ ନିଜର ପରିବାରକୁ ଛାଡ଼ି ସେ ଭୃତ୍ୟ ସହିତ ଜୀବନ ବିତାଇବା ପାଇଁ ଇଚ୍ଛା କରିଛନ୍ତି। ନିଜକୁ

ଖୁବ୍ ବୁଦ୍ଧିମାନ ମନେ କରୁଥିବା ମଣିଷ ପ୍ରେମରେ ପଡ଼ିଲେ ଆତ୍ମ ନିୟନ୍ତ୍ରଣ ହରାଇ ବସେ, ଯୁକ୍ତିଯୁକ୍ତ ନିର୍ଣ୍ଣୟ ନେବାକୁ କେବେ କେବେ ଅସମର୍ଥ ହୁଏ। ତେଣୁ ପ୍ରେମକୁ ଅନ୍ଧ ବୋଲି ବିଚାର କରାଯାଏ।

ପ୍ରେମ ସମ୍ବନ୍ଧରେ ବହୁ ଗବେଷଣାଲବ୍ଧ ତତ୍ତ୍ୱ ରହିଛି। ବିବର୍ତ୍ତନବାଦର ଦୃଷ୍ଟିକୋଣରୁ ପ୍ରେମ ହିଁ ସୃଷ୍ଟିର ଉତ୍ସ। ବଂଶ ବୃଦ୍ଧି ସୃଷ୍ଟିର ଏକ ଅତ୍ୟାବଶ୍ୟକ ପ୍ରକ୍ରିୟା। ରିଚାର୍ଡ ଡିକେନ୍‌ସଙ୍କର ପ୍ରସିଦ୍ଧ ପୁସ୍ତକ 'ସେଲଫିସ୍ ଜିନ୍' (୧୯୭୮) ରେ ସେ ବର୍ଣ୍ଣନା କରିଛନ୍ତି ଯେ, ଯୌନ ମିଳନ ଓ ପ୍ରଜନନ ଦ୍ୱାରା ମନୁଷ୍ୟ ଏବଂ ପ୍ରତ୍ୟେକ ଜୀବ ସେମାନଙ୍କର ଜିନ୍‌କୁ ତାଙ୍କ ବଂଶଧରମାନଙ୍କ ମାଧ୍ୟମରେ ବଞ୍ଚେଇ ରଖିବାକୁ ଚେଷ୍ଟା କରନ୍ତି। ପ୍ରସିଦ୍ଧ ସାମାଜିକ ଜୈବବିଜ୍ଞାନୀ ବୁଶ୍ (୧୯୯୪) ତାଙ୍କ ରଚିତ ପୁସ୍ତକ 'ଦି ଇଭୋଲ୍ୟୁସନ ଅଫ୍ ଡିଜାୟାର: ଷ୍ଟ୍ରାଟେଜିଜ୍ ଅଫ୍ ହ୍ୟୁମାନ ମେଟିଙ୍ଗ' ରେ ଉଲ୍ଲେଖ କରିଛନ୍ତି ଯେ, ପୁରୁଷ ଓ ସ୍ତ୍ରୀଙ୍କ ଶାରୀରିକ କ୍ଷେତ୍ରରେ ଭିନ୍ନତା ଥିବା ଯୋଗୁଁ ବଂଶ ବିସ୍ତାର ବ୍ୟାପାରରେ ସେମାନେ ଭିନ୍ନ ଭିନ୍ନ କୌଶଳ ଅବଲମ୍ବନ କରନ୍ତି। ପୁରୁଷମାନଙ୍କ ତୁଳନାରେ ନାରୀମାନେ ଅଳ୍ପ ସଂଖ୍ୟକ ସନ୍ତାନ ଉପୁଜାଇ ପାରନ୍ତି। କାରଣ ପ୍ରଥମତଃ ପ୍ରାୟ ପଚିଶ ବର୍ଷ ହିଁ ସେମାନେ ପ୍ରସବକ୍ଷମ ରହନ୍ତି। ତା'ଛଡ଼ା ପ୍ରତ୍ୟେକ ସନ୍ତାନ ପାଇଁ ସେମାନଙ୍କୁ ନଅମାସ ଗର୍ଭଧାରଣ କରିବାକୁ ପଡେ। ତେଣୁ ନାରୀ ଜୀବନ ସାଥୀ ଚୟନ ପ୍ରକ୍ରିୟାରେ ଖୁବ୍ ଯତ୍ନଶୀଳ ହୋଇଥାଏ। ଯେଉଁ ପୁରୁଷ ତାର ଭାବୀ ସନ୍ତାନମାନଙ୍କୁ ଭଲ ଭାବରେ ଲାଳନପାଳନ କରିବାକୁ ସହାୟକ ହେବ ଏବଂ ଯାହା ସହିତ ତାହାର ଜୀବନ ଅଧିକ ସୁରକ୍ଷିତ ହେବ, ସେଭଳି ପୁରୁଷକୁ ସେ ଚୟନ କରେ। କିନ୍ତୁ ଜଣେ ପୁରୁଷର ବହୁ ସନ୍ତାନ ସୃଷ୍ଟି କରିପାରିବାର କ୍ଷମତା ଥିବାରୁ ସାଥୀ ଚୟନ ବ୍ୟାପାରରେ ପୁରୁଷ ଅପେକ୍ଷାକୃତ କମ୍ ଯତ୍ନବାନ ହୁଏ ଏବଂ ଖୁବ୍ ଶୀଘ୍ର ସେ ଅନ୍ୟ ନାରୀ ପ୍ରତି ଆକର୍ଷିତ ହୋଇଯାଏ। ନାରୀର ସ୍ୱାସ୍ଥ୍ୟ, ସୌନ୍ଦର୍ଯ୍ୟ ଓ ଯୌବନକୁ ସେ ଅଧିକ ପ୍ରାଧାନ୍ୟ ଦିଏ। ସାମାଜିକ ଜୀବବିଜ୍ଞାନୀମାନଙ୍କ ମତରେ ପ୍ରାୟ ସବୁ ପୁରୁଷ କମ୍ ବୟସର ଜୀବନସାଥୀ ପସନ୍ଦ କରନ୍ତି।

ସ୍ନାୟୁ ବିଶେଷଜ୍ଞମାନଙ୍କ ମତରେ ପ୍ରେମ ଏକ ଜୈବ ରାସାୟନିକ ପ୍ରକ୍ରିୟା (biochemical process)। ଜଣେ ପୁରୁଷ ଓ ନାରୀ ପରସ୍ପର ପ୍ରତି ଆକର୍ଷିତ ହେଲେ ମସ୍ତିଷ୍କ ମଧ୍ୟରେ ଥିବା ସ୍ନାୟୁ ସଞ୍ଚାରକ (neurotransmitter) ଓ ହର୍‌ମୋନ (hormone) ଗୁଡ଼ିକର କ୍ଷରଣ ହୁଏ। ପ୍ରେମ ହୃଦୟର ବ୍ୟାପାର ବୋଲି ମନେ କରାଯାଉଥିଲେ ମଧ୍ୟ ମସ୍ତିଷ୍କ ହିଁ ପ୍ରେମ ଜାଗ୍ରତ କରିବାରେ ମୁଖ୍ୟ ଭୂମିକା ନିଏ। ନାରୀ ଓ ପୁରୁଷ ଆକର୍ଷିତ ହେବା ପରେ 'ଆଡ୍ରେନାଲିନ୍' ଗ୍ଲାଣ୍ଡଗୁଡ଼ିକ ଉତ୍ତେଜିତ ହୁଅନ୍ତି। ପ୍ରେମ ବିଭିନ୍ନ ପର୍ଯ୍ୟାୟ

ଦେଇ ଗତି କରେ। ପ୍ରଥମ ପର୍ଯ୍ୟାୟକୁ ତୀବ୍ର ଲାଳସାଯୁକ୍ତ (lust) ପର୍ଯ୍ୟାୟ ବୋଲି କୁହାଯାଏ। ଏହି ଅବସ୍ଥାରେ ନାରୀମାନଙ୍କର ପ୍ରବଳ ମାତ୍ରାରେ ଟେଷ୍ଟୋଷ୍ଟୋରେନ୍ ଓ ଏଷ୍ଟ୍ରୋଜେନ୍ ହରମୋନ୍ ଏବଂ ପୁରୁଷମାନଙ୍କର ଅତି ମାତ୍ରାରେ ଟେଷ୍ଟୋଷ୍ଟୋରେନ୍ ହରମୋନ୍ ନିର୍ଗତ ହୁଏ। ଏହି ହରମୋନମାନଙ୍କର ପ୍ରଭାବରେ ଯୌନ ମିଳନର ଇଚ୍ଛା ବହୁଗୁଣିତ ହୋଇଯାଏ। ଏଷ୍ଟ୍ରୋଜେନ୍ ପ୍ରଭାବରେ ନାରୀମାନଙ୍କର ଚର୍ମ କୋମଳ ଓ କଣ୍ଠସ୍ୱର ଅଧିକ ଆକର୍ଷଣୀୟ ହୋଇଉଠେ। ନାରୀମାନେ ଅଧିକ ସୁନ୍ଦରୀ ଓ ମନଲୋଭା ଦିଶନ୍ତି। ସେହିପରି ଟେଷ୍ଟୋଷ୍ଟୋରେନ୍‌ର ପ୍ରଭାବରେ ପୁରୁଷ ଅଧିକ ଆକର୍ଷଣୀୟ ଦିଶେ। ଫେରୋମୋନ୍‌ସ ନାମକ ଏକ ଗନ୍ଧହୀନ ରାସାୟନିକ ଦ୍ରବ୍ୟର କ୍ଷରଣ ଫଳରେ ଏହି ଆକର୍ଷଣ ଅଧିକ ଦୁର୍ବାର ହୋଇଉଠେ। ଦ୍ୱିତୀୟ ପର୍ଯ୍ୟାୟକୁ ଆକର୍ଷଣ (attraction) ବୋଲି କୁହାଯାଏ। ଏ ପର୍ଯ୍ୟାୟରେ ଡୋପାମାଇନ୍, ସେରୋଟୋନିନ୍, ନରଏପିନେଫ୍ରାଇନ୍ ଆଦି ହରମୋନମାନଙ୍କର ମାତ୍ରାଧିକ ସ୍ରାବ ହୁଏ। ଏହି ହରମୋନଗୁଡ଼ିକ ସକାରାତ୍ମକ ମନୋଭାବ ସୃଷ୍ଟି କରିବାରେ ସହାୟକ ହୁଅନ୍ତି। ଡୋପାମାଇନ୍ ହରମୋନର ପ୍ରଭାବରେ ମନ ଉଲ୍ଲାସ ଓ ପୁଲକରେ ଭରିଯାଏ। ପ୍ରେମରେ ପଡ଼ିଥିବା ମଣିଷଟି ହଠାତ୍ ଉଦାର ମନୋଭାବସମ୍ପନ୍ନ ଓ କ୍ଷମାଶୀଳ ହୋଇଯାଏ। ଅନ୍ୟମାନଙ୍କ ପ୍ରତି ସମାନୁଭୂତି ଓ ସହାନୁଭୂତିର ମାତ୍ରା ବଢ଼ିଯାଏ। ପ୍ରେମ ଦ୍ୱାରା ଏକ ବିହ୍ୱଳିତ ତଥା ସମ୍ମୋହିତ ଭାବ ଜାତ ହୁଏ। ସେରୋଟୋନିନ୍ ହରମୋନର ପ୍ରଭାବରେ ଭଲ ପାଉଥିବା ମଣିଷଟି ବିଷୟରେ ଅନବରତ ଭାବିବାକୁ ଇଚ୍ଛା ହୁଏ। ସମସ୍ତ ଧ୍ୟାନ ତାହା ଉପରେ ହିଁ କେନ୍ଦ୍ରୀଭୂତ ହୁଏ। ତା ସମ୍ବନ୍ଧୀୟ ସବୁ ଛୋଟ ଛୋଟ ଜିନିଷ ଜାଣିବା ପାଇଁ ଆଗ୍ରହ ସୃଷ୍ଟି ହୁଏ। ସେ ସମୟରେ ଯେ କୌଣସି ବିପଦ ଓ ଅନିଶ୍ଚିତତାକୁ ସେ ସାମନା କରିବାକୁ ଭୟ କରେ ନାହିଁ। ଶେଷ ପର୍ଯ୍ୟାୟକୁ ନିବିଡ଼ତା (attachment) ବୋଲି କୁହାଯାଏ। ନିବିଡ଼ତା ବଢ଼ିବା ସହତ ଅକ୍ସିଟୋସିନ୍ ଓ ଭାସୋପ୍ରେସିନ୍ ନାମକ ଦୁଇଟି ହରମୋନ୍‌ର ସ୍ରାବ ବଢ଼ିଯାଏ। ଏ ହରମୋନ୍‌ମାନଙ୍କର ପ୍ରଭାବରେ ଆସକ୍ତି ଓ ଅନୁରାଗ ବଢ଼ିଯାଏ। ସେହି ନିର୍ଦ୍ଦିଷ୍ଟ ମଣିଷଟି ସହିତ ଅନବରତ ସମୟ କଟାଇବାକୁ ଇଚ୍ଛା ପ୍ରଗାଢ଼ ହୁଏ। ଭାବର ଆଦାନ ପ୍ରଦାନ ବଢ଼ିବା ସହିତ ପ୍ରତିଶ୍ରୁତିବଦ୍ଧତା ମଧ୍ୟ ବୃଦ୍ଧି ପାଏ। ଏହିସବୁ ହରମୋନ୍ ମଣିଷର ବୌଦ୍ଧିକ କ୍ଷମତା ଓ ଜଟିଳ ଚିନ୍ତନକୁ ପ୍ରଭାବିତ କରୁଥିବାରୁ ଏବଂ ତାର ପ୍ରେମୀ ପ୍ରତି ଆକର୍ଷଣ ବହୁ ମାତ୍ରାରେ ବଢ଼ି ଯାଉଥିବାରୁ ବେଳେବେଳେ ସେ ବିଚିତ୍ର କାମ ସବୁ କରି ବସେ।

ପ୍ରେମର ପ୍ରଥମ ପର୍ଯ୍ୟାୟରେ ଦେଖା ଯାଉଥିବା ଏହି ସୁଖୋଚ୍ଛ୍ୱାସ, ଉଲ୍ଲସିତ ଓ ବିହ୍ୱଳିତ ଭାବ ଦୀର୍ଘସ୍ଥାୟୀ ନୁହେଁ। କିଛିଦିନ ପରେ ଏ ପ୍ରକାର ଉଚ୍ଚାଟ କମିଯାଏ।

ଦେଖାଯାଇଛି, ଯେଉଁ ପ୍ରେମରେ କାମୋତ୍ତେଜନା ଯେତେ ତୀବ୍ର, ଭାବାବେଗ ଯେତେ ପ୍ରଚଣ୍ଡ, ସେ ପ୍ରେମ ସେତିକି କ୍ଷଣସ୍ଥାୟୀ। 'ନେଚର' ପତ୍ରିକାରେ ପ୍ରକାଶିତ ଏକ ଗବେଷଣାମୂଳକ ସନ୍ଦର୍ଭରେ ବୈଜ୍ଞାନିକ ୟୁଙ୍ଗ୍ ପ୍ରକାଶ କରିଛନ୍ତି ଯେ ପ୍ରେମ ଏକ ଜୈବ ରାସାୟନିକ ପ୍ରକ୍ରିୟା ହୋଇଥିବାରୁ ସମ୍ପର୍କରେ ଫାଟ ସୃଷ୍ଟି ହୋଇଥିବା ଦମ୍ପତିମାନଙ୍କ କ୍ଷେତ୍ରରେ ଏହି ସବୁ ହରମୋନମାନଙ୍କୁ ଔଷଧ ଆକାରରେ ପ୍ରୟୋଗ କଲେ ପ୍ରେମର ମଧୁର ଅନୁଭବକୁ ପୁଣି ଥରେ ସୃଷ୍ଟି କରାଯାଇପାରିବ। ଆଉ ଏକ ଗବେଷଣାର ଫଳାଫଳରୁ ଦେଖାଯାଇଛି ଯେ କିଛି ଦମ୍ପତିଙ୍କୁ ଅକ୍‌ସିଟୋନିନ୍ ହରମୋନ ଦେବା ଫଳରେ ସେମାନଙ୍କର ଭାବ ବିନିମୟ ଉତ୍ତମ ହୋଇପାରିଥିଲା।

ମନସ୍ତତ୍ତ୍ୱବିଦ୍‌ମାନଙ୍କ ମତରେ ମଣିଷ ନିଜକୁ ହିଁ ସବୁବେଳେ ପ୍ରେମ କରେ। ଯାହାକୁ ସେ ପ୍ରେମ କରୁଥାଏ, ସେ ଖାଲି ମାଧ୍ୟମ ମାତ୍ର। ପ୍ରେମରେ ପଡ଼ିଲା ପରେ ସେ ଯେ ଖୁବ୍ କାମ୍ୟ, ବାଞ୍ଛିତ, ପ୍ରେମ ପ୍ରଣୟଯୋଗ୍ୟ ଓ ଆକର୍ଷଣୀୟ, ଏ ଉପଲବ୍ଧି ତାକୁ ଆନନ୍ଦ ଦିଏ। ତାର ରୂପ, ଗୁଣ ବିଷୟରେ ସେ ଭୁଲିଯାଇଥାଏ। ପ୍ରେମରେ ପଡ଼ିଥିବା ବ୍ୟକ୍ତିଟି ମାଧ୍ୟମରେ ସେ ତାର ସୌନ୍ଦର୍ଯ୍ୟ ଓ ଅନ୍ତର୍ନିହିତ ଗୁଣଗୁଡ଼ିକୁ ଉପଲବ୍ଧି କରେ। ସେ ଯେ ତାର ସାଥୀକୁ ନିୟନ୍ତ୍ରଣରେ ରଖିପାରିଛି, ସେ ଭାବନା ତାକୁ ଅତ୍ୟଧିକ ଉଲ୍ଲସିତ କରେ। ପ୍ରେମରେ ପଡ଼ିଥିବା ତାର ସାଥୀ ପାଖରେ ତାର ଆବଶ୍ୟକତା କେତେ ଅଧିକ, ସେ କେତେ ଆକାଂକ୍ଷିତ, ଏ ପ୍ରକାର ଭାବନା ତାକୁ ପରମ ସନ୍ତୋଷ ଦେଇଥାଏ। ଏଭଳି ଆନନ୍ଦ ପ୍ରଦାନ କରୁଥିବା ମଣିଷଟି ଉପରେ ସେ ନିର୍ଭରଶୀଳ ହୋଇପଡେ ଏବଂ ତାକୁ ହରାଇବା ପାଇଁ ଚାହେଁ ନାହିଁ। ତେଣୁ ପ୍ରେମ ବ୍ୟାପାରରେ ବିଫଳତା ଦେଖାଗଲେ ଲୋକେ ଭାଙ୍ଗିପଡ଼ନ୍ତି। କିଏ କିଏ ଅବଚେତନ ମନରେ ଥିବା ନିଜର ଅସମର୍ଥତା ଓ ନ୍ୟୂନ ମନୋଭାବର ପ୍ରତିକାରାତ୍ମକ ବ୍ୟବସ୍ଥା ସ୍ୱରୂପ ଅଧିକାଂଶ ସମୟ ଅନ୍ୟକୁ ଆକର୍ଷିତ କରିବାରେ ନିୟୋଜିତ କରନ୍ତି। ଏମାନଙ୍କୁ ପ୍ରେମାସକ୍ତ (love addicts) ବୋଲି କୁହାଯାଏ। ଯେଉଁ ମୁହୂର୍ତ୍ତରେ ଏପରି ଲୋକମାନେ ଅନ୍ୟକୁ ଆକର୍ଷିତ କରିବାରେ ସଫଳ ହୁଅନ୍ତି, ସେମାନଙ୍କର ଆଗ୍ରହ କମିଯାଏ।

ସାମାଜିକ ମନୋବିଜ୍ଞାନୀମାନଙ୍କ ମତରେ ପ୍ରତ୍ୟେକ ସମ୍ପର୍କରେ ଏପରିକି ପ୍ରେମ ସମ୍ପର୍କରେ ମଧ୍ୟ ମଣିଷ କେତେ ଦେଉଛି ଓ ପ୍ରତିବଦଳରେ କେତେ ପାଉଛି, ତାହା ତାର ଅଜାଣତରେ ତଉଲି ଥାଏ। ଏହା ବ୍ୟାବସାୟିକ ସମ୍ପର୍କ ପରି ମନେ ହେଉଥିଲେ ମଧ୍ୟ ମଣିଷ ପ୍ରତ୍ୟେକ ସମ୍ପର୍କରେ ସର୍ବାଧିକ ବ୍ୟକ୍ତିଗତ ଲାଭ ଓ ଆନନ୍ଦ ପାଇବାକୁ ଚାହିଁଥାଏ। ଯେଉଁଠାରେ ତାକୁ ଲାଗେ ଯେ, ସେ ଅଧିକ ଦେଉଛି ଅଥଚ କମ ପାଉଛି, ସେଠାରେ ପ୍ରେମ ସମ୍ପର୍କ ରହି ପାରେ ନାହିଁ। ପ୍ରତ୍ୟେକ ମଣିଷର ଆବଶ୍ୟକତା ଅଲଗା

ହୋଇଥିବାରୁ ବାହାର ଲୋକଙ୍କୁ ପ୍ରେମ ସମ୍ପର୍କଟି ଅବୋଧ୍ୟ ଓ ଅଦ୍ଭୁତ ମନେ ହେଉଥିଲେ ମଧ୍ୟ ପ୍ରେମ ସମ୍ପର୍କ ସ୍ଥାପନ କରିଥିବା ବ୍ୟକ୍ତିଟି ପାଇଁ ଏପରି ସମ୍ପର୍କ ସମ୍ପୂର୍ଣ୍ଣ ସ୍ୱାଭାବିକ ଓ ଯଥାର୍ଥ ହୋଇପାରେ। ଜଣେ ସୁନ୍ଦରୀ ତରୁଣୀ ଧନାଢ଼୍ୟ ବୃଦ୍ଧଙ୍କୁ ବିବାହ କରି ଆରାମଦାୟକ ଜୀବନଯାପନ କରିବା ତାହାର ଏକ ଦୃଷ୍ଟାନ୍ତ।

ଜୀବନସାଥୀ ଚୟନ ଓ ପ୍ରେମ ବ୍ୟାପାରରେ କୌଣସି ନିର୍ଦ୍ଦିଷ୍ଟ ନିୟମ ନଥିଲେ ମଧ୍ୟ ମାନସିକ, ସାମାଜିକ ଏବଂ ସାଂସ୍କୃତିକ ଉପାଦାନର ଏକ ମିଶ୍ରିତ ପ୍ରଭାବ ଏହି ଚୟନ ପ୍ରକ୍ରିୟାକୁ ପ୍ରଭାବିତ କରେ। ମନସ୍ତତ୍ତ୍ୱବିଦ୍‌ମାନଙ୍କ ମତରେ ପ୍ରତ୍ୟେକ ବ୍ୟକ୍ତି ତାର ଜୀବନ ସାଥୀଠାରେ କେଉଁ ଗୁଣ ଖୋଜିବ, ତାର ପ୍ରତିଛବି ବାଲ୍ୟକାଳରୁ ତାର ମାନସପଟରେ ଆଙ୍କିଥାଏ। ଝିଅମାନେ ସାଧାରଣତଃ ବାପାଙ୍କ ପରି ଓ ପୁଅମାନେ ମା'ଙ୍କ ପରି ଦିଶୁଥିବା ଓ ବ୍ୟବହାର ଦେଖାଉଥିବା ପୁରୁଷ ବା ନାରୀ ପ୍ରତି ଆକର୍ଷିତ ହୋଇଥାନ୍ତି। ସେହିପରି ସମାଜରେ ବିଶେଷ ଭାବରେ ଆଦୃତ ହେଉଥିବା, ସାମାଜିକ ପ୍ରତିଷ୍ଠା ଥିବା ଅଥବା ଉତ୍ତମ ଗୁଣର ଅଧିକାରୀ, ଚରିତ୍ରବାନ୍, ସୁନ୍ଦର ବ୍ୟକ୍ତିତ୍ୱସମ୍ପନ୍ନ ବ୍ୟକ୍ତିଙ୍କୁ ଆକର୍ଷଣୀୟ ମନେ କରାଯାଏ। ଗବେଷକମାନଙ୍କ ମତରେ ନିଜ ବ୍ୟକ୍ତିତ୍ୱ ସହିତ ମେଳ ଖାଉଥିବା, ନିଜର ଆଦର୍ଶ ଓ ବିଶ୍ୱାସ ସହିତ ଖାପ ଖାଉଥିବା ବ୍ୟକ୍ତି ପରସ୍ପରକୁ ଆକର୍ଷିତ ହୁଅନ୍ତି। ସାଂସ୍କୃତିକ ନୃତତ୍ତ୍ୱବିଦ୍ ହେଲେନ୍ ଫିସରଙ୍କ ମତରେ ଅଧିକ ଟେଷ୍ଟୋଷ୍ଟୋରେନ୍‌ର ଅଧିକାରୀ ପୁରୁଷ ଅଧିକ ଏଷ୍ଟ୍ରୋଜେନ୍‌ର ଅଧିକାରୀ ନାରୀ ପ୍ରତି ଆକର୍ଷିତ ହେବାର ସମ୍ଭାବନା ଅଧିକ।

ସାମାଜିକ ମନୋବିଜ୍ଞାନୀ ରବର୍ଟ ଷ୍ଟନ୍‌ବର୍ଗ ପ୍ରେମରେ ତିନିଟି ଉପାଦାନ ଉପରେ ଗୁରୁତ୍ୱ ଦେଇଛନ୍ତି। ସେଗୁଡ଼ିକ ହେଲା ଅନୁରାଗ ବା ପ୍ରେମଲାଳସା (passion), ଅନ୍ତରଙ୍ଗତା ବା ଘନିଷ୍ଠତା (intimacy) ଓ ନିଷ୍ଠା (committment)। ଯେଉଁ ପ୍ରେମରେ ତିନିଟି ଯାକ ଉପାଦାନ ବେଶି ପରିମାଣରେ ଥାଏ ପ୍ରେମର ମାତ୍ରା ଅଧିକ ହୋଇଥାଏ। 'ପ୍ରଥମ ଦେଖାରେ ପ୍ରେମ' ରେ କେବଳ ମୋହଚ୍ଛନ୍ନତା ହିଁ ଥାଏ। ବହୁଦିନ ଧରି ବୈବାହିକ ବନ୍ଧନରେ ଆବଦ୍ଧ ହୋଇଥିବା ପତିପତ୍ନୀଙ୍କ ମଧ୍ୟରେ ଘନିଷ୍ଠତା ଓ ନିଷ୍ଠା ଥାଏ। କିନ୍ତୁ କାମଲାଳସାର ମାତ୍ରା କମ୍ ଥାଏ। ଦମ୍ପତିମାନଙ୍କ ମଧ୍ୟରେ ଏହି ତିନୋଟି ଉପାଦାନର ମାତ୍ରା ବଦଳୁଥାଏ। ପାଶ୍ଚାତ୍ୟ ଦେଶମାନଙ୍କରେ ପ୍ରେମୋତ୍ତେଜନା ଓ ଅତିଶୟ ଉଲ୍ଲାସ ଭାବକୁ ବିବାହ ପାଇଁ ଅତ୍ୟାବଶ୍ୟକ ବୋଲି ମନେ କରାଯାଏ। ଭାରତ ଓ ପ୍ରାଚ୍ୟ ଦେଶମାନଙ୍କରେ ପିତାମାତା ଓ ପରିବାର ସଦସ୍ୟଙ୍କ ଦ୍ୱାରା ମୁଖ୍ୟତଃ ବିବାହ ଆୟୋଜିତ ହେଉଥିବାରୁ ବିବାହ ପୂର୍ବରୁ ପ୍ରେମୋତ୍ତେଜନା ଅତ୍ୟାବଶ୍ୟକ ବୋଲି ମନେ କରାଯାଇ ନଥାଏ। ଲେଭିନ୍ ଏବଂ ତାଙ୍କର ସହକର୍ମୀମାନେ

(୧୯୯୫) ଆମେରିକା, ଭାରତ ଓ ପାକିସ୍ତାନ ଆଦି ଦେଶର ଯୁବକ ଯୁବତୀଙ୍କ ଉପରେ ଏକ ଅଧ୍ୟୟନ କରିଥିଲେ। ସେମାନଙ୍କୁ ପଚରା ଯାଇଥିଲା, ସେମାନେ ଚାହୁଁଥିବା ସବୁ ସଦ୍‌ଗୁଣର ଅଧିକାରୀ ଯୁବକ ଯୁବତୀଙ୍କୁ ପ୍ରେମ ନ କରି ମଧ୍ୟ ବିବାହ କରିବା ସମ୍ଭବ କି ? ଏଥିରେ ସତାନବେ ପ୍ରତିଶତ ଆମେରିକୀୟ ଯୁବକ ଯୁବତୀ ମତ ଦେଇଥିଲେ ଯେ, ବିବାହ ପାଇଁ ପ୍ରଥମେ ପ୍ରେମ ଅପରିହାର୍ଯ୍ୟ। ଭାରତ ଓ ପାକିସ୍ତାନରେ ପ୍ରାୟ ପଚାଶ ପ୍ରତିଶତ ଯୁବଗୋଷ୍ଠୀ ବିନା ପ୍ରେମରେ ମଧ୍ୟ ବିବାହ ସମ୍ଭବ ବୋଲି ଉତ୍ତର ଦେଇଥିଲେ।

ମନେ ରହିବା ଉଚିତ ଯେ ପ୍ରେମରେ ପଡ଼ିଲା ପରେ ସୃଷ୍ଟି ହେଉଥିବା ଶାରୀରିକ ଆକର୍ଷଣ ଓ ଉଲ୍ଲାସ ଭାବ ଦୀର୍ଘସ୍ଥାୟୀ ନୁହେଁ। ଦୁଇଜଣ ପ୍ରେମୀ ପରସ୍ପରକୁ ଆକର୍ଷିତ ହୋଇ ପଡ଼ିଲେ ବା ଉଲ୍ଲସିତ ହୋଇ ବିବାହ କରିନେଲେ ଯେ ପ୍ରେମ ସଂପର୍କ ଚିରସ୍ଥାୟୀ ହେବ ସେପରି କିଛି ଅର୍ଥ ନାହିଁ। ବରଂ ପରସ୍ପରର ଆବଶ୍ୟକତା ବୁଝି ବ୍ୟକ୍ତିଗତ ସ୍ୱାଧୀନତା ଓ ଦୃଷ୍ଟିଭଙ୍ଗୀକୁ ସମ୍ମାନ ଦେଇ ଅଙ୍ଗୀକାରବଦ୍ଧତାର ସହ ବାଟ ଚାଲୁଥିବା ସାଥୀ ହିଁ ଜୀବନ ଯାତ୍ରାର ପ୍ରକୃତ ସାଥୀ।

ବାର୍ଦ୍ଧକ୍ୟ: ଶାରୀରିକ ନୁହେଁ ମାନସିକ

ଜିମି କାର୍ଟର ଉଣେଇଶ ଶହ ଛଅସ୍ତରୀ ମସିହାରେ ଆମେରିକାର ରାଷ୍ଟ୍ରପତି ପଦ ଅଳଙ୍କୃତ କରିଥିଲେ। ଆମେରିକାର ଉନ୍ନତି ପାଇଁ ତାଙ୍କର ଅବିରାମ ଉଦ୍ୟମ, ଇସ୍ରାଏଲ୍ ଓ ଇଜିପ୍ଟ ମଧ୍ୟରେ ଶାନ୍ତିରକ୍ଷା ପାଇଁ ତାଙ୍କର ଅକ୍ଳାନ୍ତ ପରିଶ୍ରମ ସତ୍ତ୍ୱେ ସେ ଏକାଧିକ ବିବାଦରେ ଛନ୍ଦ ହୋଇପଡ଼ିଥିଲେ। ଆମେରିକାର ମାନ୍ଦା ଆର୍ଥିକ ସ୍ଥିତି ଓ ପେଟ୍ରୋଲିୟମ ସାମଗ୍ରୀର ମୂଲ୍ୟ ବୃଦ୍ଧି ହେବା ଯୋଗୁଁ ତାଙ୍କର ଖୁବ୍ ବଦନାମ ହୋଇଥିଲା। ଉଣେଇଶ ଶହ ଅଶୀ ମସିହାରେ ସେ ନିର୍ବାଚନରେ ହାରି ଯାଇଥିଲେ। ଛପନ ବର୍ଷ ବୟସରେ ସବୁଦିନ ପାଇଁ ସେ ରାଜନୀତିରୁ ବିଦାୟ ନେଇଥିଲେ। ସେତିକିରେ କାର୍ଟର ଦମ୍ପତିଙ୍କୁ ବିପଦ ଛାଡ଼ି ନଥିଲା। ତାଙ୍କର ଫାର୍ମ ଓ ୱେରହାଉସ ବ୍ୟବସାୟ ମଧ୍ୟ କ୍ଷତିଗ୍ରସ୍ତ ହୋଇଥିଲା। ତାଙ୍କର ଆର୍ଥିକ ଅବସ୍ଥା ଖୁବ୍ ଖରାପ ହୋଇଗଲା। କଣ କରିବେ ସେ କିଛି ବୁଝି ପାରିଲେ ନାହିଁ। ମନେହେଲା ଜୀବନର ସବୁ ଭଲ ସମୟ ସରିଗଲା। କାର୍ଟର ନିଜକୁ ପ୍ରଶ୍ନ ପଚାରିଲେ, ସେ କ'ଣ କରିପାରିବେ ? କେଉଁ କ୍ଷେତ୍ରରେ ତାଙ୍କର ସାମର୍ଥ୍ୟ ଓ ଦକ୍ଷତା ଅଛି, ଯାହାର ସେ ସଦୁପଯୋଗ କରିପାରିବେ ? ଅଳ୍ପ କିଛି ଦିନ ପରେ ସେ ଏମେରୀ ବିଶ୍ୱବିଦ୍ୟାଳୟରେ ଅଧ୍ୟାପକ ପଦରେ ଯୋଗ ଦେଲେ। ଶସ୍ତାରେ ଘର ତିଆରି କରି ସେ ଗରିବ ଲୋକଙ୍କୁ ଯୋଗାଇ ଦେଲେ। "କାର୍ଟର ସେଣ୍ଟର" ପ୍ରତିଷ୍ଠା କରି ମାନବିକ ଅଧିକାର, ଶିକ୍ଷା ଓ ସ୍ୱାସ୍ଥ୍ୟସେବା ଉପରେ ବହୁ ଆନ୍ତର୍ଜାତିକ ସମ୍ମିଳନୀର ଆୟୋଜନ କଲେ। ଚାଇନାର ରାଜନୈତିକ ବନ୍ଦୀମାନଙ୍କୁ ମୁକୁଳାଇବା ପାଇଁ ଚାଇନା ଉପରେ ଚାପ ପକେଇଲେ ଏବଂ ସଫଳ ମଧ୍ୟ ହେଲେ। ଇଣ୍ଡୋନେସିଆ, ନାଇଜେରିଆ ଓ ଚାଇନାରେ ସ୍ୱଚ୍ଛ ଓ ସନ୍ତୋଷଜନକ ନିର୍ବାଚନ କରାଇଲେ। ସେ ଆମେରିକାର ପ୍ରଥମ ପୂର୍ବତନ ରାଷ୍ଟ୍ରପତି ଯେ କି ସାମ୍ୟବାଦୀ କ୍ୟୁବାକୁ ପରିଦର୍ଶନ କରିବାକୁ ଗଲେ। ଚଉଦଟି ପୁସ୍ତକ ରଚନା କଲେ। ତାଙ୍କର ସାହସ, ତ୍ୟାଗ ଓ ସେବା

ମନୋବୃତ୍ତି ଯୋଗୁଁ ସେ ବହୁ ସମ୍ମାନର ଅଧିକାରୀ ହେଲେ। ଶେଷରେ ସେ ନୋବେଲ ଶାନ୍ତି ପୁରସ୍କାର ମଧ୍ୟ ପାଇଲେ। ରାଷ୍ଟ୍ରପତି ପଦ ତାଙ୍କ ପାଇଁ ଯେତିକି ସମ୍ମାନ ଆଣି ଦେଇ ପାରି ନ ଥିଲା, ଅବସର ଗ୍ରହଣ କରିବା ପରେ ସବୁକ୍ଷେତ୍ରରେ ତାଙ୍କର ଅଭୂତପୂର୍ବ ସଫଳତା ତା'ଠାରୁ ବହୁ ଅଧିକ ସୁନାମ ଓ ଗୌରବ ଆଣିଦେଲା। ବୟୋଜ୍ୟେଷ୍ଠ ନାଗରିକମାନଙ୍କ ପାଇଁ ପାଲଟି ଗଲେ ସେ ପ୍ରେରଣାର ଉତ୍ସ। କାର୍ଟରଙ୍କ ମତରେ ଅବସର ଗ୍ରହଣ କରିବା ପରେ ଖାଲି ବଂଚି ରହିବା ଯଥେଷ୍ଟ ନୁହେଁ। ବରଂ ଆନନ୍ଦ, ଉଦ୍ଦୀପନା ଓ ପରିପୂର୍ଣ୍ଣତାର ସହ ବଞ୍ଚିବା ଆବଶ୍ୟକ।

ସକାରାତ୍ମକ ମାନସିକତା, ଗଭୀର ଆତ୍ମପ୍ରତ୍ୟୟ, ଦୃଢ଼ ମନୋବଳ ଥିଲେ ଜୀବନର ଅପରାହ୍ଣରେ ମଧ୍ୟ ଲୋକେ ଯୁବସୁଲଭ କାର୍ଯ୍ୟ କରି ପାରନ୍ତି। ବ୍ୟକ୍ତିର ସମୟାନୁକ୍ରମିକ ବୟସ ଗୁରୁତ୍ୱପୂର୍ଣ୍ଣ ନୁହେଁ। ଗୁରୁତ୍ୱପୂର୍ଣ୍ଣ ହେଲା ତାର ମନସ୍ତାତ୍ତ୍ୱିକ ବୟସ। ଶାରୀରିକ ଭାବେ ଜଣେ ପୌଢ଼ ବା ବୃଦ୍ଧ ହୋଇ ମଧ୍ୟ ମାନସିକ ଓ ସାମାଜିକ ସ୍ତରରେ ଯୌବନ ସୋପାନରେ ରହିପାରେ। ସେହିପରି ଶାରୀରିକ ଦୃଷ୍ଟିକୋଣରୁ ଜଣେ ଯୁବକ ହୋଇ ମଧ୍ୟ ମାନସିକ ସ୍ତରରେ ବୃଦ୍ଧାବସ୍ଥାରେ ଥାଇପାରେ। ବୟସ କାହାକୁ ବୃଦ୍ଧ କରି ଦିଏ ନାହିଁ। ଜୀବନରେ ପ୍ରଗତିର ଧାରା ବନ୍ଦ ହୋଇଗଲେ, ଜଣେ ବୃଦ୍ଧ ହୋଇଯାଏ। ଥରେ ଶ୍ରୀମା କହିଥିଲେ, "ମୁଁ କୋଡ଼ିଏ ବର୍ଷୀୟ ବୃଦ୍ଧଙ୍କୁ ଦେଖିଛି। ଦେଖିଛି ସତୁରି ବର୍ଷୀୟ ଯୁବକ।" କାମ କରିବାକୁ ପ୍ରବଳ ଆଗ୍ରହ, ଶିଖିବାକୁ ଓ ଜାଣିବାକୁ ଅତିଶୟ ଉତ୍ସାହ ଓ ପ୍ରାଣପ୍ରାଚୁର୍ଯ୍ୟ ବୟସର କୁପ୍ରଭାବକୁ ହ୍ରାସ କରିଦିଏ। ବାର୍ଦ୍ଧକ୍ୟକୁ ନ ଡରି ତା ଉପରେ ବିଜୟ ହାସଲ କରିବାର ଦୃଢ଼ ବିଶ୍ୱାସ ରଖିଲେ, ବାର୍ଦ୍ଧକ୍ୟ ଜନିତ ଶାରୀରିକ ଅବକ୍ଷୟ ମନ୍ଥର ହୋଇଯାଏ ବୋଲି ଜରାବିଜ୍ଞାନୀମାନେ ମତବ୍ୟକ୍ତ କରନ୍ତି। ବୟସ ହେଲେ ମଧ୍ୟ ବାର୍ଦ୍ଧକ୍ୟକୁ ଆସିବାକୁ ଦିଆ ନ ଯାଉ। ଏହାକୁ ବିଳମ୍ବିତ କରାଯାଉ। ମନରେ ହିଁ ବୟସ ଥାଏ। ଜଣେ ଯଦି ସର୍ଜନାତ୍ମକ, ସକାରାତ୍ମକତାରେ ବିଶ୍ୱାସୀ ତେବେ ସେ ଚିର ବୟସମୁକ୍ତ। ବୟସ ଜଣକୁ ଯେତେ ବୃଦ୍ଧ କରେ ନାହିଁ ନିଜର ମାନସିକ ଅବସ୍ଥା ହିଁ ଜଣଙ୍କୁ ବୃଦ୍ଧ କରେ। ମନ ଓ ଶରୀର ଅଙ୍ଗାଙ୍ଗୀ ଭାବେ ଜଡ଼ିତ। ବାର୍ଦ୍ଧକ୍ୟ ଆମର କିଛି କ୍ଷତି କରି ପାରିବ ନାହିଁ, ଶରୀର ରୋଗାକ୍ରାନ୍ତ ହେବ ନାହିଁ ବୋଲି ବାରମ୍ବାର ଭାବିଲେ ଓ ବିଶ୍ୱାସ କଲେ, ରୋଗ ଓ ଜରା ସହଜରେ ମଣିଷକୁ କବଳିତ କରିପାରେ ନାହିଁ। ଏହି ବିଶ୍ୱାସ ଏତେ ଶକ୍ତିଶାଳୀ ଯେ, ଏହା ବାର୍ଦ୍ଧକ୍ୟକୁ ପ୍ରତିହତ ମଧ୍ୟ କରିପାରେ। ଅନାଗତ ଭବିଷ୍ୟତକୁ ନେଇ ଅମୂଳକ ଆଶଙ୍କା ବ୍ୟକ୍ତିକୁ ବାର୍ଦ୍ଧକ୍ୟ ଅବସ୍ଥାକୁ ନେଇଯାଏ। ଜଣେ ବୟସ୍କ ନ ହୋଇ ମଧ୍ୟ ନିରାଶ, ଉଦାସ ଓ ଚିନ୍ତାଗ୍ରସ୍ତ ହେଲେ, ପରାଜିତ ମନୋଭାବ ପୋଷଣ କଲେ

ବୃଦ୍ଧ ହୋଇଯାଏ। ବୟସ ହେଲେ ମଧ୍ୟ କର୍ମତତ୍ପର ରହିଲେ ମନକୁ ସକ୍ରିୟ ରଖିଲେ ଓ ଜୀବନକୁ କାଟିବାର କୌଶଳ ଜାଣିଥିଲେ, ଜରା ସ୍ପର୍ଶ କରିପାରେ ନାହିଁ।

ଉଣେଇଶହ ଅଶୀ ଦଶକରେ ହାର୍ଭାର୍ଡ ବିଶ୍ୱବିଦ୍ୟାଳୟରେ "ବୟୋବୃଦ୍ଧି ସମୟରେ ବିକାଶ" (growth in aging) ଉପରେ ଏକ ସେମିନାର ଆୟୋଜନ କରାଯାଇଥିଲା। ପ୍ରଖ୍ୟାତ ମନୋବିଜ୍ଞାନୀ ବି.ଏଫ.ସ୍କିନର ସଭାପତିତ୍ୱ କରିବାକୁ ନିମନ୍ତ୍ରିତ ହୋଇଥିଲେ। ବୟସାଧିକ୍ୟ ଯୋଗୁଁ ସେ ଉକ୍ତ ସେମିନାରରେ ଯୋଗ ଦେଇ ନଥିଲେ ବରଂ 'ବୟୋବୃଦ୍ଧି' ଓ 'ବିକାଶ' ଦୁଇଟି ବିପରୀତବୋଧକ ଶବ୍ଦ ବୋଲି ପ୍ରତିବାଦ କରିଥିଲେ। ପରବର୍ତ୍ତୀ ସମୟରେ ବୟସ୍କ ଲୋକଙ୍କ ଉପରେ ବହୁ ଗବେଷଣା ହୋଇଥିଲା। ଅବସର ଗ୍ରହଣ କରିବାର ପରବର୍ତ୍ତୀ ସମୟ ହିଁ ପ୍ରକୃତ ବିକାଶ ବା ଉନ୍ନତିର ସମୟ ବୋଲି ବର୍ତ୍ତମାନ ମନସ୍ତତ୍ତ୍ୱବିଦ୍‌ମାନେ ମତବ୍ୟକ୍ତ କରୁଛନ୍ତି। ସେମାନେ "ସଫଳ ବୟୋବୃଦ୍ଧି" (succesful aging) ଉପରେ ଗୁରୁତ୍ୱ ଆରୋପ କରିଛନ୍ତି। ଗବେଷଣାରୁ ଜଣାଯାଇଛି ଯେ, ଜୀବନର ଅପରାହ୍ନରେ ମଧ୍ୟ ବ୍ୟକ୍ତିର ଉନ୍ନତି ବା ବିକାଶ ସମ୍ଭବ। ମାନବବାଦୀ ମନୋବିଜ୍ଞାନୀ ଆବ୍ରାହାମ ମାସଲୋ ଓ କାର୍ଲ ରୋଜର୍ସଙ୍କ ମତରେ ବୟସ୍କ ଲୋକମାନେ ଏକ ସକାରାତ୍ମକ ପରିବର୍ତ୍ତନର ସୁଯୋଗ ଖୋଜୁଥାଆନ୍ତି। ପରିଣତ ବୟସରେ ପକ୍ୱତା ସହିତ ଆସିଥାଏ ଆତ୍ମ-ଉପଲବ୍ଧି (self-actualization)। ସ୍ୱିସ୍ ମନୋବିଜ୍ଞାନୀ ୟୁଙ୍ଗଙ୍କ ମତରେ ମଣିଷ ଅବସର ଗ୍ରହଣ କରିବା ଯାଏଁ ପରିବାରର ଓ ସମାଜର ଦାୟିତ୍ୱ ନେଇଥାଏ। ମୁଖ୍ୟତଃ ନିଜର ମୌଳିକ କର୍ତ୍ତବ୍ୟ ଉପରେ ଧ୍ୟାନ ଦେଇଥାଏ। କର୍ତ୍ତବ୍ୟ ସରି ଆସିଲା ପରେ ସେ ତାର ବ୍ୟକ୍ତିତ୍ୱର ଅବହେଳିତ ଦିଗକୁ ଧ୍ୟାନ ଦିଏ। ନିଜର ଅନ୍ତର୍ନିହିତ ବ୍ୟକ୍ତିଗତ ସତ୍ତାକୁ ଉପଲବ୍ଧି କରିବାକୁ ଚେଷ୍ଟା କରେ। ମନୋବିଜ୍ଞାନୀ ଏରିକ୍‌ସନ୍ କୁହନ୍ତି, ପ୍ରାପ୍ତ ବୟସରେ ହିଁ ବ୍ୟକ୍ତିର ଏକାଧିକ ସତ୍ତାର ମିଶ୍ରଣରେ ଏକ ସମ୍ପୂର୍ଣ୍ଣ ସତ୍ତାର ପରିପ୍ରକାଶ ହୁଏ। ଜୀବନର ଏହି ଅବସ୍ଥାରେ ତାର ବିଶେଷ ଦୁଃଖ ବା ଅନୁଶୋଚନା ନ ଥାଏ। ଜୀବନର ସ୍ଥିତିକୁ ସେ ସନ୍ତୋଷଜନକ ବୋଲି ଗ୍ରହଣ କରେ। ସେ ତା'ର ପିତାମାତା ଓ ସନ୍ତାନସନ୍ତତି ସମସ୍ତଙ୍କୁ ଖୁସିରେ ଗ୍ରହଣ କରେ। ପରିବାରର ସଦସ୍ୟ କେହି ବି ଦୋଷଶୂନ୍ୟ ନୁହଁନ୍ତି ବା ସମ୍ପୂର୍ଣ୍ଣ ନୁହଁନ୍ତି ତଥାପି ସେମାନେ ଭଲ ପାଇବାର ଯୋଗ୍ୟ ବୋଲି ସେ ବୁଝିପାରେ। ସେ ଅଧିକ ବାସ୍ତବବାଦୀ ହୋଇଯାଏ। ମନସ୍ତତ୍ତ୍ୱବିଦ୍ ଷ୍ଟନ୍‌ବର୍ଗଙ୍କ ମତରେ ପରିଣତ ବୟସରେ ହିଁ ଜୀବନର ସମଗ୍ର ଅନୁଭୂତି ଓ ଅଭିଜ୍ଞତାକୁ ନେଇ ପ୍ରୟୋଗାତ୍ମକ ବୁଦ୍ଧିର ହୁଏ ଏକ ସ୍ୱତନ୍ତ୍ର ପରିପ୍ରକାଶ।

ଚିକିତ୍ସା ବିଜ୍ଞାନର ଗୁଣାତ୍ମକ ବିକାଶ, ସ୍ୱାସ୍ଥ୍ୟ ସେବାରେ ଉନ୍ନତି, ଉନ୍ନତ ପୁଷ୍ଟିକର

ଓ ସନ୍ତୁଳିତ ଖାଦ୍ୟଗ୍ରହଣ, ବ୍ୟାୟାମ, ଆର୍ଥିକ ସ୍ୱଚ୍ଛଳତା, ଶିକ୍ଷା ଓ ସଚେତନତା ଫଳରେ ବୟସ୍କ ଲୋକମାନଙ୍କର ସଂଖ୍ୟା ବଢ଼ିବାରେ ଲାଗିଛି। ୧୯୫୦ ମସିହାରେ ଷାଠିଏ ବର୍ଷରୁ ଊର୍ଦ୍ଧ୍ୱ ବୟସର ଲୋକଙ୍କର ସଂଖ୍ୟା ଦୁଇକୋଟି ଥିବାବେଳେ ୨୦୧୧ ମସିହା ବେଳକୁ ଏମାନଙ୍କର ସଂଖ୍ୟା ଥିଲା ଦଶକୋଟିରୁ ଊର୍ଦ୍ଧ୍ୱ। ଭାରତ ସ୍ୱାଧୀନ ହେବା ପୂର୍ବରୁ ଲୋକମାନଙ୍କର ହାରାହାରି ଆୟୁଷ ସତେଇଶ ବର୍ଷ ଥିବାବେଳେ ବର୍ତ୍ତମାନ ଏହା ଅଣସ୍ତରୀ ବର୍ଷ ବୋଲି ଜଣାପଡ଼ିଛି। ବୟୋଜ୍ୟେଷ୍ଠ ପୁରୁଷମାନଙ୍କ ଠାରୁ ମହିଳାମାନଙ୍କର ସଂଖ୍ୟା ଅଧିକ। ଲିଙ୍ଗଗତ ବୈଷମ୍ୟର ଶିକାର ହେବା ସତ୍ତ୍ୱେ ପୁରୁଷମାନଙ୍କ ତୁଳନାରେ ମହିଳାମାନେ ଅଧିକ ଦିନ ବଞ୍ଚନ୍ତି। ବର୍ତ୍ତମାନ ଆୟୁଷ ବଢ଼ିବା ଯୋଗୁଁ ଲୋକମାନେ ଯେତେଦିନ ଚାକିରି କରୁଥିଲେ, ଅବସର ଗ୍ରହଣ କରି ତାଠାରୁ ଅଧିକ ଦିନ ବଞ୍ଚୁଛନ୍ତି। ପୂର୍ବରୁ ଲୋକମାନେ ଷାଠିଏ ବର୍ଷରେ ଜରାଗ୍ରସ୍ତ ହେଉଥିଲେ। ତେଣୁ ଷାଠିଏ ବର୍ଷକୁ ଅବସର ଗ୍ରହଣ କରିବାର ସମୟ ଭାବେ ପ୍ରାୟ ଧାର୍ଯ୍ୟ କରାଯାଇଥିଲା। କିନ୍ତୁ ବର୍ତ୍ତମାନ ଅଶୀବର୍ଷ ବୟସରେ ମଧ୍ୟ ଲୋକେ ଶାରୀରିକ ଅବକ୍ଷୟ ବା ମାନସିକ ଅବନତିର ଶିକାର ହେଉନାହାନ୍ତି। ବୟସ୍କମାନଙ୍କ ପ୍ରତି ସମାଜର ନକାରାତ୍ମକ ଧାରଣା ବଦଳିବାକୁ ଆରମ୍ଭ କରିଛି। ପୂର୍ବପରି ସେମାନଙ୍କୁ ଜିଦିଆ, ଦୁର୍ବଳ, ଅସମର୍ଥ ବା ଅଥର୍ବ ଭାବରେ ଚିତ୍ରଣ କରାଯାଉନାହିଁ। ବରଂ ବିଜ୍ଞ, ପ୍ରଶଂସାଯୋଗ୍ୟ, ଶକ୍ତିଶାଳୀ ଓ ପ୍ରତାପଶାଳୀ ଭାବେ ସେମାନଙ୍କୁ ଚିତ୍ରଣ କରାଯାଉଛି।

ଅଧିକ ବୟସ ମେଧା ପ୍ରଦର୍ଶନ ପାଇଁ ଆଦୌ ପ୍ରତିକୂଳ ନୁହେଁ। ଲୋକଙ୍କର ଧାରଣା ଯେ ବୃଦ୍ଧାବସ୍ଥାରେ ବ୍ୟକ୍ତିର ବୁଦ୍ଧିମତାର ହ୍ରାସ ହୁଏ। ଗବେଷଣାରୁ ଦେଖାଯାଇଛି ଯେ, ସବୁ ପ୍ରକାର ବୁଦ୍ଧିମତ୍ତା ହ୍ରାସ ପାଏ ନାହିଁ। ଥରେ ଶୁଣି ତତ୍‌କ୍ଷଣାତ ମନେ ରଖିପାରିବା ପରି ଅଳ୍ପମିଆଦୀ ସ୍ମୃତି ବୟସ ବୃଦ୍ଧି ସହିତ କେବେ କେବେ ହ୍ରାସ ପାଇଥାଏ। ଏହା କେତେକାଂଶରେ ଶରୀରର ଅଙ୍ଗପ୍ରତ୍ୟଙ୍ଗ ଚାଳନା ଉପରେ ନିର୍ଭର କରିଥାଏ। କିନ୍ତୁ ନିୟୋଗାତ୍ମକ ବିଚାର ସମ୍ମତ ଆଚରଣ, ସ୍ଥାନିକ ଅଭିବିନ୍ୟାସ, ଶବ୍ଦ ଭଣ୍ଡାର ଓ ଭାଷାଗତ ସ୍ମୃତି ଆଦି ବ୍ୟାପାରରେ ବୟସ୍କ ଲୋକମାନେ ଯୁବକ ଯୁବତୀଙ୍କ ଠାରୁ ମଧ୍ୟ ଅଧିକ କ୍ଷମ ଥାଆନ୍ତି। ବୟସ ବୃଦ୍ଧି ସହିତ ଭାଷାଗତ ଜ୍ଞାନ ଓ ବାକ୍‌ଚାତୁରୀ ବୃଦ୍ଧିପାଏ ସିନା ବିଲୟ ହୁଏନାହିଁ। ତାଛଡ଼ା ଗବେଷଣାରୁ ଦେଖାଯାଇଛି ଯେ, ମାନସିକ ପ୍ରକ୍ରିୟାକୁ ସକ୍ରିୟ ରଖିଲେ, ବୌଦ୍ଧିକ ତଥା ସୃଜନଶୀଳ ପ୍ରତିଭାର ସଦୁପଯୋଗ କଲେ, ପରିଣତ ବୟସରେ ମଧ୍ୟ ସାମର୍ଥ୍ୟ ଅବ୍ୟାହତ ରହେ। ଯେଉଁମାନେ ନିରବଚ୍ଛିନ୍ନ ଭାବରେ ନିଜର ବୌଦ୍ଧିକ ତଥା ସୃଜନ ପ୍ରକ୍ରିୟା ଚାଲୁ ରଖନ୍ତି, ସେମାନଙ୍କ କ୍ଷେତ୍ରରେ ବୟସର ଆଧିକ୍ୟ ବିଶେଷ ସମସ୍ୟା ସୃଷ୍ଟି କରେ ନାହିଁ। କଳା, ସାହିତ୍ୟ, ସଂଗୀତ ପରି ମାନବ

ସମ୍ବନ୍ଧୀୟ ସୃଜନଶୀଳତା କ୍ଷେତ୍ରରେ ସୃଜନ ସାମର୍ଥ୍ୟ ପରିଣତ ବୟସରେ ଅବ୍ୟାହତ ରହେ। ଜୀବନର ଅପରାହ୍ନରେ ଶାରୀରିକ ସଚଳତା ଅତୁଟ ରହିବା, କର୍ମଚଞ୍ଚଳତା ଅପରିବର୍ତ୍ତିତ ରହିବା ଏବଂ ସୃଜନଶୀଳତା ଓ ବୌଦ୍ଧିକ ବିକାଶ ଅବ୍ୟାହତ ରହିବାର ଦୃଷ୍ଟାନ୍ତ ବିରଳ ନୁହେଁ।

ବହୁ ବ୍ୟକ୍ତି ପରିଣତ ବୟସରେ ମଧ୍ୟ ନିଜର ଅଭୂତପୂର୍ବ ପ୍ରତିଭା ଓ ସୃଜନଶୀଳତା ଜାରି ରଖିପାରିଥିଲେ। ଶହେ ଏକ ବର୍ଷରେ ଇରଭିଙ୍ଗ ବର୍ଲିନ ସଙ୍ଗୀତ ରଚନାରେ ନିଜକୁ ହଜାଇ ଦେଇଥିଲେ। ମାଇକେଲ୍ ଆଞ୍ଜେଲୋ ଅଶୀ ବର୍ଷ ବୟସରେ ହିଁ ସବୁଠାରୁ ସୁନ୍ଦର ପ୍ରସ୍ତର ମୂର୍ତ୍ତି ତିଆରି କରିଥିଲେ। ଏକଶହ ବର୍ଷ ପର୍ଯ୍ୟନ୍ତ ଶିଳ୍ପୀ ମୋସେର୍ଟ ତାଙ୍କର କଳା ପ୍ରତିଭା ସକ୍ରିୟ ରଖିଥିଲେ। ବୟାନବେ ବର୍ଷରେ ଟଲଷ୍ଟୟ ଲେଖିଥିଲେ ତାଙ୍କର ପ୍ରସିଦ୍ଧ ପୁସ୍ତକ "ଆଇ କ୍ୟାନ ନଟ୍ ବି ସାଇଲେଣ୍ଟ" (I can not be silent)। ବିଶିଷ୍ଟ ଲେଖକ ସମରସେଟ୍ ମମ୍ ପଞ୍ଚାଅଶୀ ବର୍ଷ ବୟସରେ ରଚନା କରିଥିଲେ "ପଏଣ୍ଟସ୍ ଅଫ୍ ଭିଉ" (Points of view) ପୁସ୍ତକ। ଚଉରାଅଶୀ ବର୍ଷ ଯାଏଁ ଆଗାଥା ଖ୍ରିଷ୍ଟି ଲେଖିଚାଲି ଥିଲେ ଅଗଣିତ ରହସ୍ୟ ରୋମାଞ୍ଚ ଭରା ଉପନ୍ୟାସ। ଜର୍ମାନ ଲେଖକ ଗେଟେ ତାଙ୍କର ବିଖ୍ୟାତ ପୁସ୍ତକ "ଫଷ୍ଟ" (Faust) ର ଲେଖା ତେୟାୟଶୀ ବର୍ଷ ବୟସରେ ସାରିଥିଲେ। ପରିଣତ ବୟସରେ ମଧ୍ୟ ଅନେକ ଅଭୂତପୂର୍ବ ସାଫଲ୍ୟ ଅର୍ଜନ କରିଛନ୍ତି। ବୈଜ୍ଞାନିକ ଏଡ଼ିସନ ଅଶୀ ବର୍ଷ ପରେ 'ଡିକ୍ଟୋଫୋନ୍' ଯନ୍ତ୍ର ଉଦ୍ଭାବନ କରିଥିଲେ। ସାର୍ ଆଇଜାକ୍ ନିଉଟନ୍ ପଞ୍ଚାଅଶୀ ବର୍ଷ ପର୍ଯ୍ୟନ୍ତ ନିଜର ଗବେଷଣାକାର୍ଯ୍ୟ ଅବ୍ୟାହତ ରଖିଥିଲେ।

ଭାରତରେ ରାଜନୀତି ଓ ପ୍ରଶାସନ କ୍ଷେତ୍ରରେ ବୟସ୍କ ଲୋକଙ୍କର ଭୂମିକା ଗୁରୁତ୍ୱପୂର୍ଣ୍ଣ ବୋଲି ବାରମ୍ବାର ପ୍ରମାଣିତ ହୋଇଛି। ପୂର୍ବତନ ପ୍ରଧାନମନ୍ତ୍ରୀ ଶ୍ରୀ ମନମୋହନ ସିଂ, ଅଟଳ ବିହାରୀ ବାଜପେୟୀ, ମୋରାରଜୀ ଦେଶାଇ, ପୂର୍ବତନ ରାଷ୍ଟ୍ରପତି ଅବଦୁଲ କଲାମ ପରିଣତ ବୟସରେ ମଧ୍ୟ ଗୁରୁତ୍ୱପୂର୍ଣ ପଦ ଅଳଙ୍କୃତ କରି ନିଜର ଦକ୍ଷତାର ପରିଚୟ ଦେଇଛନ୍ତି। କେବଳ ରାଜନୀତି ନୁହେଁ, ସଙ୍ଗୀତ, ଚଳଚ୍ଚିତ୍ର ଓ ମଞ୍ଚ ସବୁ କ୍ଷେତ୍ରରେ ବୟସ୍କମାନେ ସକ୍ରିୟ। ଅଶୀ ପାଖାପାଖି ବୟସ ପର୍ଯ୍ୟନ୍ତ ସ୍ୱର ସାମ୍ରାଜ୍ଞୀ ଲତା ମଙ୍ଗେସ୍କର ଓ ଆଶା ଭୋନ୍‌ସଲେ ସୁଲଳିତ କଣ୍ଠରେ ସଙ୍ଗୀତ ଗାନ କରୁଥିଲେ। ପ୍ରସିଦ୍ଧ ହିନ୍ଦୁସ୍ଥାନୀ ଶାସ୍ତ୍ରୀୟ ସଙ୍ଗୀତ ଗାୟକ ଉସ୍ତାଦ୍ ଅବଦୁଲ ରସିଦ୍ ଖାଁ ଶହେ ପାଞ୍ଚ ବର୍ଷ ବୟସରେ ମଧ୍ୟ ଘଣ୍ଟା ଘଣ୍ଟା ଧରି ଶାସ୍ତ୍ରୀୟ ସଙ୍ଗୀତ ପରିବେଷଣ କରି ପାରୁଥିଲେ। ବିସମିଲ୍ଲା ଖାଁ ନବେ ବର୍ଷରେ ଚମତ୍କାର ସାହାନାଇ ବଜାଇ ପାରୁଥିଲେ। ପଣ୍ଡିତ ରବି ଶଙ୍କର, ଯଶରାଜ, ଏମ୍. ଏଫ୍. ହୁସେନ୍ ପରିଣତ ବୟସରେ ମଧ୍ୟ ସେମାନଙ୍କର

କଳା ପ୍ରତିଭା ଜାରି ରଖିଥିଲେ। ଚିର ତରୁଣ ଦେବାନନ୍ଦ ମୃତ୍ୟୁ ପର୍ଯ୍ୟନ୍ତ ଚଳଚ୍ଚିତ୍ର ନିର୍ଦ୍ଦେଶନା ଦେଉଥିଲେ। ଅମିତାଭ ବଚ୍ଚନ ଆଜି ମଧ୍ୟ ସବୁଠାରୁ ଦାମୀ-ନାମୀ କଳାକାର। ସୃଜନଶୀଳ କାର୍ଯ୍ୟରେ ବ୍ୟସ୍ତ ରହୁଥିବା ବ୍ୟକ୍ତିମାନେ ନିଜର ଶାରୀରିକ ସମସ୍ୟା ଥିଲେ ମଧ୍ୟ ଏଡ଼ାଇ ଯାଆନ୍ତି।

ପଞ୍ଜାବର ଫୌଜ ସିଂ ନାମକ ଜଣେ ଚଉରାନବେ ବର୍ଷ ବୟସର ବ୍ୟକ୍ତି ୨୦୦୬ ମସିହାରେ ଇଡେନ୍‌ବର୍ଗ ଠାରେ ପଞ୍ଚାବନ ଦେଶର ପ୍ରଥମେ ଏଗାର ହଜାର ଓ ପରେ ଛଅଶହ ପ୍ରତିଯୋଗୀଙ୍କୁ ପଛରେ ପକାଇ ମାରାଥନ ଦୌଡ଼ ଶେଷ କରିଥିଲେ। ତାଙ୍କର ଏହି ଦୌଡ଼ ବୟସ୍କ ଲୋକଙ୍କୁ ଭବିଷ୍ୟତରେ ସେମାନଙ୍କର ଦୌଡ଼ ଅଭ୍ୟାସ ନ ଛାଡ଼ିବାକୁ ପ୍ରେରଣା ଯୋଗାଇଥିଲା। ସେ ଆଡ଼ିଡାସ୍ କମ୍ପାନୀ ତରଫରୁ 'କିଛି ଅସମ୍ଭବ ନୁହେଁ' (impossible nothing) ବିଜ୍ଞାପନର ପ୍ରଚାର କରିଥିଲେ। ଆୟରଲାଣ୍ଡର ସମାଲୋଚକ ଜୋନାଥନ୍ ସୁଇଫଟ୍‌ଙ୍କ ମତରେ ଯୌବନର ବୟସ ନାହିଁ। ଏହା ବ୍ୟକ୍ତିର ଆତ୍ମପ୍ରତ୍ୟୟ ଓ ମାନସିକତା ଉପରେ ନିର୍ଭର କରେ। ଗଭୀର ଆତ୍ମପ୍ରତ୍ୟୟ, ଦୃଢ଼ ମନୋବଳ ଓ ସକାରାତ୍ମକ ମାନସିକତା ଥିଲେ ଜଣେ ବୟସ୍କ ବ୍ୟକ୍ତି ମଧ୍ୟ ଯୁବସୁଲଭ କାର୍ଯ୍ୟ କରିଥାଆନ୍ତି। ପରିଣତ ବୟସରେ କାୟିକ ପରିବର୍ତ୍ତନ ଦେଖାଦେଇଥିଲେ ମଧ୍ୟ ମାନସିକ ଉତ୍‌ଫୁଲ୍ଲତା ଓ ଚିନ୍ତାଶକ୍ତି ହ୍ରାସ ହୋଇନଥାଏ। କାୟିକ ଦୁର୍ବଳତା ମାନସିକ ଶକ୍ତିକୁ ଦୁର୍ବଳ କରିପାରେ ନାହିଁ ବରଂ ବଳିଷ୍ଠ ମାନସିକ ଅବସ୍ଥା ଶାରୀରିକ ପରିବର୍ତ୍ତନକୁ ମନ୍ଥର କରି ଦେଇପାରେ।

ସଂସାରରୂପୀ ପାଠଶାଳାରେ ଜୀବନର ଅବଧି ଶେଷ ହେବାଯାଏଁ ଅନେକ କିଛି ଶିକ୍ଷା କରିବାକୁ ପଡ଼ିଥାଏ। ଯେଉଁମାନେ ଶିକ୍ଷା ପୂର୍ଣ୍ଣାଙ୍ଗ ହୋଇଛି ଭାବି ସ୍ଥିର ଓ ନିଶ୍ଚୟ ହୋଇଥାନ୍ତି, ସେମାନେ ବୃଦ୍ଧ ହୋଇଯାଆନ୍ତି। ମଣିଷର ଯଦି ମନେହୁଏ, ସେ ଯାହା କରିବାର ଥିଲା, ସବୁ କରିସାରିଲାଣି ବା ଯାହା ଜାଣିବାର ଥିଲା, ସବୁ ଜାଣି ସାରିଲାଣି, ସେହି ମୁହୂର୍ତ୍ତରୁ ଜୀବନର ଅବନତି ପ୍ରକ୍ରିୟା ଆରମ୍ଭ ହୋଇଯାଏ। ମଣିଷ ଯଦି ଭାବେ ସେ ଯାହା କରିଛି ତାହା ଠାରୁ ଅନେକ ବେଶି କରିବାର ଅଛି ଓ ସେ ଯାହା ଜାଣିଛି, ତାହାଠାରୁ ଅନେକ ବେଶି ଜାଣିବାର ଅଛି, ତାର ଯୁବସୁଲଭ ମାନସିକତା ଆସିଥାଏ, ସମ୍ଭାବନାମୟ ଭବିଷ୍ୟତ ପାଇଁ ଉନ୍ମାଦନା ଆସିଥାଏ। ଏଠାରେ ରବର୍ଟ ଫ୍ରଷ୍ଟଙ୍କ ଉକ୍ତି ଉଲ୍ଲେଖଯୋଗ୍ୟ- 'ଆଣ୍ଡ ମାଇଲ୍‌ସ ଟୁ ଗୋ ବିଫୋର ଆଇ ସ୍ଲିପ୍' (and miles to go before I sleep). ଏହାର ମର୍ମାନୁବାଦ କରି ମଧୁସୂଦନ କହିଥିଲେ- 'ଚାଲିବି ଚାଲିବି ନ ପଡ଼ିବି ଥକି ମୁଦିବା ଆଗରୁ ଆଖି'। ଶିକ୍ଷାଲାଭ କରିବାର ବା କୌଣସି କାର୍ଯ୍ୟ ନୂଆ କରି କରିବାର ନିର୍ଦ୍ଦିଷ୍ଟ କୌଣସି ବୟସ ସୀମା ନାହିଁ। ବିଶ୍ୱକବି

ରବୀନ୍ଦ୍ରନାଥ ଟାଗୋର ଷାଠିଏ ବର୍ଷ ବୟସରେ ପଦାର୍ପଣ କଲା ପରେ ଆରମ୍ଭ କରିଥିଲେ ଚିତ୍ରବିଦ୍ୟା । ଓଡ଼ିଶାର ପ୍ରସିଦ୍ଧ ଲେଖକ ଫକୀରମୋହନ ସେନାପତି ଅଠାବନ ବର୍ଷରେ ପ୍ରଥମ କରି ଗଳ୍ପ, ଉପନ୍ୟାସ ଆଦି ଲେଖାଲେଖି ଆରମ୍ଭ କରିଥିଲେ । ସାହିତ୍ୟ କ୍ଷେତ୍ରରେ ତାଙ୍କର ଅବଦାନ ଥିଲା ଅବିସ୍ମରଣୀୟ ।

ଅବସର ଏକ ଘଟଣା ନୁହେଁ । ଏହା ଏକ ଅବିରତ ପ୍ରକ୍ରିୟା । ଅବସର ସବୁ ବ୍ୟକ୍ତିଙ୍କ ଉପରେ ସମାନ ପ୍ରଭାବ ପକାଏ ନାହିଁ । ସବୁ ଅବସରପ୍ରାପ୍ତ ବ୍ୟକ୍ତି ସମାନ ବ୍ୟବହାର ଦେଖାନ୍ତି ନାହିଁ । ବ୍ୟକ୍ତିର ପରିବର୍ତ୍ତନରେ ତାର ସ୍ୱାସ୍ଥ୍ୟ, ବ୍ୟକ୍ତିତ୍ୱ, ବିଶ୍ୱାସ, ମାନସିକତା, ଆର୍ଥିକ ଅବସ୍ଥା, ଦୁଃଖଦ ବା ସୁଖଦ ଘଟଣାବଳୀ, ବୈବାହିକ, ପାରିବାରିକ ଓ ସାମାଜିକ ସମ୍ପର୍କ, ବୟସ ସମ୍ବନ୍ଧୀୟ ସାମାଜିକ ପ୍ରତ୍ୟାଶା ଓ ସାଂସ୍କୃତିକ ପରିବେଶର ମିଳିତ ପ୍ରଭାବ ଦେଖିବାକୁ ମିଳେ । ତେଣୁ ବାର୍ଦ୍ଧକ୍ୟକାଳୀନ ପରିବର୍ତ୍ତନରେ ବୟସ ଏକମାତ୍ର ଖଳନାୟକ ନୁହେଁ ।

ସାମାଜିକ ଓ ସାଂସ୍କୃତିକ ପ୍ରତ୍ୟାଶା ଓ ଚାପ ଯୋଗୁଁ ବୟସ୍କ ଲୋକମାନଙ୍କର ବ୍ୟବହାର ଓ ଚାଲି-ଚଳଣରେ ଦେଶ ଦେଶ ମଧ୍ୟରେ ତାରତମ୍ୟ ଦେଖିବାକୁ ମିଳେ । ଜାପାନର ଓକିନାୱା ଦ୍ୱୀପରେ ଶହ ଶହ ଶତାୟୁ ବାସ କରନ୍ତି । ପୃଥିବୀର ସର୍ବାଧିକ ଶତାୟୁ ଏହିଠାରେ ଅଛନ୍ତି । ଏଠାରେ ଲୋକମାନେ ବହୁ ବୟସ ଯାଏଁ ସକ୍ରିୟ ଜୀବନ ଯାପନ କରନ୍ତି । ଅଶୀନବେ ବର୍ଷ ଯାଏଁ ଲୋକେ ଦୋକାନ ଚଳାଇଥାନ୍ତି । ଛେଳି ପଲ ଧରି ଚରାଇବାକୁ ଯାଆନ୍ତି । ଲୋକନୃତ୍ୟରେ ଅଂଶଗ୍ରହଣ କରନ୍ତି । ବହୁ ବୟସରେ ମଧ୍ୟ ବିବାହ କରିଥାନ୍ତି । ଆଶାବାଦ ହିଁ ଏମାନଙ୍କର ଚାରିତ୍ରିକ ବୈଶିଷ୍ଟ୍ୟ । ମେକ୍ସିକୋରେ ନଇଁ ପଡିଥିବା ବର୍ଷୀୟାନ୍ ବୃଦ୍ଧ ବୃଦ୍ଧା ବାଡ଼ି ଧରି, ବାଦ୍ୟ ସଂଗୀତ ସାଙ୍ଗେ ତାଳ ଦେଇ ନୃତ୍ୟ କରନ୍ତି । ଆମେରିକାରେ ବାସ କରୁଥିବା ବର୍ଷୀୟାନମାନଙ୍କର ସ୍ମୃତି ଶକ୍ତି ଚୀନ୍‌ର ଅଧିବାସୀମାନଙ୍କ ତୁଳନାରେ କମ୍ । ବୟସ୍କ ଲୋକଙ୍କର ସ୍ମୃତି ଶକ୍ତି ହ୍ରାସ ପାଏ ବୋଲି ଚୀନ୍‌ର ଲୋକେ ବିଶ୍ୱାସ କରନ୍ତି ନାହିଁ । ବରଂ ଜ୍ଞାନୀ ଓ ପ୍ରଜ୍ଞାଶୀଳ ବୋଲି ସେମାନେ ସମ୍ମାନ ପାଆନ୍ତି । କିନ୍ତୁ ଆମେରିକାର ଲୋକେ ବୟସକୁ ଅବାଂଚିତ ବା ବିରକ୍ତିକର ବୋଲି ଭାବନ୍ତି । ଜାପାନ୍‌ରେ ମଧ୍ୟ ବୟସ୍କମାନଙ୍କୁ ଖୁବ୍ ସମ୍ମାନ ଦିଆଯାଏ । ହୋଟେଲମାନଙ୍କରେ ସେମାନଙ୍କ ପାଇଁ ସ୍ୱତନ୍ତ୍ର ବ୍ୟବସ୍ଥା କରାଯାଇଥାଏ ।

ଭାରତୀୟମାନେ ବୟସ୍କ ବ୍ୟକ୍ତିଙ୍କୁ ଯଦିଓ ସମ୍ମାନ ଦେଖାନ୍ତି, କିନ୍ତୁ ସେମାନଙ୍କ ଠାରୁ ଅଦ୍ଭୁତ ପ୍ରତ୍ୟାଶା ରଖିଥାନ୍ତି । ବୟସ୍କମାନେ ଗମ୍ଭୀର ଭାବେ ମାପିଚୁପି ଦାୟିତ୍ୱବାନ କଥାବାର୍ତ୍ତା କରିବେ । ଫିକା ରଙ୍ଗର ଅନୁଜ୍ଜ୍ୱଳ ପୋଷାକ ପିନ୍ଧିବେ । ଦେଖାଯାଏ ସାମାଜିକ ପ୍ରତ୍ୟାଶା ଚାପରେ ବୟସ୍କମାନେ ସ୍ୱାଭାବିକ ବ୍ୟବହାର ଛାଡ଼ି ଭିନ୍ନ ଧରଣର ବ୍ୟବହାର

କରିବାକୁ ବାଧ୍ୟ ହୁଅନ୍ତି। ସମାଜର ଚାହିଦା ଅନୁଯାୟୀ ବେଶପୋଷାକ ବଦଳେଇ ଥାଆନ୍ତି। ଏପରି ପୋଷାକ ଓ ଆଚରଣ ମଧ୍ୟରେ ସେମାନଙ୍କର ମନ ମଧ୍ୟ ବୁଢ଼ା ହୋଇଯାଏ। ଆଉ କେତେକ ଲୋକ ପାରମ୍ପରିକ ମନୋଭାବକୁ ଜାବୁଡ଼ି ଧରି ଗତାନୁଗତିକ ଭାବରେ "ମୋର ତ ବୟସ ହୋଇଗଲା", "ଜୀବନରେ ଆଉ କଣ ଅଛି" ବୋଲି ବାରମ୍ବାର କହି ପ୍ରକୃତ ବୃଦ୍ଧାବସ୍ଥାରେ ପହଞ୍ଚିବାର ବହୁ ପୂର୍ବରୁ ବୁଢ଼ା ହୋଇଯାଆନ୍ତି। ଦୁର୍ଭାଗ୍ୟବଶତଃ, କେତେକ କ୍ଷେତ୍ରରେ ବରିଷ୍ଠ ନାଗରିକମାନଙ୍କର ସ୍ୱାସ୍ଥ୍ୟସେବା କ୍ଷେତ୍ରରେ ମଧ୍ୟ ବିରୁଦ୍ଧ ଶକ୍ତି ସକ୍ରିୟ ଥିବା ଦେଖାଯାଏ। ବୃଦ୍ଧ ହେଲେ ଅସୁସ୍ଥତା ନିଶ୍ଚିତ। ଏପରି ଏକ ଧାରଣାର ବଶବର୍ତ୍ତୀ ହୋଇ ଚିକିତ୍ସକମାନେ କେବେକେବେ ବୃଦ୍ଧମାନଙ୍କ କ୍ଷେତ୍ରରେ ବିଶେଷ ତତ୍ପରତା ଦେଖାନ୍ତି ନାହିଁ।

ନିକଟରେ ନିଉୟର୍କ ସ୍ଥିତ ଷ୍ଟୋନିବ୍ରୁକ୍ ବିଶ୍ୱବିଦ୍ୟାଳୟର ବୈଜ୍ଞାନିକମାନେ ପ୍ରାୟ ତିନିଲକ୍ଷ ଚାଳିଶ ହଜାର ଲୋକଙ୍କ ଉପରେ ଏକ ଅଧ୍ୟୟନ କରିଥିଲେ। ଏହି ଅଧ୍ୟୟନର ଫଳାଫଳ ବୟସ୍କ ଲୋକଙ୍କ ପ୍ରତି ଥିବା ନକାରାତ୍ମକ ଧାରଣାକୁ ଭୁଲ ପ୍ରମାଣିତ କରିଛି। ଯୌବନାବସ୍ଥା ନୁହେଁ, ବୃଦ୍ଧାବସ୍ଥା ହିଁ ଅଧିକ ଆନନ୍ଦର ସମୟ ବୋଲି ସେମାନେ ଏକ ବିସ୍ମୟକର ତଥ୍ୟ ଉପସ୍ଥାପନ କରିଛନ୍ତି। ବୈଜ୍ଞାନିକମାନଙ୍କ ମତରେ ପଚାଶ ବର୍ଷ ଓ ତଦୁର୍ଦ୍ଧ ବୟସର ଲୋକମାନେ ଅଧିକ ଆନନ୍ଦମୟ ଓ ସନ୍ତୋଷଭରା ଜୀବନ ଯାପନ କରୁଛନ୍ତି। ଏମାନଙ୍କର ମାନସିକ ଚିନ୍ତା/ଚାପ ଓ ଉଦ୍‌ବେଗ ଯୁବକମାନଙ୍କ ତୁଳନାରେ ଯଥେଷ୍ଟ କମ୍। ସବୁ ଜିନିଷ ଏମାନେ ସହଜରେ ଗ୍ରହଣ କରନ୍ତି। ସାମାନ୍ୟ ଦୋଷତ୍ରୁଟିରେ ବିଚଳିତ ହୋଇ ପଡନ୍ତି ନାହିଁ। ଛୋଟ ଛୋଟ ଜିନିଷରେ ଚିନ୍ତାଗ୍ରସ୍ତ ହୁଅନ୍ତି ନାହିଁ। ଶୀଘ୍ର କ୍ରୋଧାନ୍ୱିତ ମଧ୍ୟ ହୁଅନ୍ତି ନାହିଁ। ଦୀର୍ଘଦିନର ଅନୁଭୂତି ଏବଂ ଅଭିଜ୍ଞତା ଏମାନଙ୍କୁ ଅଧିକ ପ୍ରଜ୍ଞାଶୀଳ ଓ ବାସ୍ତବବାଦୀ କରି ଦେଇଥାଏ।

ଯୁବାବସ୍ଥାରେ ଦୈନନ୍ଦିନ ଜୀବନର କର୍ମଜଂଜାଳ ମଧ୍ୟରେ ମଣିଷ ଅତିଷ୍ଠ ହୋଇପଡ଼ିଥାଏ। ପିତାମାତାଙ୍କ ପାଇଁ କର୍ତ୍ତବ୍ୟ, ସନ୍ତାନମାନଙ୍କର ଦାୟିତ୍ୱ, ଜୀବିକା ଆଦି ଚାପରେ ସେ ଇଚ୍ଛା ଅନୁଯାୟୀ ସମୟ ଅତିବାହିତ କରି ପାରି ନଥାଏ। ନିଜର ରୁଚି ଓ ସଉକ ପାଇଁ ସେ ସମୟ ଦେଇପାରି ନଥାଏ। ପଚାଶ ଷାଠିଏ ବର୍ଷ ବୟସ ହେବା ପରେ ତାର ପ୍ରକୃତ ଆନନ୍ଦମୟ ଓ ଅର୍ଥପୂର୍ଣ୍ଣ ଜୀବନ ଆରମ୍ଭ ହୁଏ। ସେତେବେଳେ ସେ ନିଜ ପାଇଁ ବଂଚେ। ଜୀବନର ଏହି ଅପରାହ୍ନ କିପରି କଟିବ, ତାହା ଅନ୍ୟମାନଙ୍କ ଉପରେ ନୁହେଁ ବରଂ ନିଜ ଉପରେ ନିର୍ଭର କରେ ବୋଲି ସେ ଅନୁଭବ କରେ।

ଅବସରପ୍ରାପ୍ତ ବ୍ୟକ୍ତିର ମାନସିକ ଅବସ୍ଥାକୁ ବିଶ୍ଳେଷଣ କରି ମନସ୍ତତ୍ତ୍ୱବିତ୍‌ମାନେ ମତ ଦିଅନ୍ତି ଯେ, ଅବସର ଗ୍ରହଣ କରିବା ପରେ ବ୍ୟକ୍ତି ଅନେକ ଗୁଡ଼ିଏ ସୋପାନ

ଦେଇ ଗତି କରେ। ଅବସର ଗ୍ରହଣ କରିବାର ପ୍ରଥମ କିଛି ବର୍ଷ ସ୍ୱପ୍ନାଦେଶର ସୋପାନ। ବୃତ୍ତିପ୍ରତି ମାତ୍ରାଧିକ ଆସକ୍ତି ନଥିବା କିମ୍ବା ଆର୍ଥିକ ବିପର୍ଯ୍ୟୟର ସମ୍ମୁଖୀନ ହୋଇ ନଥିବା ବ୍ୟକ୍ତି ପ୍ରଥମ କିଛି ବର୍ଷ ଖୁବ୍ ଆନନ୍ଦ ଅନୁଭବ କରେ। ସେ ବର୍ତ୍ତମାନ ସମ୍ପୂର୍ଣ୍ଣ ମୁକ୍ତ ଓ ନିଜର ସ୍ୱାଧୀନତା ଅନୁଯାୟୀ ସବୁ କାମ କରିପାରିବ, ଏପରି ଧାରଣା ତା'ଠାରେ ଏକପ୍ରକାର ତନ୍ମୟତା ସୃଷ୍ଟି କରେ। ନିଜର ଯୋଜନା ଅନୁଯାୟୀ ଅଧିକାଂଶ କାର୍ଯ୍ୟକ୍ରମ ହାତକୁ ନିଏ। କିନ୍ତୁ କେତେକ ବ୍ୟକ୍ତିଙ୍କର କିଛି ବର୍ଷ ପରେ ସ୍ୱପ୍ନ ଭଙ୍ଗ ହୁଏ। ତାଙ୍କର ଧାରଣା ହୁଏ ଯେ, ନିଜର ଇଚ୍ଛା ଅନୁଯାୟୀ ସବୁ କାର୍ଯ୍ୟ କରି ପାରୁ ନାହାନ୍ତି। ପୂର୍ଣ୍ଣ ସ୍ୱାଧୀନତା ପାଉ ନାହାନ୍ତି। ବାହ୍ୟିକ ଚାପ ତାଙ୍କର ଗତିରୋଧ କରୁଛି। କେତେକ କ୍ଷେତ୍ରରେ ତାଙ୍କର ଆନନ୍ଦ ବାଧାପ୍ରାପ୍ତ ହୁଏ। କିଛି ଦିନ ପରେ ସେମାନେ ବାସ୍ତବତା ସହିତ ସାଲିସ କରନ୍ତି। ଅବସର ଗ୍ରହଣର ଶେଷ ସୋପାନଟି ପୁର୍ନଗଠନର ସୋପାନ। ବାସ୍ତବତାକୁ ଦୃଷ୍ଟିରେ ରଖି ବ୍ୟକ୍ତି ନିଜ ଇଚ୍ଛା, ଅଭିଳାଷ ଓ ଲକ୍ଷ୍ୟର ରୂପରେଖ ସ୍ଥିର କରେ।

ଯୌବନ ସମୟରେ ବ୍ୟକ୍ତିର ଅନେକ ଗୁଡ଼ିଏ ଭୂମିକା ଥାଏ। ଅବସର ଗ୍ରହଣ କରିବା ପରେ ବିଭିନ୍ନ ଭୂମିକାର ସଂଖ୍ୟା ଓ ପରିସର ସଙ୍କୁଚିତ ହେବାକୁ ଲାଗେ। ବୃତ୍ତିକୁ ଆତ୍ମ ପରିଚିତିର ମୁଖ୍ୟ ଅଂଶ ବୋଲି ବିଚାର କରୁଥିବା ବ୍ୟକ୍ତିମାନେ ଅବସର ଗ୍ରହଣ କରିବା ପରେ ବୃତ୍ତି ସମ୍ବନ୍ଧୀୟ ସୁବିଧା, ସୁଯୋଗ ଓ ସମ୍ମାନ ହରାଇ ବିଚଳିତ ଓ ବିଷାଦଗ୍ରସ୍ତ ହୋଇପଡ଼ନ୍ତି। ଅବସର ଗ୍ରହଣ କରିବା ପରେ କାର୍ଯ୍ୟ ପ୍ରସାରଣ ନୀତି ଅବଲମ୍ବନ କରି ଭଲ ପାଉଥିବା ଓ ମୂଲ୍ୟ ଦେଉଥିବା ଏକାଧିକ ଅର୍ଥପୂର୍ଣ୍ଣ କାର୍ଯ୍ୟକୁ ଆଦରି ନେଲେ ଅବସର ସମୟ ଖୁସିରେ କଟେ। ବୟସ୍କ ବ୍ୟକ୍ତି ବାହ୍ୟିକ ପୁରସ୍କାର ଓ ପ୍ରୋତ୍ସାହନକୁ ଗୁରୁତ୍ୱ ଦିଅନ୍ତି ନାହିଁ। ନିଜ ଅନ୍ତର୍ନିହିତ ପ୍ରେରଣାରେ କାର୍ଯ୍ୟ କରି ଆତ୍ମସନ୍ତୋଷ ପାଆନ୍ତି। ସୁସମ୍ପାଦିତ କାର୍ଯ୍ୟଟିକୁ ତାଙ୍କ ଆତ୍ମ ପରିଚିତିର ପ୍ରତିଫଳନ ଭାବେ ବିଚାର କରିଥାନ୍ତି। ଅନେକ ଲୋକ ଚାକିରି କାଳରେ ସମୟ ଅଭାବରୁ କରିପାରି ନଥିବା ଅନେକ କାର୍ଯ୍ୟ ଅବସର ଗ୍ରହଣ କରିବା ପରେ କରି ନୂତନ ଧରଣର ଖ୍ୟାତି, ଯଶ ଓ ସମ୍ମାନର ଅଧିକାରୀ ହୁଅନ୍ତି। କାମ କରିବା ଦ୍ୱାରା ପରିବାରରେ ଓ ସମାଜରେ ତାଙ୍କର ସମ୍ମାନ ଅକ୍ଷୁର୍ଣ୍ଣ ରହେ। ଆତ୍ମପ୍ରତ୍ୟୟ, ଆତ୍ମମର୍ଯ୍ୟାଦା ଓ ଆତ୍ମସାମର୍ଥ୍ୟବୋଧ ବୃଦ୍ଧି ପାଏ। ସଂସ୍କୃତରେ କୁହାଯାଇଛି, ସେହିମାନେ ହେଲେ ପ୍ରାଜ୍ଞ, ଯେଉଁମାନେ ଜ୍ଞାନ ଓ କର୍ମ ଅନ୍ୱେଷଣ କରନ୍ତି। ନିଜକୁ ବୃଦ୍ଧ ଓ ଅଥର୍ବ ବୋଲି ଭାବନ୍ତି ନାହିଁ। ମନୋବିଜ୍ଞାନୀମାନଙ୍କ ମତରେ ନିୟନ୍ତ୍ରଣ କରିପାରୁଥିବା ବିଶ୍ୱାସ (perception of control) ମଣିଷର ଉତ୍ତମ ମାନସିକ ସ୍ୱାସ୍ଥ୍ୟ ପାଇଁ ଖୁବ୍ ଗୁରୁତ୍ୱପୂର୍ଣ୍ଣ।

ବୃଦ୍ଧ ଲୋକମାନେ ଶାରୀରିକ ଦୁର୍ବଳତା ଯୋଗୁଁ ବାହ୍ୟଜଗତରୁ ନିୟନ୍ତ୍ରଣ ବିଶ୍ୱାସ ହରାନ୍ତି। ସେମାନେ ବିଭିନ୍ନ କାର୍ଯ୍ୟରେ ବ୍ୟସ୍ତ ରହିଲେ ସେମାନଙ୍କର ଅସହାୟତା କମିଯାଏ। ସବୁ ଜନିଷ ନିୟନ୍ତ୍ରଣାଧୀନ ବୋଲି ମନେହୁଏ। ନିଜକୁ ଅଦରକାରୀ ଲାଗେ ନାହିଁ।

ବାର୍ଦ୍ଧକ୍ୟକୁ ଅନୁଶୀଳନ କରି ମନୋବିଜ୍ଞାନୀ ଓ ସମାଜବିଜ୍ଞାନୀମାନଙ୍କ ଦ୍ୱାରା ପ୍ରଖ୍ୟାପିତ ହୋଇଥିବା ଭିନ୍ନ ଭିନ୍ନ ଦୃଷ୍ଟିଭଙ୍ଗୀ ଏଠାରେ ଉଲ୍ଲେଖଯୋଗ୍ୟ। ବିଂଶ ଶତାବ୍ଦୀର ମଧ୍ୟଭାଗରେ ବିଶେଷଜ୍ଞ କମିଙ୍ଗ ଓ ହେନେରୀ "ନିବୃତ୍ତି ତତ୍ତ୍ୱ" (disengagement theory) ପ୍ରଖ୍ୟାପନ କରିଥିଲେ। ଏହି ତତ୍ତ୍ୱ ଅନୁଯାୟୀ ବାର୍ଦ୍ଧକ୍ୟ ଅବସ୍ଥା ଅବଶ୍ୟମ୍ଭାବୀ। ଏହି ଅବସ୍ଥାରେ ବୃଦ୍ଧମାନେ ଯୁବପିଢ଼ିକୁ କାର୍ଯ୍ୟ ସମ୍ଭାଳିବାର ଦାୟିତ୍ୱ ଦେଇ ନିଜେ କେନ୍ଦ୍ର ସ୍ଥାନରୁ ଅପସରି ଯିବାକୁ ଚେଷ୍ଟା କରନ୍ତି। ଏହି ନିବୃତ୍ତି ତତ୍ତ୍ୱ ଖୁବ କମ୍ ସମୟ ମଧ୍ୟରେ ଏହାର ଗୁରୁତ୍ୱ ହରାଇଥିଲା। ନିବୃତ୍ତି ମତବାଦକୁ ବିରୋଧ କରି ବିଶେଷଜ୍ଞ ନିଉଗାର୍ଟନ ଓ ତାଙ୍କ ସାଥୀମାନେ "ସକ୍ରିୟତା ତତ୍ତ୍ୱ" (activity theory) ପ୍ରଖ୍ୟାପନ କଲେ। ଏହି ତତ୍ତ୍ୱ ଅନୁସାରେ ଜୀବନର ପ୍ରତିଟି ସୋପାନରେ ସକ୍ରିୟତା ଓ ପାରଦର୍ଶୀତା ଦେଖାଇବା ଏକ ମାନବିକ ପ୍ରବୃତ୍ତି। କେବଳ ମାଧ୍ୟମର ପରିବର୍ତ୍ତନ ଘଟେ। ଶୈଶବ ଓ ବାଲ୍ୟକାଳରେ ବ୍ୟକ୍ତି ଶାରୀରିକ କ୍ରିୟାକଳାପ ମାଧ୍ୟମରେ, କିଶୋରାବସ୍ଥାରେ ଶିକ୍ଷାନୁଷ୍ଠାନର କାର୍ଯ୍ୟକ୍ରମ ମାଧ୍ୟମରେ, ଯୌବନରେ କାର୍ଯ୍ୟଦକ୍ଷତା ମାଧ୍ୟମରେ ଓ ବାର୍ଦ୍ଧକ୍ୟ କାଳରେ ସ୍ଥିରତା ମାଧ୍ୟମରେ ନିଜର ଦକ୍ଷତା ପ୍ରତିପାଦିତ କରିଥାଏ। ବ୍ୟକ୍ତିର ଯେତେ ଭୂମିକା ଥାଏ ସେ ସେତେ ଖୁସି ରହେ। ବୟସ୍କ ଲୋକମାନଙ୍କର ଭୂମିକାର ସଂଖ୍ୟା ଓ ପରିସର କମି ଯାଉଥିବାରୁ ସେମାନେ ବିଭିନ୍ନ କାର୍ଯ୍ୟରେ ବ୍ୟସ୍ତ ରହିଲେ ହରାଇଥିବା ଅନେକ ଭୂମିକାର କ୍ଷତି ପୂରଣ ହୋଇଯାଏ। ଗବେଷଣାରୁ ପ୍ରମାଣିତ ହୋଇଛି ଯେ ଆହ୍ୱାନମୂଳକ କାର୍ଯ୍ୟ କରୁଥିବା ବୟସ୍କ ବ୍ୟକ୍ତିଙ୍କର ବୌଦ୍ଧିକ କ୍ଷମତା ଅବ୍ୟାହତ ରହେ।

ବୟସ୍କ ବ୍ୟକ୍ତିମାନଙ୍କ ଉପରେ କାର୍ଯ୍ୟ କରୁଥିବା ସମାଜବିଜ୍ଞାନୀ ରବର୍ଟ ଆଚଲେ "ଅଖଣ୍ଡତା ତତ୍ତ୍ୱ" (continuity theory) ଉପସ୍ଥାପନା କରିଥିଲେ। ଆଚଲେଙ୍କ ମତରେ ଜନ୍ମରୁ ମୃତ୍ୟୁ ପର୍ଯ୍ୟନ୍ତ ମଣିଷ ସମାଜିକୀକରଣ ପ୍ରକ୍ରିୟା (socialization process) ଦେଇ ଗତି କରେ। ସାମାଜିକୀକରଣ ଏକ ଅଖଣ୍ଡ ଓ ନିରବଚ୍ଛିନ୍ନ ପ୍ରକ୍ରିୟା। ଜୀବନର ପ୍ରତ୍ୟେକ ସେପାନରେ ବ୍ୟକ୍ତି କେଉଁ ଭୂମିକା ନେବ, ତାହା ସେ ପୂର୍ବବର୍ତ୍ତୀ ସେପାନରୁ ଶିକ୍ଷା କରେ। ଯୌବନ କାଳରେ ସେ ବାର୍ଦ୍ଧକ୍ୟକାଳୀନ ଭୂମିକା ସମ୍ପର୍କରେ ତାଲିମ ପାଏ। ବାର୍ଦ୍ଧକ୍ୟ କାଳରେ ବ୍ୟକ୍ତିର କ୍ରିୟା ପ୍ରକ୍ରିୟା କି ରୂପରେଖ ନେବ, ତାହା ତାର ଅତୀତର ଶାରୀରିକ, ମାନସିକ ଓ ସାମାଜିକ ଅବସ୍ଥାର ପାରସ୍ପରିକ ଅନୁକ୍ରିୟା

(interaction) ଉପରେ ନିର୍ଭର କରେ। ଅବସର ଗ୍ରହଣ କରିଥିବା ବ୍ୟକ୍ତିର ବର୍ତ୍ତମାନ ଓ ଅତୀତ ଜୀବନ ମଧ୍ୟରେ ସାମଞ୍ଜସ୍ୟ ଥିବା ଦରକାର। ଯୌବନାବସ୍ଥା ଓ ବୃଦ୍ଧାବସ୍ଥାର ଜୀବନଶୈଳୀ ଏକାପରି ହେବା ଆବଶ୍ୟକ। ଯୌବନରେ ଏକାଧିକ ଭୂମିକାକୁ ଉପଭୋଗ କରୁଥିବା ବ୍ୟକ୍ତିର ଅବସର ଗ୍ରହଣ କରିବା ପରେ ମଧ୍ୟ ଅନେକଗୁଡ଼ିଏ ଭୂମିକା ରହିବା ଦରକାର। ସେହିପରି ଯୁବାବସ୍ଥାରେ ଅଳ୍ପ ଭୂମିକା ଗ୍ରହଣ କରିଥିବା ବ୍ୟକ୍ତି ଅବସର ଗ୍ରହଣ ପରେ ସ୍ୱଳ୍ପ ଭୂମିକାର ଅଧିକାରୀ ହେବା ଦରକାର।

ମନୋବିଜ୍ଞାନୀ ବାଲଟରଙ୍କ ମତରେ ଲକ୍ଷ୍ୟ (goal) ଧାର୍ଯ୍ୟ କରିବା ଓ ଲକ୍ଷ୍ୟ ସାଧନ କରିବାରେ ବ୍ୟସ୍ତ ରହୁଥିବା ବ୍ୟକ୍ତି ସଫଳ ଓ ଆନନ୍ଦଦାୟକ ଅବସରକାଳୀନ ଜୀବନ ଅତିବାହିତ କରେ। ନିଷ୍କ୍ରିୟତା ହିଁ ଲୋକମାନଙ୍କୁ ମାନସିକ ଭାବରେ ଶକ୍ତିହୀନ କରିଦିଏ। ଅବସର ଗ୍ରହଣ କରିବା ପରେ କିଛି ଲୋକ ଘରେ ଏକୁଟିଆ ବସି ବିରକ୍ତ ହୋଇ ନାନା ଅଶାନ୍ତି ସୃଷ୍ଟି କରନ୍ତି। ଅବଶ୍ୟ ଶିଳ୍ପୀ, ବ୍ୟବସାୟୀ ଆଦି ଆତ୍ମ ନିୟୋଜିତ ବ୍ୟକ୍ତିମାନଙ୍କର ଅବସର ନେବାର ସୀମାରେଖା ନିର୍ଦ୍ଧାରିତ ହୋଇନାହିଁ। ଯୁବାବସ୍ଥାରେ ବାର୍ଦ୍ଧକ୍ୟ ଆସିବା ପୂର୍ବରୁ ଓ ଅବସର ନେବା ବହୁ ଆଗରୁ ଅବସରକାଳୀନ ଜୀବନ ପାଇଁ ପ୍ରସ୍ତୁତି ଦରକାର। ଦୈନନ୍ଦିନ ଜୀବନର କର୍ମଜଂଜାଳ ମଧ୍ୟରେ ବି କିଛି ସମୟ ନିଜକୁ ଭଲ ଲାଗୁଥିବା କାମ ବା ହବି ପାଇଁ ନିୟୋଜିତ କରିବା ଦରକାର। ଲୋକେ ପଢ଼ାପଢ଼ି କରି, ଗୀଟାର ବଜାଇ, କବିତା ଲେଖି, ସଂଗୀତ ଚର୍ଚ୍ଚା କରି, ମାଛ ଧରି ଆନନ୍ଦ ଲାଭ କରନ୍ତି। ବୃଦ୍ଧାବସ୍ଥାରେ ଏସବୁ ହବି ଆନନ୍ଦଦାୟକ ଜୀବନ ଯାପନ କରିବାରେ ସାହାଯ୍ୟ କରେ। କିଛି ଲୋକ ନିଜ ଅଞ୍ଚଳରେ ଶିକ୍ଷାଦାନ କରି, ପିଲାମାନଙ୍କୁ ଚିତ୍ରକଳା ଶିକ୍ଷାଦେଇ, ବୟସ୍କମାନଙ୍କୁ ସାକ୍ଷର କରି, ହୋମିଓପାଥି ଔଷଧ ବିତରଣ କରି ସମୟ ଅତିବାହିତ କରନ୍ତି। ଏଭଳି ଗଠନମୂଳକ ଜନହିତକର କାର୍ଯ୍ୟ କରିବା ଦ୍ୱାରା ନିଜର ସାମର୍ଥ୍ୟ ଓ ଉପଯୋଗିତା ବିଷୟରେ ଆତ୍ମବିଶ୍ୱାସ ଜନ୍ମେ। ଅବସର ଗ୍ରହଣ ପରେ ନିଜକୁ ସୁହାଇଲା ଭଳି କାର୍ଯ୍ୟ କଲେ ବିଭିନ୍ନ କ୍ଷେତ୍ରରେ ସଫଳତା ଅବ୍ୟାହତ ରହେ। ସକ୍ରିୟତା ତଥା ଉତ୍ପାଦନଶୀଳତା ଅତୁଟ ରହେ।

ବୟସର ବୃଦ୍ଧି ସହିତ ସାମାଜିକ ଘଟଣାଗୁଡ଼ିକୁ ବୁଝିବା ଓ ସମାଧାନ କରିବାର ସାମର୍ଥ୍ୟ ଓ ପରିପକ୍ୱତା ବୃଦ୍ଧି ପାଏ। ଅନ୍ୟକୁ ପ୍ରତ୍ୟକ୍ଷଣ କରି ସୂକ୍ଷ୍ମତର ଗୁଣଗୁଡ଼ିକୁ ଚିହ୍ନିପାରିବା, ଅନ୍ୟର ଦୃଷ୍ଟିଭଙ୍ଗୀକୁ ବିଚାର କରିବା ଓ ସାମାଜିକ ଘଟଣାକୁ ବିଶ୍ଳେଷଣ କରିବାର ଅର୍ନ୍ତଦୃଷ୍ଟି ବୟସ ବୃଦ୍ଧି ସହିତ ପରିପକ୍ୱ ହୁଏ। ବୟସ୍କ ବ୍ୟକ୍ତିଙ୍କର ଅନୁଭୂତିର ଏକ ପ୍ରୟୋଗାତ୍ମକ ମୂଲ୍ୟ ଅଛି। ସେମାନଙ୍କର ବାସ୍ତବବାଦୀ ସିଦ୍ଧାନ୍ତ, ବିଜ୍ଞତା, ଯୋଗ୍ୟତା ଯେକୌଣସି ସମାଜ ଓ ପରିବାର ପାଇଁ ଦରକାର। ଯାହାର ବୟସ ଯେତେ ଅଧିକ,

ତାହାର ସାମାଜିକ ଅନୁଭୂତି ଓ ଅଭିଜ୍ଞତା ସେତେ ବେଶି। ସେମାନଙ୍କର ଅନୁଭୂତିକୁ ବିନିଯୋଗ କରି ସମାଜ ଅନେକ ସୁପରିଣାମ ଉପଭୋଗ କରିପାରିବ। ଏହି ସମୟ ହେଉଛି ଜୀବନର ସବୁଠାରୁ ମୂଲ୍ୟବାନ, ମନୋହର ଓ ମହନୀୟ ସମୟ। କାରଣ ଏହି ସମୟରେ ଜୀବନର ସାମଗ୍ରିକ ଅନୁଭୂତି, ଅଭିଜ୍ଞତା ଓ ପ୍ରଜ୍ଞାଶୀଳ ଚେତନାରେ ଅଙ୍ଗୀଭୂତ ହୋଇ ପରିପକ୍ୱ ହୁଏ ବର୍ଷୀୟାନ୍ ମଣିଷଟିର ମାନସିକ ସ୍ଥିତି। ଆମ ପ୍ରାଚୀନ ସାହିତ୍ୟରେ ମଧ୍ୟ ବୃଦ୍ଧ-ବୃଦ୍ଧାଙ୍କର ଜରାଗ୍ରସ୍ତ ଜୀବନ ତୁଳନାରେ ପ୍ରଜ୍ଞାବାନ ଜୀବନର ବର୍ଣ୍ଣନା ହିଁ ବେଶି ପରିମାଣରେ ଦେଖାଯାଏ। ମହାଭାରତ ଓ ରାମାୟଣରେ ଅଧିକାଂଶ ବୃଦ୍ଧବୃଦ୍ଧା ଶେଷ ଜୀବନ ପର୍ଯ୍ୟନ୍ତ ସୁସ୍ଥ, ସକ୍ଷମ, ବିଜ୍ଞ ଓ ପ୍ରଜ୍ଞାବାନ ଥିବା ବର୍ଣ୍ଣନା ଅଛି। ପିତାମହ ଭୀଷ୍ମ, ଗୁରୁ ଦ୍ରୋଣାଚାର୍ଯ୍ୟ, କୁନ୍ତୀ, ଗାନ୍ଧାରୀଙ୍କ ଠାରୁ ଆରମ୍ଭ କରି ଗୁରୁ ବଶିଷ୍ଠ, ବିଶ୍ୱାମିତ୍ର ପର୍ଯ୍ୟନ୍ତ କାହାରି ବି ଜରାଗ୍ରସ୍ତ ଜୀବନର ବର୍ଣ୍ଣନା ନାହିଁ।

ବହୁ ଗବେଷଣାରୁ ଦେଖାଯାଉଛି ଯେ ବୟସ୍କ ଲୋକମାନେ ଅଳ୍ପ ବୟସର ଲୋକମାନଙ୍କ ଠାରୁ ଅଧିକ ଉତ୍ପାଦନକ୍ଷମ। ବହୁ ଦିନର ଅଭିଜ୍ଞତା ଫଳରେ କାର୍ଯ୍ୟ ସମ୍ବନ୍ଧରେ ସେମାନେ ସ୍ପଷ୍ଟ, ନିର୍ଭୁଲ ଓ ପୋଖତ ପରାମର୍ଶ ଦେଇଥାନ୍ତି। କାମ ବ୍ୟାପାରରେ ସେମାନେ ଅଧିକ ଯତ୍ନବାନ, ଦାୟିତ୍ୱବାନ, ନିର୍ଭରଯୋଗ୍ୟ ଓ ପ୍ରତିଶ୍ରୁତିବଦ୍ଧ।

ଭାରତୀୟ ପରମ୍ପରାରେ ବୟସ୍କ ଲୋକଙ୍କୁ ସମ୍ମାନ ଦେବା ଏକ ସ୍ୱାଭାବିକ ପରିପ୍ରକାଶ। ବୟୋଜ୍ୟେଷ୍ଠ ବ୍ୟକ୍ତିମାନେ ସର୍ବଦା ଉଚ୍ଚତର ମର୍ଯ୍ୟାଦା ଉପଭୋଗ କରନ୍ତି। ଏବେ ବି ଭାରତୀୟ ସାମାଜିକ ବ୍ୟବସ୍ଥାରେ ଏକାନ୍ନବର୍ତ୍ତୀ ଯୌଥ ପରିବାରର ପ୍ରଚଳନ ଅଛି। ଏପରି ପରିବାରରେ ବୟୋଜ୍ୟେଷ୍ଠ ବ୍ୟକ୍ତିଙ୍କର ମୁରବୀତ୍ୱରେ ପରିବାରର ସବୁ କାର୍ଯ୍ୟ ସମ୍ପାଦିତ ହୁଏ। ବୟସ୍କମାନେ ନାତି ନାତୁଣୀଙ୍କ ଗହଣରେ ସମୟ କଟାନ୍ତି ଓ ପାଆନ୍ତି ଅଜସ୍ର ଭକ୍ତି, ସମ୍ମାନ, ଶ୍ରଦ୍ଧା ଓ ସହାନୁଭୂତି। ଖାଲି ଭାରତରେ ନୁହେଁ ପ୍ରାଚ୍ୟ ଦେଶମାନଙ୍କରେ ବିଶେଷତଃ ଏସିଆ ମହାଦେଶରେ ବୃଦ୍ଧବୃଦ୍ଧାମାନଙ୍କ ପ୍ରତି ଗଭୀର ଭକ୍ତି ଓ ସମ୍ମାନ ରହିଆସିଛି। କିନ୍ତୁ ଏବେ ଭାରତରେ ଓ ପ୍ରାଚ୍ୟ ଦେଶମାନଙ୍କରେ ଦ୍ରୁତ ସାମାଜିକ ଓ ଅର୍ଥନୈତିକ ପରିବର୍ତ୍ତନ ହୋଇଛି। ଏହାସହିତ ପାରିବାରିକ ରୂପରେଖ ମଧ୍ୟ ବଦଳି ଯାଇଛି। ଅଧିକାଂଶ ସ୍ଥାନରେ ଯୌଥ ପରିବାର ବଦଳରେ କ୍ଷୁଦ୍ର ପରିବାରର ପ୍ରଚଳନ ହୋଇଛି। ମହିଳାମାନେ ଗୃହ ମଧ୍ୟରେ ଆବଦ୍ଧ ନ ହୋଇ କର୍ମ ସଂସ୍ଥାରେ ଯୋଗ ଦେଉଛନ୍ତି। ଭାରତରେ ମଧ୍ୟ କେତେକ ସ୍ଥାନରେ ବୟୋଜ୍ୟେଷ୍ଠ ବ୍ୟକ୍ତିମାନେ ଅବହେଳିତ ହେଉଛନ୍ତି। ଅନେକଙ୍କର ଧାରଣା ହୁଏ ଯେ, ସନ୍ତାନମାନଙ୍କୁ ଲାଳନ ପାଳନ କରି, ଜୀବନର ସବୁ ମୂଲ୍ୟବାନ ସମୟ ସେମାନଙ୍କୁ ଦେଇ କିଛି ଲାଭ ହେଲା

ନାହିଁ। ସନ୍ତାନମାନେ ଯଥେଷ୍ଟ ସମୟ ଦେଉନାହାନ୍ତି ଭାବି ବୟସ୍କ ଲୋକମାନେ ବିଷାଦଗ୍ରସ୍ତ ହୋଇ ପଡ଼ନ୍ତି। ସନ୍ତାନମାନଙ୍କ ଠାରୁ ଖୁବ୍ ପ୍ରତ୍ୟାଶା ନ ରଖି ସନ୍ତାନମାନଙ୍କ ପ୍ରତି ଅବଦାନ ନିଜର କର୍ତ୍ତବ୍ୟ ବୋଲି ଭାବିଲେ କମ୍ ଦୁଃଖ ହୁଏ। ଦୈନନ୍ଦିନ ଜୀବନର କର୍ମ ଜଂଜାଳ ଓ କର୍ତ୍ତବ୍ୟ ସମ୍ପାଦନ କରିବା ଭିତରେ କିଛି ସମୟ ନିଜର ଖୁସି, ଆମୋଦ ଓ ଆନନ୍ଦ ପାଇଁ ଦେବା ଦରକାର। ଆମ ସମାଜରେ ମହିଳାମାନେ ନିଜ ଜୀବନକୁ ଉପଭୋଗ ନ କରି ସବୁ ସମୟ ନିଜ ପରିବାର ପାଇଁ ନିୟୋଜିତ କରନ୍ତି। ନିଜେ ନ ଖାଇ ସମସ୍ତଙ୍କୁ ଖୁଆଇଥାନ୍ତି। ନିଜେ ଭଲ ନ ପିନ୍ଧି ଅନ୍ୟକୁ ବେଶପୋଷାକ ଯୋଗାଇଥାନ୍ତି। କିନ୍ତୁ କେତେକ ସ୍ଥାନରେ ଦେଖାଯାଏ ଯେ, ପରବର୍ତ୍ତୀ ସମୟରେ ସେମାନେ ଅତ୍ୟନ୍ତ ଅସନ୍ତୁଷ୍ଟ ଓ ବିଷାଦଗ୍ରସ୍ତ ହୋଇପଡ଼ନ୍ତି। ତାଙ୍କର ଧାରଣା ହୁଏ ଯେ, ଜୀବନ ସାରା କରିଥିବା ତ୍ୟାଗ ମୂଲ୍ୟହୀନ ଥିଲା। ପରିବେଶ ଓ ପରିବାରର ସଦସ୍ୟଙ୍କ ଉପରେ ତାଙ୍କର କୌଣସି ନିୟନ୍ତ୍ରଣ ନାହିଁ। ସେମାନେ ଅତ୍ୟନ୍ତ ଈର୍ଷାକାତର ହୋଇପଡ଼ନ୍ତି ଓ ସାମାନ୍ୟ କଥାରେ ଚିଡ଼ି ଉଠନ୍ତି। ପ୍ରିୟଜନଙ୍କର ସୁଖ ମଧ୍ୟ ସହି ପାରନ୍ତି ନାହିଁ। ତାଙ୍କର ତ୍ୟାଗ କଥା ବାରମ୍ବାର କହି ବିରକ୍ତ କରନ୍ତି। ପରିବାର ପାଇଁ କର୍ତ୍ତବ୍ୟ ସମ୍ପାଦନ କଲାବେଳେ ପ୍ରତ୍ୟାଶା ନ ରଖିଲେ ଓ ନିଜର ଖୁସି ପାଇଁ କିଛି ସମୟ ରଖିଥିଲେ ଦୁଃଖ କମ୍ ହୁଏ।

ଗବେଷଣାରୁ ଜଣାଯାଇଛି ଯେ ଦାମ୍ପତ୍ୟ ସୁଖ ଓ ସନ୍ତୋଷ ଇଂରାଜୀ ଅକ୍ଷର “U” ର ଆକୃତି ପରି ହୋଇଥାଏ। ବିବାହ ପରେ ସ୍ୱାମୀ ସ୍ତ୍ରୀଙ୍କ ମଧ୍ୟରେ ଖୁବ୍ ଆକର୍ଷଣ ଥାଏ। ସେମାନେ ଆନନ୍ଦରେ ଥାଆନ୍ତି। ବିଶେଷ ମତାନ୍ତର ବା ମନାନ୍ତର ନ ଥାଏ। କିଛି ଦିନ ପରେ ସନ୍ତାନମାନଙ୍କର ଦାୟିତ୍ୱ, ଶିକ୍ଷା, ବାପାମା’ଙ୍କ ପ୍ରତି କର୍ତ୍ତବ୍ୟ, ଆର୍ଥିକ ସମସ୍ୟା, ଚାକିରି ଜନିତ ଚାପରେ ସେମାନେ ଅତିଷ୍ଠ ହୋଇପଡ଼ନ୍ତି। ଫଳରେ ସ୍ୱାମୀ ସ୍ତ୍ରୀଙ୍କ ମଧ୍ୟରେ ଥିବା ସମ୍ପର୍କ ତିକ୍ତ ହୋଇଯାଏ। ମନୋମାଳିନ୍ୟ ବଢ଼ିଯାଏ। ପରିଣତ ବୟସରେ ଏହି ସମ୍ପର୍କ ପୁଣି ମଧୁର ଓ ଆନନ୍ଦଦାୟକ ହୋଇଯାଏ। ସନ୍ତାନମାନେ ଶିକ୍ଷିତ ଓ ଯୋଗ୍ୟ ହୋଇଯାଆନ୍ତି। ସେମାନଙ୍କର ସୁଖୀ ଓ ସଫଳ ଜୀବନ ବାପାମାଙ୍କୁ ଆନନ୍ଦ ଦିଏ। ନିଜର ଆତ୍ମବିଶ୍ୱାସ ବଢ଼ି ଯାଇଥାଏ। ଆର୍ଥିକ ଅବସ୍ଥା ସୁଧୁରି ଯାଇଥାଏ। ଅବସର ଗ୍ରହଣ କରିବା ପରେ ଅନେକ ବର୍ଷ ସ୍ୱାସ୍ଥ୍ୟ ଭଲ ଥାଏ। ନକାରାତ୍ମକ ଭାବନା କମିଯାଏ ଓ ସବୁ ଜିନିଷକୁ ସେମାନେ ସହଜରେ ଗ୍ରହଣ କରି ନିଅନ୍ତି। ବହୁ ଦିନ ଏକାଠି ରହି କର୍ତ୍ତବ୍ୟ ସମ୍ପାଦନ କରିବା ସହିତ ସ୍ନେହ, ଶ୍ରଦ୍ଧା, ସୁଖ, ଦୁଃଖ ଓ ଭାବର ଆଦାନ ପ୍ରଦାନ କରି ସ୍ୱାମୀ ସ୍ତ୍ରୀଙ୍କ ସମ୍ପର୍କ ଅଧିକ ନିବିଡ଼ ହୋଇଯାଏ।

ବୟସ ହେବା ପୂର୍ବରୁ ନିଜର ଆର୍ଥିକ ପରିଚାଳନା କରିବା ଗୁରୁତ୍ୱପୂର୍ଣ୍ଣ। ଆର୍ଥିକ

ସ୍ୱଚ୍ଛଳତା ବୃଦ୍ଧାବସ୍ଥାର ମନୋବଳକୁ ସୁଦୃଢ଼ କରିଥାଏ। ଏହି ଅବସ୍ଥାରେ ଅର୍ଥ ପାଇଁ କାହା ଉପରେ ନିର୍ଭରଶୀଳ ନହେଲେ ବହୁ ସମସ୍ୟା କମିଯାଏ। ଅନେକ ବ୍ୟକ୍ତି ଭବିଷ୍ୟତର ଆୟବ୍ୟୟର ସଠିକ ଓ ବାସ୍ତବବାଦୀ ଆକଳନ କରିପାରନ୍ତି ନାହିଁ। ସନ୍ତାନମାନଙ୍କୁ ସବୁ ସଂପତ୍ତି ଆଗରୁ ବାଣ୍ଟି ଦିଅନ୍ତି। ବର୍ଦ୍ଧିତ ମୁଦ୍ରାସ୍ଫୀତି ଯୋଗୁଁ ଓ ନିଜର ଉପାର୍ଜନ ନ ଥିବାରୁ ଆର୍ଥିକ ସମସ୍ୟା ଦେଖାଯାଏ ଓ ସେମାନେ ନିଜକୁ ଅଲୋଡ଼ା ଏବଂ ଅସହାୟ ମନେକରନ୍ତି।

ଧର୍ମ ବିଶ୍ୱାସ ରଖୁଥିବା ଲୋକମାନଙ୍କର ସ୍ୱାସ୍ଥ୍ୟ ଅପେକ୍ଷାକୃତ ଭଲ ବୋଲି ଗବେଷଣାରୁ ଜଣାପଡ଼ିଛି। ସ୍ୱାସ୍ଥ୍ୟବିଜ୍ଞାନୀ ଓ ମନୋବିଜ୍ଞାନୀଙ୍କ ମତରେ ଧ୍ୟାନ, ଉପାସନା, ଧର୍ମ ସମ୍ମିଳନୀ ଓ ଧର୍ମ ଆଲୋଚନାରେ ସମୟ ଅତିବାହିତ କରୁଥିବା ବ୍ୟକ୍ତିମାନଙ୍କୁ ମାନସିକ ଶାନ୍ତି ମିଳେ। ଧର୍ମ ବିଶ୍ୱାସରେ ଦୁଇଟି ସ୍ୱରୂପ ଅଛି। ଗୋଟିଏ ବାହ୍ୟିକ ଓ ଅନ୍ୟଟି ଅନ୍ତର୍ନିହିତ। ଗୀର୍ଜା, ମସଜିଦ୍ ଓ ମନ୍ଦିର ଯିବା, ଧାର୍ମିକ ରୀତିନୀତି ଓ ନାନାଦି ପର୍ବପର୍ବାଣୀ ପାଳନ କରିବା ହେଲା ବାହ୍ୟିକ ପରିପ୍ରକାଶ। ଏସବୁ କାର୍ଯ୍ୟରେ ନିଜକୁ ସମର୍ପଣ କରିଦେଇଥିବା ବ୍ୟକ୍ତିଙ୍କର ଅସହାୟ ଭାବ କମ୍ ଥାଏ। ଧର୍ମନୀତିରେ ବିଶ୍ୱାସ କରିବା ଓ ସତଗ୍ରନ୍ଥ ପାଠ କରିବା ହେଲା ଅର୍ନ୍ତନିହିତ ସୂଚକ, ଯାହାକୁ ଆଧ୍ୟାତ୍ମିକତା ମଧ୍ୟ କୁହାଯାଏ। ମାନସିକ ସ୍ୱାସ୍ଥ୍ୟ ସହିତ ଆଧ୍ୟାତ୍ମିକତାର ସମ୍ପର୍କ ଅଛି ବୋଲି ଅଳ୍ପ କିଛି ଗବେଷଣାରୁ ଜଣାପଡ଼ିଛି। ସବୁ ଦୁର୍ଭାଗ୍ୟକୁ ଭଗବାନଙ୍କର ଇଚ୍ଛା ବା ଭଗବାନଙ୍କୁ ପାର୍ଥନା କଲେ ସବୁ ଠିକ୍ ହୋଇଯିବ ବୋଲି ବିଶ୍ୱାସ କରିବା ଫଳରେ ସକାରାତ୍ମକ ଆବେଗ ସୃଷ୍ଟି ହୁଏ ବୋଲି କିଛି ମନସ୍ତତ୍ତ୍ୱବିଦ୍ ବିଶ୍ୱାସ କରୁଥିବାବେଳେ ଭାଗ୍ୟବାଦୀ ମନସ୍ତତ୍ତ୍ୱ ଲୋକଙ୍କୁ ଦୁର୍ବଳ କରିଦିଏ ବୋଲି କେତେକ ଗବେଷଣାର ଫଳାଫଳ ରହିଛି। ଆଧ୍ୟାତ୍ମିକତା ସହିତ ଆତ୍ମାର ଅମରତ୍ୱ ବିଶ୍ୱାସ କରୁଥିବାରୁ ବାର୍ଦ୍ଧକ୍ୟ, ଅସୁସ୍ଥତା ଓ ମୃତ୍ୟୁର ଭୟ କମ୍ ହୁଏ ବୋଲି କିଛି ଲୋକ ବିଶ୍ୱାସ କରନ୍ତି। ସମୟ ମୂଲ୍ୟବାନ ଭାବରେ କଟୁଛି ବୋଲି ଧାରଣା ହୁଏ। ତାଛଡ଼ା ଧର୍ମବିଶ୍ୱାସ ସହିତ ଅନେକ ଗୁଡ଼ିଏ ସାମାଜିକ ଉତ୍ସବ ଓ ଧର୍ମାନୁଷ୍ଠାନ ସଂଶ୍ଳିଷ୍ଟ ଥାଏ। ସମଭାବ ସଂପନ୍ନ ଲୋକମାନେ ସାମୂହିକ ଭାବରେ ଏସବୁ ଉତ୍ସବରେ ଅଂଶଗ୍ରହଣ କରୁଥିବାରୁ ନିଃସଙ୍ଗତା ଦୂର ହୁଏ। ଭାବର ଆଦାନ ପ୍ରଦାନ ହୁଏ ଏବଂ ମାନସିକ ଶାନ୍ତି ମିଳେ। ଅବଶ୍ୟ ହୃଦରୋଗ ଓ ଉଚ୍ଚ ରକ୍ତଚାପ ଉପରେ ଧର୍ମ ବିଶ୍ୱାସର କୌଣସି ପ୍ରଭାବ ନାହିଁ ବୋଲି କିଛି ଗବେଷକ କହିଛନ୍ତି। ସ୍ୱାସ୍ଥ୍ୟ ବ୍ୟାପାରରେ ଧର୍ମ ବିଶ୍ୱାସର ପ୍ରଭାବ ଉପରେ କୌଣସି ନିର୍ଦ୍ଦିଷ୍ଟ ସିଦ୍ଧାନ୍ତରେ ଉପନୀତ ହେବା ପୂର୍ବରୁ ଏହା ଉପରେ ଅଧିକ ଗବେଷଣା ହେବା ଆବଶ୍ୟକ।

ଗବେଷଣାରୁ ଦେଖାଯାଉଛି ଯେ, ଉତ୍ତମ ସ୍ୱାସ୍ଥ୍ୟ ପାଇଁ ସାମାଜିକ ସମ୍ପର୍କର ଭୂମିକା ଖୁବ୍ ଗୁରୁତ୍ୱପୂର୍ଣ୍ଣ। ଯେଉଁମାନେ ଅଧିକ ବନ୍ଧୁବତ୍ସଳ, ମେଳାପୀ ଓ ଅନ୍ୟମାନଙ୍କ ସାଙ୍ଗରେ ସୁସଂପର୍କ ରଖନ୍ତି, ସେମାନେ ଦୀର୍ଘଜୀବୀ ହୁଅନ୍ତି। ଏକାକିତ୍ୱ ଓ ନିସଙ୍ଗତା ବୃଦ୍ଧାବସ୍ଥାର ଏକ ପ୍ରଧାନ ମାନସିକ ସମସ୍ୟା। ବୟସ ବଢ଼ିବା ସଙ୍ଗେ ସଙ୍ଗେ ବ୍ୟକ୍ତିର ସାମାଜିକ ସମ୍ପର୍କ କମିଯାଏ। ଅବସର ଗ୍ରହଣ କରିବା ପୂର୍ବରୁ ବୃତ୍ତି ମାଧ୍ୟମରେ ବହୁ ଲୋକଙ୍କ ସାଙ୍ଗରେ ମିଶିବାର ସୁଯୋଗ ଥାଏ। ଅବସର ଗ୍ରହଣ କରିବା ପରେ ଏହି ସୁଯୋଗ କମିଯାଏ। କେହି କେହି ଘରୁ ବେଶି ବାହାରନ୍ତି ନାହିଁ। ଏକ ଅଧ୍ୟୟନର ବିବରଣୀ ଅନୁସାରେ, ସମାଜ ଠାରୁ ବିଛିନ୍ନ ହୋଇ ରହୁଥିବା ଅଧିକାଂଶ ବୟସ୍କ ବ୍ୟକ୍ତି ଶୀଘ୍ର ମୃତ୍ୟୁବରଣ କରିଥିଲେ। ସମାଜ ଓ ବନ୍ଧୁମାନଙ୍କ ଠାରୁ ଅଲଗା ହୋଇ ରହୁଥିବା ଅଧା ବୟସ୍କ ବ୍ୟକ୍ତି ହୃଦରୋଗରେ ପ୍ରାଣତ୍ୟାଗ କରିଥିଲେ। ଆଉ ଅଧା ଦୁର୍ଘଟଣାରେ ସମ୍ମୁଖୀନ ହୋଇଥିଲେ ବା ଆତ୍ମହତ୍ୟା କରିଥିଲେ। ୬୫ ରୁ ୧୦୬ ବର୍ଷ ବୟସ ମଧ୍ୟରେ ଥିବା ପ୍ରାୟ ୨୫୭୫ଜଣ ପୁରୁଷଙ୍କ ଉପରେ ଏକ ଅଧ୍ୟୟନ କରାଯାଇଥିଲା। ଯେଉଁମାନଙ୍କର ସାମାଜିକ ସମ୍ପର୍କ ଦୁଇତିନି ଜଣଙ୍କ ମଧ୍ୟରେ ସୀମିତ ଥିଲା, ସେମାନେ ଆଠବର୍ଷ ମଧ୍ୟରେ ମୃତ୍ୟୁ ବରଣ କରିଥିଲେ। ଯେଉଁମାନେ ଅଧିକ ଲୋକଙ୍କ ସହିତ ସମ୍ପର୍କ ରଖିଥିଲେ, ସେମାନେ ବେଶି ଦିନ ବଞ୍ଚିଥିଲେ। ଆଉ ଏକ ଅଧ୍ୟୟନରୁ ଜଣାପଡ଼ିଛି ଯେ, ସମାଜ ଠାରୁ ବିଛିନ୍ନ ହୋଇ ରହୁଥିବା ବୟସ୍କ ଲୋକଙ୍କର ଶାରୀରିକ ଓ ମାନସିକ ସ୍ୱାସ୍ଥ୍ୟ ଅବସାଦଗ୍ରସ୍ତ ହୋଇ ରହୁଥିବା ବା ମାଦକ ଦ୍ରବ୍ୟ ସେବନ କରୁଥିବା ଲୋକମାନଙ୍କର ସ୍ୱାସ୍ଥ୍ୟଠାରୁ ମଧ୍ୟ ଖରାପ।

ସମବୟସ୍କ ଓ ସମାନ ଚିନ୍ତାଧାରାର ଲୋକ ଏକତ୍ରିତ ହୋଇ ନାନା ସୁଖକର କାର୍ଯ୍ୟରେ ଲାଗି ରହିଲେ, ମାନସିକ ଅଶାନ୍ତି ଓ ଅସହାୟତା ବହୁ ପରିମାଣରେ କମିଯାଏ। ପାରିବାରିକ ବନ୍ଧୁବାନ୍ଧବମାନଙ୍କ ସହିତ ସୁସମ୍ପର୍କ, ଅତୀତ ସହକର୍ମୀମାନଙ୍କ ସହିତ ମିତ୍ରଭାବ, ପଡୋଶୀମାନଙ୍କ ସହିତ ନିବିଡ଼ତା, ସାମାଜିକ ସମ୍ବଳକୁ ବୃଦ୍ଧି କରେ। ଅବଶ୍ୟ ବନ୍ଧୁମାନଙ୍କର ସଂଖ୍ୟା ଅପେକ୍ଷା ବନ୍ଧୁତ୍ୱର ଗୁଣାତ୍ମକ ଦିଗ ଅଧିକ ଗୁରୁତ୍ୱପୂର୍ଣ୍ଣ। ଦେଖାଯାଇଛି, ବନ୍ଧୁ ନିର୍ବାଚନ ବା ଚୟନ ବ୍ୟାପାରରେ ବୟସ୍କ ଲୋକମାନେ ଅଧିକ ଯତ୍ନଶୀଳ। ସେମାନେ ଅର୍ଥପୂର୍ଣ୍ଣ ସାମାଜିକ ସମ୍ପର୍କକୁ ଅଧିକ ଗୁରୁତ୍ୱ ଦିଅନ୍ତି। ସଂବେଗାତ୍ମକ ଆବଶ୍ୟକତାକୁ (emotional need) ପୂରଣ କରିପାରୁଥିବା ଲୋକମାନଙ୍କ ସହିତ ସେମାନେ ଅଧିକ ବନ୍ଧୁତା ରଖନ୍ତି। ଭଲ ଲାଗୁ ନଥିବା ଲୋକଙ୍କ ସହିତ ସମ୍ପର୍କ ବଢ଼େଇ ସମୟ ନଷ୍ଟ କରିବାକୁ ପସନ୍ଦ କରନ୍ତି ନାହିଁ। ଅଳ୍ପ ବୟସର ଲୋକମାନେ ଦୀର୍ଘ ଜୀବନ ମଧ୍ୟରେ ବନ୍ଧୁଙ୍କ ପ୍ରୟୋଜନତାକୁ

ଦୃଷ୍ଟିରେ ରଖି ଭଲ ଲାଗୁ ନଥିଲେ ମଧ୍ୟ ଆଗକୁ ହୁଏତ କାମରେ ଲାଗିବେ ଭାବି ଅନେକ ଲୋକଙ୍କ ସହିତ ସମ୍ପର୍କ ରଖନ୍ତି।

ପରିବାର ମୌଳିକ ଆବଶ୍ୟକତା ପୂରଣ କରେ। କିନ୍ତୁ ବନ୍ଧୁମାନଙ୍କ ସହିତ ନିଜର ସୁଖ, ଦୁଃଖ, ଚିନ୍ତା, ଯନ୍ତ୍ରଣା ବିଷୟରେ ଆଲୋଚନା କଲେ ମାନସିକ ଚାପ ହ୍ରାସ ପାଏ। ବୃଦ୍ଧାବସ୍ଥାରେ ଦେଖାଯାଉଥିବା ମାନସିକ ଓ ଶାରୀରିକ ପରିବର୍ତ୍ତନ ଓ ସମସ୍ୟାଗୁଡ଼ିକୁ ସେମାନେ ଭଲ ଭାବରେ ମୁକାବିଲା କରି ପାରନ୍ତି। ବାଲ୍ୟ ବନ୍ଧୁଙ୍କ ସହିତ ସମ୍ପର୍କ ରଖିଲେ, ବାଲ୍ୟକାଳର ସ୍ମୃତି ଉଜ୍ଜୀବିତ ହୁଏ ଏବଂ ଯୁବସୁଲଭ ଉନ୍ମାଦନା ଓ ମାନସିକତା ଫେରିଆସେ।

ଯେଉଁମାନେ ଖୁବ୍ ସାମାଜିକ, ସେମାନେ ଜନସମାଗମ ପସନ୍ଦ କରନ୍ତି। ପ୍ରତିଦ୍ୱନ୍ଦିତାମୂଳକ ଖେଳ ଉପଭୋଗ କରନ୍ତି। ସଚେତନତା ଓ ତତ୍ପରତା ସହ ସବୁ କାମ କରନ୍ତି। ନୂତନ ଉଦ୍ଦୀପନା ଓ ମଉଜ ମଜଲିସ ପାଇଁ ବ୍ୟାକୁଳ ହୁଅନ୍ତି। ସହଜରେ ହସି ପାରନ୍ତି। ସମସ୍ତଙ୍କ ସହିତ ଅନ୍ତରଙ୍ଗ ଓ ବନ୍ଧୁତ୍ୱପୂର୍ଣ୍ଣ କଥାବାର୍ତ୍ତା କରନ୍ତି। ଏପରି ସାମାଜିକ ଲୋକମାନଙ୍କର ସ୍ୱାସ୍ଥ୍ୟ ଭଲ ରହେ ଓ ସେମାନେ ଦୀର୍ଘଜୀବୀ ହୁଅନ୍ତି।

ଦେଖାଯାଉଛି, ବୟସ୍କ ଲୋକମାନେ ବେଶୀ ସମୟ ଛୋଟ ପିଲାମାନଙ୍କ ସାଙ୍ଗରେ କଟେଇଲେ ବୃଦ୍ଧାବସ୍ଥାର ନିରାଶ ଭାବ ବହୁ ପରିମାଣରେ କମିଯାଏ। ଶିଶୁମାନଙ୍କର ନିଷ୍ପାପ ମୁହଁ, ଅକୃତ୍ରିମ ହସ ଓ ଅନାବିଳ ସ୍ନେହ ସେମାନଙ୍କୁ ଖୁବ୍ ଶାନ୍ତି ପ୍ରଦାନ କରେ। ଯେଉଁମାନେ ଘରେ ବିରାଡି ବା କୁକୁର ପୋଷିବାର ରୁଚି ରଖନ୍ତି, ସେମାନେ ଦୀର୍ଘାୟୁ ହେଉଥିବାର ଜଣାପଡ଼ିଛି। ପୋଷାଜନ୍ତୁମାନେ ନିଃସଙ୍ଗତା ଦୂର କରନ୍ତି। ସ୍ନେହର ଆଦାନ ପ୍ରଦାନ ଯୋଗୁଁ ମନ ଖୁସି ରହେ। ନିଜର ଅଲୋଡ଼ା ଭାବ କମିଯାଏ। ମନକୁ ଉନ୍ମୁକ୍ତ ଓ ଶାନ୍ତ ରଖିଲେ, ଦୟାଭାବ ପୋଷଣ କଲେ, ଅନାବିଳ ସ୍ନେହ ଓ ଅନୁକମ୍ପା ପ୍ରଦର୍ଶନ କଲେ, ସର୍ବଦା ଖୁସି ରହିଲେ, ବାର୍ଦ୍ଧକ୍ୟର ପ୍ରତିକୂଳ ପ୍ରଭାବ ସହଜରେ ପଡେ ନାହିଁ। ହୃଦରୋଗ ବିଶେଷଜ୍ଞ ଓ ମନସ୍ତତ୍ତ୍ୱବିଦ୍ଙ୍କ ମତରେ ବ୍ୟକ୍ତି ମାନସିକ ଶାନ୍ତି ଲାଭ କଲେ, ମସ୍ତିଷ୍କରେ ରୋଗ ନିରୋଧକ ହରମୋନ୍ "ସେରୋଟୋନିନ୍" (serotonin) କ୍ଷରଣ ହୋଇଥାଏ। ଫଳରେ ବୟୋବୃଦ୍ଧ ବ୍ୟକ୍ତି ସୁସ୍ଥ, କର୍ମଠ ହେବା ସଙ୍ଗେ ସଙ୍ଗେ ବହୁ ବାଧାବିଘ୍ନ ଓ ସଙ୍କଟଜନକ ପରିସ୍ଥିତିର ସଫଳ ମୁକାବିଲା କରିବା ପାଇଁ ଶକ୍ତି ଓ ସାମର୍ଥ୍ୟ ପାଇ ପାରିଥାଆନ୍ତି।

ଦେଖାଯାଉଛି,କେତେକ ବୟୋଜ୍ୟେଷ୍ଠ ବ୍ୟକ୍ତି ନୂତନ ପରିବେଶ ତଥା ପରିବର୍ତ୍ତିତ ପରିସ୍ଥିତି ସହିତ ନିଜକୁ ଖାପଖୁଆଇ ଚଳି ପାରନ୍ତି ନାହିଁ। ଅତୀତ ସମାଜ ଓ ସମୟକୁ କେବଳ ପ୍ରଶଂସା କରିଚାଲନ୍ତି। ବର୍ତ୍ତମାନ ବିରୁଦ୍ଧରେ ବକ୍ତୃତା ଦିଅନ୍ତି। ଅତୀତର

ମୂଲ୍ୟବୋଧ, ଚଳଣି ଓ ସାମାଜିକ ପ୍ରଥା ଭଲ ଥିଲା। ବର୍ତ୍ତମାନ ସବୁ ଖରାପ ହୋଇଯାଉଛି ବୋଲି ବାରମ୍ବାର କହି ଅସନ୍ତୋଷ ପ୍ରକାଶ କରନ୍ତି। ଏପରି କହିବା ଓ ଭାବିବା ଫଳରେ ନୂତନ ପିଢ଼ିର ସଦସ୍ୟମାନଙ୍କ ସହ ସେମାନଙ୍କ ପିଢ଼ିର ବ୍ୟବଧାନ (generation gap) ବଢ଼ିଯାଏ। ବୟସ୍କ ଲୋକମାନେ ନିଜ ମତକୁ ଠିକ୍ ବୋଲି ଧରି ନେବା ଯୋଗୁଁ ନୂତନ ପିଢ଼ିର ଲୋକମାନଙ୍କ ସହିତ ସଂଘର୍ଷ ଦେଖାଯାଏ। ସମାଜ ପରିବର୍ତ୍ତନଶୀଳ। ଯେଉଁ ବ୍ୟକ୍ତି ସମୟ ଓ ପରିସ୍ଥିତିର ଆବଶ୍ୟକତା ଅନୁଯାୟୀ ନିଜକୁ ପ୍ରତିଯୋଜନ କରି ଚଳିପାରେ ସମାଜରେ ସେ ସେତେ ବେଶି ଆଦୃତ ହୁଏ। ସମୟର ପରିବର୍ତ୍ତନ ସହ ତାଳ ଦେଇ ନିଜକୁ ପରିବର୍ତ୍ତିତ କରିପାରିଲେ, ଅନ୍ୟମାନଙ୍କ କଥାବାର୍ତ୍ତା ଓ ବ୍ୟବହାରରେ ସହନଶୀଳ ମନୋଭାବ ଦେଖାଇଲେ, ଜୀବନ ଅଧିକ ଉପଭୋଗ୍ୟ ହୁଏ। ଖୁବ୍ ବେଶି ଭଲ ଲାଗୁ ନଥିବା ବ୍ୟାପାରରେ ଅନାସକ୍ତ ରହିଲେ ସୁଖ ଶାନ୍ତି ବଢ଼େ।

ମୋଟ ଉପରେ କହିବାକୁ ଗଲେ, ଯେଉଁମାନେ ଶାନ୍ତିପୂର୍ଣ୍ଣ ଓ ସନ୍ତୁଷ୍ଟ ଚିତ୍ତରେ କାର୍ଯ୍ୟ କରି ଚାଲନ୍ତି, ଜୀବନକୁ ଭଲ ପାଆନ୍ତି, ଭବିଷ୍ୟତ ପାଇଁ ସକାରାତ୍ମକ ଆଶା ପୋଷଣ କରନ୍ତି, ଅନ୍ୟମାନଙ୍କ ସହିତ ସୁସଂପର୍କ ରକ୍ଷା କରିବା ପାଇଁ ଆଗ୍ରହୀ ହୁଅନ୍ତି, ବିନା ଦ୍ୱିଧାରେ ମନକଥା ଖୋଲି କହିପାରନ୍ତି, ସେମାନଙ୍କର ଅବସର ସମୟ ସଫଳ ଓ ସୁଖମୟ ହୁଏ। ତାଛଡ଼ା ସୁଖମୟ ଦାମ୍ପତ୍ୟ ଜୀବନ, ପରିବାର ସଦସ୍ୟମାନଙ୍କର କାର୍ଯ୍ୟକଳାପରେ କିଛି ମାତ୍ରାରେ ନିର୍ଲିପ୍ତତା, ଆଧ୍ୟାତ୍ମିକ ଚିନ୍ତା,ନିଜର ବ୍ୟକ୍ତିତ୍ୱ ଉପରେ ସୁନିୟନ୍ତ୍ରଣ, କାମ କରିବାକୁ ଓ ଶିଖିବାକୁ ପ୍ରବଳ ଉତ୍ସାହ, ଆଗ୍ରହ ଓ ପ୍ରାଣପ୍ରାଚୁର୍ଯ୍ୟ ବୟସର କୁପ୍ରଭାବକୁ ହ୍ରାସ କରିଦିଏ।

ବିପଜ୍ଜନକ ପରିସ୍ଥିତିରେ ପଥଚାରୀର ମନସ୍ତତ୍ତ୍ୱ

ନିକଟରେ ସଂପର୍କୀୟଙ୍କ ସାଙ୍ଗରେ ବୁଲି ଯାଇଥିବା ଜଣେ ବିବାହିତା ମହିଳାଙ୍କୁ କୋଣାର୍କ ମନ୍ଦିର ମଧ୍ୟରେ କିଛି ଯୁବକ ପିଛା କରିଥିଲେ। ମହିଳାଜଣକ କୋଣାର୍କରୁ ପୁରୀ ଫେରିବା ପାଇଁ ବସ୍‌ରେ ଉଠିଲେ। ପିଛା କରୁଥିବା ଦୁଇ ଯୁବକ ମଧ୍ୟ ତାଙ୍କ ସହ ବସ୍‌ରେ ଚଢ଼ିଲେ। ଯୁବକମାନଙ୍କର ବନ୍ଧୁମାନେ ରାସ୍ତାରେ ବସ୍ ଅଟକେଇ ଥିଲେ ଓ ମହିଳାଜଣଙ୍କୁ ଜବରଦସ୍ତ ବସ୍‌ରୁ ଓହ୍ଲେଇ ଦେଲେ। ବସ୍‌ରେ ପଚାଶ ଷାଠିଏ ଜଣ ଯାତ୍ରୀ, ଡ୍ରାଇଭର ଓ କଣ୍ଡକ୍ଟର ଥିବା ସତ୍ତ୍ୱେ ଓ ମହିଳା ଜଣଙ୍କ ରକ୍ଷା କରିବା ପାଇଁ ଆକୁଳ ନିବେଦନ କରିବା ସତ୍ତ୍ୱେ କେହି ଏଭଳି ନାରକୀୟ କାଣ୍ଡର ପ୍ରତିବାଦ କରି ନଥିଲେ। ଉକ୍ତ ମହିଳାଙ୍କୁ ରକ୍ଷା କରିବା ପାଇଁ ପ୍ରଚେଷ୍ଟା ମଧ୍ୟ କରି ନଥିଲେ। ତାଙ୍କର ବିକଳ କ୍ରନ୍ଦନ ସତ୍ତ୍ୱେ ରାସ୍ତାରେ ଯାଉଥିବା କାର୍ ବା ମଟର ସାଇକେଲ୍‌ର ଜଣେ ବି ଆରୋହୀ ତାଙ୍କୁ ସାହାଯ୍ୟ କରିବା ପାଇଁ ଆଗେଇ ଆସି ନଥିଲେ। ପାଞ୍ଚଜଣ ଯୁବକ ଏହି ମହିଳାଙ୍କୁ ଧର୍ଷଣ କରିଥିଲେ।

ଆଶ୍ଚର୍ଯ୍ୟ! ଉଦାସୀନତାର ବି ତ ଏକ ସୀମା ଅଛି। ଏହି ଜଘନ୍ୟ କାର୍ଯ୍ୟକୁ ଷାଠିଏ ଜଣ ଯାତ୍ରୀ ବରଦାସ୍ତ କଲେ କିପରି ? କିଏ କହିଲା, 'ନୈତିକ ବଳର ଅବକ୍ଷୟ ହେଲାଣି। ବିଚାର ପ୍ରକ୍ରିୟାର ଅବକ୍ଷୟ ଏସବୁ ବିପର୍ଯ୍ୟୟର କାରଣ।' ଆଉ କିଏ କହିଲା, 'ଦୁର୍ବଳ ବିବେକସମ୍ପନ୍ନ ବ୍ୟକ୍ତିଙ୍କର ଅତ୍ୟନ୍ତ ସ୍ୱାର୍ଥପରତା ଏହାର କାରଣ।'

ଏହିଭଳି ଗୋଟିଏ ଘଟଣା ୧୯୬୪ ମସିହାରେ ନ୍ୟୁୟର୍କରେ ଘଟିଥିଲା। ଘଟଣା ଘଟିବା ଦିନ କିଟି ନାମକ ଜଣେ ମହିଳା କାମ ସାରି ଘରକୁ ଫେରୁଥିଲେ। ତାଙ୍କ ଆପାର୍ଟମେଣ୍ଟ ଆଗରେ ଆତତାୟୀ ଛୁରୀରେ ତାଙ୍କୁ ବାରମ୍ବାର ଆଘାତ କରିଥିଲା। ତାଙ୍କୁ ବଞ୍ଚାଇବା ପାଇଁ ସେ ସମସ୍ତଙ୍କୁ ଆକୁଳ ନିବେଦନ କରିଥିଲେ। ଆପାର୍ଟମେଣ୍ଟରେ ଥିବା ପ୍ରାୟ ଚାଳିଶଟି ପରିବାର ଝରକା ପାଖକୁ ଆସି ଘଟଣାଟି ଦେଖିଥିଲେ। ବାରମ୍ବାର ଛୁରାଘାତ କରି ଆତତାୟୀଟି ଗାଡ଼ିରେ ବସି ପଳାଇଲା। କିଟି ତଳେ ପଡ଼ି ଛଟପଟ ହେଉଥିଲେ ମଧ୍ୟ ଜଣେ ବି ପ୍ରତିବେଶୀ ଆସି ତାଙ୍କୁ ସାହାଯ୍ୟ କରି ନ ଥିଲେ। ପୁଲିସ୍ ବା ଆମ୍ବୁଲାନ୍ସକୁ ଫୋନ୍ ମଧ୍ୟ କରି ନଥିଲେ। ବରଂ ସେମାନେ ଘଟଣାଟି ଭଲ ଭାବରେ ଦେଖିବା ପାଇଁ ନିଜ ନିଜର ଲାଇଟ୍ ଲିଭାଇ ଦେଇଥିଲେ। ପ୍ରାୟ ପନ୍ଦର ମିନିଟ୍ ଏପରି ଭାବରେ ବିତିବା ପରେ ବଡ଼ କଷ୍ଟରେ ରକ୍ତ ଜୁଡ଼ୁବୁଡ଼ୁ ହୋଇ କିଟି ଘୁଷୁରି ଘୁଷୁରି ନିଜ ଆପାର୍ଟମେଣ୍ଟ ଆଡ଼କୁ ଆସିବାକୁ ଚେଷ୍ଟା କରିଥିଲେ। ପୁଣି ଥରେ ଆତତାୟୀଟି ଫେରି ଆସି କିଟିଙ୍କୁ ଆଠଥର ଛୁରୀରେ ଆଘାତ କଲା। ଜଣେ ପଡୋଶୀ ପୋଲିସ୍‌କୁ ଫୋନ୍ କରିବାକୁ ଉଦ୍ୟତ ହେବାରୁ ତାଙ୍କ ସ୍ତ୍ରୀ କହିଲେ, ‘କାହିଁକି ଅଯଥା ଫୋନ୍ କରୁଛ ? ପ୍ରାୟ ତିରିଶରୁ ଅଧିକ ଲୋକ ପୋଲିସ୍‌କୁ ଫୋନ୍ କରି ସାରିବେଣି।’ ବାରମ୍ବାର ଛୁରାଘାତରେ କିଟି ସେଇଠି ଟଳି ପଡିଥିଲେ। କିଟି ମରିବାର ପ୍ରାୟ ତିରିଶ ମିନିଟ୍ ପରେ ଫୋନ୍ ପାଇ ପୋଲିସ ପହଞ୍ଚିଥିଲା।

କିଟିଙ୍କ ପଡୋଶୀମାନଙ୍କର ଉଦାସୀନ ଓ ନିର୍ଲିପ୍ତ ବ୍ୟବହାରରେ ସମଗ୍ର ଆମେରିକା ସ୍ତବ୍ଧ ହୋଇଯାଇଥିଲା। ଏହି ଘଟଣା ସମ୍ବନ୍ଧରେ ବହୁ ଆଲୋଚନା ହୋଇଥିଲା। ନିର୍ଯ୍ୟାତିତ ଓ ଅତ୍ୟାଚାରିତ ହେଉଥିବା ମଣିଷଟି ପ୍ରତି କାହିଁକି ମଣିଷ ବେଳେ ବେଳେ ଖୁବ୍ କଠିନ ଓ ହୃଦୟହୀନ ବ୍ୟବହାର ଦେଖାଏ ? ପୁଣି ଆଉ କେତେବେଳେ ନିଜ ଜୀବନକୁ ଖାତିର ନ କରି ସାହାଯ୍ୟ କରିବାକୁ ମଧ୍ୟ ଆଗେଇଯାଏ। କିଟିଙ୍କ ହତ୍ୟା ଘଟଣା ପରେ ବିପଦରେ ପଡି ଯନ୍ତ୍ରଣା ଭୋଗୁଥିବା ମଣିଷ ପ୍ରତି ଦର୍ଶକ ଓ ପଥଚାରୀମାନଙ୍କର ସାହାଯ୍ୟ କରିବା ମନୋବୃତ୍ତି ଉପରେ ସାମାଜିକ ମନୋବିଜ୍ଞାନୀମାନଙ୍କ ଦ୍ୱାରା ଗବେଷଣା ତଥା ଅନୁଧ୍ୟାନ କରାଯାଇଥିଲା। ଏଭଳି ବିପଦଜନକ ପରିସ୍ଥିତିରେ ମଣିଷ ଅନ୍ୟପ୍ରତି କିପରି ବ୍ୟବହାର କରେ ସେ ଉପରେ ଗବେଷଣାରୁ ମିଳିଥିବା କେତେ ଗୁଡ଼ିଏ ଗୁରୁତ୍ୱପୂର୍ଣ୍ଣ ତଥ୍ୟ ଉପରେ ଏହି ପ୍ରବନ୍ଧଟି ପର୍ଯ୍ୟବେସିତ।

ସାଧାରଣତଃ ଆମେ ଆଶା କରୁ ଯେ, ଅଧିକ ଲୋକ ବା ଦର୍ଶକ ଉପସ୍ଥିତ ଥିଲେ, ବିପଦର ସମ୍ମୁଖୀନ ହୋଇଥିବା ବା ଯନ୍ତ୍ରଣା ଭୋଗ କରୁଥିବା ମଣିଷଟି ନିଶ୍ଚୟ ଅଧିକ ସାହାଯ୍ୟ ପାଇବ। କିନ୍ତୁ ଆଶ୍ଚର୍ଯ୍ୟର କଥା, ଲୋକସଂଖ୍ୟା ଯେତେ ଅଧିକ ହୁଏ,

ସାହାଯ୍ୟ କରିବାର ସମ୍ଭାବନା ସେତେ କମିଯାଏ । କାରଣ ପ୍ରତ୍ୟେକଙ୍କୁ ନିଜର ଦାୟିତ୍ୱ କମିଗଲା ପରି ମନେହୁଏ । ନିଜକୁ କମ୍ ଉତ୍ତରଦାୟୀ ବୋଲି ଲାଗେ । ଦାୟିତ୍ୱ ଓ କର୍ତ୍ତବ୍ୟ ଭାଗ ହୋଇଗଲା ପରି ମନେହୁଏ । ଏତେ ଲୋକ ଅଛନ୍ତି କିଏ ବି ସାହାଯ୍ୟ କରିବ, ଏପରି ଭାବିବା ଫଳରେ ଅଧିକାଂଶ ସାହାଯ୍ୟ କରିବାକୁ ଆଗେଇ ଆସନ୍ତି ନାହିଁ । ଏହାକୁ 'ଉତ୍ତର ଦାୟିତ୍ୱର ବିଚ୍ଛୁରଣ' (diffusion of responsiblility) ବୋଲି କୁହାଯାଏ । କିନ୍ତୁ ସାହାଯ୍ୟ କରିବା ପାଇଁ ଜଣେ ବା ଅଳ୍ପଲୋକ ଥିଲେ, ସେମାନଙ୍କର ଦାୟିତ୍ୱ ବଢ଼ିଯାଏ । ଅନ୍ୟ କେହି ନଥିବା ଯୋଗୁଁ ବାଧ୍ୟ ହୋଇ ସେମାନେ ନିଜର କର୍ତ୍ତବ୍ୟ ସମ୍ପାଦନ କରନ୍ତି । ନଚେତ ସେମାନଙ୍କୁ ଅପରାଧୀ ଓ ଦୋଷୀ ପରି ଲାଗେ ।

ପଥଚାରୀଟି ଯନ୍ତ୍ରଣାକାତର ମଣିଷଟିକୁ ସାହାଯ୍ୟ କରିବା ପୂର୍ବରୁ ମାନସିକ ସ୍ତରରେ ଗୁଡ଼ିଏ ହିସାବ ନିକାଶ ଆରମ୍ଭ କରିଦିଏ । ଅନେକଗୁଡ଼ିଏ ବିଷୟ ସାମୂହିକ ଭାବରେ କାର୍ଯ୍ୟ କରେ ।

ପ୍ରଥମତଃ ପଥଚାରୀଟି ରାସ୍ତାରେ ଗଲାବେଳେ ଅନେକ ସମୟରେ ଜାଣି ପାରେ ନାହିଁ ଯେ, କିଛି ଗୋଟିଏ ଅଘଟଣ ଘଟିଛି । ଜରୁରି ଘଟଣା ବା ଦୁର୍ଘଟଣା ଆକସ୍ମିକ ଭାବରେ ଆସେ । ପଥଚାରୀଟି ନିଜ ସମସ୍ୟା ଓ ଚିନ୍ତାରେ ମଗ୍ନ ଥିବାରୁ ହୁଏତ ଜରୁରୀକାଳୀନ ପରିସ୍ଥିତିକୁ ସେ ହଠାତ ଲକ୍ଷ୍ୟ କରିପାରେ ନାହିଁ । ସାହାଯ୍ୟ ପାଇବା ପାଇଁ ପ୍ରାର୍ଥନା କରୁଥିବା ଲୋକର ସ୍ୱର ତାର କାନରେ ପଡେ ନାହିଁ । ଜନବହୁଳ ସହରାଞ୍ଚଳରେ ଲୋକମାନଙ୍କର କର୍ମବ୍ୟସ୍ତତା ଯୋଗୁଁ ଓ ପ୍ରତି ମୁହୂର୍ତ୍ତରେ ଅନେକ ରକମର ଘଟଣା, ଦୁର୍ଘଟଣା ଘଟୁଥିବାରୁ ଲୋକମାନେ ଛୋଟ ଛୋଟ ବ୍ୟତିକ୍ରମକୁ ଧ୍ୟାନ ଦିଅନ୍ତି ନାହିଁ । ଏହାକୁ 'ମାତ୍ରାଧିକ ଉତ୍ତେଜନାର ପରିଣାମ' (stimulus overload effect) ବୋଲି କୁହାଯାଏ । ବଡ଼ ସହରରେ ରାସ୍ତା କଡ଼ରେ ଲୋକଟିଏ ଶୋଇଥିଲେ ଏହି ଦୃଶ୍ୟକୁ ଅନାବଶ୍ୟକ ଭାବି କେହି ହୁଏତ ଲକ୍ଷ୍ୟ କରନ୍ତି ନାହିଁ । କିନ୍ତୁ ଗ୍ରାମାଞ୍ଚଳରେ ଏପରି ଦୃଶ୍ୟ ହୁଏତ ସମସ୍ତଙ୍କର ଦୃଷ୍ଟି ଆକର୍ଷଣ କରେ । କାରଣ ଗ୍ରାମାଞ୍ଚଳର ସରଳ ପରିବେଶରେ ଏଭଳି ବ୍ୟତିକ୍ରମ କମ୍ ଘଟେ ଓ ପରସ୍ପର ଭିତରେ ଚିହ୍ନା ପରିଚୟ ଥାଏ ।

କିଛି ଗୋଟିଏ ଅଘଟଣ ଘଟିଛି ବୋଲି ସନ୍ଦେହ ହେଲେ ମଧ୍ୟ ପରିସ୍ଥିତିଟି ଅସ୍ପଷ୍ଟ ହୋଇଥିଲେ ମଣିଷ ଭାବିବାକୁ ଚାହେଁ ଯେ, ତାହା ଜରୁରୀକାଳୀନ ପରିସ୍ଥିତି ନୁହେଁ । ଜରୁରୀକାଳୀନ ପରିସ୍ଥିତି ବୋଲି ଭାବିଲେ ମାନସିକ ଅସ୍ଥିରତା ବଢ଼େ । ଅସ୍ୱସ୍ତିକର ଲାଗେ । ସାହାଯ୍ୟ କରିବା ଉଚିତ ବା ନୁହେଁ ଏହା ଭିତରେ ସନ୍ତୁଳି ହୋଇ ମାନସିକ ଦ୍ୱନ୍ଦ୍ୱ ବଢ଼େ । ସାହାଯ୍ୟ କରି ନ ପାରିଲେ ଦୋଷୀ ଦୋଷୀ ଲାଗେ । ରାତି ଅଧରେ

ସୁଟ୍‌କେଶ ଧରି ଯାଉଥିବା ଜଣେ ଲୋକକୁ ଦେଖିଲେ, କୌଣସି କାମରେ ଯାଉଥିବ ବା ରେଳଯାତ୍ରା କରିବାକୁ ଥିବ ବୋଲି ଆମେ ଭାବୁ। ସେହି ଲୋକ ଚୋରି ବା ବ୍ୟାଙ୍କ ଡକାୟତି କରି ଥାଇପାରେ ବୋଲି ଆମେ ଭାବିବାକୁ ଚାହୁଁନାହିଁ। ରାସ୍ତା କଡ଼ରେ ଶୋଇଥିବା ଲୋକଟିର ହୃଦ୍‌ଘାତ ହୋଇ ଥାଇପାରେ ବୋଲି ଆମେ ନ ଭାବି ହାଲିଆ ହୋଇ ବା ମଦ ପିଇ ଶୋଇ ଥାଇପାରେ ବୋଲି ଭାବିବାକୁ ଅଧିକ ନିରାପଦ ମନେକରୁ। ତା'ଛଡ଼ା ଅଧିକ ଉତ୍କଣ୍ଠା ଦେଖେଇ ବୋକା ବନିବାକୁ ଆମେ ଚାହୁଁନାହିଁ। ଏପରି ବ୍ୟବହାରକୁ 'ସାମୂହିକ ଅଜ୍ଞାନତା' (pluralistic ignorance) ବୋଲି କୁହାଯାଏ। ଗୋଟିଏ ଅନୁଧ୍ୟାନରେ କିଛି ଲୋକଙ୍କୁ କେତୋଟି ପ୍ରଶ୍ନାବଳୀର ଉତ୍ତର ଲେଖିବାକୁ ଦିଆଯାଇଥିଲା। ପ୍ରଶ୍ନୋତ୍ତର କଲାବେଳେ କୋଠରି ମଧ୍ୟକୁ ପ୍ରବଳ ଧୂଆଁ ଛଡ଼ା ଯାଇଥିଲା। ଏକୁଟିଆ ପ୍ରଶ୍ନୋତ୍ତର କଲାବେଳେ ବିପଦ ଆଶଙ୍କା କରି ପ୍ରତ୍ୟେକ ଲୋକ ଧୂଆଁ କେଉଁଠାରୁ ଓ କାହିଁକି ଆସୁଛି ବୋଲି ବ୍ୟସ୍ତ ହୋଇ ପଚାରିଥିଲେ ଓ ବାରମ୍ବାର ବାହାରକୁ ପଳାଇ ଆସୁଥିଲେ। କିନ୍ତୁ ବହୁତ ଲୋକ ଏକାଠି ବସି ପ୍ରଶ୍ନୋତ୍ତର କଲାବେଳେ କୋଠରିଟି ଧୂଆଁରେ ଭରି ଯାଇ ପୂରା ଅନ୍ଧକାରାଚ୍ଛନ୍ନ ହୋଇ ଯାଇଥିଲେ ମଧ୍ୟ କେହିକିଛି ପ୍ରତିବାଦ କରୁ ନଥିଲେ ବା କିଛି ପଚାରୁ ନଥିଲେ। ଅସଲରେ କୌଣସି ଲୋକ ବୋକା ବନିବାକୁ ଚାହୁଁ ନଥିଲେ। ଜଣେ ବି ଲୋକ ପ୍ରତିବାଦ କରୁ ନଥିବାରୁ ଗୋଟିଏ ସାଧାରଣ ଘଟଣାରେ ଅଧିକ ପ୍ରତିକ୍ରିୟା ଦେଖାଇବା ଠିକ୍ ନ ହୋଇପାରେ ବୋଲି ହୁଏତ ସେମାନେ ଭାବୁଥିଲେ। ସତେ ଯେପରି ବୋକା ବନିବା ଠାରୁ ମୃତ୍ୟୁ ଶ୍ରେୟସ୍କର। କେହି ସାହାଯ୍ୟ କରୁ ନଥିଲେ ଅନେକ ସମୟରେ ଭୁଲ ଭାବରେ ବିଶ୍ୱାସ କରାଯାଏ ଯେ, ସେହି ପରସ୍ଥିତିରେ ସାହାଯ୍ୟ କରିବା ଦରକାର ନାହିଁ।

ଏତେଲୋକ ଥାଉଥାଉ ଦାୟିତ୍ୱ ନେଇ ଜଣେ କାହିଁକି ନିଜର ସମସ୍ୟା ବଢ଼େଇବ ବୋଲି ଭାବିବା ସଙ୍ଗେ ସଙ୍ଗେ କିପରି ସାହାଯ୍ୟ କରିବ ହଠାତ୍ ବୁଝି ପାରେନାହିଁ। ସାହାଯ୍ୟ କରିବାର ଦକ୍ଷତା ଓ ସାମର୍ଥ୍ୟ ହୁଏତ ପଥଚାରୀର ନଥାଏ। ପାଣିରେ ଭାସି ଯାଉଥିବା ପିଲାକୁ ଉଦ୍ଧାର କରିବାକୁ ହେଲେ ସାହାଯ୍ୟକାରୀକୁ ପହଁରା ଆସୁଥିବା ଦରକାର। ଜରୁରୀକାଳୀନ ପରିସ୍ଥିତିରେ ଚିକିତ୍ସକଙ୍କର ସାହାଯ୍ୟ ଦରକାର ଥିଲେ, ଲୋକମାନେ ସେମାନଙ୍କର କୌଣସି ଦାୟିତ୍ୱ ନାହିଁ ବୋଲି ଭାବି ନିଅନ୍ତି। ସେତେବେଳେ ଦାୟିତ୍ୱର ବିଚ୍ଛୁରଣ (diffusion of responsibility) ସହିତ ଦାୟିତ୍ୱର ବିଶୃଙ୍ଖଳା (confusion of responsibility) ମଧ୍ୟ ଦେଖାଦିଏ।

ଅନ୍ୟ କାହାକୁ ଦାୟିତ୍ୱ ଦେଇ ପରୋକ୍ଷ ଭାବରେ ସାହାଯ୍ୟ କରିବାକୁ ଥିଲେ,

ଦର୍ଶକ ବା ପଥଚାରୀ ତତ୍‌କ୍ଷଣାତ ସାହାଯ୍ୟ ହସ୍ତାନ୍ତର କରିଦିଏ ଓ ଆଶ୍ୱସ୍ତ ହୋଇଯାଏ। ପ୍ରତ୍ୟକ୍ଷ ଭାବରେ ସାହାଯ୍ୟ କରିବାକୁ ଥିଲେ ସେ ମାନସିକ ସ୍ତରରେ ଲାଭ କ୍ଷତିର ହିସାବ କରିନିଏ। ଲାଭ ତୁଳନାରେ କ୍ଷତିର ପରିମାଣ ଅଧିକ ହୋଇଥିଲେ, ସାଧାରଣ ଲୋକ ସାହାଯ୍ୟ କରିବାକୁ ପଛଘୁଞ୍ଚା ଦିଅନ୍ତି। ବିଶେଷ କ୍ଷତି ହେଉ ନଥିଲେ ସାହାଯ୍ୟ କରାଯାଇପାରେ ବୋଲି ଭାବନ୍ତି। ଗବେଷଣାରୁ ଦେଖାଯାଇଛି ଯେ, ରାସ୍ତାରେ ବା ଘର ବାହାରେ ଆକସ୍ମିକ ଭାବରେ ଘଟୁଥିବା ଏଭଳି ଜରୁରୀକାଳୀନ ପରିସ୍ଥିତିରେ ସାଧାରଣତଃ ପୁରୁଷମାନେ ସାହାଯ୍ୟ କରିବାକୁ ଆଗେଇ ଆସନ୍ତି। ସମାଜରେ ଯୁଗ ଯୁଗ ଧରି ପୁରୁଷ ରକ୍ଷାକାରୀ ବା ଆଶ୍ରୟଦାତା ଭୂମିକା ନିର୍ବାହ କରୁଥିବାରୁ ଏଭଳି ପରିସ୍ଥିତିରେ ସାହାଯ୍ୟ କରିବା ସେମାନଙ୍କର କର୍ତ୍ତବ୍ୟ ବୋଲି ସେମାନେ ଭାବିଥାନ୍ତି। ପୁରୁଷମାନଙ୍କର ଶାରୀରିକ ଶକ୍ତି ଓ ସାମର୍ଥ୍ୟ ଅଧିକ ଏବଂ ଏଭଳି ସାହସିକ କାର୍ଯ୍ୟ କରିବା ବୀରତ୍ୱ ଏବଂ ପୌରୁଷର ଲକ୍ଷଣ ବୋଲି ହୁଏତ ସେମାନେ ମନେ କରିଥାନ୍ତି। ଦେଖାଯାଇଛି ଏଭଳି ବିପଦଜନକ ପରିସ୍ଥିତିରେ ପୁରୁଷଠାରୁ ନାରୀଟିଏ ଅଧିକ ସାହାଯ୍ୟ ପାଏ।

ଅବଶ୍ୟ କିଛି ଲୋକ ନିସ୍ୱାର୍ଥପର ଭାବେ ପରୋପକାର କରିବାରେ (altruism) ବିଶ୍ୱାସ ରଖନ୍ତି। ନିଜ ଜୀବନକୁ ବାଜି ଲଗେଇ ବା ନିଜ ସ୍ୱାର୍ଥ ପ୍ରତି ନଜର ନ ଦେଇ ଅନ୍ୟକୁ ସାହାଯ୍ୟ କରନ୍ତି। ଜଳନ୍ତା ନିଆଁ ବା ପାଣିରେ ପଶି ଅନ୍ୟର ଜୀବନ ରକ୍ଷା କରନ୍ତି। ପୁରସ୍କାର ଆଶା ନକରି ଆତ୍ମତ୍ୟାଗ କରନ୍ତି। ପିତା, ମାତା, ଶିକ୍ଷକ, ସାଙ୍ଗମାନଙ୍କ ଠାରେ ଏପରି ମନୋଭାବ ବାରମ୍ବାର ଦେଖିବା ଫଳରେ ଅନେକ ଲୋକ ଏପରି ମନୋବୃତ୍ତି ଓ ବ୍ୟବହାରର ଅନୁକରଣ କରଥାନ୍ତି। ପରୋପକାର ନ କରି କେବଳ ସେ ସମ୍ବନ୍ଧରେ ଭାଷଣ ଦେଉଥିବା ବାପାମା'ଙ୍କ ପିଲାମାନେ ପରୋପକାରୀ ହୁଅନ୍ତି ନାହିଁ। କିଛି ଲୋକଙ୍କର ସ୍ୱଭାବ ଓ ବ୍ୟକ୍ତିତ୍ୱ ଏପରି ଯେ, ସେମାନେ ଅନ୍ୟକୁ ସାହଯ୍ୟ କରିବାକୁ ଆଗେଇ ଆସନ୍ତି। ସହାନୁଭୂତି ଓ ସମାନୁଭୂତି ହେତୁ ସେମାନେ ବିପଦରେ ପଡ଼ିଥିବା ଲୋକର ସ୍ଥାନରେ ନିଜକୁ ରଖି ତାର ଆବେଗ, ପୀଡ଼ନ ଓ ଅନୁଭବକୁ ହୃଦୟଙ୍ଗମ କରିପାରନ୍ତି। ନୈତିକ ମୂଲ୍ୟବୋଧ ଉପରେ ସେମାନେ ଅଧିକ ଗୁରୁତ୍ୱ ଦିଅନ୍ତି। ଏଭଳି କାମରେ ଲାଭଟି ସାମାଜିକ ଓ ମାନସିକ ସ୍ତରରେ ଥାଏ। ସେମାନଙ୍କୁ ସାମାଜିକ ସ୍ୱୀକୃତି ଓ ପ୍ରଶଂସା ମିଳେ। ସାହାଯ୍ୟ ପାଇଥିବା ଲୋକର କୃତଜ୍ଞତା ଓ ଧନ୍ୟବାଦ ସେମାନଙ୍କୁ ଆତ୍ମସନ୍ତୋଷ ଆଣିଦିଏ। ସେମାନଙ୍କର ଆତ୍ମସମ୍ମାନ ଓ ମର୍ଯ୍ୟାଦା ବଢ଼େ। ଭାରତୀୟ ସଂସ୍କୃତିରେ ସେହି କାରଣରୁ ଶିକ୍ଷା ଦିଆ ଯାଇଥାଏ ଯେ, ଅନ୍ୟକୁ ସାହାଯ୍ୟ କଲେ ଭଗବାନ ସହାୟ ହୁଅନ୍ତି।

■

ମନ ଓ ଶରୀରଃ ଭିନ୍ନ ଅଥବା ଅଭିନ୍ନ !

ଆମେରିକାରେ କୋଲିଗାନ୍ ନାମକ ଜଣେ ବୟସ୍କ ବ୍ୟକ୍ତି ରହୁଥିଲେ । ତାଙ୍କ ବାମ ଆଣ୍ଠୁରେ ପ୍ରବଳ କଷ୍ଟ ହେଲା । ପ୍ରାୟ ପାଞ୍ଚ ବର୍ଷ ଧରି ଏ କଷ୍ଟ ସହିବା ପରେ ସେ ତାଙ୍କର ପରିବାର ଚିକିତ୍ସକଙ୍କୁ ପରାମର୍ଶ କରିଥିଲେ । ତାଙ୍କର ଗଣ୍ଠିରୋଗ (ଆର୍ଥ୍ରାଇଟିସ୍) ହୋଇଛି ବୋଲି ଚିକିତ୍ସକ କହିଲେ ଏବଂ ସେ ଏ ବ୍ୟାପାରରେ ବିଶେଷ କିଛି ସାହାଯ୍ୟ କରି ପାରିବେ ନାହିଁ ବୋଲି ତାଙ୍କର ଅସମର୍ଥତା ମଧ୍ୟ ଜଣାଇଦେଲେ । କିନ୍ତୁ କୋଲିଗାନ୍ ଏ ରୋଗରୁ ମୁକ୍ତ ପାଇବା ପାଇଁ ବ୍ୟାକୁଳତା ଦେଖେଇବାରୁ ତାଙ୍କର ଚିକିତ୍ସକ ଡକ୍ଟର ମୋସ୍‌ଲେ ନାମକ ଜଣେ ପ୍ରସିଦ୍ଧ ଆଣ୍ଠୁର ଶଲ୍ୟ ଚିକିତ୍ସକଙ୍କୁ ପରାମର୍ଶ କରିବାକୁ ଉପଦେଶ ଦେଲେ । ମୋସ୍‌ଲେ ଜଣେ ଖ୍ୟାତନାମା ଶଲ୍ୟ ଚିକିତ୍ସକ ଯାହାଙ୍କର ଜାତୀୟ ଓ ଅନ୍ତର୍ଜାତୀୟ ସ୍ତରରେ ଖୁବ ସୁନାମ ଅଛି । ସେ ଖାଲି ଶଲ୍ୟ ଚିକିତ୍ସାରେ ଦକ୍ଷ ନୁହଁନ୍ତି ଜଣେ ଅତି ଉଚ୍ଚକୋଟୀର ଗବେଷକ ଭାବରେ ମଧ୍ୟ ତାଙ୍କର ସୁଖ୍ୟାତି ଅଛି ବୋଲି କୋଲିଗାନ୍‌ଙ୍କର ଚିକିତ୍ସକ ତାଙ୍କୁ କହିଥିଲେ । ଖୁବ୍ ଶୀଘ୍ର କୋଲିଗାନ୍ ମୋସ୍‌ଲେଙ୍କୁ ସାକ୍ଷାତ କଲେ । ଏକ ବିରାଟ ହସ୍‌ପିଟାଲରେ ମୋସଲେ କାମ କରନ୍ତି । ତାଙ୍କର ଲୋକପ୍ରିୟତା ଦେଖି ତାଙ୍କ ସାଙ୍ଗରେ କଥାବାର୍ତ୍ତା କରି କୋଲିଗାନ୍ ଖୁବ୍ ପ୍ରଭାବିତ ହୋଇଗଲେ ।

ମୋସଲେ ତାଙ୍କୁ ଆଣ୍ଠୁରେ ଅସ୍ତ୍ରୋପଚାର କରିବା ପାଇଁ ପରାମର୍ଶ ଦେଲେ । ଆମେରିକାରେ ଆଣ୍ଠୁରୋଗ ବଢ଼ିବା ସହିତ ଅସ୍ତ୍ରୋପଚାର ସଂଖ୍ୟା ଖୁବ୍ ବଢ଼ିଯାଇଥାଏ । ମୋସ୍‌ଲେଙ୍କର ମନ ଭିତରେ ପ୍ରଶ୍ନ ଆନ୍ଦୋଳିତ ହେଉଥିଲା ଅସ୍ତ୍ରୋପଚାର ଫଳପ୍ରଦ ହେଉଛି ନା ଅସ୍ତ୍ରୋପଚାର ଯୋଗୁଁ ଆଣ୍ଠୁ ରୋଗ ଭଲ ହୋଇଯିବାର ବିଶ୍ୱାସ ଆଣ୍ଠୁକଷ୍ଟକୁ ଭଲ କରିଦେଉଛି ! ମୋସ୍‌ଲେ ଅସ୍ତ୍ରୋପଚାର ବିଷୟରେ ଏକ ଅଧ୍ୟୟନ କରିବାକୁ ଚାହିଁଲେ । ଅସ୍ତ୍ରୋପଚାର କରିବା ପାଇଁ ଅପେକ୍ଷା କରିଥିବା ରୋଗୀଙ୍କୁ ଦୁଇଭାଗରେ ବିଭକ୍ତ କରାଗଲା । ଅଧା ରୋଗୀଙ୍କ ଆଣ୍ଠୁରେ ଅସ୍ତ୍ରୋପଚାର କରାଗଲା । ଆଉ ଅଧା

ରୋଗୀଙ୍କୁ ଆନାସ୍ଥେସିଆ ଦିଆଗଲା। ଆଣ୍ଠୁରେ ଟିକେ ଖଣ୍ଡିଆ କରି ବ୍ୟାଣ୍ଡେଜ ଗୁଡ଼ାଇ ଦିଆଗଲା। କିନ୍ତୁ ପ୍ରକୃତ ଅସ୍ତ୍ରୋପଚାର କରାଗଲା ନାହିଁ। କୋଲିଗାନ୍‌ଙ୍କ କ୍ଷେତ୍ରରେ କୌଣସି ଅସ୍ତ୍ରୋପଚାର କରାଯାଇ ନଥିଲା। ଅଥଚ ପ୍ରକୃତରେ ଅସ୍ତ୍ରୋପଚାର କରାଯାଇଛି ବୋଲି ତାଙ୍କୁ କୁହାଯାଇଥିଲା। ଆଶ୍ଚର୍ଯ୍ୟର କଥା, କିଛି ଦିନ ପରେ କୋଲିଗାନ୍ ସଂପୂର୍ଣ୍ଣ ଭଲ ହୋଇଗଲେ ଏବଂ ତାଙ୍କର ଆଣ୍ଠୁରେ କୌଣସି ଯନ୍ତ୍ରଣା ନାହିଁ ବୋଲି ସେ କହିଲେ। ତାଙ୍କୁ ଭଲ କରିଦେଇଥିବାର ସବୁ ଶ୍ରେୟ ସେ ମୋସ୍‌ଲେଙ୍କୁ ଦେଇଥିଲେ। ପରବର୍ତ୍ତୀ ସମୟରେ ସେ ଯେବେବି ମୋସ୍‌ଲେଙ୍କୁ ଟେଲିଭିଜନ୍ ପର୍ଦ୍ଦାରେ ଦେଖନ୍ତି, ତାଙ୍କ ସ୍ତ୍ରୀ ଓ ପିଲାଙ୍କୁ ଡାକି ଦେଖାନ୍ତି ଆଉ କହନ୍ତି, "ଇଏ ଭଗବାନଙ୍କ ରୂପରେ ଆସି ମୋର ଆଣ୍ଠୁକୁ ସମ୍ପୂର୍ଣ୍ଣ ଭଲ କରିଦେଇଛନ୍ତି।"

ଜଣେ ରୋଗୀ ହିସାବରେ କୋଲିଗାନ୍‌ଙ୍କର ଅନୁଭୂତି ପରି ବହୁ ଲୋକଙ୍କର ଅନୁଭୂତି ରହିଛି। ଏଠାରେ ସବୁଠାରୁ ଗୁରୁତ୍ୱପୂର୍ଣ୍ଣ ଥିଲା କୋଲିଗାନ୍‌ଙ୍କର ମୋସ୍‌ଲେଙ୍କ ପ୍ରତି ଅଖଣ୍ଡ ବିଶ୍ୱାସ। ଦେଖାଯାଇଛି, ରୋଗୀର ବିଶ୍ୱାସ ଏବଂ ଆଶା ଚିକିତ୍ସାର କାର୍ଯ୍ୟକାରିତାକୁ ବଢ଼ାଇ ଦିଏ। କେବେକେବେ ବିନା ଚିକିତ୍ସାରେ ମଧ୍ୟ ରୋଗୀ ଭଲ ହୋଇଯାଏ। ଆମ ସମସ୍ତଙ୍କର ଏହିଭଳି ଅନୁଭୂତି ଥାଇପାରେ। ପ୍ରାୟ ସାତ ଦିନ ଧରି ପ୍ରବଳ ଥଣ୍ଡା ଓ ଜ୍ୱରରେ ପଡ଼ି କଷ୍ଟ ପାଇବା ପରେ ଚିକିତ୍ସକଙ୍କର ପରାମର୍ଶ ନେବାକୁ ଜଣେ ସ୍ଥିର କଲେ। ଯିବାବେଳେ ଜର ଛାଡୁ ନଥିବା ଚିନ୍ତାରେ ତାଙ୍କୁ ଖୁବ ଅବଶ ଲାଗୁଥାଏ। ଦୁର୍ବଳତା ଯୋଗୁଁ ସାଙ୍ଗରେ ଥିବା ପରିବାର ସଦସ୍ୟଙ୍କ ଉପରେ ସେ ଘନ ଘନ ବିରକ୍ତି ଭାବ ପ୍ରକାଶ କରୁଥାନ୍ତି। ଚିକିତ୍ସାଳୟରେ ପ୍ରବେଶ କଲାପରେ ସେ ଦେଖିଲେ ଚିକିତ୍ସକ ଏକ ସୌଖୀନ, ଦାମୀ ବିରାଟ ଗାଡ଼ିରେ ପହଞ୍ଚିଲେ। ତାଙ୍କ ଅପେକ୍ଷାରେ ବହୁତ ରୋଗୀ ବସିଥାନ୍ତି। ଚିକିତ୍ସକଙ୍କର ରାଜ୍ୟରେ ଖୁବ ସୁନାମ। ଚିକିତ୍ସକ ଜଣେ ଶାନ୍ତ, ସୌମ୍ୟ ଆକର୍ଷଣୀୟ ବ୍ୟକ୍ତିତ୍ୱସମ୍ପନ୍ନ ଭଦ୍ରଲୋକ। ତାଙ୍କ ପାଳି ଆସିଲା ପରେ ଚିକିତ୍ସକ ଧୈର୍ଯ୍ୟର ସହିତ ସହାନୁଭୂତି ଓ ସମାନୁଭୂତି ପୂର୍ବକ ତାଙ୍କର ପ୍ରତ୍ୟେକ କଥା ଶୁଣିଲେ। ହସି ହସି ତାଙ୍କୁ ପ୍ରବୋଧନା ଦେଇ କହିଲେ, 'ଭାଇରାଲ ଫିଭର ହୋଇଛି। ଆଜି ସଂଧ୍ୟା ସୁଦ୍ଧା ଜର ଛାଡ଼ି ଯିବ। ତୁମେ କାଲି ସୁସ୍ଥ ହୋଇଯିବ।' ହଠାତ୍ ସବୁ କଷ୍ଟ ଅନ୍ତର୍ଦ୍ଧାନ ହୋଇଗଲା। ଦୁର୍ବଳତା ମଧ୍ୟ କମିଗଲା। ଏକ୍‌ଦମ ଆରାମ ଲାଗିଲା। ପ୍ରାୟ ସତୁରିରୁ ଅଶୀ ପ୍ରତିଶତ କଷ୍ଟ ଓ ଲକ୍ଷଣ ପଳାଇବା ପରି ମନେ ହେଲା। ଖୁବ୍ ପ୍ରସନ୍ନ ହୋଇ ସେ ଘରକୁ ଫେରିଲେ।

ଚିକିତ୍ସକ ତ' କିଛି କରି ନାହାନ୍ତି। ଖାଲି ମନ ଦେଇ ସହାନୁଭୂତିର ସହ ତାଙ୍କ କଥା ଶୁଣିଛନ୍ତି ଓ ଭଲ ହୋଇଯିବ ବୋଲି କହିଛନ୍ତି। ସତୁରିରୁ ଅଶୀ ପ୍ରତିଶତ

କଷ୍ଟ କମିଗଲା କିପରି ? ଏପରି ପ୍ରଭାବକୁ ମନସ୍ତତ୍ତ୍ୱବିଦ୍‌ମାନେ 'ପ୍ଲାସିବୋ ଏଫେକ୍ଟ' (placebo effect) ବୋଲି କହନ୍ତି । ପ୍ଲାସିବୋ ଗୋଟିଏ ନିଷ୍କ୍ରିୟ ଚିକିତ୍ସା । କିନ୍ତୁ ରୋଗୀକୁ ଲାଗେ ସତେ ଯେପରି ତାକୁ ଏକ ପ୍ରଭାବଶାଳୀ ଚିକିତ୍ସା ଦିଆଯାଉଛି । ରୋଗୀକୁ ଏପରି ଲାଗିବାର ଏକମାତ୍ର କାରଣ ହେଲା ତାର ବିଶ୍ୱାସ । ଡାକ୍ତରଙ୍କର ସୁଖ୍ୟାତି, ଧୈର୍ଯ୍ୟର ସହ କଥା ଶୁଣିବା ଏବଂ ସକାରାତ୍ମକ କଥା କହିବା ସବୁ ମିଶି ତାକୁ ଏତେ ଆଶ୍ୱସ୍ତ ଲାଗିଲା ଯେ, ରୋଗଜନିତ ସବୁ କଷ୍ଟ ଅନ୍ତର୍ଦ୍ଧାନ ହୋଇଗଲା । ଦୁଶ୍ଚିନ୍ତା ଓ ଚାପଗ୍ରସ୍ତ ହୋଇ ଲୋକେ ମନ୍ଦିର ଯାଆନ୍ତି । ଠାକୁରଙ୍କ ପାଖରେ ଗୁହାରି କରନ୍ତି । ଠାକୁର କିଛି କରନ୍ତୁ ବା ନ କରନ୍ତୁ ମନ ହାଲୁକା ଲାଗେ । ଏ ପ୍ରକାର ମନୋଭାବ ମୂଳରେ ଥାଏ ଅସୀମ ବିଶ୍ୱାସ ।

ମିଷ୍ଟର ରାଇଟ୍‌ଙ୍କୁ ନେଇ ୧୯୫୭ ମସିହାରେ ସମଗ୍ର ଆମେରିକାରେ ଚହଳ ପଡି ଯାଇଥିଲା । ମିଷ୍ଟର ରାଇଟ୍ ମୁମୂର୍ଷୁ ଅବସ୍ଥାରେ ଲଙ୍ଗବିଚ୍ ହସପିଟାଲରେ ଭର୍ତ୍ତି ହୋଇଥିଲେ । ତାଙ୍କୁ କ୍ୟାନସର ହୋଇଥିଲା ଏବଂ ତାଙ୍କର ଅବସ୍ଥା ଏତେ ସଂକଟାପନ୍ନ ଥିଲା ଯେ, ଡାକ୍ତରମାନେ ତାଙ୍କର ଶେଷ ସମୟ ବୋଲି ବୁଝି ଯାଇଥିଲେ । ତାଙ୍କର କମଳା ଆକାରର ଗୋଟିଏ ବିରାଟ ଟ୍ୟୁମର ହୋଇଥିଲା । ମିଷ୍ଟର ରାଇଟ୍ ଶୁଣିଥିଲେ ଯେ, କ୍ରେବିଓଜେନ୍ ନାମକ ଏକ ଔଷଧ ଘୋଡାର ସିରମ୍‌ରୁ ପ୍ରସ୍ତୁତ କରାଯାଉଛି ଯାହା କ୍ୟାନସର ରୋଗ ପାଇଁ ଅବ୍ୟର୍ଥ ଔଷଧ ଭାବରେ ସାବ୍ୟସ୍ତ ହୋଇଛି ।

ତାଙ୍କ ଅନୁରୋଧରେ ତାଙ୍କୁ ଚିକିତ୍ସା କରୁଥିବା ଡାକ୍ତର ଫିଲିପ୍ ସେହି ଔଷଧର ଇଂଜେକ୍‌ସନ ଦେବାକୁ ରାଜି ହୋଇଗଲେ, ଯଦିଓ ସେ ଜାଣିଥିଲେ ସେହି ଇଂଜେକ୍‌ସନ ବା ଔଷଧର କୌଣସି ମୂଲ୍ୟ ନାହିଁ । ଇଂଜେକ୍‌ସନ ଦେବା ତିନିଦିନ ପରେ ଏକ ଆଶ୍ଚର୍ଯ୍ୟଜନକ ଘଟଣା ଘଟିଲା । ଫିଲିପ୍ ଦେଖିଲେ ଯେ ଶଯ୍ୟାରୁ ଆଦୌ ଉଠିପାରୁ ନଥିବା ମିଷ୍ଟର ରାଇଟ ଶଯ୍ୟା ଛାଡ଼ି ସୁସ୍ଥ ହୋଇ ବୁଲାବୁଲି ଆରମ୍ଭ କରିଛନ୍ତି ଏବଂ ନର୍ସମାନଙ୍କ ସହିତ ଥଟ୍ଟାମଜା ମଧ୍ୟ କରୁଛନ୍ତି । ତାଙ୍କୁ ଆହୁରି ଆଶ୍ଚର୍ଯ୍ୟ କରିଥିଲା ଯେତେବେଳେ ସେ ପରୀକ୍ଷା କରି ଦେଖିଲେ ଯେ ତାଙ୍କର କମଳା ଆକାରର ଟ୍ୟୁମରଟି ଅପେକ୍ଷାକୃତ ଛୋଟ ହୋଇଯାଇଛି । ପ୍ରାୟ ଦଶଦିନ ଭିତରେ ସେ ଏତେ ସୁସ୍ଥ ଅନୁଭବ କଲେ ଯେ ତାଙ୍କୁ ଘରକୁ ପଠେଇ ଦିଆଗଲା । ପ୍ରାୟ ଦୁଇମାସ ପରେ ଏକ ମେଡିକାଲ ଜର୍ଣ୍ଣାଲରୁ ମିଷ୍ଟର ରାଇଟ୍ ଜାଣିବାକୁ ପାଇଲେ ଯେ କ୍ରେବିଓଜେନ ଏକ ଠକ ଔଷଧ । ତତ୍‌କ୍ଷଣାତ ତାଙ୍କର ପୂର୍ବ ଲକ୍ଷଣ ଗୁଡ଼ିକ ଆବିର୍ଭାବ ହେଲା । ସେ ପୁଣି ସାଙ୍ଘାତିକ ଭାବରେ ଅସୁସ୍ଥ ହୋଇଗଲେ ଏବଂ ହସପିଟାଲ୍‌ରେ ଭର୍ତ୍ତି ହେଲେ । ଫିଲିପ୍ ତାଙ୍କୁ ବୁଝେଇଲେ, ସେ ଯାହା ପଢ଼ିଥିଲେ ସେ ସବୁ ଭୁଲ୍ ଥିଲା । ବର୍ତ୍ତମାନ ଘୋଡ଼ା ସିରମ୍‌ରୁ

ପ୍ରସ୍ତୁତ ଆହୁରି ଅଧିକ ଶକ୍ତିଶାଳୀ ଔଷଧ ବାହାରିଛି, ଯାହାକି ଅଧିକ ଫଳପ୍ରଦ ହେଉଛି। ଏହାପରେ ଫିଲିପ୍ ଇଂଜେକ୍‌ସନ ଆକାରରେ ତାଙ୍କୁ କିଛି ସାଦା ପାଣି ଦେଇଥିଲେ। ଆଶ୍ଚର୍ଯ୍ୟର କଥା ପୁଣି ଟ୍ୟୁମରର ଆକାର କମିବାକୁ ଲାଗିଲା। ଦୁଇମାସ ମିଷ୍ଟର ରାଇଟ୍ ଭଲ ରହିଲେ। ପୁଣି ତାଙ୍କର ସ୍ୱାସ୍ଥ୍ୟର ଉନ୍ନତି ହେବାକୁ ଲାଗିଲା। ସେ ଆଉ ଗୋଟିଏ ମେଡିକାଲ ଜର୍ଣ୍ଣାଲରେ ପଢ଼ିଲେ ଯେ କ୍ରେବିଓଜେନ୍ ଏକ ମୂଲ୍ୟହୀନ ଔଷଧ ଯାହାର କ୍ୟାନସରକୁ ଭଲ କରିବାର ସାମର୍ଥ୍ୟ ନାହିଁ। ଏ ଖବର ପଢ଼ିବାର ଦୁଇଦିନ ପରେ ସେ ମରିଗଲେ। ଉପର ବର୍ଣ୍ଣିତ ଘଟଣାଗୁଡ଼ିକ ସତ୍ୟତା ଉପରେ ଆଧାରିତ।

ବିଶ୍ୱାସ ବା ପ୍ରତ୍ୟାଶା (placebo) ର ପ୍ରଭାବ ଚିକିତ୍ସାର ଏକ ଗୁରୁତ୍ୱପୂର୍ଣ୍ଣ ଉପାଦାନ ବୋଲି ଗବେଷଣାରୁ ଜଣାପଡ଼ିଛି। ପ୍ରାୟ ଦୁଇଶହରୁ ଅଧିକ ଗବେଷଣା ଲବ୍ଧ ଅନୁଚ୍ଛେଦକୁ ସମୀକ୍ଷା କରି ଟର୍ନର ଏବଂ ତାଙ୍କ ସହଯୋଗୀ ଗବେଷକମାନେ (୧୯୯୪) ମତ ଦେଇଛନ୍ତି ଯେ ବିଶ୍ୱାସ ବା ପ୍ରତ୍ୟାଶା ଚିକିତ୍ସାରେ ଆରୋଗ୍ୟ ଲାଭ କରିବା ଦିଗରେ ପ୍ରାୟ ପଇଁତିରିଶ ରୁ ଚାଳିଶ ପ୍ରତିଶତ ସହାୟକ ହୁଏ। କିରଚ୍ ଏବଂ ମୁରେଙ୍କ (୨୦୦୨) ପରି କେତେକ ଗବେଷକ ଏହାର ପ୍ରଭାବକୁ ଆରୋଗ୍ୟ କରିବାରେ ଅଶୀ ପ୍ରତିଶତ ଯାଏଁ ସହାୟକ ବୋଲି ମଧ ମତପୋଷଣ କରିଛନ୍ତି। ଗବେଷଣାରୁ ଦେଖାଯାଇଛି ଆଜ୍‌ମା, ନିଦ୍ରାହୀନତା, ଉଚ୍ଚ ରକ୍ତଚାପ, ନିମ୍ନ ପଶ୍ଚାତ୍‌ଭାଗରେ ହେଉଥିବା ପୀଡ଼ା, ମୁଣ୍ଡବିନ୍ଧା, ପୋଡା ଘା'ର କଷ୍ଟ ଏବଂ ଉଦ୍‌ବେଗକୁ କମେଇବାରେ ପ୍ଲାସିବୋ ଖୁବ୍ ସହାୟକ ହୁଏ। କିନ୍ତୁ ହାଡ ଭାଙ୍ଗି ଥିଲେ ପ୍ଲାସିବୋ ଆଦୌ କାମ କରେନାହିଁ। ପ୍ଲାସିବୋ ଶଲ୍ୟଚିକିତ୍ସା ପାର୍କିନ୍‌ସନ ରୋଗକୁ ଅନେକ ସମୟରେ ଭଲ କରିଦିଏ। ପ୍ଲାସିବୋ କଷ୍ଟ ନିବାରକ (pain killer) ମସ୍ତିଷ୍କର କାର୍ଯ୍ୟକଳାପକୁ ପ୍ରଭାବିତ କରେ ଏବଂ ପ୍ରକୃତ କଷ୍ଟ ନିବାରକ ପରି କାର୍ଯ୍ୟ କରେ। କ୍ୟାଲିଫର୍ଣ୍ଣିଆର ବୈଜ୍ଞାନିକମାନେ କହିଛନ୍ତି ଯେ, ପ୍ଲାସିବୋ କଷ୍ଟ ନିବାରକ ନେଲେ ମସ୍ତିଷ୍କ ନିଜେ ନିଜେ କଷ୍ଟ ନିବାରକ ହରମୋନ୍ ସୃଷ୍ଟି କରେ। ବ୍ରେନ୍ ସ୍କାନର ଦ୍ୱାରା ବୈଜ୍ଞାନିକମାନେ ପ୍ଲାସିବୋ କିପରି କାମ କରୁଛି ତାହା ବୁଝିବାକୁ ଚେଷ୍ଟା କରିଛନ୍ତି। ପ୍ଲାସିବୋ ଔଷଧ ନେଲେ ମସ୍ତିଷ୍କ ଭାବେ ତାକୁ ପ୍ରକୃତ ଔଷଧ ମିଳିଲା। ଏହି ବିଶ୍ୱାସ ଓ ତଦ୍‌ଜନିତ ଆଶ୍ୱସ୍ତି ଯୋଗୁଁ ମସ୍ତିଷ୍କ ପ୍ରାକୃତିକ ଭାବରେ ଜୈବ ରାସାୟନିକ ପଦାର୍ଥ କ୍ଷରଣ କରେ, ଯାହା ଅସୁସ୍ଥତାକୁ ହ୍ରାସ କରିଦିଏ। ପ୍ଲାସିବୋର ପ୍ରଭାବରେ ଆଶା ବଢ଼ିଯାଏ ଏବଂ ଅଧିକରୁ ଅଧିକ ଏଣ୍ଡୋରଫିନ୍‌ସ୍ ହରମୋନ ନିର୍ଗତ ହୁଏ, ଯାହା କଷ୍ଟକୁ କମ୍ କରିଦିଏ। ପ୍ଲାସିବୋ ଶରୀରରେ ପ୍ରବାହିତ ହେଉଥିବା ବିଭିନ୍ନ ସ୍ନାୟୁ ସଂଚାରକମାନଙ୍କ (neurotransmitters) ସ୍ରାବକୁ ସମ୍ପୂର୍ଣ୍ଣ ଭାବରେ ପ୍ରଭାବିତ କରେ।

ଅଧ୍ୟୟନରୁ ପ୍ରମାଣିତ ହୋଇଛି ଯେ, ଛୋଟ ତୁଳନାରେ ବଡ଼ ଔଷଧ ବଟିକା, କଳାଧଳା ତୁଳନାରେ ରଙ୍ଗିନ୍ ବଟିକା, ବଟିକା ତୁଳନାରେ କ୍ୟାପ୍‌ସୁଲ, ଗୋଟିଏ ଥର ଔଷଧ ବଦଳରେ ଦୁଇଥର ଔଷଧ ନେବା, ଔଷଧ ଖାଇବା ତୁଳନାରେ ଇଂଜେକ୍‌ସନ ନେବା ଏବଂ ପରିଶେଷରେ ଔଷଧ ଇଂଜେକ୍‌ସନ ନେବା ତୁଳନାରେ ଅସ୍ତ୍ରୋପଚାର କଲେ ଚିକିତ୍ସା କ୍ଷେତ୍ରରେ ଏହାର ପ୍ରଭାବ ଅଧିକ ହୁଏ।

ପ୍ଲାସିବୋ (ବିଶ୍ୱାସ) ଯେପରି ସକାରାତ୍ମକ ପ୍ରଭାବ ପକାଏ ସେହିପରି ନକାରାତ୍ମକ ପ୍ରଭାବ ମଧ୍ୟ ପକାଏ। ନକାରାତ୍ମକ ପ୍ରଭାବକୁ 'ନୋସିବୋ ଏଫେକ୍ଟ' (nocebo effect) ବୋଲି କୁହାଯାଏ। ଗୋଟିଏ ଅଧ୍ୟୟନରେ ଭାଗ ନେଇଥିବା ଭଲ୍ୟୁଣ୍ଟିଅରମାନଙ୍କୁ ଦୁଇ ଦଳରେ ବିଭକ୍ତ କରାଯାଇଥିଲା। ଗୋଟିଏ ଦଳ ପ୍ରାୟୋଗିକ ଦଳ (experimental group) ଏବଂ ଅନ୍ୟଟି ନିୟନ୍ତ୍ରଣ ଦଳ (control group)। ଦୁଇ ଦଳର ଲୋକମାନଙ୍କୁ କୁହାଗଲା ଯେ ସେମାନଙ୍କୁ ଏପିନେଫ୍ରାଇନ୍ ହରମୋନ୍ ଇଂଜେକ୍‌ସନ ଆକାରରେ ଦିଆଯିବ। ଆବେଗିକ ଉତ୍ତେଜନା ବଢ଼ିଲେ ଏପିନେଫ୍ରାଇନ୍ ହରମୋନ ପ୍ରାକୃତିକ ଭାବରେ ନିର୍ଗତ ହୁଏ। ଏହି ହରମୋନ୍ ଇଂଜେକ୍‌ସନ ଆକାରରେ ନେଲେ ସେମାନଙ୍କର ହୃଦୟର ସ୍ପନ୍ଦନ ବଢ଼ିଯିବା ସଙ୍ଗେ ସଙ୍ଗେ ଉଦ୍‌ବେଗ ବଢ଼ିବ ଏବଂ ଅସହଜ ଲାଗିବ। ପ୍ରାୟୋଗିକ ଦଳରେ ଥିବା ସଦସ୍ୟଙ୍କୁ ଏପିନେଫ୍ରାଇନ୍ ହରମୋନ୍‌ର ଇଂଜେକ୍‌ସନ୍ ଦିଆଯାଇଥିଲା ଏବଂ ନିୟନ୍ତ୍ରଣ ଦଳରେ ଥିବା ସଦସ୍ୟମାନଙ୍କୁ ଲୁଣ ପାଣିକୁ ଇଂଜେକ୍‌ସନ ଆକାରରେ ଦିଆଯାଇଥିଲା। ଦେଖାଗଲା, ପ୍ରକୃତରେ ଏପିନେଫ୍ରାଇନ୍ ଇଂଜେକ୍‌ସନ ନେବା ଲୋକଙ୍କ ଠାରୁ ଲୁଣପାଣି ଇଂଜେକ୍‌ସନ ନେଇ ଥିବା ଲୋକେ ଅଧିକ ନକାରାତ୍ମକ ପ୍ରତିକ୍ରିୟା ଦେଖାଇଥିଲେ ଏବଂ ସେମାନଙ୍କୁ ଖୁବ୍ ଖରାପ ଲାଗୁଛି ବୋଲି ପ୍ରତିକ୍ରିୟାରେ କହିଥିଲେ। ଏଭଳି ପ୍ରତିକ୍ରିୟାକୁ 'ନୋସିବୋ ଏଫେକ୍ଟ' ବୋଲି କୁହାଯାଏ।

ଉପରେ ବର୍ଣ୍ଣିତ ସତ୍ୟ ଘଟଣା ଓ ପ୍ଲାସିବୋ ବା ବିଶ୍ୱାସର ପ୍ରଭାବ ଉପରେ ଆଧାରିତ ଘଟଣାଗୁଡ଼ିକର ଅବତାରଣା କରିବାର ମୁଖ୍ୟ ଉଦ୍ଦେଶ୍ୟ ହେଲା, ମଣିଷର ବିଶ୍ୱାସ, ପ୍ରତ୍ୟାଶା, ଆବେଗ, ମନୋଭାବ, ଅନୁଭୂତି ଓ ଜୀବନଶୈଳୀ କିପରି ତାର ଶାରୀରିକ ସ୍ୱାସ୍ଥ୍ୟକୁ ପ୍ରଭାବିତ କରେ ଏବଂ ସୁସ୍ଥ ବା ଅସୁସ୍ଥ ରହିବା ବ୍ୟାପାରରେ ଗୁରୁତ୍ୱପୂର୍ଣ୍ଣ ଭୂମିକା ନିର୍ବାହ କରେ। ମନ ଖୁବ୍ ଶକ୍ତିଶାଳୀ। ମାନସିକ ସ୍ଥିତି ସମ୍ପୂର୍ଣ୍ଣ ଭାବରେ ଶାରୀରିକ ସ୍ଥିତିକୁ ନିୟନ୍ତ୍ରିତ କରିଥାଏ। ମାନସିକ ସ୍ଥିତିର ପରିଣାମ ହିଁ ଶାରୀରିକ ସ୍ୱାସ୍ଥ୍ୟ। କିନ୍ତୁ ପ୍ରାୟ ୧୯୭୦ ମସିହା ପର୍ଯ୍ୟନ୍ତ ସ୍ୱାସ୍ଥ୍ୟ ଏବଂ ଅସୁସ୍ଥତା ବ୍ୟାପାରରେ ବୈଜ୍ଞାନିକ ଓ ଚିକିତ୍ସକମାନଙ୍କର ଅଭିବିନ୍ୟାସ ସମ୍ପୂର୍ଣ୍ଣ ଭିନ୍ନ ଥିଲା।

ଶାରୀରିକ ସ୍ୱାସ୍ଥ୍ୟକୁ ସମ୍ପୂର୍ଣ୍ଣ ଭାବରେ ଶାରୀରିକ ପ୍ରକ୍ରିୟାର ଦୃଷ୍ଟିକୋଣରୁ ବିଚାର କରୁଥିଲେ। ମାନସିକ ଉପାଦାନ ବା ମାନସିକ ପ୍ରକ୍ରିୟାକୁ ଆଦୌ ଗୁରୁତ୍ୱ ଦିଆ ଯାଉନଥିଲା। ଏଭଳି ଧାରଣା ସେହି ସମୟରେ ଆବିଷ୍କୃତ ହୋଇଥିବା ଦୁଇଟି ବୈଜ୍ଞାନିକ ତଥ୍ୟ ଉପରେ ମୁଖ୍ୟତଃ ଆଧାରିତ ଥିଲା।

୧୮୫୯ ମସିହାରେ ପ୍ରସିଦ୍ଧ ବୈଜ୍ଞାନିକ ଚାର୍ଲସ ଡାରଓ୍ୱିନ "ବିବର୍ତ୍ତନବାଦ ତତ୍ତ୍ୱ" ତାଙ୍କର ପ୍ରସିଦ୍ଧ ପୁସ୍ତକ "ଦି ଅରିଜିନ୍ ଅଫ୍ ଦି ସ୍ପେସିଜ୍ ବାଇ ଦି ମିନସ୍ ଅଫ ନାଚୁରାଲ ସିଲେକ୍ସନ୍" (The origin of the species by the means of natural selection) ପୁସ୍ତକରେ ପ୍ରକାଶ କଲେ। କିପରି ସମଗ୍ର ପ୍ରାଣୀ ଜଗତ ସୃଷ୍ଟି ହେଲା, ଏକକୋଷୀରୁ ବହୁକୋଷୀ ପ୍ରାଣୀର ବିକାଶଜନିତ କ୍ରମିକ ପରିବର୍ତ୍ତନ ହୋଇ ଶେଷରେ ମଣିଷର ସୃଷ୍ଟି ହେଲା, ସେ ବିଷୟରେ ବିଷଦ ଆଲୋଚନା ଏ ପୁସ୍ତକରେ ସ୍ଥାନ ପାଇଛି। ଡାରଓ୍ୱିନଙ୍କର ଏହି ତତ୍ତ୍ୱ ପ୍ରମାଣିତ ହେବା ପରେ ଏକ ଧାରଣା ବଳବତ୍ତର ହେଲା ଯେ, ଆମେ ପ୍ରକୃତିର ଅଂଶ। ଆମେ ପ୍ରକୃତିରୁ ହିଁ ସୃଷ୍ଟ। ମଣିଷର କେବଳ ଏକ ଜୈବିକ ସତ୍ତା ବା ଜୈବିକ ପରିଚୟ ରହିଛି। ୧୫୯୫ ମସିହାରୁ ଅଣୁବୀକ୍ଷଣ ଯନ୍ତ୍ରର ଉଦ୍ଭାବନ ହୋଇଥିଲେ ମଧ୍ୟ ପରବର୍ତ୍ତୀ ଶତାବ୍ଦୀ ଗୁଡ଼ିକରେ ଅଣୁବୀକ୍ଷଣ ଯନ୍ତ୍ର ସାହାଯ୍ୟରେ ଅଣୁ ସମ୍ବନ୍ଧୀୟ ଗବେଷଣା (microscopy medicine) ଏବଂ ମୃତ ଶରୀର ପରୀକ୍ଷା ସମ୍ବନ୍ଧୀୟ ଗବେଷଣା (autopsy medicine) ଅଧିକ ହେଲା। ଊନବିଂଶ ଶତାବ୍ଦୀ ବେଳକୁ ମାଇକ୍ରୋସ୍କୋପ୍ ସାହାଯ୍ୟରେ କ୍ଷୁଦ୍ରାଦପି କ୍ଷୁଦ୍ର ଜୀବାଣୁ ଏବଂ ଭୂତାଣୁମାନଙ୍କୁ ଚିହ୍ନଟ କରାଗଲା ଏବଂ ସେମାନେ ଶରୀର ମଧ୍ୟରେ ପ୍ରବେଶ କରି କିପରି ଭିନ୍ନ ଭିନ୍ନ ରୋଗ ସୃଷ୍ଟି କରୁଛନ୍ତି, ତାହାର ପ୍ରମାଣ ମିଳିଲା। ତେଣୁ ଏକ ପ୍ରକାର ଧାରଣା ଦୃଢ଼ୀଭୂତ ହେବାକୁ ଲାଗିଲା ଯେ, ସବୁ ରୋଗର ଉତ୍ପତ୍ତିର କାରଣ ଜୈବିକ ବା ଶାରୀରିକ। ଶରୀରର ସୁସ୍ଥତା ଅଥବା ଅସୁସ୍ଥତା ପାଇଁ କେବଳ ଶାରୀରିକ ବା ଜୈବିକ ବିକୃତି ହିଁ ଦାୟୀ। ଯେପରି ଜିନ୍‌ଗତ ତ୍ରୁଟି ବା ଜୀବକୋଷର କୌଣସି ଦୋଷତ୍ରୁଟି ରହିଲେ ବା ପୂର୍ବପୁରୁଷଙ୍କ ଠାରୁ କୌଣସି ଜିନ୍‌ଗତ ସମସ୍ୟା ଉତ୍ତରାଧିକାରୀ ସୂତ୍ରରୁ ପ୍ରାପ୍ତ ହୋଇଥିଲେ ଅନେକ ପ୍ରକାର ଅସୁସ୍ଥତା ଦେଖାଯାଏ। ଡୋପାମାଇନ୍, ସେରୋଟୋନିନ୍, ଗାବା, ଏପିନେଫ୍ରାଇନ୍, ନରଏପିନେଫ୍ରାଇନ୍ ଆଦି ଅନେକ ଗୁଡ଼ିଏ ସ୍ନାୟୁ ସଂଚାରକ (neurotransmitter) ନିର୍ଗତ ହୁଏ। ଏହି ସ୍ନାୟୁ ସଂଚାରକମାନଙ୍କର ମାତ୍ରା ବୃଦ୍ଧି ହେଲେ ବା ହ୍ରାସ ହେଲେ ଅସୁସ୍ଥତା ଦେଖାଦିଏ। ସେହି ପରିପେକ୍ଷୀରେ ଚିକିତ୍ସା ମଧ୍ୟ କରାଯାଏ। ଔଷଧ ମାଧ୍ୟମରେ ସ୍ନାୟୁ ସଂଚାରକମାନଙ୍କର ମାତ୍ରା ହ୍ରାସ ବା ବୃଦ୍ଧି କରାଯାଇଥାଏ। ଶରୀର ରଚନା ସମ୍ବନ୍ଧୀୟ କୌଣସି ସମସ୍ୟା ଥିଲେ ଅସ୍ତ୍ରୋପଚାର

କରାଯାଏ। କୌଣସି ଭୂତାଣୁ ବା ଜୀବାଣୁ ସଂସ୍ପର୍ଶରେ ଆସି ସଂକ୍ରମିତ ହେଲେ ଆଣ୍ଟିବାଓଟିକ୍ ବା ବିଭିନ୍ନ ଔଷଧ ଦ୍ୱାରା ଚିକିତ୍ସା କରାଯାଏ। ଏପରି ଚିନ୍ତାଧାରାକୁ 'ଜୈବ ଚିକିତ୍ସା ରୀତି' (bio-medical model of medicine) ବୋଲି କୁହାଯାଏ। ପ୍ରାୟ ତିନିଶହ ବର୍ଷ ଧରି ଏହି ଜୈବ ଚିକିତ୍ସା ରୀତି ପ୍ରଚଳିତ ରହିଥିଲା। ଏବେ ମଧ୍ୟ ଏହି ମଡେଲର ପ୍ରଚଳନ ଅଧିକ। ପୂର୍ବରୁ ଶାରୀରିକ ସ୍ୱାସ୍ଥ୍ୟ ପାଇଁ ମାନସିକ ସ୍ୱାସ୍ଥ୍ୟର ଯେ କୌଣସି ଭୂମିକା ଅଛି ବା ନାହିଁ, ସେ ପରିପ୍ରେକ୍ଷୀରେ କେବେ ଚିନ୍ତା କରା ଯାଉନଥିଲା। ଗବେଷଣା ଓ ଚିକିତ୍ସା କେବଳ ଜୈବ ଚିକିତ୍ସା ରୀତି ଆଧାରରେ କରାଯାଉଥିଲା। ଜୈବ ଚିକିତ୍ସା ରୀତି ଅନୁସାରେ ମନ ଓ ଶରୀର ସ୍ୱାଧୀନ ଭାବରେ କାର୍ଯ୍ୟ କରେ। ମନ ଶରୀରକୁ ପ୍ରଭାବିତ କରେ ନାହିଁ ଏବଂ ଶରୀର ମଧ୍ୟ ମନକୁ ପ୍ରଭାବିତ କରେ ନାହିଁ। କାଳକ୍ରମେ ଏହି ମଡେଲର ବହୁ ଦୁର୍ବଳତା ଓ ତ୍ରୁଟି ପରିଲକ୍ଷିତ ହେଲା। ଯଦି ଶହେ ଜଣ ଲୋକ ଏକ ନିର୍ଦ୍ଦିଷ୍ଟ ଜୀବାଣୁ ବା ଭୂତାଣୁ ସଂସ୍ପର୍ଶରେ ଆସୁଛନ୍ତି ସମସ୍ତେ ସଂକ୍ରମିତ ହେଉ ନାହାନ୍ତି କାହିଁକି ? ଉଦାହରଣ ସ୍ୱରୂପ ଶହେ ଜଣ ବ୍ୟକ୍ତି ମିଳିମିଳା ଭୂତାଣୁ ସଂସ୍ପର୍ଶରେ ଆସିଲେ ମଧ୍ୟ ହୁଏତ ଶେଷରେ ପାଞ୍ଚ/ଦଶ ଜଣ ମିଳିମିଳାରେ ସଂକ୍ରମିତ ହେଉଛନ୍ତି। ଆମ ଚାରିପଟେ ଅସଂଖ୍ୟ ଜୀବାଣୁ ଓ ଭୂତାଣୁ ରହିବା ସତ୍ତ୍ୱେ ଏବଂ ଆମେ ସେମାନଙ୍କର ସଂସ୍ପର୍ଶରେ ଆସୁଥିଲେ ସୁଦ୍ଧା ସବୁବେଳେ ସଂକ୍ରମିତ ହେଉନାହିଁ କାହିଁକି ? ଅବସାଦଗ୍ରସ୍ତ ବା ଚାପଯୁକ୍ତ ରହିଲେ ରୋଗ ବା ଅସୁସ୍ଥତାର ସମ୍ଭାବନା ବଢ଼ି ଯାଉଛି କାହିଁକି ? ଏସବୁର ସନ୍ତୋଷଜନକ ଉତ୍ତର ଜୈବ ଚିକିତ୍ସା ରୀତିରୁ ମିଳିଲା ନାହିଁ।

ଉଣେଇଶହ ସତୁରି ଏବଂ ଅଶୀ ଦଶକ ବେଳକୁ ବୈଜ୍ଞାନିକ, ଚିକିତ୍ସକ ଓ ମନସ୍ତତ୍ତ୍ୱବିଦ୍‌ମାନେ ଅନୁଭବ କଲେ ଯେ, ମଣିଷର ମାନସିକ ଅବସ୍ଥା ହିଁ ତାର ଶାରୀରିକ ସ୍ଥିତିକୁ ନିର୍ଦ୍ଧାରଣ କରୁଛି। ଶରୀର ଅସୁସ୍ଥ ହେଲେ ଖାଲି ମାନସିକ ସ୍ୱାସ୍ଥ୍ୟ ଖରାପ ହୁଏ ନାହିଁ, ମାନସିକ ସ୍ୱାସ୍ଥ୍ୟ ଖରପ ରହିଲେ ଶାରୀରିକ ସ୍ୱାସ୍ଥ୍ୟ ମଧ୍ୟ ଖରାପ ହୋଇଯାଏ। ମନ ଓ ଶରୀର ଅଭିନ୍ନ ଏବଂ ପରସ୍ପରକୁ ପ୍ରଭାବିତ କରନ୍ତି। ମନୁଷ୍ୟ ଏକମାତ୍ର ପ୍ରାଣୀ ଯାହାର ବୌଦ୍ଧିକ ଶକ୍ତି ଅଛି। ତୀବ୍ର ଆବେଗ ଅଛି। ଉଚ୍ଚ ଧରଣର ଚିନ୍ତା କରିବାର ଶକ୍ତି ଅଛି। ସୃଜନଶୀଳତା ଅଛି। ମନୁଷ୍ୟର ଅତି ଶକ୍ତିଶାଳୀ ମସ୍ତିଷ୍କ ରହିଛି, ଯାହାର ଶରୀର ଉପରେ ପ୍ରଭାବ ମଧ୍ୟ ରହିଛି।

ବୈଜ୍ଞାନିକମାନେ ପ୍ରମାଣ କରିସାରିଲେଣି ଯେ, ମନ ଓ ଶରୀର ଅଙ୍ଗାଅଙ୍ଗୀ ଭାବରେ ଜଡ଼ିତ। ଯେପରି ମଣିଷ ଭୟଭୀତ ହେଲେ ଅଧିକ ପରିମାଣରେ ଆଡ୍ରେନାଲିନ୍ ହରମୋନ୍ ନିର୍ଗତ ହୁଏ। ଚାପଯୁକ୍ତ ହେଲେ କର୍ଟିସୋଲ୍ ହରମୋନ୍‌ର ସ୍ରାବ ବଢ଼ିଯାଏ।

ଖୁବ୍ ରାଗିଲେ, ଚିଡ଼ାଚିଡ଼ି କଲେ ରକ୍ତରେ କୋଲେଷ୍ଟ୍ରଲ୍‌ର ପରିମାଣ ବଢ଼ିଯାଏ। ମଣିଷ ଖୁସି ରହିଲେ ଅଧିକରୁ ଅଧିକ ଏଣ୍ଡୋରଫିନ୍‌ସ ହରମୋନ୍ ନିର୍ଗତ ହୁଏ। ପ୍ରେମରେ ପଡ଼ିଲେ ଅକ୍‌ସିଟୋସିନ୍ ହରମୋନ୍‌ର ସ୍ରାବ ବଢ଼ିଯାଏ। ଯାହାଫଳରେ ମନ ଖୁସି ରହେ, ମଣିଷ ଚାପମୁକ୍ତ ହୁଏ ଓ କିଛି ସମୟ ପାଇଁ ସେ ଉଦାରଚିତ୍ତ ମଧ୍ୟ ହୋଇଯାଏ। ଚାପଯୁକ୍ତ ହେଲେ ମଣିଷର ପ୍ରତିରୋଧ ବ୍ୟବସ୍ଥା (immune system) ମଧ୍ୟ ପ୍ରଭାବିତ ହୁଏ। ଏହା ଉପରେ ବୈଜ୍ଞାନିକ ଜେମଟ୍ ଓ ମ୍ୟାଗଲଏର୍ (୧୯୮୮) ମସିହାରେ ଏକ ଅଧ୍ୟୟନ କରିଥିଲେ। ସାଧାରଣତଃ ଦେଖାଯାଏ, ପରୀକ୍ଷା ପୂର୍ବରୁ କଲେଜରେ ପଢୁଥିବା ଛାତ୍ରଛାତ୍ରୀଙ୍କୁ ଥଣ୍ଡା, ସର୍ଦ୍ଦି, ଜ୍ୱର ଏବଂ ଶ୍ୱାସନଳୀର ଉପରିଭାଗରେ ଅଧିକ ସଂକ୍ରମଣ ହୁଏ। ଆମ ଶରୀର ମଧ୍ୟରେ ଇମ୍ୟୁନୋଗ୍ଲୋବୁଲିନ୍ ଏ (immunoglobulin A) ନାମକ ଏକ ପଦାର୍ଥ ଥାଏ ଯାହା ଆମ ଶରୀରକୁ ବିଭିନ୍ନ ସଂକ୍ରମଣରୁ ରକ୍ଷା କରେ। ତେଣୁ ପରୀକ୍ଷା ପୂର୍ବରୁ ଏହି ଦୁଇ ଗବେଷକ ଛାତ୍ରଛାତ୍ରୀମାନଙ୍କର ଲାଳ ସଂଗ୍ରହ କରି ଇମ୍ୟୁନୋଗ୍ଲୋବୁଲିନ୍- ଏ ର ମାତ୍ରା ପରୀକ୍ଷା କରିଥିଲେ। ଦେଖାଗଲା ପରୀକ୍ଷା ପୂର୍ବରୁ ଛାତ୍ରଛାତ୍ରୀମାନେ ଚାପଯୁକ୍ତ ରହୁଥିବାରୁ ତାଙ୍କ ଲାଳରେ ଇମ୍ୟୁନୋଗ୍ଲୋବୁଲିନ୍- ଏ ର ମାତ୍ରା କମିଯାଇଥିଲା। ପରୀକ୍ଷା ସରିବା ପରେ ପରେ ସେମାନେ ଚାପମୁକ୍ତ ହୋଇଗଲେ ଏବଂ ଏହାର ମାତ୍ରା ସ୍ୱାଭାବିକ ଅବସ୍ଥାକୁ ଆସିଗଲା।

ଚାପଯୁକ୍ତ ହେଲେ ରକ୍ତଚାପ, ରକ୍ତରେ ଶର୍କରାର ପରିମାଣ ବୃଦ୍ଧି ପାଇବା ସହିତ କ୍ୟାନସର ରୋଗ ହେବାର ସମ୍ଭାବନା ମଧ୍ୟ ବଢ଼ିଯାଏ। ଗବେଷଣାରୁ ଜଣାପଡ଼ିଛି ଯେ, ପ୍ରତ୍ୟେକ ବୃକ୍ଷଲତା ଓ ପଶୁପକ୍ଷୀ ନିଜ ଶରୀରରେ ଗୋଟିଏ ବା ତଦୂର୍ଦ୍ଧ୍ୱ ଭୂତାଣୁଙ୍କୁ ଆଶ୍ରୟ ଦେଇଥାନ୍ତି। ସେହିପରି ମଣିଷ ଶରୀରରେ ପ୍ରାୟ ଶହେରୁ ଉର୍ଦ୍ଧ୍ୱ ଥଣ୍ଡା ଜ୍ୱର ସୃଷ୍ଟି କରୁଥିବା ଭୂତାଣୁ ଆଶ୍ରୟ ନେଇଥାନ୍ତି। ଶରୀର ଚାପଗ୍ରସ୍ତ ହେଲେ ରୋଗ ପ୍ରତିରୋଧ ଶକ୍ତି କମିଗଲେ ଏହି ଭୂତାଣୁଗୁଡ଼ିକ ଶରୀର ମଧ୍ୟରେ ତାଙ୍କର ପ୍ରାଦୁର୍ଭାବ ଆରମ୍ଭ କରିଦିଅନ୍ତି। ଆଶାବାଦୀ ଓ ଆନନ୍ଦରେ ରହୁଥିବା, ସକାରାତ୍ମକ ଚିନ୍ତା କରୁଥିବା ଲୋକଙ୍କର ରୋଗ ପ୍ରତିରୋଧ ଶକ୍ତି ଅଧିକ।

ଗବେଷଣା ଦ୍ୱାରା ପ୍ରମାଣିତ ହୋଇ ସାରିଛି ଯେ, ଜଣେ ଯେତେ ନକାରାତ୍ମକ ଏବଂ ଭୟଙ୍କର ଘଟଣାର ସମ୍ମୁଖୀନ ହେବ, ଚାପଯୁକ୍ତ ହେବ, ତାର ରୋଗବ୍ୟାଧିର ଶିକାର ହେବାର ସମ୍ଭାବନା ସେତେ ଅଧିକ ହେବ। ମନୋବିଜ୍ଞାନୀ ହୋମ୍‌ସ ଏବଂ ରାହେ (୧୯୬୭) ମସିହାରେ ମଣିଷର ମାନସିକ ଚାପର ସ୍ତରକୁ ମାପିବା ପାଇଁ ଏକ ମାପକ ପ୍ରଶ୍ନାବଳୀ ଗଠନ କରିଥିଲେ, ଯାହା ପରବର୍ତ୍ତୀ ସମୟରେ ଖୁବ୍ ଲୋକପ୍ରିୟ ହୋଇଥିଲା। ବିଗତ ଛଅମାସ ମଧ୍ୟରେ ଘଟିଥିବା ନକାରାତ୍ମକ ଘଟଣାଗୁଡ଼ିକ କେତେ

ପରିମାଣରେ ମାନସିକ ଚାପ ସୃଷ୍ଟି କରିଥିଲା ତାହାକୁ ମାପକ ସାହାଯ୍ୟରେ ମୂଲ୍ୟାୟନ କରିବାକୁ କୁହାଯାଇଥିଲା । ମାନସିକ ଚାପ ବ୍ୟକ୍ତିନିଷ୍ଠ (subjective) । ଅର୍ଥାତ୍ ଜଣେ ବ୍ୟକ୍ତି ପାଇଁ ଯେଉଁ ଘଟଣାଟି ଚାପଯୁକ୍ତ ଅନ୍ୟ ବ୍ୟକ୍ତି ପାଇଁ ତାହା ଆଦୌ ଚାପଯୁକ୍ତ ନ ହୋଇପାରେ । ଚାପ ବ୍ୟାପାରରେ ବ୍ୟକ୍ତିଗତ ପାର୍ଥକ୍ୟ ଦେଖାଯାଏ । ଗବେଷଣାରେ ଭାଗ ନେଇଥିବା ଲୋକମାନେ ବିଗତ ଛଅମାସ ମଧ୍ୟରେ ଭୋଗିଥିବା ଘଟଣାକୁ ଏହି ମାପକ ମାଧ୍ୟମରେ ନିର୍ଦ୍ଧାରଣ କଲେ । ଦେଖାଗଲା ଯାହାର ମାନସିକ ଚାପ ନିଜସ୍ୱ ଆକଳନ ଅନୁଯାୟୀ ବିଗତ ଛଅମାସ ମଧ୍ୟରେ ଯେତେ ଅଧିକ, ସେମାନଙ୍କର ଭୟଙ୍କର ରୋଗରେ ପୀଡ଼ିତ ହେବା ସମ୍ଭାବନା ସେତେ ଅଧିକ । ଯେଉଁମାନେ ସେମାନଙ୍କର ଚାପର ମାତ୍ରା ତିନିଶହ ୟୁନିଟ୍ ବା ତଦୂର୍ଦ୍ଧ୍ୱ ବୋଲି ଆକଳନ କରିଥିଲେ ସେମାନେ ଅଳ୍ପ ଦିନ ମଧ୍ୟରେ ସାଙ୍ଘାତିକ ରୋଗରେ ଆକ୍ରାନ୍ତ ହୋଇଥିଲେ । ଏହି ମନୋବିଜ୍ଞାନୀଦ୍ୱୟ ମଣିଷ ଚାପଯୁକ୍ତ ହେବା ସହିତ ରୋଗଗ୍ରସ୍ତ ହେବାର ଶତ ପ୍ରତିଶତ ପ୍ରମାଣ ପାଇଥିଲେ । ସନ୍ତାନମାନଙ୍କର ଅଥବା ପ୍ରିୟଜନଙ୍କର ଅକାଳ ମୃତ୍ୟୁପରେ ପିତାମାତା ବା ପରିବାର ସଦସ୍ୟ ଦୁଃସାଧ୍ୟ ରୋଗରେ ପୀଡ଼ିତ ହୁଅନ୍ତି ।

ମନ ଓ ଶରୀରର ପାରସ୍ପରିକ ସମ୍ପର୍କ ପ୍ରମାଣିତ ହେବା ପରେ ଜୈବ ଚିକିତ୍ସା ରୀତି (bio medical model of medicine) ପ୍ରାଧାନ୍ୟ ହରାଇଲା । ଏହା କାଳକ୍ରମେ ସ୍ୱୀକାରଯୋଗ୍ୟ ହେଲାନାହିଁ । ବର୍ତ୍ତମାନ ଚିକିତ୍ସକ, ମନୋଚିକିତ୍ସକ, ମନୋବିଜ୍ଞାନୀ ଓ ସମାଜ ବିଜ୍ଞାନୀମାନେ 'ଜୈବ ମାନସିକ ସାମାଜିକ ଚିକିତ୍ସା ରୀତି' (bio psychosocial model of medicine) କୁ ସ୍ୱୀକାର କରିବାକୁ ଆରମ୍ଭ କଲେଣି । ଏହି ମଡେଲ ବର୍ତ୍ତମାନ ଅଧିକ ଗ୍ରହଣୀୟ ହୋଇଛି । ଏହି ମଡେଲ ଅନୁଯାୟୀ ମଣିଷର ସ୍ୱାସ୍ଥ୍ୟ ଜୈବିକ, ମାନସିକ ଏବଂ ସାମାଜିକ ସ୍ଥିତିର ଏକ ମିଶ୍ରିତ ଫଳାଫଳ । ସୁସ୍ଥତା କହିଲେ ଶାରୀରିକ ସୁସ୍ଥତା ଯଥେଷ୍ଟ ନୁହେଁ । ସୁସ୍ଥତା କହିଲେ ଶାରୀରିକ, ମାନସିକ ଏବଂ ସାମାଜିକ ସୁସ୍ଥତା ବୁଝାଏ । କାରଣ ପ୍ରତ୍ୟେକ ଅନ୍ୟକୁ ପ୍ରଭାବିତ କରନ୍ତି । ବିଶ୍ୱ ସ୍ୱାସ୍ଥ୍ୟ ସଂଗଠନ (୧୯୪୮) ସ୍ୱାସ୍ଥ୍ୟକୁ ବ୍ୟାଖ୍ୟା କରିବାକୁ ଯାଇ କହିଛନ୍ତି ଯେ, ସ୍ୱାସ୍ଥ୍ୟ କହିଲେ ସମ୍ପୂର୍ଣ୍ଣ ଶାରୀରିକ, ମାନସିକ, ସାମାଜିକ ଏବଂ ଆଧ୍ୟାତ୍ମିକ ସ୍ଥିତିର ସମନ୍ୱୟକୁ ବୁଝାଏ । ଚିକିତ୍ସା କ୍ଷେତ୍ରରେ ଚକିତ୍ସକ ଓ ଚିକିତ୍ସା ପଦ୍ଧତି ମୁଖ୍ୟ ଏବଂ ରୋଗୀର ଭୂମିକା ଗୌଣ ବୋଲି ପୂର୍ବରୁ ବିଶ୍ୱାସ କରାଯାଉଥିଲା । ବର୍ତ୍ତମାନ ଚିକିତ୍ସା ପଦ୍ଧତିରେ ରୋଗୀ ଏକ ସକ୍ରିୟ ଭୂମିକା ଗ୍ରହଣ କରେ ବୋଲି ବିଶ୍ୱାସ କରାଯାଉଛି ଏବଂ ତାର ବିଶ୍ୱାସ, ଅବିଶ୍ୱାସ ଓ ମାନସିକତାକୁ ପ୍ରାଧାନ୍ୟ ଦିଆଯାଉଛି । ତେଣୁ ଆଜିକାଲି ମନସ୍ତତ୍ତ୍ୱବିତ୍‌ମାନେ ସକାରାତ୍ମକ ଚିନ୍ତା, ଆବେଗ ଉପରେ ଖୁବ୍ ଗୁରୁତ୍ୱ ଦେଉଛନ୍ତି ।

ଆନନ୍ଦରେ ବା ଖୁସିରେ ରହିବା ଲୋକମାନେ ଅଧିକ ଉତ୍ପାଦନକ୍ଷମ ଏବଂ ତାଙ୍କ ପ୍ରାଣଶକ୍ତି ଅଧିକ। ସେମାନେ ଅଧିକ ସୃଜନଶୀଳ। ସବୁଠାରୁ ଗୁରୁତ୍ଵପୂର୍ଣ୍ଣ ହେଲା ସେମାନଙ୍କର ରୋଗ ପ୍ରତିରୋଧ ଶକ୍ତି ଅଧିକ ଏବଂ ସେମାନେ ଦୀର୍ଘାୟୁ। ଉତ୍ତମ ଶାରୀରିକ ସ୍ୱାସ୍ଥ୍ୟ ପାଇଁ ଉତ୍ତମ ମାନସିକ ସ୍ୱାସ୍ଥ୍ୟ ନିହାତି ଆବଶ୍ୟକ। ଅବସାଦ, ଉଦ୍‌ବିଗ୍ନତା ଓ ମାନସିକ ଚାପ ପରି ନକାରାତ୍ମକ ଆବେଗ ଠାରୁ ଦୂରରେ ରହି ସକାରାତ୍ମକ ଜୀବନ ଶୈଳୀକୁ ଆଦରି ନେଉଥିବା ବ୍ୟକ୍ତି ଉତ୍ତମ ସ୍ୱାସ୍ଥ୍ୟର ଅଧିକାରୀ ହୁଅନ୍ତି ବୋଲି ବିଜ୍ଞାନ ଦ୍ୱାରା ପ୍ରମାଣିତ ହୋଇସାରିଛି।

■

ସୁଖ: ଏକ ଅନ୍ତର୍ନିହିତ ମାନସିକ ପ୍ରକ୍ରିୟା

ସୁଖ କହିଲେ ଆମେ କ'ଣ ବୁଝୁ ? ସୁଖମୟ ଜୀବନର ସଂଜ୍ଞା କଣ ? ପ୍ରକୃତରେ ସୁଖୀ କିଏ ? କଣ କଲେ ସ୍ଥାୟୀ ଭାବରେ ଜଣେ ସୁଖ, ଆନନ୍ଦରେ ରହିପାରିବ ? ସାମଗ୍ରିକ ସନ୍ତୋଷ ଭାବ କିପରି ପ୍ରାପ୍ତହେବ? ଏହିଭଳି ଅନେକ ପ୍ରଶ୍ନ ମନକୁ ଆନ୍ଦୋଳିତ କରେ। ସୁଖ କହିଲେ ସାଧାରଣତଃ ହସ, ଖୁସି, ଅମୋଦ, ପ୍ରସନ୍ନତା, ସନ୍ତୋଷ, ଉଲ୍ଲାସ, ଜୀବନକୁ ନେଇ ଉତ୍ସାହ ଓ ପ୍ରାଣପ୍ରାଚୁର୍ଯ୍ୟ, ଆଦି ସକାରାତ୍ମକ ଭାବାବେଗର ଅନୁଭବକୁ ବୁଝାଯାଏ। ଚିରନ୍ତନ ସୁଖର ରହସ୍ୟ ବ୍ୟାପାରରେ ଶହଶହ ସନ୍ଦେଶ ଫେସବୁକ୍ ଓ ହ୍ୱାଟ୍ସଆପ ପରି ସାମାଜିକ ଗଣମାଧ୍ୟମରୁ ଅହରହ ଘୂରିବୁଲେ। ପରମ ଆନନ୍ଦରେ ଜୀବନ ବିତାଇବାର ମନ୍ତ୍ର ବିଷୟରେ ସ୍ୱୟଂ ସହାୟକ ପୁସ୍ତକ, ଖବରକାଗଜ, ବ୍ଲଗସ ଓ ପତ୍ରପତ୍ରିକାରେ ପଢ଼ିବାକୁ ମିଳେ। ମୋଟାମୋଟି ଭାବରେ କହିବାକୁ ଗଲେ ସୁଖ ମନୁଷ୍ୟର ଚିର ଇପ୍ସିତ ଅନୁଭବ ଏବଂ ଏହି ସୁଖ ଓ ଆନନ୍ଦର ଅନ୍ୱେଷଣ କରିବା ଜୀବନର ମୌଳିକ ଲକ୍ଷ୍ୟ। ସୁଖୀ ଜୀବନର ସଜ୍ଞା ପ୍ରଦାନ କ୍ଷେତ୍ରରେ ଲୋକଙ୍କର ଅନେକ ବିଶ୍ୱାସ ଓ ଚିନ୍ତାଧାରା ରହିଛି। ବୈଜ୍ଞାନିକ ଦୃଷ୍ଟିକୋଣରୁ ସୁଖ ସମ୍ବନ୍ଧୀୟ ବିଶ୍ୱାସଗୁଡ଼ିକୁ ତର୍ଜମା କରାଯାଇପାରେ।

ଗବେଷଣା ଦ୍ୱାରା ପ୍ରମାଣିତ ହୋଇଛି ଯେ, ସୁଖୀ ଲୋକମାନେ ଅଧିକାଂଶ କ୍ଷେତ୍ରରେ ସଫଳ। ସେମାନଙ୍କର ପାରିବାରିକ ଓ ସାମାଜିକ ସମ୍ପର୍କ ଭଲ। କର୍ମକ୍ଷେତ୍ରରେ ସେମାନେ ଅଧିକ ସନ୍ତୁଷ୍ଟ। ଭଲ ନେତୃତ୍ୱ ନେଇ ପାରିବା ସହିତ ସେମାନେ ଅଧିକ ଉପାର୍ଜନ କରନ୍ତି। ତାଙ୍କର ମାନସିକ, ଶାରୀରିକ ସ୍ୱାସ୍ଥ୍ୟ ଓ ରୋଗ ପ୍ରତିରୋଧ ଶକ୍ତି ଭଲ ଏବଂ ସେମାନେ ଦୀର୍ଘାୟୁ ହୁଅନ୍ତି। ଏହି ପରିପେକ୍ଷୀରେ ଭୁଟାନ୍‌ର ପ୍ରଧାନମନ୍ତ୍ରୀ ଜିଗମେ ଥିନ୍‌ଲେଙ୍କର (୨୦୧୨) ବକ୍ତବ୍ୟ ଉଲ୍ଲେଖଯୋଗ୍ୟ। ତାଙ୍କ ମତରେ ପ୍ରତ୍ୟେକ ରାଷ୍ଟ୍ର ପାଇଁ ସକଳ ଘରୋଇ ଉତ୍ପାଦନ (Gross Domestic Product) ଯେତେ

ଗୁରୁତ୍ୱପୂର୍ଣ୍ଣ ନୁହେଁ ତାହା ଠାରୁ ଅଧିକ ଗୁରୁତ୍ୱପୂର୍ଣ୍ଣ ହେଲା ସକଳ ଜାତୀୟ ଆନନ୍ଦ (Gross National Happiness) ।

କିନ୍ତୁ ଦୁଃଖର ବିଷୟ ଯେ ସଂଯୁକ୍ତ ରାଷ୍ଟ୍ର (United Nations) ୨୦୧୮ ମସିହାରେ ବିଶ୍ୱର ସବୁ ଦେଶର ଲୋକଙ୍କର ସୁଖର ସ୍ଥିତିକୁ ଆକଳନ କରି ବିଶ୍ୱ ସୁଖ ସୂଚକ (World Happiness Index) ପ୍ରସ୍ତୁତକରିଥିଲେ । ୧୫୬ଟି ଦେଶ ମଧ୍ୟରେ ଭାରତର ସ୍ଥାନ ଥିଲା ୧୩୩ । ବିଗତ ବର୍ଷଗୁଡ଼ିକ ସହିତ ତୁଳନା କଲେ ସୁଖୀ ବ୍ୟାପାରରେ ଭାରତର ସ୍ଥାନ କ୍ରମାଗତ ଭାବରେ ନିମ୍ନମୁଖୀ ହେବାରେ ଲାଗିଛି । ପାକିସ୍ଥାନ ଓ ବାଂଗଲାଦେଶ ପରି ଦେଶମାନଙ୍କର ସ୍ଥିତି ମଧ୍ୟ ଏହି ସୂଚକରେ ଭାରତ ଠାରୁ ଭଲ । ବହୁ ବର୍ଷ ହେଲା ସ୍ୱିଡେନ୍, ଡେନ୍‌ମାର୍କ, ନେଦରଲ୍ୟାଣ୍ଡ ଆଦି ସ୍କାଣ୍ଡିନେଭିଆନ୍ ରାଷ୍ଟ୍ରଗୁଡ଼ିକ ଏହି ସୁଖ ସୂଚକର ଅଗ୍ରଭାଗରେ ସ୍ଥାନିତ ହୋଇଛନ୍ତି । ଭାରତୀୟମାନେ କାହିଁକି ଏତେ ମାତ୍ରାରେ ଅସୁଖୀ ଏହା ଉପରେ ଅଧିକ ପର୍ଯ୍ୟବେକ୍ଷଣ ଓ ଗବେଷଣାର ଆବଶ୍ୟକତା ରହିଛି ।

ସମ୍ପ୍ରତି ମନସ୍ତତ୍ତ୍ୱବିଦ୍‌ମାନେ ମନୁଷ୍ୟର ସକାରାତ୍ମକ ଆବେଗ, ଅନୁଭବ ଓ ମନୋଭାବ ଉପରେ ଅଧିକ ଗୁରୁତ୍ୱ ଆରୋପ କରୁଛନ୍ତି । ଆଶା, ବିଶ୍ୱାସ, ଆନନ୍ଦାନୁଭବ, କରୁଣା, ମୈତ୍ରୀ, ଅନୁସନ୍ଧିତ୍ସା ଆଦି ସକାରାତ୍ମକ ଗୁଣଗୁଡ଼ିକ ଉପରେ ପ୍ରାଧାନ୍ୟ ଦେଉଛନ୍ତି । ବର୍ତ୍ତମାନ ମନସ୍ତାତ୍ତ୍ୱିକ ଦୃଷ୍ଟିଭଙ୍ଗୀର ଘୋର ପରିବର୍ତ୍ତନ ହୋଇଛି । ପୂର୍ବରୁ ସକାରାତ୍ମକ ଆବେଗ ଓ ଅନୁଭବର ସୁଫଳ ଉପରେ ଅନେକ ପର୍ଯ୍ୟବେକ୍ଷଣ ହୋଇଥିଲେ ମଧ୍ୟ ଏହା ଉପରେ ବ୍ୟବସ୍ଥିତ ପର୍ଯ୍ୟବେକ୍ଷଣ ଓ ଗବେଷଣା ହୋଇନଥିଲା । ୧୯୯୮ ମସିହାରେ ମାର୍ଟିନ୍ ସେଲିଗ୍‌ମାନ୍ ଆମେରିକାନ୍ ସାଇକୋଲୋଜିକାଲ ଆସୋସିଏସନ୍‌ର ସଭାପତି ଥିବାବେଳେ ସକାରାତ୍ମକ ମନୋବିଜ୍ଞାନ (Positive Psychology) କୁ ମନସ୍ତତ୍ତ୍ୱର ଏକ ନୂତନ ଶାଖା ଭାବରେ ପ୍ରତିଷ୍ଠିତ କଲେ । ପୂର୍ବରୁ ମନସ୍ତତ୍ତ୍ୱବିଦ୍‌ମାନେ ମଣିଷର ନକାରାତ୍ମକ ଓ ଅସ୍ୱାଭାବିକ ବ୍ୟବହାର ଉପରେ ଅଧିକ ଗବେଷଣା କରୁଥିଲେ । ଉଦବେଗ, ଅସହାୟତା ବିଷାଦ, ଚାପ, କ୍ରୋଧ ଆଦି ନକାରାତ୍ମକ ଆବେଗ ଉପରେ ଗୁରୁତ୍ୱ ଦେଉଥିଲେ । ବ୍ୟକ୍ତି କେଉଁଥିରେ ଦୁର୍ବଳ ଓ ଅସମର୍ଥ ତାହା ଉପରେ ପ୍ରାଧାନ୍ୟ ଦିଆଯାଉଥିଲା । ବର୍ତ୍ତମାନ ସକାରାତ୍ମକ ମନୋବିଜ୍ଞାନୀମାନେ ବ୍ୟକ୍ତି କେଉଁ କ୍ଷେତ୍ରରେ ଅଧିକ ସାମର୍ଥ୍ୟ ବା ଦକ୍ଷ, ତାହା ଉପରେ ଗୁରୁତ୍ୱ ଆରୋପ କରୁଛନ୍ତି । ପ୍ରତ୍ୟେକ ଲୋକ କିପରି ଅଧିକ ସବଳ, ସକ୍ଷମ ହେବ, ଆନନ୍ଦରେ ରହିବ ଓ ଦୁର୍ବଳତାକୁ ସାମର୍ଥ୍ୟର ରୂପାନ୍ତରିତ କରି ଏହାର ଉପଲବ୍ଧିରେ ଆତ୍ମସାମର୍ଥ୍ୟବୋଧ ବଢ଼ାଇବ ଏବଂ ତାହାର ଅର୍ନ୍ତଜଗତର ସଶକ୍ତିକରଣ ହେବ ଏହା ହିଁ ସକାରାତ୍ମକ ମନୋବିଜ୍ଞାନର ମୂଳ ଲକ୍ଷ୍ୟ ।

ବର୍ତ୍ତମାନ ମାନସିକ ସ୍ୱାସ୍ଥ୍ୟର ସଂଜ୍ଞା ମଧ୍ୟ ବଦଳି ଯାଇଛି। ପୂର୍ବରୁ ଉଦବେଗ, ଚାପ ଓ ବିଷାଦର ଅନୁପସ୍ଥିତିକୁ ଉତ୍ତମ ମାନସିକ ସ୍ୱାସ୍ଥ୍ୟର ଲକ୍ଷଣ ବୋଲି ବିଚାର କରାଯାଉଥିଲା। ବର୍ତ୍ତମାନ ଏହି ସବୁ ନକାରାତ୍ମକ ଆବେଗର ଅନୁପସ୍ଥିତ ସହିତ କୃତଜ୍ଞତା, କ୍ଷମା, ଆନନ୍ଦାନୁଭୂତି ଅନୁସନ୍ଧିତ୍ସା, ସନ୍ତୋଷ, ଉଲ୍ଲସିତ ଭାବ, ବିଶ୍ୱାସ, ଉତ୍ତମ ପାରସ୍ପରିକ ସଂପର୍କ ଆଦି ସକାରାତ୍ମକ ଗୁଣଗୁଡ଼ିକର ଉପସ୍ଥିତିକୁ ଅଧିକ ଗୁରୁତ୍ୱ ଦିଆଯାଉଛି। ସକାରାତ୍ମକ ଆବେଗକୁ ଉନ୍ନତ ଜୀବନର ଏକ ଅବିଚ୍ଛେଦ୍ୟ ଅଙ୍ଗ ଭାବରେ ବିଚାର କରାଯାଉଛି ଏବଂ ପ୍ରେମ, କରୁଣା, ସନ୍ତୋଷ ପରି ସକାରାତ୍ମକ ଆବେଗ ଗୁଡ଼ିକର ଅଙ୍କୁରଣ ଓ ବିକାଶ ପାଇଁ ବହୁ ଚେଷ୍ଟା କରାଯାଉଛି।

ସକାରାତ୍ମକ ମନୋବିଜ୍ଞାନ ଉପରେ ଗବେଷଣା କରୁଥିବା ମନସ୍ତତ୍ତ୍ୱବିତ୍‌ଙ୍କ ମତରେ ପ୍ରତ୍ୟେକ ଘଟଣା ବା ଦୁର୍ଘଟଣା ଘଟିବା ପରେ ସାଧାରଣତଃ ଆମେ ଏହାର ନକାରାତ୍ମକ ଦିଗ ବିଷୟରେ ଅଧିକ ଆଲୋଚନା କରୁ। ଉଦାହରଣ ସ୍ୱରୂପ, କୌଣସି ଗୋଟିଏ ଆନ୍ତର୍ଜାତିକ ବିମାନ ବନ୍ଦରରେ ଘନ କୁହୁଡି ଯୋଗୁଁ ଉଡାଜାହାଜଗୁଡ଼ିକ ବାତିଲ ହୋଇଗଲା। ସାଧାରଣତଃ ପ୍ରତ୍ୟେକ ଗଣମାଧ୍ୟମ ସେହି ଘଟଣାର ନକାରାତ୍ମକ ଦିଗ ଉପରେ ଅଧିକ ଗୁରୁତ୍ୱ ଦେବେ। ଯେପରି, ଜଣେ ବୟସ୍କ ଯାତ୍ରୀ ହୃଦ୍‌ଘାତର ଶିକାର ହେଲେ। କିନ୍ତୁ ଡାକ୍ତର ଆସିବାକୁ ବହୁ ବିଳମ୍ବ କଲେ। ଛୋଟ ପିଲାମାନେ ବ୍ୟତିବ୍ୟସ୍ତ ହୋଇ କନ୍ଦାକଟା କରୁଥିଲେ। ଖାଦ୍ୟ ପାଇଁ ଲମ୍ବାଧାଡ଼ି ଲାଗିଥିଲା ଏବଂ ବିମାନ ବନ୍ଦରର ଖାଦ୍ୟପୁଡ଼ିଆଗୁଡ଼ିକ ସରିଗଲା ଓ କିଛି ଲୋକ ବହୁ ବିଳମ୍ବରେ ଖାଦ୍ୟ ପାଇଲେ ଇତ୍ୟାଦି। କିନ୍ତୁ ଅଧିକାଂଶ ଗଣମାଧ୍ୟମ ଏହାର ସକାରାତ୍ମକ ଦିଗ ଉପରେ ଆଦୌ ଦୃଷ୍ଟି ଦିଅନ୍ତି ନାହିଁ। ଯେପରି, ପ୍ରବଳ ଜନଗହଳି ମଧ୍ୟରେ ଜଣେ ସଦ୍ୟ ବିବାହିତା ତରୁଣୀଙ୍କର ହୀରାମୁଦି ହଜିଗଲା। କିନ୍ତୁ ବିମାନ କର୍ମଚାରୀଙ୍କର ସହଯୋଗରେ ଖୁବ୍ ଶୀଘ୍ର ମୁଦିଟି ମିଳିଗଲା। ସବୁ ଅସୁବିଧା ସତ୍ତ୍ୱେ କିଛି ଲୋକ ତାସ ଖେଳି, ହସଖୁସି କରି ସମୟ କଟାଉଥିଲେ। ଖାଦ୍ୟପୁଡ଼ିଆର ଅଭାବ ହେବାରୁ କିଛି ଯାତ୍ରୀ ସେମାନଙ୍କର ଖାଦ୍ୟପୁଡ଼ିଆଗୁଡ଼ିକୁ ବୃଦ୍ଧ ଏବଂ ସାନ ପିଲାମାନଙ୍କୁ ଦେଇ ଦେଇଥିଲେ। ପୁନର୍ବାର ଖାଦ୍ୟ ଆସିବା ଯାଏଁ ବିନା ପ୍ରତିବାଦରେ ଅପେକ୍ଷା କରିଥିଲେ। କୌଣସି ଘଟଣା ଭଲ ବା ଖରାପ, ତାହା ନିଜସ୍ୱ ଦୃଷ୍ଟିଭଙ୍ଗୀ ଅନୁଯାୟୀ ଆକଳନ କରାଯାଏ। ସୁଖୀ ଲୋକମାନେ ଜୀବନଯାତ୍ରାରେ ଦୁର୍ଦ୍ଦିନ ଓ ବିପର୍ଯ୍ୟୟର ସମ୍ମୁଖୀନ ହୁଅନ୍ତି ନାହିଁ ବା ସଂଗ୍ରାମ କରନ୍ତି ନାହିଁ, ତାହା ନୁହେଁ। ସେମାନେ ନିଜର ଦୃଷ୍ଟିଭଙ୍ଗୀ ଯୋଗୁଁ ନକାରାତ୍ମକ ଘଟଣା ମଧ୍ୟରେ ସକାରାତ୍ମକ ଉପାଦାନମାନଙ୍କୁ ଚିହ୍ନଟ କରି ଜୀବନକୁ ଜିଇଁବାର ଓ ପ୍ରାଣଭରି ବଂଚିବାର ପଥ ଆବିଷ୍କାର କରିଥାନ୍ତି।

ଜୀବନକୁ ସକାରାତ୍ମକ ଦୃଷ୍ଟିକୋଣରେ ଦେଖୁଥିବା ଲୋକମାନଙ୍କର ମାନସିକ ସ୍ୱାସ୍ଥ୍ୟ ଭଲ ରହେ। ମନ ଓ ଶରୀର ପରସ୍ପର ନିର୍ଭରଶୀଳ ହୋଇଥିବାରୁ ମାନସିକ ସ୍ୱାସ୍ଥ୍ୟ ଭଲ ରହିବା ଫଳରେ ଶାରୀରିକ ସ୍ୱାସ୍ଥ୍ୟ ମଧ୍ୟ ଭଲରହେ। ଖୁସି ଆନନ୍ଦରେ ରହୁଥିବା ଲୋକମାନଙ୍କର ଶରୀର ମଧ୍ୟରେ ନିର୍ଗତ ହେଉଥିବା ଜୈବ ରାସାୟନିକ ପ୍ରକ୍ରିୟା ଦୁଃଖରେ ବା ବିଷର୍ଣ୍ଣ ଭାବରେ ସମୟ କଟାଉଥିବା ଲୋକମାନଙ୍କ ଶରୀର ମଧ୍ୟମରେ କ୍ଷରିତ ହେଉଥିବା ଜୈବ ରାସାୟନିକ ପ୍ରକ୍ରିୟା ଠାରୁ ସମ୍ପୂର୍ଣ୍ଣ ଭିନ୍ନ। ଆଶା, ବିଶ୍ୱାସ, ଭରସା ଆଦି ସକାରାତ୍ମକ ମନୋଭାବ, ଚିନ୍ତାଧାରା ଓ ଜୀବନ ଶୈଳୀ ଆମ ସ୍ୱାସ୍ଥ୍ୟକୁ ସମ୍ପୂର୍ଣ୍ଣ ଭାବରେ ପ୍ରଭାବିତ କରେ। ଆମକୁ ଯଦି ଲାଗେ, ସବୁ ଜିନିଷ ଆମ ନିୟନ୍ତ୍ରଣରେ ଅଛି, ଆମର ଆତ୍ମବିଶ୍ୱାସ ଏବଂ ଆତ୍ମସାମର୍ଥ୍ୟବୋଧ ଅତୁଟ ଅଛି, ନ୍ୟୁରୋଏଣ୍ଡୋକ୍ରାଇନ୍ ଏବଂ କାଟାକୋଲାମାଇନ୍ ଆଦି ସ୍ନାୟୁ ସଂଚାରକଗୁଡ଼ିକ ପ୍ରଚୁର ମାତ୍ରାରେ ନିର୍ଗତ ହୁଏ। ଫଳରେ ଆମେ ଚାପମୁକ୍ତ ହେଉ। ଶରୀରର ପ୍ରତିରୋଧ ବ୍ୟବସ୍ଥା ଅତୁଟ ରହେ। ମୋଟାମୋଟି ଭାବରେ ମନ ଖୁସି ରହିଲେ ରୋଗାକ୍ରାନ୍ତ ହେବାର ସମ୍ଭାବନା କମିଯାଏ। ପ୍ରଶ୍ନ ହେଉଛି, ଖୁସି ଓ ଆନନ୍ଦରେ ରହିବାର ରହସ୍ୟ କ'ଣ? ଚିରନ୍ତନ ସୁଖାନୁଭବ କଣ ସମ୍ଭବ? ଦେଖାଯାଉଛି, ସୁଖ ଓ ଆନନ୍ଦପ୍ରାପ୍ତି ସମ୍ବନ୍ଧରେ ଅଧିକାଂଶ ଲୋକଙ୍କ ମନରେ ଗୁଡ଼ିଏ ଭ୍ରମାତ୍ମକ ଧାରଣା ରହିଛି।

ଆମର ପ୍ରଥମ ଭ୍ରମ ହେଲା ଯେ, ସାଧାରଣତଃ ଆମେ ବିଶ୍ୱାସ କରୁ, ସବୁ ଆନନ୍ଦ ବା ସୁଖ ବାହ୍ୟ ଜଗତରୁ ହିଁ ଆସେ। ବାହ୍ୟ ପଦାର୍ଥ ହିଁ ମଣିଷର ସୁଖ ଶାନ୍ତିକୁ ନିୟନ୍ତ୍ରଣ କରେ। କିନ୍ତୁ ସତ୍ୟ ହେଉଛି, ଖୁସି ଆମ ଭିତରେ ଥାଏ। ଏହା ଏକ ଅନ୍ତର୍ନିହିତ ମାନସିକ ପ୍ରକ୍ରିୟା। ଆନନ୍ଦ ସୃଷ୍ଟି କରିପାରିବାର ଶକ୍ତି ମଧ୍ୟ ଆମ ଭିତରେ ଥାଏ। ନିଜର ମାନସିକ ସ୍ଥିତିକୁ କିପରି ନିୟନ୍ତ୍ରଣ କରାଯିବ, ତାହା ଆମକୁ ଶିଖିବାକୁ ପଡେ। କେହି ଆମକୁ ଖୁସି ଦେଇ ପାରିବ ନାହିଁ ବା ଆମେ ନ ଚାହିଁଲେ ଆମର ଖୁସିକୁ ଆମ ଠାରୁ ଜୋର୍ ଜବରଦସ୍ତ ନେଇ ପାରିବ ନାହିଁ। ଆମେ ଅପମାନିତ ହେବାକୁ ନ ଚାହିଁଲେ କେହି ଆମକୁ ଅପମାନିତ କରିପାରିବ ନାହିଁ। ଆମେ ଯେଉଁଭଳି ଚାହିଁବୁ ଆମର ମାନସିକ ସ୍ଥିତିକୁ ସେହିଭଳି ରଖିପାରିବୁ। ମାନସିକ ସ୍ଥିତିକୁ ନିୟନ୍ତ୍ରଣ କରିବାର ଅଧିକାର ଅନ୍ୟ କାହା ଉପରେ ଛାଡ଼ି ଦେବା ଉଚିତ ନୁହେଁ। ବିଶ୍ୱ ପ୍ରସିଦ୍ଧ କବି ଜନ୍ ମିଲଟନଙ୍କର (୧୬୬୭) 'ପାରାଡାଇଜ୍ ଲଷ୍ଟ' କାବ୍ୟରେ ଥିବା ଦୁଇଧାଡ଼ି ଉଲ୍ଲେଖଯୋଗ୍ୟ। 'ମଣିଷର ମନ ନର୍କରେ ସ୍ୱର୍ଗ ରଚନା କରିପାରେ ଏବଂ ସ୍ୱର୍ଗରେ ନର୍କ ସୃଷ୍ଟି କରିପାରେ।' ସ୍ୱର୍ଗ ଓ ନର୍କ ବାହାରେ ନଥାଏ। ନିଜ ଭିତରେ ହିଁ ଥାଏ। ଭଲରେ ରହିବା ନ ରହିବା, ତାହା ଆମ ନିଜ ଦାୟିତ୍ୱ, ଅନ୍ୟ କାହାର ନୁହେଁ। ଦୁଃଖ, ସୁଖ, ଅପମାନ, ଆନନ୍ଦର

ଅନୁଭବ ମଧ୍ୟରେ ଆମେ କାହାକୁ ଗ୍ରହଣ କରିବା, ତାହା ଆମ ଉପରେ ନିର୍ଭର କରିଥାଏ।

ଅଧିକାଂଶ ଲୋକଙ୍କର ଭ୍ରାନ୍ତ ଧାରଣା ଥାଏ ଯେ, ପରିସ୍ଥିତି ଓ ପରିବେଶ ବଦଳିଗଲେ ସେମାନେ ଖୁସିରେ ରହିବେ। ପରିସ୍ଥିତି ନ ବଦଳିଲେ ଖୁସିରେ ରହିବା ଅସମ୍ଭବ ବୋଲି ସେମାନେ ଧରି ନିଅନ୍ତି। ହଷ୍ଟେଲ୍‌ରେ ଥିବା ଜଣେ ଯୁବତୀ ଭାବିପାରେ ହଷ୍ଟେଲର ଖାଦ୍ୟ ଭଲ ଲାଗୁନାହିଁ। ଅନ୍ୟ ଛାତ୍ରୀମାନଙ୍କ ସହିତ ଖାପଖୁଆଇ ଚଳିବାକୁ ପଡୁଛି। ତେଣୁ ବିଦ୍ୟାର୍ଥୀ ଜୀବନ ଅସହ୍ୟ ହୋଇପଡୁଛି। ଏହି ସମୟ ଅତିକ୍ରାନ୍ତ ହୋଇଗଲେ ସେ ଖୁସିରେ ରହିପାରିବ। କିନ୍ତୁ ପରବର୍ତ୍ତୀ ଜୀବନରେ ମଧ୍ୟ ତାକୁ ବହୁ ଅସୁବିଧାର ସମ୍ମୁଖୀନ ହେବାକୁ ପଡିପାରେ। ସେହିପରି ଜଣେ ମା' ଭାବିପାରନ୍ତି, ତାଙ୍କର ସନ୍ତାନ ଛୋଟ ହୋଇଥିବାରୁ ତାଙ୍କୁ ବହୁତ ସମସ୍ୟା ହେଉଛି। ସନ୍ତାନଟି ବଡ଼ ହୋଇଗଲାପରେ ସେ ଆନନ୍ଦରେ ରହିପାରିବେ। କିନ୍ତୁ ଶିଶୁର ଶୈଶବାବସ୍ଥା ପରେ କିଶୋରାବସ୍ଥା ଓ ଯୌବନାବସ୍ଥା ଆସେ ଓ ପ୍ରତ୍ୟେକ ଅବସ୍ଥାର କିଛି ସମସ୍ୟା ଥାଏ। ଜୀବନରେ କିଛି ଭଲ କିଛି ମନ୍ଦ ମିଶି କରି ରହିଥାଏ। ସମସ୍ୟା ଜୀବନର ଏକ ସ୍ୱାଭାବିକ ଅଂଶ। ସବୁ ସମସ୍ୟା ସମାଧାନ ହେବା ପରେ ବା ପରିସ୍ଥିତି ବଦଳିଗଲା ପରେ ହିଁ ଖୁସିରେ ରହିହେବ ବୋଲି ଭାବୁଥିବା ଲୋକମାନେ କେବେ ବି ଖୁସିରେ ରହିପାରନ୍ତି ନାହିଁ। ପ୍ରଥମ କଥା, ଜୀବନର ସବୁ ଘଟଣା ବା ପରିସ୍ଥିତି ଆମ ନିୟନ୍ତ୍ରଣାଧୀନ ନୁହେଁ। ଆମେ ଚାହୁଁଥିବା ଚାଳିଶ ବା ପଚାଶ ପ୍ରତିଶତ ଜିନିଷ ହୁଏତ ଆମ ଇଚ୍ଛା ଅନୁସାରେ ହୁଏ। ଆମେ ଚାହୁଁଥିବା ସମସ୍ତ ଘଟଣା ଶତପ୍ରତିଶତ ହେବା ପରେ ଆମେ ଖୁସି ହେବା ଆରମ୍ଭ କରିବା ବୋଲି ଅପେକ୍ଷା କଲେ ଜୀବନର କୌଣସି ପର୍ଯ୍ୟାୟରେ ଆମେ ଆନନ୍ଦ ପାଇ ପାରିବା ନାହିଁ।

ଅଧିକାଂଶ ଲୋକଙ୍କର ଆଉ ଗୋଟିଏ ଭୁଲ୍ ଧାରଣା ଥାଏ ଯେ, ଜୀବନର ସାର୍ଥକତା ଓ ପରିପୂର୍ଣ୍ଣତା ପାଇଁ ଧନଶାଳୀ ହେବା ନିହାତି ଦରକାର। ଜର୍ମାନ ଫିଲୋସୋଫର୍ ଆର୍ଥର ସ୍କୋପେନହରଙ୍କ ଭାଷାରେ ଧନ ଠିକ୍ ସମୁଦ୍ରର ଜଳ ଭଳି, ତୃଷ୍ଣା କମିବା ପରିବର୍ତ୍ତେ ବଢ଼ି ବଢ଼ି ଚାଲିଥିବ। ଅର୍ଥ ସୁଖ କିଣିପାରେ ନାହିଁ। ଅର୍ଥ ବଳରେ ଲୋକେ ମୂଲ୍ୟବାନ ସଂପତ୍ତି, ବିଳାସମୟ ଗାଡ଼ି ଓ ଦାମୀ ପ୍ରାସାଦ ଆଦି କିଣନ୍ତି। ଗବେଷଣାରୁ ଜଣା ପଡିଛି ଯେ, ଉପରୋକ୍ତ ଜିନିଷଗୁଡ଼ିକ ମଣିଷକୁ ଖୁବ୍ ଅଳ୍ପ ସମୟ ପାଇଁ ଆନନ୍ଦ ଦିଏ। ଗୋଟିଏ ବସ୍ତୁ ଆହରଣ କଲେ ଯେଉଁ ଖୁସି ମିଳେ ତାହା କ୍ଷଣସ୍ଥାୟୀ। କାର୍‌ଟିଏ କିଣିବା ପରେ ମଣିଷ ଅଳ୍ପସମୟ ପାଇଁ ଖୁସି ହୁଏ। କିଛିଦିନ ପରେ ତାହାଠାରୁ ଅଧିକ ବିଳାସମୟ ଓ ଦାମୀ କାର୍ କିଣିବା ପାଇଁ ଇଚ୍ଛା ଜାଗ୍ରତ ହୁଏ।

ଧରାଯାଉ ଜଣେ ବ୍ୟକ୍ତି ଲଟେରୀ ଜିତି ବିପୁଳ ସମ୍ପତ୍ତିର ଅଧିକାରୀ ହେଲା। ଏପରି ଆକସ୍ମିକ ଧନଲାଭ ନିଶ୍ଚିତ ଭାବରେ ତାକୁ ସୁଖ ଦେବ। କିନ୍ତୁ ଖୁବ୍ ଶୀଘ୍ର ଏହି ଆନନ୍ଦର ମାତ୍ରା କମିବାକୁ ଆରମ୍ଭ କରିବ ଓ ସେ ସ୍ଥିତାବସ୍ଥାକୁ ଫେରିଆସିବ। ନ୍ୟାସନାଲ ଓପିନିଅନ୍ ପୋଲର ସର୍ଭେ ରିପୋର୍ଟ ଅନୁସାରେ, ଅର୍ଥ ବଳରେ ଜୀବନ ଅଧିକ ଉପଭୋଗ୍ୟ ହୋଇପାରିବ ବୋଲି ଅଧିକାଂଶ ଲୋକ ବିଶ୍ୱାସ କରନ୍ତି। ଆମ ଦେଶ ଅଧିକ ସ୍ୱଚ୍ଛଳ ହୋଇଛି। ଅଧିକାଂଶ ଲୋକଙ୍କର ଜୀବନଧାରଣର ମାନ ବଢ଼ିଛି। ଲୋକମାନେ ଖୁବ୍ ଆରାମଦାୟକ ଶୈଳୀରେ ଜୀବନଯାପନ କରୁଛନ୍ତି। କିନ୍ତୁ ସେମାନେ ଅଧିକ ଦୁଃଖୀ ଓ ବିଷାଦଗ୍ରସ୍ତ ହେଉଛନ୍ତି। ବିଶ୍ୱକବି ରବୀନ୍ଦ୍ରନାଥ ଟାଗୋରଙ୍କ ଭାଷାରେ "ପର୍ସର ପୂର୍ଣ୍ଣତା ନୁହେଁ, ଜୀବନର ପରିପୂର୍ଣ୍ଣତା ହିଁ ପ୍ରକୃତ ଆନନ୍ଦର ଉତ୍ସ।" ବୈଜ୍ଞାନିକମାନେ ଧନ ସହିତ ସୁଖାନୁଭବର କୌଣସି ସମ୍ପର୍କ ନାହିଁ ବୋଲି ମତ ଦିଅନ୍ତି।

ଆଉ କିଛି ଲୋକ ଭୁଲ ଭାବରେ ବିଶ୍ୱାସ କରନ୍ତି ଯେ, ସୁନ୍ଦର ଓ ଆକର୍ଷଣୀୟ ବ୍ୟକ୍ତିତ୍ୱସମ୍ପନ୍ନ ବ୍ୟକ୍ତି ଅଧିକ ସୁଖୀ। ସୁନ୍ଦର ଦେଖାଯିବା ପାଇଁ ଲୋକେ ଶଲ୍ୟ ଚିକିତ୍ସାର ସାହାଯ୍ୟ ନିଅନ୍ତି। ପ୍ରାକୃତିକ ଅଙ୍ଗପ୍ରତ୍ୟଙ୍ଗକୁ ଛୋଟ ବଡ଼ କରନ୍ତି। ଅସ୍ତ୍ରୋପଚାର ସଫଳ ହେଲେ କିଛିଦିନ ଖୁସି ରୁହନ୍ତି। କିନ୍ତୁ ଅଳ୍ପ ଦିନ ପରେ ତାଙ୍କର ମାନସିକ ସ୍ଥିତି ପୂର୍ବାବସ୍ଥାକୁ ଫେରିଆସେ। ଗବେଷଣାରୁ ଦେଖାଯାଇଛି, ସୌନ୍ଦର୍ଯ୍ୟ ଓ ଆକର୍ଷଣୀୟତା ସହିତ ସୁଖର କୌଣସି ସମ୍ପର୍କ ନାହିଁ। ମୋଟାମାଟି ଭାବରେ ଲୋକେ ଏପରି ଜିନିଷରେ ସୁଖର ସନ୍ଧାନ କରନ୍ତି, ଯେଉଁଠାରେ ତାଙ୍କୁ ପ୍ରକୃତ ସୁଖ ମିଳେ ନାହିଁ। ସୁଖୀ ହେବା ପାଇଁ ଗବେଷଣାଲବ୍ଧ କେତୋଟି ନିଷ୍କର୍ଷ ବିଷୟରେ ଆଲୋଚନା କରାଯାଇପାରେ।

ମଣିଷ କିଛି କାର୍ଯ୍ୟ କରିବା ପାଇଁ ଜନ୍ମ ହୋଇଛି। ସେ ଯାହା ବି କରୁଛି, ଶତ ପ୍ରତିଶତ ସାମର୍ଥ୍ୟ ଦେଇ ଖୁବ୍ ସୁନ୍ଦର ଭାବରେ କାମଟି କଲେ ତାକୁ ଆତ୍ମସନ୍ତୋଷ ମିଳେ। ଅତି ଛୋଟ ସାଧାରଣ କାର୍ଯ୍ୟକୁ ମଧ୍ୟ ହେୟ ମନେ ନକରି ଉତ୍ତମ ଭାବରେ ସମ୍ପନ୍ନ କଲେ, ବ୍ୟକ୍ତିଗତ ସ୍ତରରେ ସନ୍ତୋଷ ଲାଗେ। ଲେଖିବାକୁ ଅଛି, ନିଜର ସାମର୍ଥ୍ୟ ଅନୁସାରେ ଭଲ ଲେଖାଟିଏ ଲେଖାଯାଇପାରେ। ଭାଷଣ ଦେବାକୁ ଥିଲେ, ପ୍ରଭାବଶାଳୀ ଭାଷଣଟିଏ ଦେବା ପାଇଁ ପ୍ରସ୍ତୁତି କରାଯାଇପାରେ। ରାନ୍ଧିବାକୁ ଥିଲେ, ସାଧମତେ ଚମତ୍କାର ଓ ସ୍ୱାଦିଷ୍ଟ ବ୍ୟଂଜନ ପ୍ରସ୍ତୁତ କରିବା ପାଇଁ ଚେଷ୍ଟା କରାଯାଇପାରେ। ଗବେଷଣାରୁ ଦେଖାଯାଇଛି, ନିଜକୁ ଭଲ ଲାଗୁଥିବା, ନିଜପାଇଁ ଗୁରୁତ୍ୱପୂର୍ଣ୍ଣ ଓ ଅର୍ଥପୂର୍ଣ୍ଣ ହୋଇଥିବା କାର୍ଯ୍ୟରେ ନିଜକୁ ନିୟୋଜିତ କରି ରଖିଲେ ଆନନ୍ଦ ମିଳେ। ସେହିପରି ଉଚ୍ଚତର ଲକ୍ଷ୍ୟ ଦିଗରେ ଅଗ୍ରସର ହେଲେ ବା ଯଥା ସମୟରେ ଲକ୍ଷ୍ୟ ସାଧନ କଲେ

ମନ ଉଲ୍ଲସିତ ହୋଇଥାଏ। ଆନନ୍ଦାନୁଭୂତି ଓ ସାର୍ଥକତାର ଅନୁଭବ ପରସ୍ପରଠାରୁ ପୃଥକ ନୁହେଁ। ଦୁଇଟି ମଧ୍ୟରେ ଗଭୀର ସମ୍ବନ୍ଧ ରହିଛି। ଅର୍ଥପୂର୍ଣ୍ଣ ଲକ୍ଷ୍ୟ ସାଧନରେ ସମ୍ପୂର୍ଣ୍ଣ ଭାବେ ନିଜକୁ ହଜାଇ ଦେବାରେ ପରମ ଆନନ୍ଦ ମିଳେ। ମନୋବିଜ୍ଞାନୀମାନଙ୍କ ମତରେ ମଣିଷ ଯେତେବେଳେ ନିଜ ଭିତରେ ଥିବା ଅର୍ନ୍ତନିହିତ ସମ୍ଭାବନା ବା ସାମର୍ଥ୍ୟଗୁଡ଼ିକୁ ସଫଳତାର ସହ ପରିପ୍ରକାଶ କରିପାରେ ସେ ପ୍ରକୃତ ସୁଖ ଅନୁଭବ କରେ।

ଆହୁରି ଗବେଷଣା ଦ୍ୱାରା ପ୍ରମାଣିତ ହୋଇଛି ଯେ, ଯେଉଁମାନେ ଅଧିକ କୃତଜ୍ଞ ରୁହନ୍ତି ବା ସେମାନଙ୍କର ପ୍ରାପ୍ତିକୁ ସ୍ୱୀକାର କରି କୃତଜ୍ଞତା ଜ୍ଞାପନ କରନ୍ତି, ସେମାନେ ସୁଖୀ। ଏହି କୃତଜ୍ଞତା ଜ୍ଞାପନ କରିବାର ବିଭିନ୍ନ ଅର୍ଥ ହୋଇପାରେ। ଯେପରି ଭଗବାନଙ୍କୁ ଧନ୍ୟବାଦ ଦେବା, ନିଜେ କେତେ ଭାଗ୍ୟବାନ ବୋଲି ବିଚାର କରିବା ବା ନିଜ ଜୀବନରେ ଥିବା ଗୁରୁତ୍ୱପୂର୍ଣ୍ଣ ବ୍ୟକ୍ତିମାନଙ୍କର ସହଯୋଗ ଓ ସହାୟତା ପାଇଁ ଓ ସେମାନେ ଦେଉଥିବା ସମୟ ପାଇଁ ସେମାନଙ୍କୁ କୃତଜ୍ଞତା ଜ୍ଞାପନ କରିବା ବୁଝାଏ। ଆମେ ଜୀବନରେ କେତେ ପାଇଛୁ, କିମ୍ବା ବହୁଲୋକଙ୍କର ସହାୟତାରେ ଆମ ଜୀବନ କିପରି ପରିପୂର୍ଣ୍ଣ ହୋଇଛି ଅଥବା ଆମଠାରୁ କେତେ କଷ୍ଟରେ ଲୋକେ ଅଛନ୍ତି, ଏପରି ଭାବନାକୁ କୃତଜ୍ଞତା ଜ୍ଞାପନ କୁହାଯାଏ। ଯେଉଁମାନେ ନିଜର ପ୍ରାପ୍ତି ବିଷୟରେ ଅଧିକ ସଚେତନ ଓ ଏହାକୁ ସ୍ୱୀକାର କରନ୍ତି, ସେମାନେ ଅଧିକ ଖୁସି ରୁହନ୍ତି। କିନ୍ତୁ ଅଧିକାଂଶ ଲୋକ ଯାହା ପାଇଥାନ୍ତି, ତାହା ପାଇବା ପାଇଁ ସେମାନେ ହକ୍‌ଦାର ବୋଲି ଧରିନିଅନ୍ତି। ଆହୁରି ଅନେକ ଜିନିଷ ପାଇନାହାନ୍ତି ବୋଲି ଅସନ୍ତୋଷ ପ୍ରକାଶ କରନ୍ତି। ସମ୍ପ୍ରତି ମନସ୍ତତ୍ତ୍ୱବିଦ୍‌ମାନେ କୃତଜ୍ଞତା ଚିକିତ୍ସା (gratitude therapy) ଦ୍ୱାରା ଲୋକମାନଙ୍କୁ ଅଧିକ କୃତଜ୍ଞ ହେବା ପାଇଁ ଶିକ୍ଷା ଦେଉଛନ୍ତି। ଏହି ଥେରାପିରେ ପ୍ରଥମ ଦିନ ଶରୀରର ପ୍ରତ୍ୟେକ ଗୁରୁତ୍ୱପୂର୍ଣ୍ଣ ଅଙ୍ଗପ୍ରତ୍ୟଙ୍ଗ ବିଷୟରେ ଭାବିବାକୁ କୁହାଯାଏ। କିପରି ନିଜର ଚକ୍ଷୁ, ନାସିକା, କର୍ଣ୍ଣ, ମସ୍ତିଷ୍କ ସବୁ ଅତି ଉତ୍ତମ ରୂପେ କାର୍ଯ୍ୟ ସମ୍ପାଦନ କରୁଛନ୍ତି ଏବଂ ପ୍ରତ୍ୟେକ ଅଙ୍ଗ କୁଶଳଭାବେ କାର୍ଯ୍ୟ ସମ୍ପାଦନ କରିବା କେତେ ଗୁରୁତ୍ୱପୂର୍ଣ୍ଣ ତାହା ଭାବିବା ପାଇଁ କୁହାଯାଇଥାଏ। ଦ୍ୱିତୀୟ ଦିନ ପରିବାରର ସଦସ୍ୟମାନଙ୍କ ବିଷୟରେ ଚିନ୍ତାକରିବାକୁ କୁହାଯାଏ, ଯେପରି ବାପା, ମା, ଭାଇ, ଭଉଣୀ କେତେ ସ୍ନେହ ଶ୍ରଦ୍ଧା ଦେଖାନ୍ତି କିମ୍ବା କେତେ ସହାୟତା କରନ୍ତି। ପ୍ରତ୍ୟେକ ସଦସ୍ୟ ପାଖକୁ ଯାଇ ଧନ୍ୟବାଦ ଜ୍ଞାପନ କରିବାକୁ ଶିଖାଯାଏ। ବାପା ସବୁ ସୁବିଧା ଯୋଗାଇ ଦେଉଥିବାରୁ, ମା' ସବୁ ଆବଶ୍ୟକତା ପୂରଣ କରୁଥିବାରୁ, ଭାଇ ଯଥେଷ୍ଟ ସମୟ ଦେଉଥିବାରୁ ସେମାନଙ୍କୁ ଧନ୍ୟବାଦ ଜ୍ଞାପନ କରିବାକୁ କୁହାଯାଏ।

ଏହି ପରି ପ୍ରାୟ ଦୁଇ ସପ୍ତାହ ଧରି ଲୋକମାନଙ୍କୁ ସେମାନଙ୍କର ପ୍ରାପ୍ତିର ଲମ୍ବା ତାଲିକା ବିଷୟରେ ସଚେତନ କରାଯାଏ। ଜୀବନକୁ ଅଧିକ ଆନନ୍ଦମୟ କରିଥିବା ପାଇଁ ବନ୍ଧୁମାନଙ୍କୁ ଧନ୍ୟବାଦ ଦେବା ବା କୌଣସି ଅନିଷ୍ଟ କରିନଥିବା ପାଇଁ ପଡୋଶୀମାନଙ୍କୁ ଧନ୍ୟବାଦ ଦେବା ଇତ୍ୟାଦି ଅନ୍ତର୍ଭୁକ୍ତ। କିଛିଦିନ ଏପରି ଭାବିବା ପରେ ଜଣେ କେତେ ଭାଗ୍ୟବାନ ଓ ଜୀବନରେ କେତେ ପାଇଛି ତାହା ହୃଦୟଙ୍ଗମ କରେ ଏବଂ ଧୀରେ ଧୀରେ ଜୀବନର ପ୍ରାପ୍ତି ବିଷୟରେ ଭାବିବା ଅଭ୍ୟାସରେ ପରିଣତ ହୋଇଯାଏ।

ଦେଖାଯାଇଛି, ଯେଉଁ ଲୋକମାନେ ଆଶାବାଦୀ ଓ ଖରାପ ପରିସ୍ଥିତିରେ ମଧ୍ୟ ତାର ଭଲ ଦିଗଗୁଡ଼ିକ ଦେଖନ୍ତି ସେମାନେ ଅଧିକ ଖୁସି ରହନ୍ତି। ଖରାପ ପରିସ୍ଥିତିର ନକାରାତ୍ମକ ଦିଗକୁ ନ ଦେଖି ତାକୁ ଭିନ୍ନ ଧରଣର ମୂଲ୍ୟାୟନ କରନ୍ତି। ଗୁରୁତର ଅବସ୍ଥାରେ ଚିକିତ୍ସାଳୟରେ ଦାଖଲ ହୋଇଥିବା ରୋଗୀ ଭାବିପାରେ ଯେ, ସେ ବିପଦର ସମ୍ଭାବନାକୁ ଏଡେଇ ଯାଇଛି। ବିଳମ୍ବ ହୋଇଥିଲେ ଅବସ୍ଥା ଅଧିକ ଜଟିଳ ହୋଇଥାଆନ୍ତା ବା ସମସ୍ୟା ଉତ୍କଟତର ହୋଇଥାନ୍ତା। ଏପରି ଭାବନା ସକାରାତ୍ମକ ଚିନ୍ତାର ପରିପ୍ରକାଶ। ସମାଜ ବିଜ୍ଞାନୀମାନଙ୍କ ମତରେ ବିପଦରେ ସମ୍ମୁଖୀନ ହୋଇଥିବା ବ୍ୟକ୍ତିଟି ବିପଦକୁ କିପରି ସଜ୍ଞାକରଣ କରୁଛି ତାହା ଗୁରୁତ୍ୱପୂର୍ଣ୍ଣ। ଯେଉଁ ଲୋକମାନେ ଭାବନ୍ତି ପରିସ୍ଥିତି ସଂପୂର୍ଣ୍ଣ ବିପର୍ଯ୍ୟସ୍ତ ଓ ଏହା ସେମାନଙ୍କର ନିୟନ୍ତ୍ରଣରେ ନାହିଁ, ସେମାନେ ଅସହାୟ ମନେକରନ୍ତି। କିନ୍ତୁ ଯେଉଁମାନେ ଭାବନ୍ତି ଯେ, ଅବସ୍ଥା କଷ୍ଟକର ହେଲେ ମଧ୍ୟ ଚେଷ୍ଟାକଲେ ସମାଧାନର ବାଟ ମିଳିଯିବ, ସେମାନେ ଖରାପ ପରିସ୍ଥିତି ସତ୍ତ୍ୱେ କିଛି ମାତ୍ରାରେ ପ୍ରସନ୍ନତା ବଜାଇ ରଖିପାରନ୍ତି ଓ ସମସ୍ୟା ସମାଧାନ କରିବାର ଆହ୍ୱାନକୁ ଗ୍ରହଣ କରନ୍ତି। ବର୍ଷର ଶେଷ ତାରିଖ ଦିନ ଜଣେ ଲେଖକ ତାଙ୍କ ଡାଏରିରେ ବର୍ଷ ସାରା ଘଟିଥିବା ଘଟଣାଗୁଡ଼ିକୁ ମନେପକେଇ ଲେଖିଲେ, "ବର୍ଷଟି ଖୁବ୍ ଖରାପ ଥିଲା। ବାପା ମରିଗଲେ। ମୋର ଗଲ୍ ବ୍ଲାଡରର ଅସ୍ତ୍ରୋପଚାର ହେଲା। ପୁଅର ଦୁର୍ଘଟଣା ହେଲା ଏବଂ ଦୁଇ ସପ୍ତାହ ସେ ଚିକିତ୍ସାଳୟରେ ରହିଲା। ତା ସହିତ କାର୍‌ଟି ଦୁର୍ଘଟଣାରେ ସମ୍ପୂର୍ଣ୍ଣ ନଷ୍ଟ ହୋଇଗଲା।" କିଛି ସମୟ ପରେ ତାଙ୍କ ସ୍ତ୍ରୀ ଲେଖକଙ୍କର ଡାଏରିର ତଳେ ଲେଖିଲେ, "ଏ ବର୍ଷଟି ଭଲରେ କଟିଲା। ବାପା ଖୁବ ଭଲ ଥିଲେ ଓ କାହା ଉପରେ ନିର୍ଭର କରୁ ନଥିଲେ। ପଞ୍ଚାନବେ ବର୍ଷରେ ଶଯ୍ୟାଶାୟୀ ନହୋଇ ବିନା କଷ୍ଟରେ ସେ ପ୍ରାଣତ୍ୟାଗ କଲେ। ବହୁ ଦିନରୁ ସମସ୍ୟା ସୃଷ୍ଟି କରୁଥିବା ସ୍ୱାମୀଙ୍କର ଗଲ୍ ବ୍ଲାଡରଟି ଅସ୍ତ୍ରୋପଚାର ଦ୍ୱାରା ସୁରୁଖୁରୁରେ କଢ଼ାହୋଇ ଯାଇଥିବାରୁ ସମସ୍ୟାର ସମାଧାନ ହେଲା। ଦୁର୍ଘଟଣା ଯୋଗୁଁ ଗାଡ଼ିଟି ନଷ୍ଟ ହୋଇଯାଇଥିଲେ ମଧ୍ୟ ଇନ୍‌ସୁରାନସରୁ ଅଧିକାଂଶ ଟଙ୍କା ମିଳିଗଲା। ପୁଅ ସମ୍ପୂର୍ଣ୍ଣ ସୁସ୍ଥ ହୋଇ ଘରକୁ ଫେରିଲା। ତାର କୌଣସି

ଗୁରୁତର ଅସୁବିଧା ହୋଇନାହିଁ।" ସମସ୍ୟାକୁ ଲୋକେ ଭିନ୍ନ ଭିନ୍ନ ଦୃଷ୍ଟିଭଙ୍ଗୀରେ ଦେଖନ୍ତି ଓ ନିଜ ଦୃଷ୍ଟିଭଙ୍ଗୀ ଅନୁଯାୟୀ ଘଟଣାଗୁଡ଼ିକୁ ଭଲ ବା ଖରାପ ଭାବରେ ଆକଳନ କରନ୍ତି।

ଗବେଷଣାରୁ ଦେଖାଯାଇଛି, ଯେଉଁମାନେ ଅନ୍ୟକୁ ସାହାଯ୍ୟ କରନ୍ତି, ସେମାନେ ଖୁସି ରୁହନ୍ତି। ସାହାଯ୍ୟ କରିବା ଦ୍ୱାରା ଗ୍ରହୀତାକୁ ଯେତିକି ଆନନ୍ଦ ମିଳେ ଦାତାକୁ ତାହାଠାରୁ ଅଧିକ ସନ୍ତୋଷ ମିଳେ। ନିବିଡ଼ ସାମାଜିକ ସମ୍ପର୍କ ରଖୁଥିବା, ବନ୍ଧୁତା ଓ ଅନ୍ତରଙ୍ଗତାରେ ବିଶ୍ୱାସ କରୁଥିବା, ଦୁର୍ଦ୍ଦିନରେ ଅନ୍ୟମାନଙ୍କୁ ସାହାଯ୍ୟ କରିବା ପାଇଁ ଆଗେଇ ଆସୁଥିବା ବ୍ୟକ୍ତି ଅଧିକ ସୁଖୀ। ପରିବାର, ବନ୍ଧୁବାନ୍ଧବ, ସାଙ୍ଗସୁଖ ଓ ସହକର୍ମୀମାନଙ୍କ ସହିତ ଉତ୍ତମ ସମ୍ପର୍କ ସ୍ଥାପନ କରି ଚଳୁଥିବା ଲୋକେ ଅଧିକ ସୁଖୀ ହୁଅନ୍ତି। ଏହି ସାମାଜିକ ବଳୟ ତାଙ୍କୁ ମାନସିକ ଶକ୍ତି ଓ ସୁରକ୍ଷା ଯୋଗାଇ ଦେଇଥାଏ।

ଜୀବନକୁ କୌଣସି ମତେ ଅତିବାହିତ ନ କରି ବଂଚିବା ଦରକାର। ଜୀବନକୁ ପୂର୍ଣ୍ଣପ୍ରାଣରେ ଉପଭୋଗ କରିବା ଦରକାର। କଣ ନାହିଁ ନ ଭାବି କଣ ଅଛି ବୋଲି ଚିନ୍ତାକଲେ ଜୀବନ ଅଧିକ ଉପଭୋଗ୍ୟ ହେବ। ଆମ ପାଖରେ ଯାହା ବି ଅଛି ସେଥିରେ ସନ୍ତୁଷ୍ଟ ହେବା ଭଲ। ଜଣେ ଲୋକର ସନ୍ତାନ ନାହିଁ। ସନ୍ତାନ ଜନ୍ମ ହେଲା ପରେ ତାର ଭଲ ଚାକିରି ନାହିଁ। ଭଲ ଚାକିରିଟିଏ ପାଇ, ଉନ୍ନତି କଲାପରେ ଭଲ ଘରଟିଏ ନାହିଁ ବୋଲି ସେ ଭାବିପାରେ। ଗୋଟିଏ ଅଭିଳାଷ ପୂରଣ ହେଲା ପରେ ଅନ୍ୟ ଗୋଟିଏ ଅଭିଳାଷ ପୂରଣ ନହେବା ଯାଏଁ ବ୍ୟସ୍ତ ରହିଲେ ଏହା ଏକ ଶେଷହୀନ ପ୍ରକ୍ରିୟା ଭାବରେ ଚାଲିବ। କୌଣସି ଉପଲବ୍ଧିରେ ଖୁସି ନହୋଇ ପରବର୍ତ୍ତୀ ଲକ୍ଷ୍ୟ ହାସଲ ପାଇଁ ବ୍ୟାକୁଳ ହେବା ବ୍ୟକ୍ତି କେବେ ବି ଖୁସି ହୋଇପାରେ ନାହିଁ। ସବୁ ପରିସ୍ଥିତି ଠିକ୍ ହୋଇଗଲା ପରେ ଆନନ୍ଦରେ ରହିବ ବୋଲି ଭାବିଲେ ଆନନ୍ଦଦାୟକ ସମୟ କେବେ ବି ଆସିବ ନାହିଁ।

ଜୀବନର ପ୍ରତ୍ୟେକ ମୁହୂର୍ତ୍ତକୁ ଉପଭୋଗ କରିବା ଦରକାର। ନିତିଦିନିଆ କାର୍ଯ୍ୟକଳାପ ମାଧ୍ୟମରେ ପ୍ରତ୍ୟେକ ସାଧାରଣ ଅନୁଭବକୁ ବି ପୂର୍ଣ୍ଣ ମାତ୍ରାରେ ଉପଭୋଗ କରାଯାଇପାରିବ। ଯେପରି ସ୍ୱାଦିଷ୍ଟ ଆମ୍ବଟିଏ ଖାଇଲା ବେଳେ ଆମ୍ବର ସ୍ୱାଦ, ସୁଗନ୍ଧ, ମଧୁରତା ଏବଂ ରଙ୍ଗକୁ ଉପଭୋଗ କରିବା ପାଇଁ ଏକ ସଚେତନ ପ୍ରୟାସ କରାଯାଇପାରେ। କଫି ପିଇଲା ବେଳେ କଫିର ସ୍ୱାଦ ଓ ଗନ୍ଧକୁ ଅନୁଭବ କରାଯାଇପାରେ। ଗାଧୋଇବା ପରି ନିତିଦିନିଆ କାର୍ଯ୍ୟ ସମ୍ପାଦନ କଲାବେଳେ ମଧ୍ୟ ସେ ଅନୁଭବଟି କେତେ ଆରାମଦାୟକ ଓ ଉପଭୋଗ୍ୟ ଚିନ୍ତା କରାଯାଇପାରେ। ନିଜ ଘର ଚାରିପଟରେ ଫୁଟିଥିବା ଫୁଲର ମନୋରମ ଦୃଶ୍ୟ, ଏହାର ସୁବାସ, ପ୍ରଜାପତିର

ଫୁଲରୁ ଫୁଲ ଘୂରିବୁଲୁଥିବାର ଦୃଶ୍ୟ, ଶିଶୁମାନଙ୍କର ନିଷ୍ପାପ ହସ, ଦରୋଟି କଥା, ପଡୋଶୀଙ୍କର ସ୍ନେହମିଶା ସମ୍ଭାଷଣକୁ ଅନ୍ତର ମଧ୍ୟରେ ଅନୁଭବ କରାଯାଇପାରେ ଏବଂ ଏହା ଜୀବନର ଖୁବ୍ ସୁନ୍ଦର ମୁହୂର୍ତ୍ତ ବୋଲି ଚିନ୍ତା କରାଯାଇପାରେ।

ବର୍ତ୍ତମାନର ପ୍ରତ୍ୟେକ ମୁହୂର୍ତ୍ତକୁ ଉପଭୋଗ କରିବା ସହିତ ଏହି ମୁହୂର୍ତ୍ତଟି ଅତ୍ୟନ୍ତ ସୁନ୍ଦର ବୋଲି ଅନ୍ତରରେ ଅନୁଭବ କରିବା ଦରକାର। ଅତୀତକୁ ଫେରି ଚାହିଁବା ଦରକାର ନାହିଁ। କାରଣ ଅତୀତକୁ କେହି ବଦଳେଇ ପାରିବ ନାହିଁ। ଭବିଷ୍ୟତ କଥା ବହୁତ ବେଶୀ ଭାବି ଲାଭ ନାହିଁ। କାରଣ ଭବିଷ୍ୟତରେ କଣ ଘଟିବ ଆମକୁ ଜଣା ନାହିଁ ଏବଂ ଅନେକ ଜିନିଷ ଉପରେ ଆମର ନିୟନ୍ତ୍ରଣ ମଧ୍ୟ ନାହିଁ। ଭବିଷ୍ୟତକୁ ନେଇ ଆମେ ଯାହା ଆଶଙ୍କା କରୁଛୁ, ତାହା ଆଦୌ ନ ହୋଇପାରେ। ତେଣୁ ସବୁ ସୁଖଦ ଅନୁଭବକୁ ଭବିଷ୍ୟତ ପାଇଁ ସଂରକ୍ଷିତ କରି ରଖିବା ଦରକାର ନାହିଁ। ପରିସ୍ଥିତି ଆହୁରି ଭଲ ହୋଇଗଲେ ଆନନ୍ଦରେ ରହିବେ ବୋଲି ବିଶ୍ୱାସ କରୁଥିବା ଲୋକେ ସବୁ ସୁଖ ଭବିଷ୍ୟତ ପାଇଁ ରଖିଦିଅନ୍ତି ଏବଂ ବର୍ତ୍ତମାନକୁ ଅସ୍ୱସ୍ତିକର ଓ ନିରାନନ୍ଦ ଭାବରେ କଟାନ୍ତି। ଭାରତୀୟମାନେ କେବେ ବର୍ତ୍ତମାନରେ ନଥାନ୍ତି। ସେମାନେ ଅତୀତ ବା ଭବିଷ୍ୟତରେ ଥାଆନ୍ତି। ବାପା ମା' ଓ ଶିକ୍ଷକମାନେ ପିଲାଙ୍କୁ ଏକ ଧାରଣା ଦିଅନ୍ତି ଯେ, ବର୍ତ୍ତମାନକୁ ନେଇ ଖୁସି ହେବା ଉଚିତ ନୁହେଁ। ବର୍ତ୍ତମାନ କଷ୍ଟ ଓ ପରିଶ୍ରମ କରିବାର ସମୟ। ବର୍ତ୍ତମାନକୁ ସଦୁପଯୋଗ କଲେ ଏକ ଉଜ୍ଜ୍ୱଳ ଭବିଷ୍ୟତ ଆସିବ, ଯାହା ଖୁବ୍ ଆନନ୍ଦର ସମୟ ହେବ। ତେଣୁ ଭାରତୀୟମାନେ ସୁଖର ଅନୁଭବକୁ ଭବିଷ୍ୟତ ପାଇଁ ଘୁଞ୍ଚାଇ ଚାଲିଥାନ୍ତି ଏବଂ ସେମାନେ ବିଶ୍ୱାସ କରନ୍ତି ଯେ, ଭବିଷ୍ୟତ ବର୍ତ୍ତମାନ ଠାରୁ ଭଲ ହେବ। ବର୍ତ୍ତମାନକୁ ସଦୁପଯୋଗ କରୁ କରୁ ଜୀବନ ସରିଯାଏ। ଏକହାର୍ଟ ଟୋଲେ ତାଙ୍କ ପୁସ୍ତକ 'ଦି ପାୱାର ଅଫ୍ ନାଓ' (The power of now) (୧୯୯୭) ରେ ଲେଖିଛନ୍ତି- 'ଏହି ମୁହୂର୍ତ୍ତଟି ହିଁ ମୋ ହାତରେ ଅଛି। ତେଣୁ ମୁଁ ତାର ସବୁଠାରୁ ଭଲ ଉପଯୋଗ କରିବି।' ବର୍ତ୍ତମାନର ଏହି ମୁହୂର୍ତ୍ତ ଓ ବହୁ ସୁନ୍ଦର ମୁହୂର୍ତ୍ତମାନଙ୍କୁ ନେଇ ଆମ ଜୀବନ। ଆମ ଜୀବନର ଅଧିକାଂଶ ମୁହୂର୍ତ୍ତ ଖୁବ୍ ସୁନ୍ଦର ବୋଲି ଅନୁଭବ କରି ପାରିଲେ ଜୀବନ ଆନନ୍ଦଦାୟକ ହେବ। ଖୁସିର ଏହି ଅନୁଭବକୁ ନିଜ ଭିତରେ ସୃଷ୍ଟି କରିବାକୁ ହିଁ ହେବ।

■

ମାନସିକ ଚାପର ନିୟନ୍ତ୍ରଣ

ମାନସିକ ଚାପ (stress) ଶବ୍ଦ ଆଜି ବହୁଳ ଭାବରେ ବ୍ୟବହୃତ। ଆଧୁନିକ ସମାଜର ଅଧିକାଂଶ ମଣିଷ ମାନସିକ ଚାପଗ୍ରସ୍ତ। ଛାତ୍ରଟିଏ ପରୀକ୍ଷା ପାଇଁ ପଢୁଛି। ତାକୁ ନେଇ ନାନା ବାପାମା'ଙ୍କର ଅସ୍ତମାରି ସ୍ୱପ୍ନ। ତାକୁ ଭଲ କରିବାକୁ ପଡିବ। ପରୀକ୍ଷାଜନିତ ମାନସିକ ଚାପରେ ସେ ଅତିଷ୍ଠ। ଯୁବକଟିଏ ବେକାର ହୋଇ ବସିଛି। ବହୁତ ସାକ୍ଷାତକାରରେ ଯୋଗ ଦେଇ ସାରିଲାଣି। ଚାକିରି ନ ପାଇବା ଆଶଙ୍କାରେ ସେ ସଦାସର୍ବଦା ଶଙ୍କିତ। ସୈନିକଟି ନିଜ ଦେଶ ପାଇଁ ଯୁଦ୍ଧରତ। ଯେ କୌଣସି ଦିନ ଯୁଦ୍ଧକ୍ଷେତ୍ରରେ ତାର ମୃତ୍ୟୁ ହୋଇ ଯାଇପାରେ। ତାର ପରିବାରର ଭବିଷ୍ୟତ କଥା ଭାବି ସେ ଦୁଃଖିତ ଓ ମର୍ମାହତ। ଚାକିରି କରିଥିବା ଯୁବକଟି ବହୁଲୋକଙ୍କର ଛଟେଇ ହେବା ଦେଖି ଚାକିରି ହରାଇବାର ଆଶଙ୍କାରେ ଚିନ୍ତିତ। କର୍ମଜୀବୀ ମହିଳାଟିର ପ୍ରାକ୍ ଯୌବନରେ ପାଦ ଦେଇଥିବା ପୁଅଟି କୁସଙ୍ଗରେ ପଡ଼ି ନଷ୍ଟ ହୋଇଯାଉଛି ବୋଲି ଅନୁଭବ କରି ମଧ୍ୟ ତା ପାଇଁ ଯଥେଷ୍ଟ ସମୟ ଦେଇ ପାରୁ ନଥିବାରୁ ସେ ବ୍ୟଥିତ। ଦେଖିବାକୁ ଗଲେ ଅସଂଖ୍ୟ ଲୋକ ମାନସିକ ଚାପଗ୍ରସ୍ତ।

ପ୍ରଶ୍ନ ହେଉଛି, ମାନସିକ ଚାପ କହିଲେ ଆମେ କ'ଣ ବୁଝୁ? ଯେତେବେଳେ ଆମେ କୌଣସି ନୂତନ ପରିସ୍ଥିତିର ସମ୍ମୁଖୀନ ହେଉ ଏବଂ ଆମକୁ ଲାଗେ ଏହି ପରିସ୍ଥିତି ସହିତ ଖାପଖୁଆଇ ଚଳିବା ଆମ ପକ୍ଷରେ ଅସମ୍ଭବ, ସେତେବେଳେ ଆମେ ଚାପଗ୍ରସ୍ତ ହେଉ। ପରିସ୍ଥିତିଟି ଅତ୍ୟନ୍ତ କଷ୍ଟଦାୟକ, ଦୁଃଖଦାୟକ ବା ଅସ୍ୱସ୍ତିକର ହୋଇଥିବାରୁ ତା ସହିତ ଉପଯୋଜନ କରିବା ଭଳି ଆମର ଦୈହିକ ତଥା ମାନସିକ ଶକ୍ତି, କ୍ଷମତା ଓ ସାମର୍ଥ୍ୟ ନାହିଁ ବୋଲି ଧାରଣା ହେଲେ ଆମର ମାନସିକ ଚାପ ସୃଷ୍ଟି ହୁଏ। ଦ୍ୱିତୀୟ ବିଶ୍ୱଯୁଦ୍ଧ ପରେପରେ ମଣିଷର ମାନସିକ ପୀଡ଼ନ ଏବଂ ମନ ଓ ଶରୀର ଉପରେ ଏହାର ପ୍ରତିକୂଳ ପ୍ରଭାବ ସମ୍ବନ୍ଧରେ ବହୁ ଉପାଦେୟ ଗବେଷଣା ଆରମ୍ଭ ହୋଇଥିଲା।

ଚାପଗ୍ରସ୍ତ ହେବା ବିଷୟରେ ବ୍ୟକ୍ତି ବ୍ୟକ୍ତିଙ୍କ ମଧ୍ୟରେ ଅନେକ ପାର୍ଥକ୍ୟ ଦେଖାଯାଏ। ଗୋଟିଏ ସମସ୍ୟାରେ ଜଣେ ବିବ୍ରତ ହୋଇ ପଡୁଥିବାବେଳେ ଅନ୍ୟଜଣେ ଆଦୌ ବିଚଳିତ ନ ହୋଇପାରେ ଓ ଏହା ଦୈନନ୍ଦିନ ଜୀବନରେ ଏକ ସାଧାରଣ ସମସ୍ୟା ବୋଲି ଭାବିପାରେ। ଘଟଣାଟି କିଏ କିପରି ଆକଳନ କରୁଛି, ତାହା ଗୁରୁତ୍ୱପୂର୍ଣ୍ଣ। ଜଣେ ଯଦି ଘଟଣାଟିକୁ ଚାପଯୁକ୍ତ ବୋଲି ଭାବିଲା ତେବେ ସେହି ଘଟଣାଟି ତା ପାଇଁ ଚାପଯୁକ୍ତ। କିନ୍ତୁ ଅନ୍ୟ ଜଣେ ଯଦି ଘଟଣାଟିକୁ ଚାପଯୁକ୍ତ ବୋଲି ନ ଭାବିଲା ସେହି ଘଟଣାଟି ତାପାଇଁ ଚାପଯୁକ୍ତ ନୁହେଁ। ଉଦାହରଣ ସ୍ୱରୂପ, ଜଣେ ବ୍ୟକ୍ତିର ଚାକିରି ପାଇଁ ସାକ୍ଷାତକାର ଦେବାକୁ ଯାଉଛନ୍ତି। ଇଂରାଜୀ ଭାଷାରେ ତାଙ୍କର ଅଗାଧ ପାଣ୍ଡିତ୍ୟ ଓ ବାକ୍‌ପଟୁତା ଅଛି। ସେ ଚାକିରି ନ ପାଇପାରନ୍ତି। କିନ୍ତୁ ସାକ୍ଷାତକାର ଦେବା ବିଷୟରେ ତାଙ୍କର ଉତ୍ସାହ ବହୁତ ବେଶୀ। ଆଉ ଜଣେ ବ୍ୟକ୍ତି ବହୁତ ପଢ଼ିଛନ୍ତି ଓ ଜାଣିଛନ୍ତି। କିନ୍ତୁ ଇଂରାଜୀ ଭାଷାରେ ତାଙ୍କର ଦକ୍ଷତା ନଥିବାରୁ ନିଜ ଭାବକୁ ଠିକ୍ ଭାବରେ ବ୍ୟକ୍ତ କରିପାରନ୍ତି ନାହିଁ। ଆତ୍ମବିଶ୍ୱାସ କମ୍ ଥିବାରୁ ବେଶୀ ଲୋକ ଦେଖିଲେ ବିଚଳିତ ହୋଇଯାଆନ୍ତି। ତେଣୁ ସେ ସାକ୍ଷାତକାର ବ୍ୟାପାରରେ ଖୁବ ଚିନ୍ତିତ। ମୋଟାମୋଟି ଭାବରେ କହିବାକୁ ଗଲେ ଚାପଜନିତ ପୀଡ଼ନ ଏକ ମାନସିକ ପ୍ରକ୍ରିୟା ଓ ଏହା କିଛି ପରିମାଣରେ ଏକ ସ୍ୱକଳ୍ପିତ ଓ ସ୍ୱପ୍ରତୀତ ବ୍ୟାପାର (subjective phenomenon)।

ଦେଖାଯାଇଛି, କିଛି ପରିମାଣରେ ମାନସିକ ତାପ ଅଧିକାଂଶ ଲୋକଙ୍କର ଥାଏ। ମଣିଷ ମଧ୍ୟମ ଧରଣର ଚାପଯୁକ୍ତ ହେବା ଭଲ। ଏହା ତା ପକ୍ଷରେ ହିତକାରକ ହୋଇଥାଏ। ଏହି ମଧ୍ୟମ ଧରଣର ଚାପକୁ 'ଇଉଷ୍ଟ୍ରେସ୍' (eustress) ବୋଲି କୁହାଯାଏ। ଦୈନନ୍ଦିନ ଜୀବନରେ କାର୍ଯ୍ୟ ସମ୍ପାଦନ କଲାବେଳେ ପ୍ରତ୍ୟେକ କାର୍ଯ୍ୟକୁ ସୂଚାରୁ ରୂପେ ସମ୍ପାଦନ କରିବା ପାଇଁ କିଛି ପରିମାଣରେ ମାନସିକ ଚାପ ସୃଷ୍ଟି ହୁଏ। ଏପରି ମଧ୍ୟମ ଧରଣର ଚାପ ମଣିଷକୁ ଉନ୍ନତି ପଥରେ ଅଗ୍ରସର ହେବାକୁ ସାହାଯ୍ୟ କରେ। ମଣିଷ ଯଦି ଅନ୍ୟମାନଙ୍କ ଉପରେ ପ୍ରଭାବ ପକାଇଲା ଭଳି କିଛି ଉଲ୍ଲେଖନୀୟ କାର୍ଯ୍ୟ କରିବାକୁ ଚାହେଁ ବା ଖୁବ୍ ସଫଳ ହେବାକୁ ଇଚ୍ଛା କରେ ତେବେ ସେ ମାନସିକ ଚାପଗ୍ରସ୍ତ ହୁଏ। ଜାତୀୟ ଓ ଆନ୍ତର୍ଜାତିକ ସ୍ତରରେ ପ୍ରତିଷ୍ଠା ଲାଭ କରିଥିବା ହିନ୍ଦୀ ଚଳଚ୍ଚିତ୍ରର ଜଣେ ଖୁବ୍ ପ୍ରତିଭାବାନ ଓ ସଫଳ ଅଭିନେତାଙ୍କୁ ଅଭିନୟ ସମୟରେ ସେ ଚାପଗ୍ରସ୍ତ ହୁଅନ୍ତି କି ନାହିଁ ବୋଲି ପ୍ରଶ୍ନ ପଚରା ଯାଇଥିଲା। ସେ ଜଣେ ଖୁବ୍ ଲୋକପ୍ରିୟ ଅଭିନେତା ହୋଇଥିବାରୁ ନିର୍ଦ୍ଦେଶକ, ଅଭିନେତ୍ରୀଙ୍କ ଠାରୁ ଆରମ୍ଭ କରି ଦର୍ଶକମାନଙ୍କର ତାଙ୍କଠାରୁ ବହୁତ ଆଶା ଓ ପ୍ରତ୍ୟାଶା ଥାଏ। ଅଭିନୟରେ ପାରଦର୍ଶିତା ଥିବା ସତ୍ତ୍ୱେ ସେ ତାଙ୍କର ପ୍ରତିଷ୍ଠା ଓ ସ୍ଥିତି ଅକ୍ଷୁର୍ଣ୍ଣ ରଖିପାରିବେ କି ନାହିଁ ଭାବି ଚାପଗ୍ରସ୍ତ

ହୁଅନ୍ତି। ହଜାର ହଜାର ଥର ଓଜସ୍ୱିନୀ ଭାଷଣ ଦେଇଥିବା ଜଣେ ପ୍ରତିଷ୍ଠିତ ଓ ଜନପ୍ରିୟ ବକ୍ତାଙ୍କୁ ବକ୍ତୃତା ଦେବା ଆଗରୁ ସେ ମାନସିକ ଚାପରେ ସମ୍ମୁଖୀନ ହୁଅନ୍ତି କି ନାହିଁ ବୋଲି ପଚରା ଯାଇଥିଲା। ଲୋକମାନେ ତାଙ୍କ ଠାରୁ ବହୁତ ଆଶା ରଖୁଥିବାରୁ ଓ ତାଙ୍କ ବକ୍ତୃତା ଶୁଣିବାକୁ ଆଗ୍ରହର ସହ ବସି ରହୁଥିବାରୁ ତାଙ୍କର ଏହି ସୁନାମ ବଜାୟ ରଖିପାରିବା ପାଇଁ ତାଙ୍କ ମନରେ ଚାପ ସୃଷ୍ଟି ହୁଏ ବୋଲି ସେ କହିଥିଲେ। ସଫଳତାର ଶୀର୍ଷରେ ଥିବା ଲୋକମାନେ ମଧ୍ୟ ଚାପଗ୍ରସ୍ତ ହୁଅନ୍ତି। ଏ ପ୍ରକାର ମଧ୍ୟମ ଧରଣର ମାନସିକ ଚାପ ରହିବା ଭଲ। କିନ୍ତୁ ଯେତେବେଳେ ଏହା ଅତ୍ୟଧିକ ହୋଇଯାଏ ତାହା କ୍ଲେଶ ଓ କଷ୍ଟରେ (distress) ପରିଣତ ହୁଏ।

ଦେଖାଯାଇଛି, ପରିବାର ସଦସ୍ୟଙ୍କର ମୃତ୍ୟୁ, ବୈଧବ୍ୟ ଆଦି ଦୁଃଖଦାୟକ ଘଟଣାଗୁଡ଼ିକ ନିଶ୍ଚିତ ଭାବରେ ମାନସିକ ଚାପ ସୃଷ୍ଟି କରେ। କିନ୍ତୁ ବିବାହ, ଚାକିରିରେ ପଦୋନ୍ନତି ଆଦି ଅତ୍ୟନ୍ତ ସୁଖପୂର୍ଣ୍ଣ ଘଟଣାଗୁଡ଼ିକ ମଧ୍ୟ କିଛି ପରିମାଣରେ ମାନସିକ ଚାପ ସୃଷ୍ଟି କରେ। ବିବାହ ଗୋଟିଏ ଆନନ୍ଦଦାୟକ ଘଟଣା ହୋଇଥିଲେ ମଧ୍ୟ ନୂଆ ଲୋକ ଓ ନୂଆ ପରିବାର ସହିତ ନିଜକୁ ଖାପଖୁଆଇ ଚଳିବାକୁ ପଡେ। ପରିବର୍ତ୍ତିତ ପରିସ୍ଥିତି ସହିତ ନିଜକୁ ଠିକ୍ ଭାବରେ ଉପଯୋଜନ କରି ନ ପାରିଲେ ବହୁ ସମସ୍ୟାର ସମ୍ମୁଖୀନ ହେବାକୁ ହୁଏ। ସେହିପରି ପଦୋନ୍ନତି ଏକ ଆନନ୍ଦଦାୟକ ଅନୁଭୂତି ହୋଇଥିଲେ ମଧ୍ୟ କାମ ଓ ଦାୟିତ୍ୱ ବଢୁଥିବାରୁ ମାନସିକ ଚାପ ସୃଷ୍ଟି ହୁଏ। ମୋଟାମୋଟି ଭାବରେ କହିବାକୁ ଗଲେ, ଯେକୌଣସି ପରିବର୍ତ୍ତନ ମାନସିକ ଚାପ ସୃଷ୍ଟି କରେ। କାରଣ ମଣିଷକୁ ନୂତନ ପରିବେଶ ଓ ପରିସ୍ଥିତି ସହିତ ଖାପଖୁଆଇ ଚଳିବାକୁ ପଡେ। ଆନନ୍ଦଦାୟକ ଘଟଣାଗୁଡ଼ିକ ଅନେକ ସମୟରେ ମାନସିକ ଚାପ ସୃଷ୍ଟି କରୁଥିଲେ ମଧ୍ୟ ଦୁଃଖଦାୟକ ଘଟଣାଗୁଡ଼ିକ ପରି ଶରୀର ଓ ମନ ଉପରେ ଏହାର କ୍ଷତିକାରକ ଓ ନକାରାତ୍ମକ ପ୍ରଭାବ ପଡେନାହିଁ।

ଗବେଷଣାରୁ ଦେଖାଯାଇଛି ଯେ, ଥରେ ଘଟିଥିବା ଅତିମାତ୍ରାରେ ଭୟଙ୍କର ଓ ଦୁଃଖଦାୟକ ଅନୁଭୂତି ତୁଳନାରେ ବର୍ଷ ବର୍ଷ ଧରି ଅନବରତ ଲାଗି ରହିଥିବା ଓ ଚାପ ସୃଷ୍ଟି କରୁଥିବା ଛୋଟ ଛୋଟ ଘଟଣାବଳୀ ଶରୀରର ଅଧିକ କ୍ଷତି କରେ। ଉଦାହରଣ ସ୍ୱରୂପ, ଜଣେ ଭଦ୍ରମହିଳାଙ୍କର ସ୍ୱାମୀଙ୍କ ସହିତ ବିଚ୍ଛେଦ ହେଲା। ପ୍ରଥମେ ସେ ଅତ୍ୟନ୍ତ ମର୍ମାହତ ଓ ଦୁଃଖିତ ହୋଇ ଭାଙ୍ଗି ପଡ଼ିଲେ। ତାପରେ ସେ ସ୍ୱାବଲମ୍ବୀ ହେଲେ ଓ ସେହି ଘଟଣାକୁ ଭୁଲି ଯିବାକୁ ଚେଷ୍ଟାକଲେ। ନିଜର ପରିସ୍ଥିତି ସହିତ ଉପଯୋଜନ କରି ଚଳିବାକୁ ଅଭ୍ୟାସ କଲେ। ଆଉ ଜଣେ ଭଦ୍ରମହିଳାଙ୍କର ଶାଶୁ ଅତ୍ୟନ୍ତ କଳହପ୍ରିୟ ଓ ବଦ୍‌ରାଗୀ। ସବୁବେଳେ ତାଙ୍କ ଉପରେ ବିରକ୍ତ ହେଉଥାନ୍ତି।

ଜଣେ ସରକାରୀ ଅଧିକାରୀଙ୍କର କର୍ମକ୍ଷେତ୍ରରେ ନିଜର ଉପରିସ୍ଥ ଅଫିସରଙ୍କ ସାଙ୍ଗରେ ଆଦୌ ପଡୁନାହିଁ। ଏପରି ଅସହ୍ୟ ଓ ଅସ୍ୱସ୍ତିକର ପରିସ୍ଥିତିରେ ବର୍ଷ ବର୍ଷ ଧରି ଦିନ କାଟିବାକୁ ପଡୁଛି। ପ୍ରତି ମୁହୂର୍ତ୍ତରେ ମାନସିକ ଚାପ ସୃଷ୍ଟି କରୁଥିବା ଏହିପରି ଛୋଟ ଛୋଟ ସମସ୍ୟା ଗୁଡ଼ିକର କ୍ରମବର୍ଦ୍ଧନଶୀଳ ପ୍ରଭାବ ବଡ଼ ଧରଣର ଗୋଟିଏ ଦୁଃଖଦାୟକ ଘଟଣାଠାରୁ ଅଧିକ ନକାରାତ୍ମକ ହୋଇଥାଏ।

ଦେଖାଯାଇଛି, ଅନେକ ଗୁଡ଼ିଏ ଦୁଃଖଦାୟକ ଘଟଣା ଘଟିବା ପରେପରେ ଶରୀର ଅସୁସ୍ଥ ହୋଇପଡେ। ଦୁଃଖଦାୟକ ଘଟଣାଗୁଡ଼ିକ ମଣିଷକୁ ଚାପଗ୍ରସ୍ତ କରାଏ। ତାର ଚିନ୍ତା, ଉଦ୍‌ବିଗ୍ନତା ଓ ବିମର୍ଷତା ବଢ଼ିଯାଏ। ମନ ଓ ଶରୀର ମଧ୍ୟରେ ନିବିଡ଼ ସମ୍ପର୍କ ଥିବାରୁ ଏହାର ପ୍ରଭାବ ଶରୀର ଉପରେ ପଡେ। ଚାପଗ୍ରସ୍ତ ହେଲେ କର୍ଟିଜୋଲ୍ ନାମକ ହରମୋନ୍‌ର କ୍ଷରଣ ମାତ୍ରାଧିକ ବଢ଼ିଯାଏ। କର୍ଟିଜୋଲ୍ ହରମୋନ୍ ରକ୍ତ ଶର୍କରାକୁ ବଢ଼ାଇଦିଏ। ଏପିନେଫ୍ରାଇନ୍, ନରଏପିନେଫ୍ରାଇନ୍ ଆଦି ହରମୋନ୍ ଅଧିକ ନିର୍ଗତ ହେବା ଯୋଗୁଁ ରକ୍ତ ସଂଚାଳନ କରୁଥିବା ଧମନୀଗୁଡ଼ିକ ସଙ୍କୁଚିତ ହୋଇଯାଏ। ଫଳରେ ରକ୍ତଚାପ ବଢ଼ିଯାଏ। ବହୁଦିନ ଧରି ଚାପଗ୍ରସ୍ତ ହେବା ଫଳରେ ହୃଦ୍‌ଘାତ ଓ ମସ୍ତିଷ୍କ ଘାତ ହେବାର ସମ୍ଭାବନା ବୃଦ୍ଧିପାଏ। ହୋମ୍‌ସ ଓ ରାହେ, ଦୁଇଜଣ ମନସ୍ତତ୍ତ୍ୱବିଦ୍ ମାନସିକ ଚାପ ମାପିବା ପାଇଁ ଏକ ପରିମାଣାତ୍ମକ ପ୍ରଶ୍ନାବଳୀ ତିଆରି କରି ଏହାକୁ ମାନ୍ୟଯୁକ୍ତ କରିଥିଲେ। ବିଗତ ଛଅ ମାସ ମଧ୍ୟରେ ଘଟିଥିବା ଘଟଣାଗୁଡ଼ିକର ଚାପକୁ ଆକଳନ କରିବା ପାଇଁ ଯୋଗଦାନକାରୀମାନଙ୍କୁ କୁହାଯାଇଥିଲା। ଯାହାର ଚାପର ଉପଲବ୍ଧି ଯେତେ ବେଶି ତାର କୌଣସି ମାରାତ୍ମକ ବ୍ୟାଧିର ଶିକାର ହେବା ସମ୍ଭାବନା ସେତେ ଅଧିକ। ଏହି ଗବେଷକଦ୍ୱୟ ଚାପର ଉପଲବ୍ଧି ଓ ମାରାତ୍ମକ ବ୍ୟାଧିର ଘନିଷ୍ଠ ପାରସ୍ପରିକ ସମ୍ବନ୍ଧ ବା ସହ ସଂପର୍କ ଦେଖିବାକୁ ପାଇଥିଲେ। ଚାପଗ୍ରସ୍ତ ହେବା ଫଳରେ ଶରୀରର ପ୍ରତିରୋଧ ବ୍ୟବସ୍ଥା (immune system) ଭଲ ଭାବରେ କାର୍ଯ୍ୟ କରେ ନାହିଁ। ଫଳରେ କେବଳ ଉଚ୍ଚ ରକ୍ତଚାପ, ମଧୁମେହ ହୁଏନାହିଁ, କର୍କଟ ରୋଗ ହେବାର ସମ୍ଭାବନା ମଧ୍ୟ ବଢ଼ିଯାଏ। ଏହି ବିଷୟ ଅନୁଧ୍ୟାନ କରିବା ପାଇଁ ମନସ୍ତତ୍ତ୍ୱ, ସ୍ନାୟୁବିଜ୍ଞାନ ଓ ଶରୀର ପ୍ରତିରୋଧ ତତ୍ତ୍ୱ ମିଶି 'ସାଇକୋନ୍ୟୁରୋଇମ୍ୟୁନୋଲୋଜି' (psychoneuroimmunology) ବିଭାଗର ସୃଷ୍ଟି ହୋଇଛି। ଏହା ମାନସିକ ଚାପ, ଏହାର ଆବେଗିକ ଓ ବ୍ୟବହାରିକ ପ୍ରତିକ୍ରିୟା ଓ ପ୍ରତିରୋଧ ବ୍ୟବସ୍ଥାର ପାରସ୍ପରିକ ସମ୍ବନ୍ଧ ବିଷୟରେ ଅନୁଧ୍ୟାନ କରେ। ଦେଖାଯାଏ, ଛାତ୍ରଛାତ୍ରୀମାନେ ପରୀକ୍ଷା ସମୟରେ ଅଧିକ ଥଣ୍ଡାଜ୍ୱର ଦ୍ୱାରା ସଂକ୍ରମିତ ହୁଅନ୍ତି। ଶରୀରରେ କ୍ଷରିତ ହେଉଥିବା ଇମ୍ୟୁନୋଗ୍ଲୋବୁଲିନ୍-ଏ (immunoglobulin-A) ନାମକ ଏକ ଉପାଦାନ ଶରୀରକୁ

ବିଭିନ୍ନ ସଂକ୍ରମଣରୁ ରକ୍ଷା କରେ। ପରୀକ୍ଷା ସମୟରେ ଛାତ୍ରଛାତ୍ରୀମାନଙ୍କର ଲାଳ ନେଇ ଇମ୍ୟୁନୋଗ୍ଲୋବୁଲିନ୍‌ର ମାତ୍ରା ପରୀକ୍ଷା କରାଗଲା ଏବଂ ଦେଖାଗଲା, ପରୀକ୍ଷା ସମୟରେ ମାନସିକ ଚାପଯୁକ୍ତ ହେଲେ ଇମ୍ୟୁନୋଗ୍ଲୋବୁଲିନ୍-ଏର ପରିମାଣ ଅତ୍ୟଧିକ କମ୍ ହୋଇଯାଏ। ଫଳରେ ଶରୀର ବାହାରେ ଥିବା ଭୂତାଣୁ ଗୁଡ଼ିକ ଶରୀର ଭିତରକୁ ସହଜରେ ପ୍ରବେଶ କରନ୍ତି। ଥଣ୍ଡା, ଜ୍ୱର ଓ ଉପରି ଭାଗରେ ଥିବା ଶ୍ୱାସନଳୀ ସଂକ୍ରମିତ ହୁଏ। କାରଣ ମଣିଷର ଶରୀରରେ ପ୍ରାୟ ଶହେରୁ ଊର୍ଦ୍ଧ୍ୱ ଥଣ୍ଡା ସୃଷ୍ଟି କରୁଥିବା ଭୂତାଣୁ ଥାନ୍ତି। ସେମାନେ ଶରୀର ଭିତରକୁ ପ୍ରବେଶ କରିବାକୁ ସୁଯୋଗ ଅପେକ୍ଷାରେ ଥାଆନ୍ତି। ଇମ୍ୟୁନୋଗ୍ଲୋବୁଲିନ-ଏ ର କ୍ଷରଣ କମିଗଲେ ସେମାନେ ତତ୍‌କ୍ଷଣାତ ଶରୀର ମଧ୍ୟକୁ ପ୍ରବେଶ କରି ଥଣ୍ଡା ଜ୍ୱର ସୃଷ୍ଟି କରନ୍ତି। ପରୀକ୍ଷା ସରିଯିବା ପରେ ଏହାର ପରିମାଣ ବଢ଼ିଯାଏ ଓ ସ୍ୱାଭାବିକ ହୋଇଯାଏ।

ପ୍ରତ୍ୟେକ ମଣିଷ ଚାପଯୁକ୍ତ ହୁଏ। ଏହା ଜୀବନ ଯାତ୍ରାର ଏକ ସ୍ୱାଭାବିକ ପ୍ରକ୍ରିୟା। ଚାପକୁ ଆମେ ଜୀବନରୁ ସମ୍ପୂର୍ଣ୍ଣ ଭାବରେ ଦୂରେଇ ଦେଇପାରିବା ନାହିଁ। ପ୍ରଶ୍ନ ହେଲା, ଏହାକୁ ନିୟନ୍ତ୍ରଣ କରିବା କିପରି ?

ମାନସିକ ଚାପ ଓ ଏହାର ନିୟନ୍ତ୍ରଣ ଉପରେ ବହୁ ଗବେଷଣା କରିଥିବା ଦୁଇଜଣ ପ୍ରସିଦ୍ଧ ମନସ୍ତତ୍ତ୍ୱବିଦ୍ ଲାଜାରସ୍ ଓ ଫୋକ୍‌ମ୍ୟାନ୍‌ଙ୍କ ମତରେ ମଣିଷ ମୁଖ୍ୟତଃ ଦୁଇଟି ଉପାୟରେ ତାର ମାନସିକ ଚାପକୁ ନିୟନ୍ତ୍ରଣ କରେ। ଗୋଟିଏ ହେଲା, 'ସମସ୍ୟା-କୈନ୍ଦ୍ରିକ ଉପଯୋଜନ (problem-focused coping) ଏବଂ ଅନ୍ୟଟି ହେଲା, "ଆବେଗ-କୈନ୍ଦ୍ରିକ ଉପଯୋଜନ" (emotion-focused coping)।

ସମସ୍ୟା-କୈନ୍ଦ୍ରିକ ଉପଯୋଜନ ପ୍ରକ୍ରିୟାରେ ମଣିଷ ଚାପ ଉଦ୍ରେକ କରୁଥିବା ସମସ୍ୟାର ସମାଧାନ କରିବାକୁ ଚେଷ୍ଟା କରେ। ଉଦାହରଣ ସ୍ୱରୂପ, ଜଣେ ଭଦ୍ରବ୍ୟକ୍ତିଙ୍କର ପିଲାଟି କୁସଙ୍ଗରେ ପଡ଼ି ନିଶା ଔଷଧ ସେବନ କରୁଛି। ଘରୁ ପଇସାପତ୍ର ଚୋରି କରୁଛି। ପରିବାର ସଦସ୍ୟମାନଙ୍କୁ ଖରାପ ବ୍ୟବହାର ଦେଖାଉଛି। ଭଦ୍ରବ୍ୟକ୍ତି ପିଲାଟିର ଖରାପ ଅଭ୍ୟାସ ପରିବର୍ତ୍ତନ କରିବା ପାଇଁ ଚେଷ୍ଟା କରି ତା ସହିତ ଅଧିକ ସମୟ କଟେଇ, ସ୍ନେହ, ଆଦର ଦେଇ ବା ନିଶା ଔଷଧ ଛଡ଼ାଇବା ପାଇଁ ବିଭିନ୍ନ ପ୍ରତିକାରାତ୍ମକ କାର୍ଯ୍ୟକ୍ରମ (remedial mesures) ହାତକୁ ନେଲେ,ଏହାକୁ ସମସ୍ୟା-କୈନ୍ଦ୍ରିକ ଉପଯୋଜନ କୁହାଯାଏ।

ଆବେଗ-କୈନ୍ଦ୍ରିକ ଉପଯୋଜନରେ ମଣିଷ ସମସ୍ୟାର ସମାଧାନ ନ କରି ନିଜ ଆବେଗକୁ ନିୟନ୍ତ୍ରଣ କରିବାକୁ ଚେଷ୍ଟା କରେ। ଏଠାରେ ଭଦ୍ରଲୋକ ନିଜ ପିଲାକୁ ନିଶା ଔଷଧ ସେବନରୁ ମୁକ୍ତ ନ କରି, ତା ଉପରେ ବିରକ୍ତ ହୋଇ, ତା ମୁହଁ

ନ ଚାହିଁବାକୁ ନିଷ୍ପତ୍ତି ନେଲେ ବା ଏପରି କୁଳାଙ୍ଗାର ପୁଅ କଥା ନ ଭାବି ଅନ୍ୟ କାମରେ ମନ ଦେଲେ ବା ରାତିରେ ଡେରିରେ ଘରକୁ ଫେରିଲେ, ଏହାକୁ ଆବେଗ-କୈନ୍ଦ୍ରିକ ଉପଯୋଜନ କୁହାଯାଏ।

ସମସ୍ୟା-କୈନ୍ଦ୍ରିକ ଉପଯୋଜନ ଅଧିକ ଫଳପ୍ରଦ ହେଲେ ମଧ୍ୟ ଅନେକ ସମୟରେ ମଣିଷ ଆବେଗ-କୈନ୍ଦ୍ରିକ ଉପଯୋଜନ କରିବାକୁ ବାଧ୍ୟ ହୁଏ। ଜଣେ ବ୍ୟକ୍ତିଙ୍କ ସ୍ତ୍ରୀ ଅତ୍ୟନ୍ତ ବଦରାଗୀ ଓ କଳିଆଖୋର। ଘରକୁ ଫେରିବାକ୍ଷଣି କଳିକଜିଆ ଓ ଅଶାନ୍ତି ସୃଷ୍ଟି କରନ୍ତି। ଯେତେ ଚେଷ୍ଟା କଲେ ମଧ୍ୟ ସ୍ତ୍ରୀର ସ୍ୱଭାବ ବଦଳେଇବା ସମ୍ଭବ ହେଲା ନାହିଁ। ଉପାୟହୀନ ହୋଇ ସେହି ବ୍ୟକ୍ତି ଡେରିରେ ଘରକୁ ଫେରିବାର ଅଭ୍ୟାସ କଲେ। ଜଣେ ଭଦ୍ରଲୋକ କ୍ୟାନସର ରୋଗରେ ପୀଡ଼ିତ। ରୋଗ ନିର୍ଣ୍ଣୟ ହେଲା ବେଳକୁ ଶେଷ ଅବସ୍ଥା ଉପନୀତ। ଚିକିତ୍ସକ କିଛି କରି ପାରିବେ ନାହିଁ ବୋଲି କହି ସାରିଲେଣି। ଭଦ୍ରଲୋକ ବା ତାଙ୍କ ସ୍ତ୍ରୀ ସମସ୍ୟାର ସମାଧାନ କରିପାରିବାର ଉପାୟ ପାଉନାହାନ୍ତି। ତେଣୁ ତାଙ୍କ ସ୍ତ୍ରୀ ବାରମ୍ବାର ଠାକୁର ମନ୍ଦିର ଯାଇ, ଅଧିକାଂଶ ଦିନ ଉପାସ ରହି, ବାର ବ୍ରତ ପାଳନ କରୁଛନ୍ତି। ସମସ୍ୟାର ସମାଧାନ କରି ନ ପାରିଲେ, ମଣିଷ ନିଜର ଆବେଗକୁ ନିୟନ୍ତ୍ରଣ କରେ।

ମାନସିକ ଚାପ ନିୟନ୍ତ୍ରଣ କରିବା ପାଇଁ ବା ହ୍ରାସ କରିବା ପାଇଁ ନିମ୍ନଲିଖିତ କେତେଗୁଡ଼ିଏ ସକ୍ରିୟ ପଦକ୍ଷେପ ନିଆଯାଇପାରେ।

ପ୍ରତ୍ୟେକ ବ୍ୟକ୍ତି ତାଙ୍କର ଶାରୀରିକ ଦକ୍ଷତା ବଢ଼ାଇବା ଦରକାର। ଜଣେ ବ୍ୟକ୍ତି ଯେତେ ଚିନ୍ତିତ ଥିଲେ, ଯେତେ ଚାପଯୁକ୍ତ ଥିଲେ ମଧ୍ୟ ସନ୍ତୁଳିତ ଓ ସୁଷମ ଖାଦ୍ୟ ଖାଇବା ସହିତ ଆଠଘଣ୍ଟା ଶୋଇବା ଓ ଶାରୀରିକ ବ୍ୟାୟାମ କରିବା ଉଚିତ। ଯାହା ଫଳରେ ଶାରୀରିକ ସ୍ୱାସ୍ଥ୍ୟ ଓ ଦକ୍ଷତା ଅତୁଟ ରହିବ। ତାଛଡ଼ା ଶାରୀରିକ ପରିଶ୍ରମ ଓ ବ୍ୟାୟାମ କରିବା ଫଳରେ ମନଖୁସି ରହେ ଓ ମାନସିକ ଚାପଜନିତ କ୍ଳାନ୍ତି ଦୂର ହୁଏ। ମାନସିକ ଚାପଯୁକ୍ତ ହେଲେ କିଛି ସମୟ ଚାଲିଲେ, ଯେକୌଣସି ବ୍ୟାୟାମ ବା ଏରୋବିକ୍ କଲେ ମାନସିକ ଚାପ ହ୍ରାସ ପାଏ। କାରଣ ଶରୀରରେ ଏଣ୍ଡୋରଫିନ୍‌ସ୍ (endorphins) ନାମକ ରାସାୟନିକ ପଦାର୍ଥର କ୍ଷରଣ ହୁଏ। ଯାହାକୁ 'ଆନନ୍ଦ ପ୍ରଦାୟକ ହରମୋନ୍' (happy hormone) ବୋଲି କୁହାଯାଏ। କାରଣ ଏଭଳି ହରମୋନ୍‌ର କ୍ଷରଣ ହେବା ଯୋଗୁଁ ଉଦ୍‌ବିଗ୍ନତା ଓ ବିମର୍ଷତା କିଛି ପରିମାଣରେ କମିଯାଏ ଓ ମନ ଆନନ୍ଦ ହୁଏ।

ମାନସିକ ଚାପଯୁକ୍ତ ହୋଇଥିଲେ ମଧ୍ୟ ସକାରାତ୍ମକ ଭାବ ଓ ଆବେଗ ସୃଷ୍ଟି କରିବା ଦରକାର। ଯାହାକୁ ଯେଉଁ କାର୍ଯ୍ୟଟି କରିବାକୁ ଭଲ ଲାଗୁଛି ସେହି କାର୍ଯ୍ୟରେ

ନିଜକୁ ନିୟୋଜିତ କରିବା ଭଲ। କାହାକୁ ଗୀତ ଗାଇବା ପାଇଁ ଭଲ ଲାଗେ ତ କାହାକୁ ଗୀତ ଶୁଣିବାରେ ଆନନ୍ଦ ମିଳେ। କିଏ ଲେଖାଲେଖି କରି ଖୁସି ହୁଏତ ପଢ଼ିବାରେ କାହାର ବହୁତ ଆଗ୍ରହ। କିଏ ମାଛ ଧରିବାରେ ରୁଚି ରଖେ ତ କିଏ ବଗିଚା କରିବାରେ ସୁଖ ପାଏ। ନିଜକୁ ଭଲ ଲାଗୁଥିବା ବିଷୟଗୁଡ଼ିକରେ ମନ ନିୟୋଜିତ କଲେ ମାନସିକ ଚାପ କମିଯାଏ। ତାଛଡ଼ା ପରିବେଶକୁ ସୁନ୍ଦର ଓ ଉପଭୋଗ୍ୟ ରଖିବା ନିହାତି ଆବଶ୍ୟକ। ଜଣେ ଚିନ୍ତିତ ଅଛି ବୋଲି ପରିବେଶକୁ ମଇଳା, ଅପରିଷ୍କାର କରି ରଖିଲେ ବା ନିଜେ ଖରାପ ପୋଷାକ ପିନ୍ଧି ବସି ରହିଲେ ଚିନ୍ତା ଦୂର ହୋଇଯିବ ନାହିଁ। ବରଂ ନିଜେ ସଫାସଫି ହୋଇ, ଭଲ ପୋଷାକ ପିନ୍ଧି, ସୁବାସିତ ଅତର ଲଗେଇ, ଘରଟିକୁ ସୁନ୍ଦର କରି ସଜାଇ ରଖିଲେ, ସୁଗନ୍ଧଯୁକ୍ତ ପୁଷ୍ପଗୁଚ୍ଛ ଆଣି ଫୁଲଦାନୀରେ ସଜେଇଲେ, ଗୀତ ବଜାଇଲେ ନିଜକୁ ଭଲ ଲାଗିବ ଓ ମାନସିକ ଚାପଜନିତ ଯନ୍ତ୍ରଣା ଲାଘବ ହେବ। ସ୍ତନକର୍କଟ ଦ୍ୱାରା ପୀଡ଼ିତ କେତେଜଣ ମହିଳାଙ୍କୁ ବିଭିନ୍ନ ମଜାମଜା କଥା କହିବାକୁ ଓ ହାସ୍ୟରସପୂର୍ଣ୍ଣ ପୁସ୍ତକ ପଢ଼ିବାକୁ ପରାମର୍ଶ ଦିଆଯାଇଥିଲା। ଯାହା ଫଳରେ ସେମାନଙ୍କର ଉଦ୍‌ବିଗ୍ନତା ଓ ବିଷର୍ଣ୍ଣତା କିଛି ପରିମାଣରେ କମିଯାଇଥିଲା।

ମଣିଷ ତାର ଗୋପନୀୟ ଇଚ୍ଛା, ଲଜ୍ଜାଜନକ ଅନୁଭୂତି ଓ ଭୟଙ୍କର ଅନୁଭବ ଗୁଡ଼ିକୁ ସମସ୍ତଙ୍କ ଆଗରେ ପ୍ରକାଶ କରିବାକୁ କୁଣ୍ଠାବୋଧ କରେ। ଗବେଷଣାର ଫଳାଫଳରୁ ଦେଖାଯାଇଛି ଯେ, ସବୁକଥା ଗୋପନୀୟ ରଖୁଥିବା ବ୍ୟକ୍ତିମାନଙ୍କ ଠାରେ ଅଧିକ ଉଦ୍‌ବେଗ ଓ ମାନସିକ ଚାପ ଦେଖାଯାଏ। ଅନ୍ୟମାନଙ୍କ ଆଗରେ ନିଜର ସମସ୍ୟା ଓ ଦୁଃଖ ମନଖୋଲି ପ୍ରକାଶ କରି ପାରୁଥିବା ଲୋକମାନଙ୍କର ମାନସିକ ଚାପ କମ ହୁଏ। ସେମାନେ ଶାରୀରିକ ଓ ମାନସିକ ସ୍ତରରେ ଅଧିକ ସୁସ୍ଥ ରହନ୍ତି। ଜଣେ ଅନ୍ୟମାନଙ୍କ ଆଗରେ ନିଜର ସମସ୍ୟା ଓ ଅସୁବିଧା ଜଣାଇବା ଦ୍ୱାରା ସେମାନଙ୍କ ଠାରୁ ଆବଶ୍ୟକୀୟ ପରାମର୍ଶ ପାଇଥାଏ। ସେହି ପରି ସମସ୍ୟାର ସମ୍ମୁଖୀନ ହୋଇଥିବା ଲୋକେ ସମସ୍ୟାକୁ କିପରି ସମାଧାନ କରିଥିଲେ ସେ ବିଷୟରେ କହିଥାନ୍ତି। ତାଛଡ଼ା ଦେଖାଯାଇଛି, ସବୁକଥା ଅନ୍ୟମାନଙ୍କ ଆଗରେ ପ୍ରକାଶ କରୁକରୁ ସମସ୍ୟାର ସମାଧାନ କିପରି ହେବ, ସେ ବିଷୟରେ ବ୍ୟକ୍ତି ଅର୍ନ୍ତଦୃଷ୍ଟି ଲାଭ କରେ ଓ ନିଜେ ସମାଧାନର ପଥ ପାଇଯାଏ। ପରୀକ୍ଷା କରି ଦେଖାଯାଇଛି, ନିଜ ଲୋକଙ୍କର ମୃତ୍ୟୁ, ଯୌନ ନିପୀଡ଼ନ ଭଳି ଭୟଙ୍କର ଘଟଣାବଳୀଗୁଡ଼ିକୁ ଅନ୍ୟମାନଙ୍କ ଆଗରେ ବ୍ୟକ୍ତ କରିବା ଫଳରେ ମାନସିକ ଚାପ କମିଯାଏ। ଏହାକୁ ବିଶିଷ୍ଟ ମନସ୍ତତ୍ତ୍ୱବିଦ୍ ଫ୍ରଏଡ୍ 'ଆବେଗିକ ଶୋଧନ' (emotional cleansing) ବା 'ଭାବ ବିରେଚନ' (catharsis) ବୋଲି କହନ୍ତି।

ସମସ୍ତ ଭାବ ଓ ଆବେଗକୁ ବ୍ୟକ୍ତ କରିଦେଲା ପରେ ମଣିଷକୁ ଖୁବ୍ ଆଶ୍ୱସ୍ତ ଲାଗେ ଓ ତାର ମାନସିକ ଚାପ କମିଯାଏ।

ଫ୍ରଏଡ୍ ଏହି ତତ୍ତ୍ୱକୁ ଆଧାର କରି ମାନସିକ ରୋଗୀମାନଙ୍କର ଚିକିତ୍ସା କରୁଥିଲେ। ତାଙ୍କ ମତରେ ଯେଉଁ ସ୍ମୃତିଗୁଡ଼ିକ ଦୁଃଖଦାୟକ, ବେଦନାଦାୟକ ବା ଲଜ୍ଜାଜନକ ଏବଂ ସଚେତନ (conscious) ସ୍ତରରେ ଏହାର ଅବସ୍ଥିତି ବିରକ୍ତିକର, ମଣିଷ ତାକୁ ଅଚେତନ (unconscious) ସ୍ତରକୁ ଠେଲିଦିଏ। ଯାହାକୁ 'ଅବଦମନ' (repression) ବୋଲି ଫ୍ରଏଡ୍ କହନ୍ତି। ସେହି ସ୍ମୃତିଗୁଡ଼ିକ ଅଚେତନ ସ୍ତରରେ ସକ୍ରିୟ ହୋଇ ରହିଥାନ୍ତି ଓ ସଚେତନ ସ୍ତରକୁ ଆସିବାକୁ ଚେଷ୍ଟା କରୁଥାନ୍ତି। ମଣିଷକୁ ଏହି ସ୍ମୃତିଗୁଡ଼ିକ ଉଦ୍‌ବେଗ ଓ ଆତଙ୍କ ମଧ୍ୟରେ ରଖିଥାଏ। ମଣିଷ ତାର ଉଦ୍‌ବିଗ୍ନତାର କାରଣ ବୁଝିପାରେ ନାହିଁ। କିନ୍ତୁ ଏହି ଅବଦମିତ ସ୍ମୃତିକୁ ଅନ୍ୟ ଆଗରେ ପ୍ରକାଶ କରିଦେଲେ, ଏହାର ନକାରାତ୍ମକ ପ୍ରଭାବ କମିଯାଏ। ଫ୍ରଏଡ୍ ତାଙ୍କ ଚିକିତ୍ସା ପ୍ରଣାଳୀରେ 'ଅବାଧ ବା ମୁକ୍ତ ସହଚାର ପଦ୍ଧତି' (free-association technique) ବ୍ୟବହାର କରୁଥିଲେ। ଏହି ପଦ୍ଧତିରେ ରୋଗୀର ମନକୁ ଯାହା ଆସେ ତାକୁ କହିବାକୁ ଉତ୍ସାହିତ କରାଯାଏ। ରୋଗୀଟି ବହୁ କଥା କହିବା ଭିତରେ ତାର ଅଚେତନ ମନରେ ଲୁକ୍କାୟିତ ଥିବା ଓ ତାକୁ ଅସୁବିଧାରେ ପକାଉଥିବା କଥା ସବୁ କହିଦିଏ। ଅବଶ୍ୟ ମନୋଚିକିତ୍ସକ ସେ ଦିଗରେ ତାକୁ ବାଟ କଢ଼ାଇ ଦିଅନ୍ତି। ସବୁ କହିଦେଲା ପରେ ସେ ରୋଗମୁକ୍ତ ହୁଏ। ଦୈନନ୍ଦିନ ଜୀବନରେ ମଧ୍ୟ ନିଜର ଭାବକୁ ଖୋଲାଖୋଲି ଭାବରେ ପ୍ରକାଶ କରିପାରୁଥିବା ଲୋକେ ଅଧିକ ସୁସ୍ଥ ରହନ୍ତି।

ଯେଉଁ ଲୋକମାନେ ସାମାଜିକ ସ୍ତରରେ ଅଧିକ ସକ୍ରିୟ ଓ ବେଶି ପରିମାଣରେ ଅନୁକମ୍ପା, ସହାନୁଭୂତି ଓ ସାହାଯ୍ୟ ପାଆନ୍ତି, ବିପଦ ସମୟରେ ସେମାନେ ଫଳପ୍ରଦ ଭାବରେ ପ୍ରତିଯୋଜନ କରିପାରନ୍ତି। ବିପଦ ପଡ଼ିଲେ, ବନ୍ଧୁ, ଶୁଭାକାଂକ୍ଷୀମାନେ ସେମାନଙ୍କୁ ସାହସ ଦିଅନ୍ତି। ସହାନୁଭୂତି ଦେଖାନ୍ତି। ସାହାଯ୍ୟର ହାତ ବଢ଼େଇ ଦିଅନ୍ତି। ଫଳରେ ମାନସିକ ଚାପ କମ୍ ହୁଏ। ଅଧିକ ସାମାଜିକ ଓ ବନ୍ଧୁବତ୍ସଳ ବ୍ୟକ୍ତିମାନେ ସାଙ୍ଗସାଥୀ ଓ ବନ୍ଧୁବାନ୍ଧଙ୍କ ଗହଣରେ ସମୟ କଟାନ୍ତି। ନିଃସଙ୍ଗ ଜୀବନ କଟାଉଥିବା ବ୍ୟକ୍ତିମାନେ ନିଜକୁ ଅସହାୟ ମନେ କରନ୍ତି। ମାନସିକ ଚାପଯୁକ୍ତ ହେଲେ ସେମାନେ ଅଧିକ ଭାରାକ୍ରାନ୍ତ ହୋଇପଡ଼ନ୍ତି। ଭାରତୀୟ ପରିବାରରେ ଏବଂ ସମାଜରେ ସମସ୍ତେ ମିଳିମିଶି ଭାବର ଆଦାନପ୍ରଦାନ କରି ସହଯୋଗପୂର୍ଣ୍ଣ ଜୀବନ ନିର୍ବାହ କରୁଥିବାରୁ ନିଃସଙ୍ଗତା ଓ ଅସହାୟତା କମ୍ ଦେଖିବାକୁ ମିଳେ।

ମଣିଷର ବ୍ୟକ୍ତିତ୍ୱ ଓ ମନୋଭାବ ମଧ୍ୟ ଚାପଯୁକ୍ତ ହେବା ବ୍ୟାପାରରେ

ଗୁରୁତ୍ୱପୂର୍ଣ୍ଣ ଭୂମିକା ଗ୍ରହଣ କରେ। ଆଶାବାଦୀ ବ୍ୟକ୍ତିମାନେ (optimists) ବିଶେଷ ଚାପଗ୍ରସ୍ତ ହୁଅନ୍ତି ନାହିଁ। କିନ୍ତୁ ନିରାଶାବାଦୀ ବ୍ୟକ୍ତି (pessimists) କୌଣସି ଘଟଣା ଉପରେ ତାଙ୍କର ନିୟନ୍ତ୍ରଣ ନାହିଁ ବୋଲି ଭାବନ୍ତି। ସବୁବେଳେ ଭୟଙ୍କର ପରିସ୍ଥିତି ଆସିବାର ଆଶଙ୍କାରେ ଚିନ୍ତିତ ଓ ଶଙ୍କିତ ହୋଇ ରୁହନ୍ତି। ଲଣ୍ଡନର ଗୋଟିଏ ଚିକିତ୍ସାଳୟରେ ହୃଦ୍‌ଯନ୍ତ୍ର ପ୍ରତିରୋପଣ (heart transplantation) ପାଇଁ ଦୁଇ ଜଣ ରୋଗୀ ଅପେକ୍ଷା କରିଥିବାବେଳେ ମାତ୍ର ଗୋଟିଏ ହୃଦ୍‌ଯନ୍ତ୍ର ଥିଲା। ଅଧିକ ଆଶାବାଦୀ ରୋଗୀକୁ ହିଁ ହୃଦ୍‌ଯନ୍ତ୍ର ପ୍ରତିରୋପଣ କରାଯାଇଥିଲା। କାରଣ ଆଶାବାଦୀ ବ୍ୟକ୍ତିଟି ତାର ସକାରାତ୍ମକ ମନୋଭାବ ଯୋଗୁଁ ଶୀଘ୍ର ଭଲ ହୋଇଯିବ ଏବଂ ଅସ୍ତ୍ରୋପଚାର ସଫଳ ହେବ ବୋଲି ଆଶା କରାଯାଉଥିଲା।

କିଛି ବ୍ୟକ୍ତି ନିଜ ଉପରେ ପୂର୍ଣ୍ଣ ବିଶ୍ୱାସ ରଖନ୍ତି ଓ ନିଜର ଦକ୍ଷତା ଉପରେ ଭରସା ରଖନ୍ତି। ଚେଷ୍ଟା କଲେ ନିଶ୍ଚୟ ପରିସ୍ଥିତି ଓ ସମସ୍ୟାର ମୁକାବିଲା କରିପାରିବେ ବୋଲି ଭାବନ୍ତି। ଏପରି ଲୋକମାନଙ୍କଠାରେ କମ୍ ମାନସିକ ଚାପ ସୃଷ୍ଟି ହୁଏ। ଶରୀର ଅସୁସ୍ଥ ହେଲେ ମଧ୍ୟ ସେମାନେ ଶୀଘ୍ର ଆରୋଗ୍ୟ ଲାଭ କରନ୍ତି। କିନ୍ତୁ ଯେଉଁମାନେ ନିଜର ଭାଗ୍ୟ ଉପରେ ବିଶ୍ୱାସ ରଖନ୍ତି, ପରିସ୍ଥିତି ଉପରେ ତାଙ୍କର ବିଶେଷ କିଛି କର୍ତ୍ତୃତ୍ୱ ନାହିଁ ବୋଲି ଭାବନ୍ତି, ସେମାନେ ଅଧିକ ଚାପଯୁକ୍ତ ହୁଅନ୍ତି ଓ ଦେହ ଖରାପ ହେଲେ ମଧ୍ୟ ଶୀଘ୍ର ଭଲ ହୁଅନ୍ତି ନାହିଁ।

ସାନ୍‌ଫ୍ରାନ୍‌ସିସ୍କୋର ଚିକିତ୍ସାରତ ଦୁଇଜଣ ହୃଦ୍‌ରୋଗ ବିଶେଷଜ୍ଞ ଫ୍ରାଇଡ୍‌ମ୍ୟାନ୍ ଓ ରୋଜେନମ୍ୟାନ୍ (୧୯୭୬) ଅନୁଧାନ କଲେ ଯେ ହୃଦ୍‌ରୋଗରେ ଶରବ୍ୟ ହେଉଥିବା ବ୍ୟକ୍ତିମାନେ ଏକ ନିର୍ଦ୍ଦିଷ୍ଟ ଧରଣର ବ୍ୟକ୍ତିତ୍ୱସମ୍ପନ୍ନ ହୋଇଥାନ୍ତି। ମଣିଷର ବ୍ୟବହାର ଭଙ୍ଗୀକୁ ଦୃଷ୍ଟିରେ ରଖି ସେମାନେ ବ୍ୟକ୍ତିତ୍ୱକୁ ଦୁଇଭାଗରେ ବିଭକ୍ତ କଲେ। କ-ବ୍ୟବହାର ଭଙ୍ଗୀ (type-A behaviour pattern) ଓ ଖ-ବ୍ୟବହାର ଭଙ୍ଗୀ (type-B behaviour pattern), କ-ବ୍ୟକ୍ତିତ୍ୱର ଅଧିକାରୀ ହୋଇଥିବା ବ୍ୟକ୍ତି ଅତି ବେଶୀ ମାତ୍ରାରେ ସମୟ ସଚେତନ। ସମୟାନୁବର୍ତ୍ତିତା ଉପରେ ସେମାନେ ଖୁବ୍ ଜୋର୍ ଦିଅନ୍ତି। ସେମାନେ ଉଚ୍ଚାଭିଳାଷୀ ଓ ଜୀବନରେ କିଛି ହାସଲ କରିବା ପାଇଁ ଚାହାନ୍ତି। ସେମାନଙ୍କର ବ୍ୟବହାର ଭଙ୍ଗୀରେ ଜୋର୍ ଜବରଦସ୍ତ ଭାବ ଓ ଅଗ୍ରଧର୍ଷୀ ବ୍ୟବହାର (agressive behaviour) ପରିଲକ୍ଷିତ ହୁଏ। ଲକ୍ଷ୍ୟ ହାସଲ ଦିଗରେ ବିଳମ୍ବ ହେଲେ ସେମାନେ ଖୁବ୍ ରାଗିଯାନ୍ତି। ଖ-ବ୍ୟବହାର ଭଙ୍ଗୀ ଦେଖାଉଥିବା ଲୋକମାନେ ଅପେକ୍ଷାକୃତ ମାନ୍ଦା। ଜୀବନରେ ତାଙ୍କର କୌଣସି ଲକ୍ଷ୍ୟ ନଥାଏ। ଥିଲେ ମଧ୍ୟ ଲକ୍ଷ୍ୟ ହାସଲ କରିବା ଦିଗରେ ତତ୍ପରତା ନଥାଏ। ସହଜରେ ସେମାନେ ପରାଜୟ ମାନି ନିଅନ୍ତି। ଦେଖାଯାଇଛି

ଯେ, କ-ବ୍ୟବହାର ଦେଖାଉଥିବା ଲୋକମାନେ ଚାପଯୁକ୍ତ ରୁହନ୍ତି ଓ ହୃଦ୍‌ରୋଗର ଶରବ୍ୟ ହେବାର ସମ୍ଭାବନା ସେମାନଙ୍କର ଅଧିକ। ହେଲେ ଖ-ବ୍ୟବହାର ଭଙ୍ଗୀ ଦେଖାଯାଉଥିବା ବ୍ୟକ୍ତିମାନଙ୍କର ହୃଦ୍‌ରୋଗରେ ଶିକାର ହେବା ସମ୍ଭାବନା କମ୍। ମଣିଷ ସଫଳ ହେବା ପାଇଁ କ-ବ୍ୟବହାର ଭଙ୍ଗୀ ଅଧିକ ଉପଯୋଗୀ। ଏହି ମତବାଦ ଅନୁସାରେ ସବୁ ସଫଳ ଲୋକମାନଙ୍କର ହୃଦ୍‌ରୋଗ ହେବାର ସମ୍ଭାବନା ଅଧିକ ହେବ। ବ୍ୟକ୍ତିତ୍ୱ ସମ୍ବନ୍ଧୀୟ ଏହି ତତ୍ତ୍ୱ ଅନେକ ସମାଲୋଚନାର ଶିକାର ହୋଇଥିଲା। ଅବଶ୍ୟ ପରେ ଏହି ମତବାଦର ପରିବର୍ତ୍ତନ କରାଯାଇଛି। ଖାଲି କ-ବ୍ୟବହାର ଭଙ୍ଗୀ ଦେଖାଇଲେ ହୃଦ୍‌ରୋଗ ଅଧିକ ହୁଏ ନାହିଁ। ଏପରି ବ୍ୟବହାର ଭଙ୍ଗୀ ସହିତ ଅତ୍ୟନ୍ତ ସଂଶୟବାଦୀ ହୋଇଥିବା ଓ ଟିକେଟିକେ କଥାରେ କ୍ରୋଧାନ୍ୱିତ ହୋଇ ପଡୁଥିବା ଲୋକେ ହୃଦ୍‌ରୋଗରେ ଅଧିକ ଆକ୍ରାନ୍ତ ହୁଅନ୍ତି।

ମାନସିକ ଚାପ ଜୀବନରେ ନିଶ୍ଚୟ ରହିବ। ଏହାକୁ ନିୟନ୍ତ୍ରଣ କରିବା ପାଇଁ ଲୋକମାନେ ସେମାନଙ୍କର ବ୍ୟକ୍ତିତ୍ୱ, ମନୋବୃତ୍ତି, ମାନସିକତା ଓ ଚିନ୍ତାଧାରାରେ ଘୋର ପରିବର୍ତ୍ତନ କରିବା ଆବଶ୍ୟକ। ଚାପଯୁକ୍ତ ସ୍ଥିତି ଜୀବନର ଏକ ସାମୟିକ ଓ ଅସ୍ଥାୟୀ ସ୍ଥିତି ବୋଲି ଗ୍ରହଣ କରିବା ଦରକାର। ପ୍ରାୟ ସମସ୍ତଙ୍କୁ ମଝିରେ ମଝିରେ ପ୍ରବଳ ମାନସିକ ଚାପର ସମ୍ମୁଖୀନ ହେବାକୁ ପଡେ। ଅଧିକାଂଶ ଲୋକ ଅତ୍ୟନ୍ତ ଚାପଯୁକ୍ତ ପରିସ୍ଥିତିରେ ମଧ୍ୟ ନିଜକୁ ଖାପଖୁଆଇ ଚଳନ୍ତି ବୋଲି ହୃଦୟଙ୍ଗମ କରିବା ଦରକାର। ଧୈର୍ଯ୍ୟ ଧରି କାମ କରି ଚାଲିଲେ ଚାପଯୁକ୍ତ ସମୟ ଚାଲିଯିବ।

ତାଛଡ଼ା ଯୋଗ, ଧ୍ୟାନ, କ୍ଲାନ୍ତିହରଣ କୌଶଳ (relaxation techniques), ପେଶୀ ଶିଥିଳନ (muscle relaxation), ଗଭୀର ଶ୍ୱାସନ (deep breathing) ଆଦି କୌଶଳମାନଙ୍କ ସାହାଯ୍ୟରେ ମାନସିକ ଚାପକୁ ନିୟନ୍ତ୍ରଣ କରାଯାଇପାରିବ। ମାର୍ଗଦର୍ଶକ ପ୍ରତିମାବଳୀ (guided imagery) ପଦ୍ଧତିରେ ବ୍ୟକ୍ତିକୁ ଆନନ୍ଦଦାୟକ ଓ ଆରାମଦାୟକ ଦୃଶ୍ୟାବଳୀ ଗୁଡ଼ିକୁ ମନେ ପକେଇବାକୁ ଶିକ୍ଷା ଦିଆଯାଏ। ଏପରି ଦୃଶ୍ୟାବଳୀ ମନେ ପକାଇବା ପରେ ଓ ସେଗୁଡ଼ିକ ଦେଖିବାକୁ ଓ ଅନୁଭବ କରିବାକୁ ଚେଷ୍ଟା କରିବା ଫଳରେ ମାନସିକ ଚାପ ଉପଶମ ହୁଏ। ମନ ଶାନ୍ତ ହୋଇଯାଏ। ମହେଶ ଯୋଗୀଙ୍କ ଅତିନ୍ଦ୍ରିୟ ଧ୍ୟାନ (transcendental meditation) ସତୁରି ଦଶକରେ ବହୁତ ଲୋକପ୍ରିୟ ହୋଇଥିଲା। ଏହିପରି ବିଭିନ୍ନ କୌଶଳ ଅବଲମ୍ବନ କରି ହୃଦ୍‌ଘାତ, ଉଚ୍ଚ ରକ୍ତଚାପ, ମଧୁମେହ ଆଦି ମାନସିକ ଚାପଜନିତ ଶାରୀରିକ ଅସୁସ୍ଥତାରୁ ଶରୀରକୁ ରକ୍ଷା କରାଯାଇପାରିବ।

■

ନାରୀର ସୌନ୍ଦର୍ଯ୍ୟ ସଚେତନତା: ମନୋବୈଜ୍ଞାନିକ ବିଚାର

ମନୁଷ୍ୟ ଯୁଗେ ଯୁଗେ ସୌନ୍ଦର୍ଯ୍ୟ ପିପାସୁ- ସୌନ୍ଦର୍ଯ୍ୟର ପୂଜାରୀ। ସୌନ୍ଦର୍ଯ୍ୟ କେଉଁ ଆବହମାନ କାଳରୁ ମଣିଷକୁ ଅନୁପ୍ରାଣିତ କରି ଆସିଛି। ଏହା କବି ଭାବୁକ, ଦାର୍ଶନିକ, ଚିତ୍ରଶିଳ୍ପୀ ସମସ୍ତଙ୍କ ପ୍ରାଣରେ ଉନ୍ମାଦନା ସୃଷ୍ଟି କରି ଆସିଛି। ସାଧାରଣ ମଣିଷକୁ ମଧ୍ୟ ଆମୋଦିତ କରିଆସିଛି।

ଯୁଗେ ଯୁଗେ ନାରୀ ଓ ପୁରୁଷ ନିଜକୁ ଆକର୍ଷଣୀୟ ଭଙ୍ଗୀରେ ଉପସ୍ଥାପନ କରିବାକୁ ଚାହିଁଥାନ୍ତି। ସମସ୍ତେ ସାଧ୍ୟମତେ ନିଜକୁ ସଜେଇଥାନ୍ତି। କିନ୍ତୁ ନାରୀର ଶରୀର ତଥା ସୌନ୍ଦର୍ଯ୍ୟ ଚେତନା ସର୍ବଦା ପୁରୁଷମାନଙ୍କ ଠାରୁ ଅଧିକ। ପୁରୁଷମାନେ ମଧ୍ୟ ନିଜ ଚେହେରାକୁ ସୁନ୍ଦର କରିବାକୁ ଚାହାନ୍ତି। ଆଜିକାଲି ପୁରୁଷମାନଙ୍କ ପାଇଁ ପାର୍ଲର୍ ଖୋଲିଲାଣି। ସେମାନେ ନିଜ କେଶ ଓ ତ୍ୱଚାର ଯତ୍ନ ସମ୍ବନ୍ଧରେ ସଚେତନ ହେଉଛନ୍ତି। କିନ୍ତୁ ଆମ ସମାଜରେ ପୁରୁଷମାନଙ୍କ କ୍ଷେତ୍ରରେ ସୁନ୍ଦର ଚେହେରା ଅପେକ୍ଷା ସେମାନଙ୍କର ଦାମ୍ଭିକତା, ସାହସିକତା, ଉପାର୍ଜନ କ୍ଷମତା, ବୁଦ୍ଧିମତ୍ତା, ସାମର୍ଥ୍ୟ, କାର୍ଯ୍ୟଦକ୍ଷତା ଆଦି ଗୁଣକୁ ପୌରୁଷର ଲକ୍ଷଣ ବୋଲି ବିଚାର କରାଯାଉଥିବାରୁ ସେମାନଙ୍କର ସୌନ୍ଦର୍ଯ୍ୟ ସଚେତନତା ନାରୀମାନଙ୍କ ଠାରୁ ଅପେକ୍ଷାକୃତ କମ୍। ଏଠାରେ ମୁଖ୍ୟତଃ ନାରୀମାନଙ୍କର ସୌନ୍ଦର୍ଯ୍ୟ ସଚେତନତା ଓ ସମାଜରେ ଏହି ସୌନ୍ଦର୍ଯ୍ୟର ପ୍ରାଧାନ୍ୟକୁ ମନସ୍ତାତ୍ତ୍ୱିକ ଦୃଷ୍ଟିକୋଣରୁ ଆଲୋଚନା କରାଯାଇଛି।

ଆମ ସମାଜରେ ନାରୀର ନାରୀତ୍ୱ ମୁଖ୍ୟତଃ ତାର ଶାରୀରିକ ସୌନ୍ଦର୍ଯ୍ୟ ଏବଂ ଆକର୍ଷଣୀୟତା ଅନୁଯାୟୀ ଆକଳନ କରାଯାଏ। ବୌଦ୍ଧିକ କ୍ଷମତାକୁ ଅପେକ୍ଷାକୃତ କମ ଗୁରୁତ୍ୱ ଦିଆଯାଏ। ନାରୀର ବ୍ୟକ୍ତିତ୍ୱ ଓ ଭାବମୂର୍ତ୍ତି ମୂଲ୍ୟାୟନ କରିବା ପାଇଁ

ଅନେକ ଉପାଦାନ ରହିଥିଲେ ମଧ୍ୟ ସୌନ୍ଦର୍ଯ୍ୟକୁ ଅଧିକ ଗୁରୁତ୍ୱ ଦିଆଯାଇଥାଏ। ବର୍ତ୍ତମାନ ସମାଜରେ ସୌନ୍ଦର୍ଯ୍ୟ ଉପରେ ମାତ୍ରାଧିକ ପ୍ରାଧାନ୍ୟ ଫଳରେ ନାରୀମାନଙ୍କର ସୌନ୍ଦର୍ଯ୍ୟ ସଚେତନତା ଆଶାତୀତ ଭାବରେ ବୃଦ୍ଧି ପାଇଛି। ଏପରି ଚେହେରା ସର୍ବସ୍ୱ ମାନସିକତା କେତେଦୂର ଯଥାର୍ଥ ତାହା ହିଁ ବିଚାରଯୋଗ୍ୟ।

ପ୍ରଖ୍ୟାତ କଥାକାର ଲିଓ ଟଲଷ୍ଟୟଙ୍କ ମତରେ ଜଣେ ସୁନ୍ଦରୀ ନାରୀ ନିଶ୍ଚୟ ଭଲ ସ୍ୱଭାବର ହୋଇଥିବେ ବୋଲି ଅଧିକାଂଶ ଲୋକଙ୍କର ଏକ ଭ୍ରମାତ୍ମକ ଧାରଣା ଥାଏ। ଲୋକମାନେ ସାଧାରଣତଃ ଭାବନ୍ତି, ଆକର୍ଷଣୀୟ ଚେହେରା ଓ ବ୍ୟକ୍ତିତ୍ୱ ସମ୍ପନ୍ନା ନାରୀମାନେ ଶ୍ରେଷ୍ଠ ଗୁଣର ଅଧିକାରିଣୀ ହୋଇଥିବେ। ସେମାନେ ନରମ ସ୍ୱଭାବର, ମେଳାପି ଓ ବୁଦ୍ଧିମତୀ ହେବା ସହିତ ସବୁକ୍ଷେତ୍ରରେ ସଫଳ, ଯୋଗ୍ୟା ଏବଂ ସୁଖୀ ମଧ୍ୟ ହୋଇଥିବେ। ସୁନ୍ଦରୀ ନାରୀମାନେ ସାହାଯ୍ୟ, ସହାନୁଭୂତି ଓ ସହାୟତା ପାଇବାକୁ ହକ୍‌ଦାର ବୋଲି ଲୋକେ ଭାବନ୍ତି। ମୋଟାମୋଟି ଭାବରେ ଗୋଟିଏ ଦୃଷ୍ଟିକୋଣରୁ କିଛି ବୈଶିଷ୍ଟ୍ୟ ଥିଲେ ସେମାନେ ସର୍ବଗୁଣସମ୍ପନ୍ନା ହୋଇଥିବେ ବୋଲି ଲୋକେ ଭାବିବସନ୍ତି। ଏହାକୁ ମନସ୍ତତ୍ତ୍ୱବିଦ୍‌ମାନେ ଦିବ୍ୟଜ୍ୟୋତିର ପରିଣାମ (halo effect) ବୋଲି କହିଥାନ୍ତି। ଅତ୍ୟନ୍ତ ସୁନ୍ଦରୀ ଜଣେ ଅଭିନେତ୍ରୀ ଯେ ମହାନ୍, ଉଦାର, ଆଦର୍ଶ ସ୍ତ୍ରୀ ଏବଂ ସବୁ ଉତ୍ତମ ଗୁଣର ଅଧିକାରିଣୀ ହୋଇଥିବେ ଏପରି କିଛି ଅର୍ଥ ନାହିଁ। ସୌନ୍ଦର୍ଯ୍ୟ ସହିତ ଅନ୍ୟସବୁ ଉତ୍ତମ ଗୁଣଗୁଡ଼ିକର ସଂଯୋଗ ବା ପାରସ୍ପରିକ ସମ୍ପର୍କ ନ ଥିଲେ ମଧ୍ୟ ଲୋକେ ଏସବୁ ଗୁଣଗୁଡ଼ିକୁ ଯୋଡ଼ିଦିଅନ୍ତି।

ପୃଥୁଳା, ଅସୁନ୍ଦରୀ ନାରୀ ଅଯୋଗ୍ୟ, ଅସମର୍ଥ, ନିଷ୍ଠୁର ଓ କ୍ରୂର ହେବାର ସମ୍ଭାବନା ଅଧିକ ବୋଲି ଲୋକେ ଭାବନ୍ତି। ପୌରାଣିକ କାହାଣୀ, ପରୀ କାହାଣୀ, ଲୋକକଥା, ଚଳଚ୍ଚିତ୍ର ଓ ପୁସ୍ତକରେ ବର୍ଣ୍ଣିତ ନାୟିକା ବା ମୁଖ୍ୟ ଚରିତ୍ରରେ ଥିବା ନାରୀ ସୁନ୍ଦରୀ ଓ ଭଲ ସ୍ୱଭାବର ହୋଇଥାଏ। ଦୁଷ୍ଟ ଚରିତ୍ରର ନାରୀଟି ଅସୁନ୍ଦର ହୋଇଥାଏ। ପୁସ୍ତକର ଚକଚକିଆ ମଲାଟ ସହିତ ବିଷୟବସ୍ତୁର ସମ୍ପର୍କ ନଥିବା ପରି ବାହ୍ୟ ସୌନ୍ଦର୍ଯ୍ୟ ସହିତ ଅନ୍ତଃସୌନ୍ଦର୍ଯ୍ୟର କୌଣସି ସମ୍ପର୍କ ନଥାଏ। ଚର୍ମର ଗଭୀରତା ପରି ସୌନ୍ଦର୍ଯ୍ୟର ମଧ୍ୟ ଗଭୀରତା ନାହିଁ ବୋଲି ଦାବି କରୁଥିବା ବୁଦ୍ଧିମାନ ମଣିଷ ମଧ୍ୟ ସୁନ୍ଦରୀ ନାରୀଟିଏ ଦେଖିଲେ ପ୍ରଭାବିତ ହୁଏ।

ବିଖ୍ୟାତ ଦାର୍ଶନିକ ବରଟ୍ରାଣ୍ଡ ରସେଲ୍‌ଙ୍କ ମତରେ ପୁରୁଷମାନେ ନାରୀର ଶାରୀରିକ ସୌନ୍ଦର୍ଯ୍ୟକୁ ଅଧିକ ଗୁରୁତ୍ୱ ଦିଅନ୍ତି। କିନ୍ତୁ ନାରୀମାନେ ଆକର୍ଷଣୀୟ ଶରୀର ଅପେକ୍ଷା ସମର୍ଥ ଓ ଚରିତ୍ରବାନ ପୁରୁଷମାନଙ୍କ ପ୍ରତି ଅଧିକ ଆକର୍ଷିତ ହୁଅନ୍ତି। ଏଠାରେ ଚାର୍ଲସ୍ ଡାରୱିନ୍‌ଙ୍କ ବିବର୍ତ୍ତନବାଦ ତତ୍ତ୍ୱ ଉଲ୍ଲେଖଯୋଗ୍ୟ। ଏହି ତତ୍ତ୍ୱ ଅନୁସାରେ ବଂଶବୃଦ୍ଧି

ବ୍ୟାପାରରେ ପୁରୁଷ ସ୍ୱାସ୍ଥ୍ୟବତୀ, ସୁନ୍ଦରୀ, ଯୁବତୀ ନାରୀକୁ ବାଛେ। କାରଣ ଉତ୍ତମ ସ୍ୱାସ୍ଥ୍ୟଥିବା ଯୁବତୀ ନାରୀର ପ୍ରଜନନ କ୍ଷମତା ଅଧିକ। ଗର୍ଭଧାରଣ ଶକ୍ତି ଓ ସମ୍ଭାବନା ସହିତ ଜଡ଼ିତ ଉଜ୍ଜ୍ୱଳଚର୍ମ, ଘନକେଶ, କଟି ନିତମ୍ବର ସଠିକ୍ ସମନ୍ୱୟ ଥିବା ଓ ପିଲାଳିଆ ଦିଶୁଥିବା ନାରୀପ୍ରତି ପୁରୁଷ ଆକର୍ଷିତ ହୁଏ। ତାର ଭାବୀ ସନ୍ତାନ ପାଇଁ ଉନ୍ନତମାନର ଜିନ୍ ଧାରଣ କରିଥିବା ନାରୀ ସେ ନିର୍ବାଚନ କରେ। ଅପରପକ୍ଷେ ନାରୀ ତାକୁ ଓ ତାର ଭାବୀସନ୍ତାନକୁ ସୁରକ୍ଷା ଦେଇପାରୁଥିବା ଓ ସେମାନଙ୍କର ସମସ୍ତ ଆବଶ୍ୟକତା ପୂରଣ କରି ପାରୁଥିବାର ସାମର୍ଥ୍ୟ ଥିବା ବୀର, ଶକ୍ତିଶାଳୀ ଓ ସାହସୀ ପୁରୁଷ ପ୍ରତି ଆକର୍ଷିତ ହୁଏ। ଅବଶ୍ୟ ପରିବର୍ତ୍ତିତ ପରିସ୍ଥିତିରେ ବର୍ତ୍ତମାନ ନାରୀର ଆବଶ୍ୟକତା ବଦଳି ଯାଇଛି। ସେ ହୁଏତ ପୁରୁଷର ଶାରୀରିକ ଶକ୍ତି ଅପେକ୍ଷା ମାନସିକ ଶକ୍ତିକୁ ଅଧିକ ଗୁରୁତ୍ୱ ଦେଉଛି। ବୁଦ୍ଧିମାନ, ଧନୀ ଓ ପ୍ରଭାବଶାଳୀ ପୁରୁଷକୁ ଅଧିକ ପସନ୍ଦ କରୁଛି।

ସମାଜ ବିଜ୍ଞାନୀମାନଙ୍କ ମତରେ ସମାଜରେ ନାରୀର ସୌନ୍ଦର୍ଯ୍ୟକୁ ମାତ୍ରାଧିକ ଗୁରୁତ୍ୱ ଦେବା ପଛରେ ଅର୍ଥନୈତିକ, ରାଜନୈତିକ ଓ ସାମାଜିକ କାରଣମାନ ରହିଛି।

ପୁରୁଷ କେନ୍ଦ୍ରିକ ସମାଜରେ ପୁରୁଷ ତୁଳନାରେ ନାରୀର ସାମାଜିକ ସ୍ଥିତି ଅପେକ୍ଷାକୃତ ଗୌଣ। ସେ ପୁରୁଷର ଅଧୀନସ୍ଥ ଭୂମିକା ଗ୍ରହଣ କରିଥାଏ। ସେ ପୁରୁଷ ଉପରେ ମୁଖ୍ୟତଃ ନିର୍ଭରଶୀଳ ହୋଇଥିବାରୁ ଓ ତା'ର ଅର୍ଥନୈତିକ ସ୍ୱାଧୀନତା ନଥିବାରୁ ସେ ପୁରୁଷର ଭୋଗ୍ୟବସ୍ତୁ ରୂପେ ପରିଗଣିତ ହୁଏ। ନାରୀର ବୌଦ୍ଧିକ ଓ ଅନ୍ୟାନ୍ୟ କ୍ଷମତା ପରିବର୍ତ୍ତେ ଶାରୀରିକ ସୌନ୍ଦର୍ଯ୍ୟକୁ ଅଧିକ ଗୁରୁତ୍ୱ ଦେବା ଭୋଗବାଦୀ ଚିନ୍ତାଧାରାର ପ୍ରତିଫଳନ। ନାରୀ ଶିକ୍ଷିତା, ସ୍ୱାବଲମ୍ବୀ ଓ ଉପାର୍ଜନକ୍ଷମ ହେଲେ ବା ସବୁକ୍ଷେତ୍ରରେ ପୁରୁଷର ସମକକ୍ଷ ହେଲେ ହୁଏତ ପୁରୁଷ ପରି ସେ ମଧ୍ୟ ତାର ପସନ୍ଦ ଅପସନ୍ଦ ଜାହିର କରି ବସନ୍ତା।

ପ୍ରତ୍ୟେକ ସମାଜରେ ନାରୀ ସଂପର୍କରେ ଏକ ମାନସିକ ପ୍ରତିଛବି ରହିଥାଏ। ଏହି ମାନଦଣ୍ଡ ସମାଜ ଦ୍ୱାରା ନିର୍ଦ୍ଧାରିତ ହୋଇଥାଏ। ଏହି ମାନଦଣ୍ଡକୁ ଆଶ୍ରୟ କରି ଲୋକେ ନାରୀତ୍ୱକୁ ଆକଳନ କରନ୍ତି। ଅଧିକାଂଶ ଭାରତୀୟଙ୍କର ରଙ୍ଗ ଗୋରା ନ ହୋଇ ବାଦାମୀ ହୋଇଥିବା ସତ୍ତ୍ୱେ ଭାରତରେ ଗୋରା ରଙ୍ଗର ଆଦର ବେଶି। ଗବେଷଣାରୁ ଜଣା ଯାଇଛି ଯେ, ଅଧିକ ପ୍ରଭାବଶାଳୀ, କ୍ଷମତାଶାଳୀ, ଉନ୍ନତ ଜାତି ବା ଗୋଷ୍ଠୀର ରଙ୍ଗ ଓ ଚେହେରାକୁ ଅପେକ୍ଷାକୃତ କମ ପ୍ରଭାବଶାଳୀ ଜାତି ବା ଗୋଷ୍ଠୀର ଲୋକମାନେ ଆଦର କରନ୍ତି। ସେହି ଚେହେରା ଅଧିକ ସୁନ୍ଦର ଓ ଆକର୍ଷଣୀୟ ଚେହେରା ଭାବେ ଆଦୃତ ହୁଏ। ବହୁ ବର୍ଷ ଭାରତୀୟମାନେ ଇଂରେଜମାନଙ୍କ ଦ୍ୱାରା ଶାସିତ ହୋଇଥିବାରୁ ଗୌରବର୍ଣ୍ଣର ଆଦର ଅଧିକ। ଇଂରେଜମାନଙ୍କ ପୂର୍ବରୁ ଭାରତ

ଆକ୍ରମଣ କରି ଆଧିପତ୍ୟ ବିସ୍ତାର କରିଥିବା ମୋଗଲ, ଆଫଗାନ ଓ ଆରବୀୟ ସବୁ ବିଦେଶୀଙ୍କ ରଙ୍ଗ ଗୋରା ଥିଲା।

ଆଜିର ମାତ୍ରାଧିକ ସୌନ୍ଦର୍ଯ୍ୟ ସଚେତନତା ମୁଖ୍ୟତଃ ଖାଉଟି ବା ଉପଭୋକ୍ତା ସଂସ୍କୃତି ଓ ସମାଜର ଅବଦାନ। ପ୍ରସାଧନ ଉତ୍ପାଦନ କରୁଥିବା ଇଣ୍ଡଷ୍ଟ୍ରୀ ଓ କସ୍‌ମେଟିକ ଶଲ୍ୟ ଚକିତ୍ସକମାନେ ସମାଜର ବିଶେଷତଃ ନାରୀମାନଙ୍କର ଭାବନାକୁ ଅତ୍ୟନ୍ତ ସଫଳତାର ସହ ବଦଳେଇ ଦେଇପାରିଛନ୍ତି। ନାରୀମାନଙ୍କ ମନରେ ବଦ୍ଧମୂଳ ଧାରଣା ଜନ୍ମିଛି ଯେ, ସଫଳତା, ସମ୍ମାନ ଓ ସୁଖପାଇଁ ସୌନ୍ଦର୍ଯ୍ୟ ନିହାତି ଆବଶ୍ୟକ। ଶାରୀରିକ ସୌନ୍ଦର୍ଯ୍ୟ ନାରୀର ଆତ୍ମ ପରିଚିତିର ଏକ ପ୍ରମୁଖ ଉପାଦାନ। ଆକର୍ଷଣୀୟ ବ୍ୟକ୍ତିତ୍ୱସମ୍ପନ୍ନା ସୁନ୍ଦରୀ ନାରୀ ବା ଚଳଚ୍ଚିତ୍ର ତାରକାମାନଙ୍କୁ ନେଇ ସୌନ୍ଦର୍ଯ୍ୟ ବିଷୟରେ ଅସଂଖ୍ୟ ବିଜ୍ଞାପନ ଦିଆଯାଏ। ଫଟୋଗ୍ରାଫି ଓ କମ୍ପ୍ୟୁଟର ମାଧ୍ୟମରେ ଏବଂ ପ୍ରସାଧନ ସାହାଯ୍ୟରେ ସେମାନଙ୍କର ସୌନ୍ଦର୍ଯ୍ୟକୁ ବହୁଗୁଣିତ କରାଯାଇଥାଏ। ବିଜ୍ଞାପନଗୁଡ଼ିକ ବାରମ୍ବାର ଦେଖିବା ଫଳରେ ନାରୀମାନେ ନିଜପାଇଁ ଏକ ଅବାସ୍ତବ ଓ ଅପହଂଚ ସୌନ୍ଦର୍ଯ୍ୟର ମାନଦଣ୍ଡ ନିର୍ଣ୍ଣୟ କରନ୍ତି। ନାରୀମାନଙ୍କ ମନରେ ଏକ ଭ୍ରାନ୍ତଧାରଣା ସୃଷ୍ଟି ହୁଏ ଯେ, ଚେଷ୍ଟାକଲେ ସେମାନେ ମଧ୍ୟ ଏହି ଚଳଚ୍ଚିତ୍ର ତାରକାମାନଙ୍କ ପରି ସୁନ୍ଦର ଦିଶିପାରିବେ। ଏହି ଚେଷ୍ଟା ସେମାନଙ୍କୁ ଅହରହ ଜାରି ରଖିବାକୁ ପଡ଼ିବ। ବିଜ୍ଞାପନ ଯୋଗୁଁ କିଶୋରୀମାନେ ଅସମ୍ଭବ ମାନସିକ ଚାପର ସମ୍ମୁଖୀନ ହେଉଛନ୍ତି। ସେମାନଙ୍କର ମନେ ହେଉଛି, ଆକର୍ଷଣୀୟ ଦେଖାଯାଉ ନଥିବା ଝିଅର ସତେ ଯେପରି ସମାଜରେ ସ୍ଥାନ ନାହିଁ! ଜଣେ ଶ୍ୟାମଳୀ କିଶୋରୀ ଯଦି ବାରମ୍ବାର ବିଜ୍ଞାପନ ମାଧ୍ୟମରେ ଦେଖିବ, ଶ୍ୟାମଳୀ ହେବା ଲଜ୍ଜାଜନକ ଓ କୌଣସି କ୍ରୀମ୍ ଲଗେଇ ସେ ଗୌରବର୍ଣ୍ଣା ହୋଇ ପାରିବ, ତାର ଅପରିପକ୍ୱ କୋମଳ ମନ ଆଘାତପ୍ରାପ୍ତ ହେବ। ଆତ୍ମପ୍ରତ୍ୟୟ କମିଯିବ। ନ୍ୟୁନ ମନୋଭାବ ଓ ହତାଶା ସୃଷ୍ଟି ହେବ। ସୁସ୍ଥ ବ୍ୟକ୍ତିତ୍ୱର ବିକାଶ ବାଧାପ୍ରାପ୍ତ ହେବ। ତାକୁ ଲାଗିବ ଗୋରା ନ ଦିଶିଲେ ସମାଜରେ ସେ ଉପେକ୍ଷିତ ହେବ। ଅପରିପକ୍ୱ ବୟସରେ ସେ ହୁଏତ ବିଜ୍ଞାପନ ଦ୍ୱାରା ପ୍ରଭାବିତ ହେବ ଓ ନିଜର କ୍ଷତି କରି ବସିବ। ଶରୀରର ରଙ୍ଗ, ମେଲାନିନ୍‌ର ଉପସ୍ଥିତି ଦ୍ୱାରା ନିରୂପିତ ହୁଏ। କୌଣସି କ୍ରୀମ ଚର୍ମର ମେଲାନିନ ସଂଖ୍ୟା ହ୍ରାସ କରିପାରେ ନାହିଁ। ଯଦି ବି କରେ, ତାହା ପ୍ରାକୃତିକ ତ୍ୱଚାର କ୍ଷତି କରେ।

ତାଛଡ଼ା ଅଧିକାଂଶ ସିନେମା, ସିରିଆଲ୍ ଏବଂ ବିଜ୍ଞାପନରେ ନାରୀକୁ ଗୌଣ ସାମାଜିକ ସ୍ଥିତିରେ ଚିତ୍ରଣ କରାଯାଇଥାଏ। କେଉଁଠି ଟୁଥ୍‌ପେଷ୍ଟ ଲଗାଇ ମନୋମୁଗ୍ଧକାରୀ ହସରେ ନାରୀ ତାର ପୁରୁଷ ବନ୍ଧୁକୁ ଆକର୍ଷିତ କରୁଛି ତ କେଉଁଠି ଏକ ସ୍ୱତନ୍ତ୍ର ପରଫ୍ୟୁମ୍

ଲଗାଇବା ପରେ ତା ପଛରେ ପୁରୁଷଙ୍କର ଲମ୍ଫାଧାଡ଼ି ଲାଗିଯାଉଛି। ସତେ ଯେପରି ସୁନ୍ଦରୀ ଦେଖାଯିବାରେ ଓ ପୁରୁଷକୁ ଆକର୍ଷିତ କରିବାରେ ହିଁ ନାରୀ ଜନ୍ମର ସାର୍ଥକତା !

ବିଜ୍ଞାପନରେ ଦେଖାଉଥିବା ମାନଦଣ୍ଡ ଅନୁଯାୟୀ ସୌନ୍ଦର୍ଯ୍ୟକୁ ମୂଲ୍ୟାୟନ କଲେ ସନ୍ତୋଷଜନକ ସୌନ୍ଦର୍ଯ୍ୟ ବହୁତ କମ୍ ନାରୀଙ୍କର ଥାଏ। ତେଣୁ ଆଜିର ନାରୀମାନେ ପ୍ରସାଧନ ସାମଗ୍ରୀ ଓ କସ୍‌ମେଟିକ ଶଲ୍ୟ ଚିକିତ୍ସାରେ ଲକ୍ଷ ଲକ୍ଷ ଟଙ୍କା ଖର୍ଚ୍ଚ କରନ୍ତି। ଅପହଂଚ ସୌନ୍ଦର୍ଯ୍ୟର ମାନଦଣ୍ଡରେ ପହଞ୍ଚିବା ପାଇଁ ସମସ୍ତେ ଯେପରି ପାଗଳ ! ପ୍ରକୃତିଦତ୍ତ ଅଙ୍ଗପ୍ରତ୍ୟଙ୍ଗକୁ କଟାକଟି କରି ସୁନ୍ଦର କରିବାରେ ସେମାନେ ବ୍ୟସ୍ତ। ନବେ ପ୍ରତିଶତ କସ୍‌ମେଟିକ ସର୍ଜରୀ ନାରୀମାନେ ହିଁ କରାନ୍ତି। କସ୍‌ମେଟିକ ଶଲ୍ୟ ଚିକିତ୍ସକମାନେ ପତଳା ଓଠକୁ ମୋଟା, ଛୋଟ ଆଖିକୁ ବଡ଼, ଚେପଟା ନାକକୁ ସିଧା, ଗୋଡ଼ର ହାଡ଼କୁ କାଟି ଗେଡ଼ା ଝିଅଙ୍କୁ ଡେଙ୍ଗା କରିବାକୁ ଚେଷ୍ଟା କରୁଛନ୍ତି। ମୁହଁ ଓ ଦେହରେ ରାସାୟନିକ ଦ୍ରବ୍ୟ ଲଗାଇ ବ୍ଲିଚ୍ କରାଯାଉଛି। ସିଧା ବାଳକୁ କୁଞ୍ଚକୁଞ୍ଚିଆ ଓ କୁଞ୍ଚକୁଞ୍ଚିଆ ବାଳକୁ ସିଧା କରାଯାଉଛି। ବର୍ତ୍ତମାନ ବାଦାମୀ, ମାଟିଆ ଓ ସୁବର୍ଣ୍ଣ ରଙ୍ଗ କେଶର ଆଦର ବଢ଼ିଯାଇଛି। ପ୍ରସାଧନ ସାମଗ୍ରୀ ଗୁଡ଼ିକରେ ପ୍ରବଳ ମାତ୍ରାରେ ବିଷାକ୍ତ ସାମଗ୍ରୀ ଥିବାରୁ କ୍ୟାନସର ଓ ନାନାଦି ଚର୍ମରୋଗ ସୃଷ୍ଟି ହେଉଛି। ଏନ୍‌ଭାରନ୍‌ମେଣ୍ଟାଲ ୱାରକିଙ୍ଗ ଗ୍ରୁପ୍ ନାମକ ଏକ ଆମେରିକାର ସଂସ୍ଥା ପ୍ରାୟ ସାତ ହଜାର ପାଞ୍ଚ ଶହ ସୌନ୍ଦର୍ଯ୍ୟ ପ୍ରସାଧନରେ ବିଷାକ୍ତ ସାମଗ୍ରୀ ରହିଛି ବୋଲି ଆକଳନ କରିଛି। ଅବଶ୍ୟ ଏ ପ୍ରକାର ସାମୂହିକ ପାଗଳାମିରେ ପ୍ରସାଧନ ଉତ୍ପାଦନ କରୁଥିବା ବହୁରାଷ୍ଟ୍ରୀୟ କମ୍ପାନୀଗୁଡ଼ିକ ଓ କସ୍‌ମେଟିକ ସର୍ଜନମାନେ ଖୁବ୍ ଲାଭବାନ ହେଉଛନ୍ତି।

କ୍ଷୀଣାଙ୍ଗୀ ଯୁବତୀମାନଙ୍କୁ ସୁନ୍ଦରୀ ବୋଲି ବିବେଚନା କରାଯାଉଛି। କ୍ଷୀଣାଙ୍ଗୀ ହେବାର ଚେଷ୍ଟାରେ ଥିବା ଯୁବତୀମାନଙ୍କଠାରେ ଖାଦ୍ୟଗ୍ରହଣ ସମ୍ବନ୍ଧୀୟ ମାନସିକ ବିକୃତି ଦେଖାଯାଉଛି। ସେମାନେ 'ଆନୋରେକ୍‌ସିଆ ନରଭୋସା' (Anorexia nervosa) ଏବଂ ଏବଂ 'ବୁଲିମିଆ ନରଭୋସା' (Bulimia nervosa) ରୋଗରେ ପୀଡ଼ିତ ହେଉଛନ୍ତି। ଆନୋରେକ୍‌ସିଆ ନରଭୋସା ମାନସିକ ବିକୃତି ଭୋଗୁଥିବା ଯୁବତୀମାନେ ଖୁବ ପତଳା ହୋଇଥିଲେ ମଧ୍ୟ ପୃଥୁଳା ହୋଇଯାଉଛନ୍ତି ବୋଲି ଭାବି ଖାଇବା ପୂରା ଛାଡ଼ିଦିଅନ୍ତି। ଏମାନେ ଖାଦ୍ୟାଭାବରୁ ଶୁଖି ଶୁଖି ପ୍ରାଣତ୍ୟାଗ କରନ୍ତି ବା କ୍ଷୁଧାର ତାଡ଼ନା ସହି ନପାରି ଆତ୍ମହତ୍ୟା କରନ୍ତି। ବୁଲିମିଆ ନରଭୋସା ରୋଗରେ ପୀଡ଼ିତା ଯୁବତୀମାନେ ଗୁଡ଼ାଏ ଖାଦ୍ୟ ଖାଇ ଦିଅନ୍ତି ଓ ମୋଟି ହୋଇଯିବା ଭୟରେ ପରମୁହୂର୍ତ୍ତରେ ପାଟିରେ ହାତ ପୂରାଇ ବାନ୍ତି କରନ୍ତି। ଏପରି ମାନସିକ ବିକୃତି ଆଗରୁ

ପାଶ୍ଚାତ୍ୟ ଦେଶମାନଙ୍କରେ ସୀମିତ ଥିଲା। ଏହା ଏବେ ଭାରତୀୟ କିଶୋରୀମାନଙ୍କ ମଧ୍ୟରେ ବହୁ ସଂଖ୍ୟାରେ ଦେଖାଯାଉଛି।

ଦେଶ ଦେଶ ମଧ୍ୟରେ ସୌନ୍ଦର୍ଯ୍ୟର ମାନଦଣ୍ଡ ସମାନ ନୁହେଁ। ଆନ୍ତର୍ଜାତିକ ସୌନ୍ଦର୍ଯ୍ୟ ବା ସାର୍ବଜନୀନ ସୌନ୍ଦର୍ଯ୍ୟ କିଛି ନାହିଁ ବୋଲି ଲେଖିକା ନାଓମି ଉଲଫ୍ ତାଙ୍କ ପ୍ରସିଦ୍ଧ ପୁସ୍ତକ 'ଦି ବିୟୁଟି ମିଥ୍' (୨୦୦୨) ରେ ପ୍ରକାଶ କରିଛନ୍ତି। ଭାରତରେ ଯେଉଁ ରମଣୀ ଶ୍ରେଷ୍ଠ ସୁନ୍ଦରୀ ବୋଲି ବିବେଚିତ, ଆମେରିକାରେ ସେ ସୁନ୍ଦରୀ ବୋଲି ଆଦୌ ଗଣା ନ ଯାଇପାରେ। ପୁଣି ସମୟକ୍ରମେ ଏହି ମାନଦଣ୍ଡର ପରିବର୍ତ୍ତନ ମଧ୍ୟ ଘଟିଥାଏ। ଆଗରୁ ଆମଦେଶରେ ପୃଥୁଳକାୟା ଓ ଅଳ୍ପଉଚ୍ଚତା ସମ୍ପନ୍ନ ନାରୀଙ୍କୁ ସୁନ୍ଦରୀ ବୋଲି ବିବେଚନା କରାଯାଉଥିଲା। ସପ୍ତଦଶ ଓ ଅଷ୍ଟାଦଶ ଶତାବ୍ଦୀରେ ଶିଳ୍ପୀଙ୍କ ତୂଳୀରେ ଜନ୍ମନେଇଥିବା ସବୁଠାରୁ ସୁନ୍ଦରୀ ନାରୀ ହୁଏତ ଏକବିଂଶ ଶତାବ୍ଦୀରେ ପୃଥୁଳକାୟା ରମଣୀ ଭାବରେ ପରିଗଣିତ ହେବେ। ଷାଠିଏ ଦଶକର ହଲିଉଡ୍ ସୁନ୍ଦରୀ ମେରିଲିନ୍ ମନ୍‌ରୋ ଓ ହିନ୍ଦି ଚଳଚ୍ଚିତ୍ରର ବହୁ ଅଭିନେତ୍ରୀ ଆଜିର ସୌନ୍ଦର୍ଯ୍ୟ ମାପକାଠିରେ ପୃଥୁଳା ବୋଲି ବିବେଚିତ ହେବେ। ପୂର୍ବରୁ ଚାଇନାରେ ଛୋଟ ପାଦଥିବା ନାରୀଙ୍କୁ ସୁନ୍ଦରୀ ବୋଲି ବିଚାର କରାଯାଉଥିଲା। ତେଣୁ ଚାଇନାରେ ସ୍ତ୍ରୀଲୋକମାନେ ନିଜ ପାଦକୁ ବାନ୍ଧି ରଖୁଥିଲେ। ପରବର୍ତ୍ତୀ ସମୟରେ ସେମାନେ ଭଲ ଚାଲି ପାରୁନଥିଲେ। ବର୍ତ୍ତମାନ ଛୋଟ ପାଦଧାରୀ ଚାଇନା ସୁନ୍ଦରୀଙ୍କୁ ଲୋକେ ଛୋଟୀ ଓ ଅସୁନ୍ଦରୀ ବୋଲି ଭାବିବେ। ଏଭଳି ଗୁଡ଼ାଏ ଅବାନ୍ତର ମାନଦଣ୍ଡ ନିର୍ଣ୍ଣୟ କରି ଏହାକୁ ହାସଲ କରିବା ପାଇଁ ସମୟ ନଷ୍ଟ କରିବା କେତେଦୂର ସମୀଚୀନ, ତାହାହିଁ ବିଚାରଯୋଗ୍ୟ।

ଜନ୍ମଗତ ବା ଜିନ୍‌ଦ୍ୱାରା ନିରୂପିତ ସୌନ୍ଦର୍ଯ୍ୟକୁ ବଦଳାଇବା ସମ୍ଭବ ନୁହେଁ। କିଛି ଅଂଶରେ ସମ୍ଭବ ହେଲେ ମଧ୍ୟ ଏହା ସ୍ୱାସ୍ଥ୍ୟ ପାଇଁ ଅନୁକୂଳ ନୁହେଁ। ପ୍ରତ୍ୟେକ ନାରୀର ସ୍ୱତନ୍ତ୍ରତା ରହିଛି। ପ୍ରକୃତି ସବୁ ନାରୀଙ୍କୁ ଅଲଗା ଓ ସୁନ୍ଦର କରି ଗଢ଼ିଛି। ପ୍ରତ୍ୟେକଙ୍କର ଶରୀର ଗଠନ ଅନ୍ୟଠାରୁ ଭିନ୍ନ। ଏହି ଭିନ୍ନତାକୁ ଗ୍ରହଣ କରିବା ଓ ଭଲପାଇବା ଦରକାର। ସବୁ ନାରୀ ଜଣେ ନିର୍ଦ୍ଦିଷ୍ଟ ଚଳଚ୍ଚିତ୍ର ତାରକାଙ୍କ ପରି ଦିଶିବା ଦରକାର ନାହିଁ। ଗୋଲାପ ଓ ରଜନୀଗନ୍ଧା ଉଭୟ ଫୁଲ ସୁନ୍ଦର ଓ ନିଜସ୍ୱ ଗୁଣରେ ବଳୀୟାନ। ଉଭୟଙ୍କର ସ୍ୱତନ୍ତ୍ର ଗୁଣ, ସୁରଭି, ଚମକ ଓ ମହକ ରହିଛି। ଗୋଲାପ ପରି ରଜନୀଗନ୍ଧା ବା ରଜନୀଗନ୍ଧା ପରି ଗୋଲାପ ଫୁଲ ଦିଶି ପାରିବ ନାହିଁ ବା ଏକାଭଳି ମହକ ସୃଷ୍ଟି କରିପାରିବ ନାହିଁ। ତେଣୁ ଏକା ଭଳି ଦିଶିବା ପାଇଁ ଚେଷ୍ଟା କରିବା ଏକ ଅସମ୍ଭବ ଓ ଅବାନ୍ତର ଅପଚେଷ୍ଟା ମାତ୍ର।

କୌଣସି ରଙ୍ଗକୁ ସୁନ୍ଦର ବା ଅସୁନ୍ଦର ଭାବିବା ସାମାଜିକୀକରଣ ପ୍ରକ୍ରିୟା

(socialization process) ଦ୍ୱାରା ହୋଇଥାଏ। ଅଧିକାଂଶ ଲୋକ ଗୋରୀ ଝିଅଟିକୁ ସୁନ୍ଦର ଓ କାଳୀ ଝିଅଟିକୁ ଅସୁନ୍ଦର କହିବା ଫଳରେ ପିଲାଟି ଦିନରୁ ଭାରତୀୟମାନେ ଗୋରାରଙ୍ଗକୁ ଆଦର ଓ କଳାରଙ୍ଗକୁ ଘୃଣା କରିବା ଶିଖିଥାନ୍ତି। କାଳକ୍ରମେ ସମାଜରେ ଅଧିକ ଆଦୃତ ହୋଇଥିବା ରଙ୍ଗଟି ସେମାନଙ୍କ ଆଖିକୁ ସୁନ୍ଦର ମଧ୍ୟ ଦିଶେ। ଅବଶ୍ୟ ଏହାର ପ୍ରତିକ୍ରିୟାରେ ଆଜି କାଲି ନିଗ୍ରୋମାନେ 'କଳା ହିଁ ସୁନ୍ଦର' ବୋଲି ମତ ଦିଅନ୍ତି। ପୃଥିବୀର ସବୁଠାରୁ ଆଗୁଆ ବିବେଚିତ ହେଉଥିବା ଆମେରିକାରେ କୃଷ୍ଣକାୟ ନିଗ୍ରୋଙ୍କ ପ୍ରତି ବର୍ଣ୍ଣବିଦ୍ୱେଷ ମନୋଭାବ ଆଜିବି ଏକ ପ୍ରସଙ୍ଗ ହୋଇ ରହିଛି। ବିଖ୍ୟାତ ବିଦ୍ୱାନ, ଦାର୍ଶନିକ 'ବ୍ଲାକ୍ ସ୍କିନ୍ ଓ୍ୱାଇଟ ମାସ୍କ' (Black skin, white mask) (୧୯୫୨) ପୁସ୍ତକର ରଚୟିତା ଫ୍ରାନ୍‌ଜ ଫାନନ୍‌ଙ୍କର ଭାଷାରେ 'ମୋ ରଙ୍ଗ ମୋ ପାଇଁ କଳଙ୍କ ନୁହେଁ। କେଉଁ ଅଭିଶାପ ବଳରେ ମୋର ଦେହର ରଙ୍ଗ କଳା ନୁହେଁ।' କାହାର ପ୍ରକୃତିଦତ୍ତ ରଙ୍ଗ ଯେ କାହିଁକି ଲାଜ, ଅଯୋଗ୍ୟତା ଏବଂ ଭେଦଭାବର ମୂଳଦୁଆ ହେବ ତାର କୌଣସି ଯୁକ୍ତିଯୁକ୍ତ କାରଣ ନାହିଁ। ଏହି ରଙ୍ଗଭିତ୍ତିକ ବିଦ୍ୱେଷ ଏବଂ ପାତରଅନ୍ତର ବ୍ୟାପାରରେ ଭାରତରେ ସମ୍ବେଦନଶୀଳ ବୁଦ୍ଧିଜୀବୀ ଏବଂ ସକ୍ରିୟତାବାଦୀମାନେ ସ୍ୱର ଉତ୍ତୋଳନ କଲେଣି। ସୁନ୍ଦର ଦିଶିବା ପାଇଁ ଗୋରା ହେବା ଦରକାର ନାହିଁ। ଏହି ବର୍ଣ୍ଣଭିତ୍ତିକ ମାନସିକତାର ପରିବର୍ତ୍ତନ ହେବା ଦରକାର। ଏହି ପରିବର୍ତ୍ତିତ ଆଭିମୁଖ୍ୟକୁ ଲକ୍ଷ୍ୟ କରି ଭାରତରେ କୋଟି କୋଟି ଟଙ୍କାର ବ୍ୟବସାୟ କରୁଥିବା ବହୁରାଷ୍ଟ୍ରୀୟ କମ୍ପାନୀ, ପ୍ରସ୍ତୁତ କରୁଥିବା ଫେୟାର ଆଣ୍ଡ ଲଭଲି କ୍ରିମ୍‌ର ନାମ ପରିବର୍ତ୍ତନ କରି "ଗ୍ଲୋ ଆଣ୍ଡ ଲଭ୍‌ଲି" କରିବାକୁ ବାଧ୍ୟ ହୋଇଛି। ଏ ନାମ ପରିବର୍ତ୍ତନ ବହୁ ପିଢି ଧରି ଚାଲିଆସୁଥିବା ମାନସିକତାକୁ ଯେ ସମ୍ପୂର୍ଣ୍ଣ ବଦଳାଇ ଦେବ ତାହା ନୁହେଁ। ତଥାପି ଏହା ଏକ ସ୍ୱାଗତଯୋଗ୍ୟ ପ୍ରାରମ୍ଭିକ ପଦକ୍ଷେପ। ମନସ୍ତତ୍ତ୍ୱବିଦ୍‌ଙ୍କ ମତରେ କଳାରଙ୍ଗକୁ ସୁନ୍ଦର ବୋଲି ବାରମ୍ବାର କହିଲେ ବା ସମାଜ ଏ ରଙ୍ଗକୁ ଆଦର କଲେ ଲୋକମାନଙ୍କୁ କଳା ରଙ୍ଗ ମଧ୍ୟ ସୁନ୍ଦର ଦିଶିବ।

ନିଜକୁ ଆକର୍ଷଣୀୟ କରିବା ଅନୁଚିତ ନୁହେଁ। କିନ୍ତୁ ଏହାର ପ୍ରକୃତ ପନ୍ଥା ବୁଝି ନପାରି ନାରୀଗୋଷ୍ଠୀ ଆଜି ଭୁଲ ମାର୍ଗରେ ପରିଚାଳିତ ହେଉଛନ୍ତି। ପୁଷ୍ଟିକର, ସନ୍ତୁଳିତ ଖାଦ୍ୟଗ୍ରହଣ ସହ ବ୍ୟାୟାମ, ଜିମ୍, ଏରୋବିକ୍, ଯୋଗ, ପ୍ରାଣାୟମ, ଧ୍ୟାନ ଆଦି କରି ଉତ୍ତମ ସ୍ୱାସ୍ଥ୍ୟର ଅଧିକାରିଣୀ ହେବା ଦରକାର। ମୁଖମଣ୍ଡଳର ନିର୍ଦ୍ଦିଷ୍ଟ ଗଠନ ବା ଆଖି, ନାକ, ଓଠର ସମନ୍ୱୟ ଜଣେ ନାରୀକୁ ଯେତେ ସୁନ୍ଦର କରେ ନାହିଁ, ସୁନ୍ଦର ବ୍ୟକ୍ତିତ୍ୱ ତାକୁ ଅଧିକ ଆକର୍ଷଣୀୟ କରି ତୋଳେ।

ବାହ୍ୟ ସୌନ୍ଦର୍ଯ୍ୟ ଅପେକ୍ଷା ଅନ୍ତର୍ନିହିତ ସୌନ୍ଦର୍ଯ୍ୟ ହିଁ ନାରୀକୁ ଅଧିକ ସୁନ୍ଦର

କରେ। ମଧୁର ବଚନ, ଭଦ୍ର, ମାର୍ଜିତ ଓ ସଂଯତ ବ୍ୟବହାର, ସହନଶୀଳତା, ସଂଭ୍ରମତା ଆଦି ଗୁଣ ନାରୀଙ୍କୁ ନମନୀୟ କରେ। ସମସ୍ତଙ୍କୁ ଭଲ ପାଉଥିବା, ବିଭିନ୍ନ ପରିସ୍ଥିତିରେ ନିଜକୁ ଖାପଖୁଆଇ ଚଳି ପାରୁଥିବା, ଦୃଢ଼ତାର ସହ କାମ କରି ପାରୁଥିବା ଓ ସବୁ ବିଷୟରେ ସଚେତନ ଥିବା ବୁଦ୍ଧିମତୀ ନାରୀ ହିଁ ସୁନ୍ଦର ଦେଖାଯାଏ। ଆତ୍ମନିୟନ୍ତ୍ରଣ, ଆତ୍ମବିଶ୍ୱାସ, ଆତ୍ମସମ୍ମାନ ଓ ଆତ୍ମସାମର୍ଥ୍ୟବୋଧ ଥିବା ଯୋଗ୍ୟା ନାରୀ ହିଁ ଆକର୍ଷଣୀୟ ବ୍ୟକ୍ତିତ୍ୱର ଅଧିକାରିଣୀ। ଶାରୀରିକ ଗଠନ ଭଲ ହେଲେ ମଧ୍ୟ ମାନବିକତା ନ ଥିବା, କର୍କଶ ସ୍ୱରରେ କଥା ହେଉଥିବା, ବିନା କାରଣରେ ଅନ୍ୟକୁ ଆଘାତ ଦେଉଥିବା ଉଦ୍ଧତ ନାରୀ ସୁନ୍ଦର ଦେଖାଯାଏ ନାହିଁ।

ସୌନ୍ଦର୍ଯ୍ୟ ନାରୀର ଆତ୍ମ ପରିଚିତିର ଏକମାତ୍ର ଉପାଦାନ ନୁହେଁ। ପୁରୁଷ ପରି ପ୍ରତ୍ୟେକ କ୍ଷେତ୍ରରେ ନାରୀର ଅସାଧାରଣ ସାମର୍ଥ୍ୟ ରହିଛି। ବୌଦ୍ଧିକ କ୍ଷମତା ଓ ସୃଜନଶୀଳତା ରହିଛି। ନାରୀ ଗୋଟିଏ ଭୋଗ୍ୟବସ୍ତୁ ନୁହେଁ। ଅତ୍ୟଧିକ ସୌନ୍ଦର୍ଯ୍ୟ ସଚେତନତା ନାରୀର ପ୍ରଗତିରେ ବିଶେଷ ସହାୟକ ହେବ ନାହିଁ। ସୌନ୍ଦର୍ଯ୍ୟ ପରି ଏକ କ୍ଷଣସ୍ଥାୟୀ ବ୍ୟାପାରରେ ବହୁ ଅଧିକ ଗୁରୁତ୍ୱ ଦେଇ ନାରୀମାନଙ୍କର ଶିକ୍ଷା, ବୃତ୍ତିଗତ ଉତ୍କର୍ଷତା ଓ ସୃଜନଶୀଳତା ବ୍ୟାହତ ନହେଉ। ନାରୀର ନାରୀତ୍ୱ ଓ ଆତ୍ମପରିଚିତି ସୌନ୍ଦର୍ଯ୍ୟ ମଧ୍ୟରେ ସୀମିତ ନରହି ତାର ବହୁମୁଖୀ କ୍ଷମତା ଓ ସାମର୍ଥ୍ୟ ମାଧ୍ୟମରେ ପରିସ୍ଫୁଟ ହେଉ।

ସମଲିଙ୍ଗୀ ଯୌନ ସମ୍ପର୍କ: ଏକ ମନସ୍ତାତ୍ତ୍ୱିକ ବିଶ୍ଳେଷଣ

ସମଲିଙ୍ଗୀ ଯୌନ ସମ୍ପର୍କର ଅର୍ଥ ପୁରୁଷ ସହିତ ପୁରୁଷ ଓ ସ୍ତ୍ରୀ ସହିତ ସ୍ତ୍ରୀର ଯୌନ ସମ୍ପର୍କ ସ୍ଥାପନ କରିବାକୁ ବୁଝାଯାଏ। ପୁରୁଷମାନଙ୍କର ପୁରୁଷମାନଙ୍କ ସହିତ ଯୌନ ସମ୍ପର୍କ ରହିଲେ ସେମାନଙ୍କୁ "ହୋମୋସେକ୍ସୁଆଲସ" ଓ ସ୍ତ୍ରୀମାନଙ୍କର ସ୍ତ୍ରୀମାନଙ୍କ ସହିତ ଏପରି ସମ୍ପର୍କ ରହିଲେ ସେମାନଙ୍କୁ "ଲେସବିଆନ୍ସ" ବୋଲି କୁହାଯାଏ। ଉଭୟ ସ୍ତ୍ରୀ ଓ ପୁରୁଷମାନଙ୍କ ସହିତ ଯୌନ ସମ୍ପର୍କ ରଖୁଥିବା ବ୍ୟକ୍ତିମାନଙ୍କୁ "ବାଇ ସେକ୍ସୁଆଲ" ବୋଲି କୁହାଯାଏ। ଏପରି ଅନେକ ବାଇସେକ୍ସୁଆଲ୍ ଲୋକ ବିବାହିତ ଓ ସ୍ତ୍ରୀ, ପୁତ୍ର, କନ୍ୟାଙ୍କ ସହିତ ସଂସାର କରିଥାନ୍ତି।

ଏ ପ୍ରକାର ଯୌନ ସମ୍ପର୍କ ଅନେକ ଦିନରୁ ସମାଜରେ ଦେଖାଯାଇଛି। ଗ୍ରୀସ୍ ଓ ରୋମ୍‌ରେ ସମଲିଙ୍ଗୀ ଯୌନସଂପର୍କ ରଖିବାକୁ ଇଚ୍ଛା କରୁଥିବା ଲୋକଙ୍କ ପାଇଁ ବେଶ୍ୟା ମଧ୍ୟ ସମାଜରେ ଖୋଲାଖୋଲି ଭାବରେ ଚଳପ୍ରଚଳ ହେଉଥିଲେ। ଇତିହାସ ଅନୁଧ୍ୟାନ କଲେ ଜଣାଯାଏ ଯେ, ପ୍ଲାଟୋ, ବିଶ୍ୱବିଜୟୀ ଆଲେକ୍‌ଜାଣ୍ଡର ଦି ଗ୍ରେଟ୍, ମାଇକେଲ୍ ଆଞ୍ଜେଲୋ, ଲିଓନାର୍ଡୋ ଡା.ଭିନ୍‌ସି, ସାଫୋ ଆଦି ବିଖ୍ୟାତ ବ୍ୟକ୍ତିମାନଙ୍କର ସମଲିଙ୍ଗୀ ଯୌନ ସମ୍ପର୍କ ଥିଲା ଏବଂ ଏପରି ବ୍ୟକ୍ତି ବିଶେଷଙ୍କର ତାଲିକା ଦୀର୍ଘ। ବାତ୍ସାୟନଙ୍କର ରଚିତ ପୁସ୍ତକ କାମସୂତ୍ରରୁ ଜଣାଯାଏ ଯେ, ସମଲିଙ୍ଗୀ ଯୌନ ସପର୍କ ଆମ ଦେଶରେ ବହୁ ପୂର୍ବକାଳରୁ ପ୍ରଚଳିତ। ଏହା ଉପରେ ବାତ୍ସାୟନଙ୍କ ପୁସ୍ତକର ଏକ ଅଧ୍ୟାୟ (ନବମ ଅଧ୍ୟାୟ) ରହିଛି। କାମସୂତ୍ର ଖ୍ରୀଷ୍ଟପୂର୍ବ ପ୍ରଥମରୁ ଷଷ୍ଠ ଶତାବ୍ଦୀ ମଧ୍ୟରେ ରଚିତ ହୋଇଥିଲା। ରାମାୟଣ ଓ ମହାଭାରତ ପରି ମହାକାବ୍ୟରେ ଏପରି ସମ୍ପର୍କ ଥିବା ବ୍ୟକ୍ତି ବିଶେଷଙ୍କ ବିଷୟରେ ବର୍ଣ୍ଣନା ରହିଛି। ଖଜୁରାହୋର କଳା

ଭାସ୍କର୍ଯ୍ୟରେ ସମଲିଙ୍ଗୀ ଯୌନ ସମ୍ପର୍କ ଦେଖିବାକୁ ମିଳେ। ବ୍ରିଟିଶ ଶାସନ କାଳରେ ଲର୍ଡ ମାକ୍‌ଲେଙ୍କ ସମୟରେ ୧୮୬୦ ମସିହାରେ ଏହି ସମ୍ପର୍କକୁ ଅପରାଧ ଶ୍ରେଣୀଭୁକ୍ତ କରାଗଲା ଏବଂ ୩୭୭ ଧାରାରେ ପ୍ରବର୍ତ୍ତନ କରାଗଲା। ଏହା ପୂର୍ବରୁ ଭାରତୀୟମାନେ ଏହି ବ୍ୟାପାରରେ ଅପେକ୍ଷାକୃତ କୋହଳ ମନୋଭାବ ପୋଷଣ କରୁଥିଲେ।

ପୁରୁଷ ଓ ସ୍ତ୍ରୀ ମଧ୍ୟରେ ଥିବା ଯୌନ ସମ୍ପର୍କକୁ ସ୍ୱାଭାବିକ ବୋଲି ଗ୍ରହଣ କରାଯାଉଥିବାବେଳେ ସମଲିଙ୍ଗୀ ଯୌନ ସମ୍ପର୍କ ରଖୁଥିବା ବ୍ୟକ୍ତିମାନଙ୍କୁ ସମାଜ ଗ୍ରହଣ କରେ ନାହିଁ। ଏମାନେ ସମାଜରେ ଆଦୃତ ହୁଅନ୍ତି ନାହିଁ। ଏପରି ଲୋକମାନଙ୍କୁ ଅନେକ ସମୟରେ ମାନସିକ ଅସୁସ୍ଥ ବ୍ୟକ୍ତି ବୋଲି ଧରାଯାଏ। ଏପରି କାର୍ଯ୍ୟକୁ 'ମାନସିକ ବ୍ୟାଧି' ବା 'ମାନସିକ ରୋଗ'ବୋଲି ୧୯୭୩ ମସିହା ପର୍ଯ୍ୟନ୍ତ ବିବେଚନା କରାଯାଉଥିଲା। ୧୯୭୩ ମସିହାରେ ବିଭିନ୍ନ ଗବେଷଣାଲବ୍ଧ ତଥ୍ୟକୁ ଆଧାର କରି ଅମେରିକାନ୍ ସାଇକିଆଟ୍ରିଷ୍ଟ୍ ଏବଂ ଆମେରିକାନ୍ ସାଇକୋଲୋଜିକାଲ ଆସୋସିଏସନ୍‌ର ପ୍ରାୟ ଦଶ ହଜାରରୁ ଅଧିକ ସଭ୍ୟ ସମଲିଙ୍ଗୀ ଯୌନ ସମ୍ପର୍କ ମାନସିକ ଅସୁସ୍ଥତା ନୁହେଁ ବୋଲି ମତବ୍ୟକ୍ତ କଲେ। ଏହାପରେ ସମଲିଙ୍ଗୀ ଯୌନ ସମ୍ପର୍କକୁ ମାନସିକ ବ୍ୟାଧି ତାଲିକାରୁ ହଟାଇ ଦିଆଗଲା। ଏହା ଏକ ଭିନ୍ନ ପ୍ରକାର ଯୌନ ସମ୍ପର୍କ ବା ଯୌନ ଅଭିବିନ୍ୟାସ ବୋଲି ବିଚାର କରାଗଲା। କାରଣ ଏପରି ଅସ୍ୱାଭାବିକ ସମ୍ପର୍କ ରଖୁଥିବା ପୁରୁଷ ଓ ସ୍ତ୍ରୀ ଅନ୍ୟ ସବୁ କ୍ଷେତ୍ରରେ ସମ୍ପୂର୍ଣ୍ଣ ଭାବରେ ସୁସ୍ଥ। ଏମାନଙ୍କ ମଧ୍ୟରୁ ବହୁ ବ୍ୟକ୍ତି ସମାଜରେ ଖୁବ୍ ସୁପ୍ରତିଷ୍ଠିତ। ସେମାନଙ୍କ ଭିତରୁ ଅନେକ କଳା, ସଂଗୀତ ଓ ନାଟକ ଆଦି କ୍ଷେତ୍ରରେ ନିଜର ଅତୁଳନୀୟ ପ୍ରତିଭା ଓ ସୃଜନଶୀଳତା ମଧ୍ୟ ପ୍ରଦର୍ଶନ କରିଛନ୍ତି। ଏମାନେ ସାଧାରଣ ବ୍ୟକ୍ତିମାନଙ୍କ ପରି ସ୍ୱାଭାବିକ ଜୀବନଯାପନ କରନ୍ତି ଓ ଅନ୍ୟ କୌଣସି କ୍ଷେତ୍ରରେ ତାଙ୍କଠାରେ କୌଣସି ବିକୃତି ଦେଖାଯାଏ ନାହିଁ।

ସମଲିଙ୍ଗୀ ଯୌନ ସମ୍ପର୍କ ରଖୁଥିବା ବ୍ୟକ୍ତିମାନଙ୍କୁ ପ୍ରକୃତି ହିଁ ଭିନ୍ନ କରି ସୃଷ୍ଟି କରିଛି। ଜୈବିକ ଭିନ୍ନତା ହେଉ, ବା ଯୌନ ବ୍ୟବହାରକୁ ନିୟନ୍ତ୍ରଣ କରୁଥିବା ମସ୍ତିଷ୍କରେ ଥିବା ହାଇପୋଥାଲାମସ୍‌ର ଏକ କ୍ଷୁଦ୍ର ଅଂଶର ଗଠନ ପ୍ରଣାଳୀର ଭିନ୍ନତା ଯୋଗୁଁ ହେଉ ସେମାନଙ୍କର ଯୌନ ଅଭିବିନ୍ୟାସ ଭିନ୍ନ। ପ୍ରକୃତି ସବୁବେଳେ ବ୍ୟତିକ୍ରମ ସୃଷ୍ଟି କରିଥାଏ। ମଣିଷ ପରି ସବୁ ଜାତିର ପ୍ରାଣୀମାନଙ୍କଠାରେ ଏ ପ୍ରକାର ବ୍ୟତିକ୍ରମ ଦେଖିବାକୁ ମିଳେ। ପ୍ରାୟ ପନ୍ଦର ଶହ ପ୍ରକାର ପ୍ରାଣୀଙ୍କଠାରେ ସମଲିଙ୍ଗୀ ଯୌନ ସମ୍ପର୍କ ଥିବା ପ୍ରମାଣିତ ହୋଇସାରିଛି।

ପ୍ରକୃତି କାହାକୁ ଦୃଷ୍ଟିହୀନ ବା କାହାକୁ ଶ୍ରବଣ ଶକ୍ତି ରହିତ କରି ଜନ୍ମ ଦେଇଥାଏ। ପ୍ରକୃତିର ଏହି ଭିନ୍ନତାକୁ ଯେପରି ଆମେ ଗ୍ରହଣ କରୁଛୁ, ସେହିପରି ଏ ସଂଖ୍ୟାଲଘୁ

ମଣିଷମାନଙ୍କର ଭିନ୍ନ ଯୌନ ଅଭିବିନ୍ୟାସକୁ ସ୍ୱୀକାର କରିବା ଦରକାର। ଜୋର ଜବରଦସ୍ତ କରି କେହି କାହାର ଯୌନ ଅଭିବିନ୍ୟାସକୁ ବଦଳାଇ ପାରିବ ନାହିଁ। ତେଣୁ ଯୌନ ଅଭିବିନ୍ୟାସ ଭିତ୍ତିରେ ପାତରଅନ୍ତର କରାଯିବା ସମ୍ପୂର୍ଣ୍ଣ ଅସମ୍ବିଧାନିକ ଓ ଅମାନୁଷିକ। ଏହି ବର୍ଗର ପୁରୁଷ ବା ନାରୀ କିଶୋରାବସ୍ଥାରେ ହୃଦୟଙ୍ଗମ କରିବାକୁ ଆରମ୍ଭ କରନ୍ତି ଯେ, ସେମାନେ ଅନ୍ୟମାନଙ୍କଠାରୁ ଭିନ୍ନ। ପ୍ରଥମେ ସେମାନେ ନିଜେ ମଧ୍ୟ ନିଜର ଭିନ୍ନ ଅଭିବିନ୍ୟାସକୁ ଗ୍ରହଣ କରିପାରନ୍ତି ନାହିଁ। ତାଙ୍କର ଭିନ୍ନତା ପାଇଁ ସେମାନେ ଚାପଗ୍ରସ୍ତ ଓ ଚିନ୍ତିତ ରହନ୍ତି। ସମାଜ ଓ ପରିବାର ଦ୍ୱାରା ଅଗ୍ରାହ୍ୟ ହେବା ଭୟରେ ସେମାନେ ଆତଙ୍କିତ ହୋଇପଡ଼ନ୍ତି। ଅଧିକାଂଶ ବ୍ୟକ୍ତି ସେମାନଙ୍କର ଭିନ୍ନ ଯୌନ ଅଭିବିନ୍ୟାସ କଥା କହିବାକୁ ସାହସ କରିପାରନ୍ତି ନାହିଁ। ବାପା ମା'ଙ୍କ ଚାପରେ ବିବାହ ମଧ୍ୟ କରନ୍ତି। ପରେ ଅସୁଖୀ ଦାମ୍ପତ୍ୟ ଜୀବନ ବିତାଇ ଥାଆନ୍ତି ଅଥବା ଛାଡ଼ପତ୍ର ଦେବାକୁ ବାଧ୍ୟ ହୁଅନ୍ତି। ଯେଉଁମାନେ ତାଙ୍କର ମନ କଥା ପ୍ରକାଶ କରନ୍ତି, ସେମାନେ ସାମାଜିକ ଲାଂଛନା ସହନ୍ତି।

ଦେଖାଯାଇଛି, ଲେସ୍‌ବିଆନ୍‌ମାନଙ୍କ ତୁଳନାରେ ହୋମୋସେକ୍ସୁଆଲ-ମାନଙ୍କର ସଂଖ୍ୟା ବହୁ ଅଧିକ। ଲେସ୍‌ବିଆନମାନେ ଯୌନ ସମ୍ପର୍କ ଅପେକ୍ଷା ପରସ୍ପର ମଧ୍ୟରେ ଥିବା ସ୍ନେହ, ଶ୍ରଦ୍ଧା ଓ ବୁଝାମଣାକୁ ଅଧିକ ଗୁରୁତ୍ୱ ଦେଇଥାଆନ୍ତି। ଏମାନେ ଜଣେ ନିର୍ଦ୍ଦିଷ୍ଟ ସମକାମୀ ସାଥୀଙ୍କ ସହିତ ଅନେକ ଦିନ ଧରି ସମ୍ପର୍କ ରଖନ୍ତି। ଏପରି ଲୋକମାନଙ୍କ ମଧ୍ୟରୁ ଅନେକ କେବଳ ସମଲିଙ୍ଗୀ ଯୌନ ସମ୍ପର୍କ ରଖନ୍ତି ଓ ଆଉ ଅନେକ ବିବାହ ବନ୍ଧନରେ ଆବଦ୍ଧ ହୋଇ ସ୍ୱାମୀ ବା ସ୍ତ୍ରୀଙ୍କ ସହ ସ୍ୱାଭାବିକ ବୈବାହିକ ଜୀବନ ଯାପନ କରିବା ସଙ୍ଗେ ସଙ୍ଗେ ସମଲିଙ୍ଗୀ ଯୌନ ସମ୍ପର୍କ ମଧ୍ୟ ରଖିଥାନ୍ତି। ଉଭୟ ପ୍ରକାର ଯୌନ ସମ୍ପର୍କ ରଖୁଥିବା ବ୍ୟକ୍ତି ସମାଜରେ ତାଙ୍କର ସମଲିଙ୍ଗୀ ଯୌନ ସମ୍ପର୍କ ବିଷୟ ଗୋପନ ରଖିଥାନ୍ତି।

ଆମେରିକାର ଚିକାଗୋ ବିଶ୍ୱବିଦ୍ୟାଳୟର ନ୍ୟାସନାଲ ଓପିନିୟନ୍ ରିସର୍ଚ୍ଚ ସେଣ୍ଟର ୧୯୯୪ ମସିହାରେ ପ୍ରାୟ ସାଢ଼େ ତିନିହଜାର ପୁରୁଷ ଓ ନାରୀଙ୍କ ଉପରେ ଏକ ସର୍ବେକ୍ଷଣ କରିଥିଲା। ଶତକଡ଼ା ୫ଜଣ ପୁରୁଷ ଓ ୩.୫ ଜଣ ନାରୀ ସମଲିଙ୍ଗୀ ଯୌନ ସମ୍ପର୍କ ସ୍ଥାପନ କରିଥିବା କଥା ସ୍ୱୀକାର କରିଥିବାବେଳେ ଶତକଡ଼ା ୩ଜଣ ପୁରୁଷ ଓ ୧.୪ ଜଣ ନାରୀ ଉଭୟଲିଙ୍ଗୀ ବୋଲି ସ୍ୱୀକାର କରିଛନ୍ତି। ଆମେରିକାର ବଡ଼ ବଡ଼ ସହରରେ ଏପରି ସମ୍ପର୍କ ରଖୁଥିବା ଲୋକଙ୍କ ସଂଖ୍ୟା ଅଧିକ।

ପାଶ୍ଚାତ୍ୟ ଦେଶମାନଙ୍କରେ ନିଜର ଅଧିକାର, ଦାବି ତଥା ପ୍ରାଧାନ୍ୟ ବଜାୟ ରଖିବା ପାଇଁ, ଏମାନଙ୍କ ନେତୃତ୍ୱରେ ବଡ଼ ବଡ଼ ଅନୁଷ୍ଠାନ ମଧ୍ୟ ଗଢ଼ିଉଠିଛି। ସେମାନଙ୍କର କ୍ଲବ ଅଛି। ଅନେକ ସମୟରେ ଦଳ ହୋଇ ଏମାନେ ଗୋଟିଏ ଜାଗାରେ

ବସବାସ କରନ୍ତି। ପରସ୍ପରର ସ୍ୱଭାବ, ଚଳଣି ଓ ଆଗ୍ରହ ଏକାପରି ହୋଇଥିବାରୁ ସେମାନେ ଗୋଟିଏ ଜାଗାରେ ରହିବାକୁ ଭଲ ପାଆନ୍ତି। ଏକ ଅନୁଧ୍ୟାନରୁ ଦେଖାଯାଇଛି ଯେ, ଏପରି ସମ୍ପର୍କ ରଖୁଥିବା ଲୋକଙ୍କ ସଂଖ୍ୟା ପୂର୍ବ ଅପେକ୍ଷା ଅନେକ ବଢ଼ିଯାଇଛି। ସମାଜରେ ଯୌନ ସମ୍ପର୍କ ସମ୍ବନ୍ଧରେ ରକ୍ଷଣଶୀଳତା କମିଯାଇଥିବାରୁ ଏ ପ୍ରକାର ସମ୍ପର୍କ ହୁଏତ ଅଧିକ ପରିମାଣରେ ଦୃଷ୍ଟିଗୋଚର ହେଉଛି। ଆଜିକାଲି ସମଲିଙ୍ଗୀ ଯୌନ ସମ୍ପର୍କକୁ ନେଇ ଅନେକ ଚଳଚ୍ଚିତ୍ର ନିର୍ମାଣ କରାଯାଇଛି। ମ୍ୟାଗାଜିନ୍‌ମାନଙ୍କରେ ଏମାନଙ୍କ ବିଷୟରେ ଅନେକ ସମ୍ବାଦ ବାହାରୁଛି।

୨୦୦୯ ମସିହା ଜୁଲାଇ ଦୁଇ ତାରିଖ ଦିନ ଦିଲ୍ଲୀର ଉଚ୍ଚ ନ୍ୟାୟାଳୟ ପ୍ରଥମ ଥର ପାଇଁ ଲର୍ଡ ମାକ୍‌ଲେଙ୍କର ମଧ୍ୟଯୁଗୀୟ ଔପନିବେଶିକ କାନୁନ୍‌କୁ ରଦ୍ଦ କରି ପ୍ରାପ୍ତ ବୟସ୍କଙ୍କ ମଧ୍ୟରେ ସହମତି ଭିତ୍ତିରେ ସମଲିଙ୍ଗୀ ଯୌନ ସମ୍ପର୍କ ଆଇନସମ୍ମତ ବୋଲି ଘୋଷଣା କଲେ। ପୁନର୍ବାର ୨୦୧୭ ଅଗଷ୍ଟ ଚବିଶ ତାରିଖ ଦିନ ମାନ୍ୟବର ସୁପ୍ରିମକୋର୍ଟ ବ୍ୟକ୍ତି ସମାନତା ଓ ସ୍ୱାଧୀନତାକୁ ସମ୍ମାନ ଦେଇ ସମଲିଙ୍ଗୀ ଯୌନ ସମ୍ପର୍କ ଅପରାଧ ନୁହେଁ ଏବଂ ଏହି ସମ୍ପ୍ରଦାୟର ବ୍ୟକ୍ତିମାନଙ୍କୁ ସମ୍ମାନର ସହ ବଞ୍ଚିବାର ଅଧିକାର ଅଛି ବୋଲି ମତ ଦେଲେ।

ସ୍ୱଳ୍ପସଂଖ୍ୟକ ହେଲେ ମଧ୍ୟ କାହିଁକି କିଛି ଲୋକଙ୍କର ଯୌନ ଅଭିବିନ୍ୟାସ ଭିନ୍ନ ତାହା ଉପରେ ଅନେକ ଗବେଷଣା ହୋଇଥିଲେ ସୁଦ୍ଧା ବୈଜ୍ଞାନିକମାନେ କୌଣସି ନିର୍ଦ୍ଦିଷ୍ଟ ସିଦ୍ଧାନ୍ତରେ ଉପନୀତ ହୋଇ ପାରିନାହାନ୍ତି। ଯେଉଁ କାରଣଗୁଡ଼ିକ ମୁଖ୍ୟତଃ ଦାୟୀ ବୋଲି ବିଚାର କରାଯାଉଛି ତାହା ନିମ୍ନରେ ଆଲୋଚନା କରାଯାଇଛି।

କେତେକ ବିଶେଷଜ୍ଞଙ୍କ ମତରେ ଜିନ୍‌ର ତ୍ରୁଟି ଯୋଗୁଁ ଏପରି ବ୍ୟବହାର ଦେଖାଯାଏ। ଆଉ କେତେକ ଗବେଷକ ହର୍‌ମୋନର ସନ୍ତୁଳନର ଅଭାବ ସମଲିଙ୍ଗୀ ଯୌନ ସମ୍ପର୍କ ପାଇଁ ମୁଖ୍ୟତଃ ଦାୟୀ ବୋଲି ମନେ କରନ୍ତି। ସେମାନଙ୍କର ମତରେ ଆନ୍‌ଡ୍ରୋଜେନ୍ ଓ ଏଷ୍ଟୋଜେନ୍ ହରମୋନ୍‌ର ଅସନ୍ତୁଳନ ଫଳରେ ଏପରି ଅସ୍ୱାଭାବିକ ପ୍ରବୃତ୍ତି ଦେଖାଯାଏ। କେତେଗୁଡ଼ିଏ ଗବେଷଣାରୁ ଦେଖାଯାଇଛି ଯେ, ସମଲିଙ୍ଗୀ ପୁରୁଷମାନଙ୍କର ଆନ୍‌ଡ୍ରୋଜେନ୍ ଓ ଟେଷ୍ଟୋଷ୍ଟରୋନ୍ ଆଦି ପୁରୁଷ ହର୍‌ମୋନ ଓ ନାରୀମାନଙ୍କର ଏଷ୍ଟ୍ରୋଜେନ ନାମକ ସ୍ତ୍ରୀ ହରମୋନ୍‌ର ଅନୁପାତ କମ ଥାଏ। ଆଉ କେତେଗୁଡ଼ିଏ ଅନୁଧ୍ୟାନରୁ ଦେଖାଯାଉଛି ଯେ, ହରମୋନ୍‌ର ଅସନ୍ତୁଳନ ଦେଖାଦେଲେ ମଧ୍ୟ ସମସ୍ତଙ୍କଠାରେ ସମଲିଙ୍ଗୀ ଯୌନସମ୍ପର୍କ ଦେଖାଯାଏ ନାହିଁ। ଗବେଷଣା ଫଳାଫଳର ଭିନ୍ନତା ଥିବା ହେତୁ ହର୍‌ମୋନ୍‌ର ଅସନ୍ତୁଳନ ହିଁ ଏପରି ସମ୍ପର୍କ ପାଇଁ ସମ୍ପୂର୍ଣ୍ଣ ଦାୟୀ ବୋଲି ସିଦ୍ଧାନ୍ତରେ ଉପନୀତ ହେବା ସମ୍ଭବ ନୁହେଁ।

ଲିଭେ ଓ ତାଙ୍କ ସହଯୋଗୀମାନେ ୧୯୯୧ ମସିହାରେ ମୃତ ସମକାମୀମାନଙ୍କର ମସ୍ତିଷ୍କ ଗଠନ ଅନୁଧାନ କରିଥିଲେ। ଯୌନ ବ୍ୟବହାରକୁ ନିୟନ୍ତ୍ରଣ କରୁଥିବା ହାଇପୋଥାଲାମସ୍‌ର ଏକ କ୍ଷୁଦ୍ର ଅଂଶର ଗଠନ ପ୍ରଣାଳୀରେ ସେମାନେ ଭିନ୍ନତା ଲକ୍ଷ୍ୟ କରିଥିଲେ। ସେମାନଙ୍କ ମତରେ ଜୈବିକ ଭିନ୍ନତା ଯୋଗୁଁ ସମକାମୀମାନଙ୍କର ଯୌନ ପସନ୍ଦ ଅଲଗା ହୁଏ। ଏ ପ୍ରକାର ବିକଳ୍ପ ଯୌନରୁଚି ପାଇଁ ସେମାନେ ଦାୟୀ ନୁହଁନ୍ତି। ଗବେଷକ ବେଲି ଓ ଫିଲାର୍ଡ (୧୯୯୧)ଙ୍କ ମତରେ ଏଭଳି ଭିନ୍ନ ଯୌନ ଅଭିବିନ୍ୟାସ ଆନୁବଂଶିକ। ସେମାନେ ଭିନ୍ନ ଯମଜ ଓ ଅଭିନ୍ନ ଯମଜମାନଙ୍କ ଉପରେ ଗବେଷଣା କରିଥିଲେ। ଅଭିନ୍ନ ଯମଜ ସନ୍ତାନଙ୍କ କ୍ଷେତ୍ରରେ ଗୋଟିଏ ପୁରୁଷ ସନ୍ତାନ ହୋମୋସେକ୍‌ସୁଆଲ ହେଲେ ଶତକଡ଼ା ୫୬ ଯମଜ ଭ୍ରାତ୍ରା ହୋମୋସେକ୍ସୁଆଲ ଓ କନ୍ୟା ସନ୍ତାନଟି ଲେସ୍‌ବିଆନ୍ ହେଲେ ଶତକଡ଼ା ୪୮ ଯମଜ ଭଗ୍ନୀ ଲେସ୍‌ବିଆନ୍ ହୁଅନ୍ତି।

ଅନେକ ପରିବାରରେ ମା'ମାନେ ଉଗ୍ର ଓ ଜବରଦସ୍ତ ପ୍ରକୃତିର ହୋଇଥାନ୍ତି। ପିଲାକୁ କଡ଼ା ଶାସନ କରି ନିଜର ଆଧିପତ୍ୟ ବିସ୍ତାର କରୁଥାନ୍ତି। ଯଦି ସେ କ୍ଷେତ୍ରରେ ବାପା ଅତ୍ୟନ୍ତ ଡରୁଆ ଓ ଦୁର୍ବଳ ମନୋଭାବସମ୍ପନ୍ନ ହୋଇଥାନ୍ତି, ତେବେ ପିଲାଟି ବାପାଙ୍କ ପରି ଭୀରୁ ଓ ଦୁର୍ବଳ ହୋଇଯାଏ। ତାର ବ୍ୟକ୍ତିତ୍ୱର ବିକାଶ ହୁଏ ନାହିଁ। ସେ ନ୍ୟୁନ ମନୋଭାବ ପ୍ରକାଶ କରେ। ଅନ୍ୟ ବହୁ କାରଣରୁ ମଧ୍ୟ ପୁଅଟି ମାଇଚିଆ ସ୍ୱଭାବର ହୋଇପାରେ। ଫଳରେ ସେ ବନ୍ଧୁ ମହଲରେ ହୀନମନ୍ୟତାର ଶିକାର ହୁଏ। ଏପରି ସ୍ଥଳରେ ଅନେକ ସମୟରେ ପୁଅଟି ଅନ୍ୟ ପୁଅମାନଙ୍କର ସ୍ନେହ, ଶ୍ରଦ୍ଧା ଓ ସ୍ୱୀକୃତି ପାଇବା ପାଇଁ ବ୍ୟାକୁଳ ହୁଏ। ଏହି ବ୍ୟାକୁଳତା ହେତୁ ଅନେକ ସମୟରେ ସେ ସମଲିଙ୍ଗୀ ଯୌନ ସମ୍ପର୍କ ସ୍ଥାପନ କରେ। ଜଣେ ଝିଅ ତାର ପରିବାରର ବୟସ୍କ ସଦସ୍ୟଙ୍କଠାରୁ ଯୌନ ନିର୍ଯାତନା ପାଇବା ପରେ ସବୁ ପୁଅଙ୍କୁ ଘୃଣା କରିବା ଆରମ୍ଭ କରିପାରେ। ପୁଅମାନଙ୍କ ସାଙ୍ଗରେ ସମ୍ପର୍କ ରଖିବା ବିରୋଧରେ ସେ ବିଦ୍ରୋହ କରେ ଓ ଝିଅମାନଙ୍କ ସାଙ୍ଗରେ ସମ୍ପର୍କ ତାକୁ ଅଧିକ ସୁରକ୍ଷିତ ଆନନ୍ଦଦାୟକ ମନେହୁଏ। ଏଭଳି ପ୍ରବୃତ୍ତି ଥାଇ ଜନ୍ମଗ୍ରହଣ କରିଥିବା ବ୍ୟକ୍ତିମାନେ ବିଭିନ୍ନ ପରିବେଶ ଓ ପରିସ୍ଥିତି ମଧ୍ୟରେ ରହି ଏହି ସମ୍ପର୍କକୁ ଆଗ୍ରାଧିକାର ଦେଇଥାନ୍ତି।

କେତେକ କ୍ଷେତ୍ରରେ ଅଳ୍ପ ବୟସରେ ଏପରି ଅଦ୍ଭୁତ ସମ୍ପର୍କ ସ୍ଥାପିତ ହୋଇଯାଏ। ସମ୍ପର୍କଟି ସ୍ନେହ, ଶ୍ରଦ୍ଧା ଓ ଭଲ ପାଇବାରେ ପରିଣତ ହୁଏ। ବନ୍ଧୁଟି ଅତ୍ୟନ୍ତ ସହଯୋଗପୂର୍ଣ୍ଣ ମନୋଭାବ ଦେଖାଏ। ପରସ୍ପର ନିଜର ମାନସିକ ଆବେଗ, ଉତ୍ତେଜନା ତଥା ହୃଦୟର ଉଚ୍ଛ୍ୱାସକୁ ବୁଝିପାରନ୍ତି ଓ ପରସ୍ପର ଉପରେ ନିର୍ଭରଶୀଳ

ହୋଇ ପଡ଼ନ୍ତି। ପରବର୍ତ୍ତୀ ସମୟରେ ମଧ୍ୟ ଏ ପ୍ରକାର ସମ୍ପର୍କକୁ ହୁଏତ ସେ ଆଦରି ନିଏ।

ସମାଜର କଟକଣା ଯୋଗୁଁ ମଧ୍ୟ ସମଲିଙ୍ଗୀ ଯୌନ ସମ୍ପର୍କ ବୃଦ୍ଧି ପାଏ। ସମାଜରେ ବିବାହ ପୂର୍ବରୁ ଯୌନ ସମ୍ପର୍କ ରଖିବା ଲଜ୍ଜାଜନକ ଅପରାଧ ବୋଲି ମନେ କରାଯାଏ। ଅତ୍ୟନ୍ତ ଯୌନ ଲାଳସା ଯୋଗୁଁ ଅନେକ ସମୟରେ ସମଲିଙ୍ଗୀ ଯୌନ ସମ୍ପର୍କ ସ୍ଥାପିତ ହୁଏ। ହଷ୍ଟେଲରେ ପିଲାମାନେ ଏପରି ସମ୍ପର୍କ ରଖିବା ଦେଖାଯାଏ। ପୂର୍ବ କାଳରେ ଗ୍ରୀସ୍ ଓ ଫ୍ରାନ୍ସରେ ସୈନିକମାନଙ୍କୁ ଏପରି ସମ୍ପର୍କ ସ୍ଥାପନ କରିବା ପାଇଁ ଉତ୍ସାହିତ କରାଯାଉଥିଲା। ପ୍ରେମାସକ୍ତ ହେବା ଫଳରେ ସେମାନେ ବେଶି ଭଲ ଯୁଦ୍ଧ କରିବେ ବୋଲି ବିଶ୍ୱାସ କରାଯାଉଥିଲା। କେତେକ ଆଦିମ ସଭ୍ୟତାରେ ଖାଦ୍ୟ ଓ ପାନୀୟର ଅଭାବ ଯୋଗୁଁ ସେମାନେ ଜନସଂଖ୍ୟା ବୃଦ୍ଧି କରିବା ପାଇଁ ଚାହୁଁନଥିଲେ। ଫଳରେ ସେମାନେ ଏପରି ଅସ୍ୱାଭାବିକ ସମ୍ପର୍କକୁ ଖୁବ୍ ବେଶି ବିରୋଧ କରୁ ନଥିଲେ।

ପିଲାଦିନେ ପୁଅ ଝିଅ ସାଙ୍ଗ ହୋଇ ଖେଳନ୍ତି। ଖେଳୁ ଖେଳୁ ସେମାନେ ପରସ୍ପରର ଗୁପ୍ତାଙ୍ଗ ସମ୍ବନ୍ଧରେ କୌତୂହଳ ପ୍ରଦର୍ଶନ କରନ୍ତି। ଖେଳୁଥିବା ବେଳେ ଏପରି ଆପତ୍ତିଜନକ ବ୍ୟବହାର କଲେ, ସେମାନେ ବାପା ମା ଓ ଗୁରୁଜନମାନଙ୍କ ଠାରୁ ଗାଳି, ମାଡ଼ ଖାଆନ୍ତି। ସମସ୍ତଙ୍କଠାରୁ ଅପମାନିତ ତଥା ଲାଞ୍ଛିତ ହୋଇ ସେମାନେ ଧରିନିଅନ୍ତି ଯେ, ଏପରି କାମ କଲେ ସେମାନେ ଭୟଙ୍କର ଦଣ୍ଡ ପାଇବେ। କିନ୍ତୁ ଛୋଟ ପୁଅଟିଏ ଆଉ ଗୋଟିଏ ପୁଅ ସାଙ୍ଗରେ ବା ଛୋଟ ଝିଅଟିଏ ଆଉ ଗୋଟିଏ ଝିଅ ସାଙ୍ଗରେ ବହୁ ସମୟ ଧରି ଖେଳୁଥିଲେ ମଧ୍ୟ ସେମାନେ କଣ କରୁଛନ୍ତି, କେହି ବିଶେଷ ଚିନ୍ତିତ ହୁଅନ୍ତି ନାହିଁ। ସେମାନଙ୍କ ମଧ୍ୟରେ ଯେ ଏକ ଅଦ୍ଭୁତ ସମ୍ପର୍କ ପରୀକ୍ଷାମୂଳକ ଭାବରେ ଗଢ଼ି ଉଠୁଛି, ସେ ବିଷୟରେ କେହି ସଚେତନ ନଥାନ୍ତି। ସେମାନଙ୍କ ମିଳାମିଶା କାହାର ଦୃଷ୍ଟିରେ ପଡେ ନାହିଁ। ଗାଳି ଖାଇବାର ବା ଦଣ୍ଡ ପାଇବାର ମଧ୍ୟ ଭୟ ନଥାଏ। ତେଣୁ ପିଲାଟି ସମଲିଙ୍ଗୀ ଯୌନ ସମ୍ପର୍କ ସ୍ଥାପନ କରିଥାଏ ଏବଂ ପରବର୍ତ୍ତୀ ସମୟରେ ଏ ପ୍ରକାର ସମ୍ପର୍କକୁ ସେ ଅଗ୍ରାଧିକାର ଦିଏ।

ଏପ୍ରକାର ଯୌନ ଅଭିବିନ୍ୟାସ ମୁଖ୍ୟତଃ ଜନ୍ମଗତ ହୋଇଥିବାରୁ ଓ ପ୍ରକୃତି ସେମାନଙ୍କୁ ଭିନ୍ନ ଭାବରେ ସୃଷ୍ଟି କରିଥିବାରୁ ସେମାନଙ୍କୁ ଅପରାଧୀ ବୋଲି ବିବେଚନା କରିବା ଆଦୌ ଗ୍ରହଣୀୟ ନୁହେଁ ବୋଲି ବୁଦ୍ଧିଜିବୀମାନେ ମତପ୍ରକାଶ କରନ୍ତି। ବରଂ ହତାଶା ଓ ଦ୍ୱନ୍ଦ୍ୱ ମଧ୍ୟରେ ଗତି କରୁଥିବା ଓ ନିଜକୁ ଅପରାଧୀ ମନେ କରୁଥିବା ସମଲିଙ୍ଗୀମାନଙ୍କୁ ସେମାନଙ୍କର ଭିନ୍ନ ଅଭିବିନ୍ୟାସକୁ ଗ୍ରହଣ କରିବା ଏବଂ ସ୍ୱୀକାର

କରିବାକୁ ଶିକ୍ଷାଦେବା ଦରକାର। ପ୍ରସିଦ୍ଧ ଦାର୍ଶନିକ ଜେ. ଉଲଫ୍‌ଗଙ୍ଗ ଭନ୍‌ ଗାଥେଙ୍କର ଉକ୍ତି ଏଠାରେ ଉଲ୍ଲେଖଯୋଗ୍ୟ: 'ମୁଁ ଯାହା ଓ ଯେପରି, ମତେ ସେପରି ଗ୍ରହଣ କର।'

ବିଷମଲିଙ୍ଗୀ ଯୌନ ସମ୍ପର୍କ ରଖୁଥିବା ବ୍ୟକ୍ତିମାନଙ୍କର ଏଡ୍‌ସ ରୋଗ ଦ୍ୱାରା ଆକ୍ରାନ୍ତ ହେବାର ଯେତିକି ସମ୍ଭାବନା ରହିଛି, ସମଲିଙ୍ଗୀମାନଙ୍କର ମଧ୍ୟ ଏହି ରୋଗ ଦ୍ୱାରା ସଂକ୍ରମିତ ହେବାର ସେତିକି ଭୟ ରହିଛି। କିନ୍ତୁ ଏମାନେ ଅପରାଧୀ ହିସାବରେ ବିବେଚିତ ହେଉଥିବାରୁ ଏଡ୍‌ସ ରୋଗରେ ଆକ୍ରାନ୍ତ ହୋଇ ମଧ୍ୟ ପୁଲିସ୍‌ ଓ କାନୁନ୍‌ର ଭୟରେ ଚିକିତ୍ସା କରିବାକୁ ଆଗେଇ ଆସୁ ନଥିଲେ। ଯାହା ଏଡ୍‌ସର ସଂକ୍ରମଣକୁ ବୃଦ୍ଧି କରୁଥିଲା। ସହମତିରେ ପ୍ରାପ୍ତବୟସ୍କଙ୍କ ମଧ୍ୟରେ ସମଲିଙ୍ଗୀ ସମ୍ପର୍କ ଅପରାଧ ନୁହେଁ ବୋଲି ନିକଟରେ ମାନ୍ୟବର ସୁପ୍ରିମକୋର୍ଟ ଏକ ବୈପ୍ଳବିକ ରାୟ ଦେଇଛନ୍ତି। ଛୋଟ ପିଲା ହୁଅନ୍ତୁ ବା ପ୍ରାପ୍ତ ବୟସ୍କ ହୁଅନ୍ତୁ ବଳ ପୂର୍ବକ ଯେକୌଣସି ପ୍ରକାର ଯୌନ ସମ୍ପର୍କ ଦଣ୍ଡନୀୟ ଅପରାଧ। ତେଣୁ କୋର୍ଟର ଏ ବିଚାରରେ ପିଲାମାନଙ୍କର ଅଧିକ କ୍ଷତିଗ୍ରସ୍ତ ହେବାର କୌଣସି କାରଣ ନାହିଁ ବୋଲି ମତପ୍ରକାଶ ପାଉଛି।

ଏ ସମ୍ପର୍କ ଆଇନଦ୍ୱାରା ସ୍ୱୀକୃତ ହେବାପରେ ଭବିଷ୍ୟତରେ ସମଲିଙ୍ଗୀମାନଙ୍କ ପାଇଁ କେତେଗୁଡ଼ିଏ ନୂତନ ଆଇନର ପ୍ରବର୍ତ୍ତନ କରିବା ଦରକାର ପଡ଼ିବ। ସେମାନଙ୍କ ବିବାହ, ପୋଷ୍ୟ ସନ୍ତାନ ଗ୍ରହଣ, ପୋଷ୍ୟ ସନ୍ତାନମାନଙ୍କର ସମ୍ପତ୍ତିରେ ଉତ୍ତରାଧିକାର, ବିବାହ ବିଚ୍ଛେଦ, ବିଚ୍ଛେଦ ପରେ ଭରଣ ପୋଷଣର ଅଧିକାର ଆଦି ପ୍ରସଙ୍ଗ ଏବେ ବିଚାରଯୋଗ୍ୟ ହେବ। ଭାରତ ଏ ସମ୍ପର୍କକୁ ଦଣ୍ଡନୀୟ ଅପରାଧ ନୁହେଁ ବୋଲି ଘୋଷଣା କରିବା ପୂର୍ବରୁ ପ୍ରାୟ ୧୨୪ଟି ଦେଶ ଏହି ସମ୍ପର୍କ ଅପରାଧ ପର୍ଯ୍ୟାୟଭୁକ୍ତ ନୁହେଁ ବୋଲି ଘୋଷଣା କରିସାରିଥିଲେ। ନିଜର ଭିନ୍ନ ଅଭିବିନ୍ୟାସକୁ ନେଇ ହତାଶା ଓ ଦ୍ୱନ୍ଦ୍ୱ ମଧ୍ୟରେ ଗତି କରୁଥିବା ଓ ନିଜକୁ ଅପରାଧୀ ମନେ କରୁଥିବା ଏହି ସଂଖ୍ୟା ଲଘୁ ମଣିଷମାନଙ୍କୁ ଗ୍ରହଣ କରି ସେମାନଙ୍କୁ ମୁଖ୍ୟସ୍ରୋତରେ ସାମିଲ କରିବା ଆମର କର୍ତ୍ତବ୍ୟ। ସୀମିତ ଅନୁଭୂତି ଓ ଜ୍ଞାନ ଭିତ୍ତିରେ କୌଣସି ବିଶ୍ୱାସକୁ ଚିରନ୍ତନ ବା ଧ୍ରୁବ ବୋଲି ବିଚାର ନକରି ତଥ୍ୟଭିତ୍ତିକ ଗବେଷଣା ଆଧାରରେ ବିଚାରଶୀଳ ଦୃଷ୍ଟିଭଙ୍ଗୀ ନେଇ ସକଳ ବିଶ୍ୱାସ ଓ ପରମ୍ପରାର ମୂଲ୍ୟାୟନ କରାଯିବା ଦରକାର। ଗଣମାଧ୍ୟମ ଓ ପାଠ୍ୟପୁସ୍ତକ ମାଧ୍ୟମରେ ସରକାରୀ ଓ ବେସରକାରୀ ସ୍ତରରେ ସଚେତନତାର ପ୍ରସାର କରି ଏ ବାବଦରେ ରହିଥିବା ଭ୍ରାନ୍ତ ଧାରଣାକୁ ଦୂର କରାଯିବା ଉଚିତ।

■

ରୋଗ, ରୋଗୀ ଓ ଚିକିତ୍ସାବିଜ୍ଞାନ

ରୋଗବ୍ୟାଧି ଜୀବନଯାତ୍ରାର ଏକ ସାଧାରଣ ଘଟଣା। ଯେତେବେଳେ ଆମ ଶରୀରରେ କୌଣସି ରୋଗ ଦେଖାଯାଏ ଆମ କ'ଣ କରୁ? ଆମେ ପ୍ରଥମେ ଚିନ୍ତା କରୁ, ରୋଗଟି ମାରାତ୍ମକ କି ନାହିଁ। ପ୍ରଥମେ ଆମ ମନ ଭିତରେ ଏକ ଦ୍ୱନ୍ଦ ଜାତ ହୁଏ। ଆମେ ଭାବୁ, ଏପରି ଯନ୍ତ୍ରଣା ହୁଏତ ସାଧାରଣ ଅସୁସ୍ଥତାର ଲକ୍ଷଣ ହୋଇପାରେ, ଯାହା ଦୁଇ ତିନି ଦିନ ମଧ୍ୟରେ ଠିକ ହୋଇଯାଇପାରେ। ସାମାନ୍ୟ ଅସୁସ୍ଥତାରେ ଚିକିତ୍ସକଙ୍କର ପରାମର୍ଶ ନେବା ମୂର୍ଖାମୀ ବା ପିଲାଳିଆମି ବୋଲି ପ୍ରତିପାଦିତ ହୋଇପାରେ। ଯଦି ରୋଗଟି ମାରାତ୍ମକ ଓ କ୍ଷତିକାରକ ବୋଲି ବିଚାର କରୁ ଚିକିତ୍ସକଙ୍କ ପାଖକୁ ଯାଉ। ରୋଗଟି ସାଧାରଣ ବୋଲି ବିବେଚନା କଲେ ଘରୋଇ ଚିକିତ୍ସା କରୁ ବା ପ୍ରାକୃତିକ ଉପାୟରେ ମନକୁ ମନ ଭଲ ହୋଇଯିବ ବୋଲି ଭାବି ଅପେକ୍ଷା କରୁ। ପରବର୍ତ୍ତୀ ସମୟରେ ଏପରି ଅନେକ ନିଷ୍ପତ୍ତି ସଠିକ ନିଷ୍ପତ୍ତି ଭାବେ ପ୍ରମାଣିତ ମଧ୍ୟ ହୋଇଥାଏ। ସବୁ ଛୋଟ ମୋଟ ଶାରୀରିକ ସମସ୍ୟା ପାଇଁ ଚିକିତ୍ସକଙ୍କ ପାଖକୁ ଯିବା ଦରକାର ପଡେନାହିଁ। ଅବଶ୍ୟ ଏପରି ସିଦ୍ଧାନ୍ତ ନେବାବେଳେ କେବେ କେବେ ଆମେ ଠିକ ନିଷ୍ପତ୍ତି ନେଉ, ଆଉ କେବେ ଅଜ୍ଞତାବଶତଃ ଭୁଲ ମଧ୍ୟ କରିବସୁ। ଗୁରୁତର ଅସୁସ୍ଥତାର ପ୍ରାରମ୍ଭିକ ସୂଚନାକୁ ଜାଣି ନପାରି ଲୋକେ ସଂକଟାପନ୍ନ ହୋଇ ମୃତ୍ୟୁମୁଖରେ ମଧ୍ୟ ପଡ଼ିଥାନ୍ତି। ଉଦାହରଣ ସ୍ୱରୂପ, ଜଣଙ୍କର ପେଟ ବହୁତ କାଟୁଛି। ଏହା ସାଧାରଣ ପେଟ କାଟିବା ହୋଇପାରେ ବା ଆପେଣ୍ଡିସାଇଟିସ୍ ମଧ୍ୟ ହୋଇପାରେ। ଆପେଣ୍ଡିସାଇଟିସ୍ ହୋଇଥିଲେ ଏବଂ ଏହାକୁ ସାଧାରଣ ଭାବି ଉଚିତ ସମୟରେ ଚିକିତ୍ସକଙ୍କ ପାଖକୁ ନଗଲେ ଆପେଣ୍ଡିକ୍ସ ଫାଟିଯାଇ ଗୁରୁତର ସମସ୍ୟା ସୃଷ୍ଟି ହୋଇ ଅନେକ ସମୟରେ ରୋଗୀ ମୃତ୍ୟୁ ମୁଖରେ ପଡ଼ି ପାରେ। ସେହିପରି ଉଚ୍ଚ ରକ୍ତଚାପ ଥିବା ରୋଗୀ ଚିକିତ୍ସକଙ୍କର ପରାମର୍ଶରେ ଔଷଧ ଖାଉଥାନ୍ତି। ଉଚ୍ଚ ରକ୍ତଚାପର ବିଶେଷ କିଛି ଲକ୍ଷଣ

ନଥିବାରୁ କିଛିଦିନ ପରେ ସେମାନଙ୍କର ଧାରଣା ହୁଏ ଯେ ସେମାନେ ଭଲ ଅଛନ୍ତି ଓ ଏହାର ଆଉ ଚିକିତ୍ସା ଦରକାର ନାହିଁ। ଚିକିତ୍ସକଙ୍କୁ ନ ପଚାରି ରୋଗୀ ଔଷଧ ବନ୍ଦ କରିଦିଏ। ଉଚ୍ଚ ରକ୍ତଚାପ ଶରୀର ମଧ୍ୟରେ ନିଃଶବ୍ଦ ହତ୍ୟାକାରୀ (silent killer) ପରି କାମ କରୁଥିବାରୁ ପରେ ଭୟଙ୍କର ଓ ମାରାତ୍ମକ ଶାରୀରିକ ସମସ୍ୟା ସୃଷ୍ଟି ହୁଏ। ତେଣୁ ଯଥା ସମୟରେ ଉତ୍ତମ ନିଷ୍ପତ୍ତି ନେବା ଅତ୍ୟନ୍ତ ଜରୁରି। ସଠିକ ନିଷ୍ପତ୍ତି ନେବା ପାଇଁ ରୋଗୀ ଶିକ୍ଷିତ ହେବା ସଙ୍ଗେସଙ୍ଗେ ତାର ଶରୀର ଓ ରୋଗ ସମ୍ବନ୍ଧୀୟ ଆବଶ୍ୟକ ଜ୍ଞାନ ଓ ସଚେତନତା ଥିବା ଦରକାର।

କିଛି ଲୋକ ଅତି ସାଧାରଣ ଓ ମାମୁଲି ରୋଗ ପାଇଁ ଗୁଡ଼ାଏ ଔଷଧ ଖାଆନ୍ତି। ଉଦାହରଣ ସ୍ୱରୂପ ଜଣେ ଲୋକର ଥଣ୍ଡା ଓ ଅଳ୍ପ ଜ୍ୱର ହୋଇଛି। ଔଷଧ ଓ ଆଣ୍ଟିବାଓଟିକ ଖାଇଲେ ଥଣ୍ଡା ଛଅ ସାତ ଦିନ ମଧ୍ୟରେ ଭଲ ହୋଇଯିବ। ଏସବୁ ନଖାଇଲେ ପ୍ରାକୃତିକ ଉପାୟରେ ମଧ୍ୟ ସେତିକିଦିନ ମଧ୍ୟରେ ସୁସ୍ଥ ହୋଇଯିବ। ଆବଶ୍ୟକତା ନ ଥାଇ ଛୋଟ ଛୋଟ କଥାରେ ଗୁଡ଼ିଏ ଆଣ୍ଟିବାଓଟିକ ଖାଇଲେ ଶରୀର ମଧ୍ୟରେ ଅନିଷ୍ଟକାରୀ ଭୂତାଣୁ ସହିତ ରୋଗ ପ୍ରତିରୋଧ କରୁଥିବା ହିତକାରୀ ଭୂତାଣୁ ଗୁଡ଼ିକ ମଧ୍ୟ ମରିଯାନ୍ତି। ତେଣୁ କିଛିଦିନ ପାଇଁ ଶରୀରର ରୋଗ ପ୍ରତିରୋଧ ଶକ୍ତି କମିଯାଏ। ତାଛଡ଼ା ବାରମ୍ବାର ଆଣ୍ଟିବାଓଟିକ ଗୁଡ଼ିକ ଖାଇବାରୁ ଶରୀର ସେହି ଆଣ୍ଟିବାଓଟିକ୍ ଗୁଡ଼ିକ ପ୍ରତି ଅଭ୍ୟସ୍ତ ହୋଇଯାଏ। ପରେ କୌଣସି ବଡ଼ ଧରଣର ଦେହ ଖରାପ ହେଲେ ସେହି ଆଣ୍ଟିବାଓଟିକ ଗୁଡ଼ିକ ଆଉ କାମ କରେ ନାହିଁ। ଅନେକ ଲୋକ ଚିକିତ୍ସକଙ୍କ ପାଖକୁ ନ ଯାଇ ମନଇଚ୍ଛା ଔଷଧ କିଣି ଖାଆନ୍ତି। କେଉଁ ଔଷଧ କେଉଁ ଅବସ୍ଥାରେ ଖାଇବା ଉଚିତ, ତାର ସମଷ୍ଟିଗତ ଗୁଣ ବା ରାସାୟନିକ ପ୍ରକ୍ରିୟା କ'ଣ ହୋଇପାରେ, ତାର ପାର୍ଶ୍ୱ ପ୍ରତିକ୍ରିୟା ଅଛି କି ନାହିଁ ଇତ୍ୟାଦି ବିଷୟରେ ଆବଶ୍ୟକ ଜ୍ଞାନ ନ ଥିବାରୁ ଶରୀରର ବହୁ କ୍ଷତି ମଧ୍ୟ କରି ବସନ୍ତି। ସେଇଥିପାଇଁ ଅଧିକାଂଶ ଉନ୍ନତ ଦେଶରେ ଚିକିତ୍ସକ ଲେଖି ନଦେଲେ ଦୋକାନମାନଙ୍କରୁ ଇଚ୍ଛା ଅନୁସାରେ ଔଷଧ କିଣିବାର ଅନୁମତି ମିଳେନାହିଁ।

ମନସ୍ତତ୍ତ୍ୱବିଦ୍ ବେକର ଏବଂ ରୋଜେନ୍‌ଷ୍ଟକଙ୍କର (୧୯୮୪) ସ୍ୱାସ୍ଥ୍ୟ ନମୁନା ତତ୍ତ୍ୱ (health model theory) ଅନୁଯାୟୀ ଶରୀର ଅସୁସ୍ଥ ହେଲେ ଚିକିତ୍ସକଙ୍କର ତୁରନ୍ତ ସାହାଯ୍ୟ ନେବା ବା ନନେବା ନିଷ୍ପତ୍ତି ରୋଗୀର ଚାରୋଟି ବିଶ୍ୱାସ ଉପରେ ନିର୍ଭର କରେ। ନିଜର ରୋଗ ପ୍ରବଣତାକୁ ନେଇ ଅନୁଭବ, ରୋଗର ଭୟାଭୟତାକୁ ନେଇ ଆଶଙ୍କା, ଚିକିତ୍ସକଙ୍କର ପରାମର୍ଶ କେତେ ଫଳପ୍ରଦ ହେବ ସେ ବିଷୟରେ ନିଜର ଧାରଣା ବା ବିଶ୍ୱାସ ଏବଂ ଶେଷରେ ଚିକିତ୍ସକଙ୍କର ପରାମର୍ଶ ନେବା ବ୍ୟାପାରରେ

ରହିଥିବା ସମସ୍ୟା ଗୁଡ଼ିକୁ ସେ ଆକଳନ କରିଥାଏ ।

ଯୁବକମାନେ ସାଧାରଣତଃ ନିଜ ସ୍ୱାସ୍ଥ୍ୟକୁ ନେଇ ଅବାସ୍ତବ ଭାବେ ଆଶାବାଦୀ ଥାଆନ୍ତି ଏବଂ ଅସୁସ୍ଥତାକୁ ପ୍ରଥମେ ବିଶେଷ ଗମ୍ଭୀରତାର ସହ ନିଅନ୍ତି ନାହିଁ । ବୟସ୍କ ଲୋକମାନେ ଅସୁସ୍ଥତାକୁ ଅଧିକ ଗୁରୁତ୍ୱ ଦେଉଥିଲେ ମଧ୍ୟ ଅନେକଲୋକ ବୟସ ସହିତ ଅସୁସ୍ଥତାକୁ ଭ୍ରମାତ୍ମକ ଭାବରେ ଯୋଡ଼ି ଦିଅନ୍ତି ଓ ଚିକିତ୍ସାରେ ହେଳା କରନ୍ତି । ଆର୍ଥିକ ଅସ୍ୱଚ୍ଛଳତା, ସମୟର ଅଭାବ ଓ ବ୍ୟସ୍ତତା ମଧ୍ୟ ଚିକିତ୍ସକଙ୍କୁ ଯଥା ସମୟରେ ସାକ୍ଷାତ କରିବା ବ୍ୟାପାରରେ ପ୍ରତିବନ୍ଧକ ସୃଷ୍ଟି କରେ । କିଛି ଲୋକ ଅସୁସ୍ଥତାର ସଙ୍କେତଗୁଡ଼ିକୁ ଠିକ ଭାବରେ ବୁଝି ପାରନ୍ତି ନାହିଁ । ଗବେଷଣାରୁ ଦେଖାଯାଇଛି, ଚାପମୁକ୍ତ ଲୋକଙ୍କ ଠାରୁ ଚାପଯୁକ୍ତ ଲୋକେ ଏହି ସୂଚନାଗୁଡ଼ିକ ପ୍ରତି ଅଧିକ ସମ୍ବେଦନଶୀଳ ରହନ୍ତି । ପୁରୁଷମାନଙ୍କ ତୁଳନାରେ ସାଧାରଣତଃ ନାରୀମାନେ ଶରୀରର ଅଭ୍ୟନ୍ତରୀଣ ସଙ୍କେତ ପ୍ରତି ଅଧିକ ସମ୍ବେଦନଶୀଳ ରୁହନ୍ତି ଏବଂ ଶୀଘ୍ର ଚିକିତ୍ସକଙ୍କର ପରାମର୍ଶ ଲୋଡ଼ିଥାନ୍ତି । ଅସୁସ୍ଥତାର ମାତ୍ରା ଅଧିକ ନହେବା ପର୍ଯ୍ୟନ୍ତ ପୁରୁଷମାନେ ଅସୁସ୍ଥତାର ସଙ୍କେତଗୁଡ଼ିକୁ ଅପେକ୍ଷାକୃତ କମ ଗୁରୁତ୍ୱ ଦିଅନ୍ତି । ସମାଜ ପୁରୁଷମାନଙ୍କୁ ଦାମ୍ଭିକ, ସବଳ ଏବଂ ସେମାନଙ୍କର ବିପଦ ମୁକାବିଲା କରି ପାରିବାର ସାହସ ଅଧିକ ଥିବା ଦରକାର ବୋଲି ପ୍ରତ୍ୟାଶା ରଖୁଥିବାରୁ ପୁରୁଷମାନେ ସାମାନ୍ୟ କଷ୍ଟ ଓ ଅସୁବିଧାକୁ ପ୍ରଥମେ ଅସ୍ୱୀକାର କରନ୍ତି ଏବଂ ଏହାକୁ ପୁରୁଷ ସୁଲଭ ଆଚରଣ ବୋଲି ବିଚାର କରନ୍ତି । ଆଉ କିଛି ଲୋକ ଅତି ମାମୁଲି ଶାରୀରିକ ସମସ୍ୟାରେ ଅତ୍ୟନ୍ତ ବିବ୍ରତ ହୋଇପଡ଼ନ୍ତି । ସେଗୁଡ଼ିକ ଭୟଙ୍କର ଓ ମାରାତ୍ମକ ରୋଗର ଲକ୍ଷଣ ବୋଲି ଚିନ୍ତା କରି ବସନ୍ତି । ସାମାନ୍ୟ କଥାରେ ଚିକିତ୍ସକଙ୍କ ପାଖକୁ ଯାଆନ୍ତି । ଏମାନଙ୍କୁ 'hypochondriacs' (ପ୍ରକୃତରେ ରୋଗ ନଥାଇ ରୋଗୀ ବୋଲି ଭାବୁଥିବା ବ୍ୟକ୍ତି) କୁହାଯାଏ ।

ସାଧାରଣତଃ ଲୋକମାନେ ଅସୁସ୍ଥତାକୁ କିପରି ଭାବରେ ଦେଖନ୍ତି ଏ ବିଷୟରେ ଗବେଷଣା କରି ଲେଭେନ୍‌ଥଲ୍ ଏବଂ ତାଙ୍କର ସହଯୋଗୀ ଗବେଷକମାନେ (୨୦୦୧, ୨୦୦୪) ପାଞ୍ଚଟି ଉପାଦାନର ଅବଧାରଣ କରିଥିଲେ । ପ୍ରଥମେ ରୋଗୀ ତାର ଅସୁସ୍ଥତାର ଲକ୍ଷଣ ଗୁଡ଼ିକୁ କିପରି ଭାବରେ ଚିହ୍ନଟ କରୁଛି, ତାହା ଗୁରୁତ୍ୱପୂର୍ଣ୍ଣ । ଛାତିର କଷ୍ଟ ହେବା ଲକ୍ଷଣକୁ ଜଣେ ରୋଗୀ ହୃତପିଣ୍ଡ ଜନିତ ସମସ୍ୟା ବୋଲି ଭାବିପାରେ କିମ୍ବା ପେଟରେ ଗ୍ୟାସ ବା ଅମ୍ଳଜନିତ ସମସ୍ୟା ବୋଲି ମଧ୍ୟ ଭାବିପାରେ । ଭାବିବା ଅନୁଯାୟୀ ତାର ଆବେଗିକ ଉତ୍ତେଜନା ସୃଷ୍ଟି ହେବ । ସାମାନ୍ୟ ଏସିଡିଟି ବୋଲି ଭାବୁଥିବା ରୋଗୀ ସୁସ୍ଥ ହେବାପାଇଁ ଅନେକ ସମୟ ଲାଗିବ ଚିନ୍ତା କରି

ଅପେକ୍ଷା କରିପାରେ। ରୋଗୀମାନେ ପ୍ରଥମେ ସେମାନଙ୍କର ଯନ୍ତ୍ରଣାକୁ ପୂର୍ବଦିନର ଘଟଣା ସହିତ ଯୋଡ଼ି ବୁଝିବାକୁ ଚେଷ୍ଟା କରିଥାନ୍ତି। ପୂର୍ବ ଦିନ ଖାଦ୍ୟର ଅନିୟମିତତାକୁ ରୋଗୀ ଏହି ଲକ୍ଷଣ ସହିତ ଯୋଡ଼ିପାରେ। ସେହିପରି ହାତରେ ପ୍ରବଳ ଯନ୍ତ୍ରଣା ହେଉଥିଲେ ଜଣେ ପୂର୍ବଦିନ କାନ୍ଥ ସହିତ ହୋଇଥିବା ଆଘାତକୁ ଯୋଡ଼ି ବୁଝିବାକୁ ଚେଷ୍ଟା କରିପାରେ। କିନ୍ତୁ ଏହି ଯନ୍ତ୍ରଣା ହୁଏତ ହାତରେ କ୍ୟାନସରର ଆରମ୍ଭ ହେବାର ଲକ୍ଷଣ ହୋଇପାରେ। ରୋଗର କାରଣକୁ ରୋଗୀ ଯେପରି ଚିହ୍ନଟ କରିବ ସେହି ଢ଼ଙ୍ଗରେ ତାକୁ ନିୟନ୍ତ୍ରଣ କରିବାକୁ ଚେଷ୍ଟା କରିବ। ଯେପରି ଜଣେ ବୟସ୍କ ରୋଗୀର ହାର୍ଟଆଟାକ ହେଲାପରେ ସେ ଉଚ୍ଚରକ୍ତଚାପ ବା କୋଲେଷ୍ଟ୍ରଲକୁ ଏହାର କାରଣ ନ ଭାବି ଏହା ଭଗବାନଙ୍କର ଇଚ୍ଛା, ଅଭିଶାପ କିମ୍ବା ବୟସ ଜନିତ ସମସ୍ୟା ବୋଲି ଭାବିଲେ ଏହାକୁ ନିୟନ୍ତ୍ରଣ କରିବାକୁ ଚେଷ୍ଟା ମଧ୍ୟ କରିବ ନାହିଁ। ଶେଷରେ ରୋଗର ପରବର୍ତ୍ତୀ ପରିଣାମ କଣ ହୋଇପାରେ ତାକୁ ଆକଳନ କରି ମଧ୍ୟ ରୋଗୀ ଚିକିତ୍ସକଙ୍କ ପାଖକୁ ଯିବା ନଯିବାର ନିଷ୍ପତ୍ତି ନିଏ। ସ୍ତନ କର୍କଟର ସମସ୍ତ ଲକ୍ଷଣ ଥିବା ଜଣେ ରୋଗୀ ଚିକିତ୍ସକଙ୍କ ପାଖକୁ ତୁରନ୍ତ ଯାଇପାରେ ବା ଏହାର ପରିଣାମ ଅତ୍ୟନ୍ତ ଭୟଙ୍କର ହେବ ଭାବି ଚିକିତ୍ସକଙ୍କ ପାଖକୁ ଯାଇ ପରାମର୍ଶ ନେବାକୁ ବାରମ୍ବାର ଟାଳି ଦେଇପାରେ। ଚିକିତ୍ସାର ପରିଣାମ ଖୁବ ଭଲ ହେବ ଏବଂ ରୋଗ ନିୟନ୍ତ୍ରିତ ହୋଇପାରିବ ବୋଲି ବିଶ୍ୱାସ କରୁଥିବା ରୋଗୀ ତୁରନ୍ତ ଚିକିତ୍ସକଙ୍କର ପରାମର୍ଶ ନିଏ।

ରୋଗୀର ମାନସିକତା ରୋଗ ଭଲ କରିବାରେ ଗୁରୁତ୍ୱପୂର୍ଣ୍ଣ ଭୂମିକା ଗ୍ରହଣ କରିଥାଏ। ନିଜ ଉପରେ ଅଧିକ ବିଶ୍ୱାସ ରଖୁଥିବା, ଦୃଢ଼ ଇଚ୍ଛାଶକ୍ତିସଂପନ୍ନ ଲୋକମାନଙ୍କୁ ରୋଗ କମ ହୁଏ। ରୋଗ ହେଲେ ମଧ୍ୟ ସେମାନେ ଶୀଘ୍ର ଭଲ ହୋଇଯାନ୍ତି। ଯେଉଁମାନେ ନିଜ ଅପେକ୍ଷା ଭାଗ୍ୟ ଉପରେ ଅଧିକ ବିଶ୍ୱାସ ରଖନ୍ତି, ପରିବେଶ ଓ ପରିସ୍ଥିତି ଉପରେ ତାଙ୍କର କୌଣସି ନିୟନ୍ତ୍ରଣ ନାହିଁ ବୋଲି ଭାବନ୍ତି, ତାଙ୍କର ଦେହ ସହଜରେ ଭଲ ହୁଏ ନାହିଁ। ଏପରି ଲୋକମାନେ ସମସ୍ୟାର ସମାଧାନ କରିବାକୁ ଇଚ୍ଛା ନ କରି ଭାଗ୍ୟକୁ ନିନ୍ଦନ୍ତି। ଭଗବାନଙ୍କୁ ଦୋଷ ଦିଅନ୍ତି। ରୋଗର ପ୍ରତିକାର ବ୍ୟବସ୍ଥା ନକରି ଅଧିକ ଠାକୁର ପୂଜା କରନ୍ତି ବା ତାଙ୍କ ଭାଗ୍ୟ ଖରାପ କଥା ଗପନ୍ତି। ଚିକିତ୍ସକଙ୍କର ପରାମର୍ଶ ମଧ୍ୟ ମନ ଦେଇ ଶୁଣନ୍ତି ନାହିଁ। ଫଳରେ ସମସ୍ୟାର ସମାଧାନ ହୁଏ ନାହିଁ ବା ରୋଗ ଉପଶମ ହୁଏ ନାହିଁ। ନିଜ ଉପରେ ବିଶ୍ୱାସ ରଖୁଥିବା, ନିଜ ସ୍ୱାସ୍ଥ୍ୟ ପାଇଁ ନିଜକୁ ଦାୟୀ ବୋଲି ଭାବୁଥିବା ବ୍ୟକ୍ତିମାନେ ଚିକିତ୍ସକଙ୍କର କଥା ଆଗ୍ରହର ସହ ଶୁଣନ୍ତି। ତାଙ୍କର ପ୍ରତ୍ୟେକ ପରାମର୍ଶକୁ ଅକ୍ଷରେ ଅକ୍ଷରେ ପାଳନ କରନ୍ତି। ସମସ୍ୟାର କିପରି ସମାଧାନ ହେବ, ସେଥିପାଇଁ ଅଧିକ ଯତ୍ନଶୀଳ ହୁଅନ୍ତି। ଜଣେ ବ୍ୟକ୍ତିଙ୍କୁ ମଧୁମେହ

(ଡାଏବେଟିସ୍) ହୋଇଛି। ଯଦି ତାର ନିଜ ଉପରେ ବିଶ୍ୱାସ ଥାଏ, ସେ ଏହି ରୋଗ ବିଷୟରେ ଅଧିକ ପଢ଼ାପଢ଼ି କରି ଜ୍ଞାନ ଆହରଣ କରେ। ଉପଯୁକ୍ତ ଖାଦ୍ୟ ଗ୍ରହଣ ବିଷୟରେ ସଚେତନ ହୁଏ। ବ୍ୟାୟାମ, ଯୋଗ ଆଦି ଶାରୀରିକ ପରିଶ୍ରମ କରେ। କାର୍ଯ୍ୟ କରିବା ଶୈଳୀ ଓ ଜୀବନଯାପନ ପ୍ରଣାଳୀରେ ପରିବର୍ତ୍ତନ ଆଣେ। ଏପରି ଦୃଢ଼ମନା ଓ ସକାରାତ୍ମକ ମନୋଭାବସଂପନ୍ନ ବ୍ୟକ୍ତି ଶୀଘ୍ର ଆରୋଗ୍ୟ ଲାଭ କରେ ଓ ରୋଗ ଉପରେ ଖୁବ୍ ଶୀଘ୍ର ନିୟନ୍ତ୍ରଣ ଆଣେ।

ଆରୋଗ୍ୟଲାଭ କରିବା ବ୍ୟାପାରରେ ଚିକିତ୍ସକଙ୍କର ଭୂମିକା ଅତ୍ୟନ୍ତ ଗୁରୁତ୍ୱପୂର୍ଣ୍ଣ। ରୋଗର ସଠିକ ନିରୂପଣ କରିବା ସହିତ ରୋଗୀ ଓ ଚିକିତ୍ସକଙ୍କ ମଧ୍ୟରେ ହେଉଥିବା କଥାବାର୍ତ୍ତା, ଆଳାପ ଆଲୋଚନା ଓ ଭାବର ଆଦାନ ପ୍ରଦାନକୁ ମନସ୍ତତ୍ତ୍ୱବିତ୍‌ମାନେ ଖୁବ୍ ପ୍ରାଧାନ୍ୟ ଦିଅନ୍ତି। ଏହି ଭାବ ବିନିମୟ ଉଭୟ ପଟରୁ ଠିକ୍ ଭାବରେ ହେବା ଦରକାର।

ରୋଗ ନିର୍ଣ୍ଣୟ ଓ ଭଲ କରିବାରେ ଚିକିତ୍ସକଙ୍କର ଦାୟିତ୍ୱ ଅଧିକ ହେଲେ ମଧ୍ୟ ରୋଗୀର ଦାୟିତ୍ୱ କିଛି କମ ନୁହେଁ। ରୋଗଗ୍ରସ୍ତ ହେଲା ପରେ ରୋଗୀଟି ମନରେ ଥାଏ ଅଶେଷ ଚିନ୍ତା, ଉଦ୍‌ବିଗ୍ନତା, ଅସହାୟତା ଓ ଅନିଶ୍ଚିତତା। ଏପରି ମାନସିକ ସ୍ଥିତି ଯୋଗୁଁ ରୋଗୀ ଚିକିତ୍ସକଙ୍କୁ ତାର ପ୍ରକୃତ ସମସ୍ୟା ଓ ଅନେକ ଗୁରୁତ୍ୱପୂର୍ଣ୍ଣ କଥା ବେଳେବେଳେ ସଠିକ ଭାବେ କହିପାରେ ନାହିଁ। ଅସଲ କଥା ନକହି, ରୋଗ ସାଙ୍ଗରେ ସମ୍ପର୍କ ନଥିବା ଗୁଡ଼ାଏ ଅଦରକାରୀ କଥା କହି ପକାଏ। ଗୁଡ଼ାଏ ଅଯଥା ବିଷୟର ବର୍ଣ୍ଣନା ଓ ବ୍ୟାଖ୍ୟା କରୁ କରୁ ଗୁରୁତ୍ୱପୂର୍ଣ୍ଣ କଥା କହିବାକୁ ସେ ଭୁଲିଯାଏ। ଚିକିତ୍ସକ ବାରମ୍ବାର ପ୍ରସଙ୍ଗ ବଦଳାଇବାକୁ ଇଙ୍ଗିତ ଦେଲେ ମଧ୍ୟ ଚିନ୍ତିତ ଓ ଅନ୍ୟମନସ୍କ ଥିବାରୁ ସେ ଚିକିତ୍ସକଙ୍କର ଇଙ୍ଗିତ ବୁଝିପାରେ ନାହିଁ। ଫଳରେ ଚିକିତ୍ସକ ଠିକ ଭାବରେ ରୋଗ ନିର୍ଣ୍ଣୟ କରି ପାରନ୍ତି ନାହିଁ। ଅଳ୍ପ ସମୟ ମଧ୍ୟରେ ତାଙ୍କୁ ବହୁ ରୋଗୀ ଦେଖିବାକୁ ପଡୁଥିବାରୁ ଗୁଡ଼ାଏ ଅଦରକାରୀ କଥା ଶୁଣିବାକୁ ତାଙ୍କର ଧୈର୍ଯ୍ୟ ଓ ସମୟ ମଧ୍ୟ ନଥାଏ। ଚିକିତ୍ସକଙ୍କ ପାଖକୁ ଯିବା ପୂର୍ବରୁ ରୋଗୀ କହିବାକୁ ଥିବା ସମସ୍ତ କଥା ଓ ପଚାରିବାକୁ ଥିବା ସମସ୍ତ ପ୍ରଶ୍ନ ଥରେ ଭାବିନେବା ଦରକାର। ସମୟ ଥିଲେ ଗୋଟିଏ କାଗଜରେ ଗୁରୁତ୍ୱପୂର୍ଣ୍ଣ କଥାଗୁଡ଼ିକ ଲେଖିନେବା ଦରକାର।

ଜଣେ ରୋଗୀ ବହୁ ଆଶା, ଭରସା ଓ ଉତ୍‌କଣ୍ଠାର ସହ ଚିକିତ୍ସକଙ୍କ ପାଖକୁ ଆସିଥାଏ। ଚିକିତ୍ସକଙ୍କ ଉପରେ ତାର ଥାଏ ଅଗାଧ ବିଶ୍ୱାସ। ଅବଶ୍ୟ ରୋଗୀର ଚିକିତ୍ସକଙ୍କ ଉପରେ ଭରସା ଓ ବିଶ୍ୱାସ ନଥିଲେ, ସେ ଯେତେ ଭଲ ଔଷଧ ଦେଲେ ମଧ୍ୟ ରୋଗ ଭଲ ହୁଏ ନାହିଁ। ରୋଗୀ ଚିକିତ୍ସକଙ୍କୁ ଭଗବାନଙ୍କ ଆସନରେ ବସାଇ

ଥାଏ। ସେ ଯଦି ଆଗରୁ ଚିକିତ୍ସକଙ୍କୁ ଜାଣି ନଥାଏ, ଚିକିତ୍ସକଙ୍କର କଥାବାର୍ତ୍ତା, ଚାଲିଚଳଣ ଓ ଭାବଭଙ୍ଗୀକୁ ଖୁବ୍ ମନଦେଇ ବିଶ୍ଳେଷଣ କରି ତାଙ୍କର ବିଷୟଗତ ଜ୍ଞାନ ଓ ପାଣ୍ଡିତ୍ୟକୁ ଆକଳନ କରିବାକୁ ଚେଷ୍ଟା କରେ। ଚିକିତ୍ସକଙ୍କ ବ୍ୟକ୍ତିତ୍ୱ ଓ କଥାବାର୍ତ୍ତା ଦ୍ୱାରା ରୋଗୀ ପ୍ରଭାବିତ ହେଲେ, ସେ ତାଙ୍କ କଥା ଗୁରୁତ୍ୱ ଦେଇ ଶୁଣେ ଓ ସବୁ କଥା ମାନିବାକୁ ଚେଷ୍ଟାକରେ। ନଚେତ ତାଙ୍କର ଅଧିକାଂଶ ଉପଦେଶ ଓ ପରାମର୍ଶ ଭୁଲିଯାଏ। ତା'ଛଡ଼ା ରୋଗୀ ଯଦି ଅନୁଭବ କରେ, ଚିକିତ୍ସକ ତା କଥା ଶୁଣୁ ନାହାନ୍ତି, ତାର ତାଙ୍କ ଉପରୁ ଆସ୍ଥା କମିଯାଏ। ରୋଗୀଟି ରୋଗ ସମ୍ବନ୍ଧରେ ଖୁବ ଚିନ୍ତିତ ଓ ଉଦ୍‌ବିଗ୍ନ ଥିବାରୁ ଚିକିତ୍ସକଙ୍କର ସମସ୍ତ କାର୍ଯ୍ୟକଳାପ ସାବଧାନ ସହକାରେ ଅନୁଧ୍ୟାନ କରିଥାଏ। ଚିକିତ୍ସକ କୌଣସି ନିଜସ୍ୱ ସମସ୍ୟା ସମ୍ବନ୍ଧରେ ଚିନ୍ତାଗ୍ରସ୍ତ ଥିଲେ, ରୋଗୀ ତାର ଉଦ୍‌ବିଗ୍ନତା ଯୋଗୁଁ ଭାବିବାକୁ ଲାଗେ ଯେ ତାର ଶାରୀରିକ ସମସ୍ୟା ହୁଏତ ଖୁବ ଜଟିଳ। ତାର ଅବସ୍ଥା ବହୁତ ଗୁରୁତର। ତେଣୁ ଚିକିତ୍ସକ ତାକୁ ସବୁକଥା କହିବାକୁ ଚାହୁଁ ନାହାନ୍ତି। ଥରେ ଜଣେ ରୋଗୀକୁ ପରୀକ୍ଷା କରୁଥିବା ଅବସ୍ଥାରେ ଚିକିତ୍ସକ ଚିନ୍ତିତ ହୋଇ ବାରମ୍ବାର ବାହାରକୁ ଯାଉଥିଲେ। ରୋଗୀ ଭାବିବାକୁ ଲାଗିଲା ଯେ ଚିକିତ୍ସକ ବୋଧେ କିଛି ଭୟଙ୍କର ରୋଗର ସନ୍ଧାନ ପାଇଛନ୍ତି ଓ ବାରମ୍ବାର ବାହାରକୁ ଯାଇ ଅନ୍ୟ ବିଶେଷଜ୍ଞମାନଙ୍କ ସହିତ ମରାମର୍ଶ କରୁଛନ୍ତି। କିନ୍ତୁ ପ୍ରକୃତରେ ଚିକିତ୍ସକ ଲଗେଇଥିବା ସେୟାର ପ୍ରାଇସ୍‌ର ହଠାତ ପତନ ହୋଇଥିବାରୁ ସେ ବାରମ୍ବାର ବାହାରକୁ ଯାଇ ବ୍ରୋକର ସାଙ୍ଗରେ ଫୋନ୍‌ରେ କଥାବାର୍ତ୍ତା କରୁଥିଲେ। ପ୍ରତ୍ୟେକ ମଣିଷ ନିଜ ବିଷୟରେ ଅଧିକ ଭାବୁଥିବାରୁ ପରସ୍ପରକୁ ବୁଝିପାରିବା କଷ୍ଟ ହୁଏ।

ପ୍ରତ୍ୟେକ ସଫଳ ଚକିତ୍ସକ ଜଣେ ଭଲ ମନସ୍ତତ୍ତ୍ୱବିଦ୍ ହୋଇଥାନ୍ତି। ରୋଗୀର କଥାଶୁଣି ସେ ତାର ଶାରୀରିକ ଓ ମାନସିକ ସ୍ଥିତିକୁ ଆକଳନ କରିବାକୁ ଚେଷ୍ଟା କରନ୍ତି। ରୋଗୀର ଅସହାୟତା ଓ ଦୁଶ୍ଚିନ୍ତା ବୁଝିପାରନ୍ତି। କିଛି ପରିମାଣରେ ସହାନୁଭୂତି (sympathy) ଓ ସମାନୁଭୂତି (empathy) ଦେଖେଇଥାନ୍ତି। ଏପରି ଚିକିତ୍ସକ ଚିକିତ୍ସା ଆରମ୍ଭ କରିବା ପରେ ରୋଗୀର ରୋଗଜନିତ ଯନ୍ତ୍ରଣା ଉପଶମ ହେବାକୁ ଲାଗେ। ତାଙ୍କର କଥାବାର୍ତ୍ତା କରିବା ଶୈଳୀ ରୋଗୀ ଉପରେ ଔଷଧ ପରି କାମ କରିଥାଏ। ଚିକିତ୍ସକ ରୋଗୀର ଆବେଗ (emotional needs) କୁ ଯେତେ ବୁଝିପାରନ୍ତି, ସେ ସେତେ ପ୍ରଭାବଶାଳୀ ଚିକିତ୍ସକ ହୋଇଥାନ୍ତି। ରୋଗୀଟି ମଧ୍ୟ ଚିକିତ୍ସକଙ୍କ ଉପରେ ନିର୍ଭରଶୀଳ ହୋଇପଡେ। ଭବିଷ୍ୟତରେ ପ୍ରତ୍ୟେକ ସମସ୍ୟା ପାଇଁ ସେ ସେହି ଚିକିତ୍ସକଙ୍କ ପରାମର୍ଶ ନେବାକୁ ଇଚ୍ଛା କରିଥାଏ।

ଚିକିତ୍ସକ ରୋଗୀ ସହିତ ତାଙ୍କର କଥାବାର୍ତ୍ତା କରିବା ଓ ଭାବଭଙ୍ଗୀ ପ୍ରଦର୍ଶନ

କରିବାର ଶୈଳୀ ଅତ୍ୟନ୍ତ ପ୍ରବୀଣତାର ସହ କରିବା ଦରକାର। ରୋଗୀର ଚିକିତ୍ସାର ସଫଳତା ବିଷୟରେ ସେ ସନ୍ଦିହାନ ବା ଅନିଶ୍ଚିତ ଥିଲେ ତାଙ୍କ ଭାବଭଙ୍ଗୀରେ ଏସବୁ ପ୍ରତିଫଳିତ କରିବା ଉଚିତ ନୁହେଁ। ରୋଗୀ ଭଲ ହେବାର ସମ୍ଭାବନା କମ୍ ଥିଲେ, କେତେକ ଚିକିତ୍ସକ ତାକୁ ସିଧାସଳଖ ଜଣାଇଦିଅନ୍ତି। 'ଆପଣ ଆଜିଯାଏଁ କଣ କରୁଥିଲେ?' 'ଆପଣଙ୍କର ଅବସ୍ଥା ତ ସାଙ୍ଘାତିକ' ବା 'ଏ ରୋଗ କଣ କାହାର କେବେ ଭଲ ହୁଏ!' ଆଦି ନାସ୍ତିସୂଚକ ମନ୍ତବ୍ୟ ଓ ସନ୍ଦେହପୂର୍ଣ୍ଣ ମନୋଭାବ ପ୍ରକାଶ କରନ୍ତି। କେତେକ ଚିକିତ୍ସକ ରୋଗୀ ମନରେ ଭୟ ସୃଷ୍ଟି କରି ଆନନ୍ଦ ପାଆନ୍ତି। ରୋଗୀର ଶେଷ ପରିଣତି କିପରି ଭୟାବହ ହୋଇପାରେ, ସେ ବିଷୟରେ ଆଲୋଚନା କରନ୍ତି। ଫଳରେ ରୋଗୀ ଉପରେ ଏହାର ଭୟଙ୍କର କୁପ୍ରଭାବ ପଡେ। ତାର ଭଲ ହେବାର ସମ୍ଭାବନା ଥିଲେ ମଧ୍ୟ ସେ ଭଲ ହୁଏ ନାହିଁ। ରୋଗ ଭଲ ହୋଇଯିବ ବୋଲି ଦୃଢ଼ ବିଶ୍ୱାସ, ପ୍ରବଳ ଇଚ୍ଛା, ଆଗ୍ରହ ଓ ସକାରାତ୍ମକ ମନୋଭାବ ରହିଲେ ଅନେକ ସମୟରେ ଅତି ଜଟିଳ ରୋଗ ମଧ୍ୟ ଭଲ ହୋଇଯାଏ। ଚିକିତ୍ସକ ରୋଗୀକୁ ସତ କଥା କହିବାକୁ ଚାହୁଁଥିଲେ, ଭାବିଚିନ୍ତି କଥା କହିଲେ ରୋଗୀ ଉପରେ ଅନୁକୂଳ ପ୍ରଭାବ ପଡେ। ଜଣେ ରୋଗୀର ଭଲ ହେବାର ସମ୍ଭାବନା ପଚାଶ ପ୍ରତିଶତ ହୋଇଥିଲେ ମଧ୍ୟ ରୋଗୀକୁ ଉତ୍ସାହଜନକ ଭାବରେ କହିହେବ। ରୋଗ ଭଲ ହେବାପରେ ସୁସ୍ଥ ଓ ସୁଖମୟ ଜୀବନଯାପନ କରୁଥିବା ଲୋକଙ୍କର ଉଦାହରଣ ଦେଇ ରୋଗୀକୁ ଅଧିକ ଉତ୍ସାହିତ କରାଯାଇପାରିବ। ଭଲ ହେବାର ସମ୍ଭାବନା ଅଧିକ ବୋଲି ଶୁଣିଲା ପରେ ରୋଗୀ ଭଲ ହୋଇଯିବ ବୋଲି ପୂର୍ଣ୍ଣ ବିଶ୍ୱାସ କରିବ। ଏହି ବିଶ୍ୱାସ ଅନେକ ସମୟରେ ଚିକିତ୍ସା ଓ ଔଷଧଠାରୁ ମଧ୍ୟ ଅଧିକ ପ୍ରଭାବଶାଳୀ ହୋଇଥାଏ।

କେତେକ ଚିକିତ୍ସକ ରୋଗୀ ସହିତ କଥାବାର୍ତ୍ତା କଲାବେଳେ ବାରମ୍ବାର ବିରକ୍ତ ହୁଅନ୍ତି। ରୋଗୀର ଅଜ୍ଞତା ବିଷୟରେ କହି ଭର୍ତ୍ସନା ଓ ସମାଲୋଚନା କରନ୍ତି। ଏପରି ବ୍ୟବହାର ପ୍ରଦର୍ଶନ କରୁଥିବା ଚିକିତ୍ସକଙ୍କ ପାଖକୁ ରୋଗୀ ଦ୍ୱିତୀୟ ଥର ଯିବାକୁ ଇଚ୍ଛାକରେ ନାହିଁ। ଚିକିତ୍ସକଙ୍କ ଉପରେ ବିରକ୍ତିଭାବ ଆସିଲେ ବା ସେ ତାକୁ ନିମ୍ନ ଦୃଷ୍ଟିରେ ଦେଖୁଛନ୍ତି ବା ଅସମ୍ମାନ କରୁଛନ୍ତି ବୋଲି ଭାବିଲେ, ସେ ଦେଇଥିବା ଔଷଧ ସେ ଖାଏନାହିଁ ବା କୌଣସି ପରାମର୍ଶ ଗ୍ରହଣ କରେ ନାହିଁ। ରୋଗୀ ସହିତ କଥାବାର୍ତ୍ତା ଓ ଭାବର ଆଦାନ ପ୍ରଦାନ ସଂକ୍ରାନ୍ତରେ ମହିଳା ଓ ପୁରୁଷ ଚିକିତ୍ସକଙ୍କ ମଧ୍ୟରେ ଭିନ୍ନତା ଦେଖାଯାଏ। ମହିଳା ଚିକିତ୍ସକମାନେ ରୋଗୀ କୈନ୍ଦ୍ରିକ କଥାବାର୍ତ୍ତା କରୁଥିବା ବେଳେ ପୁରୁଷମାନେ ଅଧିକ ନିର୍ଦ୍ଦେଶ ଦେଇ କଥାବାର୍ତ୍ତା କରନ୍ତି।

ପ୍ରତ୍ୟେକ ମଣିଷ ପାଇଁ ତାର ଶରୀର ଓ ସ୍ୱାସ୍ଥ୍ୟ ଅତ୍ୟନ୍ତ ଗୁରୁତ୍ୱପୂର୍ଣ୍ଣ। ରୋଗୀଟି

ଚିକିତ୍ସକଙ୍କ ପାଖରେ ତାର ପ୍ରିୟ ଶରୀରଟିକୁ ସମର୍ପି ଦେଇଥାଏ। ତାର ଶରୀରରେ ଯେ କୌଣସି ଚିକିତ୍ସା ଓ ଔଷଧ ପ୍ରୟୋଗ କରିବାର ସ୍ୱାଧୀନତା ସେ ଚିକିତ୍ସକଙ୍କୁ ଦେଇଥାଏ। ଚିକିତ୍ସା ତ୍ରୁଟିପୂର୍ଣ୍ଣ ହୋଇଗଲେ ତାର ବିଷମ ପରିଣତି ରୋଗୀକୁ ହିଁ ଭୋଗିବାକୁ ପଡେ। ଏଠାରେ ଚିକିତ୍ସକଙ୍କର ନୈତିକ ଦାୟିତ୍ୱ ଖୁବ ବେଶୀ। ତେଣୁ ପ୍ରତ୍ୟେକ ଚିକିତ୍ସକ ଔଷଧ ଦେବା ଆଗରୁ ରୋଗ ସମ୍ବନ୍ଧରେ ତାଙ୍କର ନିର୍ଣ୍ଣୟ ବିଷୟରେ ରୋଗୀକୁ କହିବା ଆବଶ୍ୟକ। ଔଷଧ ଓ ଏହାର ପାର୍ଶ୍ୱ ପ୍ରତିକ୍ରିୟା ସମ୍ବନ୍ଧରେ ବିଶଦ ଭାବରେ ବୁଝାଇବା ଉଚିତ। କେଉଁ ଔଷଧଟି ଚିକିତ୍ସା ପାଇଁ ଅଧିକ ଗୁରୁତ୍ୱପୂର୍ଣ୍ଣ ତାହା ରୋଗୀ ଜାଣିବା ଦରକାର। ରୋଗୀଟି ଔଷଧ ବିଷୟରେ ବିଶେଷ କିଛି ଜାଣି ନଥିବାରୁ ଭୁଲ୍ କରିବାର ସମ୍ଭାବନା ବହୁତ ଥାଏ। ପ୍ରବଳ ଯନ୍ତ୍ରଣା ଭୋଗୁଥିବା ରୋଗୀକୁ ଜଣେ ଚିକିତ୍ସକ ଆଣ୍ଟିବାଓଟିକ୍ ସହିତ ଯନ୍ତ୍ରଣା ନିବାରକ (Pain killer) ଦେଲେ। ଔଷଧ ଦେବା ସହିତ ଚିକିତ୍ସକ ରୋଗୀକୁ ବୁଝେଇ ଦେବା ଦରକାର ଆଣ୍ଟିବାଓଟିକ୍‌କୁ ଅଧାରୁ ବନ୍ଦ କରିଦେଲେ ଚିକିତ୍ସା ଫଳପ୍ରଦ ହେବନାହିଁ। କିନ୍ତୁ ଯନ୍ତ୍ରଣା ନିବାରଣ କରୁଥିବା ଔଷଧ ଶରୀର ପାଇଁ କ୍ଷତିକାରକ ହୋଇଥିବାରୁ ଯନ୍ତ୍ରଣା ଟିକେ କମିଗଲେ ବା ରୋଗୀ କଷ୍ଟ ସହ୍ୟ କରିପାରିଲେ ଏହାକୁ ବନ୍ଦ କରି ଦିଆଯାଇପାରେ।

ଦେଖାଯାଏ, ଶିକ୍ଷିତ ଲୋକମାନେ ସ୍ୱାସ୍ଥ୍ୟ ବିଷୟରେ ଅଧିକ ସଚେତନ ଥାଆନ୍ତି ଓ ସବୁ ବିଷୟରେ ଜାଣିବାକୁ ଆଗ୍ରହ ପ୍ରକାଶ କରନ୍ତି। ଚିକିତ୍ସକଙ୍କୁ ମଧ୍ୟ ବୁଝେଇ କହିବାକୁ ସହଜ ହୁଏ। ଯୁବକମାନଙ୍କଠାରୁ ବୟସ୍କ ଲୋକମାନେ ସ୍ୱାସ୍ଥ୍ୟ, ରୋଗ ଓ ଔଷଧ ସମ୍ବନ୍ଧରେ ପ୍ରତ୍ୟେକ କଥା ଟିକିନିଖି ବୁଝିବାକୁ ଚେଷ୍ଟା କରନ୍ତି।

ଅନେକ ଚିକିତ୍ସକ ଦରକାର ନଥିଲେ ମଧ୍ୟ ଗୁଡ଼ାଏ ଅଯଥା ଔଷଧ ଲେଖନ୍ତି। ଗୁଡ଼ାଏ ଔଷଧ ଖାଇବା ଫଳରେ ଶରୀରରେ ଅନେକ ଜଟିଳତା ଓ ବିଶୃଙ୍ଖଳା ଦେଖାଦେଲେ ମଧ୍ୟ ଅସଲ ରୋଗଟି ଭଲ ହୋଇଯିବାର ସମ୍ଭାବନା ଅଧିକ ଥାଏ। ତା ଛଡ଼ା ଏପରି କରିବା ପାଇଁ ଚିକିତ୍ସକମାନେ ଅନେକ ସମୟରେ ବାଧ୍ୟ ମଧ୍ୟ ହୁଅନ୍ତି। ଔଷଧ ବେଶି ଲେଖୁଥିବା ଚିକିତ୍ସକ ଉତ୍ତମ ଚିକିତ୍ସକ ବୋଲି ଅନେକ ଲୋକଙ୍କର ଧାରଣା ଥାଏ, ଔଷଧ ବେଶି ନ ଲେଖିଲେ ଚିକିତ୍ସକ କିଛି ଜାଣି ନାହାନ୍ତି ବୋଲି କିଛି ଲୋକ ଭାବନ୍ତି। ଗ୍ରାମାଞ୍ଚଳର କେତେକ ରୋଗୀ ଇଂଜେକସନ୍ ଦେବା ଉପରେ ଗୁରୁତ୍ୱ ଆରୋପ କରନ୍ତି। ଇଂଜେକ୍‌ସନ ନଦେଲେ ଦେହ ଭଲ ହେବ ନାହିଁ ବୋଲି ସେମାନଙ୍କର ଭ୍ରାନ୍ତଧାରଣା ଥାଏ। ଏପରି ଅଶିକ୍ଷିତ ଓ ଅର୍ଦ୍ଧଶିକ୍ଷିତ ରୋଗୀମାନଙ୍କୁ ଖୁସି କରିବା ପାଇଁ ଚିକିତ୍ସକମାନଙ୍କୁ ଭିନ୍ନ ଭିନ୍ନ ଚିକିତ୍ସା ପ୍ରଣାଳୀ ପ୍ରୟୋଗ କରିବାକୁ ପଡିଥାଏ।

କୌଣସି ମାରାତ୍ମକ ରୋଗ ନ ଥାଇ ବ୍ୟସ୍ତ ହେଉଥିବା ରୋଗୀକୁ କେବେକେବେ ସାଲାଇନ୍ ପାଣିକୁ ଇଂଜେକ୍‌ସନ ଆକାରରେ ମଧ୍ୟ ଦେବାକୁ ପଡେ।

କେତେକ ଚିକିତ୍ସକ ନିଜ ଜ୍ଞାନ ଓ ଗାରିମା ଦେଖାଇବା ପାଇଁ ଚିକିତ୍ସା ଶାସ୍ତ୍ରରେ ବ୍ୟବହୃତ ହେଉଥିବା ଗୁଡ଼ାଏ ଅପରିଚିତ ଓ ଅବୋଧ୍ୟ ଭାଷା (medical jargons) ବ୍ୟବହାର କରନ୍ତି। ସେଗୁଡ଼ିକ ଅର୍ଥ ବୁଝି ନପାରି ରୋଗୀମାନଙ୍କ ମନରେ ଅଯଥା ଭୟ ସୃଷ୍ଟି ହୁଏ। ଚିକିତ୍ସକ କଷ୍ଟ ଶବ୍ଦ ବ୍ୟବହାର ନକରି ସରଳ ଭାଷାରେ ରୋଗୀକୁ ବୁଝେଇଦେବା ଦରକାର। ତାଛଡ଼ା ଜଟିଳ ପରାମର୍ଶ ଓ ବହୁତ ଗୁଡ଼ିଏ ଉପଦେଶ ଦେଲେ ରୋଗୀଟି ବିଭ୍ରାନ୍ତ ହୋଇଯାଏ। ଏତେଗୁଡ଼ିଏ କଥା ତା ପକ୍ଷରେ କରିବା ସହଜ ଓ ସମ୍ଭବ ନୁହେଁ ବୋଲି ଭାବି ସେ ସବୁ ଭୁଲିଯାଏ ବା ପରାମର୍ଶଗୁଡ଼ିକ ପାଳନ କରେ ନାହିଁ । ତେଣୁ ଚିକସ୍ତକ ରୋଗ ନିର୍ଣ୍ଣୟ କରି ଚିକିତ୍ସା ବିଷୟରେ ସହଜ ଓ ସରଳ ଭାବରେ ବୁଝାଇବା ଦରକାର। ତାପରେ ରୋଗୀ ସବୁକଥା ବୁଝିଲା କି ନାହିଁ ପଚାରି ବୁଝିନେବା ଉଚିତ।

ମୋଟାମୋଟି ଭାବରେ କହିବାକୁ ଗଲେ, ଚିକିତ୍ସକ ରୋଗୀର କଥା ମନଦେଇ ଶୁଣିଲେ, ତାର ପ୍ରଶ୍ନର ସନ୍ତୋଷଜନକ ଉତ୍ତର ଦେଇ ପାରିଲେ, ତାକୁ ସବୁ କଥା ବୁଝେଇ କହିଲେ, ସହାନୁଭୂତିଶୀଳ ହୋଇଥିଲେ, ରୋଗ ସମ୍ବନ୍ଧରେ ଆଶ୍ୱାସନା ଦେଇ ବନ୍ଧୁତ୍ୱପୂର୍ଣ୍ଣ ବ୍ୟବହାର ଦେଖାଉଥିଲେ, ରୋଗୀକୁ ଉତ୍ସାହିତ କରୁଥିଲେ, ମଜା ମଜା କଥା କହି ତାର ମନ ହାଲୁକା କରିବାକୁ ଚେଷ୍ଟା କରୁଥିଲେ, ପ୍ଲାସିବୋ ଇଫେକ୍ଟ (Placebo efffect) ଯୋଗୁଁ ରୋଗୀ ବିନା ଚିକିତ୍ସାରେ ମଧ୍ୟ ଅଧା ଭଲ ହୋଇଯାଏ। ରୋଗୀ ଓ ଚିକିତ୍ସକଙ୍କ ମଧ୍ୟରେ କଥାବାର୍ତ୍ତା, ଆଳାପ, ଆଲୋଚନା, ଭାବ ବିନିମୟ ଏପରି ହେବା ଦରକାର, ଯାହାଫଳରେ କୌଣସି ସମସ୍ୟା ସୃଷ୍ଟି ନହୋଇ ଏହା ରୋଗର ସଫଳ ଚିକିତ୍ସା ଦିଗରେ ସହାୟକ ହେବ।

■

ମନ ଓ ଦେହ ଉପରେ ଈର୍ଷାର ପ୍ରଭାବ

ଈର୍ଷା ଏକ ଜଟିଳ, ଆବେଗିକ ମାନସିକ ପ୍ରକ୍ରିୟା । ମଣିଷର ଯେତେବେଳେ ସନ୍ଦେହ ହୁଏ ଯେ, ସେ ପାଉଥିବା ବା ହକ୍‌ଦାର ଥିବା ପଦବୀ, ପ୍ରଶଂସା, ଅର୍ଥ, ଯଶ, ଅଧିକାର ବା ସମ୍ମାନ ଅନ୍ୟଜଣେ ପାଇଯାଉଛି ବା ପାଇଯିବାର ସମ୍ଭାବନା ଅଛି, ସେ ସେହି ବ୍ୟକ୍ତି ପ୍ରତି ଈର୍ଷାନ୍ୱିତ ହୋଇପଡେ । ଈର୍ଷା ସର୍ବଦା ସାମାଜିକ ପରିସ୍ଥିତିରେ ଦେଖାଯାଇଥାଏ । ମୋଟାମୋଟି ଭାବରେ ଈର୍ଷା ଏକ ଯନ୍ତ୍ରଣାଦାୟକ ଆବେଗ ଯେଉଁଥିରେ ଉଦ୍‌ବେଗ, କ୍ରୋଧ, ଦୁଃଖ, ଆଶଙ୍କା, ଅବିଶ୍ୱାସ, ଅପମାନ, ଅବସାଦ, ଅସହାୟତା, ଉତ୍ତେଜନା ଓ ବିଦ୍ୱେଷ ପରି ନକାରାତ୍ମକ ଆବେଗଗୁଡ଼ିକ ଫେଣ୍ଟାଫେଣ୍ଟି ହୋଇ ରହିଥାଏ ।

ଈର୍ଷା ମଣିଷର ଏକ ସ୍ୱାଭାବିକ ଆବେଗ ଓ ସହଜାତ ପ୍ରବୃତ୍ତି । ଛୋଟ ଶିଶୁଟିଏ ଅନ୍ୟ ଗୋଟିଏ ଶିଶୁକୁ ଅଧିକ ସ୍ନେହ, ଶ୍ରଦ୍ଧା ଓ ସହାନୁଭୂତି ପାଉଥିବାର ଦେଖିଲେ ଈର୍ଷା କରେ । ପିତାମାତା ଓ ଆତ୍ମୀୟସ୍ୱଜନ ନିଜର ସ୍ନେହ ତଥା ଧ୍ୟାନ ନୂଆକରି ଜନ୍ମ ହୋଇଥିବା ପିଲାପ୍ରତି ବେଶି ଦେଖେଇଲେ, ସହୋଦର ମନରେ ଈର୍ଷାଜାତ ହୁଏ । ନବଜାତ ଶିଶୁର ଯତ୍ନ ଓ ଲାଳନ ପାଳନରେ ପିତାମାତାଙ୍କର ଅଧିକ ସମୟ ଅତିବାହିତ ହେଉଥିବାରୁ ପିଲାଟି ପୂର୍ବପରି ସେମାନଙ୍କର ଧ୍ୟାନର କେନ୍ଦ୍ରବିନ୍ଦୁ ହୋଇପାରେ ନାହିଁ । ସମୟ ଅଭାବରୁ ସେମାନେ ଆଗଭଳି ତାର ଯତ୍ନ ମଧ୍ୟ ନେଇ ପାରନ୍ତି ନାହିଁ । ଏହାଫଳରେ ପିଲାଟି ନିଜକୁ ଅବହେଳିତ ମନେକରେ ଓ ନିଜ ସହୋଦରକୁ ଈର୍ଷା କରେ । ଏ ପ୍ରକାର ଈର୍ଷାକୁ 'ସହୋଦର ଈର୍ଷା' (sibling jealousy) ବା (sibling rivalry) ବୋଲି କୁହାଯାଏ । ସହୋଦର ପ୍ରତି ଈର୍ଷା ପରବର୍ତ୍ତୀ କାଳରେ ଅବଦମିତ ହୋଇ ରହେ । ପ୍ରାପ୍ତବୟସ୍କ ହେଲା ପରେ ମଧ୍ୟ ପିତାମାତା ସନ୍ତାନମାନଙ୍କ ମଧ୍ୟରେ ପାତରଅନ୍ତର କଲେ, ଅପେକ୍ଷାକୃତ କମ ସ୍ନେହ, ଆଦର ଓ

ସହଯୋଗ ପାଉଥିବା ସନ୍ତାନଟି ପ୍ରତିକ୍ରିୟାଶୀଳ ହୁଏ। ସେହିପରି ମା'ଙ୍କର ସ୍ନେହ ଆଦରର ଏକଚାଟିଆ ଅଧିକାର ହାସଲ କରିବାକୁ ଚାହୁଁଥିବା ପିଲା, ମା' ବାପାଙ୍କର ନିବିଡ଼ ସମ୍ପର୍କ ଯୋଗୁଁ ବାପାଙ୍କ ପ୍ରତି ଇର୍ଷାନ୍ୱିତ ହୁଏ ବୋଲି ପ୍ରସିଦ୍ଧ ମନସ୍ତତ୍ତ୍ୱବିଦ୍ ଫ୍ରଏଡ୍ ମତ ଦିଅନ୍ତି।

ଅନେକ ସମୟରେ ଈର୍ଷା ପିତାମାତା ଓ ଶିକ୍ଷକଙ୍କର ତ୍ରୁଟିପୂର୍ଣ୍ଣ ପ୍ରଶିକ୍ଷଣ ପଦ୍ଧତି, ଅନ୍ୟ ପିଲାଙ୍କ ସହିତ ଅସୁଖକର ତୁଳନା ତଥା ପକ୍ଷପାତ ବିଚାର ହେତୁ ଜାତ ହୁଏ। କେତେକ ପିତାମାତା ଶିଶୁପାଳନ ଓ ଶାସନରେ ତାରତମ୍ୟ ଦେଖାନ୍ତି। ସେମାନେ ଦୁଇଟି ପିଲା ମଧ୍ୟରେ ତୁଳନା କରି ଜଣକୁ ନିନ୍ଦା ଓ ଅନ୍ୟକୁ ପ୍ରଶଂସା ବା ଜଣକୁ ଅଯଥା ଗେହ୍ଲା ଓ ଅନ୍ୟକୁ କଠୋର ଶାସନ କରି ସେମାନଙ୍କ ମଧ୍ୟରେ ଶତ୍ରୁତା ସୃଷ୍ଟି କରନ୍ତି। ଦୁଇଟି ପିଲା ମଧ୍ୟରେ ଗୋଟିଏ ଅଧିକ ମେଧାବୀ ବା ସୁନ୍ଦରୀ ହୋଇଥିଲେ ଓ ଅନ୍ୟଟି ଟିକେ କମ୍ ହୋଇଥିଲେ ସେମାନଙ୍କୁ ପିତାମାତା ସମସ୍ତଙ୍କର ଆଗରେ ତୁଳନା କରନ୍ତି। 'ବଡ଼ ପୁଅ ମୋର ଭାରି ବୁଦ୍ଧିଆ, ହେଲେ ସାନ ପୂରା ଗଧ'। 'ସାନ ଝିଅ ମୋର ଭାରି ସୁନ୍ଦରୀ ହେଲେ ବଡ଼ ଟିକେ କମ" ଆଦି କହି ସେମାନଙ୍କର ମନରେ ହୀନମନ୍ୟତା ଓ ଈର୍ଷାଭାବ ସୃଷ୍ଟି କରନ୍ତି। ଆଉ କେତେକ ପରିବାରରେ ବଡ଼ ସାନ ପିଲା ମଧ୍ୟରେ ବୟସର ମାତ୍ର ବର୍ଷେ, ଦୁଇବର୍ଷର ଫରକ ରହିଥିଲେ ମଧ୍ୟ ବଡ଼ ପିଲାକୁ ସବୁବେଳେ ଶାସନ କରନ୍ତି, ସାମାନ୍ୟ ଭୁଲ କଲେ ଗାଳି ଦିଅନ୍ତି। ସେପରି ବ୍ୟବହାର ସାନପିଲା ଦେଖଉଥିଲେ ମଧ୍ୟ ତାକୁ ବହୁତ ସାନ ବୋଲି ଭାବି ଏପରି ବ୍ୟବହାର ତା ପକ୍ଷରେ ବା ତା ବୟସରେ ଯଥାର୍ଥ ବୋଲି କୁହନ୍ତି। ସେମାନେ ସାନ ପିଲାକୁ ଜମା ଶାସନ କରନ୍ତି ନାହିଁ। ଏପରି ସ୍ଥଳରେ ଅନେକ ସମୟରେ ବଡ଼ ପିଲାର ସାନ ପିଲା ପ୍ରତି ଈର୍ଷା ଓ କ୍ରୋଧ ଜାତ ହୁଏ। କେବେକେବେ ଏହି ପୁଂଜିଭୂତ ଈର୍ଷା ଫଳରେ ଭାଇମାନଙ୍କ ମଧ୍ୟରେ ତିକ୍ତତା ସୃଷ୍ଟି ହୁଏ। ବଡ଼ ଭାଇ ସାନ ଭାଇକୁ ରାସ୍ତାର କଣ୍ଟକ ବୋଲି ଭାବେ ଓ ତାର କିପରି କ୍ଷତି କରିବ, ନାନା ଉପାୟ ଚିନ୍ତା କରେ। ପ୍ରମୋଦ ମହାଜନଙ୍କୁ ନିଜ ସାନ ଭାଇ ପ୍ରଦୀପ ମହାଜନ ହତ୍ୟା କରିବା ଘଟଣା ହୁଏତ ଏପରି ପୁଞ୍ଜିଭୂତ ଈର୍ଷା ଓ ଘୃଣାର ପରିପ୍ରକାଶ। ଅନେକ ପରିବାରରେ ଝିଅମାନଙ୍କ ଅପେକ୍ଷା ପୁଅମାନେ ଅଧିକ ସୁବିଧା, ସୁଯୋଗ, ସ୍ନେହ, ଆଦରର ଅଧିକାରୀ ହୋଇଥାନ୍ତି। ତେଣୁ ଝିଅମାନେ ପୁଅମାନଙ୍କୁ ଈର୍ଷା କରିଥାନ୍ତି।

ଶିକ୍ଷକମାନେ ଜଣେ ଛାତ୍ର ସହିତ ଅନ୍ୟ ଜଣେ ଛାତ୍ରକୁ ତୁଳନା କରି ଗୋଟିଏ ଛାତ୍ରର ଅସଦ୍‌ଗୁଣଗୁଡ଼ିକ ବର୍ଣ୍ଣନା କରି ତାକୁ ତିରସ୍କାର କରନ୍ତି ଓ ଅନ୍ୟ ଛାତ୍ରକୁ ପ୍ରଶଂସା କରି ଚାଲନ୍ତି। ନିନ୍ଦା ଶୁଣିଥିବା ଛାତ୍ରର ପ୍ରଶଂସା ପାଇଥିବା ଛାତ୍ର ପ୍ରତି ପ୍ରବଳ ଈର୍ଷା

ହୁଏ। ଅସୁଖକର ତୁଳନା କରିବା ଦ୍ୱାରା ପିଲାର ଉତ୍ତମ ଗୁଣଗୁଡ଼ିକ ବିକଶିତ ହେବା ପରିବର୍ତ୍ତେ ପିଲା ଜିଦିଆ ଓ ଈର୍ଷାପରାୟଣ ହୋଇଥାଏ। କୌଣସି ପରିସ୍ଥିତିରେ ମଧ୍ୟ ଏପରି ତୁଳନା କରିବା ପିତାମାତା ତଥା ଶିକ୍ଷକମାନଙ୍କ ପକ୍ଷରେ ସ୍ପୃହଣୀୟ ନୁହେଁ। ସେମାନେ ପାତରଅନ୍ତର ନ କରି ସମସ୍ତଙ୍କୁ ସମାନ ବ୍ୟବହାର ପ୍ରଦର୍ଶନ କରିବାକୁ ଚେଷ୍ଟା କରିବା ଉଚିତ ଓ ସେମାନଙ୍କର ବ୍ୟକ୍ତିତ୍ୱର ବିକାଶ ପାଇଁ ସମାନ ସୁଯୋଗ ଦେବା ନିହାତି ଦରକାର।

ଦାମ୍ପତ୍ୟ ଜୀବନରେ ଅଥବା ପ୍ରେମ ବ୍ୟାପାରରେ ସ୍ୱାମୀ, ସ୍ତ୍ରୀ ବା ପ୍ରେମିକ ପ୍ରେମିକାଙ୍କ ମଧ୍ୟରେ ତୃତୀୟ ବ୍ୟକ୍ତିର ଆଗମନ ବା ଉପସ୍ଥିତିରେ ଏକ ତ୍ରିକୋଣୀୟ ସଂପର୍କର ସୃଷ୍ଟି ହୁଏ। ଗୁରୁତ୍ୱପୂର୍ଣ୍ଣ ପାରସ୍ପରିକ ସମ୍ପର୍କରେ ନିଜ ପ୍ରିୟଜନଙ୍କ ଉପରେ ଅନ୍ୟଜଣେ ଅଧିକାର ସାବ୍ୟସ୍ତ କରିବାକୁ ଚାହିଁଲେ ବା ସେ ଅନ୍ୟ କାହା ପ୍ରତି ଆକର୍ଷିତ ହୋଇଗଲେ ନିଜର ପ୍ରତିଷ୍ଠା, ଗୌରବ ଏବଂ ଅଧିକାରରୁ ବଂଚିତ ହେବାର ଭୟ ଏବଂ ପ୍ରିୟଜନଙ୍କୁ ହରାଇବାର ଆଶଙ୍କା ଜାଗ୍ରତ ହୁଏ। ପ୍ରିୟଜନଙ୍କ ଉପରେ ଜଣେ ଖୁବ୍ ନିର୍ଭରଶୀଳ ଥିଲେ ବା ପ୍ରିୟଜନ ଅଧିକ ଯୋଗ୍ୟ ଥିଲେ ପରିତ୍ୟଜ୍ୟ ହେବାର ଆଶଙ୍କା ମଧ୍ୟ ବ୍ୟଥିତ କରେ। ଅନେକ ସମୟରେ ଏହି ଆଶଙ୍କା କାଳ୍ପନିକ ଓ ଅମୂଳକ ମଧ୍ୟ ହୋଇଥାଏ। ଈର୍ଷା କରୁଥିବା ମଣିଷର ଆତ୍ମପ୍ରତ୍ୟୟ ଏବଂ ଆତ୍ମବିଶ୍ୱାସ କମ ଥାଏ। ସେ ନିଜକୁ ଅସୁରକ୍ଷିତ ମନେ କରୁଥାଏ। ଯୁକ୍ତିଯୁକ୍ତି କାରଣ ନଥାଇ ତୃତୀୟ ବ୍ୟକ୍ତି ପ୍ରତି ସନ୍ଦେହ, ଅସୂୟା ଭାବ ତୀବ୍ର ଅସହିଷ୍ଣୁତାର ରୂପ ନିଏ ଏବଂ ଏହା ଅସ୍ୱାଭାବିକ କ୍ରୋଧ, ଉତ୍ତେଜନା, ପାରିବାରିକ କଳହ, ଛାଡ଼ପତ୍ର ଏବଂ ହତ୍ୟା ଭଳି ଜଘନ୍ୟ କାଣ୍ଡରେ ରୂପାନ୍ତରିତ ହୁଏ। ଈର୍ଷା ବ୍ୟାପାରରେ ବିଶେଷ ଲିଙ୍ଗଗତ ଭିନ୍ନତା ନଥିଲେ ମଧ୍ୟ ତ୍ରିକୋଣୀୟ ସମ୍ପର୍କରେ (କାଳ୍ପନିକ ହେଉ ବା ସତ୍ୟ ହେଉ) ଲିଙ୍ଗଗତ ପାର୍ଥକ୍ୟ ଦେଖାଯାଏ। ପୁରୁଷ ନାରୀର ଯୌନ ଭ୍ୟଭିଚାର (sexual infidelity) ବା ବିଶ୍ୱାସ ଘାତକତାକୁ ଭୟ କରେ କିନ୍ତୁ ନାରୀମାନେ ପୁରୁଷର ଆବେଗିକ ବ୍ୟଭିଚାର (emotional infidelity) କୁ ଅଧିକ ଭୟ କରନ୍ତି। ଡାରୱିନଙ୍କର ବିବର୍ତ୍ତନବାଦ ତତ୍ତ୍ୱ ଏଠାରେ ଉଲ୍ଲେଖଯୋଗ୍ୟ। ଏହି ତତ୍ତ୍ୱ ଅନୁଯାୟୀ ନାରୀ ତାର ସନ୍ତାନର ପିତା କିଏ ଶତ ପ୍ରତିଶତ ଜାଣିଥାଏ। କିନ୍ତୁ ପୁରୁଷର ଏ ବିଷୟରେ ଜାଣିବା ସମ୍ଭବ ହୁଏନାହିଁ। ପୁରୁଷ ତାର ଅଜାଣତରେ ଅନ୍ୟ ପୁରୁଷର ଔରସରୁ ଜାତ ସନ୍ତାନକୁ ଖାଦ୍ୟ, ବସ୍ତ୍ର ଏବଂ ସୁରକ୍ଷା ଦେଇ ପାଳିବାକୁ ଚାହେଁ ନାହିଁ। କିନ୍ତୁ ଜଣେ ନାରୀର ଅନ୍ୟ କୌଣସି ନାରୀର ସନ୍ତାନକୁ ଅଜାଣତରେ ପାଳିବାର ଭୟ ନଥାଏ। ପୁରୁଷ ଅନ୍ୟ ନାରୀ ପ୍ରତି ଆକର୍ଷିତ ହୋଇ ତାକୁ ଭଲ ପାଇଲେ ପ୍ରଥମ ନାରୀର ସନ୍ତାନମାନଙ୍କର ଖାଦ୍ୟ, ବସ୍ତ୍ର, ଓ ସୁରକ୍ଷା

ସେମାନଙ୍କ ମଧ୍ୟରେ ବାଣ୍ଟି ହୋଇଯିବାର ଆଶଙ୍କା ଥାଏ। ଫଳରେ ନିଜ ସନ୍ତାନମାନଙ୍କୁ ଜୀବିତ ରଖି ସେମାନଙ୍କୁ ଲାଳନ ପାଳନ କରି ବଡ଼ କରିବା ଅସମ୍ଭବ ହୋଇଯିବ ଭାବି ସେ ପୁରୁଷର ଅନ୍ୟ କୌଣସି ନାରୀ ସହିତ ଆବେଗିକ ସମ୍ପର୍କକୁ ଭୟକରେ।

ବାଲ୍ୟକାଳରେ ଭାଇଭଉଣୀଙ୍କ ପ୍ରତି ଜାତ ହେଉଥିବା ଈର୍ଷା ବଡ଼ ହେଲାପରେ ନିଜର ବନ୍ଧୁ ଏବଂ କର୍ମକ୍ଷେତ୍ରରେ ଥିବା ସହକର୍ମୀଙ୍କ ପ୍ରତି ମଧ୍ୟ ଉଦ୍ରେକ ହୁଏ। ସାଧାରଣତଃ ନିଜ ସହିତ ସାମଞ୍ଜସ୍ୟ ଥିବା ଲୋକଙ୍କ ସହିତ ମଣିଷ ନିଜକୁ ତୁଳନା କରେ ଏବଂ ଅନ୍ୟର ଅପେକ୍ଷାକୃତ ଅଧିକ ସଫଳତାରେ ଈର୍ଷାନ୍ୱିତ ହୁଏ। ଏକାଭଳି ସାମାଜିକ ପ୍ରତିଷ୍ଠା ଥିବା ଏବଂ ସମାନ ଅନୁଭୂତି ଥିବା ସମବୟସ୍କମାନେ ପରସ୍ପର ସହିତ ତୁଳନା କରିଥାନ୍ତି। ବ୍ରିଟିଶ୍ ଦାର୍ଶନିକ ବରଟ୍ରାଣ୍ଡ ରସେଲଙ୍କ ଭାଷାରେ "ଜଣେ ଭିକ୍ଷୁକ ନିଜକୁ ସବୁଠାରୁ ବିତ୍ତଶାଳୀ, ସଫଳ ବ୍ୟକ୍ତିଙ୍କ ସହିତ ତୁଳନା କରେନାହିଁ।" ସେ ନିଜକୁ ଅଧିକ ରୋଜଗାର କରି ପାରୁଥିବା ସାଥୀ ଭିକ୍ଷୁକ ସହିତ ହିଁ ତୁଳନା କରେ। ସେ ନିଜର ସ୍ଥିତିକୁ ବିଭବଶାଳୀ ବିଲ୍ ଗେଟ୍ସ ବା ଅମ୍ବାନୀଙ୍କ ସହିତ ତୁଳନା କରି ଈର୍ଷାନ୍ୱିତ ହୁଏ ନାହିଁ। ନିଜଠାରୁ ବହୁ ଅଧିକ ସାମର୍ଥ୍ୟ ଓ ଦକ୍ଷତା ଥିବା ବ୍ୟକ୍ତି ସହିତ କେହି ବି ନିଜକୁ ତୁଳନା କରନ୍ତି ନାହିଁ।

ଦେଖାଯାଏ ଜଣେ ପୁରୁଷ ଅନ୍ୟ ପୁରୁଷମାନଙ୍କ ସହିତ ଏବଂ ନାରୀ ଅନ୍ୟ ନାରୀଙ୍କ ସହିତ ନିଜକୁ ତୁଳନା କରେ। ଦୁଇଜଣଙ୍କ ମଧ୍ୟରେ ପ୍ରତିଯୋଗିତା ଥିଲେ ଏବଂ ଜଣେ ବ୍ୟକ୍ତି ଅଧିକ ଯୋଗ୍ୟ ଏବଂ କ୍ଷମତାଶାଳୀ ବୋଲି ନିଜକୁ ପ୍ରତିପାଦିତ କରି ପାରୁଥିଲେ ଅନ୍ୟ ଜଣଙ୍କର ଈର୍ଷା ଜାତ ହୁଏ। ଈର୍ଷା କରୁଥିବା ବ୍ୟକ୍ତି ମନରେ ଅନ୍ୟ ବ୍ୟକ୍ତି ପ୍ରତି କୌଣସି ସହାନୁଭୂତି ବା ସମାନୁଭୂତି ନଥାଏ। ଅନ୍ୟ ବ୍ୟକ୍ତିର କ୍ଷତି ହେଲେ ସେ ଖୁବ୍ ଆନନ୍ଦ ପାଏ ଏବଂ ସବୁବେଳେ ତାର ଅମଙ୍ଗଳ କାମନା କରେ ଏବଂ ତାର ଦୁର୍ବଳତାକୁ ଖୋଜାଖୋଜି କରି ବାହାର କରେ। ଈର୍ଷାଜନିତ ଅସୂୟା ସମାଜରେ ବିଶେଷ ଆଦୃତ ହେଉ ନ ଥିବାରୁ ଅନେକ ସମୟରେ ସେ ବିଦ୍ୱେଷ ଭାବକୁ ଖୋଲାଖୋଲି ଭାବରେ ପ୍ରକାଶ କରେ ନାହିଁ। ଈର୍ଷା ଉଦ୍ରେକ କରୁଥିବା ବ୍ୟକ୍ତିଟି ଅଯୋଗ୍ୟ ଏବଂ କୌଣସି ସଫଳତା ପାଇବାର ହକ୍‌ଦାର ନୁହେଁ, ଅନ୍ୟାୟ କରି ଅନୈତିକ ଉପାୟରେ ସେ ସଫଳତା ପାଇଯାଉଛି ବୋଲି ପରୋକ୍ଷରେ ସେ ପ୍ରଚାର କରିବାକୁ ଚେଷ୍ଟା କରେ। ସଫଳ ବ୍ୟକ୍ତି ବିରୁଦ୍ଧରେ ମିଥ୍ୟା କଥା କହି ଅପପ୍ରଚାର କରି ସେ ଅଶେଷ ଆନନ୍ଦ ପାଏ। କିଛି ଲୋକ ମନରେ ଥିବା ପୁଞ୍ଜିଭୂତ କ୍ରୋଧ ଓ ବିଦ୍ୱେଷକୁ ବ୍ୟକ୍ତ ନ କରି ସମାଜରେ ଆଦୃତ ହେବା ଭଳି ବିପରୀତ ସକାରାତ୍ମକ କଥା କହିବାକୁ ଚେଷ୍ଟା କରନ୍ତି କିନ୍ତୁ ସଫଳ ବ୍ୟକ୍ତିର କ୍ଷତି କରିବାପାଇଁ ଅହରହ ଚେଷ୍ଟା କରୁଥାନ୍ତି ଓ ସୁଯୋଗ ଅପେକ୍ଷାରେ ଥାଆନ୍ତି।

ସଫଳ ବ୍ୟକ୍ତିକୁ ତ୍ରୁଟିପୂର୍ଣ୍ଣ ଉପଦେଶ ଦେବାକୁ ସେମାନେ ଭୁଲନ୍ତି ନାହିଁ। ଅନ୍ୟ ସହିତ ତାର ସମ୍ପର୍କ ଭାଙ୍ଗିଦେବାକୁ ଚେଷ୍ଟା କରନ୍ତି।

ଅନ୍ୟ ବିଷୟରେ କୁତ୍ସାରଟନା କରି ବା ତାର କ୍ଷତି କରି ଈର୍ଷା ପରାୟଣ ଲୋକ ଏତେ ସମୟ ନଷ୍ଟ କରନ୍ତି ଯେ ନିଜ ଭିତରେ ଥିବା ସାମର୍ଥ୍ୟ ଓ ଯୋଗ୍ୟତାକୁ ହାତଛଡ଼ା କରି ବସନ୍ତି। ସବୁବେଳେ କ୍ରୋଧାନ୍ୱିତ ଓ ଉତ୍ତେଜିତ ହୋଇ ରହୁଥିବାରୁ ନିଜର ସୁନ୍ଦର ଜୀବନ ଓ ପରିବେଶକୁ ଉପଭୋଗ କରିପାରନ୍ତି ନାହିଁ। ଏଭଳି ଲୋକେ ନିଜକୁ ନେଇ ଆଦୌ ଖୁସି ନ ଥାଆନ୍ତି। ସେମାନଙ୍କର ଧାରଣା ଥାଏ ଯେ ସଫଳ ଲୋକଟି ଅନାବଶ୍ୟକ ଭାବରେ ଭାଗ୍ୟବାନ। ବିନା ପରିଶ୍ରମରେ, ବିନା ପ୍ରତିବନ୍ଧକରେ, ଭାଗ୍ୟ ବଳରେ ସଫଳତା ପାଇ ଯାଉଛି। ଅନେକ ମୂଲ୍ୟବାନ ସମ୍ପର୍କ ଈର୍ଷା ଯୋଗୁଁ ନଷ୍ଟ ହୋଇଯାଏ।

ଅତ୍ୟଧିକ ଈର୍ଷା ନକାରାତ୍ମକ ଭାବନା ସୃଷ୍ଟି କରେ ଓ ମନୁଷ୍ୟର ବହୁତ କ୍ଷତି କରେ। ଈର୍ଷାଜାତ କରୁଥିବା ବ୍ୟକ୍ତିଠାରୁ ଈର୍ଷା କରୁଥିବା ବ୍ୟକ୍ତି ହିଁ ଅଧିକ କ୍ଷତିଗ୍ରସ୍ତ ହୁଏ। ସେ ବ୍ୟବହାରରେ ସର୍ବଦା ବିରକ୍ତି, ଉଦ୍‌ବେଗ ତଥା ଅଗ୍ରଧର୍ଷୀ ଆଚରଣ ପ୍ରକାଶ କରେ। ସେ କୌଣସି ଗଠନମୂଳକ ଉତ୍ତମ କାମ ନ କରି ଅନ୍ୟର କିପରି କ୍ଷତି କରିବ, ସେହି କଥା ଭାବେ। ଅନେକ ସମୟରେ ଛାତ୍ର ବା ଛାତ୍ରୀମାନେ ନିଜେ ନ ପଢ଼ି ଅନ୍ୟ ସାଙ୍ଗମାନେ କିପରି ନ ପଢ଼ିପାରିବେ, ସେ ଚିନ୍ତାରେ ଅଧିକ ବ୍ୟସ୍ତ ରୁହନ୍ତି। ସହପାଠୀ ବନ୍ଧୁକୁ ପଢ଼େଇ ନଦେବା, ସେ ପଢ଼ିଲା ବେଳେ ଗୋଳମାଳ କରିବା, ତାର ବହିଖାତା ଲୁଚେଇ ଦେବା ଆଦି କାମ କରନ୍ତି ଓ ସେଥିରୁ ସେମାନେ ବହୁତ ସନ୍ତୋଷ ଲାଭ କରନ୍ତି। ନିଜେ କଠିନ ପରିଶ୍ରମ କରି, ତା ପରି ହେବା ଭଳି ସୁସ୍ଥ ମାନସିକତା ସେମାନଙ୍କଠାରେ ଦେଖାଯାଏ ନାହିଁ। ଆଉ କିଛି ଲୋକ ଈର୍ଷାପରାୟଣ ହୋଇ ଅନ୍ୟକୁ ଚିଡେଇବା, ବ୍ୟଙ୍ଗ ବିଦ୍ରୂପ କରିବା, କଳିକଜିଆ କରିବା, ତା ବିଷୟରେ ଅଭିଯୋଗ କରିବା, ମିଥ୍ୟା ପ୍ରଚାର କରିବା ଆଦି କାର୍ଯ୍ୟରେ ବ୍ୟସ୍ତ ରୁହନ୍ତି। କୌଣସି କାମରେ ତାଙ୍କର ମନ ଲାଗେ ନାହିଁ। କାର୍ଯ୍ୟକଳାପରେ ଅସୁରକ୍ଷା ଓ ଅନିଶ୍ଚିତତା ମନୋଭାବ ପ୍ରକାଶ ପାଏ। ଦୁଶ୍ଚିନ୍ତା ଯୋଗୁଁ ଉତ୍‌କଣ୍ଠା ଓ ମାନସିକ ଅବସାଦ ଦେଖାଯାଏ। ସେମାନେ ଅଯଥା ଉତ୍ତେଜିତ ହୋଇ ରହନ୍ତି ଓ ବିନା କାରଣରେ ଚିଡ଼ିଚିଡ଼ି ହୁଅନ୍ତି। ସେମାନଙ୍କଠାରେ ହତାଶା, ବ୍ୟର୍ଥତା ଓ ଅସଫଳତା ଦେଖାଯାଏ। ଈର୍ଷାଯୋଗୁଁ ଅନେକ ସମୟରେ ମଣିଷ ହିଂସ୍ର ହୋଇ ଅନ୍ୟମାନଙ୍କ ଅଶେଷ କ୍ଷତି କରିବାକୁ ଆଗେଇ ଆସେ।

ମନ ଓ ଶରୀର ଅଙ୍ଗାଅଙ୍ଗୀ ଭାବରେ ଜଡ଼ିତ ହୋଇଥବାରୁ ମନ ଉତ୍‌କଣ୍ଠିତ ଓ ଉତ୍ତେଜିତ ହେଲେ ଏହାର ପ୍ରଭାବ ଦେହ ଉପରେ ପଡେ। ଈର୍ଷା ଉଦ୍ରେକ କରୁଥିବା

ବ୍ୟକ୍ତିଟି ପାଖାପାଖି ରହିଲେ ମନ ସବୁବେଳେ ଉତ୍ତେଜିତ ରହେ। ଶରୀରର ବହୁତ କ୍ଷତି ହୁଏ। ଭଲ ନିଦ ହୁଏ ନାହିଁ। ଶରୀରର ପ୍ରତିରୋଧ ଶକ୍ତି ପ୍ରଭାବିତ ହୁଏ। ସ୍ନାୟୁବିକ ଉତ୍ତେଜନା ଓ କ୍ରୋଧ ଯୋଗୁଁ ଉଚ୍ଚ ରକ୍ତଚାପର ସମ୍ଭାବନା ଦେଖାଯାଏ। ରକ୍ତରେ ଶର୍କରାର ପରିମାଣ ବଢ଼ି ମଧୁମେହ ରୋଗର ସମ୍ଭାବନା ବଢ଼ିଯାଏ। ସବୁବେଳେ ଉତ୍ତେଜିତ ହେଲେ ଆଡ୍ରେନାଲିନ୍ (adrenalin) ଓ କର୍ଟିଜୋଲ୍ (cortisol) ଆଦି ହରମୋନ୍ ଅଧିକ ପରିମାଣରେ ନିର୍ଗତ ହୁଏ। ଫଳରେ ଶରୀରର ରୋଗ ପ୍ରତିରୋଧ ଶକ୍ତି କମିଯାଏ। ବିଭିନ୍ନ ରୋଗ ସଂକ୍ରମିତ ହୋଇ ଶରୀର ଦୁର୍ବଳ ହୋଇପଡେ। ପେପ୍ଟିକ୍ ଅଲସର ଓ କର୍କଟ ଆଦି ରୋଗର ସମ୍ଭାବନା ମଧ୍ୟ ବଢ଼ିଯାଏ।

ମନୁଷ୍ୟ ପରିବାରର ସଦସ୍ୟମାନଙ୍କୁ ଅନୁକରଣ କରି ଶିଖେ। ଅନେକ ପରିବାରରେ ପିତାମାତା ଅତ୍ୟନ୍ତ ଅସହିଷ୍ଣୁ ଓ ଈର୍ଷାପରାୟଣ ହୋଇଥାନ୍ତି। ସେମାନଙ୍କର ନ୍ୟୁନ ମନୋଭାବ ଯୋଗୁଁ ସେମାନେ ଅନ୍ୟ କାହାରିକୁ ସହ୍ୟ କରିପାରନ୍ତି ନାହିଁ। ପିତାମାତାଙ୍କର ଏହି ମନୋଭାବ ଦ୍ୱାରା ପିଲା ମଧ୍ୟ ପ୍ରଭାବିତ ହୁଏ। ପିଲାଟି ଦିନରୁ ଅନ୍ୟର ନିନ୍ଦା ଓ ଦୋଷ ବାଛିବା ଆଦି ଅସହିଷ୍ଣୁ ମନୋଭାବ ଦେଖି ଦେଖି ପିଲା ନିଜ ଅଜାଣତରେ ସେପରି ମନୋଭାବ ପୋଷଣ କରେ।

ମଣିଷ ନିଜର ଆତ୍ମ-ବିଶ୍ଳେଷଣ (self-analysis) କରିବା ଅତ୍ୟନ୍ତ ଜରୁରି। ଈର୍ଷା ପରାୟଣ ନ ହୋଇ ଈର୍ଷାଜାତ କରୁଥିବା ବ୍ୟକ୍ତି ପରି ଭାଗ୍ୟବାନ୍ ହେବାକୁ ହେଲେ, ହୁଏତ ତା'ପରି କଠିନ ପରିଶ୍ରମ ଓ ଅଧ୍ୟବସାୟ କଲେ ଜଣେ ତା'ପରି ବା ତା ଠାରୁ ଅଧିକ ଭାଗ୍ୟବାନ୍ ଓ ସଫଳ ହୋଇ ପାରିବ।

ନିଜ ଈର୍ଷାର କାରଣ ବିଷୟରେ ସଚେତନ ରହି ନିଜ ଉନ୍ନତିରେ ମନଦେଲେ ଏହି ପ୍ରକାର ଅପ୍ରୀତିକର ଆବେଗରୁ ମୁକ୍ତି ମିଳିବ। ଈର୍ଷା କେବେ କେବେ ମଣିଷକୁ ଉନ୍ନତି ପଥରେ ଅଗ୍ରସର ହେବାକୁ ସହାୟକ ମଧ୍ୟ ହୋଇଥାଏ। ଗଠନମୂଳକ କାର୍ଯ୍ୟକରି କଠିନ ପରିଶ୍ରମ ଏବଂ ଅଧ୍ୟବସାୟ କଲେ ଜଣେ ବ୍ୟକ୍ତି ସଫଳତାର ସ୍ୱାଦ ଚାଖି ପାରିବେ। ସଫଳତା ପାଇଁ କୌଣସି ଛୋଟ ବା ସଂକ୍ଷିପ୍ତ ରାସ୍ତା ନଥାଏ। ସଫଳତା ପାଇଁ ଅସୀମ ତ୍ୟାଗ ସ୍ୱୀକାର କରିବାକୁ ପଡ଼ିଥାଏ। ଯେକୌଣସି କ୍ଷେତ୍ରରେ ପ୍ରତିଷ୍ଠିତ ହେବାକୁ ହେଲେ ପ୍ରବଳ ଚେଷ୍ଟା ଓ ସାଧନା ଦରକାର। ଭାଗ୍ୟବାନ ମନେ ହେଉଥିବା ବ୍ୟକ୍ତି ମଧ୍ୟ ସେହି ସମ୍ମାନ ଓ ପ୍ରତିଷ୍ଠା ପାଇବା ପାଇଁ ଅସୀମ ତ୍ୟାଗ, ନିରବଚ୍ଛିନ୍ନ ସାଧନା ଓ ଅକ୍ଲାନ୍ତ ପରିଶ୍ରମ କରିଥିବେ। ଅନେକ ପ୍ରତିବନ୍ଧକ ସତ୍ତ୍ୱେ ନିଜର ସାଧନା ଅବ୍ୟାହତ ରଖିଥିବେ। ଅତ୍ୟଧିକ ଈର୍ଷା କରୁଥିବା ବ୍ୟକ୍ତି ନିଜକୁ ବିନା କାରଣରେ ଅସମର୍ଥ ଓ ଅପାରଗ ଭାବେ ଓ ହୀନମନ୍ୟତାର ଶିକାର ହୋଇଥାଏ।

ପ୍ରତ୍ୟେକ ଲୋକର କେତେଗୁଡ଼ିଏ ଦିଗରେ ସାମର୍ଥ୍ୟ ଓ କେତେଗୁଡ଼ିଏ ଦିଗରେ ଦୁର୍ବଳତା ରହିଥାଏ। କେହି ସର୍ବଗୁଣସମ୍ପନ୍ନ ନୁହନ୍ତି। କଥାରେ ଅଛି ସ୍ରଷ୍ଟା କାହାକୁ ସର୍ବଗୁଣସଂପନ୍ନ ନ କରିବାକୁ ଆଖୁ ଗଛକୁ ଫଳ, ଘୋଡ଼ାକୁ ଶିଙ୍ଘ ଓ କୋକିଳକୁ ରଙ୍ଗ ଦେଇନାହାନ୍ତି। ଈର୍ଷା ଉଦ୍ରେକ କରୁଥିବା ବ୍ୟକ୍ତି ମଧ୍ୟ ସବୁକ୍ଷେତ୍ରରେ ଭାଗ୍ୟବାନ ନୁହେଁ, ସମର୍ଥ ନୁହେଁ, ତାର ମଧ୍ୟ ଅନେକ ଅସୁବିଧା, ହତାଶା, ଦୁଃଖ ରହିଛି ତାହା ମଧ୍ୟ ହୃଦୟଙ୍ଗମ କରିବା ଦରକାର। ତେଣୁ ଅନ୍ୟକୁ ଈର୍ଷା ନ କରି ନିଜର ସାମର୍ଥ୍ୟ, ଦକ୍ଷତା ଓ ପାରଙ୍ଗମତା ପ୍ରତି ଅଧିକ ଗୁରୁତ୍ୱ ଦେବା ଉଚିତ। ଯେଉଁ କ୍ଷେତ୍ରରେ ଜଣେ ସମର୍ଥ ସେହି କ୍ଷେତ୍ରରେ ନିରବଚ୍ଛିନ୍ନ ତଥା କଠୋର ପରିଶ୍ରମ କରିବା ଦରକାର। ନିଜେ ମଧ୍ୟ ବହୁ କ୍ଷେତ୍ରରେ ଭାଗ୍ୟବାନ ବୋଲି ହୃଦୟଙ୍ଗମ କରିବା ଉଚିତ। ଅଧାଗ୍ଲାସ୍ ପାଣି ଦେଖି ଅଧା ପାଣି ନାହିଁ ବୋଲି ନିରାଶ ନ ହୋଇ, ଅଧା ପାଣି ଅଛି ବୋଲି ଭାବିଲେ ଜୀବନ ଅଧିକ ଉପଭୋଗ୍ୟ ଓ ସୁଖମୟ ହୋଇପାରିବ। ଏପରି ନକାରାତ୍ମକ ମାନସିକ ଆବେଗ ଠାରୁ ଦୂରରେ ରହିବା ପାଇଁ ଯୋଗ ଓ ଧ୍ୟାନର ସାହାଯ୍ୟ ନେବା ଦରକାର। ଶରୀର ସୁସ୍ଥ ରହିବା ପାଇଁ ମଣିଷର ମାନସିକ ସ୍ୱାସ୍ଥ୍ୟ ଅତ୍ୟନ୍ତ ଗୁରୁତ୍ୱପୂର୍ଣ୍ଣ।

■

ଜଗତୀକରଣ ପରବର୍ତ୍ତୀ ଭାରତରେ ଯୌନତାର ସଂଜ୍ଞା

ଯୌନତା ବ୍ୟାପାରରେ ଭାରତୀୟ ସମାଜ ବହୁ କାଳରୁ ଏକ ରକ୍ଷଣଶୀଳ ମନୋଭାବ ପୋଷଣ କରି ଆସୁଥିଲା । ଯୌନତା ବା ଯୌନ ସମ୍ବନ୍ଧୀୟ ଶବ୍ଦ ସଭ୍ୟ ସମାଜର ଏକ ବର୍ଜିତ ଶବ୍ଦ ବୋଲି ବିବେଚନା କରାଯାଉଥିଲା । ବିଶେଷ କରି ପୁରୁଷ ପ୍ରଧାନ ଭାରତୀୟ ସମାଜରେ ଝିଅମାନେ ଏ ବ୍ୟାପାରରେ ଅପେକ୍ଷାକୃତ ଅଧିକ ନିସ୍ପୃହ ହେବା ସହ ନିଜର ଯୌନ ଭାବ ଓ ଆବେଗକୁ ପ୍ରକାଶ ନ କରି ଅବଦମନ କରିବାକୁ ଉଚିତ ବୋଲି ମନେ କରୁଥିଲେ । ପିତୃକେନ୍ଦ୍ରିକ ସମାଜରେ ଏ ବିଷୟରେ ଲିଙ୍ଗଗତ ବୈଷମ୍ୟ ଓ ପକ୍ଷପାତିତା ଥିଲା ।

ବର୍ତ୍ତମାନ ଯୌନତା ସମ୍ବନ୍ଧରେ ଭାରତୀୟମାନଙ୍କର ଦୃଷ୍ଟିଭଙ୍ଗୀ କ୍ଷିପ୍ର ଗତିରେ ବଦଳି ଯାଉଛି । ବିବାହ ପୂର୍ବରୁ ଶାରୀରିକ ସମ୍ପର୍କ ସ୍ଥାପନ କରିବା ବା ବିବାହ ନ କରି ଏକାଠି ରହିବାକୁ ଏବେ ଆଉ ଗୁରୁତର ଅପରାଧ ବୋଲି ବିବେଚନା କରାଯାଉ ନାହିଁ । ଆଜିକାଲି ଏ ବ୍ୟାପାରରେ ଖୁବ୍ କୋହଳ ମନୋଭାବ ପୋଷଣ କରାଯାଉଛି । 'ସେକ୍‌ସି' ଶବ୍ଦର ସଂଜ୍ଞା ବଦଳିଯାଇଛି । ଏହା ଏକ ନକାରାତ୍ମକ ବିଶ୍ଳେଷଣ ବୋଲି ମନେ କରାଯାଉଥିଲା, କିନ୍ତୁ ବର୍ତ୍ତମାନ 'ସେକ୍‌ସି' ଦେଖାଯିବା କେତେକଙ୍କ ପାଇଁ ଏକ ଗୌରବର ବିଷୟ । କେଉଁ ଅଭିନେତ୍ରୀ କେତେ ସେକ୍‌ସି ଦିଶନ୍ତି ସେ ବିଷୟରେ ଖବରକାଗଜ ଓ ପତ୍ରିକାମାନଙ୍କରେ ବିସ୍ତୃତ ଆଲୋଚନା ହେଉଛି । ନିଜର ବ୍ୟକ୍ତିଗତ ଆବେଗ ଓ ପ୍ରେମକୁ ସର୍ବ ସମ୍ମୁଖରେ ଉପସ୍ଥାପନା କରିବାରେ ଆଜିକାଲି ଲୋକମାନେ ଦ୍ୱିଧା ପ୍ରକାଶ କରୁ ନାହାନ୍ତି । ପାର୍କ, ଭୋଜନାଳୟ, ସିନେମା ହଲ୍, ମଲ୍‌ମାନଙ୍କରେ ପାଖାପାଖି ବସିବା, ହାତ ଧରାଧରି ହୋଇ ବୁଲିବା, ସ୍ୱଳ୍ପ ବସ୍ତ୍ର ପରିଧାନ କରିବା

ଇତ୍ୟାଦି ଦୈନନ୍ଦିନ ଜୀବନର ସାଧାରଣ ଘଟଣାବଳୀ ହେଲାଣି। ସାପ୍ତାହିକୀ ପତ୍ରିକା 'ଇଣ୍ଡିଆ ଟୁଡେ'ର ଉଦ୍ୟମରେ ଭାରତର ବଡ଼ ବଡ଼ ସହରରେ ୫୩୫୩ ଜଣ ଯୁବକ ଯୁବତୀଙ୍କ ଉପରେ ହୋଇଥିବା ଏକ ପର୍ଯ୍ୟବେକ୍ଷଣ ରିପୋର୍ଟ ଅନୁସାରେ ୩୭ ପ୍ରତିଶତ ଯୁବକ ଓ ୧୭ ପ୍ରତିଶତ ଯୁବତୀ ସେମାନଙ୍କର ପ୍ରଥମ ଯୌନ ଅନୁଭୂତି କୋଡ଼ିଏ ବର୍ଷ ପୂର୍ବରୁ ପାଇଥିବା କଥା ସ୍ୱୀକାର କରିଛନ୍ତି। ଦିଲ୍ଲୀସ୍ଥିତ 'ଇଣ୍ଡିଆନ୍ ଏକାଡେମି ଅଫ୍ ପେଡ଼ିଆଟ୍ରିକ୍'ର ବିଭାଗୀୟ ମୁଖ୍ୟ କହିଛନ୍ତି ଯେ, ସହରାଞ୍ଚଳରେ ପଢୁଥିବା ଶହେ ଝିଅଙ୍କ ମଧ୍ୟରେ ପ୍ରାୟ ଚାଳିଶ ଜଣ ଝିଅ ଯୌନ କାର୍ଯ୍ୟରେ ସକ୍ରିୟ ରହୁଥିବା ଦେଖାଯାଉଛି। ଏହିପରି ସମୟରେ ପାକ୍ ବୈବାହିକ ସମ୍ପର୍କ ଏବଂ ଏକତ୍ରବାସକୁ ସମର୍ଥନ କରି ଦକ୍ଷିଣ ଭାରତୀୟ ଅଭିନେତ୍ରୀ ଖୁସ୍‌ବୁଙ୍କର ମନ୍ତବ୍ୟ ଏବଂ ଏହି ମନ୍ତବ୍ୟ ସପକ୍ଷରେ ଚବିଶ ମାର୍ଚ୍ଚ, ୨୦୧୦ ରେ ମାନ୍ୟବର ସୁପ୍ରିମ୍‌କୋର୍ଟଙ୍କ ନ୍ୟାୟିକ ସ୍ୱୀକୃତି କିଛି ଅପ୍ରାସଙ୍ଗିକ ବା ଅଯୌକ୍ତିକ ମନେ ହୁଏନାହିଁ।

ପ୍ରାକ୍ ବୈବାହିକ ବା ବିବାହ ବହିର୍ଭୂତ ସମ୍ପର୍କ ସବୁକାଳେ ଭାରତୀୟ ସମାଜରେ ଥିଲା। ଭାରତରେ ଚଳି ଆସୁଥିବା ପୌରାଣିକ କାହାଣୀ ଓ ଦେବ ଉପଖ୍ୟାନମାନଙ୍କରେ ଏପରି ସମ୍ପର୍କର ଅସଂଖ୍ୟ ବର୍ଣ୍ଣନା ରହିଛି। କିନ୍ତୁ ଏହା ଖୁବ୍ କମ୍ ସଂଖ୍ୟାରେ ସମାଜରେ ଦେଖାଯାଉଥିଲା ଏବଂ ସମାଜ ଏହାକୁ ଏକ ଗର୍ହିତ ଅପରାଧ ବୋଲି ବିବେଚନା କରୁଥିଲା। ଯଦି ବା କେଉଁଠି କାହାର ଏପରି ସମ୍ପର୍କ ରହୁଥିଲା ତାହା ଲୁଚାଛପାରେ ଚାଲୁଥିଲା। ଅବଶ୍ୟ ସେଥିପାଇଁ କେହି କେହି ଭାରତୀୟ ସମାଜକୁ ଏ ନେଇ ଆକ୍ଷେପ କରିବାକୁ ଦ୍ୱିଧାବୋଧ କରିନାହାନ୍ତି। ଜଗତୀକରଣ ପରବର୍ତ୍ତୀ ଭାରତୀୟ ପରିବାରଗୁଡ଼ିକରେ ଯୌନତା ସମ୍ବନ୍ଧୀୟ ମନୋଭାବର ସମ୍ପୂର୍ଣ୍ଣ ପରିବର୍ତ୍ତନ ଘଟିଛି।

ଜଗତୀକରଣ ଫଳରେ ଭାରତୀୟ ବଜାରରେ ଆଜି ଅସଂଖ୍ୟ ସୌଖୀନ ସାମଗ୍ରୀ ଖୁବ୍ ସୁବିଧାରେ ଓ ସହଜରେ ଉପଲବ୍ଧ। ଭାରତୀୟ ଉପଭୋକ୍ତାମାନଙ୍କର ଉପଭୋଗ କରିବାର ସୁଯୋଗ ଅନେକ ବଢ଼ିଯାଇଛି। ବଡ଼ ବଡ଼ ସହରରେ ଇଣ୍ଟରନେଟ୍, କେବୁଲ ଟିଭି, ମୋବାଇଲ ଫୋନ୍, ମଲ୍ ଆଦିର ସୁବିଧା ରହିଛି। ପିଲାମାନଙ୍କ ହାତରେ ଆଜି ନାମୀ ଦାମୀ ମୋବାଇଲ ଫୋନ୍। ଭାରତ ପରି ଏକ ଗରିବ ଦେଶରେ ମଧ୍ୟ ଷାଠିଏ/ସତୁରି ପ୍ରତିଶତ ଲୋକ ମୋବାଇଲ ଫୋନ୍ ବ୍ୟବହାର କରନ୍ତି। ବାପା ମା'ଙ୍କ ଅଗୋଚରରେ ମୋବାଇଲ ଫୋନ୍ ମାଧ୍ୟମରେ ଗୁପ୍ତ ଭାବରେ ସମ୍ପର୍କ ବଢ଼ାଇବା ପାଇଁ ବର୍ତ୍ତମାନ ପ୍ରଚୁର ସୁଯୋଗ ରହିଛି। ଇଣ୍ଟରନେଟ୍‌ରେ ଅତି ସୁବିଧାରେ ନଗ୍ନ ଚିତ୍ର ତଥା ସିନେମା ଉପଲବ୍ଧ। 'ଇଣ୍ଡିଆ ଟୁଡେ' କରିଥିବା ଏକ

ପର୍ଯ୍ୟବେକ୍ଷଣର ବିବରଣୀ ଅନୁସାରେ ଇଣ୍ଟରନେଟ୍ ମାଧ୍ୟମରେ କାମୋଦ୍ଦୀପକ ଚିତ୍ର ଦେଖୁଥିବା ଷାଠିଏ ପ୍ରତିଶତ ବ୍ୟବହାରକାରୀଙ୍କ ବୟସ ପଚିଶ ବର୍ଷରୁ କମ୍। ପ୍ରାୟ ୪୨ ପ୍ରତିଶତ ପୁଅ ଝିଅ ଯୌନ ସମ୍ବନ୍ଧୀୟ ସୂଚନା ଓ ଜ୍ଞାନ ଇଣ୍ଟରନେଟ୍ ପର୍ଦ୍ଦାରୁ ହିଁ ସଂଗ୍ରହ କରିଥାନ୍ତି ବୋଲି କହିଛନ୍ତି। ଇଣ୍ଟରନେଟ୍ କାଫେରେ ଅପ୍ରାପ୍ତ ବୟସ୍କ ପୁଅ ଝିଅ ଏକାଠି ବସି ବ୍ଲୁ ଫିଲ୍ମ ଦେଖୁଛନ୍ତି। ଦୁଃଖ ଓ କ୍ଷୋଭର ବିଷୟ ସାତ ଆଠ ବର୍ଷର କୋମଳମତି ଶିଶୁମାନେ ମଧ୍ୟ 'ଇଣ୍ଟରନେଟ୍ ସରଫିଙ୍ଗ' କରୁଛନ୍ତି। ପରିପକ୍ୱତା ଆସିବାର ବହୁ ପୂର୍ବରୁ ସେମାନେ ଯୌନତା ସମ୍ବନ୍ଧରେ ଅନେକ କିଛି ଜାଣି ପାରୁଛନ୍ତି। ସେମାନଙ୍କର ଅପରିପକ୍ୱ କୋମଳ ମନ ଏ ପ୍ରକାର ପ୍ରଦର୍ଶନକୁ ଗ୍ରହଣ କରିପାରୁ ନାହଁ। ନଅ ଦଶ ବର୍ଷର ଶିଶୁମାନେ ମଧ୍ୟ ସେମାନଙ୍କର ସମସ୍ୟା ନେଇ କାଉନ୍‌ସେଲର ଓ ମନସ୍ତତ୍ତ୍ୱବିଦ୍‌ମାନଙ୍କ ସାହାଯ୍ୟ ନେବା ଦେଖାଗଲାଣି। ଆଜିର ନଅ ଦଶ ବର୍ଷର ଶିଶୁମାନେ ବିଗତ ଦଶନ୍ଧିର ଅଠର ବର୍ଷର ଯୁବକ ଯୁବତୀମାନଙ୍କ ପରି କଥା କହୁଛନ୍ତି, ପ୍ରେମ ସମ୍ବନ୍ଧୀୟ ଉପନ୍ୟାସ ପଢୁଛନ୍ତି। କିଏ ଏକା, କିଏ ପ୍ରେମ ବନ୍ଧନରେ ଆବଦ୍ଧ, କାହାର କାହା ପ୍ରତି ପ୍ରେମାଶକ୍ତି (କ୍ରସ) ରହିଛି, ଏହା ହିଁ ଶିଶୁମାନଙ୍କର ଫେସ୍‌ବୁକ୍ ର ମୁଖ୍ୟ ବିଷୟବସ୍ତୁ। ଟେଲିଭିଜନରେ ଦେଖାଉଥିବା ଅଧିକାଂଶ ଧାରାବାହିକର କାହାଣୀ ପ୍ରାକ୍ ବୈବାହିକ ବା ବିବାହୋତ୍ତର ଯୌନ ସମ୍ପର୍କ ଉପରେ ଆଧାରିତ। ଖବରକାଗଜ ବା ପତ୍ରିକା ଖୋଲିଲେ ଯୌନ ସମ୍ବନ୍ଧୀୟ ଅସଂଖ୍ୟ ବିଜ୍ଞାପନ ଦେଖିବାକୁ ମିଳୁଛି। ଆଜି ଭାରତୀୟ ପିଲାମାନଙ୍କର ପରିବେଶ ସମ୍ପୂର୍ଣ୍ଣ ରୂପେ ବଦଳିଯାଇଛି। ଅତ୍ୟଧିକ ଯୌନ ସମ୍ବନ୍ଧୀୟ ସୂଚନା ସେମାନଙ୍କ ଶାରୀରିକ ପରିପକ୍ୱତାକୁ ତ୍ୱରାନ୍ୱିତ କରିଦେଉଛି।

ପୂର୍ବାପେକ୍ଷା ଆଜିକାଲି ପୁଅ ଝିଅମାନଙ୍କର ମିଳାମିଶାର ସୁବିଧା ଓ ସୁଯୋଗ ଅନେକ ବଢ଼ିଯାଇଛି। ଉଚ୍ଚଶିକ୍ଷା ପ୍ରାପ୍ତ କଲାପରେ ପ୍ରାୟ ଅଧିକାଂଶ ଝିଅ ଚାକିରି କରୁଛନ୍ତି। ପୁରୁଷ ସହକର୍ମୀମାନଙ୍କ ସାଙ୍ଗରେ ପାଖାପାଖି ବସି ବିଳମ୍ବିତ ରାତ୍ରି ଯାଏଁ କାମ କରୁଛନ୍ତି। ସେମାନେ ଏକାଠି ମିଶି ଚଳଚ୍ଚିତ୍ର ଦେଖିବା ପାଇଁ ବା ଭୋଜନାଳୟ ଯାଉଛନ୍ତି। ଯଦ୍ଦ୍ୱାରା ଶାରୀରିକ ନିକଟତା ଓ ମିଳାମିଶାର ସୁଯୋଗ ବହୁତ ବଢ଼ିଯାଇଛି। ବର୍ତ୍ତମାନ ସମାଜରେ ଅନେକ ଝିଅ ଶିକ୍ଷିତା ଓ ସ୍ୱାବଲମ୍ବୀ ହୋଇଛନ୍ତି। ପୁରୁଷ କୈନ୍ଦ୍ରିକ ମାନସିକତା ହ୍ରାସ ପାଇଛି। ପୁରୁଷ ପ୍ରଧାନ ସମାଜ ପୁରୁଷମାନଙ୍କର ବହୁନାରୀ ସମ୍ଭୋଗ ଓ ବେଶ୍ୟାଳୟ ଗମନ ବ୍ୟାପାରରେ କୋହଳ ମନୋଭାବ ପୋଷଣ କରୁଥିଲା, କିନ୍ତୁ ଆଜିର ସ୍ୱାବଲମ୍ବୀ ନାରୀ ଯୌନ ସମ୍ଭୋଗ ପୁରୁଷର ଏକଚାଟିଆ ଅଧିକାର ବୋଲି ନ ମାନି ସେ ମଧ୍ୟ ପୁରୁଷଙ୍କ ପରି ଜୀବନକୁ ଉପଭୋଗ କରିବାକୁ ଚାହୁଁଛି। ଆଜି ବଜାରରେ ଅସଂଖ୍ୟ ବିଳାସବ୍ୟସନ ସାମଗ୍ରୀ ଉପଲବ୍ଧ। ଭାରତୀୟମାନେ ଅଧିକ ବସ୍ତୁବାଦୀ ଓ

ଭୋଗବାଦୀ ହୋଇ ପଡ଼ିଛନ୍ତି। ଏପରିକି ବଡ଼ ବଡ଼ ସହରରେ କଲେଜ ପଢୁଥିବା ଅତ୍ୟାଧୁନିକ ଯୁବତୀମାନେ କିଛି ସମୟ ପାଇଁ କଲ୍‌ଗାର୍ଲ ବୃତ୍ତି ମଧ୍ୟ ଆଦରି ନେବାକୁ ପଛଘୁଞ୍ଚା ଦେଉନାହାନ୍ତି। ଅଳ୍ପ ପରିଶ୍ରମରେ ଅଧିକ ଉପାର୍ଜନ କରି ଚାକଚକ୍ୟପୂର୍ଣ୍ଣ ଜୀବନ ବିତାଇବା ପାଇଁ ଚାହୁଁଛନ୍ତି। କିନ୍ତୁ, ଏପରି ଉଚ୍ଛୃଙ୍ଖଳ ଯୌନାଚାରର ଅନେକ ନକାରାତ୍ମକ ଓ ସାଂଘାତିକ ପରିଣାମ ପ୍ରତି ମଧ୍ୟ ଦୃଷ୍ଟି ଦିଆଯାଇପାରେ।

ବର୍ତ୍ତମାନ ଭାରତରେ ଅବାଂଛିତ ଗର୍ଭଧାରଣ ଓ ମାତୃତ୍ୱ ବଢ଼ିବା ସଙ୍ଗେ ସଙ୍ଗେ ଯୌନ ସଂକ୍ରମିତ ରୋଗ ମଧ୍ୟ ବହୁ ପରିମାଣରେ ବଢ଼ିଯାଇଛି। ଅବିବାହିତ ଝିଅମାନଙ୍କ ମଧ୍ୟରେ ଗର୍ଭପାତର ସଂଖ୍ୟା ବଢ଼ି ବଢ଼ି ଚାଲିଛି। ବାରମ୍ବାର ଗର୍ଭପାତ କରିବା ଦ୍ୱାରା ସେମାନଙ୍କର ସ୍ୱାସ୍ଥ୍ୟ ମଧ୍ୟ ଖରାପ ହୋଇଯାଉଛି। ଏହା ସମାଜ ପାଇଁ ଏକ ଗୁରୁତର ସମସ୍ୟା ସୃଷ୍ଟି କଲାଣି। ଏହି ସମସ୍ୟା କେବଳ ବଡ଼ ବଡ଼ ସହରର ଅତ୍ୟାଧୁନିକ ଯୁବତୀମାନଙ୍କ ମଧ୍ୟରେ ସୀମିତ ନୁହେଁ। ଛୋଟ ସହରର ନିମ୍ନଶ୍ରେଣୀର ଅଶିକ୍ଷିତ ଓ ଅର୍ଦ୍ଧଶିକ୍ଷିତ ପରିବାରମାନଙ୍କରେ ମଧ୍ୟ ବହୁ ଯୁବତୀ ବିବାହର ମିଥ୍ୟା ପ୍ରତିଶ୍ରୁତି ପାଇ ଅବାଂଛିତ ମାତୃତ୍ୱର ବୋଝ ବହନ କରୁଛନ୍ତି। ଗଣମାଧ୍ୟମର ନକାରାତ୍ମକ ପ୍ରଭାବ ଏମାନଙ୍କର ଉପରେ ଖୁବ୍ ଅଧିକ। ଚଳଚ୍ଚିତ୍ର ପର୍ଦ୍ଦାର ସୁନ୍ଦରୀ ସାହସୀ ନାୟିକା ପରି ପ୍ରେମ କରୁ କରୁ ଝିଅମାନେ ତଥାକଥିତ ପ୍ରେମିକମାନଙ୍କର ଯୌନ ଲାଳସାର ଶିକାର ହୋଇ ସେମାନଙ୍କ ଦ୍ୱାରା ପ୍ରତାରିତ ହୁଅନ୍ତି। ଏପରି ଯୁବତୀମାନଙ୍କର ସାମାଜିକ ବାସନ୍ଦ ଭୋଗିବା, ଆତ୍ମହତ୍ୟା କରିବା ବା ନ୍ୟାୟାଳୟର ଦ୍ୱାରସ୍ଥ ହେବା ଘଟଣା ଏବେ ଆମ ସମାଜରେ ବିରଳ ନୁହେଁ। ନିକଟରେ ହୋଇଥିବା ଏକ ପର୍ଯ୍ୟବେକ୍ଷଣ ଅନୁସାରେ ଓଡ଼ିଶାର ଉପକୂଳବର୍ତ୍ତୀ ଅଞ୍ଚଳରେ ଚାରି ହଜାରରୁ ଅଧିକ ଅବିବାହିତା ମାତା ଅଛନ୍ତି।

ଅସୁରକ୍ଷିତ ଯୌନ ସମ୍ଭୋଗ ଫଳରେ ସାଂଘାତିକ ଯୌନ ରୋଗର ସଂକ୍ରମଣ ହେଉଛି। ୨୦୦୬ରେ ନ୍ୟାସନାଲ୍ ଏଡ୍‌ସ କଣ୍ଟ୍ରୋଲ ଅର୍ଗାନାଇଜେସନ୍ ତରଫରୁ ହୋଇଥିବା ଏକ ପର୍ଯ୍ୟବେକ୍ଷଣର ବିବରଣୀ ଅନୁସାରେ ଭାରତରେ ଏଡ୍‌ସ ଦ୍ୱାରା ସଂକ୍ରମିତ ହୋଇଥିବା ଏକ ତୃତୀୟାଂଶ ରୋଗୀଙ୍କ ବୟସ ପନ୍ଦରରୁ ଚବିଶ ବର୍ଷ ମଧ୍ୟରେ ଥିଲା। ଭାରତୀୟ କିଶୋର କିଶୋରୀମାନଙ୍କ ମନରେ ଏବେ ବି ପ୍ରେମ ଓ ଯୌନ ସମ୍ପର୍କ ସମ୍ବନ୍ଧରେ ବହୁ ଅଜ୍ଞତା ରହିଛି। ଅବଶ୍ୟ କେତେକ ସ୍ୱେଚ୍ଛାସେବୀ ଅନୁଷ୍ଠାନ ହେଲ୍‌ପଲାଇନ୍ ମାଧ୍ୟମରେ ଯୌନ ସମ୍ପର୍କ ସମ୍ବନ୍ଧରେ ଆବଶ୍ୟକ ସୂଚନା ଦେଇଥାନ୍ତି, ଯାହା ପର୍ଯ୍ୟାପ୍ତ ନୁହେଁ।

ଭାରତୀୟ ସମାଜ ପରିବାର କୈନ୍ଦ୍ରିକ। ଭାରତୀୟମାନେ ନିଜର ବ୍ୟକ୍ତିଗତ ସୁଖ, ଶାନ୍ତି, ସଂହତି ଓ ଭବିଷ୍ୟତକୁ ଅଧିକ ଗୁରୁତ୍ୱ ଦେଇଥାନ୍ତି। ପରିବାରର ମଙ୍ଗଳ

ପାଇଁ ପିତାମାତା ଅସୀମ ତ୍ୟାଗ ସ୍ୱୀକାର କରିଥାନ୍ତି । ପରିବାର ସହିତ ଗୋଷ୍ଠୀ ଓ ସାମାଜିକ ଜୀବନକୁ ମଧ୍ୟ ଭାରତୀୟମାନେ ସମ୍ମାନ ଦେଇଥାନ୍ତି । କିନ୍ତୁ ଭାରତୀୟମାନଙ୍କର ଏହି ପରିବର୍ତ୍ତିତ ଦୃଷ୍ଟିଭଙ୍ଗୀ ସେମାନଙ୍କର ଶୃଙ୍ଖଳିତ ପାରିବାରିକ ଜୀବନ ଉପରେ ନକାରାତ୍ମକ ପ୍ରଭାବ ପକାଇବାକୁ ନେଇ ଯେଉ ସବୁ ଆଶଙ୍କା ରହିଛି ତାହା ଅମୂଳକ ନୁହେଁ ।

ଯୌନ ସମ୍ଭୋଗ ମଣିଷର ଜୈବିକ ପ୍ରବୃତ୍ତି । ଏହା ମଣିଷର ଏକ ମୁଖ୍ୟ ଏବଂ ଗୁରୁତ୍ୱପୂର୍ଣ୍ଣ ଆବଶ୍ୟକତା ମଧ୍ୟ । କିନ୍ତୁ ସମାଜର ବୃହତ୍ତର ସ୍ୱାର୍ଥ ଓ ମଙ୍ଗଳ ଦୃଷ୍ଟିରୁ ଏହା ସ୍ୱେଚ୍ଛାଚାର ଯୌନ ସମ୍ଭୋଗକୁ ସ୍ୱୀକୃତି ଦିଏନାହିଁ । ତେଣୁ ଏହି ପରିବର୍ତ୍ତିତ ସ୍ଥିତି ଭାରତୀୟମାନଙ୍କ ପାଇଁ ଶୁଭଙ୍କର ମନେ ହୁଏନାହିଁ । ଆଜି ସମୟ ଆସିଛି, ଶିକ୍ଷିତ ଭାରତୀୟମାନଙ୍କୁ ଗମ୍ଭୀରତାର ସହ ବିଚାର କରିବାକୁ ପଡ଼ିବ, ସେମାନେ କିପରି ଯୁଗପତ୍ ସଂଯତ ଓ ସଂଭ୍ରାନ୍ତ ଜୀବନଯାପନ କରିପାରିବେ ।

■

ଯୌନ ବିକୃତି

ବିକୃତ ଯୌନ ରୁଚି ବା ଯୌନ ବିକାରକୁ 'ଅପକାମୁକତା' (paraphilias) କୁହାଯାଏ। ଯୌନ ବିକୃତି ଭୋଗୁଥିବା ବ୍ୟକ୍ତି ଯୌନତା ସହିତ ଆଦୌ ସମ୍ପର୍କ ନଥିବା କୌଣସି ବିଚିତ୍ର ବସ୍ତୁ ପାଇଁ ତୀବ୍ର ଯୌନ ଆକର୍ଷଣ ଅନୁଭବ କରେ। ବିନା ସହମତିରେ ଜୋର ଜବରଦସ୍ତ ଭାବରେ ପ୍ରାପ୍ତ ବୟସ୍କ ବ୍ୟକ୍ତି ବା ଅପ୍ରାପ୍ତ ବୟସ୍କ ଶିଶୁମାନଙ୍କ ସହିତ ଯୌନ ସମ୍ପର୍କ ସ୍ଥାପନ କରିବାକୁ ଚେଷ୍ଟା କରେ। ନିଜର ଯୌନ ସାଥୀକୁ ଅସମ୍ଭବ କଷ୍ଟ ବା ପୀଡ଼ା ଦେଇଥାଏ, ଯାହାଫଳରେ ସେ ମୃତ୍ୟୁମୁଖରେ ମଧ୍ୟ ପଡ଼େ। ବିକାରଗ୍ରସ୍ତ ବ୍ୟକ୍ତିମାନଙ୍କର ଏହି ଅନିରୂପିତ ଯୌନ ପ୍ରବୃତ୍ତି ଓ ଅଭାବିତ ଆଚରଣ ବହୁ ବ୍ୟକ୍ତିଙ୍କର ଅଶେଷ କ୍ଷତି କରିଥାଏ। ଏହି ଅସ୍ୱାଭାବିକ ଯୌନ ଆକର୍ଷଣ ସମାଜରେ ଆଦୃତ ହେବ ନାହିଁ ବୋଲି ଯୌନବିକାରଗ୍ରସ୍ତ ବ୍ୟକ୍ତିମାନେ ଜାଣିଥିବାରୁ ଏସବୁ ପ୍ରକାଶ କରିବାକୁ ସେମାନେ ଦ୍ୱିଧାଗ୍ରସ୍ତ ହୋଇଥାନ୍ତି ଓ ଗୋପନୀୟ ଭାବରେ ନିଜର ଅଭିଳାଷକୁ ଚରିତାର୍ଥ କରିବାକୁ ଅହରହ ଉଦ୍ୟମ କରିଥାନ୍ତି। ବାଲ୍ୟକାଳର କୌଣସି ତିକ୍ତ ଅନୁଭୂତି ଏପରି ବ୍ୟତିକ୍ରମ ପାଇଁ ଦାୟୀ ହୋଇଥିବାବେଳେ କିଶୋରାବସ୍ଥାରୁ ଯୌନରୁଚିର ଏହି ଭିନ୍ନତା ବିଷୟରେ ସେମାନେ ଅବଗତ ଥାଆନ୍ତି। ଏହି ଅସ୍ୱାଭାବିକ ଯୌନ ପ୍ରବୃତ୍ତି ଅନେକ ସମୟରେ ଏତେ ତୀବ୍ର ଏବଂ ଦୁର୍ବାର ହୋଇଥାଏ ଯେ, ସେମାନଙ୍କୁ ଏହା ସମ୍ପୂର୍ଣ୍ଣ କବଳିତ କରି ରଖେ। ଫଳରେ ସେମାନଙ୍କର ଦୈନନ୍ଦିନ କାର୍ଯ୍ୟ ପ୍ରଭାବିତ ହେବା ସହିତ ଏ ପ୍ରକାର ଯୌନ ଆବେଗକୁ ଚରିତାର୍ଥ କରିବା ପାଇଁ ସେମାନେ ସର୍ବଦା ସୁଯୋଗ ଖୋଜୁଥାନ୍ତି।

ମାନସିକ ବିକାର ବ୍ୟାପାରରେ ସାରା ବିଶ୍ୱରେ ମାନସିକ ସ୍ୱାସ୍ଥ୍ୟ ବିଶେଷଜ୍ଞମାନେ ଅନୁସରଣ କରୁଥିବା ଡାଇଗ୍‌ନୋଷ୍ଟିକ ଆଣ୍ଡ ଷ୍ଟାଟିସ୍‌ଟିକାଲ ମାନୁଆଲ ଅଫ ମେଣ୍ଟାଲ ଡିସଅର୍ଡର ବା ଡିଏସ୍‌ଏମ୍-୫ (Diagnostic and Statistical Manual of Mental Disorder or DSM-5) ନିୟମାବଳୀ ଅନୁଯାୟୀ ଯଦି ଛଅମାସରୁ ଅଧିକ ସମୟ ଧରି କୌଣସି ବ୍ୟକ୍ତି ଏଭଳି ଉଦ୍ଭଟ ଯୌନକାମନା ଚରିତାର୍ଥ କରିବା ପାଇଁ ଅହରହ କଳ୍ପନା କରୁଥାଏ, ତେବେ ସେ ଯୌନ ବିକାରଗ୍ରସ୍ତ ବୋଲି ଧରାଯିବ। ଏହି ପ୍ରବୃତ୍ତି ଦୀର୍ଘସ୍ଥାୟୀ ହୋଇଥିବାବେଳେ ଏହାର ଅନୁଭବ ଖୁବ୍ ତୀବ୍ର। ଏ ପ୍ରକାର ଅଭିଳାଷ ଚରିତାର୍ଥ ନହେବା ଯାଏଁ ବ୍ୟକ୍ତି ତୀବ୍ର ପୀଡ଼ା ଓ କ୍ଳେଶ ଅନୁଭବ କରୁଥାଏ। ଯଦି କୌଣସି ଉପାୟରେ ଏହି କାମନା ଚରିତାର୍ଥ ହୋଇଯାଏ, ଅଳ୍ପ ସମୟ ପରେ ଏହା ପୁଣି ଦୁର୍ବାର ହୋଇପଡେ। ଭୟେରିଜମ୍ (voyeurism), ଏକ୍‌ସିବିସନାଲିଜମ୍ (exhibitionism), ପେଡୋଫିଲିଆ ଏବଂ ଇନ୍‌ସେଷ୍ଟ (pedophillia and incest), ଫେଟିସିଜ୍‌ମ (fetishism), ଟ୍ରାନ୍‌ସଭେଷ୍ଟିକ ଫେଟିସିଜମ୍ (transvestic fetishism), ସେକ୍ସୁଆଲ ସାଡ଼ିଜମ୍ ଏବଂ ମାସୋଚିଜମ୍ (sexual sadism and masochism) ଆଦି ଭିନ୍ନ ଭିନ୍ନ ଯୌନ ବିକାର ଚିହ୍ନଟ ହୋଇଥିଲେ ମଧ୍ୟ କେତେକ ବ୍ୟକ୍ତିଙ୍କଠାରେ ଏକ ବା ଏକାଧିକ ଯୌନ ବିକାର ଦେଖାଯାଏ। ସେମାନଙ୍କର ଅସ୍ୱାଭାବିକ ଯୌନକାଂକ୍ଷା ପାଇଁ ଅପରାଧବୋଧ ଜାଗ୍ରତ ହେଉଥିଲେ ମଧ୍ୟ ସେମାନେ ନିଜକୁ ନିୟନ୍ତ୍ରଣ କରିପାରନ୍ତି ନାହିଁ। ଯୌନ ବିକୃତି ଥିବା ସହିତ ଅନେକ ସମୟରେ ଏଭଳି ଲୋକେ ସ୍କିଜୋଫ୍ରେନିଆ (schizophrenia) ନୈଦାନିକ ଅବସାଦ (clinical depression) ବିକାରଗ୍ରସ୍ତ ବ୍ୟକ୍ତିତ୍ୱ (personality disorder) ଆଦି ଅନ୍ୟାନ୍ୟ ମାନସିକ ବ୍ୟାଧି ଦ୍ୱାରା ଆକ୍ରାନ୍ତ ହୋଇଥାନ୍ତି। ଯୌନ ବିକାର ମୁଖ୍ୟତଃ ପୁରୁଷମାନଙ୍କଠାରେ ଅଧିକ ଦେଖାଯାଉଥିବା ବେଳେ ଅଳ୍ପସଂଖ୍ୟକ ନାରୀ ପେଡ଼ୋଫିଲିଆ ଓ ସେକ୍ସୁଆଲ ମାସୋଚିଜମ୍ ପରି ଯୌନ ବିକାର ଭୋଗିଥାନ୍ତି।

ଯୌନାଙ୍ଗ ଦର୍ଶନ ରତି (voyeurism) ପରି ଯୌନ ବିକୃତି କେବଳ ପୁରୁଷମାନଙ୍କଠାରେ ଦେଖାଦିଏ। ଏହି ଭଳି ବ୍ୟକ୍ତି ଚିହ୍ନା ପରିଚୟ ନଥିବା କୌଣସି ମହିଳା ଉଲଗ୍ନ ଅବସ୍ଥାରେ ସ୍ନାନାଗାରରେ ସ୍ନାନ କରୁଥିବାବେଳେ ବା ପୋଷାକ ପରିବର୍ତ୍ତନ କରୁଥିବାବେଳେ କିମ୍ବା ଅନ୍ୟ ପୁରୁଷ ସହିତ ଯୌନ କାର୍ଯ୍ୟରେ ଲିପ୍ତ ଥିବାବେଳେ ସେମାନଙ୍କ ଅଜାଣତରେ ଲୁଚିଛପି ସେମାନଙ୍କୁ ଦେଖି ଉତ୍ତେଜିତ ହୁଅନ୍ତି ଏବଂ ଯୌନ ସନ୍ତୋଷ ଲାଭ କରନ୍ତି। ଜଣେ ନାରୀ ନିଜ ଇଚ୍ଛାରେ ସେମାନଙ୍କର ମନୋରଞ୍ଜନ ପାଇଁ ଉଲଗ୍ନ ହେଲେ ସେମାନେ ଉତ୍ତେଜିତ ହୁଅନ୍ତି ନାହିଁ। ସେମାନେ ସ୍ୱାଭାବିକ ଯୌନ ଜୀବନ ପସନ୍ଦ କରିନଥାନ୍ତି। ବିବାହିତ ହୋଇଥିଲେ ମଧ୍ୟ ଯୌନ ସନ୍ତୋଷ ପାଇ ନଥାନ୍ତି। ସେମାନଙ୍କର ସାମାଜିକ ପ୍ରବୀଣତା ବା ନିପୁଣତା ନଥାଏ ଏବଂ ସେମାନେ କାହା ସହିତ ସନ୍ତୋଷଜନକ ଉତ୍ତମ ସମ୍ପର୍କ ମଧ୍ୟ ରଖିପାରନ୍ତି ନାହିଁ।

ଏପରି ଅସ୍ୱାଭାବିକତା ଥିବା ବ୍ୟକ୍ତିକୁ ଲାଗେ ନାରୀଟି ଯଦି ଜାଣି ପାରନ୍ତା ଯେ, ସେ ତାର ନଗ୍ନ ଶରୀରକୁ ଦେଖିପାରୁଛି ସେ କେତେ ବିଚଳିତ ହୁଅନ୍ତା, ଏହି ଭାବନା ହିଁ ତାକୁ ଉତ୍ତେଜନା ଆଣିଦିଏ ଏବଂ ଅଳ୍ପ ସମୟ ପାଇଁ ସେ ନିଜକୁ କ୍ଷମତାଶାଳୀ ଓ ଶକ୍ତିଶାଳୀ ମନେକରେ। ଏମାନେ କବାଟ, ଝରକା ଫାଙ୍କରେ ବା ପାର୍କରେ ବସି ଲୋକମାନଙ୍କର ଅଲକ୍ଷ୍ୟରେ ସେମାନଙ୍କୁ ଦେଖିବାକୁ ପସନ୍ଦ କରନ୍ତି। ଏଭଳି ଲୋକଙ୍କୁ ପିପିଙ୍ଗ୍ ଟମ୍ (peeping tom) ବା ୱାଚେସ୍ (watches) ବୋଲି ମଧ୍ୟ କୁହାଯାଏ। ଏହିଭଳି ବ୍ୟକ୍ତି ହାନିକାରକ ହୋଇ ନଥାନ୍ତି ଏବଂ ଅନ୍ୟ କୌଣସି କ୍ଷତି ମଧ୍ୟ କରନ୍ତି ନାହିଁ। ଧରାପଡ଼ିଲେ ଦୌଡ଼ି ପଳାନ୍ତି। ଏହିଭଳି ଯୌନ ବିକାରଗ୍ରସ୍ତ ବ୍ୟକ୍ତିମାନେ ଏପରି କାର୍ଯ୍ୟର ପୁନରାବୃତ୍ତି ବାରମ୍ବାର କରିଥାନ୍ତି। ଏହିଭଳି ଆଗ୍ରହ ବାଲ୍ୟକାଳରୁ ଆରମ୍ଭ ହୋଇଥାଏ ଏବଂ ଜୀବନ ବ୍ୟାପୀ ରହିଥାଏ। ଅଳ୍ପ ସଂଖ୍ୟକ ଲୋକ ନିଜର ଉପସ୍ଥିତି ଜାହିର କରିବାକୁ ଚାହିଁଥାନ୍ତି ଏବଂ ପୀଡ଼ିତାକୁ ଯୌନସଂପର୍କ ରଖିବାକୁ ବାଧ୍ୟ କରିଥାନ୍ତି।

କାମାଙ୍ଗ ପ୍ରଦର୍ଶନ ପ୍ରବୃତ୍ତି (exhibitionism) ର ଅର୍ଥ କିଛି ପୁରୁଷ ନିଜର ଯୌନାଙ୍ଗକୁ ଅଜଣା ଅଚିହ୍ନା ଲୋକମାନଙ୍କୁ ଦେଖାଇ ଉତ୍ତେଜିତ ହୁଅନ୍ତି ଓ ଯୌନ ଆନନ୍ଦ ପାଆନ୍ତି। ଏହିଭଳି ଯୌନ ବିକୃତି ପୁରୁଷମାନଙ୍କ କ୍ଷେତ୍ରରେ ଦେଖାଯାଉଥିବାରୁ ସେମାନେ ମୁଖ୍ୟତଃ ଛୋଟ ପିଲା ବା ମହିଳାମାନଙ୍କୁ ଏକୁଟିଆ ଥିବାବେଳେ ନିଜ ଲକ୍ଷ୍ୟ ହାସଲ ପାଇଁ ନିଶାଣ ବନାନ୍ତି। ଯେତେବେଳେ ମହିଳା ବା ଶିଶୁ ଭୟରେ ଚିତ୍କାର କରନ୍ତି ବା ଆଶ୍ଚର୍ଯ୍ୟଚକିତ ହୋଇ ପଡ଼ନ୍ତି ବିକାରଗ୍ରସ୍ତ ବ୍ୟକ୍ତି ଅତିଶୟ ଉତ୍ତେଜିତ ହୋଇପଡେ। ଅନ୍ୟକୁ ଆଶ୍ଚର୍ଯ୍ୟ କରିବା ବା ଭୟ ଉଦ୍ରେକ କରାଇବା ହେଲା ଏମାନଙ୍କର ମୂଳ ଲକ୍ଷ୍ୟ। ଅବସାଦଗ୍ରସ୍ତ ବା ଉଦ୍‌ବେଗରେ ଥିଲେ ଏମାନେ ଏପରି କାର୍ଯ୍ୟ ଅଧିକ କରନ୍ତି। ଏଭଳି କାର୍ଯ୍ୟ ସମ୍ପାଦନା କଲାବେଳେ ସେମାନେ ଏତେ ଅଧିର ହୋଇପଡ଼ନ୍ତି ଯେ, ଚାରିପଟରେ ଘଟୁଥିବା ସେହି ପରିବେଶ ଉପରେ ତାଙ୍କର ଧ୍ୟାନ ନଥାଏ। ସେମାନେ ଏହି ଭଳି ବ୍ୟବହାର ବାରମ୍ବାର ଦେଖାନ୍ତି। ଲଜ୍ଜିତ ହେଲେ ମଧ୍ୟ ଏ ପ୍ରକାର ଆବେଗ ଏତେ ତୀବ୍ର ଥାଏ ଯେ, ସେମାନେ ନିଜକୁ ପ୍ରତିରୋଧ କରିପାରନ୍ତି ନାହିଁ। କେତେଜଣ ଦିନର ଗୋଟିଏ ସମୟରେ ବା ଗୋଟିଏ ସ୍ଥାନରେ ଏହି କାର୍ଯ୍ୟର ପୁନରାବୃତ୍ତି କରିଥାଆନ୍ତି। ଏ ପ୍ରକାର ପ୍ରବୃତ୍ତି କିଶୋର ଅବସ୍ଥାରୁ ଆରମ୍ଭ ହୁଏ ଏବଂ ପ୍ରାୟ କୋଡ଼ିଏ ବର୍ଷ ହେଲାବେଳକୁ ଏହାର ପ୍ରାଦୁର୍ଭାବ ବଢ଼ିଯାଏ। ଏମାନଙ୍କ କ୍ଷେତ୍ରରେ ଚିକିତ୍ସା ବିଶେଷ ଫଳପ୍ରଦ ନ ହେଲେ ମଧ୍ୟ ସାଇକୋଡାଇନାମିକ୍ (psychodynamic) ଏବଂ ଆଚରଣ ଓ ବ୍ୟବହାର ଚକିତ୍ସା ପଦ୍ଧତି (behaviour therapy) ସାହାଯ୍ୟରେ ଏମାନଙ୍କୁ ଚିକିତ୍ସା କରାଯାଏ।

ବାଲଯୌନ ଶୋଷଣ ଓ କୈଟୁମ୍ବିକ ବ୍ୟଭିଚାର (Pedophilia and incest) ଦୁଇଟି ଏକାଭଳି ଯୌନ ବିକାର। ବାଲଯୌନ ଶୋଷଣ କରୁଥିବା ଯୌନ ବିକାରଗ୍ରସ୍ତ ବ୍ୟକ୍ତିଙ୍କୁ ଡିଏସ୍‌ଏମ୍‌ର ବାଖ୍ୟା ଅନୁଯାୟୀ "ଷୋହଳ ବା ତଦୁର୍ଦ୍ଧ ବୟସର ବ୍ୟକ୍ତି ବୋଲି ଧରାଯାଏ ଏବଂ ସେମାନେ ଅପ୍ରାପ୍ତ ବୟସର ଶିଶୁମାନଙ୍କୁ ଯୌନ ନିର୍ଯ୍ୟାତନା ଦଅନ୍ତି। ପୀଡ଼ିତ ବା ପୀଡ଼ିତା ଶୋଷଣ କରୁଥିବା ବ୍ୟକ୍ତିଠାରୁ ଅତିକମ୍‌ରେ ପାଞ୍ଚ ବର୍ଷ ସାନ ଥାଏ। ଡିଏସ୍‌ଏମ୍ ଏଭଳି ଭାବରେ ବାଲଯୌନ ଶୋଷଣକାରୀମାନଙ୍କୁ ପର୍ଯ୍ୟାୟଭୁକ୍ତ କରିଥିଲେ ମଧ୍ୟ ଦେଖାଯାଇଛି ସେମାନେ ତାଙ୍କଠାରୁ ଅଳ୍ପ ସାନ କିଶୋର କିଶୋରୀମାନଙ୍କୁ ମଧ୍ୟ ନିର୍ଯ୍ୟାତନା ଦିଅନ୍ତି। ଏମାନଙ୍କ ମଧ୍ୟରୁ କେତେକ ବ୍ୟକ୍ତି ସମଲିଙ୍ଗୀ ଓ ଅନ୍ୟ କେତେକ ବ୍ୟକ୍ତି ବିପରୀତଲିଙ୍ଗୀ ଯୌନ ସମ୍ପର୍କ ସ୍ଥାପନ କରନ୍ତି। ନାରୀମାନଙ୍କ କ୍ଷେତ୍ରରେ ଶିଶୁ କାମୁକତା ପରି ଅସ୍ୱାଭାବିକ ବ୍ୟବହାର ଦେଖାଯାଉଥିଲେ ମଧ୍ୟ ପୁରୁଷମାନଙ୍କ କ୍ଷେତ୍ରରେ ଏହାର ପ୍ରାର୍ଦୁଭାବ ବହୁତ ଅଧିକ। ବର୍ତ୍ତମାନ ଅତି ସହଜରେ ଇଣ୍ଟରନେଟ୍ ମାଧ୍ୟମରେ ଶିଶୁ ପର୍ନୋଗ୍ରାଫି ଉପଲବ୍ଧ। ଏପରି ଯୌନବିକାରଗ୍ରସ୍ତ ବ୍ୟକ୍ତି ବହୁ ସମୟ ଶିଶୁମାନଙ୍କୁ ନେଇ ପ୍ରସ୍ତୁତ ହୋଇଥିବା ପର୍ନ ଦେଖନ୍ତି ଏବଂ କୌଣସି ଶିଶୁ ବା କିଶୋରଙ୍କୁ ନିଶାଣ ବନାଇବାର ସୁଯୋଗକୁ ଅପେକ୍ଷା କରି ରହନ୍ତି। ପର୍ନୋଗ୍ରାଫି ଦେଖିବାର ସୁଯୋଗ ନଥିଲେ ମଧ୍ୟ ଗଣମାଧ୍ୟମରେ ପିଲାଙ୍କ ଫଟୋ ଦେଖି ବା ସେମାନଙ୍କ ବିଷୟରେ କଳ୍ପନା କରି ଏମାନେ ଉତ୍ତେଜିତ ହୁଅନ୍ତି। ଅଧିକାଂଶ ବ୍ୟକ୍ତି ଯୌନ ନିର୍ଯ୍ୟାତନା ବ୍ୟତୀତ ପିଲାଙ୍କୁ ଅନ୍ୟ କିଛି ଶାରୀରିକ ନିର୍ଯ୍ୟାତନା ଦେଉ ନଥିଲେ ମଧ୍ୟ ସେମାନଙ୍କୁ ଡରାଇ, ଧମକାଇ ବା ବାପାମାଙ୍କୁ କହିଦେଲେ ଶେଷ କରିଦେବେ ବୋଲି ବାରମ୍ବାର ଚେତାବନୀ ଦେଉଥାନ୍ତି। ଫଳରେ ପିଲାଙ୍କର ଅଶେଷ ମାନସିକ ଓ ଆବେଗିକ କ୍ଷତି ହୁଏ। ଧରା ନ ପଡ଼ିଲେ ବହୁ ଦିନ ଧରି ସେମାନେ ଏ ପ୍ରକାର ନିର୍ଯ୍ୟାତନା ଦେଇ ଚାଲିଥାନ୍ତି। ଏହାଛଡ଼ା ପ୍ରାୟ ଏହିଭଳି ବ୍ୟକ୍ତିମାନଙ୍କର ଅନ୍ୟ ପ୍ରକାର ଯୌନ ବିକୃତି ଥାଏ। କେତେକ କ୍ଷେତ୍ରରେ ଏମାନେ ଉଦ୍‌ବେଗ ଆଡ଼ପାଗଳାମୀ (anxiety disorder) ଏବଂ ମନୋଦଶା ଆଡ୍‌ପାଗଳାମୀ (mood disorder) ଆଦି ମାନସିକ ରୋଗ ମଧ୍ୟ ଭୋଗୁଥାନ୍ତି। ବିବାହ ବନ୍ଧନରେ ଆବଦ୍ଧ ହୋଇଥିଲେ ମଧ୍ୟ ଏମାନେ ଯୌନଜୀବନରେ ସନ୍ତୁଷ୍ଟ ନଥାନ୍ତି ଏବଂ ଛୋଟ ପିଲାଙ୍କର ଅନୁସନ୍ଧାନ କରିଚାଲିଥାନ୍ତି। ଅଧିକାଂଶ ବ୍ୟକ୍ତି ବାଲ୍ୟକାଳରେ ଯୌନ ଶୋଷଣର ପୀଡ଼ିତ ହୋଇଥାଆନ୍ତି ଏବଂ ତାଙ୍କ ଗୃହର ପରିବେଶ ଅତ୍ୟନ୍ତ ନକାରାତ୍ମକ ହୋଇଥାଏ। ଚାପଗ୍ରସ୍ତ ବା ଅବସାଦଗ୍ରସ୍ତ ହେବା ସମୟରେ ଏହି ପ୍ରବୃତ୍ତି ଆହୁରି ବଢ଼ିଯାଏ। ସାଧାରଣତଃ ଏହିଭଳି ଲୋକମାନଙ୍କର ସାମାଜିକ ପରିପକ୍ୱତା ଓ ସାମାଜିକ ପ୍ରବୀଣତାର ଅଭାବ ଦେଖା ଯାଉଥିବାବେଳେ ଆବେଗ ନିୟନ୍ତ୍ରଣ କରିବାର ଦକ୍ଷତା ଓ ଆତ୍ମସମ୍ମାନ ମଧ୍ୟ କମ

ଥାଏ । ଏ ପ୍ରକାର ବିକୃତି କିଶୋରାବସ୍ଥାରୁ ଆରମ୍ଭ ହୁଏ ଏବଂ ଜୁଭେନାଇଲ ଡେଲିକ୍ୱେଣ୍ଟ ଭାବରେ ଚିହ୍ନଟ ହୋଇ ବାଳସୁଧାର ଗୃହମାନଙ୍କରେ ଏମାନେ ପ୍ରାୟ ଦାଖଲ ହୁଅନ୍ତି । ଏ ପ୍ରବୃତ୍ତି ଜୀବନବ୍ୟାପୀ ରହିଥାଏ । ଏ ପ୍ରକାର ବିକୃତି ବହୁ ଅଧିକ ପରିମାଣରେ ଦେଖାଯାଏ । ଫିନ୍‌କେଲହର (୧୯୭୯) ମସିହା ଏବଂ ସିଗେଲ (୧୯୮୭) ମସିହାରେ ଆମେରିକାରେ କରିଥିବା ସର୍ଭେ ରିପୋର୍ଟ ଅନୁସାରେ ୧୯ ପ୍ରତିଶତ ନାରୀ ଓ ୯ ପ୍ରତିଶତ ପୁରୁଷ ବାଲ୍ୟକାଳରେ ଯୌନ ନିର୍ଯ୍ୟାତନା ଭୋଗିଥିବା ପ୍ରକାଶ କରିଥିଲେ ଏବଂ ୨୮ ପ୍ରତିଶତ ନାରୀ ଏବଂ ୨୩ ପ୍ରତିଶତ ପୁରୁଷ ନିଜ ପରିବାର ସଦସ୍ୟଙ୍କ ଦ୍ୱାରା ନିର୍ଯ୍ୟାତିତ ହୋଇଥିବା କଥା ସ୍ୱୀକାର କରିଥିଲେ । ଭାରତର ନ୍ୟାସନାଲ କ୍ରାଇମ ରେକର୍ଡ ବ୍ୟୁରୋର ସଦ୍ୟତମ ରିପୋର୍ଟ ଅନୁଯାୟୀ ୨୦୧୭ ମସିହାରେ ୩୨,୬୦୮ ଜଣ ଶିଶୁ ଏବଂ ୨୦୧୮ ମସିହାରେ ୩୯,୮୬୭ ଜଣ ଶିଶୁ ଯୌନ ନିର୍ଯ୍ୟାତନାର ଶିକାର ହୋଇଥିଲେ ।

କୌଟୁମ୍ବିକ ବ୍ୟଭିଚାର (incest) କହିଲେ ଅତ୍ୟନ୍ତ ନିକଟ ସମ୍ପର୍କୀୟ ଯେପରି ସହୋଦରଙ୍କ ମଧ୍ୟରେ ବା ପିତା ଓ କନ୍ୟାଙ୍କ ମଧ୍ୟରେ ଯୌନ ସମ୍ପର୍କ ସ୍ଥାପନକୁ ବୁଝାଯାଏ । ଏହି ସମ୍ପର୍କକୁ ଅତ୍ୟନ୍ତ କଦର୍ଯ୍ୟ ଓ ଘୃଣ୍ୟ ସମ୍ପର୍କ ଭାବରେ ବିଶ୍ୱବ୍ୟାପୀ ସବୁ ସଂସ୍କୃତିରେ ବିବେଚନା କରାଯାଏ । ପରିବାରରେ ସାଧାରଣତଃ ମା'ମାନେ ସେମାନଙ୍କର କନ୍ୟା ସନ୍ତାନକୁ ସୁରକ୍ଷିତ ରଖିବାର ଦାୟିତ୍ୱ ନେଇଥାଆନ୍ତି । ମା'ଙ୍କର ମୃତ୍ୟୁ ହୋଇଥିଲେ ନିଶାସକ୍ତ, ମଦ୍ୟପ, ଚରିତ୍ରହୀନ ଓ ଲମ୍ପଟ ବାପା ବା ଭାଇମାନଙ୍କ ଦ୍ୱାରା ଜଣେ ଶିଶୁ କନ୍ୟା ନିର୍ଯ୍ୟାତିତ ହୋଇପାରେ । ଇଜିପ୍ଟର କେତେକ ରାଜବଂଶରେ ସହୋଦର ବା ରକ୍ତ ସମ୍ପର୍କ ଥିବା ପରିବାର ସଦସ୍ୟମାନଙ୍କ ମଧ୍ୟରେ ବିବାହ କାର୍ଯ୍ୟ ସମ୍ପନ୍ନ ହେଉଥିଲା । ରାଜବଂଶର ରକ୍ତ ଅପବିତ୍ର ବା ଦୂଷିତ ନ ହେବା ପାଇଁ ସେମାନେ ସତର୍କତା ଅବଲମ୍ବନ କରି ଏପରି ବିବାହ କରୁଥିଲେ । ନିକଟ ସମ୍ପର୍କୀୟଙ୍କ ସହିତ ବିବାହ ହେଉଥିଲେ ବଂଶାନୁକ୍ରମରେ ଆସୁଥିବା ସମାନ ପ୍ରକାରର ରିସେସିଭ୍ ଜିନ୍ (recessive gene) ଯୋଗୁଁ ବିଭିନ୍ନ ଶାରୀରିକ ଓ ମାନସିକ ବିକୃତିର ସମ୍ଭାବନା ବଢ଼ିଯାଏ ।

କୌଣସି ଜଡ଼ ବସ୍ତୁକୁ କାମୋତ୍ତେଜକ ଭାବରେ ଗ୍ରହଣ କରିବାକୁ (fetishism) ବୋଲି କୁହାଯାଏ । ଯେପରି ମହିଳାମାନଙ୍କର ଜୋତା, ଆଭ୍ୟନ୍ତରୀଣ ବସ୍ତ୍ର, ରବର ବୁଟ୍, ରବର ପୋଷାକ, ରେନ୍‌କୋଟ୍, ପରର ପୋଷାକ, ଲେଗିଙ୍ଗସ୍ ଆଦି ନିର୍ଜିବ ବସ୍ତୁ, ଯାହାର ଯୌନତା ସହିତ କୌଣସି ସମ୍ପର୍କ ନାହିଁ, ସେହିଭଳି ଅଦ୍ଭୁତ ଜିନିଷ ସେମାନଙ୍କର କାମୋତ୍ତେଜନା ବୃଦ୍ଧି କରେ । ଏହିସବୁ ନିର୍ଜିବ ବସ୍ତୁକୁ ଯୌନ କାର୍ଯ୍ୟରେ ଏମାନେ ବ୍ୟବହାର କରନ୍ତି ଏବଂ ତାଙ୍କର ଯୌନ ସାଥୀକୁ

ଏସବୁ ପିନ୍ଧିବାକୁ ବାଧ୍ୟ କରନ୍ତି । ଏହି ଇପ୍ସିତ ଜିନିଷ ପ୍ରତି ଅତ୍ୟଧିକ ଆସକ୍ତି ଯୋଗୁଁ କେବେକେବେ ସେମାନେ ଏସବୁ ଚୋରି କରନ୍ତି ଏବଂ ଧରାପଡ଼ି ଜେଲଦଣ୍ଡ ଭୋଗନ୍ତି । କିଶୋରାବସ୍ଥାରୁ ଏ ପ୍ରକାର ପ୍ରବୃତ୍ତି ଆରମ୍ଭ ହୁଏ । ଏହିଭଳି ବ୍ୟକ୍ତିମାନଙ୍କୁ ଚିହ୍ନଟ କରିବା କଷ୍ଟକର ହୁଏ । ଏ ପ୍ରକାର ଯୌନ ବିକାର ପୁରୁଷମାନଙ୍କ ଠାରେ ଦେଖାଯାଏ । ଏହା ଦୀର୍ଘକାଳୀନ ଯୌନ ବିକାର ଯାହା ସ୍ଥାୟୀ ଭାବରେ ବ୍ୟକ୍ତି ସହିତ ରହେ । ଏହିଭଳି ମାନସିକ ବିକୃତି ଭୋଗୁଥିବା ଜଣେ ବ୍ୟକ୍ତିଙ୍କ ଭାଷାରେ- ରବର ବୁଟ୍ ପିନ୍ଧି ଯାଉଥିବା ନାରୀଙ୍କୁ ଦେଖିଲେ ମୁଁ ସମ୍ମୋହିତ ହୋଇପଡ଼େ । ରାସ୍ତାରେ ମୁଁ ସେମାନଙ୍କୁ ଅନୁଧାବନ କରେ । ମୋର କାମୋତ୍ତେଜନା ପ୍ରବଳ ବଢ଼ିଯାଏ । ରାତିରେ ମୁଁ କିଛି ରବର ବୁଟ ନେଇ ଶୁଏ ଏବଂ ତାକୁ ଚୁମ୍ବନ, ଆଲିଙ୍ଗନ କରି ଉତ୍ତେଜିତ ହୁଏ । ଏ ପ୍ରକାର ପ୍ରବୃତ୍ତି କେବେ ଓ କାହିଁକି ହେଲା ସେ ବିଷୟରେ ମୋର କୌଣସି ଜ୍ଞାନ ନାହିଁ ।

ବିପରୀତଲିଙ୍ଗୀ ବ୍ୟକ୍ତିମାନଙ୍କର ପୋଷାକ ପିନ୍ଧି ଉତ୍ତେଜନା ଅନୁଭବ କରୁଥିବା ମଣିଷଙ୍କୁ ଟ୍ରାନ୍ସଭେଷ୍ଟିକ୍ ଫେଟିସିଜମ୍ (transvestic fetishism) ଯୌନବିକାରରେ ପୀଡ଼ିତ ବୋଲି କୁହାଯାଏ । କୌଣସି ମହିଳାଙ୍କର ଅନ୍ତଃବାସ ବା ପୋଷାକ ପିନ୍ଧି ବା ମହିଳାଙ୍କ ପରି ପ୍ରସାଧନ ବ୍ୟବହାର କରି କିଛି ପୁରୁଷ ଉତ୍ତେଜିତ ହେଉଥିବାବେଳେ ନିଜକୁ ପୁରୁଷ ବୋଲି ହିଁ ପରିଚୟ ଦିଅନ୍ତି । ଏମାନେ କିନ୍ନରମାନଙ୍କ ଠାରୁ ସମ୍ପୂର୍ଣ୍ଣ ଭିନ୍ନ ଏବଂ ନିଜର ଶାରୀରିକ ଗଠନକୁ ବଦଳେଇବାକୁ ଚେଷ୍ଟା କରନ୍ତି ନାହିଁ । ଏମାନେ ବିପରୀତଲିଙ୍ଗୀ ସଦସ୍ୟଙ୍କ ସହିତ ସ୍ୱାଭାବିକ ଯୌନ ସମ୍ପର୍କ ସ୍ଥାପନ କରନ୍ତି । କେହି କେହି ନିଜ ଗୃହ ମଧ୍ୟରେ ସମସ୍ତଙ୍କ ଅଜାଣତରେ ନାରୀର ପୋଷାକ ପିନ୍ଧନ୍ତି । ଫଳରେ ଏ ପ୍ରକାର ଯୌନ ବିକୃତି ସହଜରେ ଜଣାପଡେ ନାହିଁ । ପରିବାରର କିଛି ସଦସ୍ୟ ହୁଏତ ଏ ବିଷୟରେ ଅବଗତ ଥାଆନ୍ତି ।

ପରପୀଡ଼ନ ଓ ସ୍ୱପୀଡ଼ନ ରତିକ୍ରିୟା (sexual sadism and masochism) ର ଅର୍ଥ ଯୌନ ସମ୍ପର୍କ ସ୍ଥାପନ କରିବାବେଳେ ନିଜର ଯୌନ ସାଥୀକୁ ଶାରୀରିକ ଓ ମାନସିକ ଭାବରେ କଷ୍ଟ ପାଉଥିବା ଦେଖିଲେ ଆନନ୍ଦ ପାଇବା ଓ କାମୋତ୍ତେଜନା ବୃଦ୍ଧି ପାଇବାକୁ ବୁଝାଏ । ଯୌନକାର୍ଯ୍ୟ ସମ୍ପାଦନ କଲାବେଳେ ଯୌନ ସାଥୀକୁ ମରାପିଟା କରି, କାମୁଡ଼ି ବା ଅପମାନ ଦେଇ ଅନ୍ୟଜଣେ ଆନନ୍ଦ ପାଏ । ଅତି ଭୟଙ୍କର ହେଲେ କେବେ କେବେ ଯୌନସାଥୀର ମୃତ୍ୟୁ ମଧ୍ୟ ହୁଏ । ପରପୀଡ଼ନ ଅଧିକ ସଂଖ୍ୟାରେ ପୁରୁଷମାନଙ୍କ ସହିତ ଦେଖାଯାଏ । ଯୌନକାର୍ଯ୍ୟ ସମୟରେ ଏହି ପୀଡ଼ାନନ୍ଦ ସାରା ଜୀବନ ପାଇଁ ରହିଥାଏ । ସ୍ୱପୀଡ଼ନ ଉଭୟ ସ୍ତ୍ରୀ ଓ ପୁରୁଷଙ୍କଠାରେ

ଦେଖାଯାଉଥିବାବେଳେ ଅଧିକ ସଂଖ୍ୟାରେ ସ୍ତ୍ରୀମାନଙ୍କ ସହିତ ଦେଖାଦିଏ। ଏ କ୍ଷେତ୍ରରେ ଯୌନକାର୍ଯ୍ୟ ସମ୍ପାଦନ କଲାବେଳେ ନିଜେ ଅନାଦର, ଅପମାନ ଓ ଖରାପ ବ୍ୟବହାର ପାଇଲେ ବା ମାଡ଼ ଖାଇ ଶାରୀରିକ କଷ୍ଟ ପାଇଲେ ବ୍ୟକ୍ତି ଉତ୍ତେଜିତ ହୁଏ।

ଆହୁରି ଅନେକ ପ୍ରକାର ଅସ୍ୱାଭାବିକ ଯୌନ ସମ୍ପର୍କ ରହିଛି ଯାହାର ସଂଖ୍ୟା କମ୍ ହେଲେ ମଧ୍ୟ ଆଲୋଚନା ସାପେକ୍ଷ। କିଛି ଲୋକ ଅଜଣା ଅଚିହ୍ନା ଲୋକଙ୍କୁ ଟେଲିଫୋନ୍ କରି ଅଶ୍ଳୀଳ କଥା କହି ଆନନ୍ଦ ଅନୁଭବ କରନ୍ତି। ଫୋନ୍ ଧରିଥିବା ଲୋକ କିପରି ବିବ୍ରତ ହେଉଥିବ କଳ୍ପନା କରି ଏମାନେ ଉତ୍ତେଜିତ ହୋଇପଡ଼ନ୍ତି। କିଛି ଲୋକ ପଶୁମାନଙ୍କ ସହିତ ମଧ୍ୟ ଯୌନ ସମ୍ପର୍କ ସ୍ଥାପନ କରନ୍ତି। ପଶୁମାନଙ୍କ ସହିତ ଯୌନ ସମ୍ପର୍କ ସ୍ଥାପନ କରିବାକୁ 'ପଶୁକାମୁକତା' (zoophilia/bestiality) କୁହାଯାଏ। କେତେ ଲୋକ ପଶୁମାନଙ୍କର ଚମ ବା ପର ପ୍ରତି ଅହେତୁକ ଦୁର୍ବଳତା ପ୍ରକାଶ କରନ୍ତି ଏବଂ ସେମାନେ ଏସବୁ ଜିନିଷକୁ ଦେଖି ଉତ୍ତେଜିତ ହୁଅନ୍ତି।

କିଛି ଲୋକ ମୃତ ବ୍ୟକ୍ତିମାନଙ୍କ ସହିତ ଯୌନ ସମ୍ପର୍କ ସ୍ଥାପନ କରନ୍ତି ଏବଂ ମୃତ ଶରୀର ପାଇଁ ତାଙ୍କର ଦୁର୍ବାର ଆକର୍ଷଣ ଥାଏ। ଏପରି ଯୌନ ବିକାରକୁ 'ଶବ କାମୁକତା' (necrophilia) କୁହାଯାଏ। କିଏ କିଏ ମୃତ ଲୋକମାନଙ୍କୁ ଖୋଜି ମୃତ ବ୍ୟକ୍ତିଙ୍କ ଶରୀର ସଂରକ୍ଷିତ ହୋଇରହୁଥିବା ସଂଗ୍ରହାଳୟରେ ପହଂଚି ସେମାନଙ୍କ ସହିତ ଯୌନ ସମ୍ପର୍କ ସ୍ଥାପନ କରନ୍ତି। ଆଉ କେତେ ଜଣ ସିରିଆଲ କିଲର ଭାବରେ ଧରା ପଡ଼ନ୍ତି। ଏମାନେ ଯୁବତୀମାନଙ୍କୁ ମାରି ତା ପରେ ସେମାନଙ୍କ ସହିତ ଯୌନ ସମ୍ପର୍କ ରଖୁଥିଲେ। ଇତିହାସ ଅବଲୋକନ କଲେ ଏହି ଭଳି ବହୁ ହତ୍ୟାକାରୀ ଧାରାବାହିକ ଭାବରେ ନାରୀମାନଙ୍କୁ ହତ୍ୟା କରି ପରବର୍ତ୍ତୀ କାଳରେ ଧରାପଡ଼ିଛନ୍ତି। ଆମେରିକାର ଲୋକମହର୍ଷଣକାରୀ ଜେଫ୍ରି ଡ଼ାମର ୧୯୭୯ରୁ ୧୯୯୧ ମଧ୍ୟରେ ପ୍ରାୟ ସତରଜଣ ବାଳକ ଏବଂ ପୁରୁଷଙ୍କୁ ଜଘନ୍ୟ ଭାବରେ ହତ୍ୟା କରି ତା'ପରେ ସେମାନଙ୍କ ସହିତ ଯୌନ ସମ୍ପର୍କ ରଖୁଥିଲା। ସେମାନଙ୍କର ଶରୀରର ଅଂଶକୁ ମଧ୍ୟ ବହୁଦିନ ନିଜ ପାଖରେ ରଖି ତାର ଫଟୋ ଉଠାଉଥିଲା।

ଏହି ସବୁ ଯୌନ ବିକାର ଜୀବନବ୍ୟାପୀ ରହିଥାଏ ଏବଂ ଏହି ଭିନ୍ନ ଧରଣର ଯୌନ ରୁଚି ସହଜରେ ବଦଳେ ନାହିଁ। ତାଛଡ଼ା ଏପରି ସମସ୍ୟା ଥିବା ଲୋକମାନେ ନିଜର ଯୌନ ରୁଚିକୁ ଲୁଚାଇ ରଖିବାକୁ ଚେଷ୍ଟା କରୁଥିବାରୁ ଚିକିତ୍ସା ପାଇଁ ଆସନ୍ତି ନାହିଁ। କାହିଁକି ଏପରି ଅଦ୍ଭୁତ ଯୌନ ଆସକ୍ତି ବା ଯୌନ ଆକର୍ଷଣ କିଛି ଲୋକଙ୍କ ଠାରେ ସୃଷ୍ଟି ହୁଏ, ତାହା ଉପରେ ବହୁ ଗବେଷଣା ହୋଇଥିଲେ ମଧ୍ୟ ବୈଜ୍ଞାନିକମାନେ କୌଣସି ନିର୍ଦ୍ଦିଷ୍ଟ ସିଦ୍ଧାନ୍ତରେ ଉପନୀତ ହୋଇନାହାନ୍ତି।

ସାଇକୋଡାଇନାମିକ ତଥ୍ୟ ଏବଂ ଅଚେତନ ଉପରେ ଗୁରୁତ୍ୱ ଆରୋପ

କରୁଥିବା ମନସ୍ତତ୍ତ୍ୱବିଦ୍‌ମାନଙ୍କ ମତରେ ବାଲ୍ୟକାଳରେ ସୃଷ୍ଟି ହୋଇଥିବା କିଛି ଅସମାହିତ ସଂଘର୍ଷ ଏହାର ମୁଖ୍ୟ କାରଣ। ଏପରି ବ୍ୟକ୍ତିମାନଙ୍କୁ ବହୁତ ବର୍ଷ ଧରି ଚିକିତ୍ସା କରିବାକୁ ପଡେ ଏବଂ ସେମାନଙ୍କର ବ୍ୟକ୍ତିତ୍ୱକୁ ସମ୍ପୂର୍ଣ୍ଣ ପରିବର୍ତ୍ତନ କରିବାକୁ ପଡେ, ଯାହା ଅତ୍ୟନ୍ତ କଷ୍ଟକର। ସେମାନେ କରୁଥିବା କଳ୍ପନା, ଦିବାସ୍ୱପ୍ନ ଏବଂ ଅଚେତନ ସ୍ତରରେ ଥିବା ଅବଦମିତ ଅଭିଳାଷଗୁଡ଼ିକୁ ବିଶ୍ଳେଷଣ କରି ବ୍ୟବହାରର କିଛିଟା ପରିବର୍ତ୍ତନ ଅଣାଯାଏ।

ବ୍ୟବହାରବାଦୀ ମନସ୍ତତ୍ତ୍ୱବିଦ୍‌ମାନଙ୍କ ମତରେ ଜଣେ ବ୍ୟକ୍ତି ସାଧାରଣ ଯୌନ ସମ୍ପର୍କ ବିଷୟରେ ଯେପରି ଜ୍ଞାନ ଆହରଣ କରେ ଅସ୍ୱାଭାବିକ ଯୌନ ସମ୍ପର୍କ ବିଷୟରେ ମଧ୍ୟ ଠିକ୍ ସେହିଭଳି ଜ୍ଞାନ ଆହରଣ କରେ। ଅଧିକାଂଶ ବିକାରଗ୍ରସ୍ତ ବ୍ୟକ୍ତି ବାଲ୍ୟକାଳରେ ଯୌନ ଶୋଷଣର ଶିକାର ହୋଇଥାନ୍ତି। କେତେକ ବ୍ୟକ୍ତି ଅନ୍ୟ ଯୌନ ବିକାରଗ୍ରସ୍ତ ବ୍ୟକ୍ତିଙ୍କ ସଂସ୍ପର୍ଶରେ ଆସିଥାନ୍ତି। ବ୍ୟବହାରବାଦୀ ମନସ୍ତତ୍ତ୍ୱବିଦ୍‌ମାନେ ବିଭିନ୍ନ ବିମୁଖତା ଚିକିତ୍ସା (aversion therapy) ଉପରେ ଗୁରୁତ୍ୱ ଆରୋପ କରୁଛନ୍ତି। ସାମାଜିକୀକରଣ ପ୍ରକ୍ରିୟାରେ ଦୁଇଟି ବିଷୟର ସଂଯୋଗ ନଥିଲେ ମଧ୍ୟ ଆମେ ସମ୍ପର୍କ ସ୍ଥାପନ କରିବାକୁ ଚେଷ୍ଟା କରୁ। ଯାହାକୁ ମନୋବିଜ୍ଞାନରେ ଅନୁବନ୍ଧନ (conditioning) ବୋଲି କୁହାଯାଏ। ଯୌନତା ସହିତ ଅଦ୍ଭୁତ ଜିନିଷର ସମ୍ପର୍କ ଭାଙ୍ଗିବାକୁ କୌଣସି ଯନ୍ତ୍ରଣାଦାୟକ ଜିନିଷକୁ ମଝିରେ ଆଣି ହସ୍ତକ୍ଷେପ କରିବାକୁ ପଡ଼େ। ଯନ୍ତ୍ରଣାଦାୟକ ବା କଷ୍ଟଦାୟକ ଜିନିଷଟିର ପ୍ରବେଶ ଫଳରେ ଅନୁବନ୍ଧିତ ହୋଇଥିବା ଯୌନ ରୁଚି ଓ ତଦ୍‌ଜନିତ କାମୋତ୍ତେଜନା ଭାଙ୍ଗିଯାଏ। ଏହାକୁ ଅନୁବନ୍ଧନ ଭାଙ୍ଗିବା (deconditioning) ବୋଲି କୁହାଯାଏ।

ଅଧିକାଂଶ ଯୌନ ବିକାରଗ୍ରସ୍ତ ବ୍ୟକ୍ତିଙ୍କର ଜୈବିକ ସମସ୍ୟା ମଧ୍ୟ ଥାଏ। ସେମାନେ ନୈଦାନିକ ଭାବରେ ଅବସାଦଗ୍ରସ୍ତ (clinically depressed) ଉଦ୍‌ବେଗ ଆଡ଼ପାଗଳାମୀ (anxiety disorder) ଭଳି ମାନସିକ ରୋଗ ଭୋଗୁଥାନ୍ତି। କେତେଜଣ ସ୍କିଜୋଫ୍ରେନିଆ (schizophrenia), ବାଇପୋଲାର ମୁଡ଼ ଡିସଅର୍ଡର (bipolar mood disorder) ଆଦି ମାନସିକ ରୋଗରେ ମଧ୍ୟ ପୀଡ଼ିତ ଥାଆନ୍ତି। ଏଥିପାଇଁ ମନୋଚିକିତ୍ସକଙ୍କ ସାହାଯ୍ୟରେ ଉପଯୁକ୍ତ ଚିକିତ୍ସା କରିବାକୁ ପଡ଼େ। ସ୍ନାୟୁ ସଂଚାରକ ବା ଅନ୍ତସ୍ରାବୀ ଗ୍ରନ୍ଥିର ଅସ୍ୱାଭାବିକ କ୍ଷରଣ ବା ସ୍ୱଳ୍ପ କ୍ଷରଣ ଫଳରେ ଏହିସବୁ ମାନସିକ ରୋଗ ଦେଖାଯାଏ। ଚିକିତ୍ସା କରିବା ପରେ ସେମାନଙ୍କର ଯୌନ ଅସ୍ୱାଭାବିକତା ସମ୍ପୂର୍ଣ୍ଣ ଭଲ ନହେଲେ ମଧ୍ୟ ସାମାନ୍ୟ ନିୟନ୍ତ୍ରିତ ଅବସ୍ଥାକୁ ଆସିଥାଏ।

■

ଶୈଶବରେ ମନସ୍ତତ୍ତ୍ୱଭିତ୍ତିକ ଶିକ୍ଷା

ପ୍ରତ୍ୟେକ ପିତାମାତା ଉଦ୍ୟମ କରନ୍ତି ଯେ ସେମାନଙ୍କର ସନ୍ତାନମାନେ କିପରି ଭଲ ପଢ଼ନ୍ତୁ ଓ ଜୀବନରେ ଉଚ୍ଚ ପ୍ରତିଷ୍ଠିତ ହୁଅନ୍ତୁ। ବର୍ତ୍ତମାନ ପ୍ରତ୍ୟେକ ପରିବାରରେ ଗୋଟିଏ ବା ଦୁଇଟି ସନ୍ତାନ। ଶିକ୍ଷିତ ଓ ସଚେତନ ପିତାମାତା ସନ୍ତାନମାନଙ୍କର ଲାଳନ ପାଳନ ଉପରେ ଅତ୍ୟଧିକ ଗୁରୁତ୍ୱ ପ୍ରଦାନ କରୁଛନ୍ତି ଏବଂ ଅନେକ ସମୟରେ ଆବଶ୍ୟକତା ଠାରୁ ଅଧିକ ତତ୍ପର ହୋଇପଡୁଛନ୍ତି।

ସନ୍ତାନ ଜନ୍ମ ହେବା ପରେପରେ ତାକୁ ଏକ ମେଧାବୀ ଓ ଚମତ୍କାର ଶିଶୁ ରୂପେ ଗଢ଼ିତୋଳିବା ପାଇଁ ପିତାମାତାମାନେ ସ୍ୱପ୍ନ ଦେଖିବା ଆରମ୍ଭ କରିଦେଉଛନ୍ତି। ବିଶେଷ କରି ସହରମାନଙ୍କରେ କିଏ ନିଜର ଚାରିବର୍ଷର ଶିଶୁ ପାଇଁ 'ଲାଇଫ୍ ସ୍କିଲ୍' ତାଲିମର ବ୍ୟବସ୍ଥା କଲାଣି ତ କିଏ ଠିକ୍ ଭାବରେ ନିଜକୁ ବ୍ୟକ୍ତ କରିପାରୁ ନଥିବା ଅସହାୟ ଶିଶୁର ସୃଜନଶୀଳତା ଓ ବୌଦ୍ଧିକ ବିକାଶ ପାଇଁ ତାକୁ ସ୍ୱତନ୍ତ୍ର ପ୍ରଶିକ୍ଷଣ ଶିବିରରେ ନାମ ଲେଖାଇଲାଣି। ତେଣୁ, ଆଜିର ଶିଶୁମାନେ ରୋବଟ ପରି ଗୋଟିଏ ପରେ ଗୋଟିଏ ପ୍ରଶିକ୍ଷଣରେ ବ୍ୟସ୍ତ। ପରିବେଶକୁ ବୁଝିବା, ପ୍ରକୃତିକୁ ଚିହ୍ନିବା, ଏପରିକି ନିଜକୁ ଜାଣିବା ପାଇଁ ସେମାନଙ୍କ ପାଖରେ ସମୟ ନାହିଁ। ନିଜସ୍ୱ ଢଙ୍ଗରେ ସମୟ କାଟିବାର ସୁଯୋଗ ମଧ୍ୟ ସେମାନଙ୍କ ପାଖରେ ନାହିଁ। ନିଜର ସନ୍ତାନମାନଙ୍କୁ ସଫଳ କରିବା ପାଇଁ ପିତାମାତାମାନଙ୍କ ମଧ୍ୟରେ ରୀତିମତ ପ୍ରତିଯୋଗିତା। ବର୍ତ୍ତମାନ ସଫଳତା ହୋଇଛି ଜୀବନର ଏକମାତ୍ର କାମ୍ୟ। ତେଣୁ ବିଶେଷ ସଫଳତା ହାସଲ କରି ପାରୁନଥିବା ଶିଶୁମାନଙ୍କୁ ଦୁର୍ଭାଗ୍ୟଜନକ ଭାବେ ତଳେଇ କରି ଦେଖାଯାଉଛି।

ଅଧିକାଂଶ ସମୟରେ ସନ୍ତାନମାନଙ୍କର କ୍ଷମତା ଓ ସାମର୍ଥ୍ୟ ତୁଳନାରେ ପିତାମାତାମାନେ ବହୁ ଅଧିକ ଆଶା ପୋଷଣ କରୁଛନ୍ତି। ତେଣୁ ଯେତେ ପରିଶ୍ରମ କଲେ ମଧ୍ୟ ସନ୍ତାନମାନେ ପିତାମାତାଙ୍କୁ ଖୁସି କରିପାରୁ ନାହାନ୍ତି। ସାଧାରଣତଃ

ପିତାମାତାମାନେ ନିଜେ ହାସଲ କରି ପାରି ନଥିବା କୌଣସି ଲକ୍ଷ୍ୟଜନିତ ହତାଶା ଓ ବ୍ୟର୍ଥତାକୁ ପିଲାମାନଙ୍କ ମାଧ୍ୟମରେ ପୂରଣ କରିବାକୁ ଚେଷ୍ଟା କରିଥାନ୍ତି। ପିତା ଡାକ୍ତରଟିଏ ହେବାକୁ ଇଚ୍ଛାକରି ବିଫଳ ହୋଇଥିଲେ, ଅନାଗ୍ରହ ସତ୍ତ୍ୱେ ପୁତ୍ରକୁ ସେ ଦିଗରେ ବାଧ୍ୟ କରନ୍ତି। ଏପରିକି ଅନେକ ପିତାମାତା ନିଜ ଜ୍ୟେଷ୍ଠ ପୁତ୍ରର ଦୃଷ୍ଟାନ୍ତ ଦେଇ କନିଷ୍ଠ ପୁତ୍ରକୁ ସେହିଭଳି ସଫଳତା ପ୍ରଦର୍ଶନ କରିବା ଦିଗରେ ଚାପ ପ୍ରୟୋଗ କରିଥାଆନ୍ତି। ପ୍ରବେଶିକା ପରୀକ୍ଷାରେ ବାରମ୍ବାର ଅକୃତକାର୍ଯ୍ୟ ହେବା କାରଣରୁ ହତୋତ୍ସାହିତ ଓ ବିଷାଦଗ୍ରସ୍ତ ହୋଇ କନିଷ୍ଠ ପୁତ୍ର ଆତ୍ମହତ୍ୟା ଉଦ୍ୟମ କରେ। ନିକଟରେ ହୋଇଥିବା ଏକ ସର୍ଭେରୁ ଜଣାପଡେ ଯେ ୬୬% ଭାରତୀୟ ବିଦ୍ୟାର୍ଥୀ କହିଛନ୍ତି ପାଠପଢ଼ାରେ ସଫଳ ହେବା ପାଇଁ ପିତାମାତାମାନେ ସେମାନଙ୍କ ଉପରେ ଅତ୍ୟଧିକ ଚାପ ପ୍ରୟୋଗ କରିଥାଆନ୍ତି।

ଜ୍ଞାନ ଆହରଣ କରି ସେହି ଜ୍ଞାନକୁ ବିଭିନ୍ନ କ୍ଷେତ୍ରରେ ଉପଯୋଗ କରିବା ହେଲା ପାଠପଢ଼ାର ମୁଖ୍ୟ ଉଦ୍ଦେଶ୍ୟ। କିନ୍ତୁ ବର୍ତ୍ତମାନ ପ୍ରକୃତ ଜ୍ଞାନ ଅପେକ୍ଷା ପରୀକ୍ଷାର ଫଳାଫଳ ଉପରେ ଅଧିକ ଗୁରୁତ୍ୱ ଦିଆଯାଉଛି। ଜଣେ ପିଲା ଶ୍ରେଣୀରେ ପ୍ରଥମ ବା ଦ୍ୱିତୀୟ ହେଲା ସେ ବିଷୟରେ ଗୁରୁତ୍ୱ ଦିଆଯାଉଛି। ପ୍ରଥମ କଥା ତ ଶ୍ରେଣୀରେ ସବୁ ପିଲା ପ୍ରଥମ ହୋଇ ପାରିବେ ନାହିଁ। ଖାଲି ଜଣେ ହିଁ ହେବ। ଯେ ଛୋଟ ସ୍କୁଲରେ ପ୍ରଥମ ହେଉଛି, ସେ ହୁଏତ ବଡ଼ ସ୍କୁଲରେ ଦଶମ ସ୍ଥାନ ଅଧିକାର କରିପାରେ। ପୁଣି ଆମ ପରୀକ୍ଷା ପଦ୍ଧତି ଯାହା ସେହି ପରୀକ୍ଷକଙ୍କ ଦ୍ୱାରା କିଛି ମାସ ପରେ ସେହି ଖାତା ପୁନଃ ମୂଲ୍ୟାୟନ କଲେ ପିଲାଙ୍କର ପ୍ରଥମ ଦ୍ୱିତୀୟ ସ୍ଥାନ ସମ୍ପୂର୍ଣ୍ଣ ବଦଳି ମଧ୍ୟ ଯାଇପାରେ। ତେଣୁ ଏପରି ଗୋଟିଏ ମୂଲ୍ୟହୀନ କାର୍ଯ୍ୟକୁ ଗୁରୁତ୍ୱ ଦେଇ ପିଲାଙ୍କ ମନରେ ଅଯଥା ହତାଶା ଓ ଉତ୍କଣ୍ଠା ସୃଷ୍ଟି କରିବା ଉଚିତ ନୁହେଁ। ଆମ ଶିକ୍ଷାଦାନ ପଦ୍ଧତି ଏପରି ଯେ, ଅନେକ ପିଲା ସମ୍ପୂର୍ଣ୍ଣ ମୁଖସ୍ଥ କରି ପରୀକ୍ଷାରେ ବେଶ୍ ଭଲ ଫଳ ପ୍ରଦର୍ଶନ କରିଦିଅନ୍ତି ଅଥଚ କିଛି ବୁଝି ନଥାନ୍ତି। ତା'ଛଡ଼ା ଶ୍ରେଣୀରେ ପ୍ରଥମ ହେଉଥିବା ପିଲା ଜୀବନର ବିଭିନ୍ନ କ୍ଷେତ୍ରରେ ଯେ ନିଶ୍ଚୟ ସଫଳ ହେବ, ତାହା ମଧ୍ୟ ନୁହେଁ। ତଥାପି,ଏପରି ଏକ ଅର୍ଥହୀନ ବ୍ୟାପାରକୁ ନେଇ ପିତାମାତାଙ୍କର ଅନେକ ଉଦ୍‌ବେଗ।

ବିଦ୍ୟାର୍ଥୀମାନେ କିପରି ପାଠକୁ ଭଲ ପାଇବେ, ଏହାକୁ ଆଗ୍ରହର ସହିତ ପଢ଼ିବେ, ପାଠ୍ୟ ପୁସ୍ତକ ସେମାନଙ୍କର କିପରି ବୋଧଗମ୍ୟ ହେବ ଏବଂ ଏହି ପାଠକୁ ଜୀବନରେ ଉପଯୋଗ କରିବେ ତାହା ହିଁ ଗୁରୁତ୍ୱପୂର୍ଣ୍ଣ। କିନ୍ତୁ ଆମ ଦେଶରେ ପରୀକ୍ଷାକୁ ନେଇ ଗୁଡ଼ାଏ ଭୟ ସୃଷ୍ଟି କରାଯାଏ। ପରୀକ୍ଷାର ଫଳାଫଳ ହିଁ ଦକ୍ଷତାର ଏକମାତ୍ର ମାପକାଠି ଓ ସେଥିରେ ଖରାପ ହୋଇଗଲେ ଜୀବନ ମୂଲ୍ୟହୀନ ହୋଇଯିବ ବୋଲି

ଧାରଣା ସୃଷ୍ଟି କରାଯାଏ। ପରୀକ୍ଷାର ବହୁ ପୂର୍ବରୁ ଟେଲିଭିଜନର ସଂଯୋଗ ବିଛିନ୍ନ କରିଦେବା, ଅତିଥି ଏପରିକି ବୃଦ୍ଧ ପିତାମାତାଙ୍କର ଆଗମନକୁ ପ୍ରଶ୍ରୟ ନ ଦେବା ଭଳି ମନୋଭାବ ଦେଖାଯାଏ। ସତେ ଯେମିତି ସେହି ପରୀକ୍ଷା ହିଁ ପିଲାର ଜୀବନର ଶେଷ ପରୀକ୍ଷା ଓ ସେହି ପରୀକ୍ଷାଟି ହିଁ ତାର ସମଗ୍ର ଜୀବନର ମାନକୁ ନିର୍ଦ୍ଧାରଣ କରିବ! ଏ ପ୍ରକାର ଭୟ ଓ ଉଦ୍‌ବିଗ୍ନତା କାରଣରୁ ପିଲାମାନେ ପଢ଼ିଥିବା ପାଠକୁ ଭୁଲିଯାଆନ୍ତି। ମାତ୍ରାଧିକ ଚାପଗ୍ରସ୍ତ ହୋଇ କିଛି ପିଲା ପରୀକ୍ଷା ପୂର୍ବରୁ ବା ପରୀକ୍ଷା ପରେ ପରେ ଆତ୍ମହତ୍ୟା ଉଦ୍ୟମ କରନ୍ତି। ଜୀବନ ଅନେକ ପରୀକ୍ଷାର ସମାହାର। ଗୋଟିଏ ପରୀକ୍ଷାରେ ଟିକେ ଭଲ ଖରାପ ହେବା ସହିତ ସାର୍ଥକ ଭାବରେ ଜୀବନ ବଂଚିବାର ସମ୍ପର୍କ ଖୁବ୍ କମ୍। ତଥାପି ପରୀକ୍ଷାକୁ ମାତ୍ରାଧିକ ଗୁରୁତ୍ୱ ଦିଆଯାଏ।

ନିକଟରେ ବ୍ରିଟିସ ମେଡିକାଲ ପତ୍ରିକା "ଲାନସେଟ୍"ରେ ପ୍ରକାଶିତ ତଥ୍ୟ ଅନୁଯାୟୀ ୧୫ ରୁ ୨୪ ବର୍ଷ ବୟସ ମଧ୍ୟରେ ଆତ୍ମହତ୍ୟା କରୁଥିବା ଭାରତୀୟମାନଙ୍କ ସଂଖ୍ୟା ପୃଥିବୀରେ ସର୍ବାଧିକ। ୨୦୧୫ରୁ ୨୦୧୮ ମସିହା ମଧ୍ୟରେ ପ୍ରାୟ ୩୮ ହଜାର ଭାରତୀୟ ବିଦ୍ୟାର୍ଥୀ ଆତ୍ମହତ୍ୟା କରିଛନ୍ତି। ଏଥିରୁ ୫୬% ଆତ୍ମହତ୍ୟା ମାର୍ଚ୍ଚରୁ ଜୁଲାଇ ମାସ ମଧ୍ୟରେ ହୋଇଥାଏ। କାରଣ ଏହି ସମୟ ପରୀକ୍ଷାର ସମୟ। 'ନ୍ୟାସନାଲ ଇନ୍‌ଷ୍ଟିଚ୍ୟୁଟ ଅଫ୍ ମେଣ୍ଟାଲ ହେଲଥ' ଦ୍ୱାରା ପ୍ରକାଶିତ ବିବରଣୀ ଅନୁଯାୟୀ, ତେର ବର୍ଷରୁ ସତର ବର୍ଷ ମଧ୍ୟରେ ପ୍ରାୟ ୯.୮ ନିୟୁତ ପିଲା ଅବସାଦଗ୍ରସ୍ତ ଓ ବିଭିନ୍ନ ମାନସିକ ଅସୁସ୍ଥତାର ଶିକାର ହୋଇଥାନ୍ତି। 'ଏସିଆନ୍ ଜର୍ଣ୍ଣାଲ୍ ଅଫ୍ ସାଇକିଆଟ୍ରିକ୍' ଦ୍ୱାରା ପ୍ରକାଶିତ ବିବରଣୀ ଅନୁଯାୟୀ ଭାରତରେ ୫୩% ବିଦ୍ୟାର୍ଥୀ ତୀବ୍ର ରୁ ମଧ୍ୟମ ଧରଣର ଅବସାଦଗ୍ରସ୍ତ। ସେହିପରି 'ଲୋକନୀତି' ଓ 'ସିଏସ୍‌ଡିଏସ୍' (CSDS) ର ମିଳିତ ଆନୁକୂଲ୍ୟରେ ହୋଇଥିବା ସର୍ଭେ ଅନୁସାରେ ଭାରତରେ ପ୍ରତ୍ୟେକ ୧୦ଜଣ ବିଦ୍ୟାର୍ଥୀଙ୍କ ମଧ୍ୟରେ ୪ଜଣ ବିଦ୍ୟାର୍ଥୀ ଅବସାଦଗ୍ରସ୍ତ।

ଶିକ୍ଷିତ ହେବା ସର୍ବାଦୌ ଆବଶ୍ୟକ। ଜ୍ଞାନ ଓ ମେଧା ବଳରେ ସମାଜରେ ପ୍ରତିଷ୍ଠିତ ହେବା ସହଜ ହୋଇପାରେ। କିନ୍ତୁ ଶିକ୍ଷାକ୍ଷେତ୍ରରେ ଉତ୍କର୍ଷ ହାସଲ ନ କରି ମଧ୍ୟ ଜଣେ ସଫଳତା ଓ ସମ୍ମାନର ଶୀର୍ଷ ସ୍ଥାନରେ ପହଞ୍ଚିପାରେ। ତେଣୁ ପାଠପଢ଼ାର ସଫଳତା ଅନୁଯାୟୀ ମଣିଷର ଦକ୍ଷତା ଓ ଯୋଗ୍ୟତାକୁ ମୂଲ୍ୟାୟନ କରାଯିବା ଉଚିତ ନୁହେଁ। ଏହି କ୍ଷେତ୍ରରେ 'ମାଇକ୍ରୋସଫ୍‌ଟ' କମ୍ପାନିର ପ୍ରତିଷ୍ଠାତା ବିଲ୍ ଗେଟ୍‌ସ, ଆପଲ କମ୍ପାନିର ପ୍ରତିଷ୍ଠାତା ଷ୍ଟିଭ ଜବସ୍, ଫେସବୁକ୍‌ର ପ୍ରତିଷ୍ଠାତା ମାର୍କ ଜୁକରବର୍ଗଙ୍କର ଉଦାହରଣ ପ୍ରଣିଧାନଯୋଗ୍ୟ। ଏହି ଶିଳ୍ପପତିମାନେ ସେମାନଙ୍କର କଲେଜ ଶିକ୍ଷା ସମାପ୍ତ କରି ପାରି ନଥିଲେ। ସେହିପରି ଭାରତରେ ୱିପ୍ରୋ କମ୍ପାନିର ପ୍ରତିଷ୍ଠାତା ଅଜିମ୍ ପ୍ରେମଜୀ,

ରିଲାଏନ୍‌ସ ଇଣ୍ଡଷ୍ଟ୍ରୀଜ୍‌ର ପ୍ରତିଷ୍ଠାତା ଧୀରୁଭାଇ ଅମ୍ବାନୀ, ଆଦାନୀ ଗ୍ରୁପ୍‌ର ପ୍ରତିଷ୍ଠାତା ଗୌତମ ଆଦାନୀ କଲେଜ ଅଧାରୁ ପାଠ ଛାଡ଼ି ଦେଇଥିଲେ। ପ୍ରସିଦ୍ଧ ବୈଜ୍ଞାନିକ ଆଇନଷ୍ଟାଇନ୍ ଜୀବ ବିଜ୍ଞାନ ଓ ରସାୟନ ବିଜ୍ଞାନରେ ଅକୃତକାର୍ଯ୍ୟ ହୋଇଥିଲେ। ବୈଜ୍ଞାନିକ ନିଉଟନ୍‌ଙ୍କ ପାଠପଢ଼ା ଅତ୍ୟନ୍ତ ନୈରାଶ୍ୟଜନକ ବୋଲି ତାଙ୍କ ଶିକ୍ଷକମାନେ ଭାବୁଥିଲେ। ଭାରତର କ୍ରିକେଟ ତାରକା ସଚ୍ଚିନ ତେନ୍ଦୁଲକର ଏବଂ ଅଭିନେତା ଅମୀର ଖାନ ଓ ଦୀପିକା ପାଦୁକୋନ ସ୍କୁଲ ଶିକ୍ଷା ପରେ କ୍ରିକେଟ ଓ ଅଭିନୟକୁ ନିଜର ବୃତ୍ତି ରୂପେ ବାଛିଥିଲେ। ଏଭଳି ଅନେକ ଦୃଷ୍ଟାନ୍ତ ବିଦ୍ୟମାନ।

ଭାରତୀୟ ପିତାମାତାମାନେ ପିଲାଙ୍କର ପାଠପଢ଼ା ଆରମ୍ଭରୁ ଏକ ନିର୍ଦ୍ଦିଷ୍ଟ ବୃତ୍ତିରେ ନିୟୋଜିତ ହେବା ପର୍ଯ୍ୟନ୍ତ ସେମାନଙ୍କୁ ଅତ୍ୟନ୍ତ କଠୋର ତଥା ପ୍ରେମ, ଆନନ୍ଦ ଓ ଅବକାଶ ରହିତ ଜୀବନ ଦେଇଥାନ୍ତି। ବିଦ୍ୟାରେ ଉତ୍କର୍ଷ ନ ଦେଖାଇ ପାରିଲେ ସେମାନଙ୍କର ଭବିଷ୍ୟତ ଅନ୍ଧକାରମୟ ହୋଇଯିବ ବୋଲି ପିତାମାତାମାନେ ଚିନ୍ତିତ ରହନ୍ତି। ଭବିଷ୍ୟତକୁ ନେଇ ଅଯଥା ଉଦ୍‌ବିଗ୍ନତା ହେତୁ ବର୍ତ୍ତମାନର ସମୟଟି ଖୁବ୍ ଅସ୍ୱସ୍ତିକର ହୋଇପଡେ। ଏଭଳି ଦୁଶ୍ଚିନ୍ତା ଓ ଅସୁରକ୍ଷା ଭାବ ପିଲାମାନଙ୍କ ଉପରେ ନକାରାତ୍ମକ ପ୍ରଭାବ ପକାଏ। ସୁତରାଂ ଭାରତରେ ପିଲାମାନେ ଖୁବ୍ କମ୍ ବୟସରୁ ଉଚ୍ଚ ରକ୍ତଚାପ ଦ୍ୱାରା ଆକ୍ରାନ୍ତ ହେଉଥିବାର ଦେଖାଯାଉଛି। ପ୍ରାୟ ୧୨.୫% ଭାରତୀୟ କିଶୋର କିଶୋରୀ ଚାପଗ୍ରସ୍ତ ରହୁଛନ୍ତି। ସବୁ ଆନନ୍ଦକୁ ଭବିଷ୍ୟତ ପାଇଁ ସଂରକ୍ଷିତ କରିବାର ତ୍ରୁଟିପୂର୍ଣ୍ଣ ମାନସିକତା ଓ ଉଦ୍ୟମ ପାଇଁ ହୁଏତ ଭାରତୀୟମାନେ ଏତେ ବେଶୀ ଅସୁଖୀ।

ପିଲାମାନଙ୍କର ସୃଜନଶୀଳତା ତଥା ବୌଦ୍ଧିକ ବିକାଶ କିପରି ହେବ, ସେ ଉପରେ ଅନେକ ଗବେଷଣା ହୋଇଛି ଓ ବହୁ ଉପାଦେୟ ପୁସ୍ତକ ମଧ୍ୟ ପ୍ରକାଶିତ ହୋଇଛି। ମୋଟାମୋଟି ଭାବରେ କେଉଁ ସମୟରେ କିପରି ପଢ଼େଇଲେ ପିଲାଟି ସବୁ କ୍ଷେତ୍ରରେ ଭଲ କରିବ ଓ ଭଲ ପଢ଼ିବ, ଖୁସି ଓ ଆନନ୍ଦରେ ଚାପମୁକ୍ତ ହୋଇ ରହିବ, ସେଥିପାଇଁ ମନସ୍ତତ୍ତ୍ୱଭିତ୍ତିକ ସୁନିୟନ୍ତ୍ରିତ କାର୍ଯ୍ୟକ୍ରମ ନିହାତି ଦରକାର। ସବୁ ବିଷୟରେ ପ୍ରଶିକ୍ଷଣର ବ୍ୟବସ୍ଥା ଥିବାବେଳେ ପିତାମାତାଙ୍କୁ ପିଲାମାନଙ୍କର ଲାଳନ ପାଳନ ବ୍ୟାପାରରେ କୌଣସି ଶିକ୍ଷା ଦିଆଯାଏ ନାହିଁ।

ପିଲାଟିର ଜୀବନର ପ୍ରଥମ ପାଞ୍ଚ ଛଅ ବର୍ଷର ଅଭିଜ୍ଞତା ଓ ଶିକ୍ଷଣ ଏବଂ ଏହି ସମୟ ମଧ୍ୟରେ ତା ସଂସ୍ପର୍ଶରେ ଆସୁଥିବା ବ୍ୟକ୍ତିମାନଙ୍କର ପ୍ରଭାବ ତାହାର ବୌଦ୍ଧିକ ତଥା ମାନସିକ ବିକାଶରେ ଗୁରୁତ୍ୱପୂର୍ଣ୍ଣ ଭୂମିକା ଗ୍ରହଣ କରିଥାଏ। ବିଭିନ୍ନ ପ୍ରକାର ପର୍ଯ୍ୟବେକ୍ଷଣ ତଥା ଅଧ୍ୟୟନରୁ ଦେଖାଯାଉଛି ଯେ ଯେଉଁମାନଙ୍କର ବ୍ୟକ୍ତିତ୍ୱ ସୁସ୍ଥ

ଏବଂ ବଳିଷ୍ଠ ସେମାନଙ୍କର ବାଲ୍ୟକାଳ ସୁଖକର ଅଭିଜ୍ଞତା, ସୁସ୍ଥ ବାତାବରଣ ଓ ସ୍ୱାଭାବିକ ପରିବେଶ ମଧ୍ୟରେ ଅତିବାହିତ ହୋଇଥାଏ। ଶିଶୁର ବାଲ୍ୟାବସ୍ଥାର କିଛି ବର୍ଷ ତାର ବ୍ୟକ୍ତିତ୍ୱ ଗଠନ ତଥା ବୌଦ୍ଧିକ ବିକାଶ ପାଇଁ ଗୁରୁତ୍ୱପୂର୍ଣ୍ଣ। ତେଣୁ ଏହି ସମୟରେ ଶିଶୁର ଆବଶ୍ୟକ ଯତ୍ନ ନେବା ସହିତ ସଠିକ୍ ପ୍ରଶିକ୍ଷଣ ଓ ନିର୍ଦ୍ଦେଶନା ଦେଇ ତାର ପରିବେଶ ଓ ପରିବେଷ୍ଟନୀ ପ୍ରତି ଦୃଷ୍ଟିଦେବା ନିତାନ୍ତ ଆବଶ୍ୟକ ବୋଲି ଫ୍ରଏଡ୍, ପିଆଜେ ଆଦି ବିଖ୍ୟାତ ମନୋବିଜ୍ଞାନୀମାନେ ବିଶ୍ୱମାନବ ଜାତିକୁ ଚେତେଇ ଦେଇଛନ୍ତି। ଶୈଶବାବସ୍ଥାରେ ଶିଶୁର ମନ ଅତ୍ୟନ୍ତ ତରଳ ଓ ନମନୀୟ ଥାଏ। କୁମ୍ଭାର କଞ୍ଚାମାଟିରେ ଛାଞ୍ଚ ଦ୍ୱାରା ହାଣ୍ଡି ମାଠିଆ ଆଦି ବିଭିନ୍ନ କିସମର ପାତ୍ର ଗଢ଼ିଲା ପରି ପିଲାଟିର ପ୍ରଥମ ଜୀବନର ଅଭିଜ୍ଞତା, ଘଟଣାବଳୀ ଓ ଶିକ୍ଷାପଦ୍ଧତି ତାକୁ ବିଭିନ୍ନ ଛାଞ୍ଚରେ ଗଢ଼େ। ଅଭିଜ୍ଞତା, ଅନୁଭବ ଓ ଲାଳନପାଳନ ପ୍ରଣାଳୀର ଭିନ୍ନତା ହେତୁ ପ୍ରତ୍ୟେକ ପିଲା ଠାରେ ପୃଥକ ପୃଥକ ଲକ୍ଷଣ, ସ୍ୱଭାବ ଓ ଚରିତ୍ର ପରିଲକ୍ଷିତ ହୁଏ। ତେଣୁ ପିଲାମାନଙ୍କ ମଧ୍ୟରେ ସବୁକ୍ଷେତ୍ରରେ ଏପରିକି ପଢ଼ାକ୍ଷେତ୍ରରେ ମଧ୍ୟ ବହୁ ତାରତମ୍ୟ ଦେଖାଯାଏ।

ପ୍ରଥମ ସାତ ଆଠ ବର୍ଷ ମଧ୍ୟରେ ପିଲାମାନଙ୍କର ବୌଦ୍ଧିକ କ୍ଷମତା ଓ ସୃଜନଶୀଳତାର ଷାଠିଏ, ସତୁରି ପ୍ରତିଶତ ବିକଶିତ ହେଉଥିବାରୁ ଓ ବ୍ୟକ୍ତିତ୍ୱର ମୂଳଦୁଆ ପଡୁଥିବାରୁ ଏ ସମୟରେ ପିତାମାତାଙ୍କ ଭୂମିକା ଖୁବ୍ ଗୁରୁତ୍ୱପୂର୍ଣ୍ଣ। ପ୍ରଥମରୁ ପିଲାମାନେ ପାଠ ପଢ଼ିବାକୁ ଭଲ ପାଆନ୍ତି ନାହିଁ। କାରଣ ପାଠର ଗୁରୁତ୍ୱ ସେମାନେ ବୁଝି ନଥାନ୍ତି। ତାଛଡ଼ା ଖେଳକୁଦ ଛାଡ଼ି ଗୁଡ଼ାଏ ଅବୋଧ୍ୟ ବିରକ୍ତିକର କଥାସବୁ ମନେ ରଖିବା ଓ ଲେଖିବା ପାଇଁ ଇଚ୍ଛା ନ କରିବା ସ୍ୱାଭାବିକ। ପିଲାକୁ ପିଲାଦିନୁ ପାଠ ଏପରି ପଢ଼େଇବା ଆବଶ୍ୟକ ଯେପରି ପାଠ ପଢ଼ିବାକୁ ସେ ଭଲ ପାଇବ। ପାଠପଢ଼ା ତା ପାଇଁ ଉପଭୋଗ୍ୟ ହେବ। ସେ ପାଠକୁ ଡରିବ ନାହିଁ। ପାଠ ପ୍ରତି ତାର ଘୃଣାଭାବ ରହିବ ନାହିଁ। ଭବିଷ୍ୟତ ସୁଖଶାନ୍ତି, ଉନ୍ନତି ତଥା ସମ୍ମାନପ୍ରାପ୍ତି ପାଇଁ ପାଠପଢ଼ାର ଭୂମିକା ଯେ ଗୁରୁତ୍ୱପୂର୍ଣ୍ଣ ଏସବୁ ବୁଝିବାର କ୍ଷମତା ତାର ନଥାଏ। ଅନେକ ସମୟରେ ବାପା ମା ପିଲାମାନଙ୍କୁ ମାରିପିଟି ଜବରଦସ୍ତ ପଢ଼ାଉଥିବାରୁ ପାଠ ପ୍ରତି ପ୍ରଥମରୁ ସେମାନଙ୍କର ଭୟ ଓ ଘୃଣାଭାବ ଦେଖାଯାଇଥାଏ। ପାଠ ପଢ଼ିବା ପାଇଁ ଇଚ୍ଛା ନଥିଲେ ଓ ତାକୁ ବାଧ୍ୟ କରାଗଲେ, ପାଠପ୍ରତି ଗଭୀର ବିତୃଷ୍ଣା ଆସିଯାଏ ଓ ପାଠପଢ଼ା ଫଳପ୍ରଦ ହୁଏନାହିଁ। ପାଠରେ ମନ ନଲାଗିଲେ ବା ପାଠ ନଆସିଲେ ପିଲା ଠାରେ ଛାଏଁ ଛାଏଁ ଭୟ ଜାତ ହୁଏ। ପାଠ ନ ହେଉଥିବାରୁ ତାର ଆତ୍ମସମ୍ମାନରେ ବାଧା ଆସେ। ତା ଠାରେ ନ୍ୟୁନ ମନେଭାବ ଦୃଢ଼ୀଭୂତ ହୁଏ। ଅନ୍ୟ ସାଙ୍ଗସାଥୀଙ୍କ ଆଗରେ ସେ ଅପଦସ୍ତ ହୁଏ। ଭୟ ଓ ପାଠ ଏକା

ସାଙ୍ଗରେ ସମ୍ଭବ ନୁହେଁ। ବିଦ୍ୟାଳୟରେ ମଧ୍ୟ ଶିକ୍ଷକମାନେ ଗାଳିମାଡ଼ ଦେଇ ପିଲାମାନଙ୍କର ଭୟର ମାତ୍ରା ବଢ଼େଇ ଦିଅନ୍ତି। ତା ଫଳରେ ପିଲାମାନଙ୍କର ପାଠପ୍ରତି ଆଗ୍ରହ ବହୁ ପରିମାଣରେ କମିଯାଏ। ତେଣୁ କୌଣସି ପରିସ୍ଥିତିରେ ମଧ୍ୟ ଶିକ୍ଷକ ଓ ପିତାମାତାମାନେ ପିଲାମାନଙ୍କୁ ପାଠ ପାଇଁ ଭୟଭୀତ କରିବା ଉଚିତ ନୁହେଁ।

ଅନେକ ସମୟରେ ପିତାମାତା ପିଲାମାନଙ୍କ ଭବିଷ୍ୟତକୁ ନେଇ ବହୁ ଉଚ୍ଚାକାଂକ୍ଷା ପୋଷଣ କରନ୍ତି। ପିଲାମାନେ ଶ୍ରେଣୀରେ ଖୁବ୍ ଭଲ ନ କଲେ ଦଣ୍ଡ ଦିଅନ୍ତି ବା ପରୀକ୍ଷାରେ ଭଲ ନକଲେ ଘରୁ ବାହାର କରି ଦିଆଯିବ ବୋଲି କହି ନାନା ପ୍ରକାର ଧମକଚମକ ଦିଅନ୍ତି। ପାଠପଢ଼ା ପାଇଁ ଏପ୍ରକାର ଶାସ୍ତି ପାଇବାର ଆତଙ୍କରେ ପିଲାଙ୍କର ଆବେଗିକ କ୍ଷେତ୍ରରେ ଭୟଙ୍କର କ୍ଷତି ସାଧିତ ହୋଇଥାଏ। ସେମାନଙ୍କର ଯେତିକି ବୌଦ୍ଧିକ କ୍ଷମତା ଥାଏ, ଭୟ ଓ ଉଦ୍‌ବେଗ ଯୋଗୁଁ ତାହାର ବିକାଶ ହୋଇପାରେ ନାହିଁ। ଆମ ଦେଶରେ ପରୀକ୍ଷା ଓ ପାଠପଢ଼ା ସମ୍ବନ୍ଧୀୟ ଗୁଡ଼ାଏ ଭୟ ସୃଷ୍ଟି କରାଯାଇଥାଏ। ପିଲାର ପ୍ରକୃତ ଜ୍ଞାନ ଅପେକ୍ଷା ପରୀକ୍ଷାର ଫଳାଫଳକୁ ବହୁ ଅଧିକ ଗୁରୁତ୍ୱ ଦିଆଯାଉଥିବାରୁ ଓ ପରୀକ୍ଷାରେ ମିଳୁଥିବା ସୀମିତ ସମୟ ସେମାନଙ୍କ ପାଇଁ ବହୁ ମୂଲ୍ୟବାନ ହୋଇଥିବାରୁ ପରୀକ୍ଷା ସମୟରେ ସେମାନଙ୍କ ମନରେ ଗଭୀର ଉଦ୍‌ବେଗ ଓ ଭୟ ସୃଷ୍ଟି ହୁଏ। ପ୍ରବଳ ଭୟ ଓ ଉଦ୍‌ବିଗ୍ନତା ଯୋଗୁଁ ମସ୍ତିଷ୍କ ମଧ୍ୟରେ ରକ୍ତ ସଂଚାଳନ ହୋଇପାରେ ନାହିଁ। ତେଣୁ ପରୀକ୍ଷାରେ ପିଲାମାନେ ଭଲ ଲେଖିପାରନ୍ତି ନାହିଁ ଓ ଯାହା ଜାଣିଥାନ୍ତି ସବୁ ଭୁଲିଯାନ୍ତି। ପାଠକୁ ଭଲ ଭାବରେ ପ୍ରୟୋଗ କରିପାରନ୍ତି ନାହିଁ। ପିଲାକୁ ମାଡ଼ ଗାଳି ଦେବା ପରିବର୍ତ୍ତେ ଯଦି କୁହାଯାଏ ଯେ, ସେ ଯେତିକି ଲେଖିଛି ଖୁବ୍ ଭଲ ଲେଖିଛି, ଯାହା ଛାଡ଼ିଯାଇଛି; ତାହା ଭୁଲ୍‌ରେ ଛାଡ଼ିଯାଇଛି, ଚେଷ୍ଟାକଲେ ଆରଥରକୁ ସେ ଲେଖିପାରିବ। ସେ କିଛି ଗୁରୁତର ଅପରାଧ କରିପକାଇ ନାହିଁ। ଏପରି ସକାରାତ୍ମକ ଉତ୍ସାହ ପିଲାର ଆତ୍ମବିଶ୍ୱାସ ବଢ଼େଇଥାଏ। ମାଡ଼ ଗାଳି ଦେଲେ ବା ନିନ୍ଦା କଲେ ପିଲାର ପାଠପ୍ରତି ନକାରାତ୍ମକ ମନୋଭାବ ସୃଷ୍ଟି ହୁଏ।

ଯେକୌଣସି ନୂତନ ଜିନିଷ ଶିଖାଇବା ପୂର୍ବରୁ ପିଲାଠାରେ ଆଗ୍ରହ ସୃଷ୍ଟି କରିବା ଦରକାର। ତେଣୁ ବାଲ୍ୟକାଳରେ ପ୍ରଥମେ ଖେଳ ମାଧ୍ୟମରେ ଶିକ୍ଷା ଦାନ କାର୍ଯ୍ୟକ୍ରମ ପ୍ରସ୍ତୁତ କରିବା ଉଚିତ। ଖେଳ ମାଧ୍ୟମରେ ଶିକ୍ଷାଦାନ ପାଇଁ ଶିଶୁ ମନୋବିଜ୍ଞାନ ସମ୍ବନ୍ଧୀୟ ଗଭୀର ଜ୍ଞାନ ଆବଶ୍ୟକ। ଶିଶୁର ମନଲାଖି ଖେଳ, କୌତୁକିଆ ଗପ ପ୍ରଭୃତିକୁ ସଂଗଠିତ କରି ଏହା ମାଧ୍ୟମରେ ଶିକ୍ଷାଦାନ କରିବା ଉଚିତ। ପିଲାମାନେ ମନ ଆନନ୍ଦରେ ଖେଳୁଥିବା ସମୟରେ ହିଁ ପାଠ ପଢ଼ିବେ ଓ ସେମାନଙ୍କର ମାନସିକ ତଥା ବୌଦ୍ଧିକ ବିକାଶ ଦ୍ରୁତଗତିରେ ବଢ଼ି ଚାଲିବ। ଯେଉଁ ବୟସରେ ଯେଉଁ ବିଷୟ ପ୍ରତି ପିଲାମାନଙ୍କର

ସ୍ୱାଭାବିକ ଆଗ୍ରହ ସେହି ମାଧ୍ୟମରେ ଶିକ୍ଷାଦାନ କଲେ, ସେମାନଙ୍କର ପାଠ ପଢ଼ିବା ପ୍ରତି ଆଗ୍ରହ ସୃଷ୍ଟି ହେବ। ପ୍ରଥମରୁ ହିଁ ପାଠପଢ଼ା ସେମାନଙ୍କ ପାଇଁ ଏକ ଆନନ୍ଦଦାୟକ ଅନୁଭୂତି ହେବ। ବହୁ ମନୋବିଜ୍ଞାନ ଗବେଷଣାରୁ ଦେଖାଯାଇଛି ଯେ, ଖେଳମାଧ୍ୟମରେ ଶିକ୍ଷାଦାନ କଲେ ପିଲାମାନେ ଆଗ୍ରହ ଓ କୌତୂହଳର ସହ ପଢ଼ନ୍ତି। ସେମାନଙ୍କର ବୌଦ୍ଧିକ ବିକାଶ ମଧ୍ୟ ତ୍ୱରାନ୍ୱିତ ହୋଇଥାଏ। ପରବର୍ତ୍ତୀ ସମୟରେ ପାଠ ସେମାନଙ୍କ ପାଇଁ ଏକ ଆନନ୍ଦଦାୟକ ଅନୁଭୂତି ହୋଇରହେ। କିନ୍ତୁ ଆମଦେଶରେ ପିଲାଙ୍କୁ ବୋଧଗମ୍ୟ ନ ହେଉଥିବା ଗୁଡ଼ାଏ ଅଯଥା ପାଠ, ନ ବୁଝି ମୁଖସ୍ଥ କରିବାରେ ଗୁରୁତ୍ୱ ଆରୋପ, ତ୍ରୁଟିପୂର୍ଣ୍ଣ ପରୀକ୍ଷା ପଦ୍ଧତି, ପିତାମାତା ଓ ଶିକ୍ଷକମାନଙ୍କର ଦଣ୍ଡ ପ୍ରଦାନ ଅନେକ ସମୟରେ ପିଲାଙ୍କର ପାଠ ପ୍ରତି ବିତୃଷ୍ଣା ଭାବ ସୃଷ୍ଟିକରେ।

ବାଲ୍ୟାବସ୍ଥାରେ ପିଲାମାନଙ୍କର ଜାଣିବାର ଉତ୍ସାହ ଖୁବ୍ ବେଶି ଥାଏ। ଏହି ସହଜାତ ଉତ୍ସୁକତା ଯୋଗୁଁ ସେମାନେ ଅସରନ୍ତି ପ୍ରଶ୍ନ ପଚାରନ୍ତି। ଯାହା ତାଙ୍କ ଆଖିରେ ପଡେ ସେସବୁକୁ ସେମାନେ ଜାଣିବାକୁ ଚାହାଁନ୍ତି। ପ୍ରଶ୍ନ ପଚାରିବା ତାଙ୍କର ଜନ୍ମଗତ ପ୍ରବୃତ୍ତି। ଯାହା ଦେଖନ୍ତି, ତାହା ମଧ୍ୟ ପରୀକ୍ଷା କରିବାକୁ ଓ ବୁଝିବାକୁ ଚେଷ୍ଟା କରନ୍ତି। ପିଲାମାନଙ୍କର ଏହି ଅଜସ୍ର ପ୍ରଶ୍ନ ଅନେକ ସମୟରେ ବାପା ମା'ମାନଙ୍କୁ ଅବାନ୍ତର ଓ ଅର୍ଥହୀନ ମନେହୁଏ। ଏତେ ସବୁ ବାଜେ କଥା କାହିଁକି ପଚାରୁଛୁ ବୋଲି ସେମାନେ ବିରକ୍ତ ହୁଅନ୍ତି। ଅନେକ ସମୟରେ ନ ଭାବିଚିନ୍ତି ଗତାନୁଗତିକ ଉତ୍ତର ଦିଅନ୍ତି। କିନ୍ତୁ ପିଲାର ପ୍ରକୃତ ଶିକ୍ଷା ଏହି ପ୍ରଶ୍ନ ଉତ୍ତର ମାଧ୍ୟମରେ ହିଁ ହୁଏ। ପିଲାର ବିଶ୍ଳେଷଣ କରିବାର କ୍ଷମତା ପ୍ରଶ୍ନୋତ୍ତର ମାଧ୍ୟମରେ ବୃଦ୍ଧିପାଏ। କିନ୍ତୁ ପ୍ରଶ୍ନ ପଚାରିବାର ପ୍ରବୃତ୍ତି ଓ ଉତ୍ସାହକୁ ଚାପି ଦେଲେ, ବ୍ୟକ୍ତିତ୍ୱ ସଂକୀର୍ଣ୍ଣ ହୋଇଯିବା ସଙ୍ଗେସଙ୍ଗେ ମନ ମଧ୍ୟ ସୀମିତ ହୋଇଯାଏ। ଅଧିକ ଭାବିବାକୁ, ବିଶ୍ଳେଷଣ କରିବାକୁ ଉତ୍ସାହିତ କରାନଗଲେ ପରବର୍ତ୍ତୀ କାଳରେ ମଧ୍ୟ ପରୀକ୍ଷା ନ କରି ଓ ନ ଭାବି ଗୁଡ଼ାଏ ଅଯୌକ୍ତିକର କଥା ସେ ଗ୍ରହଣ କରିନେବା ଫଳରେ ବୌଦ୍ଧିକ ବିକାଶ ବାଧାପ୍ରାପ୍ତ ହେବ। ସେମାନଙ୍କୁ ପ୍ରଶ୍ନ ପଚାରିବାକୁ ଉତ୍ସାହିତ କରିବା ସହିତ ତାର ପ୍ରଶ୍ନର ଉତ୍ତର ଭାବିଚିନ୍ତି ଯୁକ୍ତିଯୁକ୍ତ ଭାବରେ ଦେବା ଦରକାର, ଯାହା ସେମାନଙ୍କର ବିଶ୍ଳେଷଣ କରିବାର, ଅଭିନବ ଭାବରେ ଚିନ୍ତା କରିବାର କ୍ଷମତା ବୃଦ୍ଧି କରିବ ଏବଂ ସୃଜନଶୀଳତା ଓ ବୌଦ୍ଧିକ କ୍ଷମତାକୁ ବିକଶିତ କରିବାରେ ସହାୟକ ହେବ।

ପ୍ରଶ୍ନ ଉତ୍ତର ମାଧ୍ୟମରେ ପିଲାମାନଙ୍କର ସୃଜନଶୀଳତା ମଧ୍ୟ ବୃଦ୍ଧି କରାଯାଇପାରେ। ସୃଜନଶୀଳତା ବୃଦ୍ଧି କରାଯିବା ପାଇଁ ଏକ ସ୍ୱାଧୀନ ଓ ସମାଲୋଚନାମୁକ୍ତ ପରିବେଶ ଯୋଗାଇ ଦେବା ଦରକାର। ମସ୍ତିଷ୍କଝଡ଼ (brain storming) ମାଧ୍ୟମରେ ଏକ ମୁକ୍ତ ପରିବେଶରେ ଆନନ୍ଦ ମନରେ କୌଣସି ବିଷୟ ସମ୍ବନ୍ଧରେ ବହୁମୁଖୀ ଚିନ୍ତାଧାରା ବା ଗୋଟିଏ ବିଷୟକୁ ନୂଆକରି ସର୍ଜନା କରିବାର ପ୍ରେରଣା ଦିଆଯାଏ। ପିଲାମାନଙ୍କ ଉତ୍ତରକୁ ପ୍ରଥମ ପର୍ଯ୍ୟାୟର ସମୀକ୍ଷା ଓ ସମାଲୋଚନା କରାଯାଏ ନାହିଁ। ସେ ସବୁର ସମାଧାନର ପନ୍ଥା ଯେତେ ଅସଙ୍ଗତ ହେଲେ ମଧ୍ୟ ସେମାନଙ୍କୁ ତାହା କହିବା ପାଇଁ ଉତ୍ସାହିତ କରାଯାଏ। ଅବଶ୍ୟ ପରେ ଆଲୋଚନା କଲାବେଳେ ସେଗୁଡ଼ିକର ଦୋଷତ୍ରୁଟି ଓ ଭଲମନ୍ଦ ବିଚାର କରାଯାଇଥାଏ। ସୃଜନଶୀଳ ପ୍ରକ୍ରିୟାର ଅନ୍ୟ ଗୋଟିଏ ଦିଗ ହେଲା, ଅସଂପୃକ୍ତ ବସ୍ତୁ ବା ଭାବନା ମଧ୍ୟରେ ସଂଯୋଗ ସ୍ଥାପନ (remote association) କରିବା। ଉଦାହରଣ ସ୍ୱରୂପ ସମୟ ସହିତ ଚକ ବା ନଦୀ ସହିତ ନାରୀ ଆଦି ଦୁଇଟି ସଂପର୍କହୀନ ବସ୍ତୁକୁ ଭାବନାରେ ଯୋଡ଼ି ଦିଆଯାଇ ପିଲାମାନଙ୍କୁ ଦୁଇଟି ଭିନ୍ନ ଭିନ୍ନ ଓ ଅସଂପୃକ୍ତ ବସ୍ତୁ ମଧ୍ୟରେ ସାମଞ୍ଜସ୍ୟ ଦେଖିବାର ଶିକ୍ଷା ଦିଆଯାଏ। ପ୍ରଶ୍ନର ମୌଳିକ ବା ଅନନ୍ୟ ଉତ୍ତର ଦେଉଥିବା ପିଲାକୁ ବା ଗୋଟିଏ ପ୍ରଶ୍ନର ବିବିଧ ଉତ୍ତର ଦେଉଥିବା ପିଲାକୁ ଉତ୍ସାହିତ କଲେ ତାହାର ସୃଜନଶୀଳତା ବୃଦ୍ଧିପାଏ। ଭାରତରେ ପିଲାଙ୍କୁ ନୂଆକରି କିଛି ଭାବିବାକୁ ବା କରିବାକୁ ଉତ୍ସାହିତ କରାଯାଏ ନାହିଁ। ତେଣୁ ପିଲାମାନଙ୍କର ଅଭିନବ ଓ ମୌଳିକ ଚିନ୍ତାଧାରାର ଅଭାବ ଦେଖାଯାଏ। ଘୋଷିକରି ଲେଖିବା ପାଇଁ ପିଲାଙ୍କୁ ଅଧିକ ଉତ୍ସାହିତ କରାଯାଏ।

ପିଲାମାନଙ୍କୁ କିଛି ସମୟ ନିଜ ଇଚ୍ଛାରେ, ନିଜସ୍ୱ ଢଙ୍ଗରେ, ନିଜସ୍ୱ ଗତିରେ ଓ ଅବ୍ୟାବସ୍ଥିତ ଭାବେ ସମୟ କଟାଇବାକୁ ସୁଯୋଗ ଦେବା ସହିତ ଚାରିପାଖର ଜିନିଷକୁ ପରଖିବାକୁ, କିଛି ଭାବିବାକୁ, କଳ୍ପନା କରିବାକୁ ଏବଂ ସ୍ୱପ୍ନ ଦେଖିବାକୁ ଛାଡ଼ିଦେବା ଦରକାର।

ପିଲାମାନେ ପ୍ରଶଂସାପ୍ରିୟ। ଉତ୍ତମ କାର୍ଯ୍ୟଟିଏ କରିଥିଲେ ତତକ୍ଷଣାତ ସେମାନଙ୍କୁ ପ୍ରଶଂସା କରାଯିବା ଉଚିତ। ଏହାଦ୍ୱାରା ସେମାନେ ଅଧିକରୁ ଅଧିକ ଭଲ କାମ କରିବାକୁ ଆଗ୍ରହୀ ହେବେ। ସେ ଯେତିକି ଜାଣିଛି, ସେତିକିରେ ତାକୁ ପ୍ରଶଂସା କରାଯାଉ। ବାହାବା ଦିଆଯାଉ। ପିଲାମାନଙ୍କୁ ବେଶୀ ନିନ୍ଦା କରିବା ଠିକ ନୁହେଁ। ପ୍ରଶଂସା କଲେ ପିଲା ମନରେ ନିଜ ପ୍ରତି ବିଶ୍ୱାସ ବଢ଼େ। ସେ ବିଶ୍ୱାସ କରେ ଯେ, ଆହୁରି ଟିକିଏ ପରିଶ୍ରମ କଲେ ସେ ପଢ଼ାରେ ଆଗେଇ ପାରିବ ଏବଂ ଆହୁରି ପ୍ରଶଂସା ପାଇପାରିବ। କୌଣସି କାମ ପାଇଁ ବା ପାଠ ପାଇଁ ସବୁବେଳେ ନିନ୍ଦା କଲେ ବା ଦଣ୍ଡ ଦେଲେ, ପିଲାର କୋମଳ ମନ ଦବିଯାଏ। ଅନେକ ବାପା ମା ପିଲା ଆଗରେ 'ଯେ ଗୋଟେ ମୂର୍ଖ, ଯା ଦ୍ୱାରା କିଛି ହେବନାହିଁ। ବଡ଼ ହେଲେ ଭିକ ମାଗି ପେଟ ପୋଷିବ' ଇତ୍ୟାଦି ବାରମ୍ବାର କହିଥାନ୍ତି। ଏପରି ବାରମ୍ବାର କହିବା ଦ୍ୱାରା ପିଲା ଭାବେ ଯେ

ତାର ପ୍ରକୃତରେ ପଢ଼ିବାର କ୍ଷମତା ନାହିଁ। ସେ ମଧ୍ୟ ବିଶ୍ୱାସ କରିବାକୁ ଲାଗେ ଯେ ସେ ଗୋଟେ ମୂର୍ଖ। ସବୁତକ ନିନ୍ଦା ପାଇଁ ସେ ଯୋଗ୍ୟ। ତେଣୁ ସେ କୌଣସି ଭଲ କଥାରେ ଆଗେଇ ପାରେନାହିଁ। ତା ମନରେ ହୀନଭାବନା ରହିଯାଏ। ବଡ଼ ହେଲା ପରେ ମଧ୍ୟ ସେ ନିଜକୁ ଜଣେ ହୀନ ଓ ଅପାରଗ ମଣିଷ ବୋଲି ମନେକରେ। ଏଠାରେ ପ୍ରଶ୍ନ ଉଠିପାରେ ଯେ, ପିଲାଟି ଯଦି ପାଠରେ ଜମା ମନ ଦେଉନାହିଁ, ପୁଣି ପ୍ରଶଂସା କଣ ପାଇଁ ଓ କିପରି କରାଯିବ ? ଭଲ ପଢୁନଥିଲେ ମଧ୍ୟ କୌଣସି ବିଷୟରେ ସେ ନିଶ୍ଚୟ ଟିକିଏ ଭଲ କରୁଥିବ। ତେଣୁ ଖୋଜିଖୋଜି ତାର ଭଲ ଜିନିଷଟିକୁ ବାହାର କଲେ ଓ ପ୍ରଶଂସା କଲେ, ତାର ଆତ୍ମବିଶ୍ୱାସ ବଢ଼େ। ଆହୁରି ପ୍ରଶଂସା ପାଇବା ଲୋଭରେ ସେ ଅଧିକ ଭଲ କରିବାକୁ ବା ପଢ଼ିବାକୁ ଚେଷ୍ଟା କରିଥାଏ। ଏହା ବ୍ୟତୀତ ପିଲାକୁ ଭଲ ପାଇଲେ ତା ଅନ୍ତର୍ନିହିତ ଶକ୍ତି ଖୁବ୍ ସହଜରେ ବିକଶିତ ହୁଏ।

କେତେକ ଲୋକଙ୍କର ଧାରଣା ପିଲା ସବୁବେଳେ ପଢ଼ିବା ଦରକାର। ପଢ଼ିବା ସାଙ୍ଗରେ ଆଉ କୌଣସି କାର୍ଯ୍ୟରେ ନିଜକୁ ନିୟୋଜିତ କଲେ ପଢ଼ାରେ ତାର ମନ ଲାଗିବ ନାହିଁ। କିନ୍ତୁ ଏପରି ଧାରଣା ଭୁଲ। ପଢ଼ାପଢ଼ି ସାଙ୍ଗରେ ଖେଳକୁଦ, ବିଭିନ୍ନ ପ୍ରକାର ବ୍ୟାୟାମ ଆଦି କଲେ ଶରୀରରେ ଭଲ ଭାବରେ ରକ୍ତ ସଂଚାଳନ ହୁଏ। ଶରୀର ସୁସ୍ଥ ରହେ ଓ ମନ ପ୍ରଫୁଲ୍ଲ ରହେ। ପାଠପଢ଼ାରେ ଏକାଗ୍ରତା ବଢ଼େ। ଖେଳକୁଦ ସାଙ୍ଗରେ ସଂଗୀତ, କଳା, ଫଟୋଗ୍ରାଫି, ଯୋଗ, କରାଟେ, ସନ୍ତରଣ ଆଦି ରୁଚି ଅନୁଯାୟୀ ବିଭିନ୍ନ ପ୍ରକାର କୋ-କରିକ୍ୟୁଲାର କାର୍ଯ୍ୟକ୍ରମରେ ଅଂଶ ଗ୍ରହଣ କଲେ ପିଲାର ପାଠପଢ଼ା ଆହୁରି ଭଲ ହୁଏ। ଯେକୌଣସି କ୍ଷେତ୍ରରେ କୃତକାର୍ଯ୍ୟ ହେଲେ ସେ ପ୍ରଶଂସା ପାଏ। ଏହି ପ୍ରଶଂସା ପାଇବାର ସ୍ୱାଦ ଥରେ ଅନୁଭବ କଲା ପରେ ସେ ପଢ଼ାପଢ଼ିରେ ମଧ୍ୟ ପ୍ରଶଂସା ପାଇବାକୁ ଚାହେଁ। ପିଲାର ଆତ୍ମପ୍ରତ୍ୟୟ ଓ ଆତ୍ମବିଶ୍ୱାସ ବଢ଼ିଯାଏ।

ପିଲାଙ୍କର ବୌଦ୍ଧିକ ବିକାଶ ଲାଗି ଘରେ ବାପା, ମା' ଓ ଭାଇଭଉଣୀମାନଙ୍କର ସାନିଧ୍ୟ ଓ ଭାବର ଆଦାନ ପ୍ରଦାନର ଆବଶ୍ୟକତା ରହିଛି। ବାପା, ମା', ଭାଇଭଉଣୀ ଏକାଠି ବସି ସୁଖଦୁଃଖ, ପରିବାରର ହାନିଲାଭ, ଅତୀତ ଭବିଷ୍ୟତ ବିଷୟରେ ଆଲୋଚନା କରନ୍ତି। ଏହି ଆଲୋଚନା କରିବାବେଳେ ପାଠପଢ଼ାର ଉପକାରିତା ବିଷୟରେ ଆଲୋଚନା କରିବା ଉଚିତ। ପାଠୁଆ ଓ ଜ୍ଞାନୀ ଲୋକମାନଙ୍କର ସମାଜରେ କେତେ ସମ୍ମାନ ସେ କଥା ପିଲା ଜାଣିବା ଦରକାର। ବହୁତ ଥର ଗୋଟିଏ କଥା ଶୁଣିଲେ ପିଲା ପାଠପଢ଼ାର ଗୁରୁତ୍ୱ ଉପଲବ୍ଧି କରିବ। କିନ୍ତୁ ବାରମ୍ବାର ଉପଦେଶ ଦେଇ, ଗାଳି ଦେଇ କହିଲେ ପିଲା ବିଦ୍ରୋହାତ୍ମକ ମନୋଭାବ ଦେଖେଇବ। ପିଲା ଜାଣିବା

ଦରକାର ଯେ, ବାପା, ମା', ଶିକ୍ଷକ ଓ ଶିକ୍ଷୟିତ୍ରୀ ସମସ୍ତେ ତାର ପାଠପଢ଼ାରେ ଆଗ୍ରହୀ। ପାଠ ପଢ଼ିଲେ ସମସ୍ତେ ଖୁସି ହେବେ ଓ ଭଲ ପାଇବେ।

ପିଲାମାନେ କିପରି ଭଲ ମଣିଷ ହେବେ, ସହନଶୀଳ ହେବେ, ଅନ୍ୟର ଦୁଃଖ, କଷ୍ଟ,ଆବେଗକୁ ବୁଝି ସେମାନଙ୍କ ପ୍ରତି ସହାନୁଭୂତି ଓ ସମାନୁଭୂତିଶୀଳ ହେବେ, ପରିବର୍ତ୍ତିତ ସ୍ଥିତିରେ ନିଜକୁ ଖାପଖୁଆଇ ସମସ୍ତଙ୍କ ସହିତ ମିଳିମିଶି ଚଳିପାରିବେ, ତାହା ଉପରେ ଗୁରୁତ୍ୱ ଦିଆଯିବା ଉଚିତ। କାରଣ ଏସବୁ ହିଁ ପ୍ରକୃତ ସଫଳ ଜୀବନଯାପନ ପାଇଁ ଗୁରୁତ୍ୱପୂର୍ଣ୍ଣ। ଗବେଷଣାରୁ ଦେଖାଯାଇଛି ଯେ ସାଧାରଣ ବୁଦ୍ଧି (IQ) ଅପେକ୍ଷା ଆବେଗିକ ବୁଦ୍ଧି (Emotional Intelligence) ବା (EQ) ଜୀବନରେ ସଫଳ ହେବା ପାଇଁ ଅଧିକ ପ୍ରଯୋଜନ। ଜୀବନ ହେଉଛି ସଫଳତା ଓ ବିଫଳତାର ସମାହାର। ବିଫଳତା ହିଁ ସଫଳତା ପାଇଁ ବାଟ କଢ଼ାଏ। କୌଣସି କାର୍ଯ୍ୟରେ ବା ପଢ଼ାପଢ଼ିରେ ପିଲାମାନେ ବିଫଳ ହେଲେ ସେମାନଙ୍କୁ ଦୋଷ ନଦେଇ ବିଫଳତାକୁ ସେମାନେ କିଭଳି ସକାରାତ୍ମକ ଭାବରେ ଗ୍ରହଣ କରିବେ ସେ ଦିଗରେ ପିତାମାତାମାନେ ଦୃଷ୍ଟିଦେବା ଉଚିତ।

ପିଲାଙ୍କୁ ପାଠ୍ୟପୁସ୍ତକ ବ୍ୟତୀତ ବିଭିନ୍ନ ବହି ପଢ଼ିବା ପାଇଁ ଉତ୍ସାହିତ କରାଯିବା ଦରକାର। ଘରେ କ୍ଷୁଦ୍ର ପାଠଗାରଟିଏ କରି ବହିପଢ଼ାର ଆଗ୍ରହ ସୃଷ୍ଟି କରାଯାଇପାରେ। ବହୁତ ବହି ପଢ଼ିଲେ ବର୍ଦ୍ଧିତ ଜ୍ଞାନ ଯୋଗୁଁ ପାଠ୍ୟ ପୁସ୍ତକ ବୁଝିବା ସେମାନଙ୍କ ପକ୍ଷରେ ଖୁବ୍ ସହଜ ହୋଇଯାଏ। ଭାଷା ଉପରେ ଦଖଲ ଆସିଯାଏ। ପିଲାମାନେ ବାପା ମା'ଙ୍କ ସହ ସମୟ କଟାଉଥିବାରୁ ସେମାନଙ୍କ ମନରେ ବାପା ମା'ଙ୍କର ବ୍ୟବହାର ଅନମନୀୟ ଛାଞ୍ଚ ପରି କାମ କରିଥାଏ। ବାପା ମା'ମାନେ ଯାହା କହନ୍ତି, ପିଲେ ତାହା କରନ୍ତି ନାହିଁ। ବରଂ ସେମାନେ ଯାହା କରନ୍ତି, ତାହା ପିଲାମାନେ କରନ୍ତି। ପିଲାମାନେ ପିତାମାତାଙ୍କୁ ଅନୁକରଣ (modelling) କରନ୍ତି। ବାପା ମା' ବହୁତ ପଢୁଥିଲେ, ପିଲାମାନେ ପ୍ରାୟ ପଢ଼ିବା ପାଇଁ ଆଗ୍ରହ ପ୍ରକାଶ କରନ୍ତି। ଅନେକ ସମୟରେ ବାପା କି ମା' ଖଣ୍ଡେ ବହି କି ଖବରକାଗଜ ପଢୁ ନଥିବେ, ବାପା ରାତିରେ କ୍ଲବ୍ ଯାଉଥିବେ, ତାସ୍ ଖେଳୁଥିବେ ବା ଚାକିରି ବ୍ୟବସାୟରେ ବ୍ୟସ୍ତ ଥିବେ, ମା' ଟିଭି ଦେଖା, ବୁଲାବୁଲିରେ ବ୍ୟସ୍ତ ଥିବେ। କିନ୍ତୁ ପିଲାକୁ ସବୁବେଳେ ପଢ଼ିବା ପାଇଁ ଉପଦେଶ ଦେଉଥିବେ। ଏପରି କଲେ ପିଲା ଉପରେ କୌଣସି ପ୍ରଭାବ ପଡେନାହିଁ। ତା'ଛଡ଼ା ପିଲାମାନଙ୍କୁ ଖୁବ୍ ବେଶୀ ଦୂରଦର୍ଶନ ଦେଖିବାକୁ ଉତ୍ସାହିତ କରିବା ଉଚିତ ନୁହେଁ। ସବୁବେଳେ ଦୂରଦର୍ଶନ ଦେଖିବା ଫଳରେ ସେମାନଙ୍କର ଚିନ୍ତା କରିବା ଶକ୍ତି କମିଯାଏ ଓ ସୃଜନଶୀଳତା ବାଧାପ୍ରାପ୍ତ ହୁଏ।

ବାପା, ମା', ଶିକ୍ଷକମାନଙ୍କ ବ୍ୟତୀତ ପିଲାମାନେ ସାଙ୍ଗମାନଙ୍କ ଦ୍ୱାରା ମଧ୍ୟ ପ୍ରଭାବିତ ହୁଅନ୍ତି। ପିଲାମାନେ ପାଠ ପଢୁନଥିବା ଦଳେ ଦୁଷ୍ଟପିଲାଙ୍କ ସାଙ୍ଗରେ ସାଙ୍ଗ ହେଲେ ସେମାନଙ୍କ ଦ୍ୱାରା ପ୍ରଭାବିତ ହୁଅନ୍ତି ଓ ପାଠ ପ୍ରତି ବୀତସ୍ପୃହ ମଧ୍ୟ ହୋଇପଡ଼ନ୍ତି। ପିଲାମାନେ କିପରି ସାଙ୍ଗସାଥୀଙ୍କ ଗହଣରେ ସମୟ କଟଉଛନ୍ତି ତାହା ମଧ୍ୟ ଖୁବ୍ ଗୁରୁତ୍ୱପୂର୍ଣ୍ଣ। ବାପା ମା' ଏହି ଦିଗଟିକୁ ଧ୍ୟାନ ଦେବା ଦରକାର।

ପିତାମାତା ବୁଝିବା ଦରକାର ଯେ, ପ୍ରତ୍ୟେକ ପିଲା ସ୍ୱତନ୍ତ୍ର ଓ ସେହି ରୂପେ ଅନନ୍ୟ। ବିଭିନ୍ନ କ୍ଷେତ୍ରରେ ସେମାନଙ୍କର ସାମର୍ଥ୍ୟ ଓ ଦକ୍ଷତା ମଧ୍ୟ ଭିନ୍ନ। ତେଣୁ ନିଜ ପିଲାକୁ ଅନ୍ୟ ପିଲା ସହିତ ତୁଳନା କରିବା ଆଦୌ ଉଚିତ ନୁହେଁ। କେବଳ ପିଲାର ପୂର୍ବ ଉପଲବ୍ଧିକୁ ପରବର୍ତ୍ତୀ ଉପଲବ୍ଧି ସହିତ ତୁଳନା କରାଯାଇପାରେ। କେଉଁ ବିଷୟରେ ତାର ସାମର୍ଥ୍ୟ ଅଛି, ତାହା ବୁଝିପାରି ସେଥିଲାଗି ଉପଯୁକ୍ତ ବାତାବରଣ ଯୋଗାଇ ଦେବା ଅଧିକ ଗୁରୁତ୍ୱପୂର୍ଣ୍ଣ। କୌଣସି ପିଲା ବା କୌଣସି ମଣିଷ ସର୍ବଗୁଣସମ୍ପନ୍ନ ନୁହେଁ। ପ୍ରତ୍ୟେକ ପିଲାର କେତେଗୁଡ଼ିଏ କ୍ଷେତ୍ରରେ ସାମର୍ଥ୍ୟ ରହିବା ସହିତ ଅନ୍ୟ କେତେ ଗୁଡ଼ିଏ କ୍ଷେତ୍ରରେ ଅସମର୍ଥତା ରହିବ। ଏଠାରେ ଗୋଟିଏ ଗପର ଉଦାହରଣ ଦିଆଯାଇପାରେ। ଗୋଟିଏ ସୁନ୍ଦର, କୌତୁକିଆ ଠେକୁଆ ଛୁଆଟିଏ ଥିଲା। ସେ ଦୌଡ଼ା ଦୌଡ଼ି, କୁଦାକୁଦି ବ୍ୟାପାରରେ ଖୁବ୍ ତତ୍ପର ଥିଲା। ସବୁ ଠେକୁଆ ଛୁଆଙ୍କୁ ସେ ପଛରେ ପକାଇ ଦେଉଥିଲା। ସମସ୍ତେ ତାକୁ ବହୁତ ଭଲ ପାଉଥିଲେ। ତାର ବାପା ମା' ଭାବିଲେ, ସବୁ ଠେକୁଆ ଛୁଆ ତ ଦୌଡ଼ି ପାରୁଛନ୍ତି। ତାଙ୍କ ଛୁଆକୁ ଅନ୍ୟ କିଛି ଶିଖାଇ ସମସ୍ତଙ୍କୁ ଚମକେଇ ଦେବେ। ସେମାନେ ଠେକୁଆ ଛୁଆଟିକୁ ପହଁରା ଶିଖାଇଲେ। ଦିନ ଦିନ ଧରି ଠେକୁଆ ଛୁଆ ବାପାମାଙ୍କ କଥାରେ ପହଁରା ଶିଖିବାରେ ଲାଗିଲା। କିନ୍ତୁ ସେ କେବେ ହେଲେ ପହଁରି ପାରିଲା ନାହିଁ। ପହଁରାରେ ବହୁତ ସମୟ ଦେଉଥିବାରୁ ଧୀରେ ଧୀରେ ଦୌଡ଼ାଦୌଡ଼ି, କୁଦାକୁଦିରେ ସେ ପଛରେ ପଡ଼ିଗଲା। ଏ ଗପଟି ଅବତାରଣା କରିବାର ଅର୍ଥ ନିଜର ପିଲାଟି ଯେପରି ତାକୁ ସେହିପରି ଗ୍ରହଣ କରିବା ଦରକାର। କେଉଁ କ୍ଷେତ୍ରରେ ତାର ସାମର୍ଥ୍ୟ ଅଛି ଏବଂ କେଉଁ କ୍ଷେତ୍ରରେ ତାର ଦୁର୍ବଳତା ଅଛି ବୁଝିପାରିବା ଦରକାର। ତାର ସାମର୍ଥ୍ୟକୁ ଯଦି ସକାରାତ୍ମକ ଭାବରେ ଗ୍ରହଣ କରାଯାଉଛି, ଦୁର୍ବଳତା ଓ ଅସମର୍ଥତାକୁ ମଧ୍ୟ ସେହିଭଳି ଭାବରେ ଗ୍ରହଣ କରିବା ଦରକାର। ବରଂ ପିଲାଟିର ରୁଚି, ଆଗ୍ରହ ଓ ସାମର୍ଥ୍ୟକୁ ଲକ୍ଷ୍ୟ ରଖି ଅଭିଳାଷ ପୋଷଣ କରିବା ଦରକାର। ପ୍ରତ୍ୟେକ ମଂଜି ମଧ୍ୟରେ ଏକ ବିଶାଳ ଦ୍ରୁମ ହେବାର ସମ୍ଭାବନା ଲୁକ୍‌କାୟିତ ହୋଇ ରହିଥିବା ପରି ପ୍ରତ୍ୟେକ ପିଲା ମଧ୍ୟରେ ଅସାଧାରଣ ସାମର୍ଥ୍ୟ ଓ ଦକ୍ଷତା ଥାଏ। ଏହାକୁ ଚିହ୍ନଟ କରି ତାର ବ୍ୟକ୍ତିତ୍ୱର ବିକାଶ ପାଇଁ ଉପଯୁକ୍ତ

ପରିବେଶ ଯୋଗାଇ ଦେଲେ ସେ ଆକର୍ଷଣୀୟ ବ୍ୟକ୍ତିତ୍ୱର ଅଧିକାରୀ ହୋଇ ଯେ କୌଣସି କ୍ଷେତ୍ରରେ ସଫଳ ହୋଇ ପାରିବ। କିନ୍ତୁ ଆମ୍ବ ଟାକୁଆ ମଧ୍ୟରେ ନଡ଼ିଆ ଫଳର ଆଶା ରଖିଲେ ହତାଶ ହିଁ ସାର ହେବ।

ସ୍ନେହ, ଶ୍ରଦ୍ଧା ଓ ଭଲପାଇବା ପାଇ ବଢୁଥିବା ପିଲା କେବେ ଖରାପ ହୁଏ ନାହିଁ। କିଛି ଭୁଲ କାମ କରିବା ପୂର୍ବରୁ ସେ ବାରମ୍ବାର ଭାବେ। ବାପା ମା'ଙ୍କୁ କଷ୍ଟ ହେଲାଭଳି କାମ ସେ ପ୍ରାୟତଃ କରେ ନାହିଁ। ବାପା ମା'ମାନେ ନିଜ ସ୍ନେହ, ଶ୍ରଦ୍ଧାକୁ ପ୍ରଦର୍ଶନ କରିବା ଦରକାର। ଖୁବ୍ ଶାସନ କଲେ ପିଲା ଦୂରେଇ ଯାଆନ୍ତି। ମାଡ଼ ମାରିଲେ ତାଙ୍କର ଆତ୍ମସମ୍ମାନ ବାଧାପ୍ରାପ୍ତ ହୁଏ। ତାଙ୍କ ମଧ୍ୟରେ ନକାରାତ୍ମକ ମନୋଭାବ ଓ ପ୍ରତିରୋଧ କରିବାର ପ୍ରବୃତ୍ତି ବୃଦ୍ଧି ପାଏ। ସେମାନେ ଜିଦ୍‌ଖୋର ହୋଇଯାଆନ୍ତି।

ସୁତରାଂ ପିଲାମାନଙ୍କ ସ୍ଥାନରେ ନିଜକୁ ରଖି ସେମାନଙ୍କୁ ବୁଝିବାକୁ ଚେଷ୍ଟା କରିବା ଉଚିତ। ସେମାନଙ୍କୁ ପ୍ରଚୁର ସ୍ନେହ, ଶ୍ରଦ୍ଧା ଏବଂ ସମ୍ମାନ ଦେବା ଦରକାର। ସେମାନେ କିପରି ସୁଖ, ଆନନ୍ଦ ଓ ନିର୍ଭୟରେ ବଞ୍ଚିବେ ଓ ଭବିଷ୍ୟତ ବିପଦଆପଦର ସାମନା କରିପାରିବେ ତାହା ଶିକ୍ଷା ଦେବା ଦରକାର। ସୁଖ, ଆନନ୍ଦରେ ରହୁଥିବା ପିଲା ନିଶ୍ଚୟ ଜୀବନରେ ସଫଳ ହେବ। ଗୃହର ପରିବେଶ ଏପରି ଆକର୍ଷଣୀୟ ହେବା ଦରକାର ଯେପରି କୌଣସି ବାହ୍ୟ ଆକର୍ଷଣ ସେମାନଙ୍କୁ ପ୍ରଲୁବ୍ଧ କରିବାକୁ ସକ୍ଷମ ହେବ ନାହିଁ। ପିଲାମାନଙ୍କର ଶୈଶବାବସ୍ଥାରେ ପାଠ ପ୍ରତି ଆଗ୍ରହ ତାଙ୍କ ଉପରେ ଯେତିକି ନିର୍ଭର କରେ, ତାଠାରୁ ଗୃହର ବାତାବରଣ, ପିତାମାତା, ଶିକ୍ଷକମାନଙ୍କର ଶିକ୍ଷଣ ପଦ୍ଧତି ଓ ବ୍ୟବହାରର ଅଧିକ ଆବଶ୍ୟକତା ରହିଛି।

■

ପରିବେଶ ପ୍ରଦୂଷଣ ଓ ଆମ ମାନସିକତା

ବିଜ୍ଞାନର ଅଗ୍ରଗତି ଫଳରେ ମନୁଷ୍ୟ ଆଜି ବହୁ ଜିନିଷ ଉଦ୍ଭାବନ କରି ଜୀବନକୁ ସୁନ୍ଦର ଓ ଉପଭୋଗ୍ୟ କରିପାରିଛି । ଶିଳ୍ପାୟନର ଦ୍ରୁତ ଅଭିବୃଦ୍ଧି ଘଟିଛି । ଦେଶ ଅଧିକରୁ ଅଧିକ ସମୃଦ୍ଧ ହୋଇଛି । ବିଗତ ଶତାବ୍ଦୀରେ ମାନବ ସଭ୍ୟତାର ବେଶ୍ ଉନ୍ନତି ପରିଲକ୍ଷିତ ହୋଇଥିଲେ ମଧ୍ୟ ପ୍ରକୃତି ଓ ପରିବେଶ ଉପରେ ଏହାର କୁପ୍ରଭାବ ପଡ଼ିଥିବାର ଲକ୍ଷ୍ୟ କରାଯାଉଛି । ମନୁଷ୍ୟ ନିଜ ଅଜାଣତରେ ପରିବେଶକୁ ପ୍ରଦୂଷିତ କରିଚାଲିଛି । ପରିବେଶ ପ୍ରଦୂଷଣ ଏବଂ ଜଳବାୟୁର ମାତ୍ରାଧିକ ପରିବର୍ତ୍ତନ ଯୋଗୁଁ ପୃଥିବୀପୃଷ୍ଠ କିଛିଦିନ ମଧ୍ୟରେ ହୁଏତ ବାସୋପଯୋଗୀ ହୋଇ ରହିବ ନାହିଁ ବୋଲି ଆଶଙ୍କା ପ୍ରକାଶ ପାଇଛି । ମନୁଷ୍ୟର ବିଭିନ୍ନ କାର୍ଯ୍ୟକଳାପ କିପରି ପରିବେଶକୁ ନଷ୍ଟ କରୁଛି ଓ ଏହାର ଅଭୂତପୂର୍ବ କ୍ଷତି କରୁଛି, ସେ ବିଷୟରେ ଗତ ଚାରି ଦଶନ୍ଧି ଧରି ବହୁ ଗବେଷଣା ହୋଇଛି । ଶିଳ୍ପ ସମୃଦ୍ଧ ରାଷ୍ଟ୍ରମାନେ ଏବଂ ଏଥିରେ ବାସ କରୁଥିବା ପ୍ରତ୍ୟେକ ମଣିଷ ପରିବେଶ ସଚେତନ ହେବା ନିହାତି ଜରୁରି । ଆଜିର ସଙ୍ଗୀନ ପରିସ୍ଥିତିରେ ପରିବେଶ ପ୍ରସଙ୍ଗକୁ ଅବହେଳା କରାଯିବା ଉଚିତ ନୁହେଁ ।

ଅତ୍ୟଧିକ ପରିବେଶ ପ୍ରଦୂଷଣ ଯୋଗୁଁ ବିଶ୍ୱର ଜଳବାୟୁ ଓ ପ୍ରାକୃତିକ ଭାରସାମ୍ୟ ବାଧାପ୍ରାପ୍ତ ହେଲାଣି । ସହନଶୀଳତାର ମାତ୍ରା ଅତିକ୍ରମ କରିଥିବାରୁ ପ୍ରକୃତି ବାତ୍ୟା, ମହାବାତ୍ୟା, ସୁନାମି ଭଳି ବିପର୍ଯ୍ୟୟ ମାଧ୍ୟମରେ ସମଗ୍ର ମାନବ ସମାଜକୁ ବାରମ୍ବାର ଚେତାବନୀ ଦେଇ ସାରିଲାଣି । ଆମେରିକାରେ କ୍ୟାଟ୍ରିନା ଓ ରିଟା ନାମକ ତୋଫାନ୍‌ରେ ହୋଇଥିବା ଭୟଙ୍କର କ୍ଷତି, ଭାରତୀୟ ଉପମହାଦ୍ୱୀପରେ ଆସିଥିବା ସୁନାମି ଭଳି ବିନାଶକାରୀ ଭୂକମ୍ପ, ଫାଇଲିନ୍, ଫନି ସଦୃଶ ମହାବାତ୍ୟା ଆଦିକୁ ପ୍ରକୃତିର କୋପ ବୋଲି ମାନିବାକୁ ପଡ଼ିବ । ନୂଆ ନୂଆ ପ୍ରକାରର ସାଙ୍ଘାତିକ ରୋଗ ସୃଷ୍ଟି କରୁଥିବା ଭୂତାଣୁ ଓ ଜୀବାଣୁର ଅବିର୍ଭାବ, ଅତ୍ୟଧିକ ଥଣ୍ଡା ବା ଗରମ, ବ୍ୟାପକ

ବର୍ଷା, ବନ୍ୟା, ପ୍ରଳୟଙ୍କରୀ ଘୂର୍ଣ୍ଣିଝଡ଼ ଓ ମରୁଡ଼ି ଆଦି ବିପରୀତମୁଖୀ ପରିବେଶ ଓ ପାଣିପାଗର ଅସ୍ୱାଭାବିକ ପରିବର୍ତ୍ତନ ଦେଖି ବୈଜ୍ଞାନିକମାନେ ବିସ୍ମିତ ହୋଇଉଠୁଛନ୍ତି।

ଅଷ୍ଟାଦଶ ଶତାବ୍ଦୀର ମଧ୍ୟଭାଗରୁ ଅର୍ଥାତ ଶିଳ୍ପ ବିପ୍ଳବ ଆରମ୍ଭ ହେବା ଦିନଠାରୁ ବାୟୁମଣ୍ଡଳ ପ୍ରଦୂଷିତ ହେବାକୁ ଲାଗିଛି। ଯାନବାହନର ଅତ୍ୟଧିକ ବ୍ୟବହାର ମଧ୍ୟ ବାୟୁମଣ୍ଡଳ ପ୍ରଦୂଷଣର ଅନ୍ୟ ଏକ କାରଣ। ଏଥିରୁ ନିର୍ଗତ ହେଉଥିବା ଗ୍ୟାସ ବାୟୁମଣ୍ଡଳକୁ ଦୂଷିତ କରୁଛି। ବାୟୁମଣ୍ଡଳରେ ଏହି ଗ୍ୟାସୀୟ ପଦାର୍ଥର ଏକ ବହଳ ଆସ୍ତରଣ ଯୋଗୁଁ ସୂର୍ଯ୍ୟଙ୍କ ଠାରୁ ଆସୁଥିବା ରଶ୍ମିର ଉଜ୍ୱଳତା ଭୂପୃଷ୍ଠ ନିକଟକୁ ଠିକ ଭାବରେ ଆସୁନାହିଁ। ଦୂଷିତ ବାୟୁମଣ୍ଡଳ ଯୋଗୁଁ ଶ୍ୱାସରୋଗର ମାତ୍ରା କ୍ରମାଗତ ଭାବରେ ବଢ଼ିବାରେ ଲାଗିଛି। ବାୟୁ ପ୍ରଦୂଷଣର ପ୍ରଭାବରେ ପ୍ରତିବର୍ଷ ପ୍ରାୟ କୋଡ଼ିଏ ଲକ୍ଷ ଭାରତୀୟଙ୍କର ମୃତ୍ୟୁ ହେଉଛି। ଏକ ସର୍ଭେରୁ ଜଣାଯାଇଅଛି ଯେ, ପ୍ରଦୂଷିତ ବାୟୁମଣ୍ଡଳ ଯୋଗୁଁ କୋଲକାତା ନଗରୀରେ ବହୁ ଶିଶୁ ଶ୍ୱାସଜନିତ, ଆଜ୍‌ମା ରୋଗରେ ପୀଡ଼ିତ। ଦିଲ୍ଲୀରେ ପ୍ରାୟ ବାଇଶ ଲକ୍ଷ ଶିଶୁଙ୍କର ଫୁସ୍‌ଫୁସ୍ ପ୍ରଦୂଷିତ ବାୟୁମଣ୍ଡଳ ଯୋଗୁଁ କ୍ଷତିଗ୍ରସ୍ତ ହୋଇଛି। ଆଜ୍‌ମା ଓ ଶ୍ୱାସଜନିତ ରୋଗରେ ଭାରତୀୟମାନଙ୍କର ମୃତ୍ୟୁ ସଂଖ୍ୟା ପୃଥିବୀରେ ସର୍ବାଧିକ।

ପୃଥିବୀ ପୃଷ୍ଠରେ ତାପମାତ୍ରାର ବୃଦ୍ଧି ଘଟିଛି, ଯାହାକୁ ଆମେ 'ବିଶ୍ୱ ଉତ୍ତପ୍ତୀକରଣ" (global warming) ବୋଲି କହୁଛୁ। ବୈଜ୍ଞାନିକମାନେ କୁହନ୍ତି ଯେ, ୨୦୦୫ ମସିହା ଗତ ଏକ ହଜାର ବର୍ଷ ମଧ୍ୟରେ ଦ୍ୱିତୀୟ ଉତ୍ତପ୍ତ ବର୍ଷ ଓ ୧୯୯୮,୨୦୧୬ ମସିହା ହେଉଛି ବର୍ତ୍ତମାନ ସୁଦ୍ଧା ବିଶ୍ୱର ସବୁଠାରୁ ଉତ୍ତପ୍ତ ବର୍ଷ। ଏକହଜାର ବର୍ଷ ମଧ୍ୟରେ ସବୁଠାରୁ ଉତ୍ତପ୍ତ ଦଶଟି ବର୍ଷ ଚିହ୍ନଟ କରାଯାଇଛି। ସେଥିମଧ୍ୟରେ ଗତ ଦଶ ବର୍ଷର ନଅଟି ବର୍ଷ ଏଥିରେ ରହିଛି। ଏଭଳି ଗ୍ରୀଷ୍ମ ତଥା ଉତ୍ତାପ ପୂର୍ବରୁ କେବେ ଅନୁଭୂତ ହୋଇନଥିଲା। ଆମେରିକାର 'ନାସା'ର ତଥ୍ୟ ଅନୁଯାୟୀ ଉତ୍ତର ଆମେରିକାରେ ଶୀତର ପ୍ରଭାବ କମି ଯାଉଛି। ବ୍ରିଟେନରେ ଶୀତଦିନରେ ପାରଦର ତାପମାତ୍ରା ଧୀର ଗତିରେ ତଳକୁ ହ୍ରାସ ପାଉଛି। ଆମେରିକା, ୟୁରୋପ ମହାଦେଶ ସମେତ ଏସିଆ ମହାଦେଶ ମଧ୍ୟ ଗ୍ଲୋବାଲ୍ ୱାର୍ମିଂ ଦ୍ୱାରା ଆକ୍ରାନ୍ତ। ବ୍ରିଟେନର ମୁଖ୍ୟ ବୈଜ୍ଞାନିକ ଉପଦେଷ୍ଟାଙ୍କ ମତରେ, ଏହି ଶତାବ୍ଦୀର ଶେଷ ସୁଦ୍ଧା ପୃଥିବୀର ତାପମାତ୍ରା ତିନିଡିଗ୍ରୀ ସେଲ୍‌ସିୟସ୍ ବୃଦ୍ଧି ହେବାର ଆଶଙ୍କା ରହିଛି।

ନାସାର ପ୍ରାୟ ୩୦୦ ବୈଜ୍ଞାନିକ ଆକଳନ କରିଛନ୍ତି ଯେ ଆସନ୍ତା ଶତାବ୍ଦୀ ମଧ୍ୟରେ ବିଶ୍ୱର ତାପମାତ୍ରା ୨.୫ ରୁ ୧୦ ଡିଗ୍ରୀ ସେଲସିୟସ ଯାଏଁ ବଢ଼ିପାରେ। ବିଶ୍ୱ ସ୍ୱାସ୍ଥ୍ୟ ସଂଗଠନ ମତରେ ଉନବିଂଶ ଶତାବ୍ଦୀରେ ଜଳବାୟୁ ପରିବର୍ତ୍ତନ ବିଶ୍ୱର ସ୍ୱାସ୍ଥ୍ୟ

ପାଇଁ ସବୁଠାରୁ ବଡ଼ ବିପଦ। ପୃଥିବୀ ପୃଷ୍ଠରେ ଥିବା ମୁଖ୍ୟତଃ ତିନୋଟି ଗ୍ୟାସର ପରିମାଣ ବଢ଼ିଯାଇଥିବାରୁ ବିଶ୍ୱର ତାପମାତ୍ରା ଆଶାତୀତ ବୃଦ୍ଧି ଘଟିଛି। ଏହି ତିନୋଟି ଗ୍ୟାସ ହେଲା ଅଙ୍ଗାରକାମ୍ଳ ବାଷ୍ପ, ମିଥେନ୍ ଓ କ୍ଲୋରୋଫ୍ଲୁରୋକାରବନ୍‌ସ (CFCs)। ଯାନବାହନରେ ବ୍ୟବହୃତ ହେଉଥିବା ତୈଳ ଓ କୋଇଲାର ଇନ୍ଧନରୁ ପ୍ରଚୁର ଅଙ୍ଗାରକାମ୍ଳ ବାଷ୍ପ ନିର୍ଗତ ହୁଏ। ସିଏଫ୍‌ସିସ୍ ମଣିଷ ତିଆରି ଏକ ରାସାୟନିକ ଗ୍ୟାସ। ରେଫ୍ରିଜେରେଟର, ଏୟାର କଣ୍ଡିସନ୍‌ର, ଶୀତଳଭଣ୍ଡାର ଏବଂ କେତେଗୁଡ଼ିଏ ପ୍ୟାକିଂ ପାଇଁ ଏହି ଗ୍ୟାସ ବ୍ୟବହୃତ ହୁଏ। ଏହି ସବୁ ଗ୍ୟାସ ସୂର୍ଯ୍ୟଙ୍କଠାରୁ ଆସୁଥିବା ରଶ୍ମିର ଉତ୍ତାପରୁ ଅଂଶଟିଏ ଧରି ରଖେ। ଏହାକୁ 'ସବୁଜ ଗୃହର ପ୍ରଭାବ' (green house effect) ବୋଲି କୁହାଯାଏ। ଏହି ଗ୍ୟାସମାନଙ୍କର କୁପ୍ରଭାବ ବାୟୁମଣ୍ଡଳ ଉପରେ ପଡୁଛି। ସେଥିପାଇଁ ପାଣିପାଗ ପରିବର୍ତ୍ତନ ଓ ବିଶ୍ୱର ଉତ୍ତାପ ବୃଦ୍ଧି ହେଉଛି। ସିଏଫ୍‌ସିସ୍ ଗ୍ୟାସ ଉତ୍ତାପ ବୃଦ୍ଧି କରିବା ସଙ୍ଗେ ସଙ୍ଗେ ବାୟୁମଣ୍ଡଳର ଉପର ସ୍ତରରେ ଥିବା ଓଜୋନ୍ ଆସ୍ତରଣକୁ ପତଳା କରିଦିଏ। ଓଜୋନ ସ୍ତର ଅମ୍ଳଜାନର ଏକ ରୂପ, ଯାହା ପୃଥିବୀପୃଷ୍ଠରେ ଥିବା ଜୀବଜଗତକୁ ବଞ୍ଚିବାରେ ସାହାଯ୍ୟ କରେ। ୧୯୮୬ ମସିହାରେ ଏକ ଗବେଷଣାରୁ ଜଣାଯାଏ ଯେ, ଆଣ୍ଟାର୍କଟିକା ଉପରେ ଓଜୋନ୍ ସ୍ତରର ବହଳତା ପ୍ରାୟ ପଚାଶ ପ୍ରତିଶତ କମିଯାଇଛି। ସିଏଫ୍‌ସିସ୍ ଗ୍ୟାସ ବାୟୁମଣ୍ଡଳର ଉପର ସ୍ତରରେ ପହଞ୍ଚି ବାୟୁମଣ୍ଡଳରେ ଗର୍ତ୍ତ ମଧ୍ୟ ସୃଷ୍ଟି କରିଛି। ସୂର୍ଯ୍ୟଙ୍କ ଠାରୁ ନିର୍ଗତ ଅତି ବାଇଗଣୀ ରଶ୍ମିର ବିକିରଣକୁ ଓଜୋନ୍ ସ୍ତର ଶୋଷିନିଏ। ଯାହା ଫଳରେ ସୂର୍ଯ୍ୟଙ୍କର କ୍ଷତିକାରକ ରଶ୍ମି ପୃଥିବୀ ପୃଷ୍ଠରେ ପଡ଼ିପାରେ ନାହିଁ। ଏହି ରଶ୍ମି ପୃଥିବୀ ପୃଷ୍ଠରେ ପହଞ୍ଚିଲେ ଜୀବଜଗତ ଉପରେ ଖରାପ ପ୍ରଭାବ ପକାଏ।

ପୃଥିବୀର ଉତ୍ତପ୍ତ ପରିବେଶ ସାଙ୍ଗରେ ଖାପ ଖୁଆଇ ନ ପାରି ବହୁ ଜୀବଜନ୍ତୁ ମଧ୍ୟ ଲୋପପାଇ ଯାଉଛନ୍ତି। ମେରୁ ଭଲ୍ଲୁକ (ପୋଲାର ବିୟର୍) ଓ ମୋନାର୍କ ପ୍ରଜାପତି ହୁଏତ ଆଉ ବେଶୀ ଦିନ ତିଷ୍ଠି ରହି ପାରିବେ ନାହିଁ। ପୃଥିବୀ ପୃଷ୍ଠରେ ପ୍ରାୟ ପଚିଶ ହଜାର ପ୍ରଜାତିର ବୃକ୍ଷରାଜି ଓ ଏକହଜାର ପ୍ରଜାତିର ଜୀବଜନ୍ତୁ ବିଲୁପ୍ତ ଅବସ୍ଥାକୁ ଆସିଗଲେଣି। ତାଛଡ଼ା ସୂର୍ଯ୍ୟଙ୍କର ଏହି କ୍ଷତିକାରକ ରଶ୍ମିର ପ୍ରଭାବରେ ମନୁଷ୍ୟ ଏବଂ ପଶୁପକ୍ଷୀଙ୍କର ଶରୀରର ରୋଗ ପ୍ରତିଷେଧକ ଶକ୍ତି କମିଯାଏ ଏବଂ ମନୁଷ୍ୟ ଶରୀରରେ ବିଭିନ୍ନ ପ୍ରକାର ଚର୍ମରୋଗ ଦେଖାଦିଏ।

ପୃଥିବୀ ପୃଷ୍ଠ ଦିନକୁ ଦିନ ଉତ୍ତପ୍ତ ହେଉଥିବାରୁ ଦକ୍ଷିଣ ମେରୁରୁ ବିରାଟ ବରଫ ପାହାଡ଼ମାନ ତରଳି ସମୁଦ୍ରର ଜଳପତ୍ତନ ବଢ଼ାଇ ଚାଲିଛି। ଏହା ଫଳରେ ପ୍ରତ୍ୟେକ ପାଞ୍ଚବର୍ଷ ମଧ୍ୟରେ ସମୁଦ୍ରର ଜଳପତ୍ତନ ଦୁଇରୁ ତିନିଫୁଟ ଯାଏଁ ବଢ଼ିଯିବ। ପୃଥିବୀର ନିମ୍ନଭାଗରେ ଥିବା ସ୍ଥଳଭାଗ ସମୁଦ୍ର ମଧ୍ୟରେ ଲୀନ ହୋଇଯିବ। ହଲାଣ୍ଡ,

ଭାରତ ଓ ବାଂଲାଦେଶର କେତେକ ଉପକୂଳ ଅଂଚଳ ପାଣିରେ ବୁଡ଼ିଯିବ ବୋଲି ଆଶଙ୍କା ପ୍ରକାଶ ପାଇଛି। ସମୁଦ୍ର ଜଳପତ୍ତନର ଏକ ମିଟର ବୃଦ୍ଧି ଘଟିଲେ ସମଗ୍ର ବିଶ୍ୱର ଷୋଳ ଭାଗ ଭୂଭାଗ ସମୁଦ୍ରଜଳରେ ବିଲୀନ ହୋଇଯିବ ବୋଲି ବିଶେଷଜ୍ଞମାନେ ଆଶଙ୍କା ପ୍ରକାଶ କରୁଛନ୍ତି।

୨୦୦୨ ମସିହାରେ ଏହି ବରଫ ତରଳୀକରଣ ପ୍ରକ୍ରିୟା ଯୋଗୁଁ ମାଇଲ୍ ମାଇଲ୍ ଧରି ବ୍ୟାପିଥିବା ଏକ ବିରାଟ ବରଫ ଖଣ୍ଡ ତରଳି ମେରୁ ଅଂଚଳରୁ ବିଚ୍ୟୁତ ହୋଇ ପ୍ରଶାନ୍ତ ମହାସାଗରରେ ଭାସୁଥିଲା। ୨୦୦୬ ମସିହାର ପ୍ରାରମ୍ଭରେ ଗ୍ରୀନ୍‌ଲ୍ୟାଣ୍ଡର ଦୁଇଟି ବରଫ ପାହାଡ଼ ଦ୍ରୁତଗତିରେ ତରଳୁଥିବାର ସମ୍ବାଦ ହସ୍ତଗତ ହୋଇଥିଲା। ପଶ୍ଚିମ ଚାଇନାର କ୍ୱିଂଘାଇ-ତିବ୍ବତ ମାଳଭୂମି ଯାହାକୁ ପୃଥିବୀର ଛାତ ବୋଲି କୁହାଯାଏ, ସେଥିରେ ଜମିଥିବା ତୁଷାରଖଣ୍ଡ ଏବେ ବିଶ୍ୱ ତାପମାତ୍ରା ବୃଦ୍ଧି ଯୋଗୁଁ ତରଳିବା ଆରମ୍ଭ କରିଛି। ଏହି ତୁଷାରଖଣ୍ଡ ବାର୍ଷିକ ସାତ ପ୍ରତିଶତ ହିସାବରେ ତରଳୁଛି। ଏହି ପରିବର୍ତ୍ତନ ଯୋଗୁଁ ଚାଇନା ଆତଙ୍କିତ ହୋଇପଡ଼ିଛି।

ବରଫ ପାହାଡ଼ର ଏହି ତରଳୀକରଣ ସୃଷ୍ଟି ବିଲୟର ଯେ ପ୍ରଥମ ପଦଧ୍ୱନି ଏଥିରେ ସନ୍ଦେହ ନାହିଁ। ଆମ ଭାରତୀୟ ଉପମହାଦେଶର କୃତ୍ରିମ ଉପଗ୍ରହରୁ ପ୍ରାପ୍ତ ସୂଚନା ଅନୁଯାୟୀ, ତାପର କ୍ରମବୃଦ୍ଧି ଫଳରେ ବିଗତ ଶତାବ୍ଦୀର ନବେ ଦଶକରୁ ହିମାଳୟ ଗିରିଶୃଙ୍ଗର ଉତ୍ତୁଙ୍ଗ ବରଫମାଳାରେ ତରଳୀକରଣ ପ୍ରକ୍ରିୟା ଆରମ୍ଭ ହୋଇଛି। ବର୍ତ୍ତମାନ ଏହା ବାର୍ଷିକ ତିରିଶ ମିଟର ହାରରେ ହ୍ରାସ ପାଇବାରେ ଲାଗିଛି। ବର୍ତ୍ତମାନ ହିମାଳୟର ତୁଷାର ପର୍ବତମାଳା ତା ମୂଳସ୍ଥିତି ଅପେକ୍ଷା ପୂର୍ବରେ ତିରିଶି ପ୍ରତିଶତ ଓ ପଶ୍ଚିମରେ ଦଶ ପ୍ରତିଶତ ହ୍ରାସ ପାଇଛି। ହିମାଳୟ ପର୍ବତମାଳାରୁ ଜନ୍ମଲାଭ କରିଥିବା ଗଙ୍ଗା, ସିନ୍ଧୁ ଓ ବ୍ରହ୍ମପୁତ୍ର ଭଳି ନଦୀମାନେ ବରଫର ଏହି ତରଳୀକରଣ ପ୍ରକ୍ରିୟା ଦ୍ୱାରା ପ୍ରଭାବିତ ହେବେ। ଆସନ୍ତା କିଛି ବର୍ଷ ମଧ୍ୟରେ ଏହି ନଦୀମାନଙ୍କର ଜଳଧାରା ଅହେତୁକ ଭାବରେ ବୃଦ୍ଧି ପାଇବ। ହିମାଳୟ ସଂରକ୍ଷଣ ପାଇଁ ଯଦି କୌଣସି ପଦକ୍ଷେପ ନିଆନଯାଏ, କିଛି ବର୍ଷ ପରେ ଗଙ୍ଗାନଦୀର ଗତିପଥ ପରିବର୍ତ୍ତିତ ହୋଇଯିବ। ଗଙ୍ଗାର ଜୁଆର ଓ ପାଣି ସ୍ରୋତ ଆସିବା ଫଳରେ ନଦୀ ଉପତ୍ୟକା ଗୁଡ଼ିକ ବନ୍ୟାପ୍ଲାବିତ ହୋଇପଡ଼ିବ ଓ ବହୁ ଧନଜୀବନ ନଷ୍ଟହେବ। ଦୀର୍ଘକାଳ ଧରି ଏହି ବରଫମାଳା ଗୁଡ଼ିକ ତରଳିବା ଫଳରେ ସମଗ୍ର ହିମାଳୟର ପର୍ବତମାଳା ମଧ୍ୟ ବରଫଶୂନ୍ୟ ହୋଇପଡ଼ିବ। ଫଳରେ ସମଗ୍ର ଭାରତ ମହାଦେଶର ଚିରସ୍ରୋତା ନଦୀଗୁଡ଼ିକ କେବଳ ବର୍ଷାଜଳ ଉପରେ ନିର୍ଭରଶୀଳ ହେବେ। ବର୍ଷା ଋତୁ ବ୍ୟତୀତ ଅନ୍ୟସମୟରେ ଏହି ନଦୀଗୁଡ଼ିକ ସମ୍ପୂର୍ଣ୍ଣ ଶୁଷ୍କ ହୋଇପଡ଼ିବ।

ମନୁଷ୍ୟ ଜଙ୍ଗଲ ଧ୍ୱଂସ କରିବାରେ ଲାଗିଛି। ଜନବସତି ସ୍ଥାପନ, ଚାଷବାସ ଓ ଜାଳେଣି କାଠ ପାଇଁ ଗଛ କାଟି କାଟି ଜଙ୍ଗଲ ନଷ୍ଟ କରିଦେଉଛି। ଜଙ୍ଗଲ ନଷ୍ଟ କରିବା ଫଳରେ ମୃତ୍ତିକା କ୍ଷରଣ ହେଉଛି। ଏହି ମୃତ୍ତିକା କ୍ଷୟକୁ ରୋକା ନଗଲେ ଆଗାମୀ କୋଡ଼ିଏ ବର୍ଷ ମଧ୍ୟରେ ବିଶ୍ୱର ଏକ ତୃତୀୟାଂଶ ଚାଷ ଜମି ମରୁଭୂମିରେ ପରିଣତ ହୋଇଯିବାର ଆଶଙ୍କା ରହିଛି। ଜଙ୍ଗଲ ଅବକ୍ଷୟ ଯୋଗୁଁ ବାର୍ଷିକ ଛଅ ହଜାର ନିୟୁତ ଟନ ଉର୍ବର ମୃତ୍ତିକା ନଷ୍ଟ ହୋଇଯାଉଛି ବୋଲି ବିଶ୍ୱଖାଦ୍ୟ ଓ କୃଷିସଂସ୍ଥା ବୁଲେଟିନ୍‌ରେ ପ୍ରକାଶ ପାଇଛି। କଲମ୍ବିଆରୁ ବାର୍ଷିକ ଚାରିଶହ ନିୟୁତ ଟନ ଓ ଇଥିଓପିଆର ବାର୍ଷିକ ଏକ ହଜାର ନିୟୁତ ଟନ ଉର୍ବର ମୃତ୍ତିକା କ୍ଷୟ ହୋଇଯାଉଛି। ଏଠାରେ ସୂଚନାଯୋଗ୍ୟ ଯେ ଏକ ଇଞ୍ଚ ଉର୍ବର ମୃତ୍ତିକା ତିଆରି କରିବାକୁ ପ୍ରକୃତିକୁ ପ୍ରାୟ ବାରଶହ ବର୍ଷ ସମୟ ଲାଗିଥାଏ। ବ୍ୟାପକ ଜଙ୍ଗଲକ୍ଷୟ ଏହି ମୃତ୍ତିକା ଅବକ୍ଷୟର ଏକମାତ୍ର କାରଣ। ଏକ ଆକଳନରୁ ଜଣାଯାଇଛି ଯେ, ପ୍ରତି ମିନିଟ୍‌ରେ ବିଶ୍ୱର ପ୍ରାୟ କୋଡ଼ିଏ ହେକ୍ଟର ପରିମିତି ଅଞ୍ଚଳ ବୃକ୍ଷଶୂନ୍ୟ ହୋଇଯାଉଛି। ଜଙ୍ଗଲ ଅବକ୍ଷୟ ଯୋଗୁଁ ଭୂତଳ ଜଳପତ୍ତନ ମଧ୍ୟ କମିଯାଉଛି। ବର୍ଷାଜଳ ଘଞ୍ଚ ଜଙ୍ଗଲର ଗଛଲତା ଦ୍ୱାରା ବାଧାପ୍ରାପ୍ତ ହେବା ଫଳରେ ଏହାର ଗତି ବିଳମ୍ବିତ ହେଉଛି। ଜଙ୍ଗଲ ଅବକ୍ଷୟ ଯୋଗୁଁ ବର୍ଷାଜଳ ମାଟିତଳକୁ ନ ଭେଦି ସିଧାସଳଖ ନଦୀନାଳ ଦେଇ ସମୁଦ୍ରକୁ ଗଡ଼ିଯାଉଛି।

ବୃକ୍ଷ ଅଙ୍ଗାରକାମ୍ଳ ବାଷ୍ପ ଗ୍ରହଣ କରୁଥିବାରୁ ଗଛ କାଟିବା ଫଳରେ ଅଙ୍ଗାରକାମ୍ଳ ବାଷ୍ପର ବୃଦ୍ଧି ଘଟୁଛି। ପାଣିପାଗ ଉପରେ ଏହାର ପ୍ରତିକୂଳ ପ୍ରଭାବ ପଡୁଛି। ବର୍ଷାର ପରିମାଣ କମିଯାଉଛି। ବୃକ୍ଷ ବାୟୁମଣ୍ଡଳର ଉତ୍ତାପକୁ ମଧ୍ୟ ନିୟନ୍ତ୍ରଣ କରିବାରେ ସହାୟକ ହୁଏ। ବୈଜ୍ଞାନିକମାନଙ୍କ ମତରେ ଜଙ୍ଗଲ ଧ୍ୱଂସ କରିବା ଫଳରେ ଭୟଙ୍କର ରୋଗସବୁ ମଣିଷ ସମାଜରେ ଦେଖାଦେଇଛି। ୧୯୮୦ ମସିହା ବେଳକୁ ଏଡ୍‌ସ୍ ପରି ଭୟଙ୍କର ରୋଗ ଦେଖାଗଲା। ତାଛଡ଼ା ପ୍ଲେଗ, ଡେଙ୍ଗୁଜ୍ୱର, ଏବୋଲା, ସାର୍ସ, ସ୍ୱାଇନ୍ ଫ୍ଲୁ ପରି ଅସାଧ୍ୟ ଓ ଭୟଙ୍କର ରୋଗ ଦେଖିବାକୁ ମିଳିଥିଲା। ବୈଜ୍ଞାନିକମାନଙ୍କ ମତରେ ଏକଦା ଘଞ୍ଚ ଜଙ୍ଗଲ ମଧ୍ୟରେ ଆଶ୍ରୟ ନେଇଥିବା ରୋଗସୃଷ୍ଟିକାରୀ ଭୂତାଣୁମାନେ ଆଜି ମନୁଷ୍ୟ ବସତିରେ ତାଙ୍କର ସାମ୍ରାଜ୍ୟ ବିସ୍ତାର କରିଛନ୍ତି। ପ୍ରତ୍ୟେକ ଜୀବ ବା ଉଦ୍ଭିଦ ଏକ ବା ତାଠାରୁ ଅଧିକ ଭୂତାଣୁଙ୍କୁ ନିଜ ଶରୀରରେ ଆଶ୍ରୟ ଦେଇଥାଏ। ମଣିଷ ଶରୀରରେ ଶହେରୁ ଅଧିକ ଅଣ୍ଡା ସୃଷ୍ଟିକରୁଥିବା ଭୂତାଣୁ ବାସ କରନ୍ତି। ବୈଜ୍ଞାନିକମାନେ ବିଶ୍ୱାସ କରନ୍ତି ଯେ ଜଙ୍ଗଲରେ ବାସ କରୁଥିବା ପ୍ରାଣୀ ବା ଉଦ୍ଭିଦମାନଙ୍କ ଦେହରେ ଅନେକ ଭୟଙ୍କର ରୋଗସୃଷ୍ଟିକାରୀ ଭୂତାଣୁ ଆଶ୍ରୟ ନେଇଥାନ୍ତି। ମଣିଷ ଘନ ଜଙ୍ଗଲ ନଷ୍ଟ କରିଦେବା ଫଳରେ ଅନେକ ବୃକ୍ଷ ଓ ଜୀବଜନ୍ତୁ

ନିଶ୍ଚିହ୍ନ ହୋଇଯାଉଛନ୍ତି। ସେମାନଙ୍କ ଦେହରେ ଆଶ୍ରୟ ନେଇଥିବା ଭୂତାଣୁ ଓ ଜୀବାଣୁଗୁଡ଼ିକ ନୂତନ ଆଶ୍ରୟସ୍ଥଳୀର ଅନୁସନ୍ଧାନ କରୁଛନ୍ତି। ସେମାନେ ଘଞ୍ଚ ଜଙ୍ଗଲରୁ ଆସି ମନୁଷ୍ୟ ଦେହରେ ବସବାସ କରିବା ଆରମ୍ଭ କରିଛନ୍ତି। ଫଳରେ ନୂଆ ଓ ଭୟଙ୍କର ରୋଗସବୁ ସୃଷ୍ଟି ହେବାରେ ଲାଗିଛି।

ଶିଳ୍ପର ଅଭିବୃଦ୍ଧି ଫଳରେ କାରଖାନାମାନଙ୍କରୁ ନିର୍ଗତ ହେଉଥିବା ବିଷାକ୍ତ ରାସାୟନିକ ପଦାର୍ଥ ନଦୀ ଓ ସମୁଦ୍ର ଜଳରେ ମିଶୁଛି। ଫଳରେ ଏହି ଜଳ ପ୍ରଦୂଷିତ ହେଉଛି। ଲକ୍ଷ ଲକ୍ଷ ସାମୁଦ୍ରିକ ଜୀବଙ୍କ ଉପରେ ଏହାର କୁପ୍ରଭାବ ପଡୁଛି। ମନୁଷ୍ୟ ମଧ୍ୟ ଏପରି ପ୍ରଦୂଷିତ ସାମୁଦ୍ରିକ ମାଛ ଖାଇ କ୍ୟାନସର ଆଦି ଅସାଧ ରୋଗରେ ପୀଡ଼ିତ ହେଉଛି। ଏବେ ଚାଇନାର ହାରବିନ୍ ରାଜ୍ୟର ସଂହୁଆ ନଦୀ କୂଳରେ ଥିବା ଏକ ପେଟ୍ରୋକେମିକାଲ ସଂସ୍ଥାରେ ବିସ୍ଫୋରଣ ଘଟି ନଦୀଜଳରେ ବିଷାକ୍ତ ପଦାର୍ଥ ମିଶିଗଲା। ନଦୀ ସ୍ରୋତରେ ସେ ବିଷ ସମଗ୍ର ସହରରେ ବ୍ୟାପିଗଲା। ନଦୀ ଜଳକୁ ପାନୀୟ ରୂପେ ବ୍ୟବହାର କରୁଥିବାରୁ ସହରବାସୀ ଅଶେଷ ବିପର୍ଯ୍ୟୟର ସମ୍ମୁଖୀନ ହେଲେ। ବିଭିନ୍ନ କଳକାରଖାନାରୁ ନିର୍ଗତ ହେଉଥିବା ଗ୍ୟାସ ବାୟୁମଣ୍ଡଳକୁ ମଧ୍ୟ ପ୍ରଦୂଷିତ କରୁଛି।

କୃଷି ପାଇଁ ଜମିରେ ଦିଆଯାଉଥିବା ସାର ଓ କୀଟନାଶକ ଔଷଧ ଭୂପୃଷ୍ଠ ଓ ଭୂତଳ ଜଳକୁ ପ୍ରଦୂଷିତ କରୁଛି। ଏହି କୀଟନାଶକ ଔଷଧର କିଛି ଅଂଶ ଜଳସ୍ରୋତରେ ମିଶି ପାର୍ଶ୍ୱବର୍ତ୍ତୀ ଜଳାଶୟଗୁଡ଼ିକୁ ଦୂଷିତ କରୁଛି। ଏହି ପ୍ରଦୂଷଣ ଅଧିକ ହେଲେ ଜଳଚର ପ୍ରାଣୀମାନେ ମୃତ୍ୟୁମୁଖରେ ପଡୁଛନ୍ତି। ଅନେକ ସମୟରେ ମାଛମାନଙ୍କ ଦେହରେ ଏହି କୀଟନାଶକର ଅବଶିଷ୍ଟାଂଶ ରହିଯାଏ। ଏହାକୁ ଖାଇ ମଣିଷ ଶରୀର ମଧ୍ୟରେ ଏକ ବିଷାକ୍ତ ପ୍ରକ୍ରିୟା ସୃଷ୍ଟି ହୁଏ। ବିଶ୍ୱସ୍ୱାସ୍ଥ୍ୟ ସଂଗଠନର ତଥ୍ୟ ଅନୁଯାୟୀ କୀଟନାଶକ ଔଷଧ ସିଂଚନ କରୁଥିବା ଚାଷୀମାନଙ୍କ ମଧ୍ୟରୁ ଅନେକ ଚର୍ମକର୍କଟ ଓ ଶ୍ୱାସ ଆଦି ରୋଗରେ ଆକ୍ରାନ୍ତ ହୁଅନ୍ତି।

ସମ୍ପ୍ରତି ଜନସଂଖ୍ୟା ଦ୍ରୁତ ଗତିରେ ବଢ଼ିଚାଲିଛି। ଭାରତ, ଚାଇନା ଓ କେନିୟା ପରି ଦେଶରେ ଜନସଂଖ୍ୟା ବୃଦ୍ଧି ଅନେକ ସମସ୍ୟା ସୃଷ୍ଟି କରୁଛି। କେନିୟାର ଚାରି ପ୍ରତିଶତ ଲୋକସଂଖ୍ୟା ବୃଦ୍ଧି ପାଉଛି। ଲୋକସଂଖ୍ୟା ସିନା ବଢ଼ିଯାଉଛି, ପୃଥିବୀ ପୃଷ୍ଠ ବଢ଼ିଯାଉନାହିଁ ବା ମଣିଷ ପାଇଁ ଆବଶ୍ୟକ ହେଉଥିବା ଜଳର ପରିମାଣ ମଧ୍ୟ ବଢ଼ି ଯାଉନାହିଁ। ଜନସଂଖ୍ୟା ବିସ୍ଫୋରଣ ଯୋଗୁଁ ଓ ଜଳର ବ୍ୟବହାର ବଢ଼ିଯାଇଥିବାରୁ ଅନେକ ଜାଗାରେ ଭୂତଳ ଜଳସ୍ତରର ପତନ କମିଯାଉଛି। ଦକ୍ଷିଣ ଭାରତ, ଉତ୍ତର ଚାଇନା, ମଧ୍ୟପ୍ରାଚ୍ୟ, ଉତ୍ତର ଆଫ୍ରିକା ଆଦି ପ୍ରାୟ ଅଶୀଟି ଦେଶରେ ଭୂତଳ ଜଳ

ପତନ କମି ଯାଉଥିବାରୁ କୃଷିପାଇଁ ସମସ୍ୟା ଦେଖାଗଲାଣି। ପୃଥିବୀର ଜନସଂଖ୍ୟା ପାଖାପାଖି ଆଠ ବିଲିୟନରେ ପହଞ୍ଚିଲାଣି। ଏତେଗୁଡ଼ିଏ ପରିବାରରେ ଯେଉଁ ସବୁ ରନ୍ଧନ କାର୍ଯ୍ୟ ହେଉଛି ସେଥିରୁ ସୃଷ୍ଟି ହେଉଥିବା ଅଙ୍ଗାରକାମ୍ଳ ବାଷ୍ପ ବାୟୁମଣ୍ଡଳକୁ ଅଧିକ ଉତ୍ତପ୍ତ କରୁଛି। ପୃଥିବୀକୁ ଜନସଂଖ୍ୟା ବିସ୍ଫୋରଣରୁ ରକ୍ଷା କରିବାକୁ ହେଲେ ଲୋକମାନଙ୍କର ଶିକ୍ଷା ଓ ସଚେତନତା ନିତାନ୍ତ ଆବଶ୍ୟକ।

ଲୋକସଂଖ୍ୟା ବଢ଼ିବା ସଙ୍ଗେ ସଙ୍ଗେ ମଇଳା ଆବର୍ଜନା ମଧ୍ୟ ବଢ଼ି ବଢ଼ି ଯାଉଛି। କଳକାରଖାନା ଓ ସହର ବଜାରରୁ ବାହାରୁଥିବା ଗଦାଗଦା ଆବର୍ଜନା ବିକ୍ଷିପ୍ତ ଭାବରେ ଚାରିଆଡେ ପଡୁଥିବାରୁ ପ୍ରଦୂଷଣ ଜନିତ ସମସ୍ୟା ସୃଷ୍ଟି ହେଉଛି। ଲକ୍ଷ ଲକ୍ଷ ଟନ ମଇଳା ଓ ଆବର୍ଜନା ବହୁ ସମସ୍ୟା ସୃଷ୍ଟି କରୁଛି। ମଇଳା ଆବର୍ଜନାକୁ ବିଭିନ୍ନ ଉପାୟରେ ବିନିଯୋଗ କରାଯିବା ଦରକାର। ପଚାସଢ଼ା ପନିପରିବା, କାଗଜ, ବଳକା ଖାଦ୍ୟ ଆଦି ଜୈବିକ ବର୍ଜ୍ୟବସ୍ତୁରୁ କମ୍ପୋଷ୍ଟ, ଜିଆଖତ ଆଦି ପ୍ରସ୍ତୁତ କରାଯାଉଥିବାବେଳେ କଳକାରଖାନାରୁ ଉତ୍ପନ୍ନ ହେଉଥିବା ଉଡ଼ନ୍ତା ପାଉଁଶ ଓ ଶିଳ୍ପ ଆବର୍ଜନାରୁ ଗୃହ ଓ ରାସ୍ତା ନିର୍ମାଣ କାର୍ଯ୍ୟପାଇଁ ବିଭିନ୍ନ ବିକଳ୍ପ ବସ୍ତୁମାନ ପ୍ରସ୍ତୁତ କରାଯାଉଛି। ଜୀବଜନ୍ତୁଙ୍କର ମଳରୁ ଜାଳେଣି ଗ୍ୟାସ୍ ଓ ବିଦ୍ୟୁତ୍‌ଶକ୍ତି ମଧ୍ୟ ଉତ୍ପାଦିତ ହେଉଛି। ଏହା ଉପରେ ଆହୁରି ଅଧିକ ସଂଗଠିତ କାର୍ଯ୍ୟକ୍ରମର ଉପାୟମାନ ଚିନ୍ତା କରାଯିବା ଦରକାର।

ପଲିଥିନ୍, ପ୍ଲାଷ୍ଟିକ୍ ଆଦିର ବ୍ୟବହାର ତଥା ଅପବ୍ୟବହାର ପରିବେଶକୁ ପ୍ରଦୂଷିତ କରିଚାଲିଛି। ଅଧିକାଂଶ ଗ୍ରାହକ କାଗଜ ବ୍ୟାଗ ପରିବର୍ତ୍ତେ ପଲିଥିନ୍‌କୁ ପସନ୍ଦ କରୁଛନ୍ତି। ପ୍ଲାଷ୍ଟିକ୍‌ର ଅତ୍ୟଧିକ ବ୍ୟବହାର ଫଳରେ ବର୍ତ୍ତମାନ ଯୁଗକୁ 'ପ୍ଲାଷ୍ଟିକ୍ ଯୁଗ' ବୋଲି କୁହାଯାଉଛି। ପ୍ଲାଷ୍ଟିକ୍ ଏକ ପେଟ୍ରୋଲିୟମ୍ ଜାତ ପଦାର୍ଥରୁ ଉତ୍ପନ୍ନ ହୁଏ। ଏହା ଶହ ଶହ ବର୍ଷଧରି ମାଟି ଉପରେ ପଡ଼ିଲେ ମଧ୍ୟ କ୍ଷୟ ହୁଏନାହିଁ। ଏପରି ମାଟି ଉପରେ ପଡ଼ିବା ଦ୍ୱାରା ବର୍ଷାଜଳ ମାଟିତଳକୁ ଭେଦି ନପାରି ସମୁଦ୍ର ଓ ନଦୀମାନଙ୍କୁ ଗଡ଼ିଯାଏ। ଯାହା ଫଳରେ ଭୂତଳ ଜଳସ୍ତର ହ୍ରାସପାଇ ପାନୀୟ ସଙ୍କଟ ଦେଖାଦିଏ। ପଲିଥିନ୍, ପ୍ଲାଷ୍ଟିକ୍ ଇତ୍ୟାଦିର ବ୍ୟବହାର ଉପରେ କଟକଣା ଜାରି କରାଯାଇଥିଲେ ମଧ୍ୟ ଲୋକମାନେ ବହୁଳ ଭାବରେ ଏହାକୁ ବ୍ୟବହାର କରୁଛନ୍ତି। ଏହା ଶସ୍ତା ଓ ଲମ୍ବା ସମୟ ଧରି ବ୍ୟବହାର କରାଯାଇପାରେ। ପ୍ଲାଷ୍ଟିକ୍ ଓ ପଲିଥିନ୍ ଜନିତ ପ୍ରଦୂଷଣକୁ ରୋକିବା ପାଇଁ ଏସବୁ ଏକାଠି କରି ପୁନଃ ନିର୍ମାଣ ଓ ବ୍ୟବହାର (recycling) କରାଯାଇପାରେ। ଏପରି ପୁନଃ ପ୍ରଚଳନ ବ୍ୟବସ୍ଥାକୁ ଉତ୍ସାହିତ କରିବା ପାଇଁ ଥଣ୍ଡା ପାନୀୟ ବୋତଲ, ମଦ ବୋତଲ ବା ପ୍ଲାଷ୍ଟିକ୍ ଡବାରେ ଜିନିଷ ଭର୍ତ୍ତି କରି ବିକ୍ରି

କଲାବେଳେ ଖାଲି ଡବା ବା ବୋତଲ ବାବଦରେ କିଛି ଅର୍ଥ ଗ୍ରାହକଙ୍କ ଠାରୁ ରଖାଯାଏ। ଗ୍ରାହକ ଜିନିଷଗୁଡ଼ିକ ବ୍ୟବହାର କରିସାରି ବ୍ୟବହୃତ ଖାଲି ଡବା ବା ବୋତଲଗୁଡ଼ିକୁ ଫେରେଇଦେଲେ ଡବା ବା ବୋତଲର ମୂଲ୍ୟ ଫେରିପାଏ। ତେଣୁ ଗ୍ରାହକ ସେଗୁଡ଼ିକ ଫିଙ୍ଗି ନ ଦେଇ ଦୋକାନରେ ଫେରେଇ ଦେବାକୁ ଚାହେଁ ବା ଅନ୍ୟ କେହି ତାକୁ ସଂଗ୍ରହ କରି ଦୋକାନରେ ଦେଇ ତାର ମୂଲ୍ୟ ପାଏ। ଏହିପରି ବର୍ଜ୍ୟବସ୍ତୁଗୁଡ଼ିକର ପୁନଃ ନିର୍ମାଣ ଓ ସୁପରିଚାଳନା ପାଇଁ ଯୋଜନାବଦ୍ଧ ଉଦ୍ୟମ କରିବା ଦରକାର।

ମଣିଷ ନିଜ ଜ୍ଞାତସାର ବା ଅଜ୍ଞାତସାରରେ କରୁଥିବା ଅନେକ କାର୍ଯ୍ୟକଳାପ ପରିବେଶକୁ ପ୍ରଦୂଷିତ କରୁଛି। ପ୍ରତ୍ୟେକ ମଣିଷ ତାର ପରିବେଶ ବିଷୟରେ ସଚେତନ ହେବା ଦରକାର। ପରିବେଶ ପ୍ରଦୂଷଣ ବିଷୟରେ ସମସ୍ତଙ୍କର ସଚେତନତା ନାହିଁ। ଯେଉଁମାନଙ୍କର ବି ଅଛି, କିଛି ପୁରସ୍କାର ବା ପାରିତୋଷିକ ନ ପାଇଲେ ସେମାନେ ପରିବେଶ ପାଇଁ ପରିଶ୍ରମ କରିବା ପାଇଁ ଚାହୁଁନାହାନ୍ତି ବା ସେ ବିଷୟରେ କିଛି କରିବା ପାଇଁ ସେମାନେ ସମୟ ଦେଉନାହାନ୍ତି। ସେମାନଙ୍କର ହୁଏତ ଧାରଣା ହୁଏ ଯେ ଜଣେ ଦୁଇଜଣ ଇଚ୍ଛା କଲେ କଣ ବା କରିପାରିବେ! ତେଣୁ ଅଧିକାଂଶ ଲୋକ ଉଦାସୀନ ତଥା ନିଷ୍ପୃହ ମନୋଭାବ ପୋଷଣ କରନ୍ତି। ପ୍ରଗତି, ଉନ୍ନତି ତଥା ବିଜ୍ଞାନର ଅଗ୍ରଗତି ଏପରି ହେବା ଦରକାର ଯାହା ଆମ ଭବିଷ୍ୟତ ବଂଶଧରଙ୍କର ଅହିତ ସାଧନ କରିବ ନାହିଁ। ବିଜ୍ଞାନର ପ୍ରୟୋଗ ଧ୍ୱଂସାଭିମୁଖୀ ନ ହୋଇ ଜନହିତ ସାଧନକାରୀ ହେବା ଦରକାର। ତେଣୁ ଖୁବ୍ ଶୀଘ୍ର ମଣିଷକୁ ତାର ଆଚରଣ ଓ ବ୍ୟବହାର ବଦଳେଇବାକୁ ପଡ଼ିବ।

କଳକାରଖାନାମାନଙ୍କରୁ ନିର୍ଗତ ଗ୍ୟାସ୍‌ଜନିତ ପ୍ରଦୂଷଣ ରୋକିବା ପାଇଁ ପ୍ରଦୂଷଣ ନିୟନ୍ତ୍ରଣ ବୋର୍ଡ଼ର ପରାମର୍ଶ ନିଆଯାଇ ଇଲେକ୍ଟ୍ରୋଷ୍ଟାଟିକ୍ ପ୍ରେସିପିଟେଟର୍ ବସାଇବାକୁ କାରଖାନା ମାଲିକମାନଙ୍କୁ ବାଧ୍ୟ କରିବା ଉଚିତ। ପ୍ଲାଷ୍ଟିକ୍‌ର ବ୍ୟବହାର ଖୁବ୍ କମ କରାଯାଇ ବାୟୋଡିଗ୍ରେଡେବଲ୍ ପ୍ଲାଷ୍ଟିକ୍ ବ୍ୟବହାର କରାଯାଇପାରନ୍ତା। ପ୍ରଦୂଷଣ ରୋକିବା ପାଇଁ ସବୁଜକରଣ ଉପରେ ଗୁରୁତ୍ୱ ଦେଇ ବୃକ୍ଷରୋପଣ କରିବା ଦରକାର। ଲୋକମାନଙ୍କୁ ପର୍ଯ୍ୟାପ୍ତ ପରିମାଣରେ ଚାରାଗଛ ଯୋଗାଇ ଦିଆଗଲେ ଏବଂ ଏହାକୁ ସଫଳତାର ସହିତ ରକ୍ଷଣାବେକ୍ଷଣା କରୁଥିବା ଲୋକମାନଙ୍କ ପାଇଁ 'ପ୍ରକୃତି ମିତ୍ର' ଆଦି ପୁରସ୍କାର ଘୋଷଣା କଲେ, ସେମାନେ ବୃକ୍ଷରୋପଣ ବ୍ୟାପାରରେ ଅଧିକ ଉତ୍ସାହିତ ହୁଅନ୍ତେ। ଅଙ୍ଗାରକାମ୍ଳ ବାଷ୍ପ ଯେପରି ଅଧିକ ନିର୍ଗତ ନ ହେବ ସେଥିପାଇଁ ଉଦ୍ୟମ କରିବାକୁ ହେବ। ପେଟ୍ରୋଲ, ଡିଜେଲ୍‌ର ଇନ୍ଧନ ହ୍ରାସ କରିବାକୁ

ପଡ଼ିବ। କିଛିଦିନ ମଧ୍ୟରେ ଏହି ତୈଳ ସମ୍ପଦ ମଧ୍ୟ ଶେଷ ହୋଇଯିବ। ସୌରଶକ୍ତି ଓ ବାୟୁଶକ୍ତି ପରି ବିକଳ୍ପ ଶକ୍ତି ଉପରେ ମଣିଷ ଅଧିକ ନିର୍ଭର କରିବା ଦରକାର। ସିଏଫ୍‌ସିସ୍ ଗ୍ୟାସ୍‌ର ବ୍ୟବହାରରେ କଠୋର କଟକଣା ଜାରି କରିବା ଜରୁରି। ଅବଶ୍ୟ ୧୯୮୭ ମସିହା ପରଠାରୁ ଶହେ ଚଉରାଅଶିଟି ଦେଶ ଏହି ଗ୍ୟାସ୍‌ର ବ୍ୟବହାରକୁ ରୋକିବା ଓ ଓଜୋନ୍ ସ୍ତର ରକ୍ଷା କରିବା ପାଇଁ ଚୁକ୍ତିବଦ୍ଧ ହୋଇଛନ୍ତି। ଭାରତ ଓଜୋନ୍ ସ୍ତର ରକ୍ଷା କରିବା ଦିଗରେ ଗୁରୁତ୍ୱପୂର୍ଣ୍ଣ ଭୂମିକା ଗ୍ରହଣ କରିଛି। ଏବେ ବି ଉତ୍ପନ୍ନ ହେଉଥିବା ସିଏଫ୍‌ସିସ୍ ଗ୍ୟାସର ମାତ୍ର ୬% ଭାରତ ସମେତ ଅନ୍ୟାନ୍ୟ ବିକାଶଶୀଳ ରାଷ୍ଟ୍ର ବ୍ୟବହାର କରୁଥିବାବେଳେ ୪୩% ୟୁରୋପୀୟ ରାଷ୍ଟ୍ର ଓ ୨୯% ଆମେରିକା ବ୍ୟବହାର କରେ। ଏହି ଗ୍ୟାସର ବିକଳ୍ପ ଗ୍ୟାସ୍ ଏଚ୍‌ଏଫସି। ଏହି ବିକଳ୍ପ ଗ୍ୟାସ୍ ବ୍ୟବହାର କଲେ ଓଜୋନ୍ ସ୍ତର ସ୍ୱାଭାବିକ ଅବସ୍ଥାକୁ ଆସିଯିବ। ଏବେ ବିଶ୍ୱର ଅଧିକାଂଶ ରାଷ୍ଟ୍ର ପରିବେଶ ସଚେତନ ହେଲେଣି। ଆନ୍ତର୍ଜାତିକ କ୍ଷେତ୍ରରେ ବହୁ ଆଲୋଚନା ହେଲାଣି। ତଥାପି ଆମେରିକା ଆନ୍ତର୍ଜାତିକ ପ୍ରଦୂଷଣ ନିୟନ୍ତ୍ରଣ ବୋର୍ଡ଼ ସହିତ ସହଯୋଗ କରୁନାହିଁ। ପରିବେଶ ସମ୍ପର୍କିତ ଆଇନ ପ୍ରଣୟନ ଓ ଆଲୋଚନା ପାଇଁ ମିଳିତ ଜାତିସଂଘର ସଭ୍ୟ ରାଷ୍ଟ୍ରମାନଙ୍କର ପ୍ରଥମ ସମ୍ମିଳନୀ ଜେନେଭାଠାରେ ବସିଥିଲା ଓ ପର୍ଯ୍ୟାୟକ୍ରମେ ଅନେକ ବୈଠକ ଆହୂତ କରାଯାଇ ନୀତିନିୟମମାନ ଲାଗୁ କରାଯାଇଛି। ନିକଟରେ ସବୁ ଦେଶ ପୃଥିବୀର ଉତ୍ତପ୍ତୀକରଣ କମାଇବା ପାଇଁ ସଂକଳ୍ପବଦ୍ଧ ହୋଇଛନ୍ତି ଏବଂ ପ୍ୟାରିସ ଚୁକ୍ତି ମାଧ୍ୟମରେ ଚୁକ୍ତିବଦ୍ଧ ମଧ୍ୟ ହୋଇଛନ୍ତି। ଅବଶ୍ୟ ଆମେରିକା ଏହି ଚୁକ୍ତିରୁ ଓହରି ଯାଇଛି।

ଆମେ ଆମ ପରିବେଶକୁ ଏପରି ରଖିବା ଦରକାର, ଯେପରି ଭବିଷ୍ୟତ ବଂଶଧର ଆମ ପରି ସ୍ୱଚ୍ଛଳ ଜୀବନ ବିତାଇ ପାରିବେ। ସେଥିପାଇଁ ନିୟମ ପ୍ରଣୟନ କରୁଥିବା ଦେଶ, ନେତା, ଉତ୍ପାଦନକାରୀ ଗୋଷ୍ଠୀ ଓ ସଚେତନଶୀଳ ପ୍ରତ୍ୟେକ ବ୍ୟକ୍ତିଙ୍କର ସହଯୋଗ ଓ ଭୂମିକା ଗୁରୁତ୍ୱପୂର୍ଣ୍ଣ। ବିଶ୍ୱର ଉତ୍ତାପ ବୃଦ୍ଧି ଓ ପାଣିପାଗ ପରିବର୍ତ୍ତନ ଭଳି ପ୍ରଦୂଷଣ ଜନିତ ସମସ୍ୟା କୌଣସି ରାଜ୍ୟ ବା ଦେଶର ସମସ୍ୟା ନୁହେଁ। ଏହା ଏକ ଆନ୍ତର୍ଜାତିକ ସମସ୍ୟା। ସବୁଦେଶ ସହଯୋଗ କଲେ ହିଁ ବିଶ୍ୱ ପରିବେଶର ଭାରସାମ୍ୟ ରକ୍ଷା କରିହେବ।

■

BLACK EAGLE BOOKS

www.blackeaglebooks.org
info@blackeaglebooks.org

Black Eagle Books, an independent publisher, was founded as a nonprofit organization in April, 2019. It is our mission to connect and engage the Indian diaspora and the world at large with the best of works of world literature published on a collaborative platform, with special emphasis on foregrounding Contemporary Classics and New Writing.

www.ingramcontent.com/pod-product-compliance
Lightning Source LLC
Chambersburg PA
CBHW020532080526
44583CB00013B/832